"十二五"普通高等教育本科国家级规划教材
普通高等教育"十一五"国家级规划教材
教育部普通高等教育精品教材

# 材料成形原理

## 第 3 版

主编　吴树森　柳玉起
参编　蔡启舟　魏伯康　余圣甫
　　　熊建钢　周华民
主审　熊守美　华　林

机械工业出版社

本书是"材料成形及控制工程"和"材料加工工程"专业的理论基础教材，列入"十二五"普通高等教育本科国家级规划教材、普通高等教育"十一五"国家级规划教材，2008年被教育部评为普通高等教育精品教材。本书包含主要成形方法——液态成形、塑性成形、焊接成形、塑料注射成型的基本原理等内容，同时引入了现代有关的新成果。学生学完本课程后，可对材料成形过程及其基本原理有较深入和系统的理解，为后续专业课程的学习，以及研究新材料新工艺技术奠定理论和实践基础。

本书可以作为普通高等学校材料成形及控制工程专业、材料加工工程专业和机械类专业本科生教材，也可作为有关工程技术人员的参考用书。

## 图书在版编目（CIP）数据

材料成形原理/吴树森，柳玉起主编. —3版. —北京：机械工业出版社，2017.8（2025.6重印）

"十二五"普通高等教育本科国家级规划教材　普通高等教育"十一五"国家级规划教材　教育部普通高等教育精品教材

ISBN 978-7-111-56931-2

Ⅰ.①材…　Ⅱ.①吴…②柳…　Ⅲ.①工程材料-成型-高等学校-教材　Ⅳ.①TB3

中国版本图书馆 CIP 数据核字（2017）第 115646 号

机械工业出版社（北京市百万庄大街 22 号　邮政编码 100037）
策划编辑：冯春生　责任编辑：冯春生　安桂芳　责任校对：刘秀芝
封面设计：张　静　责任印制：刘　媛
三河市国英印务有限公司印刷
2025 年 6 月第 3 版第 12 次印刷
184mm×260mm · 23 印张 · 531 千字
标准书号：ISBN 978-7-111-56931-2
定价：69.00 元

电话服务　　　　　　　　　网络服务
客服电话：010-88361066　　机 工 官 网：www.cmpbook.com
　　　　　010-88379833　　机 工 官 博：weibo.com/cmp1952
　　　　　010-68326294　　金 书 网：www.golden-book.com
**封底无防伪标均为盗版**　　机工教育服务网：www.cmpedu.com

# 第3版前言

本书是《材料成形原理》（第 2 版）的修订版，于 2012 年首批列入"十二五"普通高等教育本科国家级规划教材。本书也是普通高等教育"十一五"国家级规划教材，2008 年被教育部评为普通高等教育精品教材。"材料成形原理"是材料成形及控制工程、材料加工工程专业的一门技术基础课程，在本专业的教学过程中具有十分重要的地位。党的二十大报告中明确提出"实施科教兴国战略"，"坚持面向世界科技前沿、面向经济主战场、面向国家重大需求、面向人民生命健康，加快实现高水平科技自立自强"。因此学生掌握本课程的基础知识，可在解决材料科技"卡脖子"问题中应用，为把我国建成科技强国做出贡献。

本次修订对教材的总体结构并无大的变动，但在各个章节进行了较多的修改，有的章节增加了部分内容，而有的章节的不合理编排被删减。首先，在教材内容及编排方面略有调整的主要部分有：将第一篇第四章中的"对流对凝固组织的影响及半固态金属的凝固"以及"金属基复合材料的凝固"两节调整到了第六章"特殊条件下的凝固"中；第二篇第九章中增加了"再热裂纹"及"层状撕裂"的内容；因考虑到本课程的学时限制，原第四篇第十六章"粉末材料成形原理"被删除。

其次，去除了一些较老的知识或方法，引入了一些新的方法及技术。例如：第二章"第四节 铸件的凝固时间"被简化，增加了数值模拟的方法；考虑到高压铸造及挤压铸造工艺的采用越来越多，在第六章"特殊条件下的凝固"中增加了"压力下金属的凝固"一节等。

此外，为便于自学及更好地理解课程内容，在第一、二篇部分地方增加了例题；增加列入了一些名词术语的英文单词。

由于编者的水平所限，此次修订中也难免有不当之处，敬请读者批评指正！

编　者
于武汉

# 第2版前言

本书列入"十二五"普通高等教育本科国家级规划教材、普通高等教育"十一五"国家级规划教材,2008年被教育部评为普通高等教育精品教材,其是为适应教学改革需要,为材料成形及控制工程、材料加工工程专业编写的。"材料成形原理"是本专业的一门技术基础课程,在本专业的教学过程中具有十分重要的地位。

在编写本书的过程中,从培养学生成为专业知识面宽、基础扎实的人才目标出发,体现以下的编写思路及特点:以材料成形工艺的理论基础为主线,不叙述具体的成形工艺及方法,而根据成形加工过程中材料所经历的状态,分为液态凝固成形、固态塑性成形、连接成形、塑料注射成型及粉末成形等几类,讨论材料在成形过程中的组织结构、性能、形状随外在条件的不同而变化的规律。由于金属材料仍然是使用量最大的材料之一,所以本书以金属的成形原理为主,兼顾其他种类材料的成形,如陶瓷及塑料的成形原理等。同时,编写中引入了近年的一些成形新技术。

本课程着重运用所学的物理、化学等基础理论,以及传热学、流体力学等专业基础理论知识来阐明液态成形、塑性成形、连接成形和粉末成形等基本材料成形技术的内在规律和物理本质,突出共性,同时也兼顾个性。在材料的成形加工过程中往往发生多种物理化学现象,涉及物质和能量的转移和变化,因此《材料成形原理》的内容主要涉及热量传输、动量传输、质量传输,以及物理冶金、化学冶金、力学冶金等基础理论和专门知识,并阐述这些现象的本质,揭示变化的规律。学生学完本课程后,可对材料成形过程及其基本原理有实质性的、深入的理解,为研究新型的材料成形技术,开发新型材料,以及提高成形产品质量奠定坚实的理论基础。

全书分四篇共16章。第一篇液态成形理论基础,系统地讲述了液态金属的结构和性质、液态成形中的流动与传热原理、液态金属的凝固理论、铸件凝固组织的控制及缺陷的防止等。第二篇连接成形理论基础,在讲述焊缝及其热影响区的组织及性能的基础上,叙述了与多种成形工艺密切相关的化学冶金原理、冶金缺陷的产生机理及防止措施,以及特种连接成形原理及方法。第三篇金属塑性加工力学基础,系统地讲述了应力与应变理论、屈服准则、本构方程及塑性成形解析方法。第四篇塑料成型及粉末成形的理论基础,着重讲述了塑料的基本性质、塑料的流动充型特征、塑料制品中的取向、残余应力及缺陷,以及粉末的特性、模压成形及注射成形、粉末烧结过程原理。

　　本书由华中科技大学吴树森、柳玉起主编，由吴树森进行全书的统稿。特别说明的是，本书是华中科技大学等高校编写，陈平昌、朱六妹、李赞主编的《材料成形原理》的修订版。新版的编写分工如下：绪论，第一、二、十六章，第四章的第四、五节由吴树森编写；第三章及第四章的一、二、三节由蔡启舟编写；第五、六章由魏伯康编写；第七、九章由余圣甫编写；第八、十章由熊建钢编写；第十一～十四章由柳玉起编写；第十五章由周华民编写。

　　本书由清华大学熊守美教授、武汉理工大学华林教授主审。

　　由于编者的水平所限，书中难免有不当之处，敬请读者批评指正！

编　者

于武汉

# 目　录

# 第二篇　连接成形理论基础

# 第三篇　金属塑性加工力学基础

# 第四篇　塑料成型理论基础

# 绪　论

## 一、材料成形的重要意义及主要方法

### 1. 支撑起物质文明的材料成形

在谈到"人类的幸福是什么？"的话题时，虽然人们有各种各样不同的观点，但能够夸耀的物质文明是一个重要指标。在我们的周围聚集了许多物质文明的物品，即工业制品。在家中使用家用电器、家具或杂货，一旦外出，汽车、火车、轮船以及飞机等交通运输手段为我们提供方便，电视、电话等信息传播手段已成为了我们生活中不可缺少的东西。此外，若到办公室或工厂这些地方去，可看到人们操纵计算机或办公机器进行工作，借助复杂的生产设备进行工业制品的制造。

支撑起这些物质文明的工业制品中，很显然通过材料成形方法制造的各种不同材料的零件是主要的构成部件。对于材料的使用，几乎都要赋予材料一定的形状。给材料赋予形状并形成所需要的功能，是制造业的根本。我们以生产、制造为生计，而且享受着作为制造业产生的结果的物质文明，过着丰富的生活。

### 2. 材料成形的主要方法

赋予材料一定形状的方法从大的方面可分为以下 4 种：

1）除去加工法（Materials Removal Process）：通过将块体材料的一部分去除掉，剩余的材料得到一定的形状。具有代表性的是使用机床通过刀具、磨具或放电进行加工，是制造业的主要加工方法之一。常用的加工工艺有切削、磨削、电火花、电解、束流（激光或等离子）、腐蚀等。

2）连接（或附加）加工法（Materials Joining Process）：与除去加工相反，通常是将材料附着或连接等方法造出形状来。例如，焊接、黏结、熔射、电镀、电铸、涂覆、层积造形等，甚至螺栓连接组合成形也属于此类。近期发展比较快的增材制造（Materials Additive Manufacturing）或称为 3D 打印（3D Printing）也属于此类。从某种意义上说，组合而成的物件都是附加加工的产物，不仅仅是机械制品，也包括土木施工或建筑方法得到的物品等。

3）变形加工法（Materials Deformation Process）：通过改变材料的形状而造形的方法，

使材料变形而赋予形状，一般是通过模具或工具对材料施加力，材料变形流入型腔而复制出相同形状部件的方法。例如，金属塑性加工。本方法在准备好型腔后就能够高效率地、大量地制造出较复杂形状的零件，成为机械制造业的基本方法，被广泛使用。

4）**液态成形法**（Materials Casting or Injection Process）：通过将材料熔化、浇注成形的方法。例如，铸造、注射成形等。本方法在准备好铸型或型腔后能制造出复杂形状的零件，也是机械制造业的基本方法。

若采用直观的表达方法，材料或毛坯的制造方法的特征是，使材料沿着模样或型腔的形状产生变形而进行的形状复制方法。在实际的材料成形中，根据工业用材料种类的不同，即金属或陶瓷或塑料，成形方法有很大的差别。此外，对液体、固体或是粉末状的不同形态的材料，其成形方法也不同。若将这些材料的制造方法根据材料的形态分类，可见表 0-1。

作为主要工业材料的金属的成形加工方法，根据材料的形态不同，有液态铸造成形、块体锻造成形、板料压延成形、连接成形、粉末烧结成形等各种各样的方法。

对于塑料、橡胶或玻璃之类材料，虽然与金属相同的成形方法也适用，但它们的成形方法都考虑了这些材料特有的变形特性。对于陶瓷，由于其固体几乎都没有变形能力，且原料都是以粉状提供，除具有与金属粉末相同的模腔压缩成形方法外，通过添加各种赋予流动性的介质，从而具有表观变形能力，具有与铸造或锻造相似的成形方法。这种情况下，必须有烧结前的介质去除工序。

表 0-1　各种材料的制造方法

| 液态的流动成形（固化） | 金属材料的铸造、压铸，液态树脂的注型 |
|---|---|
| 固体与液体的中间态（黏性体的成形） | 塑料的注射成型，金属的半固态成形，玻璃的成形 |
| 固体的塑性变形 | 块体材料的锻造，板材的压延加工 |
| 固体的连接成形 | 金属材料的焊接，3D 打印，有机及无机材料的黏结 |
| 粉末的成形（烧结） | 型内压缩成形，含黏结剂的流动成形，陶瓷粉的浇注 |

## 二、材料成形原理的研究对象及其发展概况

如上所述，材料成形的工艺方法多种多样，不同的材料要用不同的成形加工方法，而且同样的材料制造不同的产品也可能要用不同的成形方法。本课程不针对具体的成形加工工艺，而根据成形过程中材料所经历的状态，分为液态凝固成形、固态塑性成形、连接成形、塑料注射成型及粉末烧结成形等几类，分析研究成形过程中材料的组织结构、性能、形状随外在条件的不同而变化的规律，阐述成形加工过程中发生的物理化学变化、物质移动等现象的本质，使学习者掌握材料成形加工的实质，为理解和解决材料成形加工过程中发现的新问题、发展新的成形加工技术奠定理论基础。

下面简要介绍几类成形加工方法所涉及的基本问题及其发展概况。

### 1. 液态凝固成形

液态凝固成形是将熔化的金属或合金在重力或其他外力的作用下注入铸型的型腔中，待其冷却凝固后获得与型腔形状相同的铸件的一种成形方法，这种成形方法通常又称为铸

造。它是一个质量不变过程，其基本过程是熔炼、浇注和凝固。熔炼和凝固是两个相反的热过程。前者将固态物质熔化成液态，并使其获得一定的化学成分；而后者将熔融液体变为固态，使之成为具有一定形状和尺寸的铸件。铸件的形状和尺寸信息是由铸型提供的，而其性能是由熔炼过程所获得的化学成分及冷却过程的快慢确定的。

液态成形方法有几千年的发展历史，中国古代的青铜铸造曾取得过辉煌的成就。它之所以经久不衰，是因为它有着突出的适应性强的特点。它能铸出轻至几克，重达几百吨；薄至 0.2mm，厚达 1m 左右；小至几毫米，大到十几米；形状从简单到任意复杂；金属种类从黑色到有色，以至难熔合金的铸件。这样广泛的适应性是其他任何金属成形方法无可比拟的。而且，具体的液态成形工艺也分重力铸造、压力铸造、砂型铸造、金属型铸造等多种。图 0-1 所示为铝合金压铸的发动机缸体。

图 0-1　铝合金压铸的发动机缸体

我国古代青铜铸造成就

液态凝固成形所研究的主要对象及基本问题主要有：

（1）凝固组织的形成与控制　金属的凝固组织包括相结构、晶粒的大小和形态等。铸件的凝固组织是在凝固过程中形成的，对铸件的物理性能和力学性能有着重大的影响。控制铸件的凝固组织是凝固成形中的一个基本问题，能得心应手地获得所要求的凝固组织是人们长期以来追求的目标之一。到目前为止，关于凝固组织的形成机理及其影响因素，人们已经进行了广泛深入的研究，且找到了许多有效的控制方法，如孕育处理、动态结晶、定向凝固等，但这还远远不够，要彻底解决这方面的问题，还有许多工作要做。

（2）零件成形缺陷的防止与控制　铸造缺陷五花八门，种类繁多，既有内在缺陷与外观缺陷之分，又有宏观缺陷与微观缺陷之分。它们对铸件质量是一个严重的威胁，是造成废品、加大生产成本的主要原因。铸件缺陷的种类主要有缩孔、缩松、偏析、变形、气孔、夹杂、冷隔、夹砂等，它们的形成原因十分复杂。在这方面人们也做了许多深入细致的研究工作，建立了比较完善的理论。但在各种成形方法中，如何有效地控制铸造缺陷仍是一个重要的基本问题。

（3）液态精密成形　随着科学技术的发展，许多制造领域对铸件尺寸精度和外观质量的要求越来越高。这也促进了精密铸造技术的迅猛发展，改变了铸造只能提供毛坯的传统观念，使无须机加工的净成品或只需很少机加工的近净成品铸件应运而生。然而，铸件尺寸精度和表面粗糙度要受到液态成形方法和工艺中诸多因素的影响，其控制难度很大，这又阻碍着精密铸造技术的发展。

液态成形技术的近期发展主要体现在以下几个方面：

1）凝固理论的发展。凝固过程是铸件成形过程的核心，它决定着凝固组织和铸造缺陷的形成，从而也决定了铸件的性能和质量。近十多年来，借助于金属学、物理化学和计算数学，从传热、传质和固液界面等诸方面进行了研究，使金属凝固理论有了很大的发展。这不仅使人们对在许多条件下的凝固现象和组织特征有了更深入的认识，而且促进了许多凝固技术和液态成形方法的建立、使用和发展。

2）计算机技术的应用和发展。计算机技术在液态成形工艺中的应用，使技术水平大幅度提高，相关新技术不断涌现，使该领域步入了快速发展的轨道。计算机技术的应用主要体现在以下几个方面：一是凝固过程数值模拟技术，目前可以模拟液体金属充型过程的流动场、温度场以及应力场，正在向凝固过程的组织模拟方向发展；二是 CAD/CAM 技术的广泛应用；三是成形过程或成形设备运行的计算机控制。

3）凝固技术的发展。所谓凝固技术就是控制凝固过程按照预定方向进行的技术，它是开发新材料和提高铸件质量的重要途径。凝固技术发展的典型例子是定向凝固技术、快速凝固技术和自生复合材料的制取。定向凝固技术的最新发展是制取单晶体铸件，最突出的应用就是生产单晶涡轮机叶片。这种单晶涡轮机叶片比一般定向凝固的柱状晶叶片具有更高的工作温度、抗热疲劳强度、抗蠕变强度和抗热腐蚀性能。快速凝固技术采用的冷却速度常高达 $10^4 \sim 10^9 \, \mathrm{℃/s}$。这样的冷却条件可使材料具有很细的晶粒（$<0.1 \mu \mathrm{m}$ 甚至达到纳米级），避免了偏析缺陷和高分散度的超细析出相，从而表现出高强度和高韧性。自生复合材料是用控制凝固过程（如定向凝固）的方法而获得的一种共晶合金或偏晶合金，其中的增强相与基体相均匀相间，定向排列，因而具有许多重要特性，如高强度、良好的高温性能和抗疲劳性能等。用这种方法人们已经制取了 Nb-NbC、Ta-TaC 共晶体自生复合材料，它们的强度高于 Nb 合金和 Ta 合金，抗蠕变性能更好。

## 2. 固态塑性成形

许多金属材料具有延展性，只要施加足够大的力，它们就会产生塑性变形。如果材料具有大的塑性变形能力，就能够通过塑性加工使其变成复杂形状的零件。图 0-2 所示为热锻加工的曲轴。

尽管塑性成形方法多种多样，所要生产的零件毛坯种类繁多，其中仍存在以下一些共同的尚未很好解决的基本问题。

（1）塑性变形体内应力场、应变场的确定 塑性成形需要输入能量，即对材料施加外力和做功。只有知道所需成形力和功的大小才能正确选用成形设备和设计成形模具，并且通过对成形力影响因素的分析，为减小成形力和节约能耗提供依据。求解所需的成

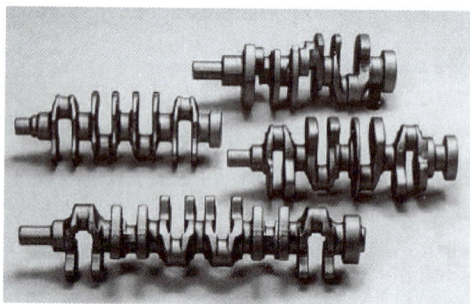

图 0-2 热锻加工的曲轴

形力，从根本上说就是确定工件内部的应力场，因为应力场的确定自然包括与工模具接触表面处应力分布的确定，进而才能求得成形力及模壁的压力分布。材料在应力场作用下发生塑性变形时，内部还存在着位移场和应变场。将应变场和应力场结合起来，再利用必要的判据则可进一步预测工件内部产生缺陷的倾向和空洞愈合的可能性。然而，由于成形件形状的复杂性和多样性，真正准确地确定变形体内的应力场和应变场仍然还是一个尚未解决的基本问题。

（2）材料对塑形变形的适应能力——塑性 材料的塑性是材料塑性成形的前提条件。材料的塑性除与材料的种类、成分、内部组织结构有关以外，还与外部变形条件——变形

温度、变形速度和应力状态密切相关。在这方面人们已经做了很多的研究工作，基本掌握了塑性变形的物理本质和机理、塑性变形所引起的材料组织和性能变化以及在不同条件下材料的塑性行为，但还有很多问题尚未解决，需要继续研究和探索。

（3）**塑性精密成形** 模具的制造精度以及工模具与被加工材料之间的相对运动精度对成形件的精度起着至关重要的作用。此外，材料在塑性变形的同时还有弹性变形和热胀冷缩，这些都会影响成形件的最终精度。

塑性成形技术的近期发展主要体现在以下几个方面：

1）**体积成形技术的发展**。在模锻技术方面，越来越多的锤上模锻被压力机（曲柄压力机和螺旋压力机）取代，以适应机械化、自动化生产线的要求；精密模锻的发展使模锻件的精度不断提高；模锻过程的计算机模拟和模具的 CAD/CAM 技术不断进步。在自由锻技术方面，大型锻件的质量不断提高，主要的技术措施有：改进锻造工艺，如采用"中心压实法"，改进冶炼和浇注技术，提高钢锭的冶金质量，发展锻焊联合工艺，采用程控联动快锻法等。

2）**板料成形技术的发展**。一是在大批量生产中向高速化、自动化方向发展。高速压力机，小型的行程次数已高达 2000 ~ 3000 次/min，中型的也有 600 ~ 800 次/min。这样一台高速压力机的生产率相当于 5 ~ 10 台普通压力机。多工位压力机增多，由多台压力机配上自动装料、送料、出件、传递翻转、检测、保护等辅助装置组成的冲压自动线已在汽车工业中得到广泛应用。二是在小批量生产中向简易化、通用化和万能化方向发展。三是工艺过程的模拟化和模具的 CAD/CAM 技术的广泛应用。四是成形件向精密化发展。

3）**特种成形技术的发展**。这方面的技术主要有超塑性成形、粉末冶金锻造成形、无模渐进成形、液态模锻，以及材料—工艺—产品的一体化技术等。

**3. 连接成形**

连接成形中的主要方法是焊接成形，它是利用各种形式的能量使被连接材料在连接处产生原子或分子间的结合而成为一体的成形加工方法。其过程由热过程、物理化学冶金过程及应力变形的机械过程所组成，这三者几乎是同时发生而又互相影响的。利用焊接成形方法可以将金属与金属、金属与非金属、非金属与非金属牢固地连接起来。

焊接成形方法多种多样，目前已有数十种，按照焊接成形过程特点，焊接成形可以分为三大类，即**熔焊**（被焊材料表面熔化）、**压焊**（被焊材料表面不熔化）、**钎焊**（被焊材料表面不熔化，填入其间的低熔点钎料熔化）。图 0-3 是将冲压等方法制造的金属零件通过焊接而组合成的汽车车体。

各种连接成形方法都是为了适应生产的需要而发展起来的。随着科学技术的发展，新的连接方法还会不断出现，现有的方法也会不断改进。焊接成形所研究的主要对象及基本问题

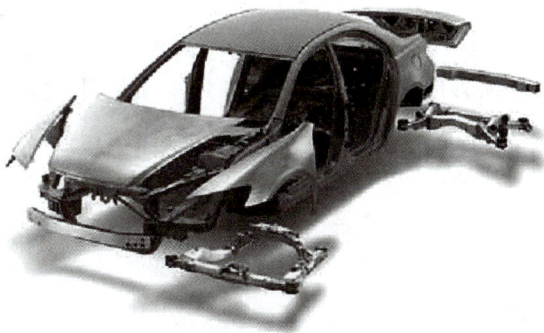

图 0-3 通过焊接方法组合成的汽车车体

主要有：

（1）**焊接接头组织性能及其不均匀性** 在熔焊过程中，由于熔池体积小、冷却快，其中的各种冶金反应极不平衡，原子扩散也极不充分，使形成的焊缝金属的化学成分和组织性能极不均匀；同时，在焊接热作用下，焊缝两侧不同位置的金属经历着不同的热循环，这就相当于进行了不同规范的热处理，使整个热影响区的组织和性能产生极不均匀的变化。这种成分、组织和性能的不均匀性，会对整个结构的强度和断裂行为产生显著的影响。

（2）**焊接残余应力和变形** 由于焊接过程是一个局部的加热过程，因此焊件上的温度分布极不均匀，各部分的热胀冷缩不协调而互相妨碍，使焊接件内部在焊后存在很大的残余应力，引起结构变形，甚至开裂。影响焊接残余应力和变形的因素十分复杂，主要与焊接热输入、焊接参数、焊接结构的形状和尺寸以及拘束状态等有关。

（3）**焊接能量的输入方式** 对于焊接成形，最重要的是要给被焊部位提供某种形式的能量，如加热使其熔化，或达到焊接温度，或发生塑性变形。除钎焊以外，几乎所有的焊接成形方法都是局部加热的。特别是熔焊，它是以集中的移动热源来加热和熔化焊件的，其热过程具有局部性、瞬时性、极高的温度梯度等特点，因此焊件上的温度分布是不均匀的、不稳定的。正因为如此，使得焊接过程分析变得相当复杂，伴随着不平衡的热过程，产生了一系列焊接所独有的问题，如不平衡的物理化学冶金过程、焊接应力与变形等。

（4）**焊接表面污染的清除和防止** 两个被焊接的表面只有在不存在氧化和其他污染的情况下才能形成满意的焊接接头，而被焊材料表面在焊接之前往往存在着有机薄膜、氧化物和吸附的气体；在焊接高温下，被焊材料容易氧化或烧损。焊前如何彻底清除被焊材料表面的污染，在焊接过程如何有效地保护被焊材料不被氧化或烧损，是各种焊接成形方法所面临的共同问题。

焊接成形技术的近期发展主要体现在以下几个方面：

1）**焊接结构的发展**。现代对焊接结构承载能力的要求越来越大，工作条件也越来越苛刻，要求越来越严格。它们正向着大型化和高参数方向发展，如核压力容器和6100m深海探测器就是典型的现代焊接结构的例子。核压力容器的壁厚已达200mm左右，深海探测器要承受海水巨大的压力。

2）**焊接结构材料及焊接工艺的发展**。超高强度钢在现代焊接结构中的应用越来越广泛，如18Ni钢和HT80钢等。在工艺技术方面，以电子技术、信息技术和计算机技术的综合应用为标志的焊接机械化、自动化技术成为主要特点。

3）**特种焊接成形技术的发展**。例如，20世纪90年代开发出的搅拌摩擦焊技术，已成功用于航天器低温燃料箱等铝、镁、钛合金结构件的焊接等。

**4. 塑料注射成型及粉末烧结成形**

塑料（Plastics）及陶瓷（Ceramics）与金属材料（Metallic Materials）一起并称为三大结构材料。

塑料的应用已经很广泛。图0-4所示为塑料注射成型的手机框体。塑料的成型方法也有许多种，如注射成型、压缩成型、挤出成型、浇注成型等。应用最广泛的方法是注射成型，即利用注射成型机，装上有浇注系统及成型零件形状的模具，将熔融的塑料在压力作用下注入模具的型腔而成型。过程的基本原理涉及塑料的充型流变性、结晶过程与组织及性能的关系等。

粉末烧结成形，包括传统的金属粉末材料的烧结成形和新兴的结构陶瓷材料的粉末烧结成形，其成形加工方法十分相似。结构陶瓷材料也已广泛进入实际应用领域。图0-5所示为用氧化铝陶瓷做成的各种机械密封件。陶瓷原材料几乎都是粉体材料，因此其成形过程首先是将粉末成形为零件的形状，然后主要通过烧结的方法连成一体而成为零件。粉末成形的方法主要有冷压成形、热压成形、挤出成形、注射成形、注入成形等。陶瓷粉末的烧结过程与金属粉末冶金烧结相类似，所涉及的基本原理主要是物质的扩散、相变与再结晶等。由于本教材篇幅所限，粉末烧结成形可参考其他资料。

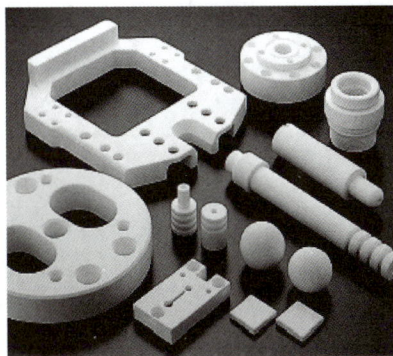

图0-4　塑料注射成型的手机框体
（正面（上）、背面（下））

图0-5　各种机械密封件（氧化铝陶瓷）

### 三、本课程的任务

材料成形原理（Principle of Materials Forming）课程是材料成形及控制工程专业或材料加工工程专业的必修核心课程之一，是许多后续专业课程的理论基础，所以在本专业的课程中具有十分重要的地位。本课程着重运用所学的物理、化学等基础理论及专业基础理论知识，阐明液态成形、塑性成形、连接成形和塑料成型等基本材料成形技术的内在规律和物理本质，突出共性，同时也兼顾个性。学生学完本课程后，可对材料成形过程及其基本原理有实质性的、深入的理解，为研究新型材料、开拓新型的材料成形技术及提高成形产品质量奠定坚实的理论基础和实际知识。

本课程的先导课除一般的数理基础课程外，还应有工程材料学、传热学、流体力学、材料成形工艺基础等。本课程为许多后续专业课程提供理论基础，如材料成形工艺、材料成形装备及自动化、材料成形计算机模拟、模具设计等课程。

由于材料成形的工艺方法有许多种，不同的材料要用不同的成形加工方法，即使用同样的材料制造不同的产品也要用不同的成形加工方法。本课程不针对具体的成形工艺，而根据成形加工过程中材料所经历的状态，分为液态凝固成形、半固态成形、固态塑性成形、连接成形、塑料注射成型等几类，讨论材料在成形过程中的组织结构、性能、形状随外在条件不同而变化的规律。由于金属材料仍然是使用量最大的材料，本教材以金属的成形原理为主线，兼顾其他种类材料的成形。从前述内容也可知道，材料成形原理的内容涉及热量传输、动量传输、质量传输以及物理冶金、化学冶金、力学冶金等基础理论和专门知识。同时，在材料的成形加工过程中往往会发生多种物理化学现象，涉及物质和能量的转移和变化，本教材的内容就是要阐述这些现象的本质，揭示变化的规律。

# 第一篇 液态成形理论基础

# 第一章

# 液态金属的结构和性质

从宏观意义而言，凝固不过是一种相变过程，即物质从液态转变成固态的过程称为凝固（Solidification）。金属的凝固是液态金属转变成固态金属的过程，因而液态金属的特性必然会影响凝固过程。因此，研究和了解液态金属的结构和性质，是分析和控制金属凝固过程的必要基础。

近代用原子论方法研究液态金属，并采用经典液体统计力学的各种理论探讨它，对液态金属结构有了进一步的认识，在一定范围和程度上能定量地描述液态金属的结构和性质。

## 第一节 材料的固液转变

一般而言，自然界的物质可以呈现出三种状态，即固态、液态和气态，如图 1-1 所示。从图可知，在这三种状态之间变化时都发生着相变，如升华、熔化、凝结等。凝固的相转变，可以认为是物质的各种相变中的一种。因此，凝固学可以说是相变学的部分内容。

相变并不只发生在固相、液相、气相三相之间，如在固相中也存在相变，即同素异构转变，热处理就是应用这些相变而进行的。此外，在合金系中，液相内两相的分离也是相变。一个典型的例子是，纯铁具有几种结晶形态（α、γ、δ 相）。很好地利用了这一固态相变的技术就是钢的淬火，以及不锈钢的固溶处理。此外，具

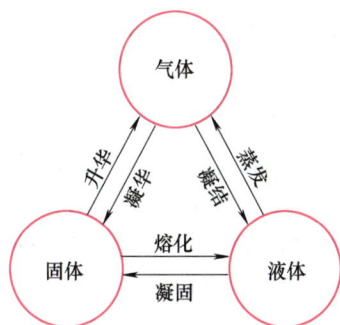

图 1-1 物质的三态及相转变

有代表性的陶瓷 $Al_2O_3$ 或 $SiO_2$，同样存在同素异构体。例如，后者的结晶系之一就是水晶，它被广泛应用于手表的振子或作为各种功能材料。

虽然图 1-1 中将气相-液相-固相三相同时画出来了，但一般的物质气相⇔液相⇔固相之间相的转变，是根据温度的变化来决定相的变化的。但是，有的物质直接进行固相⇔气相的

相转变，而不存在液相。这是由于压力参与了相变。例如，二氧化碳气体的固相——干冰，在 1atm[⊖] 下会直接汽化，但在室温下，在高压气瓶内是以液态二氧化碳的形态存在的。

因此，在下面的讨论中对于相转变有必要考虑压力的影响。

例如，人造金刚石的合成或 GaAs 单晶体的制造在 1atm 下是不可能的，我们日常生活中使用的液化石油气体在室温及 1atm 下也不可能是液体的物质。我们看一看水的结晶体——冰的情况（图 1-2）。1atm 下水在 0℃ 凝固（结晶化），在 100℃ 蒸发，但是随着压力的减小沸点降低，在 0.01atm 以下时所谓液态的水就不能稳定地存在，冰直接转变为水蒸气，即升华。

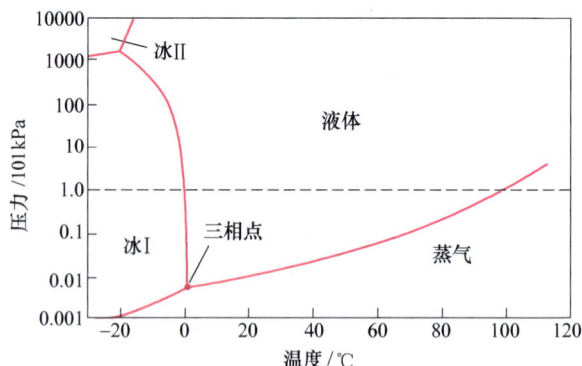

图 1-2　$H_2O$ 的压力-温度相图

金属的情况与之相同，如纯铁的压力-温度关系也是一样的，如图 1-3 所示。在水的情况下，三相点是冰、水、水蒸气的共存点，由相律计算知道是自由度为 0 的点（温度、压力一定）。在图 1-2 中此点的温度为 0.007℃，压力为 0.01atm。与水的情况相同，铁也存在三相点，但是它有 3 个三相点。主要原因是铁有三种不同的固相（同素异构体）：α-Fe、γ-Fe 和 δ-Fe。α-Fe 和 δ-Fe 具有 bcc（体心立方）晶体结构，而 γ-Fe 是 fcc（面心立方）晶体结构。固相-固相边界线具有与固相-液相边界线相同的性质。例如，平衡状态下，在 910℃ 及 1atm 下 α-Fe 和 γ-Fe 同时存在。在 910℃ 之上仅是单相的 γ-Fe 存在，低于 910℃ 仅有单相的 α-Fe 存在。3 个三相点分别是：①液态铁、δ-Fe 与铁蒸气；②铁蒸气、δ-Fe 和 γ-Fe；③铁蒸气、γ-Fe 和 α-Fe。不用说，三相点以下的压力下液态铁不能够稳定地存在，从固相直接升华为蒸气。反过来，在高压下，其气相也是难以存在的。但是人们生活在地球的 1atm 下，在通常的情况下，使用的是图 1-2 及图 1-3 的 1atm 线上的熔融温度和相变温度。

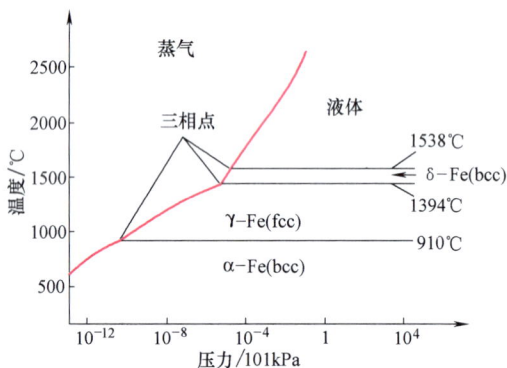

图 1-3　铁的压力-温度相图

下面重点讨论金属从固态熔化为液态时的变化。物质是由原子构成的，原子在平衡位置上是不停地振动着的。当温度升高时原子能量增加，振动频率加快，同时振幅加大。当超过原子的激活能量时原子处于新的平衡位置，即从一个晶格常数变成另一个晶格常数。晶体比原先尺寸增大，即晶体受热而膨胀。

---

⊖　atm 为标准大气压，1atm = 101kPa。

若对晶体进一步加热，则达到激活能值的原子数量也进一步增加。原子离开点阵后，即留下了自由点阵——空穴，如图1-4所示。空穴的产生，造成局部地区势垒的减少，使得邻近的原子进入空穴位置，这样就造成空穴的位移。在熔点附近，空穴数目可以达到原子总数的1%。这样，在实际晶体中，除按一定点阵排列外，尚有离位原子与空穴。当这些原子的数量达到某一数量值时，首先在晶界处的原子跨越势垒而处于激活状态，以致能脱离晶粒的表面而向邻近的晶粒跳跃，导致原有晶粒失去固定的形状与尺寸，晶粒间可出现相对流动，称为晶界黏性流动。此时，金属处于熔化状态。

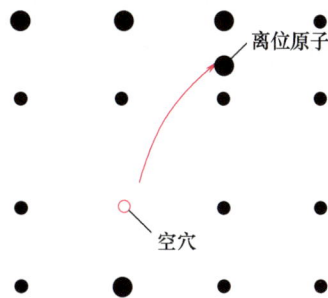

图1-4 空穴形成示意图

金属被进一步加热，其温度不会进一步升高，而使晶粒表面原子跳跃更频繁。晶粒进一步瓦解为小的原子集团和游离原子，形成时而集中、时而分散的原子集团、游离原子和空穴。此时，金属从固态转变为液态。金属由固态变成液态，体积膨胀为3%~5%。而且，金属的其他性质，如电阻、黏度也会发生突变。在熔点温度的固态变为同温度的液态时，金属要吸收大量的热量，称为熔化潜热。

固态金属的加热熔化完全符合热力学规律。外界提供的热能，除因原子间距增大体积膨胀而做功外，还增加体系的内能。在恒压下存在如下关系式

$$E_q = \mathrm{d}(U+pV) = \mathrm{d}U + p\mathrm{d}V = \mathrm{d}H$$

式中，$E_q$ 为外界提供的热能；$U$ 为内能；$p\mathrm{d}V$ 为膨胀功；$\mathrm{d}H$ 为焓的变化，即熔化潜热。

在等温等压下由上式得熔化时熵值的变化为

$$\mathrm{d}S = \frac{E_q}{T} = \frac{1}{T}(\mathrm{d}U + p\mathrm{d}V)$$

$\mathrm{d}S$ 值的大小，描述了金属由固态变成液态时原子由规则排列变成非规则排列的紊乱程度。

一些金属在熔化和汽化时的热物理性质变化见表1-1。为便于后面的比较，将沸点及汽化潜热也列于表中。从表中可见，熔点越高的金属，其熔化潜热越大。

表1-1 一些金属在熔化和汽化时的热物理性质变化

| 金属 | 晶体结构 | 熔点/℃ | 熔化潜热 $\Delta H_m$/kJ·mol$^{-1}$ | 沸点/℃ | 汽化潜热 $\Delta H_b$/kJ·mol$^{-1}$ | $\dfrac{\Delta H_b}{\Delta H_m}$ | 熔化体积变化率（%） |
|---|---|---|---|---|---|---|---|
| Pb | fcc | 327 | 4.77 | 1687 | 177.95 | 37.0 | 3.6 |
| Zn | hcp | 420 | 7.12 | 906 | 113.40 | 15.9 | 4.2 |
| Mg | hcp | 650 | 8.96 | 1103 | 128.70 | 14.4 | 4.2 |
| Al | fcc | 660 | 10.45 | 2480 | 290.93 | 27.8 | 6.0 |
| Ag | fcc | 961 | 11.30 | 2163 | 250.62 | 22.2 | 4.1 |
| Au | fcc | 1063 | 12.37 | 2950 | 324.50 | 26.2 | 5.1 |
| Cu | fcc | 1083 | 13.10 | 2595 | 304.30 | 23.2 | 4.2 |
| Ni | fcc | 1453 | 17.47 | 2914 | 369.25 | 21.1 | 4.5 |
| Fe | fcc/bcc | 1535 | 15.17 | 3070 | 339.83 | 22.4 | 3.0 |
| Ti | hcp/bcc | 1680 | 18.70 | 3262 | 397.00 | 21.2 | 3.7 |

一些金属在熔化时的熵值变化见表1-2。

表 1-2　一些金属的熵值变化

| 金属 | 从25℃到熔点的熵值变化 $\Delta S/\text{J} \cdot (\text{K} \cdot \text{mol})^{-1}$ | 熔化时的熵值变化 $\Delta S_m/\text{J} \cdot (\text{K} \cdot \text{mol})^{-1}$ | $\Delta S_m/\Delta S$ |
|---|---|---|---|
| Zn | 22.8 | 10.7 | 0.47 |
| Mg | 31.5 | 9.7 | 0.31 |
| Al | 31.4 | 11.5 | 0.37 |
| Au | 40.9 | 9.2 | 0.23 |
| Cu | 40.9 | 9.6 | 0.24 |
| Fe | 64.8 | 8.4 | 0.13 |

# 第二节　液态金属的结构与分析

由表 1-1 可知，金属的熔化潜热远小于汽化潜热。以铝为例，其汽化潜热约是熔化潜热的 28 倍，铁约 22 倍。这意味着固态金属原子完全变成气态比完全熔化所需的能量大得多，对气态金属而言，原子间结合键几乎全部被破坏，而液态金属原子间结合键只破坏了一部分。液态金属的结构应接近固态金属而远离气态金属。

由表 1-2 的一些金属的熵值变化可见，金属由熔点温度的固态变为同温度的液态比其从室温加热至熔点的熵变要小。熵值变化是系统结构紊乱性变化的量度。金属由固态变为液态熵值增加不大，说明原子在固态时的规则排列熔化后紊乱程度不大。这也间接说明，液态金属的结构应接近固态金属而远离气态金属。

## 一、液态金属的结构

由上面金属熔化过程的分析可见，纯金属的液态结构是由原子集团、游离原子和空穴组成的。其中原子集团由数量不等的原子组成，其大小为亚纳米（$10^{-10}$ m）量级。在原子集团的内部，原子排列仍具有一定的规律性，称为"近程有序"。而在更大的尺寸范围内，原子排列将没有规律性。液态金属的结构是不稳定的，而是处于瞬息万变的状态，即原子集团、空穴等的大小、形态、分布及热运动都处于无时无刻不在变化的状态。这种原子集团与空穴的变化现象称为"结构起伏"。在结构起伏的同时，液态中也必然存在着大量的能量起伏。

纯金属在工程中的应用极少，特别是作为结构材料，主要应用的是含有一种或多种其他元素的合金材料。通常所说的纯金属，其中也包含着一定量的其他杂质元素。因此，在材料加工过程中碰到的液态金属，实际上是含两种或两种以上元素的合金熔体。其他元素的加入，除了影响原子之间的结合力之外，还会发生各种物理化学反应。这些物理化学反应往往导致合金熔体中形成各种高熔点的夹杂物。因此，实际液态金属（合金熔体）的结构是极其复杂的，其中包含各种化学成分的原子集团、游离原子、空穴、夹杂物及气泡等，是一种"混浊"的液体。所以，实际的液态金属中还存在成分（或浓度）起伏。因此，液态金属中存在的温度（或能量）起伏、结构（或相）起伏以及成分（或浓度）起伏，影响液态金属的凝固过程，从而对产品的质量产生重要的影响。对液态金属进行各种熔体处理，就是改变这三种起伏的状态，达到控制和改善液态金属的性状以及后续凝固过程和最终组织与性能的目的。

以上对液态金属结构的定性描述和分析，可从 X 射线结构分析的试验结果中得到证实。

## 二、液态金属结构的 X 射线衍射分析

将 X 射线衍射运用到液态金属的结构分析上，如同研究固态金属的结构一样，可以找出液态金属的原子间距和配位数，并证实其近程有序的结构。但是，液态金属的温度大多都比较高，远高于室温，再加上液态金属自身不能保持一定的形状而需放置在容器中，这就给液态金属结构的 X 射线衍射试验研究带来了很大的困难。因此，液态金属结构衍射分析的数据少，成熟程度也没有固态金属高。

图 1-5 为根据衍射资料绘制的 700℃时液态 Al 中原子分布曲线，表示其一个选定的原子周围的原子密度分布状态。$r$ 为以选定原子为中心的一系列球体的半径，$\rho(r)$ 为球面上的原子密度，$4\pi r^2 \rho \mathrm{d}r$ 表示围绕所选定原子的半径为 $r$，厚度为 $\mathrm{d}r$ 的一层球壳中的原子数。直线和曲线分别表示固态铝和 700℃的液态铝中原子的分布规律。固态铝中的原子位置是固定的，在平衡位置做热振动，故球壳上的原子数显示出是某一固定的数值，呈现一条条的直线。每一条直线都有明确的位置和峰值（原子数），如图 1-5 中直线 3 所示。若 700℃液态铝是理想的均匀非晶质液体，其中原子排列完全无序，则其原子分布密度为抛物线 $4\pi r^2 \rho_0$，如曲线 2 所示。但实际 700℃液态铝的原子分布情况为图中曲线 1，这是一条由窄变宽的条带，是连续非间断的。条带的第一个峰值和第二个峰值接近固态的峰值，此后就接近于理想液体的原子平均密度分布曲线 2 了，这说明原子已无固定的位置。液态铝中的原子排列，在几个原子间距的小范围内与固态铝原子的排列方式基本一致，而远离原子后就完全不同于固态了。液态铝的这种结构称为"近程有序""远程无序"。而固态的原子结构为远程有序。

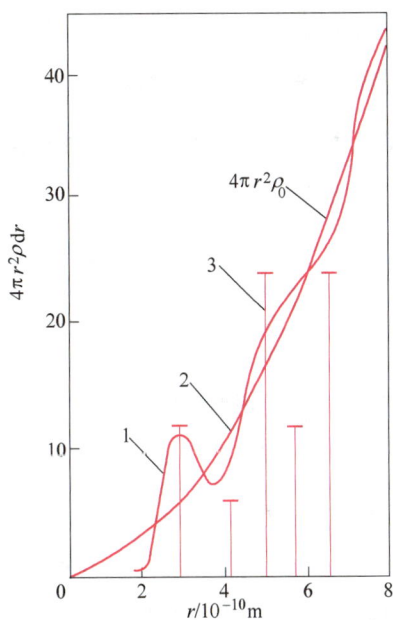

图 1-5　700℃时液态 Al 中原子分布曲线

1—实际液态铝原子分布　2—理想液态铝原子分布　3—固态铝的原子分布

近程有序结构的配位数可由下式计算

$$N = \int_0^{r_1} 4\pi r^2 \rho \mathrm{d}r$$

式中，$r_1$ 为原子分布曲线上靠近选定原子的第一个峰谷（极小值）的位置。

表 1-3 为一些液态和固态金属的原子结构参数。固态金属铝和液态铝的原子配位数分

别为 12 和 10~11，而原子间距分别为 0.286nm 和 0.298nm。气态铝的配位数可认为是零，原子间距为无穷大。

表 1-3　X 射线衍射所得液态和固态金属的原子结构参数

| 金　属 | 液　　态 | | | 固　　态 | |
|---|---|---|---|---|---|
| | 温度/℃ | 原子间距/nm | 配位数 | 原子间距/nm | 配位数 |
| Li | 400 | 0.324 | 10[①] | 0.303 | 8 |
| Na | 100 | 0.383 | 8 | 0.372 | 8 |
| Al | 700 | 0.298 | 10~11 | 0.286 | 12 |
| K | 70 | 0.464 | 8 | 0.450 | 8 |
| Zn | 460 | 0.294 | 11 | 0.265、0.294 | 6+6[②] |
| Cd | 350 | 0.306 | 8 | 0.297、0.330 | 6+6[②] |
| Sn | 280 | 0.320 | 11 | 0.302、0.315 | 4+2[②] |
| Au | 1100 | 0.286 | 11 | 0.288 | 12 |
| Bi | 340 | 0.332 | 7~8[③] | 0.309、0.346 | 3+3[②] |

① 其配位数虽增大，但密度仍很小。
② 这些原子的第一、二层近邻原子非常相近，两层原子都算作配位数，但以"+"号表示区别，在液态金属中两层合一。
③ 固态结构较松散，熔化后密度增大。

　　X 射线衍射所得到的有关参数证实，在熔点和过热度不大时，液态金属的结构是接近固态金属而远离气态金属的。

# 第三节　液态金属的性质

　　液态金属有各种性质，在此仅阐述与材料成形过程关系特别密切的两个性质，即液态金属的黏度和表面张力，以及它们在材料成形加工过程中的作用。

## 一、液态金属的黏度

### （一）黏度（Viscosity）的实质及影响因素

　　液态金属由于原子间作用力大为削弱，且其中存在大量的空穴，其活动性比固态金属要大得多，呈液体的性质。当外力 $F_x$ 作用于液态表面并使上板以速度 $v_0$ 匀速运动时（图1-6），并不能使液体整体一起运动，而只有表层液体发生运动，而后带动下一层液体运动，以此逐层进行，因而其速度分布如图1-6所示。第一层的速度 $v_0$ 最大，第二层 $v_1$、第三层 $v_2$ 依次减小，最下层与壁面接触的液体的速度等于零。这说明层与层之间存在内摩擦力。

　　设 $y$ 方向的速度梯度为 $\dfrac{\mathrm{d}v_x}{\mathrm{d}y}$，根据液体

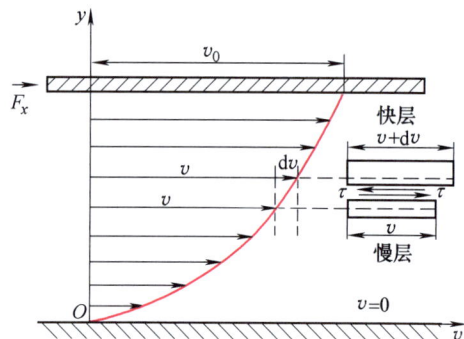

图 1-6　力作用下的液体运动速度梯度

的牛顿黏性定律 $F_x = \eta A \dfrac{\mathrm{d}v_x}{\mathrm{d}y}$ 得

$$\eta = \frac{F_x}{A\dfrac{\mathrm{d}v_x}{\mathrm{d}y}} = \frac{\tau}{\dfrac{\mathrm{d}v_x}{\mathrm{d}y}} \qquad (1\text{-}1)$$

式中，$\eta$ 为液体的动力黏度；$A$ 为液层接触面积；$\tau$ 为切应力。

富林克尔在关于液体结构的理论中做了黏度数学处理，表达式为

$$\eta = \frac{2t_0 k_{\mathrm{B}} T}{\delta^3} \exp\left(\frac{U}{k_{\mathrm{B}} T}\right) \qquad (1\text{-}2)$$

式中，$t_0$ 为原子在平衡位置的振动时间；$k_{\mathrm{B}}$ 为波耳兹曼常数；$U$ 为原子离位激活能；$\delta$ 为相邻原子平衡位置的平均距离；$T$ 为热力学温度。

由式（1-2）可知，黏度与原子离位激活能 $U$ 成正比，与其平均距离的三次方 $\delta^3$ 成反比，这两者都与原子间的结合力有关，因此黏度本质上是原子间的结合力。

影响液体金属黏度的主要因素是化学成分、温度和非金属夹杂物。

（1）化学成分 图 1-7 示出了 Fe-C 和 Al-Si 合金熔体分别随含 C、Si 量和温度变化的等黏度线。一般地，难熔化合物的液体黏度较高，而熔点低的共晶成分合金的黏度低。这是由于难熔化合物的结合力强，在冷却至熔点之前已开始原子聚集。对于共晶成分合金，异类原子之间不发生结合，而同类原子聚合时，由于异类原子的存在而使它的聚合缓慢，晶坯的形成拖后，故黏度较非共晶成分的低。

（2）温度 由式（1-2）可知，液体金属的黏度随温度的升高而降低。这也可以从图 1-7 的黏度实测值看出，对成分一定的合金，温度升高，$\eta$ 值下降。

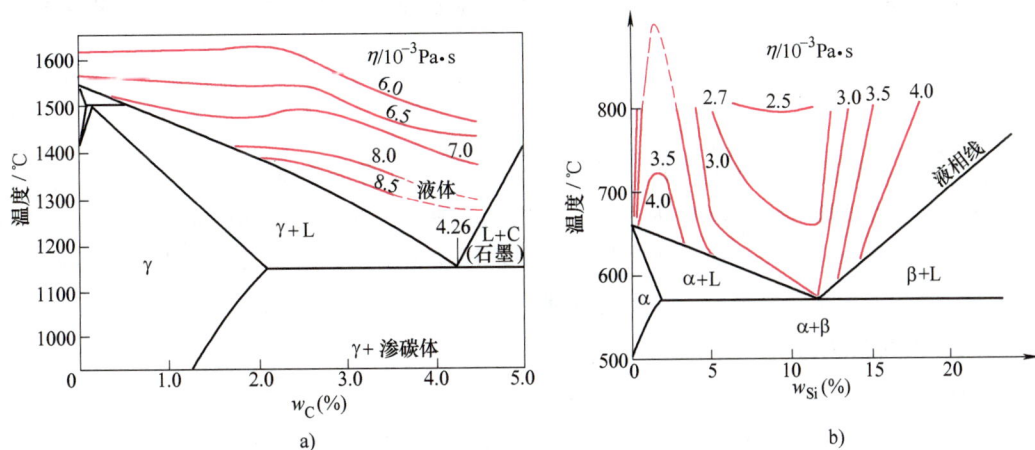

图 1-7 Fe-C 和 Al-Si 合金熔体黏度与成分和温度的关系

a）Fe-C 合金的黏度 b）Al-Si 合金的黏度

（3）非金属夹杂物 液态金属中呈固态的非金属夹杂物使液态金属的黏度增加，如钢中的硫化锰、氧化铝、氧化硅等。这是因为夹杂物的存在使液态金属成为不均匀的多相体系，液相流动时的内摩擦力增加所致。夹杂物越多，对黏度的影响越大。夹杂物的形态

对黏度也有影响。

材料成形加工过程中的液态金属一般要进行各种冶金处理，如孕育、变质、晶粒细化、净化处理等，这些冶金处理对黏度也有显著影响。如铝硅合金进行变质处理后细化了初生硅或共晶硅的晶粒，从而使黏度降低。

**（二）黏度在材料成形过程中的意义**

（1）**对液态金属净化的影响**　液态金属中存在各种夹杂物及气泡等，必须尽量除去。否则会影响材料或成形件的性能，甚至发生灾难性的后果。杂质及气泡与金属液的密度不同，一般比金属液小，故总是力图离开液体，以上浮的方式分离。脱离的动力是两者重度之差，即

$$F = V(\gamma_1 - \gamma_2)$$

式中，$F$ 为动力；$V$ 为杂质体积；$\gamma_1$ 为液态金属重度；$\gamma_2$ 为杂质重度。

杂质在 $F$ 的作用下产生运动，一运动就会有阻力。试验指出，在最初很短的时间内，它以加速度进行，往后便开始匀速运动。根据斯托克斯（Stokes）原理，半径在 0.1cm 以下的球形杂质的阻力 $F_C$ 可由下式确定

$$F_C = 6\pi r v \eta$$

式中，$r$ 为球形杂质半径；$v$ 为运动速度。杂质匀速运动时，$F_C = F$，故

$$6\pi r v \eta = V(\gamma_1 - \gamma_2)$$

由此可求出杂质上浮速度为

$$v = \frac{2r^2(\gamma_1 - \gamma_2)}{9\eta} \tag{1-3}$$

此即为著名的斯托克斯公式。

（2）**对液态合金流动阻力的影响**　流体的流动形态分层流和紊流，这由雷诺数 $Re$ 的大小来决定。$Re$ 的数学式为

$$Re = \frac{v\rho d}{\eta} = \frac{vd}{\nu} \tag{1-4}$$

式中，$d$ 为管道直径（m）；$v$ 为流体流速（m/s）；$\nu$ 为运动黏度（m²/s）。根据流体力学，$Re > 2300$ 为紊流，$Re \leqslant 2300$ 为层流。管内流动流体的速度分布如图 1-8 所示。当呈紊流流动时，速度分布如图中曲线 1 较均匀，平均流动速度大；当呈层流流动时，流动速度沿管径方向呈近似抛物线形分布，如图中曲线 2，各点的速度差别比较大。

设 $\lambda$ 为流体流动时的阻力系数，则有

$$\lambda_层 = \frac{64}{Re} \tag{1-5}$$

$$\lambda_紊 = 0.11\left(\frac{\Delta}{d} + \frac{68}{Re}\right)^{0.25} \tag{1-6}$$

式中，$\Delta$ 为管壁的绝对表面粗糙度。

显然，当液体以层流方式流动时，阻力系数大，流动阻力大。因此，在材料成形过程中

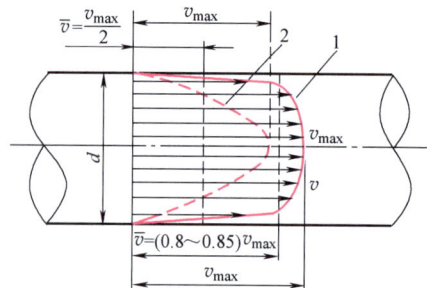

图 1-8　管内流动流体的速度分布
1—紊流速度分布　2—层流速度分布

金属液的流动中以紊流方式流动最好，由于流动阻力小，液态金属能顺利地充填型腔，故金属液在浇注系统和型腔中的流动一般为紊流。但在充型的后期或狭窄的枝晶间的补缩和细薄铸件中，则呈现为层流。总之，液态合金的黏度大，其流动阻力也大。

（3）**对凝固过程中液态合金对流的影响**　液态金属在冷却和凝固过程中，由于存在温度差和浓度差而产生浮力，它是液态合金对流的驱动力。当浮力大于或等于黏滞力时则产生对流。黏度越大对流强度越小。液体对流对结晶组织、溶质分布、偏析、杂质的聚合等产生重要影响。

### 二、表面张力

#### （一）表面张力（Surface Tention）的实质

液体或固体同空气或真空接触的界面称为表面。表面具有特殊的性质，由此产生一些表面特有的现象——表面现象。如荷叶上晶莹的水珠呈球状，雨水总是以滴状的形式从天空落下。总之，一小部分的液体单独在大气中出现时，力图保持球状形态，说明总有一个力的作用使其趋向球状，这个力称为表面张力。

液体内部的分子或原子处于力的平衡状态，而表面层上的分子或原子受力不均匀，结果产生指向液体内部的合力，这就是表面张力产生的根源。可见表面张力是质点（分子、原子等）间作用力不平衡引起的。

从物理化学原理可知，表面自由能是产生新的单位面积表面时系统自由能的增量。设恒温恒压下表面自由能的增量为 $\Delta G_b$，表面自由能为 $\sigma$，使表面增加 $\Delta A$ 面积时，外界对系统所做的功为 $\Delta W = \sigma \Delta A$。当外界所做的功全部用于抵抗表面张力而使系统表面积增大所消耗的能量，该功的大小等于系统自由能的增量，即

$$\Delta W = \sigma \Delta A = \Delta G_b$$

$$\sigma = \frac{\Delta G_b}{\Delta A} \tag{1-7}$$

因此可见，表面自由能即单位面积自由能。$\sigma$ 的物理量纲为 $[\sigma] = J/m^2 = N \cdot m/m^2 = N/m$，这样 $\sigma$ 又可理解为物体表面单位长度上作用的力，即表面张力。因此，对于液体来说，表面张力和表面能大小相等，只是单位不同，体现为从不同角度来描述同一现象。

从广义而言，任一两相（固-固、固-液、固-气、液-气）的交界面称为界面，就出现了界面张力、界面自由能之说。因此，表面能或表面张力是界面能或界面张力的一个特例。界面能（Interfacial Energy）与两个表面的表面能之间的关系式为

$$\sigma_{AB} = \sigma_A + \sigma_B - W_{AB} \tag{1-8}$$

式中，$\sigma_A$、$\sigma_B$ 分别为 $A$、$B$ 两物体的表面张力；$W_{AB}$ 为两个单位面积界面向外做的功，或是将两个单位面积结合或拆开时外界所做的功，也称黏附功。因此当两相间的作用力大时，$W_{AB}$ 越大，则界面张力越小。

润湿角是衡量界面张力的标志，图

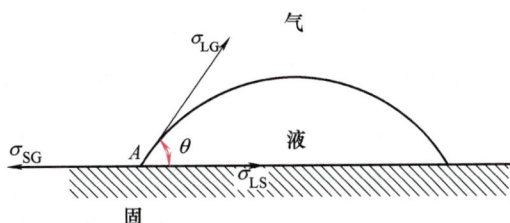

图 1-9　润湿角与界面张力

17

1-9 中的 $\theta$ 为润湿角。界面张力达到平衡时，存在下列关系

$$\sigma_{SG} = \sigma_{LS} + \sigma_{LG}\cos\theta$$

$$\cos\theta = \frac{\sigma_{SG} - \sigma_{LS}}{\sigma_{LG}} \tag{1-9}$$

式中，$\sigma_{SG}$ 为固-气界面张力；$\sigma_{LS}$ 为液-固界面张力；$\sigma_{LG}$ 为液-气界面张力。

可见润湿角 $\theta$ 是由界面张力 $\sigma_{SG}$、$\sigma_{LS}$ 和 $\sigma_{LG}$ 来决定的。当 $\sigma_{SG} > \sigma_{LS}$ 时，$\theta < 90°$，此时液体能够润湿固体；$\theta = 0°$ 称绝对润湿；当 $\sigma_{SG} < \sigma_{LS}$ 时，$\theta > 90°$，此时液体不能润湿固体；$\theta = 180°$ 称绝对不润湿。润湿角是可以测定的。

### （二）影响表面张力的因素

影响液态金属表面张力的因素主要有熔点、温度和溶质元素。

（1）熔点 表面张力的实质是质点间的作用力，故原子间结合力大的物质，其熔点、沸点高，则表面张力往往就大。材料成形加工过程中常用的几种金属的熔点和表面张力间的关系见表1-4。

表 1-4 几种金属的熔点和表面张力间的关系

| 金 属 | 熔点/℃ | 表面张力/×10⁻³N·m⁻¹ | 液态密度/g·m⁻³ |
|---|---|---|---|
| Zn | 420 | 782 | 6.57 |
| Mg | 650 | 559 | 1.59 |
| Al | 660 | 914 | 2.38 |
| Cu | 1083 | 1360 | 7.79 |
| Ni | 1453 | 1778 | 7.77 |
| Fe | 1537 | 1872 | 7.01 |

反过来，如果材料的尺寸很小，达到纳米量级，表面能也会引起颗粒材料熔点的变化。当颗粒达到纳米量级时，颗粒的表面曲率半径很小，表面能的作用增大，即表面原子比内部原子的能量高，表面原子摆脱键能的束缚就比较容易，熔化可以在正常熔点以下的较低温度发生，即金属微粒的熔点随其尺寸减小而降低，如图 1-10 所示。

针尖与针体的熔点不同，即半径很小的表面（或微粒）比大颗粒（或块体）的熔点低。因曲率半径 $r$ 减小引起的熔点降低值可由下式计算

$$\Delta T = -\frac{2V_S\sigma_{LS}T_m}{\Delta H_m}\frac{1}{r} \tag{1-10}$$

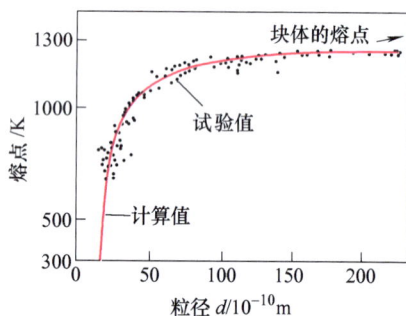

图 1-10 Au 微粒粒径与熔点的关系

式中，$\Delta T = T_r - T_m$，$T_r$、$T_m$ 分别为微粒和块体材料的熔点（K）；$V_S$ 为固相的摩尔体积（m³/mol）；$\Delta H_m$ 为熔化焓（J/mol）。例如，已知金的熔点为1336K，$\Delta H_m = 12370$J/mol，$V_S = 10.2×10^{-6}$m³/mol，$\sigma_{LS} = 0.27$J/m²，求出半径为 0.01μm 的金粒的熔点降低值为

$$\Delta T = -59.5K$$

此计算值与图 1-10 所示的试验值相符。若进一步降低颗粒半径，如半径为 1nm 的颗

粒，其熔点降低值达 595K，即熔点从 1336K 降低到了 741K，其熔点降低十分明显。当然，直径为 2nm 的颗粒也已是非常非常细小的。

（2）温度　大多数金属和合金，如 Al、Mg、Zn 等，其表面张力随着温度的升高而降低。这是因温度升高而使液体质点间的结合力减弱所致。

（3）溶质元素　溶质元素对液态金属表面张力的影响分两大类。使表面张力降低的溶质元素称为表面活性元素，"活性"之义为表面含量大于内部含量，如钢液和铸铁液中的 S 即为表面活性元素，也称正吸附元素。提高表面张力的元素称为非表面活性元素，其表面的含量少于内部含量，称负吸附元素。图 1-11~图 1-13 为各种溶质元素对 Al、Mg 和铸铁液表面张力的影响。

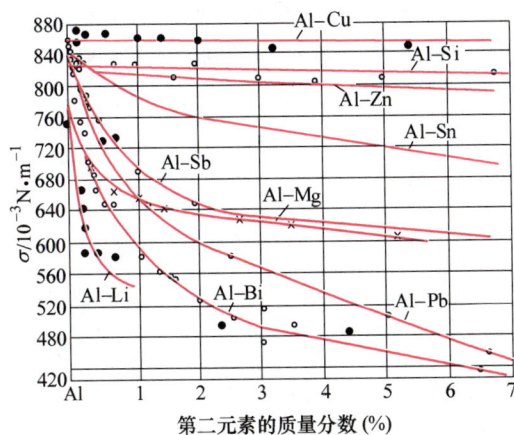

图 1-11　Al 中加入第二组元后表面张力的变化

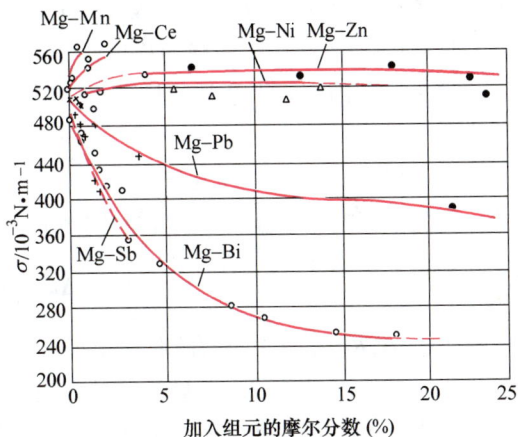

图 1-12　Mg 中加入第二组元后表面张力的变化

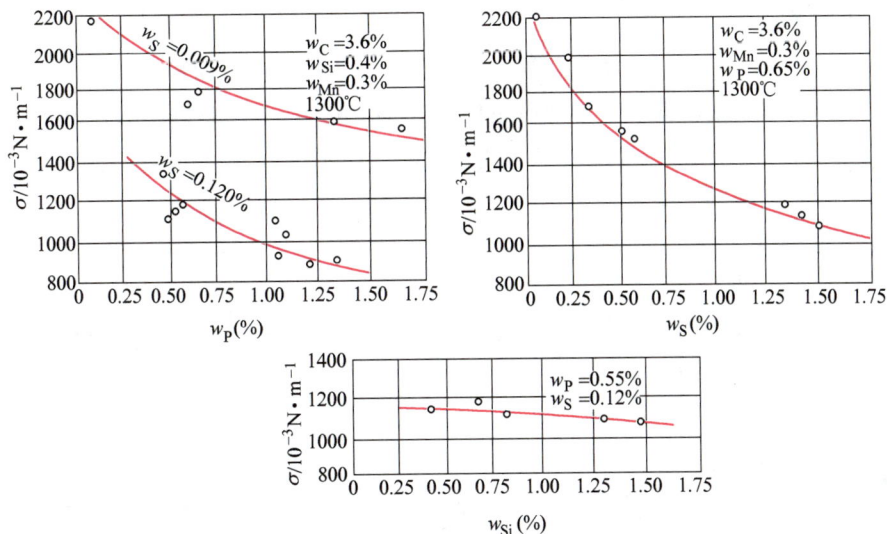

图 1-13　铸铁中 P、S、Si 含量分别对表面张力的影响

加入某些溶质后之所以能改变液体金属的表面张力，是因为加入溶质后改变了熔体表面层质点的力场分布不对称程度。而它之所以具有正（或负）吸附作用，是因为自然界

中系统总是向减少自由能的方向自发进行。表面活性物质跑向表面会使自由能降低，故它具有正吸附作用；而非表面活性物质跑向熔体内部会使自由能升高，故它具有负吸附作用。一种溶质对于某种液体金属来说，其表面活性或非表面活性的程度可用 Gibbs（吉布斯）恒温吸附公式来描述，即

$$V_B = -\frac{c_B}{RT}\frac{d\sigma}{dc_B} \qquad (1-11)$$

式中，$V_B$ 为单位面积液面较内部多吸附的溶质量；$c_B$ 为溶质 B 元素的浓度；$T$ 为热力学温度；$R$ 为摩尔气体常数。

由吉布斯吸附公式可知，当 $d\sigma/dc_B<0$ 时，$V_B>0$，则溶质在界面层的浓度大于在溶液内部的浓度。这种现象称为正吸附。这类溶质称为溶剂的表面活性物质。若 $d\sigma/dc_B>0$ 时，$V_B<0$，则溶质在界面层的浓度小于在溶液内部的浓度。这种现象称为负吸附。这类溶质称为溶剂的非表面活性物质。

### （三）表面或界面张力在材料成形过程中的意义

在材料加工工艺中经常遇到的毛细现象（Capillarity），主要就是受表面张力所控制的。弯曲液面的附加压力 $\Delta p$ 由拉普拉斯（Laplace）方程来描述，即

$$\Delta p = \sigma\left(\frac{1}{R_1}+\frac{1}{R_2}\right) \qquad (1-12)$$

式中，$R_1$ 和 $R_2$ 分别为曲面的曲率半径。

例如，将内径很细的玻璃管，插入能润湿管壁的液体中，则管内液面上升，且呈凹面状（图 1-14）；如果液体不润湿玻璃管（$\theta > 90°$），管内液面下降，且呈凸面状（图 1-15）。这种现象称为毛细管现象。

毛细管现象是由液体对管壁的润湿性引起的。管内液体上升或下降，直接与弯曲液面的附加压力有关。

图 1-14 中，$A$、$B$ 两点压力是相等的。$C$ 点的压力低于 $B$ 点的压力，相差一个附加压力。因表面张力而产生的曲面为球面时，即 $R_1 = R_2 = R$，则上式的附加压力为

$$\Delta p = \frac{2\sigma}{R} \qquad (1-13)$$

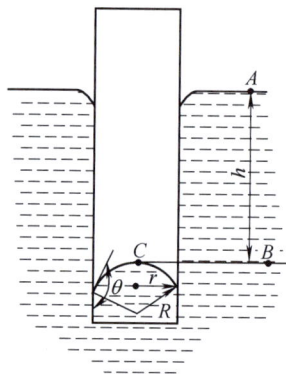

图 1-14　液体润湿管壁示意图　　　　　图 1-15　液体不润湿管壁示意图

液面为凹形时，$\Delta p$ 为负值。因此将液体引进管内，液面上升至液柱压力与其相等时为止。则

$$\frac{2\sigma}{R}=hg(\rho-\rho')$$

式中，$R$ 为凹液面的半径；$\sigma$ 为液体的表面张力；$\rho$ 及 $\rho'$ 分别为液体及液面上方气体的密度；$h$ 为管内液柱上升的高度。当 $\rho'$ 很小时可略去，则

$$\frac{2\sigma}{R}=\rho gh \tag{1-14}$$

又如图 1-14 所示

$$\frac{r}{R}=\cos\theta \tag{1-15}$$

式中，$r$ 为管子的半径。再将式(1-15) 代入式(1-14)，则

$$\frac{2\sigma\cos\theta}{r}=\rho gh$$

$$h=\frac{2\sigma\cos\theta}{\rho gr} \tag{1-16}$$

式(1-16) 说明，$h$ 与附加压力有关，与 $\theta$ 及液体的密度也有关。

液体不润湿管壁的情况，如图 1-15 所示。图中 $C$、$B$ 两点的压力相等，而 $A$ 点压力低于 $B$、$C$ 两点的压力，两者之差也等于弯曲液面上的附加压力。同讨论润湿情况一样，管中液体下降的深度为

$$h=-\frac{2\sigma}{\rho gr}\cos\theta \tag{1-17}$$

毛细管现象不仅在圆形截面管中产生，在任何一个狭窄的管口、裂缝和细孔中皆能出现。

显然附加压力与管道半径成反比。当 $r$ 很小时将产生很大的附加压力，对液态成形（铸造）过程中液态合金的充型性能和铸件表面质量产生很大影响。因此，浇注薄小铸件时必须提高浇注温度和压力，以克服附加压力的阻碍。液态成形过程中所用的铸型或涂料材料的选择是比较严格的。首先所选择的材料与液态合金应是不润湿的，如采用 $SiO_2$、$Cr_2O_3$ 和石墨砂等材料。在这些细小砂粒之间的缝隙中，将会产生阻碍液态合金渗入的附加压力，从而使铸件表面得以光洁。

金属凝固后期，枝晶之间存在的液膜小至微米时，表面张力对铸件的凝固过程的补缩状况对是否出现热裂缺陷有重大的影响。

在熔焊过程中，熔渣与合金液这两相间的作用会对焊接质量产生重要的影响。熔渣与合金液如果是润湿的，就不易将其从合金液中去除，导致焊缝处可能产生夹渣缺陷。

在近代新材料的研究和开发中，如复合材料，界面现象更是担当着重要的角色。

总之，界面现象影响到液态成形加工的整个过程，晶体成核及生长、缩松、热裂、夹杂及气泡等铸造缺陷都与界面张力关系密切。

例：假设铸铁液对铸型的润湿角 $\theta = 150°$，铸型砂粒间的间隙为 0.1cm，铸铁液在 1300℃时的表面张力 $\sigma = 1.80\text{N/m}$，密度 $\rho_{液} = 7100\text{kg/m}^3$。求：欲使铸铁液不浸入铸型而产生机械黏砂，所允许的压头 $h$ 值是多少？

解：铸铁液对铸型的润湿性差，与图 1-15 的情况相似。应用式（1-17）可得允许的临界压头为

$$h = -\frac{2\sigma}{\rho g r}\cos\theta = \frac{2\times1.80}{7100\times9.8\times0.0005}\cos150°\,\text{m} = 0.0896\text{m}$$

## 第四节 半固态金属的流变性及表观黏度

对于液态成形，合金液在浇注、凝固及冷却过程中，合金的流动性是变化的。它影响铸件或材质的质量，如致密度、成分的均匀性、缩松、夹杂和热裂等都与合金的流动性有关。合金液在熔点以上过热温度较高时，即浇注前或浇注过程中可视为牛顿黏性体，合金液的黏性对充型性、夹杂物及气体的排除有重要影响。在凝固温度范围内，当合金液析出 20%（体积分数）的晶体时，合金已如同固体般不能流动，枝晶间的补缩很困难，这是铸件或材料产生缩松的根源，长期得不到解决。对于像钢锭等型材产品，可采用锻造的再加工方法以消除缩松，而对于铸件则难以弥合。

对铸造合金的流变性能研究只是近三四十年的事，特别是近十多年以来。1972 年，Flemings 等人在研究半固态金属浆料黏性的基础上，提出了一种叫流变铸造（Rheocasting）的新的材料成形技术，其工艺过程如图 1-16 所示。将通过机械搅拌或电磁搅拌等方法制备的半固态浆料移送到压铸机等成形设备中，然后压铸或挤压至金属模具中成形为零件。

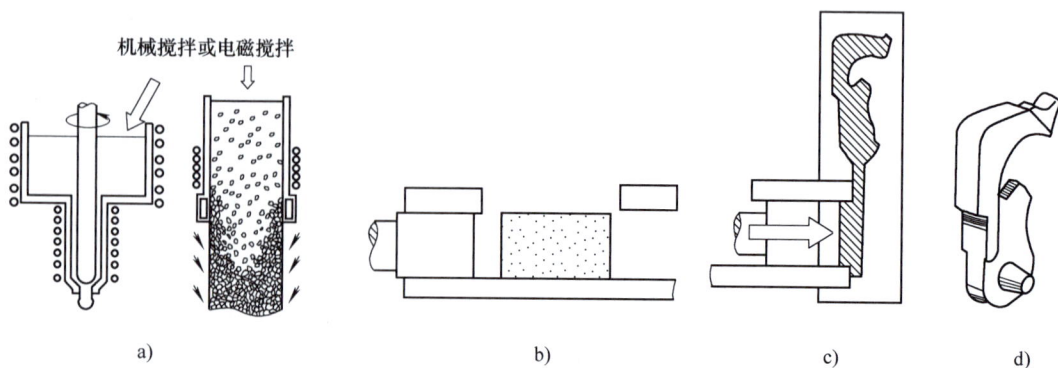

图 1-16 金属的半固态流变成形工艺示意图
a）半固态制浆 b）移送至压室内 c）压铸或挤压成形 d）成品

所谓流变铸造是金属或合金在凝固温度区间给以强烈的搅拌，使晶体的生长形态发

生变化，由本来是静止状态的树枝晶转变为梅花状或接近于球形的晶粒。这样的浆料半固态金属或合金，其流变性发生了剧变，已不再是牛顿型流体，而如宾汉体（Bingham Body）的流变性。如图 1-17 所示，宾汉塑流型流体的切应力与速度梯度的关系为

$$\tau = \tau_0 + \eta \frac{\mathrm{d}v_x}{\mathrm{d}y} \tag{1-18}$$

在流变学（Rheology）等场合，常将稳定态下的速度梯度 $\mathrm{d}v_x/\mathrm{d}y$ 称为剪切速率（Shear Rate），以 $\dot{\gamma}$ 表示。如图 1-17 所示，要使这类流体流动，需要有一定的切应力 $\tau_0$（塑变应力）。当施加的切应力 $\tau$ 小于屈服切应力 $\tau_0$ 时，它如同固体一样不能流动，但可夹持搬动；但当切应力大于或等于屈服切应力 $\tau_0$ 时，即使固相体积分数达到 50% ~ 70%，合金浆料仍具有液态的性质，能很好地流动，即施加压力就可充填型腔，这称为流变铸造或半固态挤压。

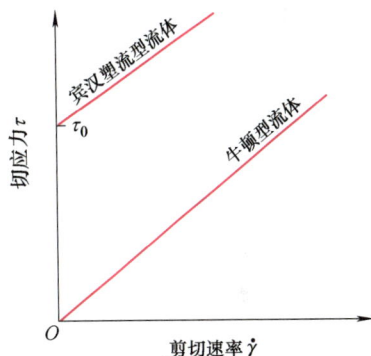

图 1-17　流体的切应力与剪切速率的关系曲线

在很宽的剪切速率范围内，计算半固态浆料黏度的经验公式，可用简单而又常用的关系式是众所周知的"幂定律"模型：

$$\eta_a = K\dot{\gamma}^{n-1} \tag{1-19}$$

式中，$\eta_a$ 为半固态浆料的表观黏度（Apparent Viscosity）（名称区别于服从牛顿黏性定律液体的动力黏度）；$K$ 为稠密度；$n$ 为幂指数系数。

当剪切速率一定时，浆料中的固相率越大，其表观黏度也越大，如图 1-18 所示。表观黏度的增长速度与剪切速率有关，剪切速率越小，表观黏度的增长速度越快。图中当 $\dot{\gamma} = 90\mathrm{s}^{-1}$ 时，浆料中的固相率 $f_s$ 约为 38% 时，浆料已呈现固态的流变性能，不能流动了。同一金属，当 $\dot{\gamma} = 560\mathrm{s}^{-1}$ 时，浆料中的固相率达 60% 时，浆料仍呈现一定的流动性。

图 1-19 所示为半固态金属表观黏度与冷却速度的关系曲线，可见在同一剪切速率下，金属的表观黏度还与连续冷却速度（$\varepsilon$）有关。在半固态浆料的制备过程中，如果金属的冷却速度越小，则半固态金属的表观黏度越低。这可能与金属的晶粒尺寸有关，主要是因为较高的冷却速度容易产生颗粒致密度差和球形差所致。

金属的半固态成形技术具有许多优点。流变铸造或半固态锻造使用的是半固态金属或合金浆料，其中含固态晶粒达 50% 左右或以上，也就是说 50% 左右的金属结晶潜热已经消失，这样显著地降低了金属的温度和热量，减少了对金属模具的热蚀作用，能显著地提高模具的寿命，并可压铸高熔点合金。半固态金属浆料有较大的黏性，压铸时无涡流现象，卷入的空气少，减少甚至消除了气孔、夹杂、缩松等缺陷。

金属或合金液中不易掺入强化相，而半固态金属浆料因黏度较大，强化相可容易地加入其中，为制备新型复合材料开辟了一条广阔的道路，在铝合金中加入氧化铝、碳化硅、石墨等强化的复合材料已在工程上广泛采用。

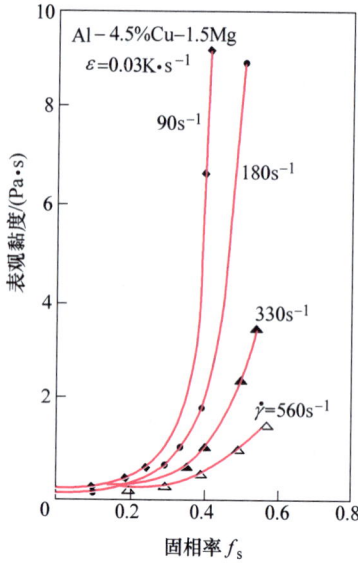

图 1-18　剪切速率对半固态金属
表观黏度的影响

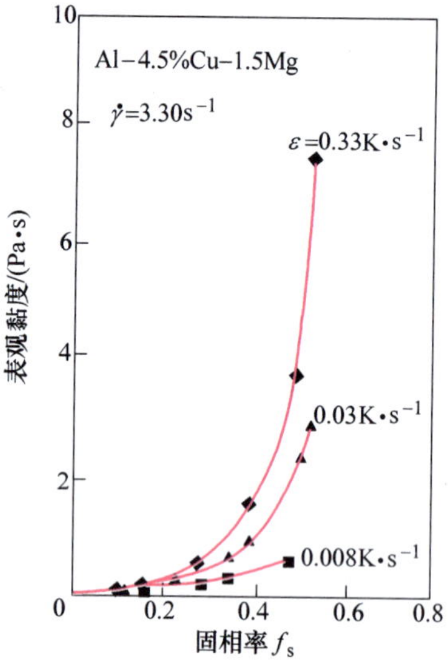

图 1-19　冷却速度对半固态金属
表观黏度的影响

## 习题

1.1　纯金属和实际合金的液态结构有何不同？举例说明。

1.2　液态金属的表面张力和界面张力有何不同？表面张力和附加压力有何关系？

1.3　钢液对铸型不浸润，$\theta = 180°$，铸型砂粒间的间隙为 0.1cm，钢液在 1520℃时的表面张力 $\sigma = 1.5N/m$，密度 $\rho_{液} = 7500kg/m^3$。求产生机械黏砂的临界压力；欲使钢液不浸入铸型而产生机械黏砂，所允许的压头 $h$ 值是多少？

1.4　根据 Stokes 公式计算钢液中非金属夹杂物 MnO 的上浮速度，已知钢液温度为 1500℃，$\eta = 0.0049Pa \cdot s$，$\rho_{液} = 7500kg/m^3$，$\rho_{MnO} = 5400kg/m^3$，MnO 呈球形，其半径 $r = 0.1mm$。

1.5　计算铁液在浇注过程中的雷诺数 $Re$，并指出它属于何种流体流动。已知浇道直径为 20mm，铁液在浇道中的流速为 8cm/s，运动黏度为 $0.307×10^{-6}m^2/s$。

1.6　已知 660℃时铝液的表面张力 $\sigma = 0.86N/m$，求铝液中形成半径分别为 $1\mu m$ 和 $0.1\mu m$ 的球形气泡各需要多大的附加压力？

1.7　何谓流变铸造？用该种工艺生产的产品有何特点？

1.8　阐述半固态金属表观黏度的影响因素。

# 第二章

# 液态成形中的流动与传热

　　液态成形是将熔化的金属或合金在重力或其他外力的作用下注入铸型的型腔中，待其冷却凝固后获得与型腔形状相同的铸件的一种成形方法，如重力铸造、压力铸造、离心铸造等。在这一过程中，液态金属要进行流动，并充满型腔。在充型过程中，以及充型完成后的冷却过程中，液态金属都将与铸型进行热量的交换，并产生凝固。因此，液态金属在充型过程中的流动场，以及凝固过程中的温度场是液态成形中的两个基本问题，对铸件的质量及缺陷的产生有重要的影响。

## 第一节　液态金属的流动性与充型能力

### 一、流动性与充型能力的基本概念

　　液态成形是液态金属充满型腔并凝固后获得符合要求的毛坯或零件的工艺技术。可见，液态金属的充型性能是一种基本的性能。液态金属的充型能力好，零件的形状就完整，轮廓清晰；否则就会产生"浇不足"的缺陷。液态金属的充型能力首先取决于液态金属本身的流动能力，同时又与外界条件密切相关，是各种因素的综合反映。

　　液态金属本身的流动能力称为"流动性"（Fluidity），是由液态金属的成分、温度、杂质含量等决定的，而与外界因素无关。因此流动性也可认为是确定条件下的充型能力（Mould-Filling Ability）。

　　流动性对于排除液态金属中的气体和杂质，凝固过程的补缩、防止开裂，获得优质的液态成形产品有着重要的影响。液态金属的流动性越好，气体和杂质越易于上浮，使金属得以净化。良好的流动性有利于防止缩孔、缩松、热裂等缺陷的出现。液态合金的流动性好，其充型能力强；反之，其充型能力差。不过，充型

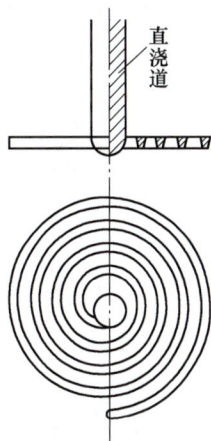

图 2-1　液态金属的螺旋形流动性试验示意图

能力可以通过改变外界条件来提高。

液态合金的流动性可用试验的方法，即用浇注螺旋形流动性试样或真空流动性试样来衡量，如图 2-1 所示。通过比较金属液在相同铸型条件下能够流动的长度，可知道流动性的优劣。

## 二、液态金属的停止流动机理

图 2-2 为纯金属（或共晶成分合金）和窄结晶温度范围合金的停止流动机理示意图。在金属的过热量未散失尽以前为纯液态流动（图 2-2a 第Ⅰ区）。金属液继续流动，冷的前端在型壁上凝固结壳（图 2-2b），而后面的金属液是在被加热了的沟道中流动，冷却强度下降。由于液流通过Ⅰ区终点时，尚具有一定的过热度，将已凝固的壳重新熔化，为第Ⅱ区。所以，该区是先形成凝固壳，又被完全熔化。第Ⅲ区是未被完全熔化而保留下来的一部分固相区，在该区的终点金属液耗尽了过热热量。在第Ⅳ区里，液相和固相具有相同的温度——结晶温度。由于在该区的起点处结晶开始较早，断面上结晶完毕也较早，往往在它附近发生堵塞（图 2-2c）。这类金属的流动性与固体层内表面的表面粗糙度、毛细管阻力，以及在结晶温度下的流动能力有关。

图 2-3 为宽结晶温度范围合金的停止流动机理示意图。在过热热量未散失尽以前，也以纯液态流动。温度下降到液相线以下时，液流中析出晶体，顺流前进，并不断长大（图 2-3a）。液流前端不断与冷的型壁接触，冷却最快，晶粒数量最多，使金属液的黏度增加，流速减慢（图 2-3b）。当晶粒达到某一临界数量时，便结成一个连续的网络，液流的压力不能克服此网络的阻力时，发生堵塞而停止流动（图 2-3c）。

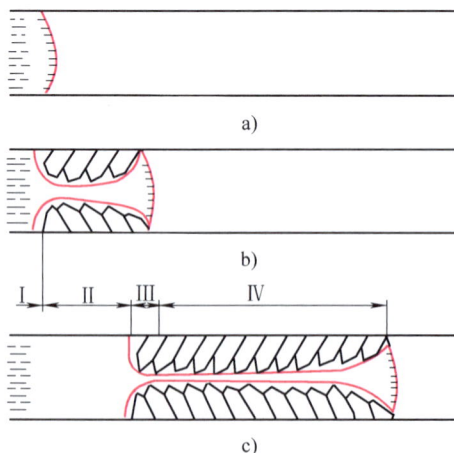

图 2-2　纯金属和窄结晶温度范围
合金的停止流动机理

图 2-3　宽结晶温度范围合金的
停止流动机理

合金的结晶温度范围越宽，枝晶就越发达，液流前端析出相对较少的固相量，也即在相对较短的时间内，液态金属便停止流动。因此，具有最大溶解度的合金，其流动性最小。试验表明，在液态金属的前面析出 15%～20% 的固相时，流动就停止。

### 三、液态金属充型能力的计算

液态金属在过热情况下充填型腔，与型腔之间发生着强烈的热交换，是一个不稳定的传热过程。因此，液态金属对型腔的充填也是一个不稳定的流动过程。由于影响过程的因素很多，难以从理论上准确计算。以下介绍一种计算方法，比较简明地表述了液态合金的充型能力。

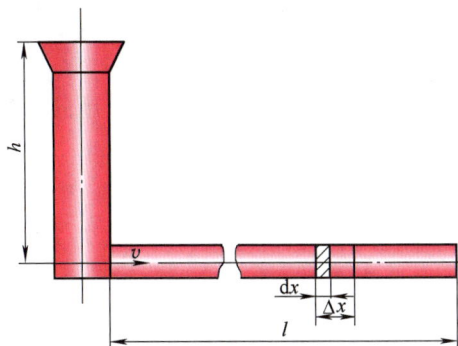

图 2-4　充型过程的物理模型

假设用某液体合金浇一水平圆棒形试样，在一定的浇注条件下合金的充型能力以其能流过的长度 $l$ 来表示（图 2-4）。其值为

$$l = vt \tag{2-1}$$

式中，$v$ 为在静压头 $h$ 作用下液态金属在型腔中的平均流速；$t$ 为液态金属自进入型腔到停止流动的时间。

由流体力学原理可知

$$v = \mu\sqrt{2gh} \tag{2-2}$$

式中，$h$ 为液态金属的静压头；$\mu$ 为流速系数。

关于流动时间的计算，液态金属不同的停止流动机理有不同的计算方法。

对于纯金属或共晶成分的合金，凝固方式呈逐层凝固时，其停止流动是由于液流末端之前的某处从型壁向中心生长的晶粒相接触，通道被堵塞的结果。因此，对于这类液态金属的停止流动时间 $t$，可以近似地认为是试样从表面至中心的凝固时间，可根据热平衡方程求出，凝固时间的计算公式可见式（2-37）。

对于宽结晶温度范围的合金，即体积凝固方式的合金，其液流前端不断地与冷的型壁表面接触。在第一阶段：液态合金只是温度不断地降低直至液相线温度，在此阶段液态合金的流动性很好。第二阶段：即由液相线温度至固相线温度间的凝固区，此时，一方面温度继续降低，另一方面不断地结晶出固相。在液流前端区 $\Delta x$ 范围内，当其固相量达到某一临界值时，则停止流动。故总的停止流动时间为两阶段的时间之和。在这种情况下，可通过建立热平衡方程求解。为使问题简化，对过程可做如下假设：①在自进入型腔直至停止流动的时间内，型腔与液态金属的接触表面温度不变；②液态金属在型腔中以等速流动；③流体横断面上各点温度是均匀的；④热量只按垂直于型壁的方向传导，表面无辐射，沿液流方向无对流。

设液态金属停止流动的时间为 $t$，则 $t$ 为第一阶段的流动时间 $t_1$ 与第二阶段的流动时间 $t_2$ 之和，它们可由下述两个阶段的热平衡方程式分别求得。

第一阶段液态金属的流动时间 $t_1$ 的求解：距液流端部 $\Delta x$ 的 $dx$ 段，在 $dt$ 时间内通过表面积 $dA$ 所散发出的热量，等于该时间内液态金属温度下降 $dT$ 放出的热量，其热平衡方程式为

$$\alpha(T - T_{型})dAdt = -dV\rho_1 c_1 dT \tag{2-3}$$

式中，$T$ 为 d$x$ 段的金属热力学温度（K）；$T_型$ 为铸型的初始热力学温度（K）；d$A$ 为 d$x$ 段与型腔接触的表面面积（m$^2$）；d$V$ 为 d$x$ 段的体积（m$^3$）；$t$ 为时间（s）；$\rho_1$ 为液态金属的密度（kg/m$^3$）；$c_1$ 为液态金属的比热容（J/kg·℃）；$\alpha$ 为传热系数（W/m$^2$·℃）。

第二阶段液态金属的流动时间 $t_2$ 的求解：金属液继续向前流动时开始析出固相。此时，金属液放出的热量由降温和凝固潜热两部分所组成，其热平衡方程式为

$$\alpha(T-T_型)\,\mathrm{d}A\mathrm{d}t=-\mathrm{d}V\rho_1^*c_1^*\,\mathrm{d}T \tag{2-4}$$

式中，$\rho_1^*$ 为合金在液相线 $T_L$ 到 $T_K$ 温度（停止流动温度）范围的密度，近似地 $\rho_1^*=\rho_1$；$c_1^*$ 为合金在 $T_L$ 到 $T_K$ 温度范围内的当量比热容，近似地取

$$c_1^*=c_1+\frac{KL}{T_L-T_K} \tag{2-5}$$

式中，$T_K$ 为液态金属停止流动时的温度；$K$ 为液态金属停止流动时液流前端析出的固体数量；$L$ 为金属的结晶潜热。

分别代入初始条件及边界条件到上述式中，可求出两个阶段的时间，相加并简化处理后得

$$l=vt=\mu\sqrt{2gh}\,\frac{A\rho_1 KL+c_1(T_浇-T_K)}{P\alpha}\,\frac{1}{T_L-T_型} \tag{2-6}$$

式中，$T_浇$ 为合金的浇注温度；$A$ 为试样的断面积；$P$ 为断面积 $A$ 的周长。

### 四、影响充型能力的因素及促进措施

影响充型能力的因素是通过两个途径发生作用的：影响金属与铸型之间热交换条件，从而改变金属液的流动时间；影响金属液在铸型中的水力学条件，从而改变金属液的流速。为便于分析，将影响充型能力的因素归纳为如下四类。

第一类因素——**金属性质方面的因素**：①金属的密度 $\rho_1$；②金属的比热容 $c_1$；③金属的热导率 $\lambda_1$；④金属的结晶潜热 $L$；⑤金属的黏度 $\eta$；⑥金属的表面张力 $\sigma$；⑦金属的结晶特点。

第二类因素——**铸型性质方面的因素**：①铸型的蓄热系数 $b_2$（$b_2=\sqrt{c_2\rho_2\lambda_2}$）；②铸型的密度 $\rho_2$；③铸型的比热容 $c_2$；④铸型的热导率 $\lambda_2$；⑤铸型的温度；⑥铸型的涂料层；⑦铸型的发气性和透气性。

第三类因素——**浇注条件方面的因素**：①液态金属的浇注温度 $T_浇$；②液态金属的静压头 $h$；③浇注系统中压头损失总和 $\sum h_浇$；④外力场（压力、真空、离心、振动等）。

第四类因素——**铸件结构方面的因素**：①铸件的折算厚度 $R$（$R=\dfrac{V(铸件的体积)}{S(铸件的散热表面积)}$ 或 $R=\dfrac{A(铸件的断面积)}{P(断面的周长)}$）；②由铸件结构所规定的型腔的复杂程度引起的压头损失 $\sum h_型$。

根据上述因素中的主要因素，采取相应措施提高充型能力，具体分析如下。

#### 1. 金属性质方面的因素

这类因素是内因，决定了金属本身的流动能力——流动性。

（1）**合金的成分** 图2-5所示为Pb-Sn合金流动性与成分的关系。可以看出，合金的流动性与其成分之间存在着一定的规律性。在流动性曲线上，对应着纯金属、共晶成分的地方出现最大值，而有结晶温度范围的地方流动性下降，且在最大结晶温度范围附近出现最小值。合金成分对流动性的影响，主要是成分不同时，合金的结晶特点不同造成的，可根据前述的液态金属停止流动机理进行分析。

（2）**结晶潜热** 结晶潜热占液态金属含热量的85%～90%，但是，它对不同类型合金的流动性影响是不同的。

纯金属和共晶成分的合金在固定温度下凝固，在一般的浇注条件下结晶潜热的作用能够发挥，是估计流动性的一个重要因素。凝固过程中释放的潜热越多，则凝固进行得越缓慢，流动性就越好。将具有相同过热度的纯金属浇入冷的金属型试样中，其流动性与结晶潜热相对应：Pb的流动性最差，Al的流动性最好，Zn、Sb、Cd、Sn依次居于中间。

对于结晶温度范围较宽的合金，散失一部分（约20%）潜热后，晶粒就连成网络而阻塞流动，大部分结晶潜热的作用不能发挥，所以对流动性影响不大。但是，也有例外的情况，当初生晶为非金属，或者合金能在液相线温度以下呈液固混合状态在不大的压力下流动时，结晶潜热则可能是重要的因素。例如，在相同的过热度下Al-Si合金的流动性，在共晶成分处并非为最大值，而在过共晶区里继续增加（图2-6），就是因为初生Si相是比较规整的块状晶体，且具有较小的机械强度，不形成坚强的网络，能够以液固混合状态在液相线温度以下流动，结晶潜热得以发挥的结果。Si相的潜热为$141\times10^4$J/kg，比α-Al相约大3倍。由于较大的结晶潜热而使流动性在过共晶区继续增长的情况，据目前的资料，只有铸铁（石墨的潜热为$383\times10^4$J/kg，比铁大14倍）、Pb-Sb和Al-Si合金。

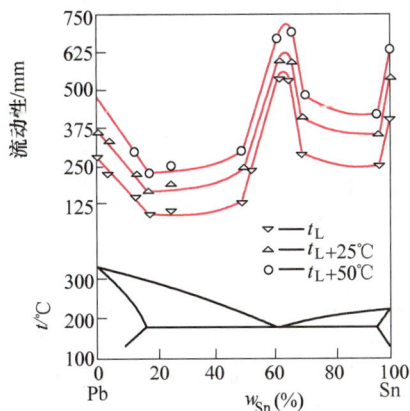

图2-5 Pb-Sn合金流动性与成分的关系　　图2-6 Al-Si合金流动性与成分及过热温度的关系

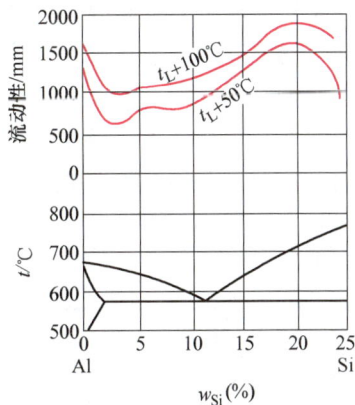

（3）**金属的比热容、密度和热导率** 比热容和密度较大的合金，因本身含有较多的热量，在相同的过热度下保持液态的时间长，流动性好。热导率小的合金，热量散失慢，保持流动的时间长；热导率小，在凝固期间液固并存的两相区小，流动阻力小，故流动性好。

金属中加入合金元素后，一般都使热导率明显下降，使流动性上升。但是，有时加入合金元素后初晶组织发生变化，反而使流动性下降。例如，在Al合金中加入少量的Fe或

Ni，合金的初晶变为发达的枝晶，并出现针状 $FeAl_3$，流动性显著下降。在 Al 合金中加入 Cu，结晶温度范围扩大，也降低流动性。

（4）**液态金属的黏度** 如前所述，液态金属的黏度与其成分、温度、夹杂物的含量和状态等有关。根据水力学分析，黏度对层流运动的流速影响较大，对紊流运动的流速影响较小。实际测得，金属液在浇注系统中或在试样中的流速，除停止流动前的阶段外都大于临界速度，呈紊流运动。在这种情况下，黏度对流动性的影响不明显。在充型的最后很短的时间内，由于通道截面积缩小，或由于液流中出现液固混合物时，特别是在此时因温度下降而使黏度显著增加时，黏度对流动性才表现出较大的影响。

（5）**表面张力** 造型材料一般不被液态金属润湿，即润湿角 $\theta>90°$。故液态金属在铸型细薄部分的液面是凸起的，而由表面张力产生一个指向液体内部的附加压力，阻碍对该部分的充填。所以，表面张力对薄壁铸件、铸件的细薄部分和棱角的成形有影响。型腔越细薄，棱角的曲率半径越小，表面张力的影响越大。为克服附加压力的阻碍，必须在正常的充型压头上增加一个附加压头 $h$。液态金属充填铸型尖角处的能力除与 $\sigma$ 有关外，还与铸型的激冷能力有关。在激冷作用较大的铸型中，可在合金中加入表面活性元素或采用特殊涂料，降低 $\sigma$ 或润湿角 $\theta$。在激冷能力较小或预热的铸型中，如果浇注终了时在尖角处的合金仍为液态，直浇道中的压头则能克服附加压力，而获得足够清晰的铸件轮廓。

如果在液态金属表面上有能溶解的氧化物，如铸铁和铸钢中的氧化亚铁，则润湿铸型。这时附加压力是负值，有助于金属液向细薄部分充填，同时也利于金属液向铸型砂粒之间的孔隙中渗透，促进铸件表面黏砂的形成，这是不利的。

**2. 铸型性质方面的因素**

铸型的阻力影响金属液的充型速度，铸型与金属的热交换强度影响金属液流动时间。所以，铸型性质方面的因素对金属液的充型能力有重要的影响。同时，通过调整铸型性质来改善金属的充型能力，也往往能得到较好的效果。

（1）**铸型的蓄热系数** 铸型的蓄热系数 $b_2$ 表示铸型从其中的金属中吸取并储存于本身中热量的能力。蓄热系数 $b_2$ 越大，铸型的激冷能力就越强，金属液于其中保持液态的时间就越短，充型能力下降。表 2-1 为几种铸型材料的蓄热系数。

表 2-1 几种铸型材料的蓄热系数

| 材料 | 温度 $T/℃$ | 密度 $\rho_2$ /kg·m$^{-3}$ | 比热容 $c_2$ /J·(kg·℃)$^{-1}$ | 热导率 $\lambda_2$ /W·(m·℃)$^{-1}$ | 蓄热系数 $b_2$ /$10^{-4}$J·m$^{-2}$·℃$^{-1}$ |
|---|---|---|---|---|---|
| 铜 | 20 | 8930 | 385.2 | 392 | 3.67 |
| 铸铁 | 20 | 7200 | 669.9 | 37.2 | 1.34 |
| 铸钢 | 20 | 7850 | 460.5 | 46.5 | 1.30 |
| 人造石墨 | | 1560 | 1356.5 | 112.8 | 1.55 |
| 砂 | 1000 | 3100 | 1088.6 | 3.50 | 0.34 |
| 铁屑 | 20 | 3000 | 1046.7 | 2.44 | 0.28 |
| 黏土型砂 | 20 | 1700 | 837.4 | 0.84 | 0.11 |
| 黏土型砂 | 900 | 1500 | 1172.3 | 1.63 | 0.17 |

（续）

| 材料 | 温度 $T$/℃ | 密度 $\rho_2$ /kg·m$^{-3}$ | 比热容 $c_2$ /J·(kg·℃)$^{-1}$ | 热导率 $\lambda_2$ /W·(m·℃)$^{-1}$ | 蓄热系数 $b_2$ /10$^{-4}$J·m$^{-2}$·℃$^{-1}$ |
|---|---|---|---|---|---|
| 干砂 | 900 | 1700 | 1256.0 | 0.58 | 0.11 |
| 湿砂 | 20 | 1800 | 2302.7 | 1.28 | 0.23 |
| 耐火黏土 | 500 | 1845 | 1088.6 | 1.05 | 0.15 |
| 锯末 | 20 | 300 | 1674.7 | 0.174 | 0.0296 |
| 烟黑 | 500 | 200 | 837.4 | 0.035 | 0.0076 |

在金属型铸造中，经常采用涂料调整其蓄热系数 $b_2$。为使金属型浇口和冒口中的金属液缓慢冷却，常在一般的涂料中加入 $b_2$ 很小的石棉粉。

在砂型铸造中，利用烟黑涂料解决大型薄壁铝镁合金铸件的成形问题，已在生产中收到效果。砂型 $b_2$ 与造型材料的性质、型砂成分的配比、砂型的紧实度等因素有关。

（2）**铸型的温度** 预热铸型能减小金属与铸型的温差，从而提高其充型能力。例如，在金属型中浇注铝合金铸件，将铸型温度由 340℃ 提高到 520℃，在相同的浇注温度（760℃）下螺旋线长度则由 525mm 增加到 950mm。用金属型浇注灰铸铁件时，铸型的温度不但影响充型能力，而且影响铸件是否出现白口组织。在熔模铸造中，为得到清晰的铸件轮廓，可将型壳焙烧到 800℃ 以上进行浇注。

### 3. 浇注条件方面的因素

（1）**浇注温度** 浇注温度对液态金属的充型能力有决定性的影响。浇注温度越高，充型能力越好。在一定温度范围内，充型能力随浇注温度的提高而直线上升。超过某界限后，由于金属吸气多，氧化严重，充型能力提高的幅度越来越小。在比较低的浇注温度下，铸钢的流动性随碳含量的增加而提高。浇注温度提高时，碳的影响减弱。

对于薄壁铸件或流动性差的合金，利用提高浇注温度改善充型能力的措施在生产中经常采用，也比较方便。但是，随着浇注温度的提高，铸件一次结晶组织粗大，容易产生缩孔、缩松、黏砂、裂纹等缺陷，因此必须综合考虑。

根据生产经验，一般铸钢的浇注温度为 1520～1620℃，灰铸铁为 1350～1450℃，铝合金为 680～780℃。薄壁复杂铸件取上限，厚大铸件取下限。

（2）**充型压头** 液态金属在流动方向上所受的压力越大，充型能力就越好。在生产中，用增加金属液静压头的方法提高充型能力，也是经常采取的工艺措施。用其他方式外加压力，如压力铸造、低压铸造、真空吸铸等，也都能提高金属液的充型能力。

高压铸造充型
薄壁零件

金属液的充型速度过高时，不仅要发生喷射和飞溅现象，使金属氧化和产生"铁豆"缺陷，而且型腔中气体来不及排出，导致反压力增加，还可能造成浇不足或冷隔缺陷。

（3）**浇注系统的结构** 浇注系统的结构越复杂，流动阻力越大，在静压头相同的情况下充型能力就越差。在铝镁合金铸造中，为使金属流动平稳，常采用的蛇形、片状直浇道，流动阻力大，充型能力显著下降。在铸件上常用的阻流式、缓流式浇注系统，也影响金属液的充型能力。

在设计浇注系统时，必须合理地安排内浇道在铸件上的位置，选择恰当的浇注系统结构和各组元（直浇道、横浇道和内浇道）的断面积，否则，即使金属液有较好的流动性，也会产生浇不足、冷隔等缺陷。

#### 4. 铸件结构方面的因素

衡量铸件结构特点的因素是铸件的折算厚度和复杂程度，它们决定了铸型型腔的结构特点。

（1）铸件的折算厚度（换算厚度、当量厚度、模数） 铸件的壁越薄，折算厚度就越小，就越不容易被充满。

铸件壁厚相同时，在铸型中水平壁和垂直壁相比较，垂直壁容易充满，因此，对薄壁铸件应正确选择浇注位置。

（2）铸件的复杂程度 铸件结构复杂、厚薄部分过渡面多，则型腔结构复杂，流动阻力大，铸型的充填就困难。

## 第二节 凝固过程中的液体流动

液态金属凝固过程中的液体流动主要包括自然对流和强迫对流。自然对流是由密度差和凝固收缩引起的流动。由密度差引起的对流称为浮力流。凝固过程中由传热、传质和溶质再分配引起液态合金密度的不均匀，密度小的液相上浮，密度大的液相下沉，称为双扩散对流。凝固及收缩引起的对流主要产生在枝晶之间。强迫对流是由液体受到各种方式的驱动力而产生的流动，如压力头、机械搅动、铸型振动及外加电磁场等。

凝固过程中液体的流动对传热、传质过程、凝固组织及冶金缺陷有着重要的影响。

### 一、凝固过程中液相区的液体流动

下面采用一维简化模型来分析稳态温度场下的温差对流和溶质浓度差对流。图2-7所示的模型为研究温差对流强度的表示方法。图中左边为一块温度为 $T_2$ 的无限大热板，右边为一块温度为 $T_1$ 的无限大冷板。两板中的液体将由于温差而产生自然对流。两板间各平面的温度分布及对流速度 $v_x$ 分布如图2-7所示。任两平面间因速度差而产生的切应力 $\tau$ 可用牛顿黏性定律来表示

$$\tau = \eta \frac{dv_x}{dy} \tag{2-7}$$

式中，$\eta$ 为动力黏度；$dv_x/dy$ 为速度 $v_x$ 在 $y$ 方向的梯度。于是 $\tau$ 在 $y$ 方向的梯度为

$$\frac{d\tau}{dy} = \eta \frac{d^2 v_x}{dy^2} \tag{2-8}$$

显然，由于 $y$ 方向上各点温度不同，各点的液体密度也不同，这个密度就是引起对流的原因，也是引起切应力梯度的原因。为简便起见，假设液相中温度分布为一直线，中心温度为平均温度，即

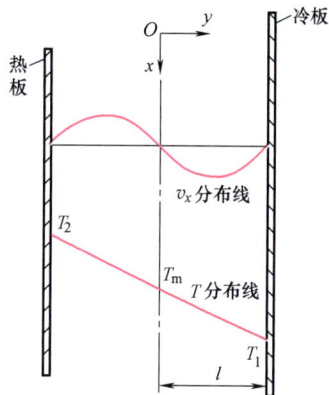

图 2-7 温差对流模型

$$T_\mathrm{m} = \frac{1}{2}(T_1 + T_2) = T_1 + \frac{1}{2}\Delta T = T_2 - \frac{1}{2}\Delta T$$

式中，$\Delta T = T_2 - T_1$。假设密度分布也为直线，于是切应力梯度也可用下式表示

$$\frac{\mathrm{d}\tau}{\mathrm{d}y} = (\rho_T - \rho_0)g \tag{2-9}$$

式中，$\rho_0$ 为平均温度下的密度；$\rho_T$ 为任一温度下的密度。

设 $\alpha_T$ 为液体的温度膨胀系数，则

$$\rho_T - \rho_0 = \rho_0 \alpha_T (T_\mathrm{m} - T) \tag{2-10}$$

因已假设温度分布为直线，故对于 $y$ 处的温度 $T$ 有下列比例关系

$$\frac{T_\mathrm{m} - T}{\frac{1}{2}\Delta T} = \frac{y}{l} \tag{2-11}$$

将式（2-11）代入式（2-10），再代入式（2-9）和式（2-8），得

$$\eta \frac{\mathrm{d}^2 v_x}{\mathrm{d}y^2} = \frac{1}{2}\rho_0 \alpha_T g \Delta T \left(\frac{y}{l}\right) \tag{2-12}$$

积分，并利用边界条件 $y = \pm l$ 或 $y = 0$ 时，$v_x = 0$，求得式（2-12）之解为

$$v_x = \frac{\rho_0 \alpha_T g \Delta T l^2}{12\eta}(\varphi^3 - \varphi) \tag{2-13}$$

式中，$\varphi = y/l$ 为相对距离或无量纲距离。

同时也可以将 $v_x$ 表达成无量纲速度（雷诺数 $Re$），由于

$$Re = \frac{l v_x}{\nu} = \frac{l v_x \rho_0}{\eta} \tag{2-14}$$

将式（2-13）代入式（2-14），得

$$Re = \frac{\rho_0^2 \alpha_T g \Delta T l^3}{12\eta^2}(\varphi^3 - \varphi) \tag{2-15}$$

简写成

$$Re = Gr_T \frac{1}{12}(\varphi^3 - \varphi) \tag{2-16}$$

式中

$$Gr_T = \frac{\rho_0^2 \alpha_T g \Delta T l^3}{\eta^2} \tag{2-17}$$

式（2-17）中 $Gr$ 为格拉晓夫（Grashof）数，下标 $T$ 表示由于温度差而引起的对流强度，$Gr_T$ 大的体系其对流强度也大。

同理，因浓度差所引起的对流强度，用格拉晓夫数可表示为

$$Gr_C = \frac{\rho_0^2 \alpha_C g \Delta C l^3}{\eta^2} \tag{2-18}$$

式中，$\Delta C$ 为浓度差；$\alpha_C$ 为液体的浓度膨胀系数。

从式（2-16）可以看出，自然对流的速度取决于格拉晓夫数的大小，因而可以将它看成是温度差或浓度差引起自然对流的驱动力。

## 二、液态金属在枝晶间的流动

具有宽结晶温度范围的合金，如 Al-7%Si、Sn-15%Pb 等，凝固过程中会生成发达的树枝晶，形成大范围的液相固相共存区域（糊状区），未凝固的液体会在枝晶之间流动。液体在枝晶间的流动驱动力来自三个方面，即：凝固时的收缩，由于液体成分变化引起的密度改变，以及液体和固体冷却时各自收缩所产生的力。枝晶间液体的流动也就是在糊状区的补缩流动。枝晶间的距离一般在 10μm 量级，从流体力学的观点来看，可将枝晶间液体的流动作为多孔性介质中的流动处理。但要考虑到液体的流量随时间而减少，而且要考虑到固、液两相密度不同及散热降温的影响。因此，液体在枝晶间的流动远比流体在多孔性介质中的流动复杂得多。

流体通过多孔性介质的速度一般用达西（Darcy）定律来表示，即

$$v = -\frac{K}{\eta f_L}(\nabla p + \rho_L g) \tag{2-19}$$

式中，$f_L$ 为液体体积分数；$\nabla p$ 为压力梯度；$\eta$ 为液体的动力黏度；$\rho_L$ 为液体的密度；$g$ 为重力加速度；$K$ 为多孔介质的渗透率，与液体体积分数有关：

当 $f_L > 0.245$ 时：$\qquad K = \lambda_1 f_L^2$

当 $f_L < 0.245$ 时：$\qquad K = \lambda_2 f_L^6$

式中，$\lambda_1$、$\lambda_2$ 为试验常数。

由上述公式可以看出，在凝固后期，固相分数很大时，渗透率 $K$ 随液体体积分数的减小而迅速减小，流动会变得极其困难。宽结晶温度范围的合金，树枝晶发达，凝固过程最后的收缩往往得不到液流的补充，而形成收缩缺陷（称为缩松），导致产品的多种性能（如力学性能、耐压防渗漏性能、耐腐蚀性能等）下降。因此，宽结晶温度范围合金液态成形时要特别注意补缩。

# 第三节 凝固过程中的热量传输

在材料的热加工过程中常常伴随有热的传递。传热有三种基本方式：传导传热、对流换热和辐射换热。在凝固过程中，液态金属（合金）的过热热量和凝固潜热，主要是以热传导的方式向铸型等外界释放的。传热强度影响到铸件中的温度分布和凝固方式。此外，缩松、变形、裂纹等缺陷也与传热或温度分布关系密切。因此，认识材料成形过程中的传热规律，就可以合理地控制它，以便使凝固过程按人们的意图进行。

## 一、铸件凝固传热的数学模型

液态金属浇入铸型后在型腔内的冷却凝固过程，是一个通过铸型向周围环境散热的过程。在这个过程中，铸件和铸型的内部温度分布是随时间而变化的。从传热方式看，这一散热过程是按导热、对流及辐射三种方式综合进行的，显然，对流和辐射主要发生在边界上。当液态金属充满型腔后，如果不考虑铸件凝固过程中液态金属发生的对流现象，铸件

凝固过程可看成是一个不稳定导热过程，因此铸件凝固过程传热的数学模型符合不稳定导热偏微分方程。但必须考虑铸件凝固过程中的潜热释放。

从传热学知道，对于一个三维导热的铸件，当单位体积内热源的热能为 $\dot{Q}$ 时，导热微分方程式的一般形式如下

$$\frac{\partial T}{\partial t} = \frac{\lambda}{\rho c}\left(\frac{\partial^2 T}{\partial x^2} + \frac{\partial^2 T}{\partial y^2} + \frac{\partial^2 T}{\partial z^2}\right) + \dot{Q} \qquad (2\text{-}20)$$

式中，$\lambda$ 为热导率 $[W/(m \cdot K)]$；$\rho$ 为密度（$kg/m^3$）；$c$ 为比热容 $[J/(kg \cdot K)]$；$T$ 为温度（K）。

在凝固过程中，内热源即为液-固转变所释放的潜热。假定单位体积、单位时间内固相部分的增加率为 $\partial f_S / \partial t$，释放的潜热为

$$\rho L \frac{\partial f_S}{\partial t}$$

式中，$L$ 为结晶潜热（$J/kg$）；$f_S$ 为凝固时固相体积分数。因此，对于一维导热，考虑了潜热的不稳定，导热微分方程由式(2-20) 可简化为

$$\rho c \frac{\partial T}{\partial t} = \lambda \frac{\partial^2 T}{\partial x^2} + \rho L \frac{\partial f_S}{\partial t} \qquad (2\text{-}21)$$

此外，影响铸件凝固过程的因素众多，在求解中若要把所有的因素都考虑进去是不现实的。因此对铸件凝固过程必须进行合理的简化，为了问题的求解，一般做如下基本假设：

1）认为液态金属在瞬时充满铸型后开始凝固——假定初始液态金属温度为定值，或为已知各点的温度值。

2）不考虑液、固相的流动——传热过程只考虑导热。

3）不考虑合金的过冷——假定凝固是从液相线温度开始，固相线温度结束。

根据以上假设则可得到铸件凝固传热数学模型。以一维系统为例（图 2-8），在铸件中不稳定导热的控制方程表达式为

$$\rho_1 c_1 \frac{\partial T}{\partial t} = \lambda_1 \frac{\partial^2 T}{\partial x^2} + \rho_1 L \frac{\partial f_S}{\partial t} \qquad (2\text{-}22)$$

式中，$\rho_1$、$\lambda_1$、$c_1$ 分别为铸件金属的密度、热导率、比热容。式(2-22) 左边表示铸件中的热积蓄项（单位时间内能的变化），右边第一项表示导热项，第二项为潜热项。

在铸型中，不稳定导热的控制方程的表达式为

$$\rho_2 c_2 \frac{\partial T}{\partial t} = \lambda_2 \frac{\partial^2 T}{\partial x^2} \qquad (2\text{-}23)$$

式中，$\rho_2$、$\lambda_2$、$c_2$ 分别为铸型材料的密度、热导率、比热容。

初始条件的处理：根据前述基本假设 1），认为铸型被瞬时充满，故有

$$T(x, O) = T_{01}（在铸件区域中）$$

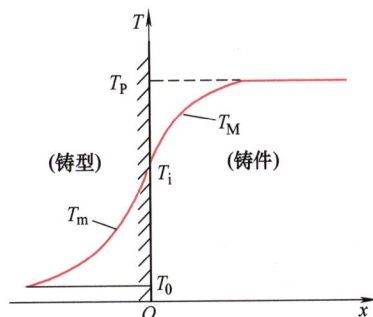

图 2-8　铸件-铸型界面温度分布模型

$$T(x,O) = T_{02}(在铸型区域中)$$

一般 $T_{01}$ 定为等于或略低于浇注温度，$T_{02}$ 为室温或铸型预热温度。假定在浇注瞬间，因铸件尚未开始凝固，铸型和液态金属的接触是完全的，其共同的界面温度为 $T_i$。除了界面附近外，离界面较远处的液态金属和铸型温度尚未来得及变化，仍保持浇注温度 $T_P$ 和浇注时的铸型温度 $T_0$，如图 2-8 所示。

下面分析求 $T_i$ 和界面附近温度的过程。在界面附近可以假定只有一维导热，即服从

$$\frac{\partial T}{\partial t} = a\frac{\partial^2 T}{\partial x^2} \tag{2-24}$$

式中，$a$ 为热扩散率（$m^2/s$），$a = \lambda/\rho c$。上式的通解为

$$T = A + B\,\mathrm{erf}\left(\frac{x}{2\sqrt{at}}\right) \tag{2-25}$$

式中，$\mathrm{erf}(x)$ 为高斯误差函数，可查表求得。其性质为：$x = 0$，$\mathrm{erf}(x) = 0$；$x = \infty$，$\mathrm{erf}(x) = 1$；$x = -\infty$，$\mathrm{erf}(x) = -1$。可见 $\mathrm{erf}(x)$ 值在 $-1 \sim 1$ 之间。

在铸件一侧，边界条件为：当 $x = 0$ 时，$T = T_i$（界面处温度）；$x = \infty$ 时，$T = T_P$（浇注温度）。分别代入式（2-25），可得

$$A = T_i;\ B = T_P - T_i$$

于是有

$$T_M = T_i + (T_P - T_i)\,\mathrm{erf}\left(\frac{x}{2\sqrt{a_M t}}\right) \tag{2-26}$$

在铸型一侧，边界条件为：当 $x = 0$ 时，$T = T_i$；$x = -\infty$ 时，$T = T_0$。分别代入式（2-25）可得

$$A = T_i;\ B = T_i - T_0$$

于是有

$$T_m = T_i + (T_i - T_0)\,\mathrm{erf}\left(\frac{x}{2\sqrt{a_m t}}\right) \tag{2-27}$$

式中，$T_M$、$T_m$ 分别为铸件和铸型的温度；$a_M$、$a_m$ 分别为铸件和铸型的热扩散率。

在界面上金属导出的热量等于传入铸型的热量，应有

$$\lambda_M\left(\frac{\partial T_M}{\partial x}\right)_{x=0} = \lambda_m\left(\frac{\partial T_m}{\partial x}\right)_{x=0} \tag{2-28}$$

因为

$$\left(\frac{\partial T_M}{\partial x}\right)_{x=0} = \frac{T_P - T_i}{\sqrt{\pi a_M t}}$$

$$\left(\frac{\partial T_m}{\partial x}\right)_{x=0} = \frac{T_i - T_0}{\sqrt{\pi a_m t}}$$

所以代入式（2-28）后得

$$T_i = \frac{b_m T_0 + b_M T_P}{b_m + b_M} \tag{2-29}$$

式中，$b_M$、$b_m$ 分别为铸件和铸型的蓄热系数，$b=\sqrt{\lambda\rho c}$。物体的蓄热系数表示物体向与其接触的高温物体吸热的能力。

## 二、凝固潜热的处理

铸件在凝固过程中会释放出大量的潜热。铸件凝固冷却过程实质上是铸件内部过热热量（显热）和潜热不断向外散失的过程。过热热量的释放与材料的比定压热容 $c_p$ 和温度变化量 $\Delta T$ 密切相关；而潜热的释放仅取决于材质本身发生相变时所反映出的物理特性。在铸件凝固冷却过程释放出的总热量中，金属过热热量仅占 20% 左右，凝固潜热约占 80%，凝固潜热占有相当大的比例。以纯铜为例，凝固潜热 $L$ 为 211.5kJ/kg，在熔点附近的液态比定压热容 $c_{pL}$ 为 0.46kJ/（kg·℃），则可由下式求出其等效温度区间 $\Delta T^*$ 为

$$\Delta T^* = \frac{L}{c_{pL}} \tag{2-30}$$

对于纯铜 $\Delta T^*$ 为 456℃，即表明凝固时放出的潜热量相当于温度下降 456℃时所放出的过热热量（显热）。可见，潜热对铸件凝固数值计算的精度起着非常关键的作用。

式（2-21）表示考虑了凝固潜热释放的不稳定的导热偏微分方程。若对于式（2-21）表示的一维问题做如下变更

$$\rho L \frac{\partial f_S}{\partial t} = \rho L \frac{\partial f_S}{\partial T} \frac{\partial T}{\partial t}$$

并把潜热项移到左边，则式（2-21）变为

$$\rho\left(c - L\frac{\partial f_S}{\partial T}\right)\frac{\partial T}{\partial t} = \lambda \frac{\partial^2 T}{\partial x^2} \tag{2-31}$$

由上式可见，如果固相体积分数 $f_S$ 和温度 $T$ 的关系为已知，则式（2-31）就能很容易地进行数值求解。

由于合金材质不同，潜热释放的形式也不同，在数值计算中也应采取不同的潜热处理方法。常用的方法有温度补偿法、等价比热容法、热焓法等。

## 三、铸件凝固温度场的测量

### 1. 温度场

测温法测温度场是通过向被测物中安放热电偶来实现的，其主要技术是放置热电偶位置的选择和数据的处理。以无限长圆柱铸件为例，沿半径方向间隔一定距离放置热电偶，如图 2-9a 所示，其中 1 为边缘，6 为中心。图 2-9b 为由仪器直接记录的 $T$-$t$ 曲线。图 2-9c 为根据 $T$-$t$ 曲线做出的圆柱截面的温度场，由图可确定任何位置和时刻的温度。

### 2. 凝固动态曲线

将图 2-9 中给出的液相线和固相线温度直线与 $T$-$t$ 曲线各交点分别标注在 $(x/R)$-$t$ 坐标系上，再将各液相线的交点和各固相线的交点分别相连，即得到液相线边界曲线和固相线边界曲线，两者组成动态凝固曲线（图 2-9d）。纵坐标中的 $x$ 为型腔边缘到中心方向的距离，分母 $R$ 是圆柱体半径。因凝固是从型腔边缘向中心推进的，所以 $x/R=1$ 表示已凝固至中心。图 2-9e 是根据凝固曲线绘制的圆柱体铸件横断面在 $t_1$ 时刻的凝固结构图。可

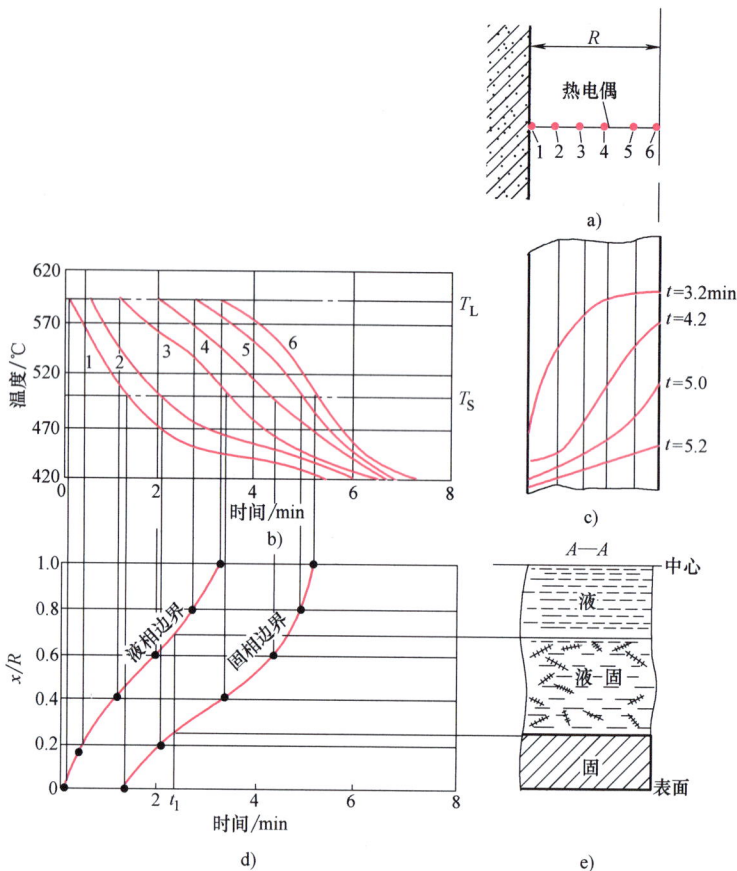

图 2-9　无限长圆棒试样测温及结果处理

a）热电偶位置　b）冷却曲线　c）断面温度场　d）动态凝固曲线　e）断面凝固结构

见从边缘至 $0.25R$ 左右区间已凝固，即凝固层厚度；$0.25R$ 至 $0.7R$ 区间为凝固区；$0.7R$ 至 $1.0R$ 区间为液相区。当液相边界和固相边界的垂直距离（图 2-9d、e，图 2-9a 中为水平距离）越宽时，则该铸件的凝固范围也越宽。

### 四、铸件的凝固方式及影响因素

动态凝固曲线（图 2-9d）的垂直距离很小或等于零时，这时铸件凝固区很小或根本没有，称这种凝固方式为层状凝固方式（也称逐层凝固）；若垂直距离很大，凝固范围很大时，称为体积凝固（也称糊状凝固）；介于两者之间的称为中间状凝固方式。一般地，具有层状凝固方式的铸件，凝固过程中容易补缩，组织致密，性能好；具有体积凝固方式的铸件，不易补缩，易产生缩松、夹杂、开裂等缺陷，铸件的性能差。

影响铸件凝固方式的因素有二：一是合金的化学成分；二是铸件断面上的温度梯度。纯金属和共晶成分的合金，凝固温度区间（液相线与固相线之差）$T_L - T_S = 0$，属层状凝固，如图 2-10a 所示。当合金的液相线温度与固相线温度相差很大时，此时凝固范围很宽，则属体积凝固方式，如图 2-10c 所示。但是，若温度梯度较小时，如图 2-10d 所示的

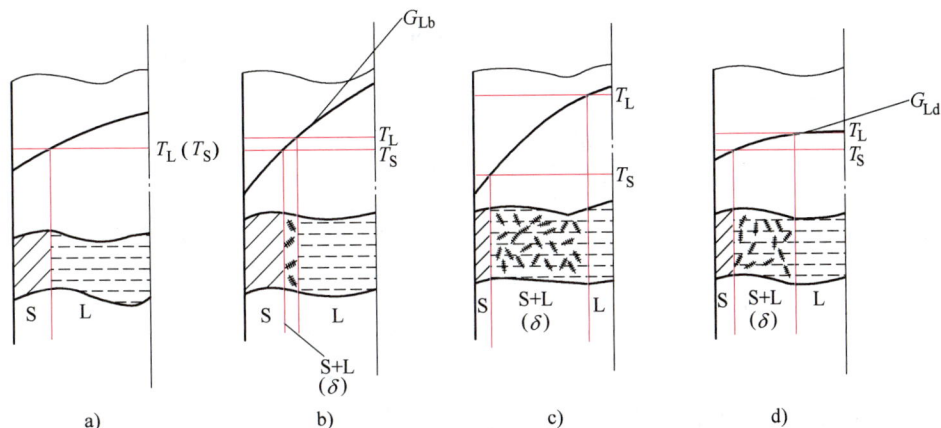

图 2-10　合金成分和温度梯度对铸件凝固方式的影响

a)、b) 为层状凝固　c)、d) 为体积凝固

合金成分同图 2-10b 完全一样，但后者的冷却速度慢，温度梯度小（$G_{Ld} < G_{Lb}$），导致铸件的凝固方式由层状变成体积的凝固方式。温度梯度可表示为

$$G_L = \frac{T_L - T_S}{\delta} \quad\quad (2\text{-}32)$$

因此，凝固区间宽度 $\delta$ 为

$$\delta = \frac{T_L - T_S}{G_L} \quad\quad (2\text{-}33)$$

所以，$G_L$ 小导致凝固范围 $\delta$ 大。

# 第四节　铸件的凝固时间

铸件的凝固时间是指液态金属充满铸型的时刻至凝固完毕所需要的时间。单位时间凝固层增长的厚度称为凝固速度。凝固时间是制订液态成形工艺的重要参数。

确定铸件凝固时间的方法有理论计算法、经验公式计算法和数值模拟法，在此只叙述理论计算法，并以无限大平板铸件为例来计算凝固时间。同时，简介一下数值模拟法。

## 一、理论计算法

以下的分析计算基于如下的假设条件：

1）金属/铸型界面为无限大平面，铸件与铸型壁厚均为无限大。

2）凝固是在恒定温度下进行的。

3）除结晶潜热外，在凝固过程中没有任何其他热量释放出来。

4）金属与铸型的热物理性质不随时间而变化。

5）金属液的对流作用所引起的温度场变化可忽略不计。

参考图 2-8，由式（2-27）得铸型温度分布方程为

$$T_m = T_i + (T_0 - T_i) \, \text{erf}\left(\frac{x}{2\sqrt{a_m t}}\right)$$

对上式在界面 $x = 0$ 处求导

$$\frac{\partial T_m}{\partial x} = (T_0 - T_i)\frac{1}{\sqrt{\pi a_m t}}$$

根据傅里叶导热定律 $q = -\lambda(\text{d}T/\text{d}x)$，得出通过铸型界面的热流密度 $q_2$（单位面积的热流量，$\text{W/m}^2$）为

$$q_2 = \lambda_m (T_i - T_0)\frac{1}{\sqrt{\pi a_m t}} = \frac{b_m(T_i - T_0)}{\sqrt{\pi t}} \tag{2-34}$$

将上式积分得 $0 \sim t$ 时间段内流过铸型表面积 $A_2$ 受热表面的热量 $Q_2$（J）为

$$Q_2 = \int_0^t A_2 q_2 \text{d}t = \frac{2A_2 b_m}{\sqrt{\pi}}(T_i - T_0)\sqrt{t} \tag{2-35}$$

在同一时间内铸件所放出的热量为凝固潜热与过热温度段释放的显热两部分之和，即

$$Q_1 = V_1 \rho_1 [L + c_1(T_P - T_S)] \tag{2-36}$$

假设铸件放出的热量全部由铸型吸收，即 $Q_1 = Q_2$，且 $A_1 = A_2$，得

$$\sqrt{t} = \frac{\sqrt{\pi}}{2}\frac{V_1 \rho_1}{A_1 b_m}\left[\frac{L + c_1(T_P - T_S)}{T_i - T_0}\right] \tag{2-37}$$

如前所述，在计算铸件温度场时，为便于数学处理做了许多假设，因此引用其结论计算出来的凝固时间只是近似的，可供参考。同时以下的数值模拟法现在在科学研究和生产中已广泛应用，其计算出的凝固时间更为准确。

### 二、数值模拟法

铸造过程数值模拟技术是本学科发展的前沿之一，包含金属液充型过程及凝固过程分析，缩松、缩孔预测，应力场分析及微观组织模拟等。铸造过程中流动场、温度场计算主要是对铸件中可能产生的缩孔、缩松、卷气、浇不足等宏观缺陷进行预测，优化工艺设计，控制铸件内部质量。铸件凝固过程的数值模拟是一个多学科交叉的研究领域，它涉及材料学、传热学、计算机图形学、数值计算方法、偏微分方程的数学理论和铸造工艺理论等。随着计算机技术和数值模拟技术的不断发展，过去十多年来铸件充型及凝固数值模拟研究的进展较快，已形成商业化软件，并进入工程化应用。

因此，此处的凝固时间计算只是数值模拟的内容之一，主要涉及凝固过程中的温度场计算。也就是对于一个任意形状的零件，在给定的边界条件下对式（2-20）进行求解。由于铸件的充型流动过程中也存在着热交换，因此目前凝固过程数值模拟已经耦合了温度场与流动场的计算，可以给出相当准确的温度场信息。

温度场的数值模拟主要包括材料参数、初始条件、边界条件和结晶潜热的处理方法，各种数值算法的具体实现等。铸件的凝固过程计算包含温度场分布、凝固百分比、冷却速率、固相率分布及缩孔/缩松预测等多种数据的计算。导热偏微分方程式（2-20）的计算是温度场的核心部分，数值离散方法的基本思想是：把原来的时间、空间坐标中连续的温

度场，用有限个离散点上值的集合来代替，按一定方式建立起关于这些值的代数方程并进行求解，以获得温度场的近似解。常用的基本方法有：有限差分法 FDM（Finite Difference Method）、有限元法 FEM（Finite Element Method）、直接差分法 DFDM（Direct Finite Difference Method）和边界元法 BEM（Boundary Element Method）。具体内容将在后续课程"材料加工 CAD/CAM 基础"中介绍。

下面通过一个具体的实例说明利用数值模拟方法计算凝固时间。

图 2-11 为某摩托车轮毂重力金属型铸造凝固过程数值模拟结果。铝合金轮毂的轮辋宽为 110mm，直径为 490mm，壁厚为 7～10mm。采用重力金属型铸造方法，中心浇注，铝液通过 5 个辐条流向圆周，最后充满轮辋上部几个补缩用的明冒口。

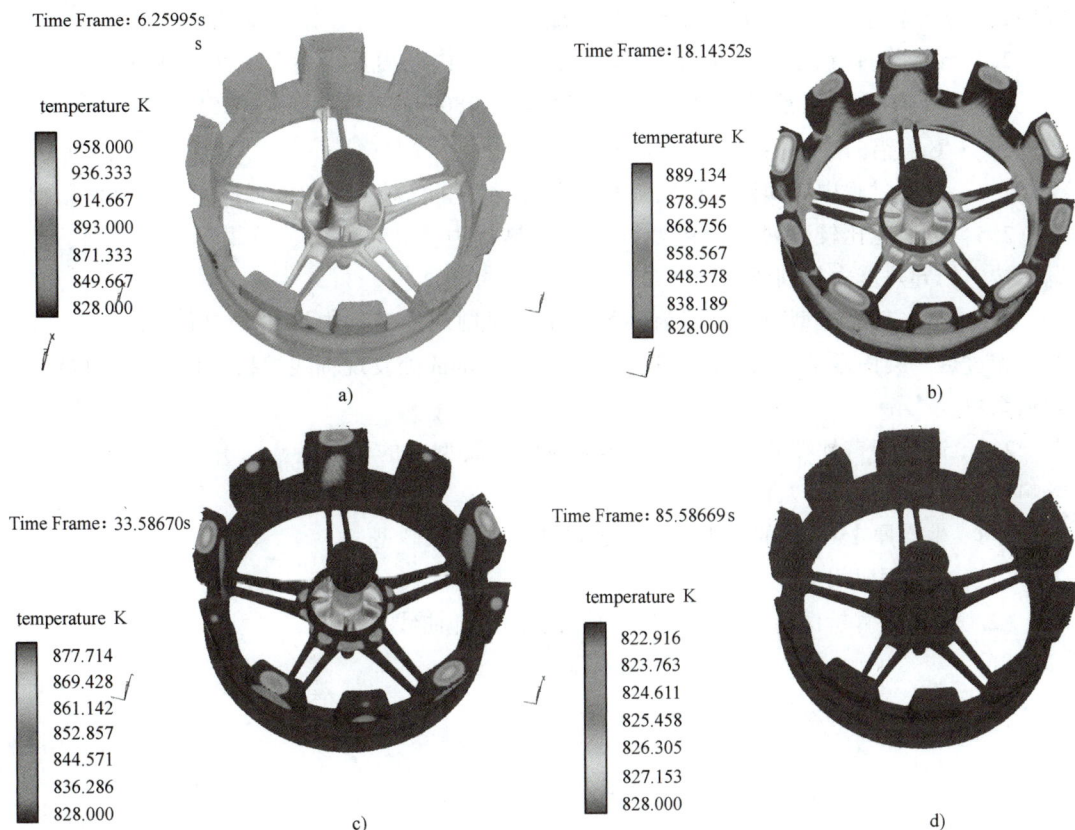

图 2-11　某摩托车轮毂重力金属型铸造凝固过程数值模拟结果

a) 刚开始凝固　b) 凝固体积 20%　c) 凝固体积 55%　d) 凝固完毕

数值模拟条件为：铸件材料为 ZL101A 铝合金，本合金的固相线为 555℃（828K）；铝液浇注温度为 685℃；金属型模具温度为 450℃，模具冷却水温为 50℃。由图 2-11 的模拟结果可知，从浇注开始计算，5.76s 时铸型充满，6.26s 时零件开始凝固。到 18.14s 时凝固了 20%（图 2-11b），轮辋下部及冒口周围已凝固。到 33.59s 时凝固了 55%（图2-11c），辐条已

轮毂充型时间
5.76s数值
模拟计算

凝固，轮辋大部及冒口一部分已凝固，冒口大部分及中心毂部大部分还未凝固。到85.59s时凝固完毕（图2-11d）。因此，若从铸件开始凝固时计算时间，则整个凝固时间为79.33s。所以，采用数值模拟方法计算凝固时间是比较准确的，对制订生产工艺具有重要意义。

## 习题

2.1　液态合金的流动性和充型能力有何异同？如何提高液态金属的充型能力？

2.2　浇注一半径为 $r$ 的细长圆棒，试证明液态金属在型腔流经 $L$ 长时的温度降为

$$\Delta T = \frac{2\alpha(T_0 - T_{型})L}{r\rho_1 c_1 v}$$

式中，$v$ 为液态金属流速；$T_0$ 为 $x=0$ 处的温度。

2.3　试证明铁在熔点浇入铝制铸型中，铝铸型内表面不会熔化。生产实际中为什么又不用铝做铸型？铁液的热物性参数为 $\rho_1 = 7800 kg/m^3$，$\lambda_1 = 46.5 W/m \cdot ℃$，$c_1 = 455 J/kg \cdot ℃$，铝的热物性参数为 $\rho_2 = 2707 kg/m^3$，$\lambda_2 = 204 W/m \cdot ℃$，$c_2 = 896 J/kg \cdot ℃$。

2.4　凝固过程中金属液体的对流分哪几种类型？它对材质和成形产品质量有何影响？

2.5　定性地比较下列各种铸型材料的导热能力：砂、石膏、石墨、铸铁、钢、铝、铜，按它们导热能力排列顺序。

2.6　在一面为砂型而另一面为某种专用材料制成的铸型中浇注厚50mm的铝板，浇注时无过热。凝固后检验其组织，在位于砂型37.5mm处发现轴线缩松，计算专用材料的蓄热系数。

2.7　试分析铸件在砂型、涂有绝热涂料的金属型中的传热特点，并分析这两种情况影响传热的限制性环节及温度场特点。

2.8　生产厚250mm的铝板，在无过热情况下浇入砂型。

（1）求凝固时间 $t$。

（2）用数学解析法求62.5mm和中心两点的冷却曲线。

# 第三章

# 液态金属的凝固形核及生长方式

液态金属转变成固态的过程称为液态金属的凝固，或称金属的一次结晶。"凝固"（Solidification）与"结晶"（Crystallization）都是指固液相变过程，只不过结晶不能包含液态金属快速冷却时成为非晶态的情况，因此凝固的概念更广泛，并更具有工程或工艺上的意义，而结晶更具有金属物理的意义。液态金属的凝固过程决定着铸件凝固后的显微组织，并影响随后冷却过程中的相变、过饱和相的析出、铸件的热处理过程以及凝固过程中的偏析、气体析出、补缩过程和裂纹形成等，因此它对铸件的质量、性能及其工艺过程都具有极其重要的作用。本章从热力学和动力学的观点出发，通过形核和生长过程阐述液态金属凝固过程的基本规律。

## 第一节　凝固的热力学条件

液态金属的凝固过程是一种相变，根据热力学分析，它是一个降低系统自由能的自发进行的过程。系统的吉布斯自由能 $G$ 可表示为

$$G = H - TS \tag{3-1}$$

式中，$H$ 为焓；$T$ 为热力学温度；$S$ 为熵。

纯金属液、固两相体积吉布斯自由能 $G_L$ 和 $G_S$ 均随温度的升高而降低，如图 3-1 所示。由于结构高度紊乱的液相具有更高的熵值，液相自由能 $G_L$ 将以更大的速率随着温度的升高而下降。而高度有序的晶体结构具有更低的内能，因此在低温下固相自由能 $G_S$ 低于液相自由能 $G_L$，并于某一温度 $T_m$ 处两者相交。当 $T = T_m$ 时，$G_L = G_S$，固、液两相处于热力学平衡状态，$T_m$ 即为纯金属的平衡结晶温度；当 $T > T_m$ 时，$G_L < G_S$，液相处于自由能更低的稳定状态，结晶不可能进行；只有当 $T < T_m$ 时，$G_L > G_S$，结晶才可能自发进行。这时两相吉布斯自由能的差值

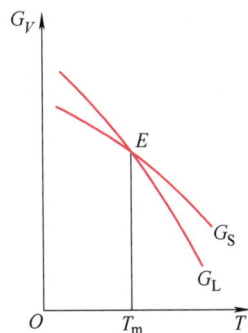

图 3-1　液-固两相自由能与温度的关系

$\Delta G_V$ 就构成相变（结晶）的驱动力。

$$\Delta G_V = G_L - G_S = (H_L - H_S) - T(S_L - S_S)$$

一般凝固都发生在金属的熔点附近，故焓与熵随温度的变化可以忽略不计，则有：$H_L - H_S = L$，$S_L - S_S = \Delta S$，其中，$L$ 为结晶潜热，$\Delta S$ 为熔化熵。当 $T = T_m$ 时，$\Delta G_V = L - T_m \Delta S = 0$，所以有 $\Delta S = L/T_m$，因此可得

$$\Delta G_V = L\left(\frac{T_m - T}{T_m}\right) = \frac{L \Delta T}{T_m} \tag{3-2}$$

式中，$\Delta T = T_m - T$，为过冷度（Undercooling Degree）。对于给定金属，$L$ 与 $T_m$ 均为定值，故 $\Delta G_V$ 仅与 $\Delta T$ 有关。因此，液态金属凝固的驱动力是由过冷提供的，过冷度越大，凝固驱动力也就越大。过冷度为零时，驱动力就不复存在。所以液态金属不会在没有过冷度的情况下凝固。

在相变驱动力 $\Delta G_V$ 或 $\Delta T$ 的作用下，液态金属开始凝固。凝固过程不是在一瞬间完成的，首先产生结晶核心，然后是核心的长大直至相互接触为止。但生核和核心的长大不是截然分开的，而是同时进行的，即在晶核长大的同时又会产生新的结晶核心。新的核心又同老的核心一起长大，直至凝固结束。

## 第二节 均质形核与异质形核

亚稳定的液态金属通过起伏作用在某些微观小区域内生成稳定存在的晶态小质点的过程称为形核。形核的首要条件是系统必须处于亚稳态以提供相变驱动力；其次，由于新相和界面相伴而生，因此，界面自由能就成为形核过程中的主要阻力，需要通过起伏作用克服界面能才能形成稳定存在的晶核并确保其进一步生长。根据界面形成情况的不同，可能出现以下两种不同的形核方式：

（1）均质形核（Homogeneous Nucleation） 在没有任何外来界面的均匀熔体中的形核过程。均质形核在熔体各处概率相同。晶核的全部固-液界面皆由形核过程所提供。

（2）异质形核（Heterogeneous Nucleation） 在不均匀的熔体中依靠外来杂质或型壁界面提供的基底进行形核的过程。异质形核优先发生在外来界面处。实际液态金属的形核过程一般都是异质形核。

### 一、均质形核

给定体积的液态金属在一定的过冷度 $\Delta T$ 下，若其内部产生 1 个核心，并假设晶核为球形，则体系吉布斯自由能的变化为

$$\Delta G_{均} = -\frac{4}{3}\pi r^3 \Delta G_V + 4\pi r^2 \sigma_{CL} \tag{3-3}$$

式中，$r$ 为球形核心的半径；$\sigma_{CL}$ 为固相核心与液体间的界面能。由式（3-3）看出，形核时体系自由能的变化由两部分构成，第一项为体积自由能的降低，第二项为界面自由能的升高。当 $r$ 很小时，第二项起支配作用，体系自由能总的倾向是增加的，此时形核过程不

能发生；只有当 $r$ 增大到某一临界值 $r^*$ 后，第一项才起主导作用，使体系自由能降低，形核过程才能发生，如图 3-2 所示。故 $r<r^*$ 的原子集团在液相中是不稳定的，还会溶解至消失；只有 $r>r^*$ 的原子集团才是稳定的，可成为核心。$r^*$ 称为 **晶核临界半径**。也就是说，只有大于 $r^*$ 的原子集团才能稳定地形核。$r^*$ 可由式（3-3）求得，对其求导数并令其等于零，即 $\dfrac{\mathrm{d}\Delta G_{均}}{\mathrm{d}r}=0$，则

$$-4\pi r_{均}^{*2}\Delta G_V+8\pi r_{均}^{*}\sigma_{\mathrm{CL}}=0$$

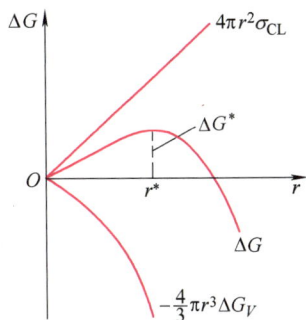

图 3-2　$\Delta G\text{-}r$ 曲线

$$r_{均}^{*}=\frac{2\sigma_{\mathrm{CL}}}{\Delta G_V} \tag{3-4}$$

将式（3-2）代入式（3-4）可得

$$r_{均}^{*}=\frac{2\sigma_{\mathrm{CL}}}{L}\frac{T_{\mathrm{m}}}{\Delta T} \tag{3-5}$$

将式（3-2）和式（3-5）代入式（3-3），得到相应于 $r_{均}^{*}$ 的临界形核功为

$$\Delta G_{均}^{*}=\frac{16}{3}\pi\frac{\sigma_{\mathrm{CL}}^{3}}{L^{2}}\frac{T_{\mathrm{m}}^{2}}{\Delta T^{2}}=\frac{1}{3}A^{*}\sigma_{\mathrm{CL}} \tag{3-6}$$

式中，$A^{*}=4\pi r_{均}^{*2}$ 为临界晶核的表面积。

液态金属在一定的过冷度下，临界晶核必由相起伏提供，临界形核功由能量起伏提供。

**例：** 铜的熔点为 1083℃，熔化潜热为 1826J/$\mathrm{cm}^3$，固液界面能为 $1.77\times10^{-5}$J/$\mathrm{cm}^2$。假设纯铜凝固的过冷度 $\Delta T=0.2T_{\mathrm{m}}$，计算纯铜均质形核的临界半径和临界形核功。

**解：** 根据题目可知，纯铜的物性参数为：$T_{\mathrm{m}}=1083℃$，$L=1826$J/$\mathrm{cm}^3$，$\sigma_{\mathrm{CL}}=1.77\times10^{-5}$J/$\mathrm{cm}^2$。

$$\Delta T=0.2T_{\mathrm{m}}=0.2\times(1083+271)\mathrm{K}=0.2\times1354\mathrm{K}=271\mathrm{K}$$

利用式（3-5）可得临界形核半径为

$$r_{均}^{*}=\frac{2\sigma_{\mathrm{CL}}}{L}\frac{T_{\mathrm{m}}}{\Delta T}=\frac{2\times(1.77\times10^{-5}\mathrm{J/cm^2})\times(1354\mathrm{K})}{(1826\mathrm{J/cm^3})\times(271\mathrm{K})}=9.69\times10^{-8}\mathrm{cm}$$

利用式（3-6）可得临界形核功为

$$\Delta G_{均}^{*}=\frac{1}{3}A^{*}\sigma_{\mathrm{CL}}=\frac{1}{3}(4\pi r_{均}^{*2})\sigma_{\mathrm{CL}}=\frac{1}{3}\times[\,4\times3.14\times(9.69\times10^{-8}\mathrm{cm})^{2}\,]\times1.77\times10^{-5}\mathrm{J/cm^2}=6.96\times10^{-19}\mathrm{J}$$

### 二、均质形核速率

形核速率（Nucleation Rate）为单位时间、单位体积生成固相核心的数目。临界半径 $r^*$ 的晶核处于介稳定状态，既可溶解，也可长大。当 $r>r^*$ 时才能成为稳定核心，即在 $r>r^*$ 的原子集团上附加一个或一个以上的原子即成为稳定核心。其形核速率 $I_{均}$ 为

$$I_{均} = f_0 N^* \tag{3-7}$$

式中，$N^*$ 为单位体积液相中 $r=r^*$ 的原子集团数目；$f_0$ 为单位时间转移到一个晶核上去的原子数目。

$$N^* = N_L \exp\left(-\frac{\Delta G_{均}^*}{k_B T}\right) \tag{3-8}$$

$$f_0 = N_S \nu p \exp\left(-\frac{\Delta G_A}{k_B T}\right) \tag{3-9}$$

式中，$N_L$ 为单位体积液相中的原子数；$N_S$ 为固-液界面紧邻固体核心的液体原子数；$\nu$ 为液体原子振动频率；$p$ 为被固相接受的几率；$\Delta G_{均}^*$ 为形核功；$\Delta G_A$ 为液体原子扩散激活能；$k_B$ 为玻耳兹曼常数。

将式(3-8)、式(3-9) 代入式(3-7) 得

$$I_{均} = \nu N_S p N_L \exp\left[-\left(\frac{\Delta G_A + \Delta G_{均}^*}{k_B T}\right)\right] = k_1 \exp\left[-\left(\frac{\Delta G_A + \Delta G_{均}^*}{k_B T}\right)\right] \tag{3-10}$$

式(3-10) 由两项组成：

1）$e^{-\Delta G_{均}^*/k_B T}$，由于形核功 $\Delta G_{均}^*$ 随过冷度增大而减小，它反比于 $\Delta T^2$，故随着过冷度的增大，此项迅速增大，即形核速率相应增大。

2）$e^{-\Delta G_A/k_B T}$，由于过冷度增大时原子热运动减弱，此项很快减小，故形核速率相应减小。

上述两项矛盾因素的综合作用，使形核速率随过冷度 $\Delta T$ 变化的曲线上出现一个极大值。过冷度开始增大时，前一项的贡献大于后一项，这时形核速率随过冷度的增加而急剧增大；但当过冷度过大时，液体的黏度迅速增大，原子的活动能力迅速降低，后一项的影响大于前一项，故形核速率下降。金属原子的活动能力强，不易出现极大值，但当冷却速度极快，过冷极大时，也可以在形核速率极小的状态下凝固，得到非晶态金属。这需要特殊的冷却条件，当冷却速度达 $10^5 \sim 10^6$K/s 时，即可得到非晶态金属。在普通铸造条件下，不存在如此快的冷却速度。

均质形核所需过冷度很大，理论分析和试验测量结果表明，均质形核过冷度约为金属熔点的 0.18～0.2（见表3-1）。即使对熔点较低的纯铝来说，所需过冷度也达 130℃ 左右。但是，实际上金属结晶的过冷度常为十几到几分之一摄氏度，远小于均质形核所需过冷度的数值。这说明了均质形核的局限性。均质形核之所以比较难以实现，是因为在实际金属的结晶过程中一般很难完全排除外来界面的影响，从而无法避免异质形核过程。以提纯后纯度很高的液态金属为例，假定其中杂质含量只有 $10^{-8}$ 数量级，则每立方厘米的液态金属中仍约有 $10^{15}$ 个杂质原子。假定它们都以边长为 1000 个原子的立方体出现，则在每立方厘米的液态金属中将有 $10^6$ 个质点。即使以固态出现的杂质原子仅占总数的 0.1%～1%，则每立方厘米液态金属中仍将有 $10^3 \sim 10^4$ 个小质点，这些质点在形核所涉及的微观区域内将提供数量巨大的外来界面。它们不同程度地对形核过程起着"催化"作用，促进液态金属在更小的过冷度下进行异质形核，从而使得均质形核在一般情况下几乎无法实现。

虽然实际生产中几乎不存在均质形核，但其原理仍是液态金属凝固过程中形核理论的

基础。其他的形核理论也是在它的基础上发展起来的，因此必须学习和掌握它。

表 3-1　几种金属的凝固温度、熔化潜热和最大过冷度

| 金属 | 凝固温度 | | 熔化潜热/ $J \cdot cm^{-3}$ | 观察的最大过冷度 $\Delta T/℃$ |
| --- | --- | --- | --- | --- |
| | ℃ | K | | |
| Pb | 327 | 600 | 280 | 80 |
| Al | 660 | 933 | 1066 | 130 |
| Ag | 962 | 1235 | 1097 | 227 |
| Cu | 1083 | 1356 | 1826 | 236 |
| Ni | 1453 | 1726 | 2660 | 319 |
| Fe | 1535 | 1808 | 2098 | 295 |
| Pt | 1772 | 2045 | 2160 | 332 |

### 三、异质形核

实际的液态金属或合金中存在着大量的高熔点既不熔化又不溶解的夹杂物（如氧化物、氮化物、碳化物等）可以作为形核的基底。晶核即依附于其中一些夹杂物的界面形成，其模型如图 3-3 所示。假设晶胚在界面上形成球冠状，达到平衡时则存在以下关系

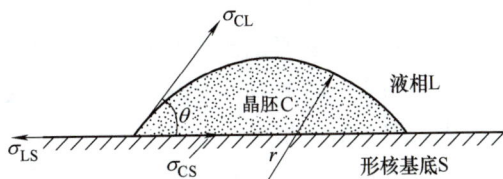

$$\sigma_{LS} = \sigma_{CS} + \sigma_{CL}\cos\theta \qquad (3-11)$$

式中，$\sigma_{LS}$、$\sigma_{CL}$、$\sigma_{CS}$ 分别为液相与基底、液相与晶胚、晶胚与基底间的界面张力；$\theta$ 为润湿角。

图 3-3　异质形核模型

该系统吉布斯自由能的变化为

$$\Delta G_{异} = -V_C \Delta G_V + A_{CS}(\sigma_{CS} - \sigma_{LS}) + A_{CL}\sigma_{CL} \qquad (3-12)$$

式中，$V_C$ 为球冠晶胚的体积，即固态核心的体积；$A_{CS}$ 为晶胚与夹杂物（基底）间的界面面积；$A_{CL}$ 为晶胚与液相的界面面积。

上式中各项参数的计算如下

$$V_C = \int_0^\theta \pi(r\sin\theta)^2 \mathrm{d}(r - r\cos\theta) = \frac{\pi r^3}{3}(2 - 3\cos\theta + \cos^3\theta) \qquad (3-13)$$

$$A_{CL} = \int_0^\theta 2\pi r\sin\theta(r\mathrm{d}\theta) = 2\pi r^2(1 - \cos\theta) \qquad (3-14)$$

$$A_{CS} = \pi(r\sin\theta)^2 = \pi r^2\sin\theta = \pi r^2(1 - \cos^2\theta) \qquad (3-15)$$

将式（3-13）~式（3-15）代入式（3-12）得

$$\Delta G_{异} = \left(-\frac{4}{3}\pi r^3 \Delta G_V + 4\pi r^2 \sigma_{CL}\right)\left(\frac{2 - 3\cos\theta + \cos^3\theta}{4}\right) \qquad (3-16)$$

上式右边第一项为均质形核临界功 $\Delta G_{均}^*$，第二项为润湿角 $\theta$ 的函数，令

$$f(\theta) = \frac{2 - 3\cos\theta + \cos^3\theta}{4} = \frac{(2 + \cos\theta)(1 - \cos\theta)^2}{4} \qquad (3-17)$$

$$\Delta G_{异} = \Delta G_{均}^* f(\theta) \tag{3-18}$$

对式（3-16）求导，并令 $\dfrac{d\Delta G_{异}}{dr} = 0$，可求出

$$r_{异}^* = \frac{2\sigma_{CL}}{\Delta G_V} = \frac{2\sigma_{CL}}{L\Delta T} T_m \tag{3-19}$$

$$\Delta G_{异}^* = \frac{16\pi\sigma_{CL}^3}{3\Delta G_V^2} f(\theta) = \Delta G_{均}^* f(\theta) = \frac{1}{3} A^* \sigma_{CL} f(\theta) \tag{3-20}$$

由以上可知，均质形核和异质形核的临界晶核尺寸相同，但异质核心只是球体的一部分，它所包含的原子数比均质球体核心少得多，所以异质形核阻力小。异质形核的临界功与润湿角 $\theta$ 有关。可见，f(θ) 是决定异质形核的一个重要参数。根据定义，$f(\theta)$ 取决于润湿角 $\theta$ 的大小。由于 $0° \leqslant \theta \leqslant 180°$，因此，$f(\theta)$ 也应在 $0 \leqslant f(\theta) \leqslant 1$ 范围内变化。

当 $\theta = 180°$ 时，$f(\theta) = 1$，因此 $\Delta G_{异}^* = \Delta G_{均}^*$。这就是说，当结晶相完全不润湿基底时，球冠晶核实际上是一个与均质晶核无任何区别的球体，因此基底不起促进形核的作用，液态金属只能进行均质形核，形核所需的临界过冷度最大。

当 $\theta = 0°$ 时，$f(\theta) = 0$，因此 $\Delta G_{异}^* = 0$。这就是说，当结晶相与基底完全润湿时，球冠晶核已不复存在。基底是现成的晶面，结晶相可以不必通过形核而直接在其表面上生长，故其形核功为零，基底有最大的促进形核作用。

以上是两种极端情况。一般情况下 $0° < \theta < 180°$，$0 < f(\theta) < 1$，故 $\Delta G_{异}^* < \Delta G_{均}^*$，因而基底都具有促进形核的作用，异质形核比均质形核更容易进行。$\theta$ 越小，球冠的相对体积也就越小，所需的原子数也越少，形核功也越低，异质形核过程也就越易进行。可见，出现临界晶核所必需的过冷度（即临界过冷度）$\Delta T^*$ 与 $\theta$ 的大小密切相关。异质形核的临界过冷度 $\Delta T_c$ 随 $\theta$ 减小而迅速降低；而均质形核则具有最大的过冷度。

图 3-4a 为铁素体基体球墨铸铁的金相组织，图 3-4b 为球状石墨的放大照片。由图可见，石墨以球化剂 Mg 的脱硫、脱氧产物 MgS、MgO 为异质核心进行形核和生长。

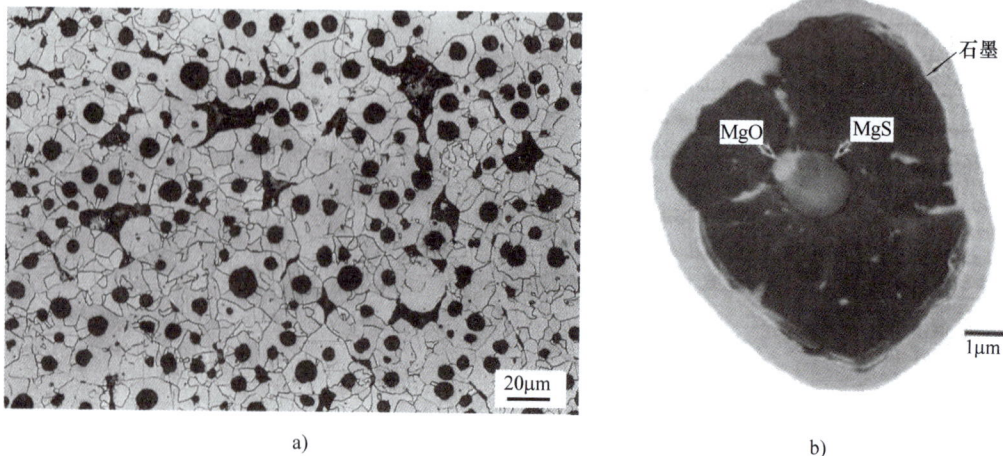

a)                                    b)

图 3-4  球状石墨在异质核心上生长

a）铁素体球墨铸铁金相组织  b）石墨的异质核心

## 四、异质形核速率

异质形核速率的理论推导结果在形式上和均质形核的式（3-10）相似，即

$$I_\text{异} = A\exp\left(-\frac{\Delta G_A + \Delta G_\text{异}^*}{k_B T}\right) \qquad (3\text{-}21)$$

式中，$A$ 为一些常数项合并的系数；$\Delta G_\text{异}^*$ 为异质形核的形核功，按式（3-20）计算。由于 $\Delta G_\text{异}^* = \Delta G_\text{均}^* f(\theta)$，$0 \le f(\theta) \le 1$，故 $\Delta G_\text{异}^* \le \Delta G_\text{均}^*$，在一般情况下，异质形核的速率大于均质形核的速率，即 $I_\text{异} > I_\text{均}$。

结合式（3-21）和式（3-20）分析可知，异质形核速率与下列因素有关：

（1）过冷度（$\Delta T$）　过冷度越大形核速率越大。形核速率随 $\Delta T$ 变化的曲线如图 3-5 所示。在形核临界过冷度 $\Delta T^*$ 范围内，由于形核功数值过大，$I_\text{异}$ 基本保持为 0；当过冷度达到临界过冷度时，晶核几乎以不连续的方式突然出现，然后曲线迅速上升直至结晶过程结束。由于 $\Delta G_\text{异}^* \le \Delta G_\text{均}^*$，所以 $I_\text{异}$ 曲线总在 $I_\text{均}$ 曲线以左。$\theta$ 越小，大量形核的临界过冷度就越小。

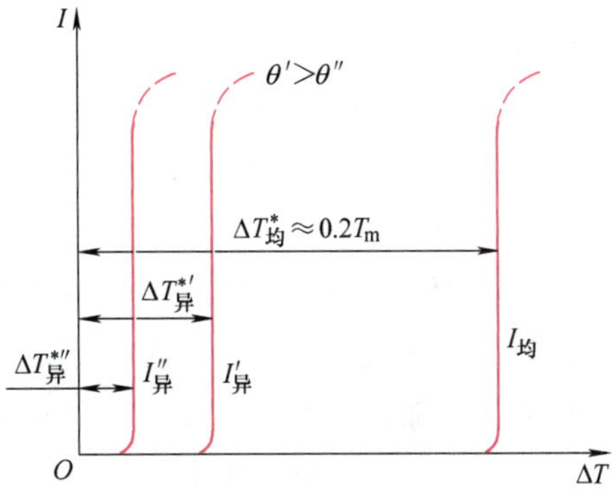

（2）界面　界面由夹杂物基底的特性、形态和数量来决定。如夹杂物基底与晶核润湿，则形核速率大。但润湿角难于测定，因影响因素多，可根据夹杂物的晶体结构来确定。当界面两侧夹杂物和晶核的原子排列方式相似，原子间距相近，或在一定范围内成比例，就可能实现界面共格对应关系。共格对应关系用点阵失配度 $\delta$ 来衡量，即

$$\delta = \frac{|a_\text{S} - a_\text{C}|}{a_\text{C}} \times 100\% \qquad (3\text{-}22)$$

式中，$a_\text{S}$ 和 $a_\text{C}$ 分别为相应基底晶面与结晶相晶面在无畸变下的原子间距。$\delta \le 5\%$ 为完全共格，形核能力强；$5\% < \delta < 25\%$ 为部分共格，夹杂物基底有一定的形核能力；$\delta > 25\%$ 时为不共格，夹杂物基底无形核能力。这是选择形核剂的理论依据。如 Mg 和 $\alpha$-Zr，面心六方晶体 Mg 的晶格常数 $a = 0.3209\text{nm}$，$c = 0.5120\text{nm}$，$T_\text{m} = 650℃$；$\alpha$-Zr 的晶格常数 $a = 0.3220\text{nm}$，$c = 0.5133\text{nm}$，$T_\text{m} = 1850℃$。$\alpha$-Zr 和 Mg 完全共格，所以 $\alpha$-Zr 可作为 Mg 的强形核剂。

（3）基底形态　对于外来固相的平面基底而言，促进异质形核的能力取决于结晶相与它之间的润湿角 $\theta$ 的大小。但对于非平面基底的固相，其界面几何形状对形核能力也有影响。图 3-6 为在三个形状不同的基底上形成的晶核。它们具有相同的润湿角，曲界面的曲率半径相同，但晶核所包含的原子数不同：凹面上最少（图 3-6a），平面上次之（图 3-6b），凸面上形成的晶核原子数最多（图 3-6c）。可见即使是同一种物质的基底，其促进异质形核的能力也随界面曲率的方向和大小的不同而异；凹界面基底的形核能力最强，平界面基底次之，凸界面基底最弱。对凸界面基底而言，其促进异质形核的能力随界面曲

图 3-5　$I$-$\Delta T$ 曲线

49

率的增大而减小；而对于凹界面，则随界面曲率的增大而增大。

（4）**液态金属的过热及持续时间的影响** 异质核心的熔点比液态金属的熔点高。但当液态金属过热温度接近或超过异质核心的熔点时，异质核心将会熔化或是其表面的活性消失，失去了夹杂物应有特性，从而减少了活性夹杂物数量，形核速率则降低。

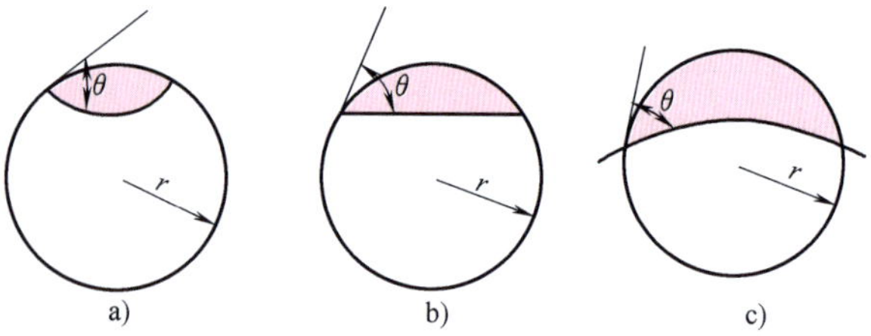

图 3-6　不同形状的固体杂质表面形核的晶核体积
a）凹界面基底　b）平界面基底　c）凸界面基底

# 第三节　纯金属晶体的长大方式

形成稳定的晶核后，液相中的原子不断地向固相核心堆积，使固-液界面不断地向液相中推移，导致液态金属的凝固。液相原子堆积的方式及速率与凝固驱动力和固-液界面的特性有关。晶体长大方式可从宏观和微观来分析。宏观长大是讨论固-液界面所具有的形态，微观长大则讨论液相中的原子向固-液界面堆积的方式。

## 一、晶体宏观长大方式

晶体宏观长大方式取决于界面前方液体中的温度分布，即温度梯度。在结晶界面前方存在两种温度梯度——正温度梯度和负温度梯度。当温度梯度为正时，晶体以平面方式长大；当温度梯度为负时，晶体则以树枝晶方式生长。

### 1. 平面方式长大（Planar Growth）

固-液界面前方液体中的温度梯度 $G_L > 0$，液相温度高于界面温度 $T_i$，这称为正温度梯度分布，如图 3-7 所示。界面前方液相中的局部温度 $T_L(x)$ 为

$$T_L(x) = T_i + G_L x$$

过冷度
$$\Delta T = \Delta T_k - G_L x \tag{3-23}$$

式中，$x$ 为液相离开界面的距离；$\Delta T_k$ 为界面处的动力学过冷度（$\Delta T_k = T_m - T_i$）。往往纯金属的 $\Delta T_k$ 很小，因此离开界面一定距离的 $\Delta T$ 也小，可忽略。

可见，固-液界面前方液体过冷区域及过冷度极小。晶体生长时凝固潜热的析出方向同晶体生长方向相反，一旦某一晶体生长伸入液相区就会被重新熔化，导致晶体以平面方式生长，如图 3-8 所示。

### 2. 树枝晶方式生长（Dendritic Growth）

固-液界面前方液体中的温度梯度 $G_L < 0$，液相温度低于界面温度 $T_i$，这称为负温度梯度分布，如图 3-9 所示。界面前方液相中的局部温度 $T_L(x)$ 为

$$T_L(x) = T_i - G_L x = T_m - (\Delta T_k + G_L x) \approx T_m - G_L x \tag{3-24}$$

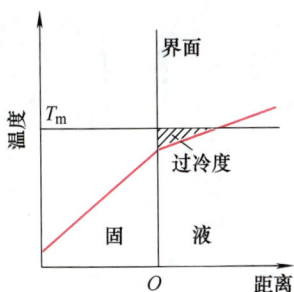

图 3-7 液体中的正温度梯度分布

图 3-8 平面生长方式模型

$$\Delta T = \Delta T_k + G_L x \approx G_L x\,(\Delta T_k\text{很小,故可忽略}) \tag{3-25}$$

可见,固-液界面前方液体过冷区域较大,距界面越远的液体其过冷度越大。晶体生长时凝固潜热的析出方向与晶体生长方向相同。晶体生长方式如图 3-10 所示,界面上凸起的晶体将快速伸入过冷液中,成为树枝晶生长方式。

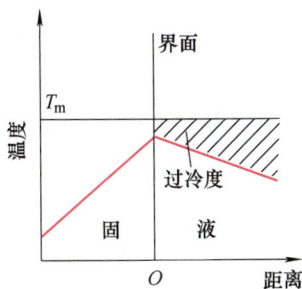

图 3-9 液体中的负温度梯度分布

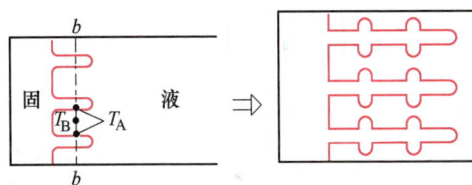

图 3-10 树枝晶生长方式模型

## 二、固-液界面的微观结构

### 1. 分类

根据杰克逊(Jackson)理论,从原子尺度看固-液界面的微观结构可分为两大类。

(1) 粗糙界面 界面固相一侧的点阵位置只有 50% 左右被固相原子所占据,这些原子散乱地随机分布在界面上,形成一个坑坑洼洼凸凹不平的界面层,如图 3-11a 所示。

(2) 平整界面 固相表面的点阵位置几乎全部被固相原子所占据,只留下少数空位;或者是在充满固相原子的界面上存在有少数不稳定的、孤立的固相原子,从而形成了一个总体上是平整光滑的界面,如图 3-11b 所示。

必须指出,所谓粗糙界面和平整界面是对原子尺度而言的。在显微尺度下,粗糙界面由于其原子散乱分布的统计均匀性反而显得比较平滑;而平整界面则由一些轮廓分明的小平面所构成。因此粗糙界面又称非小平面界面,其生长方式也称非小平面生长(Non-faceted Growth);平整界面又称小平面界面,以小平面生长(Faceted Growth)。

杰克逊认为,界面的平衡结构应是界面自由能最低的结构。若在平整界面上随机添加

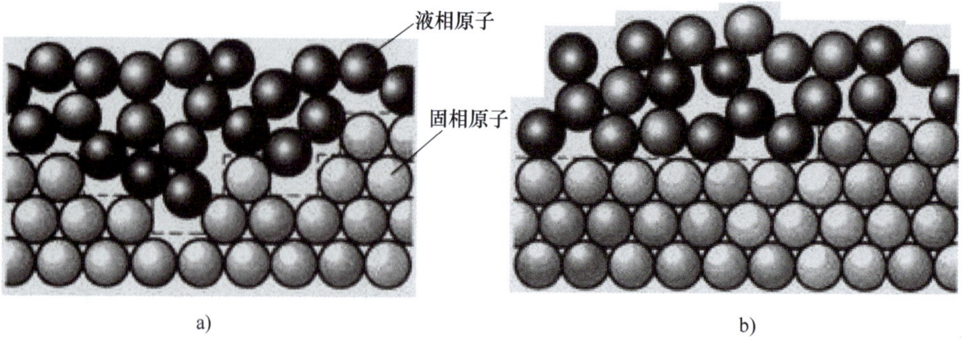

图 3-11　两种界面结构

a）粗糙界面模型　b）平整界面模型

固相原子而使其粗糙化时，其自由能变化 $\Delta G_S$ 的相对变化量 $\Delta G_S/(NkT_0)$ 应为

$$\frac{\Delta G_S}{NkT_m} = \alpha x(1-x) + x\ln x + (1-x)\ln(1-x) \tag{3-26}$$

式中，$N$ 为界面上可供原子占据的全部位置数；$k$ 为波耳兹曼（Boltsman）常数；$x$ 为在全部位置中被固相原子占据位置的分数；而 $\alpha$ 为

$$\alpha = \left(\frac{L}{kT_m}\right)\left(\frac{n}{\nu}\right) \approx \left(\frac{\Delta S_m}{R}\right)\left(\frac{n}{\nu}\right) \tag{3-27}$$

式中，$L$ 为原子结晶潜热（J/原子）；$R$ 为摩尔气体常数 [8.31J/(mol·K)]；$\Delta S_m$ 为熔化熵 [(J/mol·K)]；$\nu$ 为晶体内部一个原子的近邻数，即配位数；$n$ 为原子在界面层内可能具有的最多近邻数。

图 3-12　界面自由能变化与界面上原子所占位置分数的关系

根据式（3-26），对于不同的 $\alpha$ 值，可做出 $\Delta G_S/(NkT_m)$ 与 $x$ 之间的关系曲线（图 3-12），可见其形状随着 $\alpha$ 值不同而变化，故界面自由能最低的平衡结构也随 $\alpha$ 的不同而不同。当 $\alpha \leqslant 2$ 时，$\Delta G_S/(NkT_m)$ 在 $x=0.5$ 处具有最低值，即界面的平衡结构应有 50% 左右的堆砌位置（阵点）被原子所占有，从原子尺度来说，界面是粗糙的；而粗糙界面从显微尺度来说却是平坦的。晶类物质的 $\alpha$ 值越小，则界面越"粗糙"。当 $\alpha > 2$ 时，界面相对自由能的最小值在 $x$ 接近零或 1 的两端处，此时，界面的平衡结构应该是界面自由能为最小的结构，意味着界面上有很多空位未被原子占据，或几乎所有空位均被原子占据。这两种情况下，自由能都最小。因此，从原子尺度观察这两种情况都属于光滑界面，但从显微尺度观察其生长过程，光滑界面是由台阶形的小平面组成的。$\alpha$ 值越大，则界面越光滑。

**2. 判据 $\alpha$**

$\alpha$ 由两项因子构成：

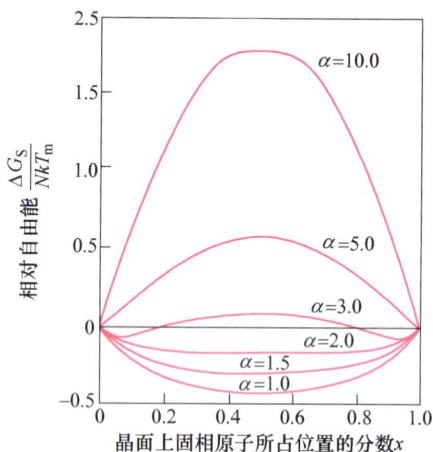

（1）$\Delta S_m/R$　它取决于系统两相的热力学性质。在熔体结晶的情况下，可近似地由熔化熵所决定。

（2）$n/\nu$　称界面取向因子，它与晶体结构及界面处的晶面取向有关，如面心立方晶体的 $\{111\}$ 面为 6/12；$\{100\}$ 面为 4/12。对于绝大多数结构简单的金属晶体来说，$n/\nu \leqslant 0.5$；对于结构复杂的非金属、准金属和某些化合物晶体来说，$n/\nu$ 有可能大于 0.5，但在任何情况下均小于 1。取向因子反映了晶体在结晶过程中的各向异性，低指数的密排面具有较高的 $n/\nu$ 值。

表 3-2 为部分物质熔化熵 $\Delta S_m/R$ 的数据。可见，绝大多数金属的熔化熵均小于 2。因此，$\alpha$ 值也必小于 2。故在其结晶过程中，固-液界面是粗糙界面。四溴化碳和丁二腈（$CNCH_2CH_2CN$）的熔化熵与金属相仿，又是低熔点透明体，因而可以用它来模拟金属晶体的生长行为。多数非金属和化合物的熔化熵都比较大，即使在 $n/\nu<0.5$ 的情况下，$\alpha$ 值仍大于 2。故这类物质结晶时，其固-液界面为由基本完整的晶面所组成的平整界面。铋、铟、锗、硅等准金属的情况则介于两者之间，这时 $n/\nu$ 的大小对决定界面类型起着决定性作用。如硅的 $\{111\}$ 面取向因子最大 $n/\nu=3/4$，$\alpha=2.67$，如以该面作为生长界面则为平整界面，而在其余情况下皆为粗糙界面。所以这类物质结晶时，其固-液界面往往具有混合结构。

表 3-2　不同物质的熔化熵 $\Delta S_m/R$

| 物　质 | $\Delta S_m/R$ | 物　质 | $\Delta S_m/R$ | 物　质 | $\Delta S_m/R$ |
|---|---|---|---|---|---|
| Li | 0.83 | Mg | 1.14 | Bi | 2.36 |
| K | 0.85 | Cu | 1.14 | In | 2.57 |
| Ca | 0.94 | Hg | 1.16 | Ge | 3.15 |
| Pb | 0.94 | Ni | 1.23 | Si | 3.56 |
| Fe | 0.97 | Zn | 1.26 | $H_2O$ | 2.63 |
| Na | 1.02 | Pt | 1.28 | $Al_2O_3$ | 6.09 |
| Ag | 1.14 | Cd | 1.22 | $C_6H_5COCOC_6H_5$ | 6.3 |
| Cr | 1.07 | Al | 1.36 | $C_6H_4(OH)COOC_6H_5$ | 7.0 |
| Au | 1.07 | Sn | 1.64 | $CBr_4$ | 1.27 |
| W | 1.14 | Ga | 2.18 | $CNCH_2CH_2CN$ | 1.40 |

杰克逊的理论分析是建立在双层结构的界面模型基础上的。但这种模型与理论本身存在着矛盾。因为如果界面是粗糙的，则根据理论推断，占据 50% 点阵位置的固相原子所构成的新原子层上依次又将有 50% 的点阵位置被新来的固相原子所占据。如此发展下去，双层结构的粗糙界面是难以存在的，粗糙界面应当具有多层结构。进一步研究表明，结晶过程中固-液界面的总层数随物质熔化熵的降低而增多。除平整界面外，几乎所有的粗糙界面都是多层结构，$\Delta S_m/R$ 越小，层数越多。多层结构的界面是一个过渡区，晶体生长时，原子通过界面层逐渐调整位置，放出潜热，逐步完成自液相到固相的过渡。在这种情况下，固-液相之间没有十分明确的边界，故又称弥散型界面。在界面层内部，$n/\nu \rightarrow 1$，所以粗糙界面是一种各向同性的非晶体学晶面，其界面性质（如界面能、界面扩散特性）

主要由熔化熵大小所确定。由表3-3可见，$\Delta S_m/R$较大的平整界面的确具有杰克逊所描述的双层原子结构。由于这种界面本身就是晶体的某一组特定的晶面，因此具有明确的固-液分界和鲜明的晶体学特性。故平整界面又称分离型界面或突变型界面。界面性质由熔化熵和取向因子共同确定。

表 3-3　不同 $\Delta S_m/R$ 系统中的界面层数

| 物质熔化熵 $\Delta S_m/R$ | 0.446 | 0.769 | 1.889 | 3.310 |
|---|---|---|---|---|
| 界面总层数 | ≈20 | ≈12 | ≈4 | ≈2 |

最后需要指出，杰克逊讨论的是界面的平衡结构，而晶体生长的本身却是一个非平衡过程。因此还应考虑到动力学因素对界面结构的影响，这将在下面进一步讨论。

### 三、晶体的生长机理及生长速率

晶体长大机理是指在结晶过程中晶体结晶面的生长方式，与其液-固界面的结构有关，而生长速率则受过冷度的支配。

#### 1. 连续生长机理

当液-固界面在原子尺度内呈粗糙结构时，界面上存在50%左右的空位，这些空位构成了晶体生长所必需的台阶，使得液相原子能够连续地往上堆砌，并随机地受到固相中较多近邻原子的键合。界面的粗糙使原子的堆砌（结晶）过程变得容易。原子进入固相点阵以后被原子碰撞而弹回液相中去的几率很小，生长过程不需要很大的过冷度。另外，对于粗糙界面来说，固相与液相之间在结构与键合能方面的差别较小，容易在界面过渡层内得到调节，因此动力学能障较小，它不需要很大的动力学过冷度来驱动新原子进入晶体，并能得到较大的生长速率。如前所述，绝大多数金属从熔体中结晶时都属于粗糙界面，呈现出非小平面形态。这种现象反映了晶体生长过程不受生长界面的影响，但由于界面键能和动力学的各向异性，使枝干、枝臂沿结晶学所规定的低指数晶向生长，依然存在着并不明显的各向异性生长的趋势。

连续生长速率可用古典的速率理论来研究，晶体的生长只有当原子从液态跃向固态的频率超过反方向的频率时才能进行，生长速率与正、反两向频率之差成正比，即连续生长速率$R_1$与动力学过冷度$\Delta T_k$成正比，即

$$R_1 = k_1 \Delta T_k \qquad (3-28)$$

式中，$k_1$为动力学常数。绝大多数的金属采用这种方式生长。因此，也称其为正常生长方式。

#### 2. 晶体的二维生长

对平整的固-液界面，因界面上没有多少位置供原子占据，单个的原子无法往界面上堆砌。此时如同均质形核那样，在平整界面上形成一个原子厚度的核心，称为二维晶核，如图3-13所示。由于二维核心的形成，产生了台阶，液相中的原子即可源源不断地沿台阶堆砌，使晶体侧向生长。当台阶被完全填满后，又在新的平整界面上形成新的二维台阶，如此继续下去，完成凝固过程。其生长速率有以下关系

$$R_2 = k_2 e^{-B/\Delta T_k} \tag{3-29}$$

式中，$k_2$、$B$ 为该种生长机理的动力学常数。

### 3. 晶体从缺陷处生长

此种晶体生长方式实质上是平整界面二维生长的另一种形式，但它不是由形核来形成二维台阶的，而是依靠晶体缺陷产生出台阶，如位错、孪晶等。

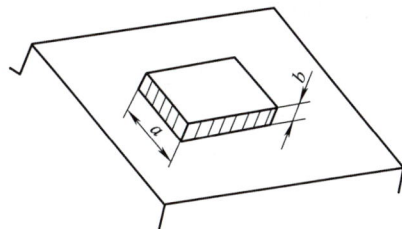
图 3-13　平整界面二维晶核长大模型

（1）螺旋位错生长　在光滑界面上一旦发生螺旋位错时，如图 3-14a 所示，界面就由平整界面变成螺旋面并产生与界面垂直的露头而构成台阶。因此，通过原子在台阶上的不断堆砌，围绕着露头而旋转生长，不断地向着液相纵深发展，最终在晶体表面形成螺旋形的卷线。如图 3-14b 所示，就是利用螺旋位错提供台阶的生长过程。由于台阶在生长过程中不会消失，所以生长可以一圈一圈地连续进行，其生长所需的动力学过冷度比二维形核机制的小，生长速率较大。生长速率 $R_3$ 与动力学过冷度 $\Delta T_k$ 之间为抛物线关系，即

$$R_3 = k_3 \Delta T_k^2 \tag{3-30}$$

式中，$k_3$ 为动力学常数。

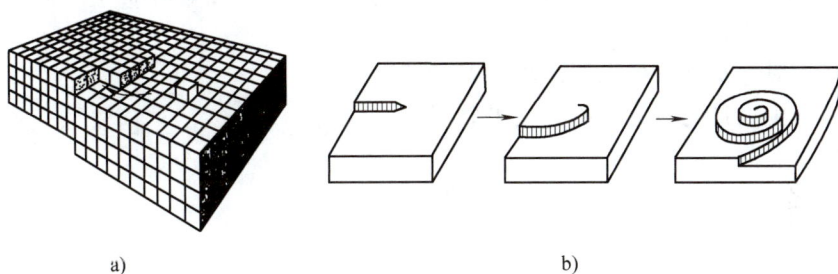

a)　　　　　　　　　　　b)

图 3-14　螺旋位错生长机理

a）螺旋位错及其生长台阶　b）螺旋卷线的形成

（2）旋转孪晶生长　旋转孪晶一般容易在层片状结晶的晶体中，在石墨晶体的生长中也起着重要的作用。石墨晶体具有以六角形晶格为基面的层状结构，基面之间的结合较弱，在结晶过程中原子排列层错使上下层之间旋转产生一定的角度（图 3-15），构成了旋转孪晶。孪晶的旋转边界上存在着许多台阶可供碳原子堆砌，使石墨晶体沿着侧面 $[10\bar{1}0]$ 方向的生长快而成为片状。

（3）反射孪晶生长　由反射孪晶面所构成的凹角也是晶体生长的一种台阶源。图 3-16 为面心立方反射孪晶与生长界面相交，由孪晶的两个（111）面在界面处构成凹角的情况。此凹角为晶体生长提供了现成的台阶，原子可以直接向凹角沟槽的根部堆砌，当生长在孪晶面所含的方向上进行时，凹角始终存在，从而保证了生长不断进行。这就是反射孪晶生长机理，它在 Ge、Si 和 Bi 晶体的生长中以及金属晶体在稀熔体中生长时都

有重要的作用。

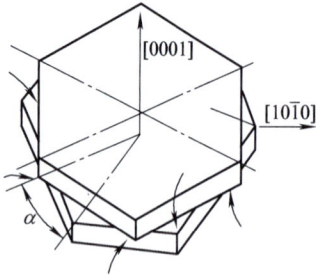

图 3-15　石墨的旋转孪晶生长模型

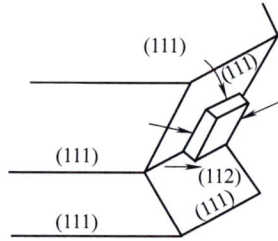

图 3-16　反射孪晶生长模型

目前，人们还未能对旋转孪晶和反射孪晶的生长机理做出定量的描述，因此无法描绘出它们生长过程的动力学规律。

连续生长、二维生长和螺旋生长三种晶体生长方式的生长速率，其比较如图 3-17 所示。连续生长的速率最快，因粗糙界面上相当于大量的现成的台阶，其次是螺旋生长。当 $\Delta T_k$ 很大时，三者的生长速率趋于一致。也就是说当过冷度很大时，平整界面上会产生大量的二维核心，或产生大量的螺旋台阶，使平整界面变成粗糙界面。

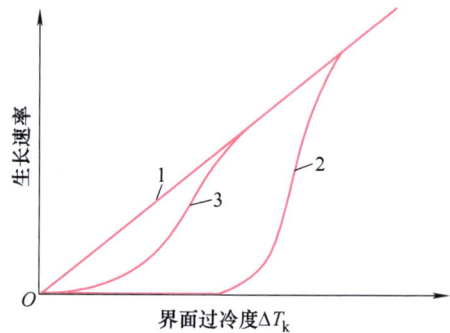

图 3-17　三种晶体生长方式的
生长速率与过冷度的关系
1—连续生长　2—二维生长　3—螺旋生长

## 习题

3.1　为什么过冷度是液态金属凝固的驱动力？

3.2　何谓热力学能障和动力学能障？凝固过程是如何克服这两个能障的？

3.3　假设液体金属在凝固时形成的临界核心是边长为 $a^*$ 的立方体形状：

(1) 求均质形核时 $a^*$ 与 $\Delta G^*$ 的关系式。

(2) 证明在相同过冷度下均质形核时，球形晶核较立方形晶核更容易形成。

3.4　假设 $\Delta H$、$\Delta S$ 与温度无关，试证明金属在熔点上不可能凝固。

3.5　已知 Ni 的 $T_m = 1453℃$，$L = -1870J/mol$，$\sigma_{LC} = 2.25×10^{-5} J/cm^2$，摩尔体积为 $6.6cm^3$，设最大过冷度为 $319℃$，求 $\Delta G^*_{均}$ 和 $r^*_{均}$。

3.6　什么样的界面才能成为异质结晶核心的基底？

3.7　阐述影响晶体生长的因素。

3.8　固-液界面结构达到稳定的条件是什么？

3.9　阐述粗糙界面与平整界面间的关系。

# 第四章

# 单相合金与多相合金的凝固

按照液态金属凝固过程中晶体形成的特点，合金可分为单相合金和多相合金两大类。单相合金是指在凝固过程中只析出一个固相的合金，如固溶体、金属间化合物等。纯金属结晶析出单一成分的单相组织，可视作单相合金凝固的特例。多相合金是指结晶过程中同时析出两个以上新相的合金，如具有共晶、包晶或偏晶转变的合金。

凝固过程不仅发生金属的结晶，还伴随有体积的收缩和成分的重新分配，它决定液态成形产品的组织和性能。本章将讨论单相合金、多相合金凝固过程的基本原理。

凝固过程中溶质传输的主要理论基础是质量传输的两个扩散定律。

（1）菲克第一定律　对于一个 $A$、$B$ 物质的二元系或多元系，溶质 $A$ 在扩散场中某处的扩散通量 $J_A$ ［又称为扩散强度，为单位时间内通过单位面积的溶质量，$mol/(m^2 \cdot s)$］与溶质在该处的浓度梯度成正比，即

$$J_A = -D \frac{dC_A}{dx} \tag{4-1}$$

式中，$D$ 为 $A$ 物质的扩散系数（$m^2/s$），即单位浓度梯度下的扩散通量；$\frac{dC_A}{dx}$ 为溶质 $A$ 在 $x$ 方向上的浓度梯度，即单位距离内的溶质浓度变化率 ［$(mol/m^3)/m$］。式（4-1）右端的负号表示溶质传输方向与浓度梯度的方向相反。

（2）菲克第二定律　对于不稳定的扩散源，在一维扩散的情况下，扩散场中任一点的浓度随时间的变化率与该点的浓度梯度随空间的变化率成正比，其比例系数就是扩散系数，即

$$\frac{\partial C_A}{\partial t} = D \frac{\partial^2 C_A}{\partial x^2} \tag{4-2}$$

## 第一节　单相合金的凝固

### 一、固-液界面前沿的溶质再分配现象

#### 1. 溶质再分配现象的产生

除纯金属外，单相合金的凝固过程一般是在一个固液两相共存的温度区间内完成的。

在区间内的任一点，共存的固液两相都具有不同的成分，因此结晶过程必然导致界面处固液两相成分的分离；同时，由于界面处两相成分随温度降低而变化，故晶体生长与传质过程必然相伴而生。这样，从形核开始到凝固结束，在整个结晶过程中固液两相内部将不断进行着溶质元素的重新分布过程，称为合金结晶过程中的溶质再分配（Solute Redistribution）。它是合金结晶的一大特点，对结晶过程影响极大。显然，溶质再分配现象起因于平衡相图这一系统热力学特性所决定的界面两侧溶质成分的分离，而具体的分配形式则与决定传质过程的动力学因素密切相关。

在一定的压力条件下，凝固体系的温度、成分完全由相应合金系的平衡相图所规定，这种理想状态下的凝固过程称为平衡凝固。当然，这种理想的凝固过程实际上并不存在。然而，只要合金凝固过程的速度（以固液界面的推进速度表征）与相应的合金元素的扩散速度相比足够小，即凝固过程的各个因素符合 $R^2 \ll D_s/t$，就可以视为平衡凝固过程。其中，$R$ 为固液界面推进速度；$D_s$ 为合金溶质元素在固相中的扩散系数；$t$ 为凝固时间。

对于大多数实际的材料加工（如铸造、焊接等）而言，所涉及的合金凝固过程一般不符合上述平衡凝固的条件，合金凝固过程中的固液两相成分并不符合平衡相图的规定。尽管如此，可以发现在固液界面处合金成分符合平衡相图，这种情况称为界面平衡，相应的凝固过程称为近平衡凝固过程，也称为正常凝固过程。实际材料加工过程所涉及的凝固过程大多属于这类凝固过程。

随着现代科学技术的发展，某些极端条件下的凝固过程规律开始被人们所认识，并且获得了一定的实际应用。其中一些凝固过程（如某些快速冷却）完全背离平衡过程，即使在固液界面处也不符合平衡相图的规定，产生所谓的"溶质捕获"现象，这类凝固过程称为非平衡凝固过程。

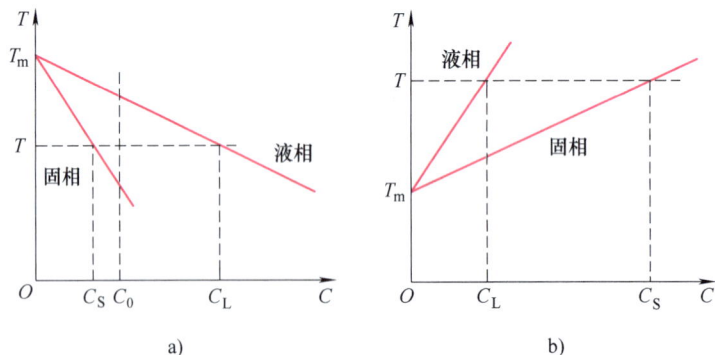

图 4-1　不同类型的平衡相图

a) $k<1$　b) $k>1$

以下分别讨论不同条件下的凝固过程及其伴生的有关问题。

### 2. 溶质平衡分配系数

如图 4-1 所示，决定界面两侧溶质成分分离的系统热力学特性可用平衡分配系数 $k$ 表示，其定义是在给定的温度下，平衡固相溶质浓度 $C_S$ 与液相溶质浓度 $C_L$ 之比，即

$$k = \frac{C_S}{C_L} \tag{4-3}$$

因此，$k$ 实质上描述了在固、液两相共存条件下溶质原子在界面两侧的平衡分配特征。如果近似将合金的液相线和固相线看成直线，则不难证明对于给定的合金系统，其 $k$ 为一常数。在图 4-1a 中合金的熔点随溶质浓度增加而降低，$C_S < C_L$，$k < 1$；在图 4-1b 中合金的熔点随溶质浓度增加而升高，$C_S > C_L$，$k > 1$。对大多数单相合金而言，$k < 1$。因此下面只讨论 $k < 1$ 的情况，其结论对 $k > 1$ 的情况也适用。

## 二、平衡凝固时的溶质再分配

设长度为 $l$ 的一维体自左至右定向单相凝固，并且冷却速度缓慢，溶质在固相和液相中都充分均匀扩散，液相中的温度梯度 $G_L$ 保持固-液界面为平面生长，此时完全按平衡相图凝固，溶质再分配的物理模型如图 4-2 所示。图 4-2a 为平衡相图，设液态合金原始成分为 $C_0$，当温度达到 $T_L$ 时开始凝固，固相百分数为 $\mathrm{d}f_S$，溶质含量为 $kC_0$；液相中溶质含量几乎不变，近似为 $C_0$（图 4-2b）。当温度继续下降至 $T^*$ 时，此时固相和液相中溶质含量分别为 $C_S^*$ 和 $C_L^*$（图 4-2c），并且 $C_S^* / C_L^* = k$，固相和液相的体积分数分别为 $f_S$ 和 $f_L$，由杠杆定律得

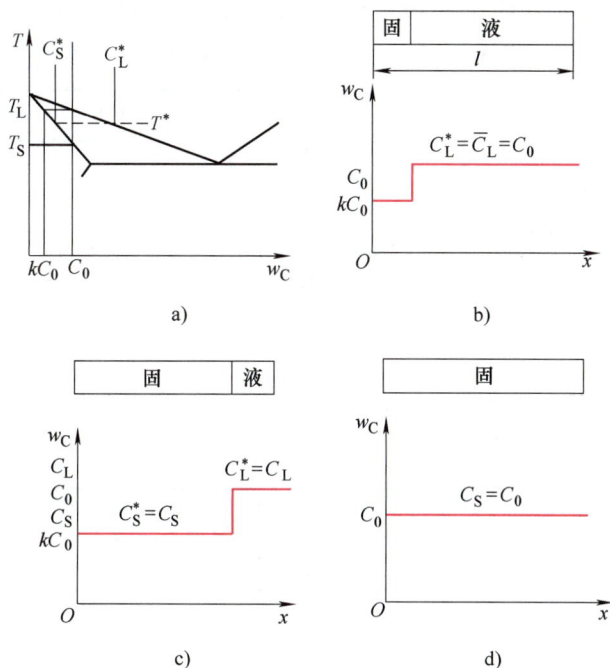

图 4-2 平衡凝固过程的溶质再分配

a）相图 b）凝固初始 c）凝固过程中 d）凝固终了

$$C_S f_S + C_L f_L = C_0 \tag{4-4}$$

将 $C_L = C_S / k$，$f_L = 1 - f_S$ 代入得

$$C_S = \frac{C_0 k}{1 - f_S(1-k)} \tag{4-5}$$

同理

$$C_L = \frac{C_0}{k + f_L(1-k)} \tag{4-6}$$

式(4-5)、式(4-6) 即为平衡凝固时溶质再分配的数学模型。代入初始条件，开始凝固时，$f_S \approx 0$，$f_L \approx 1$，则 $C_S = kC_0$，$C_L = C_0$；凝固将结束时，$f_S \approx 1$，$f_L \approx 0$，则 $C_S = C_0$，$C_L = C_0/k$。可见平衡凝固时溶质的再分配仅取决于热力学参数 $k$，而与动力学无关。即此时此刻的动力学条件是充分的。凝固的进行虽然存在溶质的再分配，但最终凝固结束时，固相的成分为液态合金原始成分 $C_0$（图 4-2d）。

### 三、近平衡凝固时的溶质再分配

#### 1. 固相无扩散、液相均匀混合的溶质再分配

通常溶质在固相中的扩散系数 $D$ 比在液相中的扩散系数小几个数量级，故认为溶质在固相中无扩散是比较接近实际情况的。溶质在液相中充分扩散不易得到，但经扩散、对流，特别是外力的强烈搅拌可以达到均匀混合。这种凝固条件溶质再分配的物理模型如图 4-3 所示，凝固开始时，与平衡态相同，固相中溶质为 $kC_0$，液相中溶质为 $C_0$。当温度下降至 $T^*$ 时，所析出的固相成分为 $C_S^*$，液相成分为 $C_L^*$。但固相中无扩散，各温度下析出固相的成分是不相同的，如图 4-3c 所示，整个固相的平均成分为 $\overline{C_S}$，与平衡相图上的固相线不符。凝固将结束时，固相中溶质浓度为 $C_{Sm}$，即相图中的溶质最大含量；而液相中

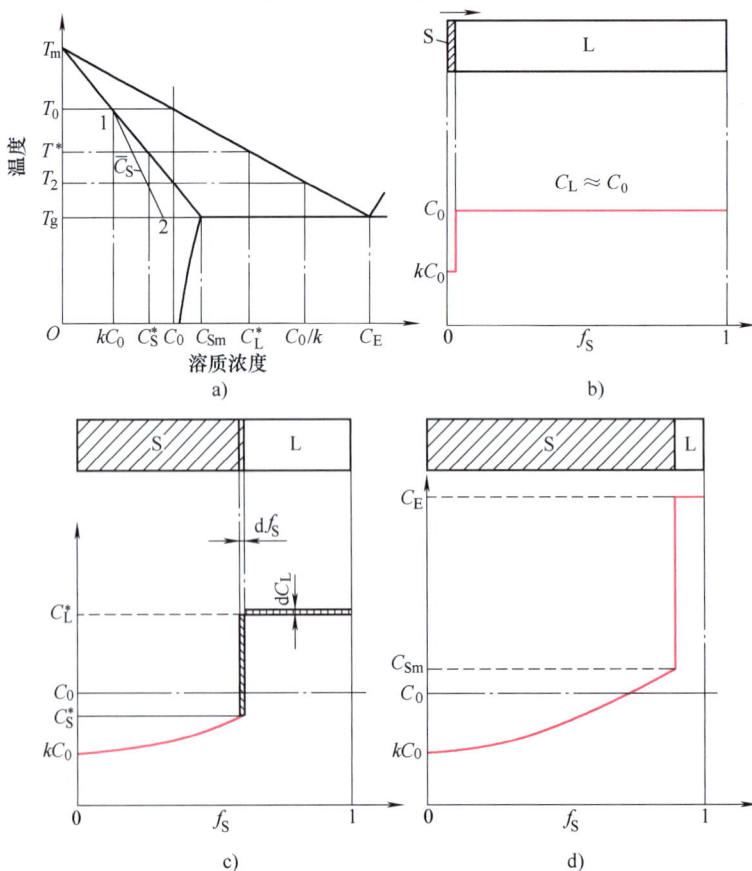

图 4-3　固相无扩散、液相充分扩散条件下凝固时的溶质再分配
a）相图　b）凝固初始　c）凝固过程中　d）凝固末期

的溶质为共晶成分 $C_E$，如图 4-3d 所示。

在物理模型的基础上建立固相中溶质再分配的数学模型。如图 4-3c 所示，在温度 $T^*$ 固-液界面向前推进一微小量，固相量增加的质量分数为 $df_S$，其排出的溶质量为 $(C_L^* - C_S^*)df_S$。这部分溶质将均匀地扩散至整个液相中，使液相中的溶质含量增加 $dC_L^*$，则

$$(C_L^* - C_S^*)df_S = (1-f_S)dC_L^* \tag{4-7}$$

将 $C_L^* = C_S^*/k$ 代入上式整理得

$$\frac{dC_S^*}{C_S^*} = \frac{(1-k)df_S}{1-f_S} \tag{4-8}$$

积分得
$$\ln C_S^* = (k-1)\ln(1-f_S) + \ln C$$

因 $f_S = 0$ 时，$C_S^* = kC_0$，代入上式积分常数 $C = kC_0$

故
$$C_S^* = kC_0(1-f_S)^{k-1} \tag{4-9}$$

同理
$$C_L^* = C_0 f_L^{k-1} \tag{4-10}$$

式(4-9)、式(4-10)称为夏尔（Scheil）公式，也称非平衡杠杆定律（本书中称近平衡杠杆定律）。由于数学推导时采用了假设条件，故其表达式是近似的。特别在接近凝固结束时此定律是无效的。因还没有到达凝固结束，液相中溶质含量就达到共晶成分而进行共晶凝固，这就超出了单相凝固的条件。可见单相凝固合金固相中的最高溶质含量为平衡相图中标出的溶质饱和度。同时不管液态合金中的溶质含量如何低，其中总有部分液体最后进行共晶凝固而获得共晶组织。

例：Al-Cu 相图的主要参数为 $C_E = 33\%Cu$，$C_{Sm} = 5.65\%Cu$。用 Al-1%Cu 合金浇一细长圆棒试样，使其从左至右单向凝固，冷却速度足以保持固-液界面为平面，当固相中无 Cu 的扩散，液相中 Cu 充分混合时，求：（1）凝固 10% 时，固液界面的 $C_S^*$ 和 $C_L^*$；（2）凝固完毕时共晶体所占比例。

解：（1）由题目给出的参数可计算出 $k$。

$$k = \frac{C_{Sm}}{C_E} = \frac{5.65\%}{33\%} = 0.17$$

凝固 10% 时，$f_S = 10\%$，$f_L = 90\%$，$C_0 = 1\%$，则

$$C_S^* = kC_0(1-f_S)^{k-1} = 0.17 \times 1\% \times (1-10\%)^{0.17-1} = 0.19\%$$

$$C_L^* = C_0 f_L^{k-1} = 1\% \times 90\%^{0.17-1} = 1.09\%$$

（2）共晶体所占比例为 $C_S^* = C_{Sm}$ 时的 $f_L'$，即

$$C_{Sm} = kC_0(1-f_S')^{k-1} = kC_0 f_L'^{k-1}$$

$$f_L' = \left(\frac{C_{Sm}}{kC_0}\right)^{\frac{1}{k-1}} = \left(\frac{5.65\%}{0.17 \times 1\%}\right)^{\frac{1}{0.17-1}} = 1.47\%$$

即凝固完毕时，共晶体所占比例为 1.47%。

**2. 固相无扩散、液相无对流而只有有限扩散的溶质再分配**

固相中溶质不扩散，液相不对流，溶质在液相中只有有限扩散，溶质再分配物理模型如图4-4所示。刚开始凝固时与平衡凝固一样，即固相中溶质含量为$kC_0$，液相中溶质含量为$C_0$。

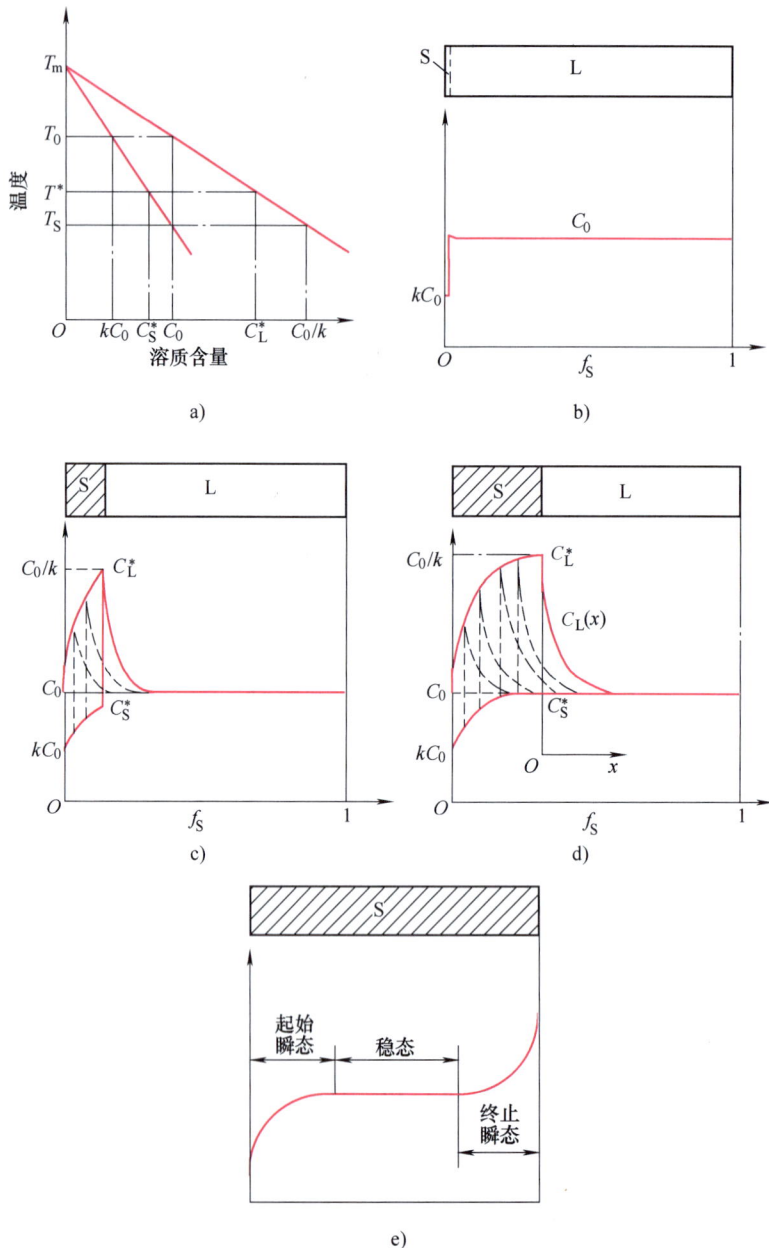

图 4-4　固相无扩散、液相有限扩散条件下凝固时的溶质再分配

a) 相图　b) 凝固初始　c) 起始瞬态　d) 稳态阶段　e) 终止瞬态

（1）起始瞬态　凝固开始后，固相成分沿固相线变化，液相成分沿液相线变化，在固-液界面处两相局部平衡，即$C_S^*/C_L^* = k$。远离界面液相成分保持$C_0$。当$C_S^* = C_0$

时，$C_L^* = C_0/k$，起始瞬态结束，进入稳态凝固阶段，如图 4-4c 所示。起始态固相中溶质分布数学模型 Smith 等人曾做过严格的计算，但推导繁琐，张承甫找出了一个简练的推导方法，得出

$$C_S = C_0 \left[ 1 - (1-k) \exp\left( -\frac{kR}{D_L} x \right) \right] \tag{4-11}$$

式中，$R$ 为凝固速度（界面生长速度）；$D_L$ 为溶质在液相中的扩散系数。

可见达到稳态时需要的距离 $x$ 值取决于 $R/D_L$ 和 $k$。从式（4-11）可以看出，当 $k$ 值较小时，适应于初始瞬态区，其长度的特征距离为 $D_L/Rk$，在此距离处形成的固相成分上升到最大值的 $[1-1/e]$ 倍，也就是稳态时数值的 67%。

（2）稳态阶段　当 $C_L^* = C_0/k$ 时，固相成分 $C_S^* = C_0$，并在较长时间内保持不变。此时由固相中排出的溶质量与界面处向液相中扩散的溶质量相等。界面处两相成分不变，达到稳态凝固，如图 4-4d 所示。

现在由物理模型求解稳态凝固阶段固-液界面液相侧溶质分布的数学模型。将坐标原点设在界面处，由图 4-4d 可知，$C_L(x) = f(x)$。$C_L(x)$ 取决于两个因素的综合作用。

1）扩散引起浓度随时间而变化，由扩散第二定律 $\dfrac{dC_L(x)}{dt} = -D_L \dfrac{d^2 C_L(x)}{dx^2}$ 决定。

2）因凝固速度或界面向前推进的速度 $R$ 而排出溶质所引起的浓度变化为 $R\dfrac{dC_L(x)}{dx}$。

稳态下两者相等，即

$$R \frac{dC_L(x)}{dx} = -D_L \frac{dC_L^2(x)}{dx^2} \tag{4-12}$$

所以

$$D_L \frac{dC_L^2(x)}{dx^2} + R \frac{dC_L(x)}{dx} = 0 \tag{4-13}$$

此微分方程的通解为

$$C_L(x) = A + B e^{-\frac{Rx}{D_L}} \tag{4-14}$$

根据边界条件，$x=0$，$C_L(0) = C_0/k$；$x = \infty$，$C_L(\infty) = C_0$，得 $A = C_0$，$B = \dfrac{1-k}{k} C_0$，故

$$C_L(x) = C_0 \left[ 1 + \frac{1-k}{k} \exp\left( -\frac{R}{D_L} x \right) \right] \tag{4-15}$$

式（4-15）称为 Tiller 公式，它是一条指数衰减曲线。$C_L(x)$ 随着 $x$ 的增加迅速地下降至 $C_0$。当 $x = \dfrac{D_L}{R}$ 时，$C_L = C_0 \left[ \dfrac{ke+1-k}{ke} \right]$，故称 $D_L/R$ 为特性距离。

（3）终止瞬态　凝固最后，当液相内溶质富集层的厚度大约等于剩余液相区的长度时，溶质扩散受到单元体末端边界的阻碍，溶质无法扩散。此时固-液界面处 $C_S^*$ 和 $C_L^*$ 同时升高，进入凝固终止瞬态阶段，如图 4-4e 所示。但终止瞬态区很窄，整个液相区内溶质分布可认为是均匀的。因此其数学模型可近似地用 Scheil 公式（4-9）和式（4-10）表示。初始瞬态和终止瞬态也称为初始过渡区和最终过渡。实际上，总是希望扩大稳态区而缩

小两个过渡区，以获得无偏析的材质或成形产品，讨论分析凝固过程中溶质再分配的规律的意义也就在这里。

### 3. 固相无扩散、液相有对流的溶质再分配

这种情况是处于液相中完全混合和液相中只有扩散之间的情况，也是比较接近实际的。这种情况下，Burten J. A. 和 Wagner C. 等人对溶质再分配进行了详细研究。他们假设液相中靠近界面处有一个扩散边界层，其厚度设为 $\delta$；这层以外的液体因有对流作用得以保持均匀的成分。如果液相的容积很大，它将不受已凝固层的影响，仍保持原始成分 $C_0$，而边界层 $\delta$ 内则只靠扩散进行传质，其物理模型如图 4-5 所示。达到稳态后，用微分方程式（4-13）表示，其通解用式（4-14）表示。此时边界条件为：$x=0$，$C_L=C_L^*$；$x=\delta$，$C_L=C_0$。

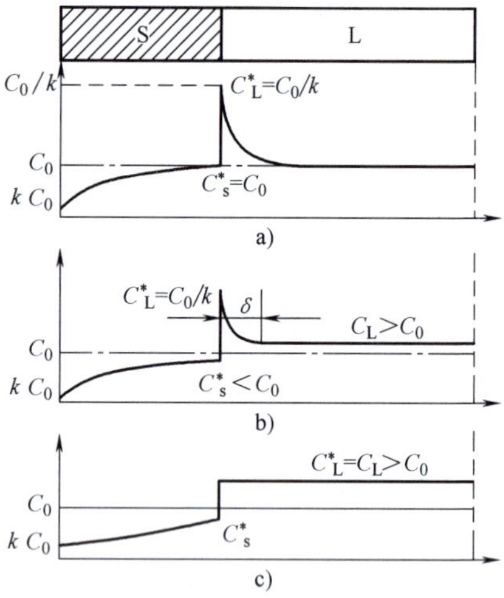

代入边界条件得

$$A = C_L^* - \frac{C_L^* - C_0}{1 - \exp\left(-\frac{R}{D_L}\delta\right)}$$

$$B = \frac{C_L^* - C_0}{1 - \exp\left(-\frac{R}{D_L}\delta\right)}$$

将 $A$、$B$ 值代入式（4-14）得特解

$$\frac{C_L(x) - C_0}{C_L^* - C_0} = 1 - \frac{1 - \exp\left(-\frac{R}{D_L}x\right)}{1 - \exp\left(-\frac{R}{D_L}\delta\right)} \tag{4-16}$$

如果液体容积有限，则溶质富集层 $\delta$ 以外的液相成分在凝固过程中将不再是固定不变的 $C_0$，而是逐步提高的，以其平均值 $\overline{C_L}$ 表示，这样上式可写成

$$\frac{C_L(x) - \overline{C_L}}{C_L^* - \overline{C_L}} = 1 - \frac{1 - \exp\left(1 - \frac{R}{D_L}x\right)}{1 - \exp\left(-\frac{R}{D_L}\delta\right)} \tag{4-17}$$

由式（4-16），当 $\delta \to \infty$ 时，可导出液相没有对流扩散情况下的溶质再分配，见式（4-15）。当达到稳态时，凝固排出的溶质等于扩散至液相中的溶质，即

$$RA\mathrm{d}t\left(C_L^* - C_S^*\right) = -D_L \frac{\mathrm{d}C_L(x)}{\mathrm{d}x}\bigg|_{x=0} A\mathrm{d}t$$

图 4-5 液相传质条件对溶质再分配规律的影响

a) $\delta \to \infty$　b) 一般情况　c) $\delta \to 0$

则

$$R(C_L^* - C_S^*) = -D_L \frac{dC_L(x)}{dx}\bigg|_{x=0}$$

对式（4-16）求导得

$$D_L \frac{dC_L(x)}{dx}\bigg|_{x=0} = -R \frac{C_L^* - C_0}{1-\exp\left(-\dfrac{R}{D_L}\delta\right)} \tag{4-18}$$

上述两式相等，即得

$$(C_L^* - C_S^*) = \frac{C_L^* - C_0}{1-\exp\left(-\dfrac{R}{D_L}\delta\right)}$$

将 $C_S^* = kC_L^*$ 代入整理得

$$C_L^* = \frac{C_0}{k+(1-k)\exp\left(-\dfrac{R}{D_L}\delta\right)} \tag{4-19}$$

$$C_S^* = \frac{kC_0}{k+(1-k)\exp\left(-\dfrac{R}{D_L}\delta\right)} \tag{4-20}$$

对于一定成分的合金，液相部分混合的单相定向凝固过程中，达到稳态时，固相和液相成分 $C_S^*$ 和 $C_L^*$ 仅取决于 $R$ 值和 $\delta$ 值，并且均小于没有混合时的 $C_S^* = C_0$ 和 $C_L^* = C_0/k$ 值。这由式（4-19）和式（4-20）可导出，即液相没有混合时 $\delta = \infty$，代入两式中即可得到。$\delta$ 值越小，$C_S^*$ 值越低，即搅拌、对流越强时，凝固析出的固相的稳态成分越低。同样，生长速度 $R$ 越大时，$C_S^*$ 值越接近于 $C_0$；$R$ 越小，$C_S^*$ 值越低，越远离 $C_0$。在液相中存在部分对流的情况下，当搅拌激烈程度增加，使 $\delta$ 变小时，为了使 $C_S^*$ 保持均匀的成分不变，必须使特性距离 $D_L/R<\delta$，即必须增加凝固速度。

### 4. 非平衡凝固

此处所谓的非平衡凝固是指绝对的非平衡凝固，如快速凝固、激光重熔及合金雾化冷却凝固等近代先进的材料成形技术中液态合金的凝固。此时已不遵循热力学规律，即使固-液界面紧邻处也如此。此时 $C_S^*$ 和 $C_L^*$ 的比值趋近于1。影响溶质再分配的因素主要是动力学因素，其分布规律正在研究中，这是一个新的研究领域。

## 四、成分过冷

### 1. 成分过冷（Constitutional Undercooling）产生的条件

金属凝固时所需的过冷度，若完全由热扩散控制，这样的过冷称为热过冷。其过冷度称为热过冷度。纯金属凝固时就是热过冷，热过冷度为理论凝固温度与实际凝固温度之差。

对于合金而言，其凝固过程同时伴随着溶质再分配，在固-液界面的液相侧形成一个溶质富集区。其分布规律在上一节中已进行了详细分析。由于液相成分的变化，导致理论凝固温度的变化。当固相无扩散而液相只有扩散的单相合金凝固时，界面处溶质含量最高，离界面越远溶质含量越低（图4-6b）。平衡液相温度 $T_L(x)$ 则与此相反，界面处温度最低；离界面越远，液相温度越高；最后接近原始成分合金的凝固温度 $T_0$（图 4-6c）。假设液相线为直线，其斜率为 $m_L$，纯金属的熔点为 $T_m$，凝固达到稳态时固-液界面前方液相温度为

$$T_L(x) = T_m - m_L C_L(x)$$
$$= T_0 - m_L [C_L(x) - C_0]$$

(4-21)

固-液界面（$x=0$）处温度

$$T_i = T_m - m_L C_0/k$$

(4-22)

界面处的过冷度 $\Delta T_k$（也称为动力学过冷度）为

$$\Delta T_k = T_i - T_{x0} = T_m - m_L C_0/k - T_{x0}$$

(4-23)

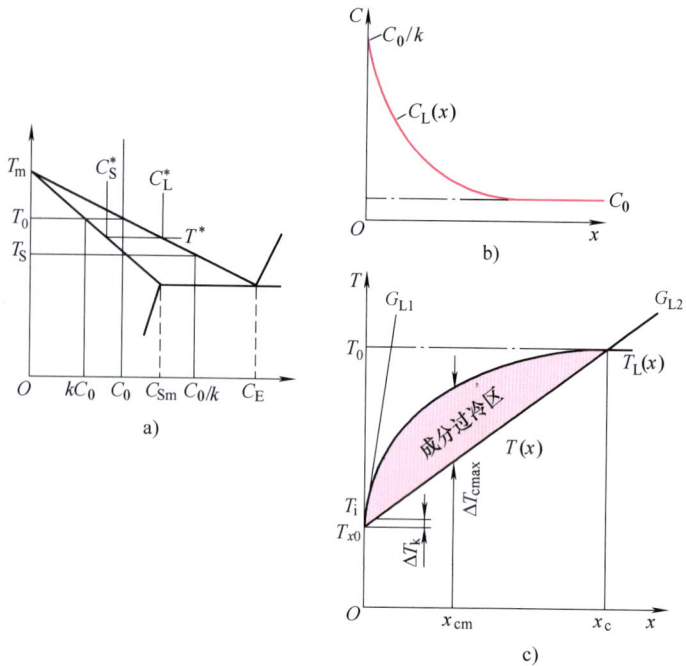

图 4-6　固液界面前沿液体中的成分过冷模型

式中，$T_{x0}$ 为界面处的实际温度。

假设固-液界面前沿的实际温度分布为直线 $T(x)$，其温度梯度为 $G_L$（图 4-6c）。此时，固-液界面前方液体的过冷度为平衡液相温度（即理论凝固温度）$T_L(x)$ 与实际温度 $T(x)$ 之差，即

$$\Delta T_c = T_L(x) - T(x)$$

(4-24)

通常动力学过冷度 $\Delta T_k$ 很小，可忽略，则

$$\Delta T_c = T_L(x) - (T_i + G_L x)$$

显然，$\Delta T_c$ 是由固-液界面前方溶质的再分配引起的，将这样的过冷称为成分过冷，其过冷度称为成分过冷度。$T_L(x)$ 曲线和直线 $T(x)$ 构成的如图 4-6c 所示的阴影区称为成分过冷区，固-液界面前过冷范围 $x_c$ 称为成分过冷范围。因此，产生成分过冷必须具备两个条件：第一是固-液界面前沿溶质的富集而引起成分再分配；第二是固-液界面前方液相的实际温度分布 $T(x)$，或实际温度分布梯度 $G_L$ 必须达到一定的值，以形成成分过冷区。

由图 4-6c 可以看出，成分过冷的条件为

$$G_L < \left.\frac{\mathrm{d}T_L(x)}{\mathrm{d}x}\right|_{x=0}$$

(4-25)

而

$$\frac{\mathrm{d}T_L(x)}{\mathrm{d}x} = -m_L \frac{\mathrm{d}C_L(x)}{\mathrm{d}x}$$

(4-26)

故

$$G_L < -m_L \left.\frac{\mathrm{d}C_L(x)}{\mathrm{d}x}\right|_{x=0}$$

(4-27)

从式（4-18）求出

$$\frac{dC_L(x)}{dx}\bigg|_{x=0}=-\frac{R}{D_L}\left(\frac{C_L^*-C_0}{1-e^{-R\delta/D_L}}\right)$$

将上式和式（4-19）代入式（4-27）并整理可得

$$\frac{G_L}{R}<\frac{m_L}{D_L}C_0\frac{1}{\dfrac{k}{1-k}+e^{-\frac{R}{D_L}\delta}} \tag{4-28}$$

式（4-28）称为 成分过冷判别式或判据通式。当液相中只有扩散而无对流时，$\delta\to\infty$，式（4-28）变为

$$\frac{G_L}{R}<\frac{m_L C_0(1-k)}{D_L k} \tag{4-29}$$

式（4-29）为 只有扩散而无对流时的成分过冷判据。式中左边的温度梯度 $G_L$ 及界面生长速度 $R$ 是可以人为控制的工艺因素，右边为由合金性质决定的因素。

### 2. 成分过冷的过冷度

成分过冷度表示为

$$\Delta T_c=T_L(x)-T(x) \tag{4-30}$$

式中实际温度分布为

$$T(x)=T_i+G_L x \tag{4-31}$$

单相合金凝固，固-液界面为平界面，液相中只有扩散而无对流达到稳态凝固时

$$T_i=T_m-m_L C_0/k$$

或

$$T_m=T_i+m_L C_0/k \tag{4-32}$$

又

$$T_L(x)=T_m-m_L C_L(x) \tag{4-33}$$

将式（4-15）和式（4-32）代入式（4-33）得

$$T_L(x)=T_i+\frac{m_L C_0(1-k)}{k}\left[1-\exp\left(-\frac{R}{D_L}x\right)\right] \tag{4-34}$$

将式（4-31）和式（4-34）代入式（4-30）得

$$\Delta T_c=\frac{m_L C_0(1-k)}{k}\left[1-\exp\left(-\frac{R}{D_L}x\right)\right]-G_L x \tag{4-35}$$

求 $\Delta T_c$ 最大值，令 $\dfrac{d\Delta T_c}{dx}=0$，则得最大成分过冷度处的 $x_{cm}$ 为

$$x_{cm}=\frac{D_L}{R}\ln\frac{Rm_L C_0(1-k)}{G_L D_L k} \tag{4-36}$$

将式（4-36）代入式（4-35）得最大成分过冷度为

$$\Delta T_{cmax}=\frac{m_L C_0(1-k)}{k}-\frac{G_L D_L}{R}\left[1+\ln\frac{Rm_L C_0(1-k)}{G_L D_L k}\right] \tag{4-37}$$

令 $\Delta T_{\rm c}=0$，由式（4-35）得

$$G_{\rm L}x_{\rm c}=\frac{mC_0(1-k)}{k}\left[1-\exp\left(-\frac{R}{D_{\rm L}}x_{\rm c}\right)\right] \qquad (4-38)$$

由函数 $\exp\left(-\dfrac{R}{D_{\rm L}}x_{\rm c}\right)$ 的幂级数展开式可近似求得

$$\exp\left(-\frac{R}{D_{\rm L}}x_{\rm c}\right)=1-\frac{R}{D_{\rm L}}x_{\rm c}+\frac{1}{2}\left(-\frac{R}{D_{\rm L}}x_{\rm c}\right)^2$$

将此式代入式（4-38）得

$$x_{\rm c}=\frac{2D_{\rm L}}{R}-\frac{2kG_{\rm L}D_{\rm L}^2}{m_{\rm L}C_0(1-k)R^2} \qquad (4-39)$$

$x_{\rm c}$ 是由于成分过冷所引起的固-液共存区（或称糊状区）的宽度，和没有成分过冷的 $x=\dfrac{T_{\rm L}-T_{\rm m}}{G}$ 相比，其影响因素更多些，并随凝固速度 $R$ 的增加而减小；随液体中溶质的扩散系数 $D_{\rm L}$ 的增加而增大。由于糊状区的大小和状况影响到缩松、热裂等缺陷的形成，因而对糊状区的有效控制，对获得优质的铸件有重要的影响。

## 五、成分过冷对单相合金凝固过程的影响

如前所述，纯金属在正温度梯度下，固-液界面前方的液体几乎没有过冷，固-液界面以平面方式向前推进，即晶体以平面方式生长。在负温度梯度下，界面前方的液体强烈过冷，晶体以树枝晶方式生长。纯金属凝固所需要的过冷度 $\Delta T$ 仅与传热过程有关，称这样的过冷度为热过冷度。

合金凝固与纯金属不同，除热过冷的影响外，更主要的受到成分过冷的影响。成分过冷对一般单相合金凝固过程的影响与热过冷对纯金属凝固过程的影响本质上是相同的，但同时存在传质过程的制约，因此情况更为复杂。在无成分过冷时，合金与纯金属一样，界面为平界面；在负温度梯度 $\left[\dfrac{{\rm d}T(x)}{{\rm d}x}<0\right]$ 时界面为树枝状形态；在正温度梯度 $\left[\dfrac{{\rm d}T(x)}{{\rm d}x}>0\right]$ 时，晶体的生长方式产生多样性：当稍有成分过冷时为胞状生长，随着成分过冷的增大（即温度梯度的减小），晶体由胞状晶变为柱状晶、柱状枝晶和自由树枝晶（等轴枝晶）。下面对此逐一分析。

### 1. 无成分过冷的平面生长

当单相合金晶体生长条件符合

$$\frac{G_{\rm L}}{R}\geqslant\frac{m_{\rm L}C_0(1-k)}{D_{\rm L}k} \qquad (4-40)$$

时，界面前方不产生成分过冷，如图 4-7a 中温度梯度 $G_1$ 所示。此时，界面将以平面生长方式生长（图 4-7b）。达到稳定生长阶段时，宏观平坦的界面将是等温的，并以恒定的平衡成分向前推进。最后会在稳定生长区内获得成分完全均匀的单相固溶体柱状晶甚至单晶体。

由式(4-40)及图4-7b可知，平面生长的速度小，界面前方的温度梯度大。纯金属和一般单相合金稳定生长阶段界面的生长速度 $R$ 可由界面处的热量关系导出。由于界面液态金属温度下降和析出潜热的总热量等于固相导出的热量，故

$$G_S\lambda_S = G_L\lambda_L + R\rho L \qquad (4-41)$$

式中，$G_S$、$G_L$ 分别为固、液相在界面处的温度梯度；$\lambda_S$、$\lambda_L$ 分别为固、液两相的热导率；$\rho$ 为合金的密度；$L$ 为结晶潜热。由此可得

$$R = \frac{G_S\lambda_S - G_L\lambda_L}{\rho L} \qquad (4-42)$$

对于纯金属而言，式(4-42)中 $G_L$ 只受热过冷的影响，但对于合金 $G_L$ 必须受式(4-40)约束。

一般单相合金晶体生长中同时受到传质过程的影响，要保持平界面生长方式，温度梯度应更高，而生长速度应更低，因此，工艺因素的控制是很严格的；且合金的性质也有影响，$C_0$ 和 $|m_L|$ 越大，$k$ 偏离1越远，$D_L$ 越大，界面越趋向于平面生长。图4-8为Al-0.1%Cu合金在无成分过冷情况下的平面生长组织，此时 $G_L/R = 4.5 \times 10^4 \mathrm{K \cdot s/cm^2}$。

### 2. 窄成分过冷区的胞状生长

当一般单相合金晶体生长符合条件

$$\frac{G_L}{R} < \frac{m_L C_0(1-k)}{D_L k} = \frac{T_0 - T_L}{D_L} \qquad (4-43)$$

时，界面前方产生一个窄成分过冷区，如图4-7a中温度分布梯度 $G_2$ 所示。成分过冷区的存在，破坏了平界面的稳定性，这时，由于偶然的扰动，对宏观平坦的界面产生的任何凸起，界面都必将面临较大的波动，而以更快的速度向前长大。同时不断向周围的熔体中排出多余的溶质，相邻凸起部分之间的凹陷区域溶质浓度增加得更快，而凹陷区域的溶质向熔体扩散比凸起部分更困难。因此凸起部分快速生长的结果，导致凹陷部分溶质进一步浓集（图4-7c）。溶质浓集降低了凹陷区域熔体的液相温度和过冷度，从而抑制凸起晶体的横向生长，并形成一些由低熔点溶质汇集区所构成的网络状沟槽。凸起晶体前端的生长受成分过冷区宽度的限制，不能自由地向前伸展。当由于溶质的浓集，而使界面各处的液相成分达到相应温度下的平衡时，界面形态趋于稳定。这样在窄成分过冷区的作用下，不稳定的宏观平坦界面就转变成一种稳定的、由许多近似于旋转抛物面的凸出圆胞和网络，将凹陷的沟槽构成新的界面形态，这种形态称为胞状晶。以胞状晶向前推进的生长方

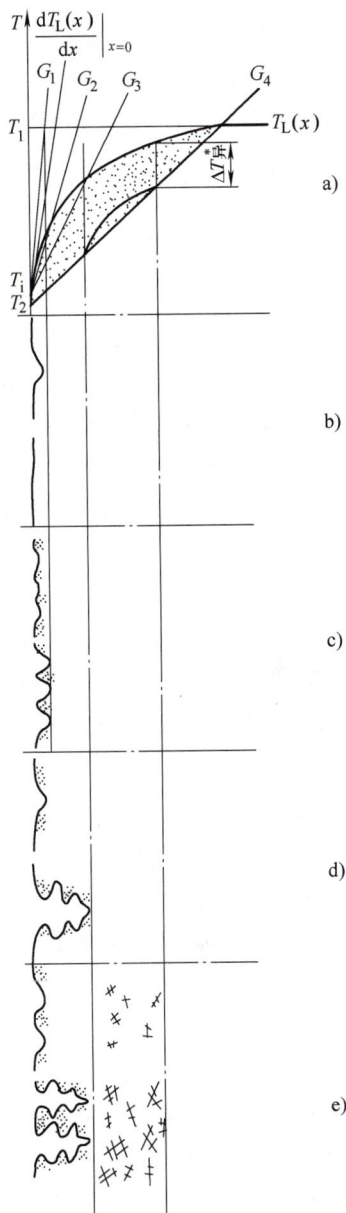

图4-7 成分过冷对晶体
生长方式的影响

式，称为胞状晶生长方式。对于一般金属而言，圆胞显示不出特定的晶面，如图 4-9 所示。Al-0.1%Cu 合金在成分过冷较小的情况下（$G_L/R = 0.42 \times 10^4$ K·s/cm²），界面出现许多的胞状晶，并且溶质 Cu 被排挤到晶界富集。而对于小平面生长的晶体（如一些非金属），胞晶前端将显示出晶体特性的鲜明棱角。

试验表明，形成成分过冷区的宽度在 $0.01 \sim 0.1$ cm 之间。随着溶质浓度的增大或冷却速度的增加，胞状晶由不规则变成规则的正六边形，最后变成树枝晶。

### 3. 较宽成分过冷区的柱状树枝晶生长

胞状晶的生长方向垂直于固-液界面，而且与晶体学取向无关。随着 $G_L/R$ 比值的减小和溶质浓度的增加，界面前方成分过冷区加宽，如图 4-7a 中温度梯度 $G_3$ 所示。此时凸起晶胞将向熔体伸展更远，面临着新的成分过冷；原来胞晶抛物状界面逐渐变得不稳定。晶胞生长方向开始转向优先的结晶生长方向，胞晶的横向也将受晶体学因素的影响而出现凸缘结构（图 4-10b），当成分过冷加强时，凸缘上又会出现锯齿结构（图 4-10d），即二次枝晶。将出现二次枝晶的胞晶称为胞状树枝晶或柱状树枝晶。由胞状晶转变成柱状树枝晶结构的过程如图 4-10 所示。如果成分过冷区足够宽，二次枝晶在随后的生长中又会在其前端分裂出三次枝晶。这样不断分枝的结果，在成分过冷区迅速形成树枝晶骨架（图 4-7d）。在构成骨架枝晶的固-液两相区，随着枝晶的长大和分枝，剩余液体中的溶质不断富集，熔点不断降低，致使分枝周围熔体的过冷度很快消失，

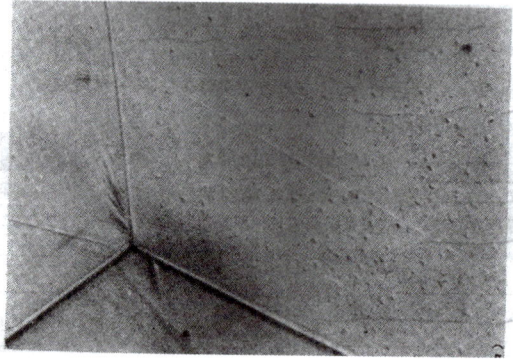

图 4-8　Al-0.1%Cu 合金凝固横截面组织
$G_L/R = 4.5 \times 10^4$ K·s/cm²

分枝便停止分裂和生长。由于分枝侧面无成分过冷，往往以平面生长方式完成其凝固过程。

这与纯金属在 $G_L < 0$ 下的柱状树枝晶生长不同，单相合金柱状树枝晶的生长是在 $G_L > 0$ 的情况下进行的；平面生长与胞状生长一样，是一种热量通过固相散失的约束生长，在生长过程中，结晶主干彼此平行地向着热流相反的方向延伸，相邻主干的高次分枝往往互相连接起来，而排列成方格网状。

### 4. 宽成分过冷区的自由树枝晶生长

当固-液界面前方液体中出现大范围的成分过冷时，成分过冷度的最大值 $\Delta T_{cmax}$ 将大于液体中非均质形核所需要的过冷度 $\Delta T_{异}$，如图 4-7a 中 $G_4$ 所示。由于在过冷的液体中自由成核生长，并长成树枝晶，这称为自由树枝晶，也称等轴晶，如图 4-7e 所示。等轴晶的生长，阻碍了柱状树枝晶的单向延伸，此后的凝固过程便是等轴晶不断向液体内部推进的过程。

在液体内部自由形核生长，从自由能的角度看应该是球体，因为同体积以球的表面积最小。但为什么又成为树枝晶的形态呢？在稳定状态下，平衡的结晶形态并不是球形，而是近于球形的多面体（图 4-11a）。晶体的界面总是由界面能较小的晶面所组成，所以一

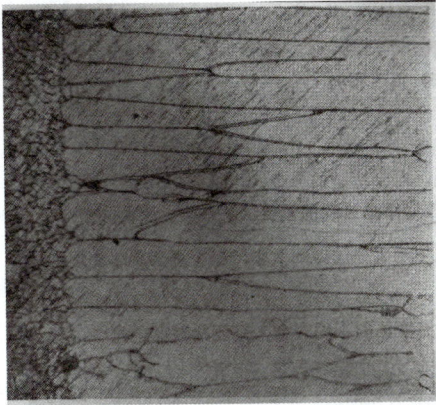
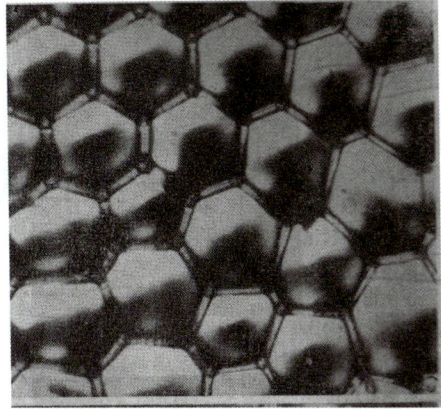

a)　　　　　　　　　　　　　　　b)

图 4-9　Al-0.1%Cu 合金定向凝固组织

$$G_L/R = 0.42×10^4 K·s/cm^2$$

a）纵向（从右向左生长）　b）横向

个多面体的晶体，那些宽而平的面是界面能小的晶面，而棱与角的狭面，为界面能大的晶面。非金属晶体界面具有强烈的晶体学特性，其平衡态的晶体形貌具有清晰的多面体结构，而金属晶体的方向性较弱，其平衡态的初生晶体近于球形。但是在近平衡状态下，多面体的棱角前沿液相中的溶质浓度梯度较大，其扩散速度较快（图 4-11b）；而大平面前沿液相中溶质梯度较小，其扩散速度较慢，这样棱角处晶体长大速度大，平面处较小，近于球形的多面体逐渐长成星形（图 4-11c），从星形再生出分枝而成树枝状（图 4-11d）。

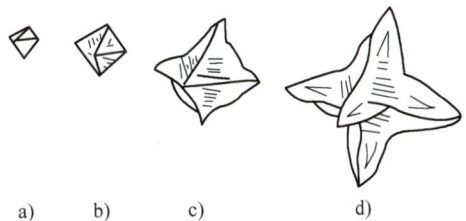

图 4-10　胞状晶向树枝晶生长的转变过程模型　　图 4-11　由八面体晶体发展成树枝晶的过程模型

就合金的宏观结晶状态而言，平面生长、胞状生长和柱状树枝晶生长都属于一种晶体自型壁生核，然后由外向内单向延伸的生长方式，称为外生生长。而等轴晶是在液体内部自由生长的，称为内生生长。可见，成分过冷加强了晶体生长方式由外生生长向内生生长转变。这个转变取决于成分过冷的大小和外来质点异质形核的能力两个因素。宽范围的成分过冷及具有强形核能力的生核剂，都有利于内生生长和等轴晶的形成。

等轴晶具有无方向性的特性。因此等轴晶材质或成形产品的性能是各

内部等轴枝晶
生长

向同性的，且等轴晶越细性能越好。

### 5. 树枝晶的生长方向和枝晶间距

从上述分析可知，枝晶的生长具有鲜明的晶体学特征，其结晶主干和分枝的生长均与特定的晶向相平行。图4-12为立方晶系柱状树枝晶生长方向示意图。对于小平面生长的枝晶结构，其生长表面均被慢速生长的密排面（111）所包围，四个（111）面相交，并构成锥体尖顶，其所指的晶向<100>是枝晶生长的方向（图4-12a）；对于非小平面生长的粗糙界面的非晶体学性质与其枝晶生长中鲜明的晶体学特征尚无完善的理论解释。枝晶的生长方向依赖于晶体结构特性，立方晶系为<100>晶向，密排六方晶系为<$10\overline{1}0$>晶向，体心正方为<110>晶向。

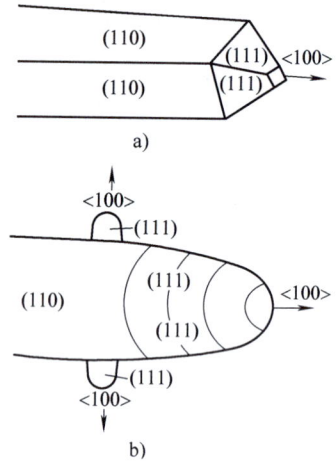

图 4-12　立方晶系柱状树枝晶的长大方向

a）小平面长大　b）非小平面长大

枝晶间距指的是相邻同次枝晶之间的垂直距离。主轴间距为 $d_1$，二次分枝间距为 $d_2$，三次分枝间距为 $d_3$，是树枝晶组织细化程度的表征。在树枝晶的分枝之间充填着溶质富集的最后凝固组织（如共晶体），这种形式的溶质偏析，对材质的性能有害。为消除或减小这种微观的成分偏析，往往对凝固后的铸件进行较长时间的均匀化退火。树枝晶间距越小，溶质越容易扩散，加热的时间就越短。同时，由于枝晶间的剩余液体最后凝固时的收缩得不到充分补充而形成的显微缩松和枝晶间的夹杂物等缺陷尺度也越细小、分散。这些因素都有利于提高材质和产品的性能。因此枝晶间距问题越来越得到人们的重视，出现了许多缩小枝晶间距的凝固方法和处理措施。

纯金属的枝晶间距取决于界面处结晶潜热的散失条件，而一般单相合金与潜热的扩散和溶质元素在枝晶间的行为有关，必须将温度场和溶质扩散场耦合起来进行研究。国内外研究者所得到的定性结论一致，但定量结论有多种模型。

定向凝固组织，如胞状晶、柱状树枝晶中一次枝晶间距的经典理论模型是 Jackson Hunt（J-H）模型。一次枝晶间距的表达式为

$$d_1 = A_1 G_L^{-\frac{1}{2}} R^{-\frac{1}{2}} \tag{4-44}$$

式中，$A_1$ 为表示合金性能的常数。

$$A_1 = 4.3\left(\frac{\Delta T_s D_L \sigma_{LC}}{k \Delta S_m}\right)^{1/4} \tag{4-45}$$

式中，$\Delta T_s$ 为合金凝固的温度范围；$\Delta S_m$ 为熔化熵；其他常数同前。

# 第二节　共晶合金的凝固

## 一、共晶组织的特点和共晶合金的分类

共晶结晶（Eutectic Solidification）形成的两相混合物具有多样的组织形态：①宏观形

态，即共晶体的形状与分布的形成原因与单相合金晶体类似，并随着结晶条件的改变也呈现从平面生长、胞状生长到枝晶生长，从柱状晶（共晶群体）到等轴晶（共晶团）的不同变化；②微观形态，即共晶体内两相析出物的形状与分布，则与组成相的结晶特性、它们在结晶过程中的相互作用以及具体条件有关。在众多的复杂因素中，共晶两相生长中的固-液界面结构在很大程度上决定着微观形态的基本特征。根据界面结构不同，共晶合金分为两类。

**1. 非小平面-非小平面共晶合金**（又称为规则共晶合金）

该类合金在结晶过程中，共晶两相 α 和 β 均具有非小平面生长的粗糙界面，组成相的形态为规则的棒状或层片状，如图 4-13 所示。由于粗糙界面的连续生长是金属状态物质结晶的基本特点，故又称为金属-金属共晶合金。它包括了所有的金属与金属之间以及许多金属与金属间化合物之间的共晶合金，如 Sb-Pb、Ag-Cu 和 Al-Al$_3$Ni 等。

**2. 非小平面-小平面共晶合金**（又称为非规则共晶合金）

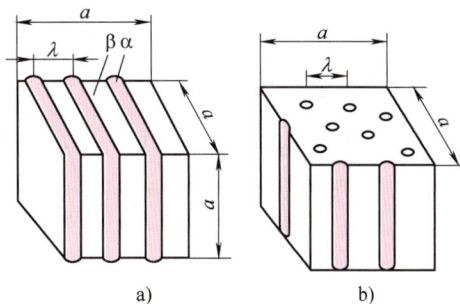

图 4-13 非小平面-非小平面共晶共生生长
a）层片状 b）棒状

该类合金在结晶过程中，一个相的固-液界面为非小平面生长的粗糙界面，另一个相则为小平面生长的平整界面，故又称金属-非金属共晶合金。它包括了许多由金属和非金属以及金属和准金属所组成的共晶合金，如 Fe-C、Al-Si 以及 Pb-Bi、Sb-Bi 和 Al-Ge 等共晶合金。许多金属-金属氧化物（碳化物）共晶也属于此类。非规则共晶合金组织形态根据凝固条件（化学成分、冷却速度、变质处理等）的不同而变化。小平面相的各向异性导致其晶体长大具有强烈的方向性。固-液界面为特定的晶面，在共晶长大过程中，虽然共晶两相也依靠液相中原子的扩散而协同长大，但固-液界面不是平整的，而是极不规则的。小平面相的长大属于二维晶核生长，它对凝固条件的反应极为敏感，因此，非规则共晶组织的形态变化多端。

此外，就共晶系本身而言，还有另一类小平面-小平面共晶，即非金属-非金属共晶。

## 二、共晶合金的结晶方式

### 1. 共晶合金的共生生长

根据相图平衡条件，只有具有共晶成分这一固定组成的合金才能获得全部的共晶组织。但在实际凝固条件下，即使是共晶点附近非共晶成分的合金，当其以比较快的速度冷却到图 4-14a 所示的平衡相图上两条液相线的延长线以下的区域时，液相内部两相同时达到过饱和，都具备了析出的条件。然而实际上往往是某一相首先析出，然后另一相再在先析出相的表面上析出，从而开始两相交替竞相析出共晶凝固过程，最后获得 100% 的共晶组织。这种由非共晶成分合金发生共晶凝固而获得的共晶组织称为伪共晶组织。图 4-14 中的阴影区称为共晶共生区。共晶共生区规定了共晶凝固特定的温度和成分范围。

如果仅从热力学观点考虑共晶共生区应如图 4-14a 所示，完全由平衡相图的液相线外推延长以后构成。然而，实际共晶凝固过程不仅与热力学因素有关，在很大程度上还取决于共晶两相析出过程的动力学条件。因此，实际共晶共生区取决于共晶生长的热力学和动力学因素的综合作用。实际的共晶共生区可以大致分为两种：对称型（图4-14b）和非对称型（图4-14c）。

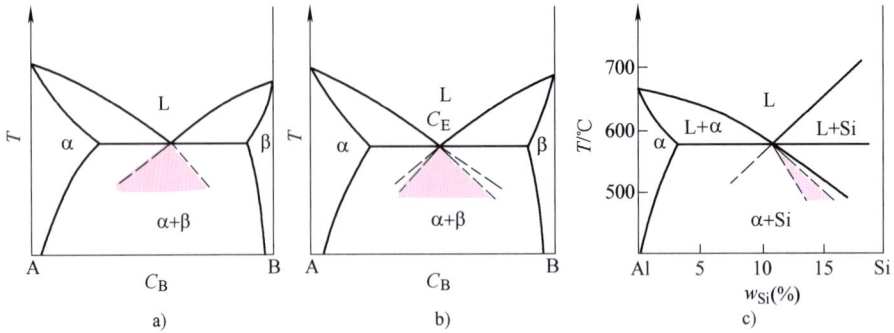

图 4-14　共晶相图及共晶共生区示意图

a）热力学型　b）对称型　c）非对称型

当组成共晶的两个组元的熔点相近，两条液相线形状彼此对称，共晶两相性质相近，在共晶成分、温度区域内的析出动力学因素也大致相当，就容易形成相互依附的共晶核心。同时两相组元在共晶成分、温度区域内的扩散能力也接近，易于保持两相等速协同生长。在这种条件下，共晶共生区以共晶成分 $C_E$ 为对称轴，形成对称型共晶共生区（图4-14b）。以共晶成分为中心的对称型共晶共生区，只发生在金属-金属（非小平面）共晶系中。

当组成共晶两相的两个组元的熔点相差较大，两条液相线不对称，共晶点成分通常靠近低熔点组元一侧。此时，共晶两相的性质相差往往很大，高熔点相往往易于析出，且其生长速度也较快，两相在共晶成分、温度区域内生长的动力学条件差异就破坏了共晶共生区的对称性，使其偏向于高熔点组元的一侧，形成非对称型共晶共生区（图4-14c）。共晶两相性质差别越大，共晶共生区偏离对称的程度就越严重。大多数金属-非金属（非小平面-小平面）共晶系，如 Al-Si、Fe-C（Fe₃C）系的共晶共生区均属于此类。

实际上，共晶共生区的形状并非如图4-14所示那样简单，而是随着液相温度梯度、初生相及共晶相的长大速度和温度等因素的变化而呈现出多样的复杂变化。如图4-15所示，对称型的金属-金属系共晶在液相温度梯度 $G_L$ 为正时，呈现出铁砧式的共晶共生区。可见当晶体生长速度较小时，单向凝固的合金可以获得以平界面生长的共晶组织。随着晶体长大速度或成分过冷度的

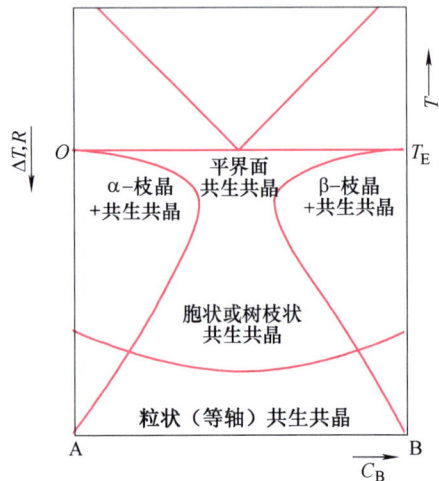

图 4-15　非小平面-非小平面共晶共生区

增大，共晶组织将依次转变为胞状、树枝状以至粒状（等轴）共生共晶。

### 2. 离异生长和离异共晶

合金液可以在一定成分条件下通过直接过冷而进入共晶共生区，也可以在一定过冷条件下通过初生相的生长使液相成分发生变化而进入共晶共生区。合金液一旦进入共晶共生区，两相就能借助于共生生长的方式进行共晶结晶，从而形成共生共晶组织。然而研究表明，在共晶转变中也存在着合金液不能进入共晶共生区的情况。在这种情况下，共晶两相没有共同的生长界面，它们各以不同的速度独立生长。也就是说，两相的析出在时间上和空间上都是彼此分离的，因而在形成的组织上没有共生共晶的特征。这种非共生生长的共晶结晶方式称为离异生长，所形成的组织称为离异共晶（图4-16）。在下述情况下，共晶合金将以离异生长的方式进行结晶，并形成几种形态不同的离异共晶组织。

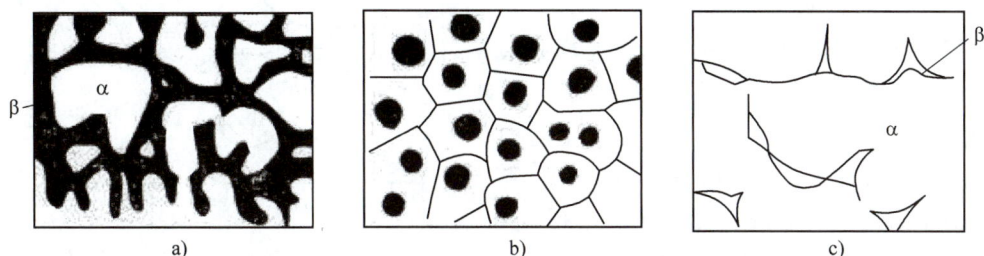

图 4-16　几种离异共晶组织

1）当一相大量析出，另一相尚未开始结晶时，将形成晶间偏析型离异共晶组织。其产生原因有两种：第一种原因是由系统本身所造成的，当合金成分偏离共晶点很远，初晶相长得很大，共晶成分的残留液体很少，类似于薄膜分布于枝晶之间。当共晶转变时，一相就在初晶相的枝晶上继续长出，而把另一相单独留在枝晶间（图4-16a）。第二种原因是由另一相的形核困难所引起的，合金偏离共晶成分，初晶相长得较大。另一相不能以初生相为基底形核，或因液体过冷倾向大而使该相析出受阻时，初生相就继续长大而把另一相留在枝晶间（图4-16c）。

合金成分偏离共晶成分越远，共晶反应所需的过冷度越大，则越容易形成上述的离异共晶。

2）当领先相为另一相的"晕圈"所封闭时，将形成领先相呈球团状结构的离异共晶组织。在共晶结晶过程中，有时第二相环绕领先相生长而形成一种镶边外围层，此外围层称为"晕圈"。一般认为，晕圈的形成是因两相在形核能力和生长速度上的差别所致。因此，在两相性质差别较大的非小平面-小平面共晶合金中更容易出现这种晕圈组织。这时领先相往往是高熔点的非金属相，金属相则围绕领先相而形成晕圈。如果领先相的固-液界面是各向异性的，第二相只能将其慢生长面包围住，而其快生长面仍能突破晕圈包围并与熔体相接触，则晕圈是不完整的。这时两相仍能组成共同的生长界面而以共生生长方式进行结晶（图4-17a）。灰铸铁中的片状石墨与奥氏体的共生生长则属于此类。如果领先相的固-液界面全部是慢生长面，从而能被快速生长的第二相晕圈所封闭时，则两相与熔体之间没有共同的生长界面，而只有形成晕圈的第二相与熔体相接触（图4-17b），所以领先相的生长只能依靠原子通过晕圈的扩散进行，最后形成领先相呈球团状结构的离异共晶组织（图4-16b）。其典型例子就是球墨铸铁的球状石墨与奥氏体的共晶凝固。

在晶间偏析型离异共晶组织中，不存在共晶团或共晶群体结构；而在球团状离异共晶组织中，一个领先相的球体连同包围它的第二相晕圈即可看成是一个共晶团。当共晶合金采取离异生长方式进行结晶时，由于两相彼此分离的性质，则很难明确地区分共晶形核过程和共晶生长过程。研究工作一般都是分别考察两相的形核和生长过程。

### 三、规则共晶凝固

#### 1. 层片状共晶

层片状共晶组织是最常见的一类规则共晶组织，组织中共晶两相呈片状交叠生长。一般情况下，其长大速度在四周各个方向上是均一的，因它具有球形长大的固-液界面前沿。片状共晶合金的自由共晶凝固过程如图 4-18 所示。根据形核理论在液相中析出呈球状的 α 领先相（图 4-18a），即 α 相为共晶核心。由于两相性质的相近，β 相以 α 相为基底依附其侧面析出长大。β 相的析出又促进 α 相依附 β 相侧面长大（图 4-18b），如此交替搭桥式地生长成如散射状球形共晶（图 4-18c）。

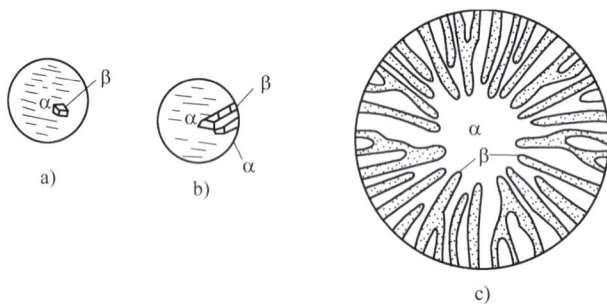

图 4-17 共晶结晶时的晕圈组织
a）不完整晕圈下的共生生长
b）封闭晕圈下的离异生长

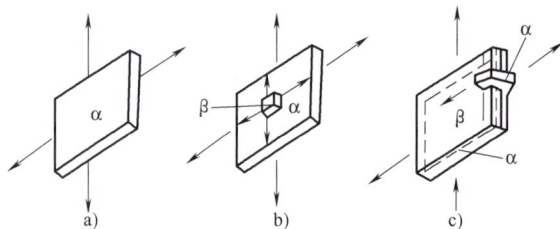

图 4-18 球形共晶的形核与长大

共晶中两相交替成长，并不意味着每一片都要单独形核，其长大过程是靠搭桥的方式（图 4-19）使同类相的片层进行增殖。这样就可以由一个晶核长出整整一个共晶团，这种共晶团也可以称为共晶晶粒或共晶领域。

片状共晶组织的重要参数是共晶间距，或 α 相和 β 相的片间距。为研

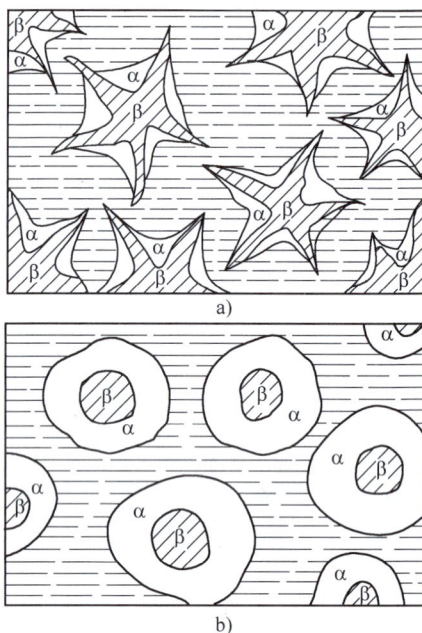

图 4-19 层片状共晶搭桥式长大过程
a）α 相核心 b）β 相形核 c）搭桥长大

究共晶间距需要建立共晶生长模型。共晶生长的经典模型是 Jackson-Hunt 模型。因为片间距 $\lambda$ 很小，在长大过程中横向扩散是主要的。如图 4-20b 所示，$\alpha$ 相生长排出的组元 B 为 $\beta$ 相生长创造条件，而 $\beta$ 相生长所排出的组元 A 为 $\alpha$ 相生长创造了条件。这样 $\alpha$ 相前沿富集 B 元素，$\beta$ 相前沿富集 A 元素，凝固界面液相侧横向的成分分布如图 4-20c 所示。$\alpha$ 相中央前沿距离 $\beta$ 相较远，排出的 B 原子不可能像两相的交界处的前沿那样快速地扩散，因此这里 B 原子富集较多，而越靠近 $\alpha$ 相边缘，B 原子富集得越少，在两相的交界处几乎没有富集，为共晶成分 $C_E$。同理，$\beta$ 相中央前沿液相富集着较多的 A 原子，相对 B 原子的含量较低，越靠近 $\beta$ 相边缘，富集的 A 原子越少，而 B 原子就越多。这样，$\alpha$ 相和 $\beta$ 相边缘的生长速度大于中央的生长速度，形成如图 4-20e 所示的界面，边缘的曲率半径小，中央的曲率半径大。界面前溶质的再分配将产生过冷，其过冷程度与浓度差 $C_E-C_L^*$ 和液相线 $T_{L\infty}$ 的斜率 $m_L$ 有关（图 4-20a）。其表达式为

$$\Delta T_c = m_L(C_E - C_L^*) \qquad (4-46)$$

$\Delta T_c$ 呈抛物线分布，两相中央界面的液体过冷度大，而两相的交界处几乎不产生过冷。

这样，Jackson-Hunt 模型将凝固归结为对凝固界面前液相扩散场的求解和过冷度的分析。经求解后得到凝固界面的过冷度为

$$\Delta T = T_E - T^* = T_E - T_i = \Delta T_c + \Delta T_r$$
$$= \frac{m_L(C_{\beta m} - C_{\alpha m})}{\pi^2 D_L}R\lambda + \frac{\sigma}{\Delta S\lambda} \qquad (4-47)$$

式中，$C_{\alpha m}$、$C_{\beta m}$ 为共晶时 $\alpha$、$\beta$ 相平衡溶质成分；$\Delta T_r$ 为因曲率半径作用而引起的过冷；$\sigma$ 为固液相界面张力；$\Delta S$ 为熔化比熵；$\lambda$ 为共晶相片间距；$R$ 为凝固速率。

从式（4-47）可以看出 $\Delta T$、$R$、$\lambda$ 三者间的关系。当共晶相片间距 $\lambda$ 很小时，$\Delta T_r$ 则很大，故曲率半径所引起过冷的影响是主要的；反之，当共晶相片间距 $\lambda$ 较大时，$\Delta T_c$ 的影响大于 $\Delta T_r$ 的影响，即成分差产生的过冷是主要的。

式（4-47）给出了共晶生长温度和共晶片间距的关系。但过冷度是不确定的，为此引入最小过冷原理，即当生长速率给定后，共晶相生长的实际间距应使生长过冷度获最小

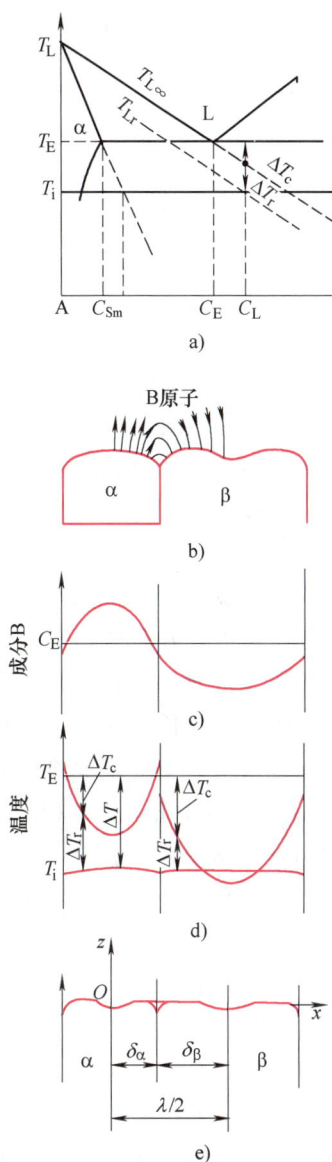

图 4-20 片状共晶生长的 J-H 模型
a）相图 b）$\alpha$ 和 $\beta$ 耦合生长
c）界面前液相中 B 组元分布
d）界面前液相过冷度分布
e）两相的弯曲固液界面

值。这样令 $\dfrac{\partial \Delta T}{\partial \lambda} = 0$，则可求出共晶相片间距为

$$\lambda^2 = \frac{D_L \sigma \pi^2}{m_L R \Delta S (C_{\beta m} - C_{\alpha m})} \tag{4-48}$$

即

$$\lambda = AR^{-\frac{1}{2}} \tag{4-49}$$

式中，$A = \sqrt{\dfrac{D_L \sigma \pi^2}{m_L \Delta S (C_{\beta m} - C_{\alpha m})}}$。

由式（4-49）可见，共晶片间距 $\lambda$ 与凝固速率 $R$ 的平方成反比，即凝固速率越大，片间距越小，这已被试验数据所证明。

上述共晶固-液界面前成分及过冷度的不均匀分布，仅限于界面前几个层片厚度的液体内，超过此范围，液相成分急剧均匀化而成共晶成分 $C_E$。

### 2. 棒状共晶

规则共晶除层片状共晶外，另一类是棒状共晶。在该组织中一个组成相以棒状或纤维状形态沿着生长方向规则地分布在另一相的连续基体中，如图 4-21 所示。设棒状相为 $\alpha$ 相，则 $\beta$ 相的晶界为正六边形。究竟出现棒状还是层片结构，取决于共晶中 $\alpha$ 相与 $\beta$ 相的体积分数和第三组元的影响。

（1）共晶体中两相体积分数的影响　在 $\alpha$、$\beta$ 两固相间界面张力相同的情况下，当某一相的体积分数远小于另一相时，则该相以棒状方式生长。当体积含量两相相近时，则倾向于层片状生长。更确切地说，如果一相的体积分数小于 $1/\pi$ 时，该相将以棒状结构出现；如果体积分数在 $1/\pi \sim 1/2$ 之间时，两相则以层片状结构出现。

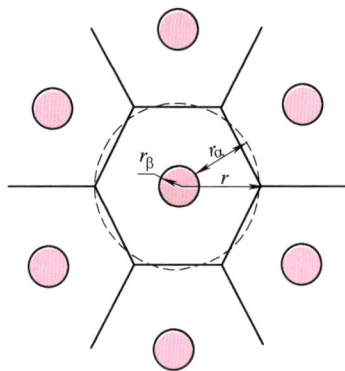

图 4-21　棒状共晶组织特征尺寸示意图

但必须指出，层片状共晶中两相间的位向关系比棒状共晶中两相间位向关系更强。因此，在层片状共晶中，相间界面更可能是低界面能的晶面。在这种情况下，虽然一相的体积分数小于 $1/\pi$，也会出现层片状共晶而不是棒状共晶。

（2）第三组元对共晶结构的影响　当第三组元在共晶两相中的分配数相差较大时，其在某一相的固-液界面前沿的富集，将阻碍该相的继续长大；而另一相的固-液界面前沿由于第三组元的富集较少，其长大速率较快。于是，由于搭桥作用，落后的一相将被长大快的一相隔成筛网状组织，继续发展则成棒状共晶组织，如图 4-22 所示。通常在层片状共晶的交界处看到棒状共晶组织就是这样形成的。

棒状共晶可用与六边形等面积的半径 $r$ 取代层片状共晶中的间距 $\lambda$，作为共晶组织的特征尺寸。参照层片状组织的 Jachson-Hunt 生长模型，求解后最终获得过冷度 $\Delta T$、凝固速率 $R$ 及 $r$ 之间的关系。

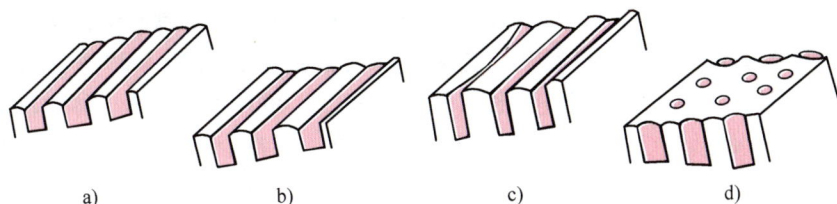

图 4-22　层片状共晶向棒状共晶转变示意图

令

$$A_b = \frac{m_L(C_{\beta m} - C_{\alpha m})}{\pi^2 D_L}, \quad B_b = \frac{\sigma}{\Delta S}$$

则式（4-47）可改写为

$$\Delta T = A_b R r + \frac{B_b}{r} \tag{4-50}$$

当 $\dfrac{\partial \Delta T}{\partial r} = 0$ 时，可得 $r$ 的极值为

$$r^2 = kR^{-1}$$
$$r = \sqrt{k}\, R^{-\frac{1}{2}} \tag{4-51}$$

式中的 $k$ 是由组成相的物理性质决定的常数，$k = B_b / A_b$。式（4-51）和片状共晶间距表达式（4-49）相似，$r$ 和 $\lambda$ 均与凝固速率 $R$ 的平方根成反比，即生长速率越快，$r$ 和 $\lambda$ 越小，共晶组织越细，材质的性能就越好。

### 四、非规则共晶凝固

金属-非金属共晶凝固时，其热力学和动力学原理与规则共晶的凝固一样，其差别在于非金属的生长机制与金属不同。金属-金属共晶凝固时，固-液界面从原子尺度来看是粗糙的，界面无方向性地连续不断地向前推进；而非金属的固-液界面从原子尺度来看是小平面的，具有强烈的各向异性，晶体生长方向受热力学条件的控制作用不明显，而晶体学各向异性是决定晶体生长方向的关键因素。因此其长大是有方向性的，即在某一方向上生长速度很快，而在另外的方向上生长速度缓慢。因而非规则共晶的固-液界面不是平直的，而呈参差不齐、多角形的形貌。

非规则共晶由于两相性质差别很大，共生区往往偏向于高熔点的非金属组元一侧，呈非对称型共晶共生区（图 4-14c）。这类共晶对凝固条件表现出高度的敏感性，因此其组织形态更为复杂多变。非规则共晶凝固模型只有为数不多的几种合金得到了比较深入的研究，且由于其复杂性，故仍有许多问题没有彻底弄清楚。对 Fe-C 和 Al-Si 这两种合金的共晶凝固研究得比较详细，下面以这两种共晶合金为例讨论分析非规则共晶的凝固。

#### 1. Fe-C（石墨）的共晶凝固

灰铸铁中石墨呈片状与石墨的晶体结构有关。如图 4-23a 所示，石墨呈六方晶格，基面（0001）之间的距离远远大于基面内原子间的距离，基面之间原子的作用力较弱，因此容易产生孪晶旋转台阶（图 4-23b）。碳原子源源不断地向台阶处堆积，石墨在

[10$\bar{1}$0] 方向上以旋转台阶生长方式快速生长；而（0001）面是原子密排面，是光滑的小平面，原子极难堆积其上，只有产生螺旋位错时才能生长（图 4-23c）。当石墨形成时，奥氏体依附于（0001）面形核生长（图 4-24a），（0001）面被奥氏体包围，致使石墨（0001）面长大的动力学条件较差。因此石墨在成长过程中产生分枝（图 4-24b），结果共生生长成图 4-24c 所示的共晶团。图 4-24d 为亚共晶灰铸铁的共晶团的立体图，共晶团内石墨是相互连接的。

金属-非金属共晶凝固时，第三组元对非金属的长大机制影响极大。一般的 Fe-C-Si 合金共晶凝固时，如前所述，石墨在长成片状时，因 S、O 等活性元素吸附在旋转孪晶台阶处，显著降低了石墨棱面（10$\bar{1}$0）与合金液的界面张力，使得 [10$\bar{1}$0] 方向的生长速度大于 [0001] 方向，石墨最终长成片状。当向铁液中加入 Mg、RE 等球化剂后，它们首先与氧、硫发生反应，使液体中活性氧、硫的含量大大降低，抑制石墨沿 [10$\bar{1}$0] 方向的快速生长，同时，按螺旋位错缺陷方式生长则得以加强。因为氧、硫等表面活性元素若吸附在螺旋台阶的旋出口处，它们将抑制这一螺旋晶体的生长。现在氧、硫被球化剂脱去后，这一抑制作用大大减弱，使得螺旋位错方式这一看起来沿 [10$\bar{1}$0] 方向堆砌、实际是沿（0001）生长的方式占优，最终使石墨长成球状（图 4-25）。石墨长成球状之后，对铸铁基体的割裂作用大大减弱，从而使铸铁的强度、塑性和韧性大幅度提高。

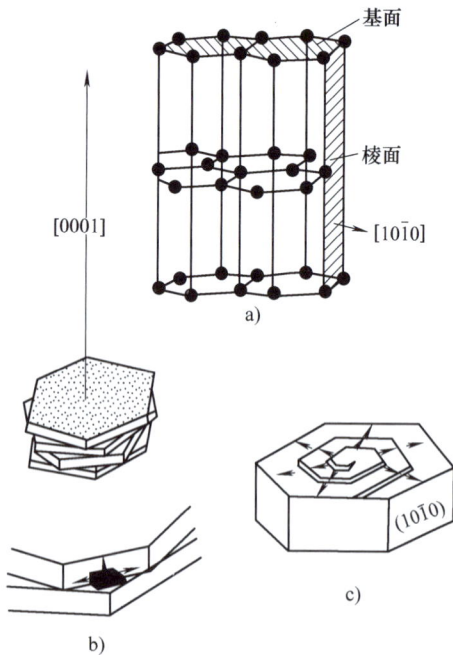

图 4-23 石墨的生长示意图

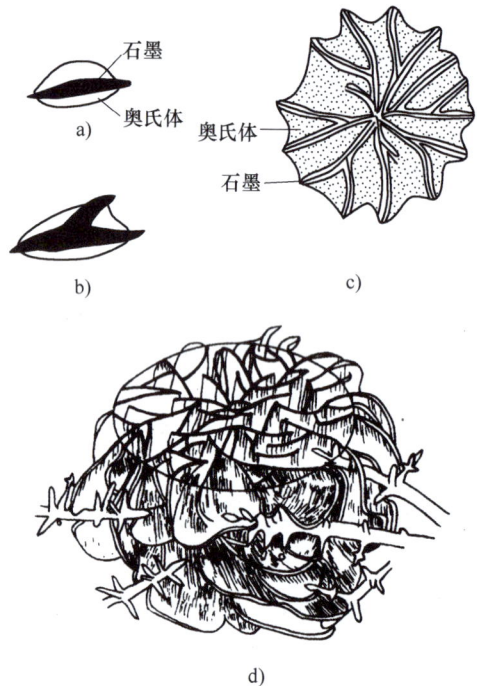

图 4-24 片状石墨铸铁共晶团的生长模型

### 2. Al-Si 合金的共晶凝固

Al-Si 二元合金具有简单的共晶型相图，室温下只有 α-Al 和 Si 相两种相。α 相的性能与纯铝相似，Si 相的性能与纯硅相似。Si 相在自然生长条件下会长成块状或片状的脆性

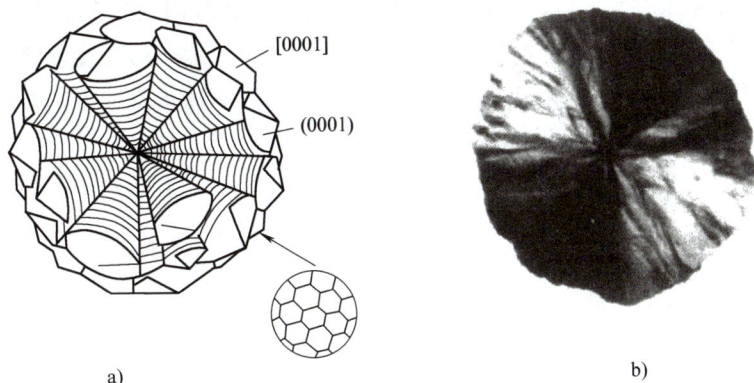

图 4-25 球状石墨的生长

a）石墨结构 b）石墨球的偏振光照片

相，它严重地割裂基体，降低合金的强度和塑性，因而需要将它改变成有利的形态。变质处理就是要使共晶硅由粗大的片状变成细小纤维状或层片状，从而提高合金性能。Al-Si 合金的变质处理是向凝固前的合金熔体中加入少量的变质元素，改变共晶硅相的生长形态。在 20 世纪 70 年代之前，Na 是唯一应用的变质元素。而现在发现，碱金属中的 K、Na，碱土金属中的 Ca、Sr，稀土元素 Eu、La、Ce 和混合稀土，氮族元素 Sb、Bi，氧族元素 S、Te 等均具有变质作用。其中，Na、Sr 的效果最佳，可获得完全均匀的细小水草状共晶硅，而 Sb、Te 等则只能得到层状共晶硅。因此，目前应用最广的是 Na 和 Sr 变质元素。

图 4-26 为变质前后 Al-Si 二元合金的显微组织，可以看到共晶硅相形态的明显变化。不经变质处理，Al-Si 合金中的共晶硅相呈板片状生长，具有 {111} 惯习面，生长速度缓慢时有 〈211〉 择优生长方向。硅片的生长常出现大角度的分枝，这是由于 {111} 孪晶系的增殖引起的。

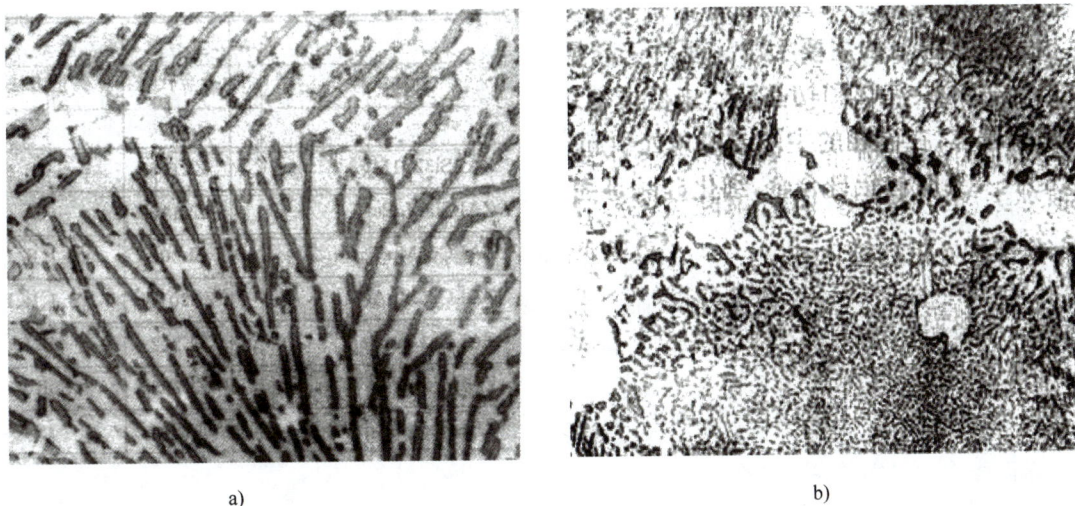

图 4-26 Al-Si 合金变质前后的共晶硅组织

a）变质前，板片状 b）变质后，球粒状（三维空间为水草状或纤维状）

加入 Na、Sr 等变质元素后，铝液中的变质元素因选择吸附而富集在台阶等处，阻滞了硅原子或硅原子四面体的生长速度，从而导致硅晶体生长形态的变化，如放射孪晶凹角机制而高度分枝生长。关于共晶硅经变质后由板片状变成水草状或纤维状的机理还有其他观点，如界面能理论等。

## 第三节 偏晶合金与包晶合金的凝固

### 一、偏晶合金的凝固

#### 1. 偏晶合金的大体积凝固

图 4-27 为具有偏晶反应 $L_1 \rightarrow \alpha + L_2$ 的平衡相图。具有偏晶成分的合金 m，冷却到偏晶反应温度 $T_m$ 以下时，即发生上述偏晶反应。反应的结果是从液相 $L_1$ 中分解出固相 $\alpha$ 及另一成分的液相 $L_2$。$L_2$ 在 $\alpha$ 相周围形成并把 $\alpha$ 包围起来，这就像包晶反应一样，但反应过程取决于 $L_2$ 与 $\alpha$ 相的润湿程度及两种液相 $L_1$ 和 $L_2$ 的密度差。如果 $L_2$ 是阻碍 $\alpha$ 相长大的，则 $\alpha$ 相要在 $L_1$ 中重新形核，然后 $L_2$ 再包围它。如此进行，直至反应终了。继续冷却时，在偏晶反应温度和图中所示的共晶温度之间，$L_2$ 将在原有的 $\alpha$ 相晶体上继续沉积出 $\alpha$ 相晶体，直到最后剩余的液体 $L_2$ 凝固成（$\alpha + \beta$）共晶。如果 $\alpha$ 与 $L_2$ 不润湿或 $L_1$ 与 $L_2$ 密度差别较大时，会发生分层现象。如 Cu-Pb 合金，偏晶反应产物 $L_2$ 中 Pb 较多，以致 $L_2$ 分布在下层，$\alpha$ 与 $L_1$ 分布在上层。因此，这种合金的特点是容易产生大的偏析。

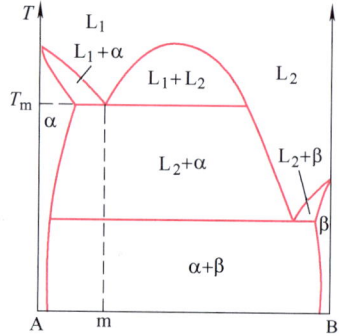

图 4-27 具有偏晶反应 $L_1 \rightarrow \alpha + L_2$ 的平衡相图

在人们所知道的偏晶相图中，反应产生的固相 $\alpha$ 的量总是大于反应产生的液相 $L_2$ 的量。这意味着偏晶中的固相要连成一个整体，而液相 $L_2$ 则是不连续地分布在 $\alpha$ 相基体之中，这样，其最终组织实际上和亚共晶组织没有什么区别。

#### 2. 偏晶合金的单向凝固

偏晶反应与共晶反应类似，在一定的条件下，当其以稳定态定向凝固时，分解产物呈有规则的几何分布。当其以一定的凝固速度进行时，在底部由于液相温度低于偏晶反应温度 $T_m$，所以 $\alpha$ 相首先在这里沉积，而靠近固-液界面的液相，由于溶质的排出而使组元 B 富集，这样就会使 $L_2$ 形核。$L_2$ 是在固-液界面上形核还是在原来的母液 $L_1$ 中形核，要取决于界面能 $\sigma_{\alpha L_1}$、$\sigma_{\alpha L_2}$ 和 $\sigma_{L_1 L_2}$ 三者之间的关系。而偏晶合金的最终显微形貌将要取决于以上三个界面能、$L_1$ 与 $L_2$ 的密度差以及固-液界面的推进速度。图 4-28 所示为液相 $L_2$ 的形核与界面张力的平衡关系。

以下讨论界面张力之间三种不同的情况。

（1）$\sigma_{\alpha L_1} = \sigma_{\alpha L_2} + \sigma_{L_1 L_2} \cos\theta$（图 4-28a） 随着由下向上单向凝固的进行，$\alpha$ 相和 $L_2$ 并

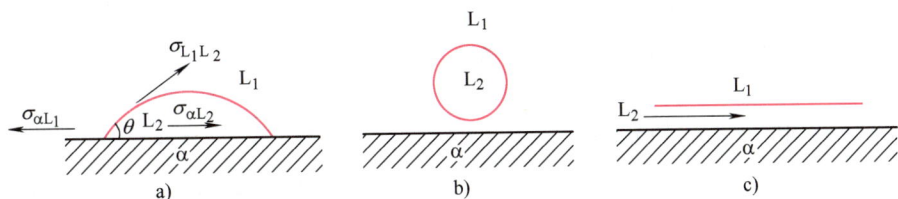

图 4-28　液相 $L_2$ 的形核与界面张力的平衡关系

排长大，α 相生长时排出 B 原子，$L_2$ 生长时将 B 原子吸收，这就和共晶结晶的情况一样。当达到共晶温度时，$L_2$ 转变为共晶组织，只是共晶组织中的 α 相与偏晶反应产生的 α 相合并在一起。凝固后的最终组织为在 α 相的基底上分布着棒状或纤维状相。

（2）$\sigma_{\alpha L_2} > \sigma_{\alpha L_1} + \sigma_{L_1 L_2}$（图 4-28b）　液相 $L_2$ 不能在固相 α 相上形核，只能孤立地在液相 $L_1$ 的顶部。在这种情况下，$L_2$ 是上浮还是下沉，将由斯托克斯（Stokes）公式来决定。

1）如果液滴 $L_2$ 的上浮速度大于固-液界面的推进速度 $R$，则它将上浮到液相 $L_1$ 的顶部。在这种情况，α 相将依温度的推移，沿铸型的垂直方向向上推进，而 $L_2$ 将全部集中到试样的顶端，其结果是试样的下部全部为 α 相，上部全部为 β 相。利用这种方法可以制取 α 相的单晶，其优点是不发生偏析和成分过冷。半导体化合物 Hg-Te 单晶就是利用这一原理由偏晶系 Hg-Te 制取的。

2）如果固-液界面的推进速度大于液滴的上升速度，则液滴 $L_2$ 将被 α 相包围，而排出的 B 原子继续供给 $L_2$，从而使在 $L_2$ 长方向拉长，使生长进入稳定态，如图 4-29 所示。在低于偏晶反应温度之后的冷却中，从液相 $L_2$ 中将析出一些 α 相，新生的 α 相是从圆柱形 $L_2$ 的四周沉积到原有的 α 相上，这样 $L_2$ 将会变细。温度继续降低，$L_2$ 将按共晶和包晶反应转变。最后的组织将是在 α 相的基体中分布着棒状或纤维状的 β 相晶体。β 相纤维之间的距离正如共晶组织中层片间距一样，取决于长大速度，即 $\lambda \propto R^{-n}$，$n = 0.5$。

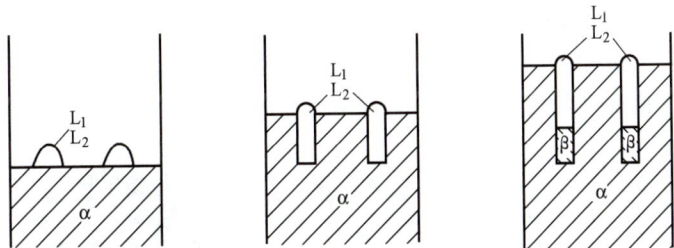

图 4-29　偏晶合金的单向凝固

（3）$\sigma_{\alpha L_1} > \sigma_{\alpha L_2} + \sigma_{L_1 L_2}$（图 4-28c）　$\theta = 0°$，α 相和 $L_2$ 完全湿润。这时，在 α 相上完全覆盖一层 $L_2$，使稳定态长大成为不可能，α 相只能断续在 $L_1$-$L_2$ 界面上形成，其最终组织将是 α 相和 β 相的交替分层组织。

## 二、包晶合金的凝固

### 1. 平衡凝固

很多工业上常用的合金都具有包晶反应。典型的包含包晶反应的平衡相图如图 4-30

所示，其特点是：

1）液相完全互溶，固相中部分互溶或完全不互溶。

2）有一对固、液相线的分配系数大于1。

以图4-30中成分为 $C_0$ 的包晶合金为例，在冷却到 $T_0$ 时析出 α，冷却到 $T_P$（包晶反应温度）时发生包晶反应：$\alpha_P + L_P \rightarrow \beta_P$。包晶转变是液相 $L_P$ 和固相 $\alpha_P$ 发生作用而生成新相 β 的过程，这种作用首先发生在 $L_P$ 和 $\alpha_P$ 的相界面上，所以 β 相通常依附在 α 相生核并长大，将 α 相包围起来，β 相成为 α 相的外壳，故称之为 包晶转变。随着包晶反应的进行，L 相和 α 相就被 β 相隔开了，它们之间的进一步作用只有通过 β 相进行原子互扩散才能进行。这样，β 相将不断消耗着 L 相和 α 相而生长，L 相和 α 相的数量不断减少，直至完全消失，完全转变为 β 相。由于原子在固相中的扩散速度比在液相中低得多，所以包晶转变是个十分缓慢的过程。

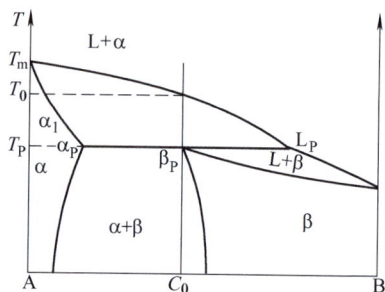

图 4-30　包晶平衡相图

## 2. 非平衡凝固

在实际的生产条件下，由于冷却速度较快，包晶转变将被抑制而不能继续进行，剩余的液体在低于包晶转变的温度下，直接转变为 β 相。这样一来，在平衡转变时本来不存在的 α 相就被保留下来，同时 β 相的成分也很不均匀。这种由包晶转变不能充分进行而产生的化学成分不均匀现象称为 包晶偏析。

从 α 相枝晶的断面上看，包晶转变过程如图4-31所示。当液相温度低于 $T_P$ 时，在 α 相的表面发生包晶反应。新形成的 β 相一般都在 α 相表面异质形核，这样的形核比液相中的均质形核更容易，所以 α 相很快就被 β 相包围，α 相与液相脱离接触，如图4-31b所示。溶质原子只能通过液相一侧穿过 β 相向 α 相扩散才能使液相和 α 相反应形成 β 相，这一转变过程受到固相扩散的严重抑制，转变速度大幅度下降。与此同时，整个合金体系的温度在不断下降，液相的过冷度不断增大，于是液相直接转变为 β 相，即包围 α 相的 β 相不断增厚，或在他处开始析出 β 相，直至剩余液相全部转变完毕，如图4-31c所示。

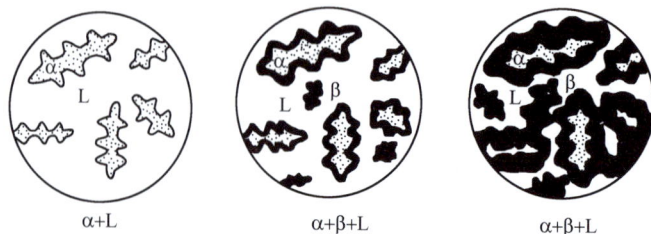

图 4-31　非平衡凝固条件下的包晶反应示意图

多数具有包晶反应的合金，其溶质组元在固相中的扩散系数很小，因此，在非平衡凝固条件下包晶反应进行得是不完全的。由于溶质组元在固相中扩散得不充分，本来是单相组织却变成了多相组织。当然，一些固相扩散系数大的溶质组元，如钢中的 C，包晶反应可以充分地进行。具有包晶反应的碳钢，初生 δ 相可以在冷却到奥氏体区后完全消失。

　　**利用包晶反应促使晶粒细化是非常有效的**，如向 Al 合金液中加入少量 Ti，可以形成 $TiAl_3$，当 Ti 的质量分数超过 0.15% 时将发生包晶反应：$TiAl_3 + L \rightarrow \alpha$。包晶反应产物 $\alpha$ 为 Al 合金的主体相，它作为一个包层包围着非均质核心 $TiAl_3$，由于包层对溶质组元扩散的屏障作用，使得包晶反应不易继续进行下去，也就是包晶反应产物 $\alpha$ 相不易继续长大，因而获得细小的 $\alpha$ 相晶粒组织。这种利用包晶反应来实现非均质形核的孕育作用之所以特别有效，其原因在于包晶反应提供了无污染的非均质晶核的界面。

## 习题

　　**4.1**　设相图中液相线和固相线为直线，证明平衡分配系数为常数。

　　**4.2**　分别推导合金在平衡凝固和固相中无扩散、液相完全混合条件下凝固时，固-液界面处的液相温度 $T_L^*$ 与固相质量分数 $f_S$ 的关系。

　　**4.3**　Al-Cu 相图的主要参数为：$C_E = 33\%\ Cu$，$C_{Sm} = 5.65\%\ Cu$，$T_m = 660℃$，$T_E = 548℃$。用 Al-1%Cu 合金浇一细长圆棒，使其从左至右单向凝固，冷却速度足以保持固-液界面为平界面，当固相无 Cu 扩散，液相中 Cu 充分混合时，求：

　　(1) 凝固 20% 时，固-液界面的 $C_S^*$ 和 $C_L^*$。

　　(2) 凝固完毕时，共晶体所占的比例。

　　(3) 画出沿试棒长度方向 Cu 的分布曲线图，并标明各特征值。

　　**4.4**　试述成分过冷与热过冷的含义以及它们之间的区别和联系。

　　**4.5**　何谓成分过冷判据？成分过冷的大小受哪些因素的影响？成分过冷对晶体的生长方式有何影响？

　　**4.6**　影响枝晶间距的主要因素是什么？枝晶间距与材质的质量有何关系？

　　**4.7**　共晶结晶中，满足共生生长和离异生长的基本条件是什么？共晶两相的固-液界面结构与其共生区结构特点之间有何联系？它们对共晶合金的结晶方式有何影响？

　　**4.8**　试述非小平面-非小平面共生共晶组织的形核机理和生长机理、组织特点和转化条件。

　　**4.9**　小平面-非小平面共晶生长的最大特点是什么？它与变质处理原理之间有什么关系？

　　**4.10**　规则共晶生长时可为棒状或片状，试证明当某一相的体积分数小于 $1/\pi$ 时容易出现棒状结构。

　　**4.11**　Mg、S、O 等元素如何影响铸铁中石墨的生长？

# 第五章

# 铸件凝固组织的形成与控制

　　铸件凝固组织的形成是由合金的成分和各种铸造条件决定的，它对铸件的各项性能，尤其是力学性能有显著的影响。因此，生产上控制铸件的性能通常是通过控制凝固组织来实现的。铸件的凝固组织可从宏观和微观两方面来描述。宏观凝固组织主要是指铸态晶粒的形状、尺寸、取向和分布等情况；而微观凝固组织则主要描述晶粒内部的结构形态，如树枝晶、胞状晶等亚结构组织，以及共晶团内部的两相结构形态、数量及分布状态等。本章将着重讨论铸件宏观组织的形成及其机理，影响宏观组织形成的因素和控制方法。

## 第一节　铸件宏观凝固组织的特征及形成机理

### 一、铸件宏观凝固组织的特征

　　液态金属在铸型内凝固时，根据液态金属的成分、铸型的性质、浇注及冷却条件的不同，可以得到三种不同形态特征晶区的凝固组织。这些凝固组织在铸锭中最为典型，如图5-1所示。

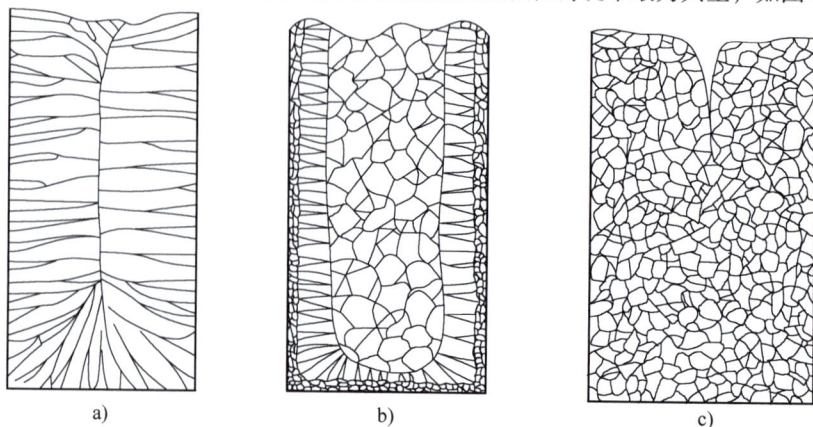

图 5-1　铸锭截面典型宏观组织示意图
a）柱状晶形成"穿晶"的凝固组织　b）含有三个晶区的凝固组织
c）全部等轴晶的凝固组织

铸锭截面宏观组织的三种形态：

1）**表面细晶粒区**是紧靠铸型壁的激冷组织，也称激冷区，由无规则排列的细小等轴晶所组成。

2）**柱状晶区**由垂直于型腔壁（沿热流方向）且彼此平行排列的柱状晶粒所组成。

3）**内部等轴晶区**由各向同性的等轴晶组成。等轴晶的尺寸往往比表面细晶粒区的晶粒尺寸粗大。

当然在实际生产的铸件中，三种晶粒并不一定会同时出现，各晶粒区的厚薄也会随条件不断变化，但它们的存在对铸件性能有着较大影响。通常铸件的激冷区较薄，只有几个晶粒厚，其余两个晶区相对较厚。铸件宏观凝固组织中的晶区数及其相对厚度并不是一成不变的，而是随着合金的成分和冷却凝固条件的改变而变化，甚至可以形成无表面细晶粒区和中心等轴晶的穿晶组织（图 5-1a），或形成全部由等轴晶组成的宏观组织（图 5-1c）。决定铸件性能的重要因素是柱状晶区与等轴晶区的相对量，表面细晶粒区因较薄而影响很有限。以下仍以铸锭为例说明三种晶粒区的形成。

## 二、铸件宏观凝固组织的形成机理

### （一）表面细晶粒区的形成

表面细晶粒区的形成有不同的理论。较早期的理论认为，液态金属浇注到温度较低的铸型中，在型壁附近的熔体中会产生较大的过冷度而大量生核，这些晶核迅速长大并互相接触，从而形成无方向性的表面细等轴晶。根据这种理论，表面细晶粒的形成与型壁附近熔体内的生核数量有关。因此，影响非均质形核的因素，如熔体中有形核能力的杂质颗粒的数量、铸型的冷却能力等将直接影响到表面晶粒的数量和大小。

后来的研究表明，形成表面细晶粒区的晶核，除了非均质形核的部分外，还有各种原因引起的游离晶粒也是形成表面细晶粒的"晶核"来源。根据大野笃美的研究，游离晶粒产生的原因之一，是由于铸型界面熔液中的溶质再分配使生长的枝晶根部产生"缩颈"，在流动的液态金属作用下枝晶熔断或型壁晶粒脱落而游离。因此，存在溶质偏析和增加液态金属的流动，将有利于铸件表面细晶粒区的形成。

需要指出的是，获得表面细晶粒区的条件是要抑制铸型表面形成稳定的凝固壳层。因为一旦形成稳定的凝固壳层则形成了有利于单向散热的条件，从而促使晶粒向与热流相反的方向择优生长形成柱状晶，因此大量游离晶粒的存在抑制了稳定的凝固层的产生，从而有利于表面细晶粒区的形成。另外，铸型激冷能力的影响具有双重性，一方面提高铸型的激冷能力可以增加型壁附近熔体的非均质形核能力，促进表面形成细小等轴晶；另一方面也使靠近型壁的晶核数量大大增加，这些晶核长大很快连接而形成稳定的凝固壳层，阻止表面细晶粒区的扩大，因此，如果不存在较多的游离晶粒，过强的铸型激冷能力反而不利于表面细晶粒区的形成与扩大。

### （二）柱状晶区的形成

柱状晶主要是从表面细晶粒区形成并发展而来的。稳定的凝固壳层一旦形成，处在凝固界面前沿的晶粒在垂直于型壁的单向热流的作用下，便转而以枝晶状延伸生长。由于各枝晶主干方向互不相同，那些主干与热流方向相平行的枝晶，较之取向不利的相邻枝晶生长得更为迅速，它们优先向内伸展并抑制相邻枝晶的生长。在逐渐淘汰掉取向不利的晶体过程中发展成柱状晶组织（图 5-2）。这个互相竞争淘汰的晶体生长过程称为**晶体的择优生长**。由于择优生长，在柱状晶向前发展的过程中，离开型壁的距离越远，取向不利的晶体被淘汰得越多，柱状晶的方向就越集中，晶粒的平均尺寸就越大。

控制柱状晶区继续发展的关键因素是内部等轴晶区的出现。如果界面前方始终不利于等轴晶的形成与生长，则柱状晶区可以一直延伸到铸件中心，直到与对面型壁长出的柱状晶相遇为止，从而形成所谓的**穿晶组织**。如果界面前方有利于等轴晶的产生与发展，则会阻止柱状晶区的进一步扩展而在内部形成等轴晶。例如，随着浇注温度的提高，柱状晶区的宽度增大。当浇注条件一定时，随着合金元素含量的增加，游离的晶核数量增加，则柱状晶区的宽度减小。对于纯金属，则铸态组织常常全部为柱状晶。

图 5-2 柱状晶择优生长示意图

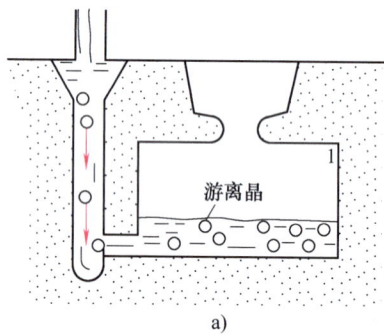

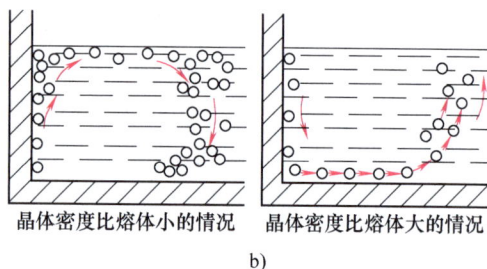

### （三）内部等轴晶区的形成

实际上，内部等轴晶区的形成是由于剩余熔体内部晶核自由生长的结果。但是，关于晶核的来源和形成中心等轴晶区的过程却有不同的理论和观点，主要有以下四种：

#### 1. 过冷熔体异质形核理论

该理论认为，随着柱状晶层向内推移和溶质再分配，在固-液界面前沿产生成分过冷，当成分过冷度大于异质形核所需过冷度时，则在熔体内部产生晶核并长大，导致内部等轴晶的形成。

#### 2. 激冷形成的晶核卷入理论

大野笃美等认为，在铸件浇注和凝固初期的激冷层形成之前，由于浇道、型壁等处的激冷作用而使其附近的熔体过冷，并通过非均质形核作用在熔体内形成大量游离状态的激冷晶体，这些小晶体随液流的流动漂移到铸型的中心区域。如果液态金属的浇注温度不高，小晶体就不会全部熔化掉，残存下来的晶体可以作为内部等轴晶的晶核，如图 5-3 所示。

以上两种理论均从不同角度说明内部等轴晶区是由于异质生核并游离、长大的结果，尤其是当液态金属内部存在有大量有效生核质点时，内部等轴晶区宽度增加，等轴晶尺寸下降。

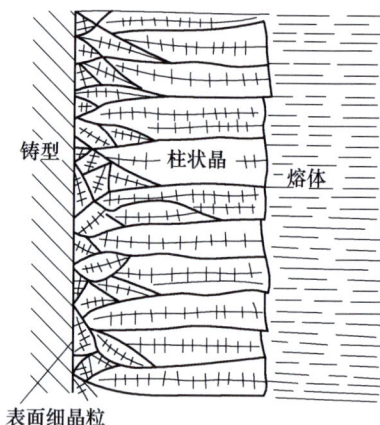

图 5-3 非均质形核的激冷游离晶

a) 由于浇注温度低，在浇注期间形成的激冷游离晶

b) 凝固初期形成的激冷游离晶

### 3. 型壁晶粒脱落和枝晶熔断理论

这种理论的出发点是合金凝固时的溶质再分配。当铸件凝固时，依附型壁生核的合金晶粒或枝晶，在其生长过程中必然要引起固-液界面前方熔体中溶质浓度的重新分布。其结果将导致界面前沿液态金属凝固点降低，从而使其实际过冷度减小。溶质偏析程度越大，实际过冷度就越小，其生长速度就越缓慢。由于紧靠型壁晶体根部和枝晶根部的溶质在液体中扩散均化的条件最差，故其偏析程度最为严重，该处侧向生长受到强烈抑制。与此同时，远离根部的其他部位，则由于界面前方的溶质易于通过扩散和对流而均化，因此获得较大的过冷度，其生长速度要快得多。故在晶体生长过程中将产生型壁晶体或枝晶根部"缩颈"现象，生成头大根小的晶粒。在流体的机械冲刷和温度反复波动所形成的热冲击对流的作用下，最脆弱的"缩颈"处极易断开，晶粒或枝晶脱落而导致晶粒游离，从而形成内部等轴晶区，型壁晶粒脱落示意图如图5-4所示。大野笃美利用饱和氯化铵水溶液模拟金属凝固，发现了枝晶根部产生缩颈、熔断的现象，图5-5显示了这一过程。中江秀雄对铸铁树枝晶的扫描电镜观察也证实了树枝晶缩颈现象的存在，如图5-6所示。

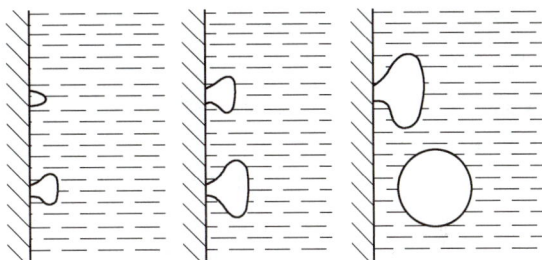

图 5-4　型壁晶粒脱落示意图

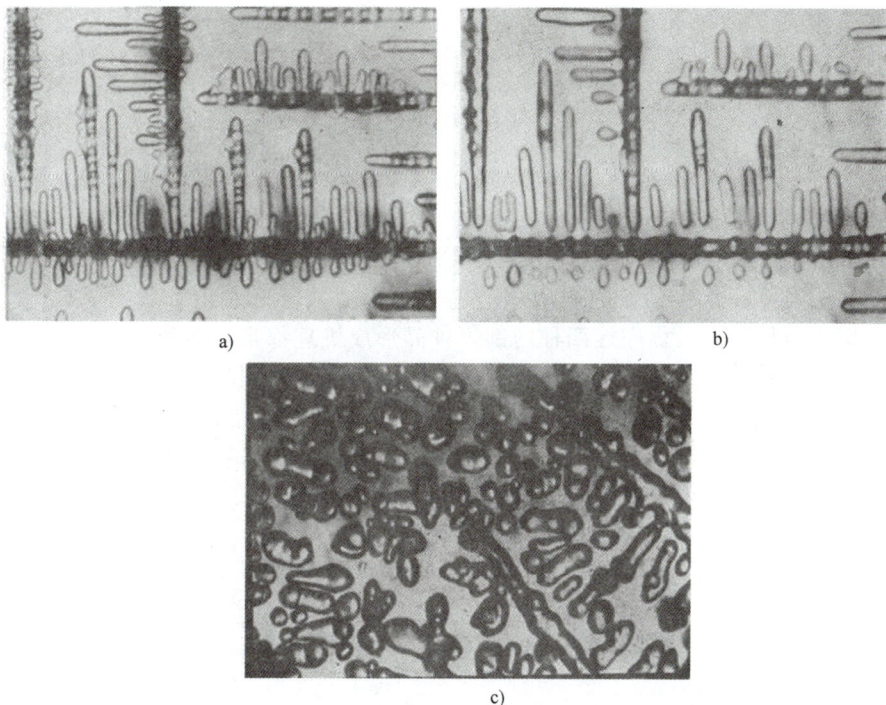

a)

b)

c)

图 5-5　氯化铵枝晶的熔断

a）氯化铵枝晶　b）枝晶熔断　c）熔断枝晶形成的晶粒

#### 4．"结晶雨"游离理论

根据这一理论，凝固初期在液面处的过冷熔体中产生过冷，形成晶核并生长成小晶体。这些小晶体或由铸型顶部凝固层脱落的分枝，由于密度比液态金属大而像雨滴似地降落，形成游离晶体。这些小晶体在生长的柱状晶前面的液态金属中长大形成内部等轴晶。

需要指出的是，一般这种晶粒游离现象大多发生在大型铸锭的凝固过程中，而在一般铸件凝固过程中较少发生。

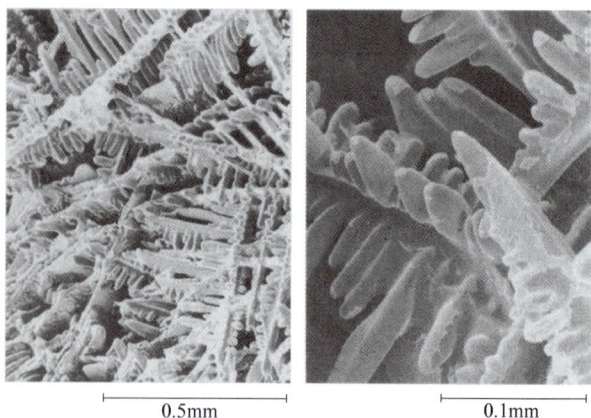

图 5-6　铸铁的奥氏体树枝晶及其缩颈

以上介绍了内部等轴晶形成的四种理论。在这里有两个问题还需引起注意：

（1）在游离的晶体中存在增殖现象　前述理论均已说明，游离晶体的生长是内部等轴晶区形成的重要原因之一。处于自由状态下的游离晶体一般都以树枝状形态生长，具有树枝晶结构。当它们在液流中漂移时，通过不同的温度区域和浓度区域会不断受到温度起伏和浓度起伏的影响，从而使其表面处于反复局部熔化和反复生长的状态之中。这样，游离树枝晶分枝根部缩颈就可能断开而使一个晶粒破碎成几部分，然后在低温下各自生长为新的游离晶体。这个过程称为晶粒增殖。以来自于铸型型壁的晶粒游离为例，可较好地说明这一现象，如图 5-7 所示。

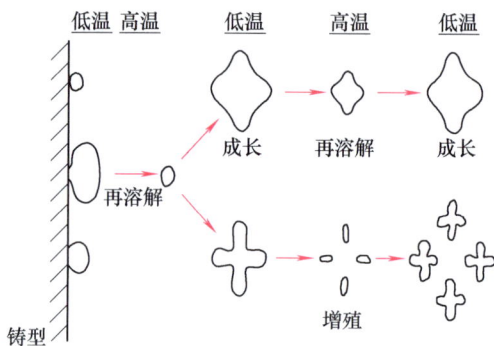

图 5-7　从铸型游离的晶粒及其增殖

（2）综合作用　迄今的研究表明，上述四种等轴晶区形成均有试验依据，因而可以认为在铸锭或铸件凝固过程中这四种内部等轴晶形成机理都是存在的。但它们的相对作用的大小则取决于凝固的实际条件。在某种条件下可能是这种理论起主导作用，在另一种条件下可能是其他理论起主导作用，或者几种机理共同起作用。实际上，中心等轴晶区的形成大多是几种机理综合作用的结果，因而可以根据上述四种机理采用综合措施才能对铸锭或铸件的宏观组织予以正确地控制。

## 第二节　铸件宏观凝固组织的控制

### 一、铸件宏观组织对铸件性能的影响

铸件的宏观凝固组织对铸件的性能具有直接影响，但各结晶区的影响程度不同。表面

细晶粒区由于比较薄，对铸件的性能影响较小；而柱状晶区和等轴晶区的宽度、晶粒的大小均随合金成分及凝固条件的不同变化较大，才是决定铸件性能的主要因素。

柱状晶是晶体择优生长形成的细长晶体，比较粗大，晶界面积较小，同时柱状晶体排列位向一致，因而其性能也具有明显的方向性。一般地说，纵向性能较好，横向性能较差。另外，柱状晶生长过程中某些杂质元素、非金属夹杂物和气体易于被排斥在界面前沿，最后分布在柱状晶与柱状晶或等轴晶的交界面处，形成所谓的性能"弱界面"，凝固末期易于在该处形成热裂纹。对于铸锭来说，还易于在以后的塑性加工或轧制过程中产生裂纹。因此，通常铸件不希望获得粗大的柱状晶组织。但是，鉴于柱状晶在轴向具有良好的性能，对于某些特殊的轴向受拉应力的铸件，如航空发动机叶片则往往特意采用定向凝固技术，控制单向散热，获得全部单向排列的柱状晶组织，以提高铸件的性能和可靠性。

内部等轴晶区的等轴晶粒之间位向各不相同，晶界面积大，而且偏析元素、非金属夹杂物和气体的分布比较分散，等轴枝晶彼此嵌合，结合比较牢固，因而不存在所谓"弱面"，性能比较均匀，没有方向性，即所谓各向同性，使材料性能均匀化，这是一般铸件生产所需要的。另外，细化等轴晶可以使杂质元素和非金属夹杂物、显微缩松等缺陷更加分散，可以显著提高材料的力学性能和抗疲劳性能。因此生产上往往采取措施来细化等轴晶粒，以获得较多甚至全部是细小等轴晶的组织。但如果内部等轴枝晶比较发达，显微缩松较多，凝固组织不够致密，会对性能有不利影响。

## 二、铸件宏观组织的控制途径和措施

铸件宏观组织的控制就是要控制铸件（锭）中柱状晶区与等轴晶区的相对比例。一般铸件希望获得全部细等轴晶组织，为获得这种组织则要求抑制柱状晶的产生和生长，这可以通过创造有利于等轴晶的形成条件来达到。由第一节所述的等轴晶形成机理，凡是有利于小晶粒的产生、游离、漂移、沉积、增殖的各种因素和措施，均有利于扩大等轴晶区的范围，抑制柱状晶区的形成与发展，并细化等轴晶组织。具体说，促进等轴晶的形成主要有以下几方面。

### （一）向熔体中加入强生核剂

控制金属和合金铸态组织的重要方法之一就是控制形核。在实际铸件生产中应用的主要方法是向液态金属中添加生核剂或称孕育剂进行孕育处理。从本质上讲，孕育主要是影响生核过程，通过增加晶核数实现细化晶粒；而变质剂则主要是改变晶体的生长过程，通过变质元素的选择性分布实现改变晶体的生长形貌，因而两者在概念上是不同的。

加入生核剂的目的是强化非均质形核。根据生核质点的作用过程，生核剂主要有以下几类：

（1）直接作为外加晶核的生核剂　这种生核剂通常是与被细化相具有界面共格对应的高熔点物质或同类金属、非金属碎粒，它们与被细化相间具有较小的界面能，润湿角小，直接作为有效基底促进异质生核。如高锰钢中加入锰铁，可以细化高锰钢的奥氏体组织；铸铁中加入石墨粉，可以增加铸铁中石墨数量，降低石墨尺寸。

（2）能形成较高熔点稳定化合物的生核剂 生核剂中的元素能与液态金属中的元素形成较高熔点稳定化合物，这些化合物与被细化相间具有界面共格对应关系和较小的界面能。如钢中加入含有 V、Ti 的生核剂就是通过形成含 V 或 Ti 的碳化物和氮化物，并利用这些碳化物和氮化物来促进非均质形核，从而达到增加及细化等轴晶的目的。如在过共晶 Al-Si 合金中加入含 P 的生核剂，通过形成 AlP 化合物使初晶硅细化。

综合（1）、（2）所述，加入生核剂后在液相中形成适当的非均质形核的固相颗粒或基底。除此之外，要发生非均质形核，还应满足一定的温度条件，即液相中存在非均质形核所需的过冷度。图5-8给出了具有不同 $\theta$ 角（润湿角）的非均质晶核形核的温度条件，即过冷度。对于 $\theta = \theta_1$ 的质点，凝固界面前沿存在很小的成分过冷，即图 $G_T = G_{T1}$ 的情况，则可以发生非均质形核；而对于 $\theta = \theta_2$ 的颗粒，必须进一步降低温度梯度到 $G_{T2}$ 才可能发生非均质形核；而对于 $\theta = \theta_3$ 的颗粒，仅成分过冷则不足以发生非均质形核，需要获得更大的过冷度才可能起到非均质形核的作用。因而，存在具有小润湿角的固相颗粒是选择生核剂的依据。而要获得小的润湿角，非均质固相颗粒与被细化相之间应具有晶格匹配关系。良好的晶粒细化剂应具有以下特性：

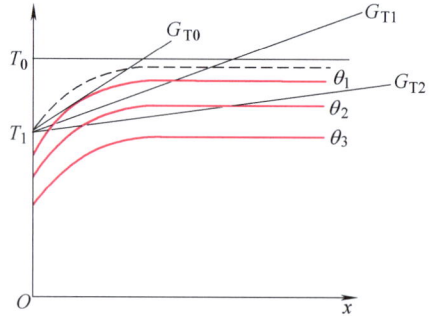

图 5-8 具有不同 $\theta$ 角的非均质晶核形核的温度条件

$G_{T0}$、$G_{T1}$、$G_{T2}$—几种实际温度梯度分布

$\theta_1$、$\theta_2$、$\theta_3$—具有不同润湿角的基底表面形核温度（虚线为合金液的平衡凝固温度）

1）含有非常稳定的异质固相颗粒，这些颗粒不易溶解。

2）异质固相颗粒与固相晶体之间存在良好的晶格匹配关系，从而获得很小的润湿角 $\theta$。

3）异质固相颗粒非常细小，高度弥散，既能起到非均质形核的作用，又不影响合金的性能。

4）不带入任何影响合金性能的有害元素。

（3）通过在液相中微区富集使结晶相提前弥散析出形成的生核剂 如把硅加入铁液中瞬时间形成了很多富硅区，造成局部过共晶成分，促进石墨提前析出，而硅的脱氧产物 $SiO_2$ 及某些微量元素形成的化合物又可作为石墨析出的有效基底而促进非均质形核。

常用的合金生核剂（孕育剂）见表5-1。

表 5-1 常用的合金生核剂（孕育剂）

| 合金种类 | 晶粒细化元素 | 加入量（质量分数）（%） | 加入方法 |
|---|---|---|---|
| Al、Al-Cu<br>Al-Mn<br>Al-Si | Ti、Zr、Ti+B | Ti：0.15、Zr：0.2<br>Ti+B：0.01Ti、0.05B | 中间合金 |
| 过共晶 Al-Si | P | >0.02 | Cu-P 或<br>Al-P 合金 |

（续）

| 合金种类 | 晶粒细化元素 | 加入量（质量分数）（%） | 加入方法 |
|---|---|---|---|
| 铸　铁 | Ca、Sr、Ba | 通常与 Si-Fe 制成复合生核剂 | 中间合金 |
| | Si-Fe | 0.1~1.0 | 中间合金 |
| 碳钢及合金钢 | V | 0.06~0.30 | 中间合金 |
| | Ti | 0.1~0.2 | 中间合金 |
| | B | 0.005~0.01 | 中间合金 |
| 铜合金 | Zr、Zr+B | 0.02~0.04 | 纯金属或合金 |

（4）含强成分过冷元素的生核剂　强成分过冷元素即为偏析系数 $|1-k|$ 大的元素，其作为生核剂的作用主要有三个方面：

1）这类元素通过在生长的固-液界面前沿富集，使晶粒根部或树枝晶分枝根部产生细弱缩颈，易于通过熔体流动及冲击而产生晶粒的游离。

2）这类生核剂产生的强成分过冷也能强化界面前沿熔体内部的非均质形核。

3）强成分过冷元素的界面富集对晶体生长具有抑制作用，降低晶体生长速度，也使晶粒细化。因此，强成分过冷生核剂通过增加生核率和晶粒数量，降低生长速度而使组织细化。偏析系数越大，晶体和枝晶根部缩颈越厉害，非均质形核作用越强，抑制晶体生长的作用越大，最终对组织细化的效果越好。

这里需要特别指出的是，大多数生核剂（孕育剂）的有效性均与其在液态金属中的存在时间有关，即随着时间的延长，生核效果减弱甚至消失，这种现象被称为孕育衰退现象。因此，生核剂的作用效果除与其本身性能有关外，还与孕育处理工艺密切相关。通常孕育处理温度越高，孕育衰退越快。在保证生核剂均匀溶解的前提下，应采用较低的孕育处理温度。生核剂的粒度也要根据处理的液态金属温度和处理方法、以及液态金属的体积等因素来选择。

### （二）控制浇注工艺和增大铸件冷却速度

#### 1. 采用较低的浇注温度

大量试验及生产实践表明，降低浇注温度是减少柱状晶、获得细等轴晶的有效措施之一，尤其是对于高锰钢那些导热性较差的合金而言，其效果更为显著。较低的浇注温度，一方面有利于从型壁上脱离的晶粒、枝晶熔断而产生的晶粒以及自由表面产生的晶粒雨更多地残存下来，减少被重新熔化的数量；另一方面，由于熔体的过热度小，易于产生较多的游离晶粒。这两个方面均对等轴晶的形成和细化有利。但是浇注温度也不能过低，否则会由于液态金属流动性降低而产生浇不足或冷隔、夹杂等铸造缺陷。因此，应通过试验来确定合适的浇注温度。

#### 2. 采用合适的浇注工艺

根据第一节所述的激冷游离晶理论，等轴晶的晶核部分来源于浇注期间和凝固初期的激冷游离晶。而游离晶体的产生与液态金属的流动密切相关。因此，凡是能够增加液流对型壁的冲刷和促进液态金属内部产生对流的浇注工艺均能扩大并细化等轴晶区。大野笃美所做的试验表明（图5-9），当采用单孔中间浇注时，由于对型壁冲刷作用较弱，柱状晶发达，等轴晶区较窄且粗大；采用单孔沿型壁浇注时，等轴晶面积增加；而采用6孔沿型壁浇注时，则获得了全部细小等轴晶组织。

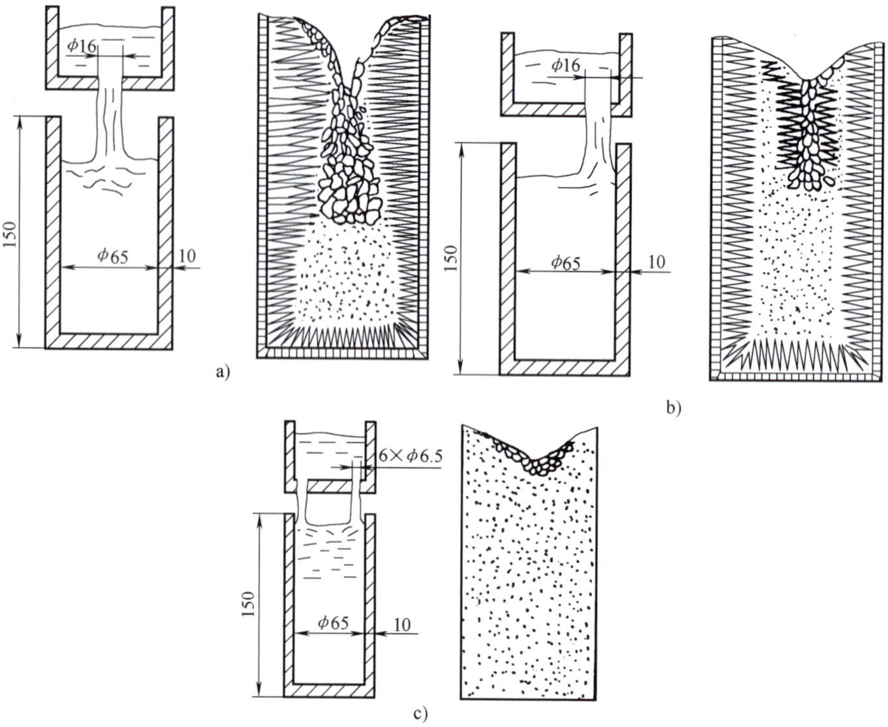

图5-9 不同浇注工艺 Al-0.2%Cu 合金的宏观结构组织（石墨型）

a) 中心上注法 b) 靠近型壁上注法 c) 通过6孔靠近型壁上注法

### 3. 改进铸型激冷能力和铸型结构

（1）铸型激冷能力的影响 铸型激冷能力对凝固组织的影响与铸件壁厚和液态金属的导热性有关。对于薄壁铸件而言，激冷可以使整个断面同时产生较大过冷。铸型蓄热系数越大，整个熔体的生核能力越强。因此这时采用金属型铸造比采用砂型铸造更易获得细等轴晶的断面组织。

对于铸件较厚或导热性较差的铸件而言，由于铸型的激冷作用只产生于铸件的表面层，在这种情况下，等轴晶区的形成主要依靠各种形式的晶粒游离。这时铸型冷却能力的影响是矛盾的两方面：一方面，低蓄热系数的铸型（或散热较慢的铸型）能延缓稳定凝固壳层的形成，有助于凝固初期激冷晶的游离，同时也使内部温度梯度 $G_L$ 变小，凝固区域加宽，从而对增加等轴晶有利；另一方面，低蓄热系数的铸型又减慢了熔体过热热量的散失，不利于已游离晶粒的残存，从而减少了等轴晶的数量。通常，前者是矛盾的主导因素。因而在一般铸造生产中，除薄壁铸件外，采用金属型铸造比砂型铸造更易获得柱状晶，特别是在高温下浇注更是如此。砂型铸造所形成的等轴晶粒一般比较粗大。如果存在非均质形核与晶粒游离的其他因素，如强生核剂的存在、低的浇注温度、严重的晶粒缩颈以及强烈的熔体对流和搅拌等足以抵消其不利影响，则无论是金属型铸造还是砂型铸造，皆可获得细的等轴晶粒。当然，在相同的情况下，金属型铸造获得的等轴晶粒更为细小。

（2）液态金属与铸型表面的润湿角　大野笃美的试验表明，液态金属与铸型表面的润湿性好，即润湿角 $\theta$ 小，在铸型表面易于形成稳定的凝固壳层，有利于柱状晶的形成与生长；反之，则有利于等轴晶的形成与细化。

（3）铸型的表面粗糙度　大野笃美还研究了铸型的表面粗糙度对柱状晶尺寸和铸锭纵剖面等轴晶面积率的影响，结果表明，随着铸型表面粗糙度值的提高，柱状晶尺寸减小，等轴晶面积率提高。

### 4. 动态下结晶细化等轴晶

在铸件凝固过程中，采用某些物理方法，如振动（机械振动、超声波振动等）、搅拌（机械搅拌、电磁搅拌等）或铸型旋转等方法均可以引起固相和液相的相对运动，导致枝晶的脱落、破碎及游离、增殖，在液相中形成大量的晶核，有效地减小或消除柱状晶区，细化等轴晶组织。

（1）振动　利用振动可以细化晶粒，但细化程度却与振幅、振动部位、振动时间有关。试验表明，振幅对晶粒尺寸有明显的影响，随着振幅的增加，细化效果提高。

图 5-10 为大野笃美的试验结果，将 99.8% Al 的熔体于 750℃ 浇注到 $\phi30mm \times 100mm$ 的石墨铸型中，静置凝固的组织如图 5-10a 所示。图 5-10b 为整个凝固期间铸型上下振动（振幅 0.2mm、频率 50Hz）所得到的组织；图 5-10c 是仅在凝固初期振动，即振动到凝固壳层厚度为 5mm 时为止所得到的凝固组织；图 5-10d 为静置到凝固壳层厚度为 10mm 以后才给予振动的组织。由此可见，在凝固初期给予振动具有更佳的晶粒细化效果。然而，即使在凝固初期给予了振动，促使等轴晶产生游离，也还必须使游离晶保存下来，如果浇注温度过高，而不继续振动到游离晶能保存的温度，则不会起到振动的效果。

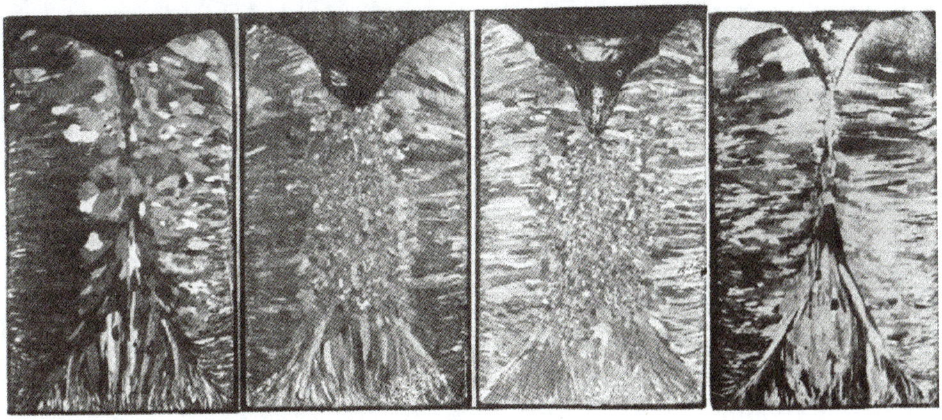

图 5-10　振动期间与凝固组织的关系
a）静置凝固　b）振动凝固　c）仅初期振动（振动至凝固壳层厚度为 5mm）
d）仅后期振动（凝固壳层厚度为 10mm 后开始振动）

（2）搅拌　在凝固初期，对液面周边予以机械搅拌可以收到与振动相同的细化晶粒效果。但在实际铸件生产中，除连铸过程和铸锭外，一般铸件采用机械搅拌是较难实现的。而电磁搅拌则不同，充满液态金属的铸型在旋转磁场作用下，其中的液态金属由于旋转而产生搅拌和冲刷型壁，从而促进晶粒脱落、破碎、游离，细化等轴晶。

除了上述振动和搅拌方法外，还有旋转铸型、撞击等方法，其原理与上述方法基本相同。

# 第三节 气孔与夹杂的形成机理及控制

## 一、气孔

金属在熔炼、浇注、凝固过程中，以及炉料、铸型、浇包、空气及化学反应产生的各种气体会融入液态金属中，并随温度下降，气体会因在金属中溶解度的显著降低而形成分子状态的气泡存在于液态金属中并逐渐排入大气。由于铸造生产中铸件凝固速度较快，部分尚未从金属液中排出的气泡残留在固体金属内部而形成气孔。气孔是铸件或焊件最常见的缺陷之一。气孔的存在不仅能减少金属的有效承载面积，而且会造成局部应力集中，成为零件断裂的裂纹源。一些形状不规则的气孔，则会增加缺口的敏感性，使金属的强度下降和抗疲劳能力降低。

### （一）气孔的分类及特征

金属中的气孔（Gas Hole）按气体来源不同可分为析出性气孔、侵入性气孔和反应性气孔；按气体种类不同可分为氢气孔、氮气孔和一氧化碳气孔等。

（1）**析出性气孔** 液态金属在冷却凝固过程中，因气体溶解度下降，析出的气体来不及逸出而产生的气孔称为析出性气孔。这类气孔主要是氢气孔和氮气孔。

析出性气孔通常在铸件断面上大面积分布，或分布在铸件的某一局部区域，尤其在冒口附近和热节等温度较高的区域分布比较密集。气孔形状有团球形、裂纹多角形、断续裂纹状或混合型。当金属含气量较少时，呈裂纹状；而含气量较多时，气孔较大，呈团球形。

（2）**侵入性气孔** 砂型和砂芯等在液态金属高温作用下产生的气体（并无明显的化学反应），侵入金属内部所形成的气孔，称为侵入性气孔。其特征是数量较少、体积较大、孔壁光滑、表面有氧化色，常出现在铸件表层或近表层。气孔形状多呈梨形、椭圆形或圆形，梨尖一般指向气体侵入的方向。侵入的气体一般是水蒸气、一氧化碳、二氧化碳、氢、氮和碳氢化合物等。

（3）**反应性气孔** 液态金属内部或与铸型之间发生化学反应而产生的气孔，称为反应性气孔。

金属-铸型间反应性气孔常分布在铸件表面皮下 $1 \sim 3mm$ 处，通称为皮下气孔，其形状有球状和梨状，孔径为 $1 \sim 3mm$。有些皮下气孔呈细长状，垂直于铸件表面，深度可达 $10mm$ 左右。气孔内气体主要是 $H_2$、$CO$ 和 $N_2$ 等。

液态金属内部合金元素之间或与非金属夹杂物发生化学反应产生的蜂窝状气孔，呈梨形或团球形均匀分布。

### （二）气体的析出及气泡的形成

气体从金属中析出有三种形式：①扩散析出；②与金属内的某元素形成化合物；③以气泡形式从液态金属中逸出。气体以扩散方式析出，只有在非常缓慢冷却的条件下才能充分进行，在实际生产条件下往往难以实现。

气体以气泡形式析出的过程由三个相互联系而又彼此不同的阶段所组成，即气泡的生核、长大和上浮。

#### 1. 气泡的生核

液态金属中存在过饱和的气体是气泡生核的重要条件。但在极纯的液态金属中，即使溶解有过饱和的气体，气泡自发生核的可能性也很小，因为自发生核需要很大的过冷度或能量起伏。然而，在实际生产条件下，液态金属内部通常存在大量的现成表面（如未熔的固相质点、熔渣和枝晶的表面），这为气泡生核创造了有利条件。

气泡依附于现成表面生核所需能量 $E$ 为

$$E = -(p_h - p_L)V + \sigma A \left[ 1 - \frac{A_a}{A}(1 - \cos\theta) \right] \tag{5-1}$$

式中，$p_h$ 为气泡内气体的压力；$p_L$ 为液体对气泡的压力；$V$ 为气泡核的体积；$\sigma$ 为界面张力；$A$ 为气泡核的表面积；$A_a$ 为吸附力的作用面积；$\theta$ 为润湿角。

由式(5-1)可知，$A_a/A$ 值升高时，生核所需能量减少。可以认为，$A_a/A$ 值最大的地方，即相邻枝晶间的凹陷部位是气泡最可能生核之处，故该处最易产生气泡核。此外，$A_a/A$ 值一定时，$\theta$ 角越大，形成气泡核所需能量越小，气泡越易生核。

#### 2. 气泡的长大

气泡生核后要继续长大。气体向气泡内析出的热力学条件是气体自金属中的析出压力大于气泡内该气体的分压。故气泡长大需满足下列条件

$$p_h > p_0 \tag{5-2}$$

式中，$p_h$ 为气泡内各气体分压的总和；$p_0$ 为气泡所受的外部压力总和。

$$p_h = p_{H_2} + p_{N_2} + p_{CO} + p_{CO_2} + p_{H_2O} + \cdots$$

阻碍气泡长大的外界压力 $p_0$ 由大气压 $p_a$、金属静压力 $p_b$ 和表面张力所构成的附加压力 $p_c$ 组成，即

$$p_0 = p_a + p_b + p_c = p_a + p_b + \frac{2\sigma}{r}$$

式中，$\sigma$ 为液态金属的表面张力；$r$ 为气泡半径。

气泡刚刚形成时体积很小（即 $r$ 小），附加压力 $2\sigma/r$ 很大。在这样大的附加压力下气泡难以长大。但在现成表面生核的气泡不是圆形，而是椭圆形，因此可以有较大的曲率半径，降低了附加压力 $2\sigma/r$ 值，有利于气泡长大。

#### 3. 气泡的上浮

气泡形核后，经短暂的长大过程，即脱离其依附的表面而上浮。

气泡脱离现成表面的过程如图 5-11 所示。由图可见，当润湿角 $\theta < 90°$ 时，气泡尚未长到很大尺寸便完全脱离现成表面（图 5-11a）。当 $\theta > 90°$ 时，气泡长大过程中有细颈出

现，当气泡脱离现成表面时，会残留一个透镜状的气泡核，它可以作为新的气泡核心（图5-11b）。由于形成细颈需要时间，所以在结晶速度较大的情况下，气体可能来不及逸出而形成气孔。可见，$\theta<90°$时有利于气泡上浮逸出。

气泡在上浮过程中将不断吸收扩散来的气体，或与其他气泡相碰而合并，致使气泡不断长大，上浮速度也不断加快。

气泡的上浮速度与气泡半径、液态金属

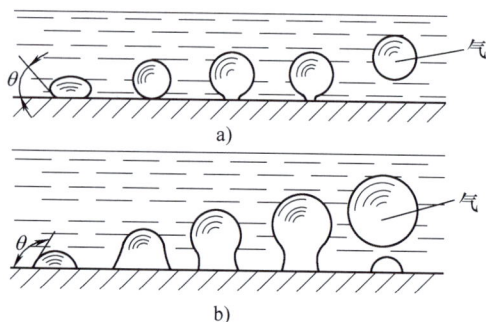

图 5-11　气泡脱离现成表面示意图
a) $\theta<90°$　b) $\theta>90°$

的密度和黏度等因素有关。气泡的半径及液态金属的密度越小、黏度越大，气泡上浮速度就越小。若气泡上浮速度小于结晶速度，气泡就会滞留在凝固金属中而形成气孔。

### （三）气孔的形成机理
#### 1．析出性气孔的形成机理

如前所述，液态金属含气量较多时，随着温度下降溶解度降低，气体析出压力增大，当大于外界压力时便形成气泡。气泡如在金属凝固时来不及浮出液面，便残留在金属中形成气孔。当液态金属含气量较低，甚至低于凝固温度下液相中的溶解度时，也可能产生气孔。这些现象均可用溶质再分配理论加以解释。

假定金属在凝固过程中液相中的气体溶质只存在有限扩散，无对流、无搅拌作用，而固相中气体溶质的扩散忽略不计，则固-液界面前沿液相中气体溶质的分布可用下式来描述，即

$$C_L = C_0\left[1+\frac{1-k}{k}\exp\left(-\frac{Rx}{D}\right)\right] \tag{5-3}$$

式中，$C_L$为固-液界面前沿液相中气体的含量；$C_0$为凝固前金属液中气体的含量；$k$为气体溶质平衡分配系数；$D$为气体在金属液中的扩散系数；$R$为凝固速度；$x$为离液-固界面处的距离。

根据式(5-3)，金属凝固时气体溶质在液相中的含量分布如图5-12所示。可见，即使金属中气体的原始含量$C_0$小于饱和含量$S_L$，由于金属凝固时存在溶质再分配，在某一时刻，固-液界面处液相中所富集的气体溶质含量也会大于饱和含量而析出气体。

枝晶间液体中气体的含量随着凝固的进行不断增大，且在枝晶根部附近其含量最高，具有很大的析出动力。同时，枝晶间也富集着其他溶质及非金属夹杂物，为气泡生核提供基底；液态金属凝固收缩形成的缩孔，初期处于真空状态，也为气体析出创造了有利条件。因此，此处最容易形成气泡，而成为析出性气孔，这在那些枝晶生长发达、收缩倾向大的合金（如亚共晶铝硅合金）中，析出性气孔（或称为针孔）表现得较为严重。

综上所述，析出性气孔的形成机理为：结晶前沿，特别是枝晶间的气体溶质聚集区中的气体含量将超过其饱和含量，被枝晶封闭的液相内则具有更大的过饱和析出压力，而液-固界面处气体的含量最高，并且存在其他溶质的偏析及非金属夹杂物，当枝晶间产生凝固收缩时，该处极易析出气泡，且气泡很难排除，从而保留下来形成气孔。

**2. 侵入性气孔的形成机理**

侵入性气孔主要是由砂型或砂芯在液态金属高温作用下产生的气体侵入到液态金属内部形成的。气孔形成过程如图 5-13 所示，可大致分为气体侵入液态金属（图 5-13a～c）和气泡的形成与上浮（图 5-13 d、e）两个阶段。

将液态金属浇入铸型时，砂型或砂芯在金属液的高温作用下会产生大量气体。随着温度的升高和气体量的增加，金属-铸型界面处气体的压力不断增大。当界面上局部气体的压力 $p_{气}$ 满足式（5-4）所示的条件时，气体就会在金属凝固之前或凝固初期侵入液态金属，在型壁上形成气泡。气泡形成后将脱离型壁浮入型腔液态金属中。当气泡来不及上浮逸出时，就会在金属中形成侵入性气孔。气泡形成的条件为

$$p_{气} > p_{静} + p_{阻} + p_{腔} \qquad (5\text{-}4)$$

式中，$p_{静}$ 为液态金属的静压力，$p_{静} = h\rho g$，由液态金属的高度 $h$、密度 $\rho$ 和重力加速度 $g$ 决定；$p_{阻}$ 为气体进入液态金属的阻力，由液态金属的黏度、表面张力、氧化膜等决定；$p_{腔}$ 为型腔中自由表面上气体的压力。

图 5-12　金属凝固时气体在固相及液相界面前沿的含量分布

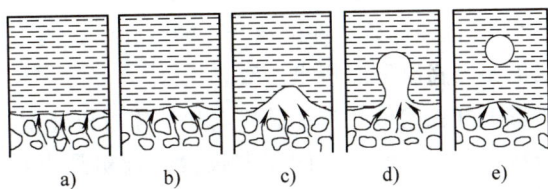

图 5-13　侵入性气孔形成过程示意图

当液体金属不润湿型壁时（即表面张力小），侵入气体容易在型壁上形成气泡，从而增大了侵入性气孔的形成倾向。当液态金属的黏度增大时，气体排出的阻力加大，形成侵入性气孔的倾向也随之增大。

气体在金属已开始凝固时侵入液态金属易形成梨形气孔，气孔较大的部分位于铸件内部，其细小部分位于铸件表面。这是因为气体侵入时铸件表面金属已凝固，不能流动，而内部金属温度较高，流动性好，侵入的气体容易随着气体压力的增大而扩大，从而形成外小内大的梨形。

**3. 反应性气孔的形成机理**

（1）金属与铸型间的反应性气孔　金属-铸型间反应性气孔可分为氢气、一氧化碳和氮气为主的皮下气孔，其形成机理主要存在以下学说：

1）氢气说。金属液浇入铸型后，在金属液热作用下，铸型中的水分迅速蒸发并与金属液中的某些组元反应，即

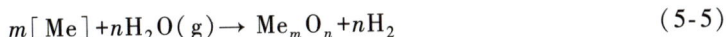

$$m[\text{Me}] + n\text{H}_2\text{O}(g) \rightarrow \text{Me}_m\text{O}_n + n\text{H}_2 \qquad (5\text{-}5)$$

其中，Me 为能和水蒸气反应的元素，如 Fe-C 合金中的 Fe、C、Si、Mn、Al 等都能与 $\text{H}_2\text{O}$（g）反应，生成相应的氧化物和 $\text{H}_2$，反应生成的 $\text{H}_2$，一部分通过铸型逸出，另一部分则向金属液中扩散，使金属液表面层 H 含量急剧增加。

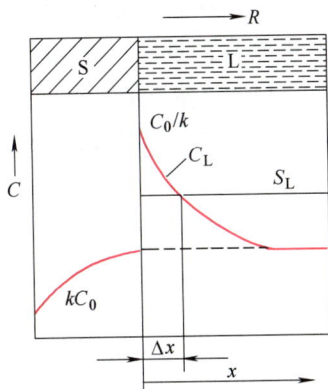

在铸件开始凝固时，形成一固相薄壳。由于溶质再分配，H 在凝固前沿的液相中富集，形成 H 的过饱和浓度区，该区存在的 $Al_2O_3$、MnO 等固相质点，均能使 H 依附其表面形核成为气泡核心。气泡一旦形成，溶解在液相中的其他气体向气泡扩散，并伴随着凝固前沿的推移，气泡沿枝晶间长大。但也有人认为，H 气孔是以 CO 或溶解在金属液中的 [H] 和 [O] 反应生成的水蒸气作为核心。

可见，H 气孔的生成，既与合金液原始含气量有关，也与浇注后吸收的 H 量有关，而后者对氢气孔的生成敏感性更大。

2）CO 说。一些研究者认为，金属-铸型表面处金属液与水蒸气或 $CO_2$ 相互作用，使铁液生成 FeO，铸件凝固时由于结晶前沿枝晶内液相碳含量的偏析，将产生下列反应

$$[FeO]+[C] \longrightarrow [Fe]+CO\uparrow \tag{5-6}$$

CO 气泡可依附晶体或非金属夹杂物形成，这时氢、氮均可扩散进入该气泡，气泡沿枝晶生长方向长大，形成垂直于铸件表面的皮下气孔。

3）氮气说。在含 N 树脂砂中常出现以 $N_2$ 为主的皮下气孔。例如，[N] 超过 0.012% 时，白口铸铁件出现严重的气孔。这类气孔是由于树脂砂中树脂分解的 N 溶解在金属液中，在凝固时析出所致。

皮下气孔的形状与结晶特点和气体析出速度有关。铸钢件表面层多为柱状晶，故易生成条状针孔；铸铁件凝固速度较慢，且初晶为共晶团，气泡成长速度较快，故呈球形或团形。

（2）金属与熔渣间的反应性气孔　液态金属与熔渣相互作用产生的气孔称为渣气孔。这类气孔多数因反应生成的 CO 气体所致。

在钢铁凝固过程中，若凝固前沿液相区内存在有 FeO 等低熔点氧化夹杂物，则其中的 FeO 可与液相中富集的碳发生反应，即

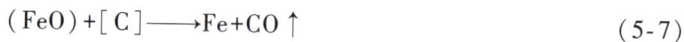

$$(FeO)+[C] \longrightarrow Fe+CO\uparrow \tag{5-7}$$

反应生成的 CO 气体，依附在 (FeO) 熔渣上，就会形成渣气孔。

（3）液态金属内元素间的反应性气孔

1）碳-氧反应性气孔。钢液脱氧不足或铁液氧化严重时，溶解的氧将与液态金属中的碳反应，生成 CO 气泡。CO 气泡上浮中吸入氢和氧，使其长大。由于液态金属温度下降快，凝固时气泡来不及完全排除，最终在铸件中产生许多蜂窝状气孔（其周围为脱碳层）。

2）氢-氧反应性气孔。液态金属中溶解的 [O] 和 [H] 如果相遇就会产生 $H_2O$ 气泡，凝固前若来不及析出，就会产生气孔。这类气孔主要出现在溶解氧和氢的铜合金铸件中。

3）碳-氢反应性气孔。铸件最后凝固部位的偏析液相中，含有较高含量的 H 和 C，凝固过程中产生甲烷气（$CH_4$），形成局部性气孔。

（四）防止铸件产生气孔的措施

1. 防止析出性气孔的措施

（1）消除气体来源　保持炉料清洁、干燥，控制型砂、芯砂的水分；限制铸型中有机黏结剂的用量和树脂的氮含量；加强保护，防止空气侵入液态金属中。

（2）**金属熔炼时控制熔炼温度勿使其过高**　或采用真空熔炼，可降低液态金属的含气量。

（3）**对液态金属进行除气处理**　金属熔炼时常用的除气方法有浮游去气法和氧化去气法。前者是向金属液中吹入不溶于金属的气体（如惰性气体、氮气等），使溶解的气体进入气泡而排除；后者是对能溶解氧的液态金属（如铜液）先吹氧去氢，再加入脱氧剂去氧。

（4）**阻止液态金属内气体的析出**　提高金属凝固时冷却速度和外压，可有效地阻止气体的析出。如在铝合金中采用金属型铸造，或将浇注的铝合金铸型放在通入 $4\sim6$at$^{\ominus}$ 的压缩空气室中凝固，均可减少或防止铝合金中析出性气孔的产生。

**2. 防止侵入性气孔的措施**

（1）**控制侵入气体的来源**　严格控制型砂和芯砂中发气物质的含量和湿型的水分。干型应保证烘干质量并及时浇注。冷铁或芯铁应保证表面清洁、干燥。浇口套和冒口套应烘干后使用。

（2）**控制砂型的透气性和紧实度**　砂型的透气性越差，紧实度越高，侵入性气孔的产生倾向越大。在保证砂型强度的条件下，应尽量降低砂型的紧实度。采用面砂加粗背砂的方法是提高砂型透气性的有效措施。

（3）**提高砂型和砂芯的排气能力**　砂型上扎排气孔帮助排气，保持砂芯排气孔的畅通，铸件顶部设置出气冒口，采用合理的浇注系统。

（4）**适当提高浇注温度**　提高液态金属温度，以有充足的时间排气。浇注时应控制浇注高度和浇注速度，保证液态金属平稳地流动和充型。

（5）**提高液态金属的熔炼质量**　尽量降低铁液中的硫含量，保证铁液的流动性。防止液态金属过分氧化，减小气体排出的阻力。

**3. 防止反应性气孔的措施**

（1）**采取烘干、除湿等措施**　防止和减少气体进入液态金属。严格控制砂型水分和透气性，避免铸型返潮。重要铸件可采用干型或表面烘干型，限制树脂砂中树脂的氮含量。

（2）**严格控制合金中强氧化性元素的含量**　如球墨铸铁中的镁及稀土元素，钢中用于脱氧的铝等，其用量要适当。

（3）**适当提高液态金属的浇注温度**　尽量保证液态金属平稳进入铸型，减少液态金属的氧化。

## 二、夹杂物

### （一）夹杂物的来源及分类

#### 1. 夹杂物（Inclusions）的来源

夹杂物是指金属内部或表面存在的与基本金属成分不同的物质，它主要来源于原材料本身的杂质，以及金属在熔炼、浇注和凝固过程中与非金属元素或化合物发生反应而形成

---

$\ominus$　1at（工程大气压）= 98.07kPa。

的产物。

1）原材料本身含有杂质，如金属炉料表面的黏砂、氧化锈蚀、随同炉料一起进入熔炉的泥沙、焦炭中的灰分等，熔化后变为熔渣。

2）金属熔炼时，在脱氧、孕育和变质等处理过程中，产生大量的 MnO、$SiO_2$、$Al_2O_3$ 等夹杂物。

3）液态金属与炉衬、浇包的耐火材料及熔渣接触时，会发生相互作用，产生大量的 MnO、$Al_2O_3$ 等夹杂物。

4）在精炼后转包及浇注过程中，金属表面与空气接触形成的表面氧化膜，被卷入金属后形成氧化夹杂物。

5）在铸造过程中，金属与非金属元素发生化学反应而产生的各种夹杂物，如 FeS、MnS 等硫化物。

**2. 夹杂物的分类**

1）按夹杂物的来源，可分为内在夹杂物和外来夹杂物。前者是指在熔炼、铸造或焊接过程中，金属与其内部非金属发生化学反应而生成的化合物；后者是指金属与外界物质接触发生相互作用所生成的非金属夹杂物。

2）按夹杂物的组成，可分为氧化物、硫化物、硅酸盐等。常见的氧化物夹杂如 FeO、MnO、$SiO_2$、$Al_2O_3$，硫化物夹杂如 FeS、MnS、$Cu_2S$。硅酸盐是一种玻璃夹杂物，其成分较复杂，常见的如 FeO、$SiO_2$、$Fe_2SiO_4$、$Mn_2SiO_4$。几种氧化物和硫化物的熔点及密度见表5-2、表5-3。

表 5-2　几种氧化物的熔点和密度

| 化合物 | FeO | MnO | $SiO_2$ | $TiO_2$ | $Al_2O_3$ | $(FeO)_2SiO_2$ | $MnO \cdot SiO_2$ | $(MnO)_2SiO_2$ |
|---|---|---|---|---|---|---|---|---|
| 熔点/℃ | 1370 | 1580 | 1713 | 1825 | 2050 | 1205 | 1270 | 1326 |
| 密度/$\times10^3$kg·cm$^{-3}$(20℃) | 5.80 | 5.11 | 2.26 | 4.07 | 3.95 | 4.30 | 3.60 | 4.10 |

表 5-3　几种硫化物夹杂的熔点和密度

| 夹杂物 | 熔点/℃ | 密度/g·cm$^{-3}$ |
|---|---|---|
| $Al_2S_3$ | 1100 | — |
| MnS | 1610±10 | 3.6 |
| FeS | 1193 | 4.5 |
| MgS | 2000 | 2.8 |
| CaS | 2525 | 2.8 |
| CeS | 2450 | 5.88 |
| $Ce_2S_3$ | 1890 | 5.07 |
| LaS | 2200 | 5.75 |
| $La_2S_3$ | 2095 | 4.92 |
| $LaS_2$ | 1650 | 5.75 |

3）按夹杂物形成时间，可分为一次和二次夹杂物。一次夹杂物是在金属熔炼及炉前处理过程中产生的；二次夹杂物是液态金属在充型和凝固过程中产生的。

4）按夹杂物形状，可分为球形、多面体、不规则多角形、条状及薄板形、板形等。氧化物一般呈球形或团状。同一类夹杂物在不同合金中有不同形状，如 $Al_2O_3$ 在钢中呈链球多角状，在铝合金中呈板状；同一夹杂物在同种合金中也可能存在不同的形态，如 MnS

在钢中通常有球形、枝晶间杆状、多面体结晶形三种形态。

此外，还可根据夹杂物的大小分为宏观和微观夹杂物；按熔点高低分为难熔和易熔夹杂物等。

夹杂物的存在将影响金属的力学性能。为确保铸件的质量，对宏观夹杂物的数量、大小等有较严格的检验标准，铸件中除宏观夹杂物外，通常不可避免地含有 $10^7 \sim 10^8$ 个/$cm^3$ 数量的微观夹杂物，它会降低铸件的塑性、韧性和疲劳性能。试验证明，疲劳裂纹源主要发生在非金属夹杂物处，这是因为夹杂物与金属基体有着不同的弹性模量和膨胀系数。当夹杂物与基体相比其弹性模量较大，而膨胀系数又较小时，基体产生较大的拉应力，此时，在夹杂物的尖角处出现应力集中，甚至出现裂纹。

此外，金属液内含有的悬浮状难熔固体夹杂物显著降低其流动性。易熔的夹杂物（如钢铁中的 FeS），往往分布在晶界，导致铸件或焊件产生热裂；收缩大、熔点低的夹杂物（如钢中 FeO），将促进缩松形成。

在某些情况下，可以利用夹杂物来改善合金某些方面的性能，如铝合金液中加入 Ti，可形成 $TiAl_3$，在 Ti 的质量分数超过 0.15% 时，发生 $TiAl_3$ 与 Al 的包晶反应，所产生的 α 相可作为铝合金的非均质核心，使 α-Al 相得以细化。

### （二）一次夹杂物

#### 1. 一次夹杂物的形成

在金属熔炼及炉前处理过程中，液态金属内会产生大量的一次非金属夹杂物。这类夹杂物的形成大致经历了两个阶段，即夹杂物的偏晶析出和聚合长大。

（1）夹杂物的偏晶析出　从液态金属中析出固相夹杂物是一个结晶过程，夹杂物往往是结晶过程中最先析出的相，并且大多属于偏晶反应。

液态金属内原有的固体夹杂物有可能作为异质晶核，同时液态金属中总是存在着浓度起伏。当对金属进行脱氧、脱硫和孕育处理时，由于对流、传质和扩散，液态金属内会出现许多有利于夹杂物形成的元素微观聚集区域。该区的液相含量到达 $L_1$ 时，将析出非金属夹物相，发生偏晶反应

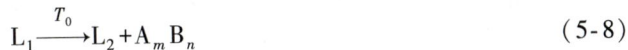

$$L_1 \xrightarrow{T_0} L_2 + A_m B_n \tag{5-8}$$

即在 $T_0$ 温度下，含有形成夹杂物元素 A 和 B 的高含量聚集区域的液相，析出固相非金属夹杂物 $A_m B_n$ 和含有与其平衡的液相 $L_2$。$L_1$ 与 $L_2$ 的含量差使 A、B 元素从 $L_1$ 向 $L_2$ 扩散，夹杂物不断长大，直到 $L_1$ 达到 $L_2$ 含量为止。这样，在 $T_0$ 温度下达到平衡时，只存在 $L_2$ 与 $A_m B_n$ 相。

（2）夹杂物的聚合长大　夹杂物从液相中析出时尺寸很小（仅有几个微米），数量却很多（数量级可达 $10^8$ 个/$cm^3$）。由于对流、环流及夹杂物本身的密度差，夹杂物质点在液态金属内将产生上浮或下沉运动，并发生高频率的碰撞。异类夹杂物碰撞后可产生化学反应，形成更复杂的化合物，如

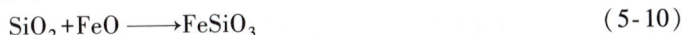

$$3Al_2O_3 + 2SiO_2 \longrightarrow 3Al_2O_3 \cdot 2SiO_2 \tag{5-9}$$

$$SiO_2 + FeO \longrightarrow FeSiO_3 \tag{5-10}$$

不能产生化学反应的同种夹杂物相遇后，可机械地黏附在一起，组成各种成分不均

匀、形状不规则的复杂夹杂物。夹杂物粗化后，其运动速度加快，并以更高的速度与其他夹杂物发生碰撞。如此不断进行，使夹杂物不断长大，其成分或形状也越来越复杂。与此同时，某些夹杂物因成分变化或熔点较低而重新熔化，有些尺寸大、密度小的夹杂物则会浮到液态金属表面。

### 2. 一次夹杂物的分布

不同类型的一次夹杂物在金属中的分布不同，主要有以下几种情况：

（1）**能作为金属异质结晶核心的夹杂物**　这类夹杂物因结晶体与液态金属存在密度差而下沉，故在铸件底部分布较密集，且多数分布在晶内。显然，冷却速度或凝固速度越快，铸件断面越小，浇注温度越低，这些微小晶体下沉就越困难，夹杂物的分布就越均匀。

（2）**不能作为异质结晶核心的微小固体夹杂物**　这类夹杂物的分布取决于液态金属 L、晶体 C 与夹杂物 I 之间的界面能关系。当凝固区域中的固态夹杂物与正在成长的树枝晶发生接触时，如果满足

$$\sigma_{IC} < \sigma_{LI} + \sigma_{LC} \tag{5-11}$$

相互黏附后能使能量降低，则微小夹杂物就会被树枝晶所黏附而陷入晶内，否则夹杂物就会被凝固界面所推开（参见第六章第五节中陶瓷颗粒与凝固界面的相互作用）。显然，夹杂物被晶体黏附的先决条件是两者必须发生接触。夹杂物越小（运动速度越慢），晶体成长速度越快，两者越容易发生接触，夹杂物被晶体黏住的可能性越大。通常，陷入晶内的夹杂物分布比较均匀，被晶体推走的夹杂物常聚集在晶界上。

（3）**能上浮的液态和固态夹杂物**　液态金属中不溶解的夹杂物也会产生沉浮运动，发生碰撞、聚合而粗化。若夹杂物密度小于液态金属的密度，则夹杂物的粗化将加快其上浮速度。铸件凝固后，这些夹杂物可能移至冒口而排除，或保留在铸件的上部及上表面层。

### 3. 排除液态金属中一次夹杂物的途径

（1）**加熔剂**　在液态金属表面覆盖一层能吸收上浮夹杂物的熔剂（如铝合金精炼时加入氯化盐），或加入能降低夹杂物密度或熔点的熔剂（如球墨铸铁加冰晶石），有利于夹杂物的排除。

（2）**过滤法**　使液态金属通过过滤器以去除夹杂物。过滤器分非活性和活性两种，前者起机械作用，如用石墨、镁砖、陶瓷碎屑等；后者还多一种吸附作用，排杂效果更好，如用 $NaF$、$CaF_2$、$Na_3AlF_6$ 等。

此外，排除和减少液态金属中气体的措施，如合金液静置处理、浮游法净化、真空浇注等，同样也能达到排除和减少夹杂物的目的。

### （三）二次氧化夹杂物

液态金属在浇注及充型过程中因氧化而产生的夹杂物，称为二次氧化夹杂物。

### 1. 二次氧化夹杂物的形成

液态金属与大气或氧化性气体接触时，其表面会很快形成一层氧化薄膜。吸附在表面的氧元素将向液体内部扩散，而内部易氧化的金属元素则向表面扩散，从而使氧化膜的厚度不断增加。若表面形成的是一层致密的氧化膜，则能阻止氧原子继续向内部扩散，氧化

过程将停止。若氧化膜遭到破坏，在被破坏的表面上又会很快形成新的氧化膜。

在浇注及充型过程中，由于金属流动时产生的紊流、涡流及飞溅等，表面氧化膜会被卷入液态金属内部。此时因液体的温度下降较快，卷入的氧化物在凝固前来不及上浮到表面，从而在金属中形成二次氧化夹杂物。这类夹杂物常出现在铸件表面、型芯下表面或死角处。

二次氧化夹杂物是铸件非金属夹杂缺陷的主要来源，其形成与下列因素有关：

（1）化学成分 液态金属含有易氧化的金属元素（如镁、稀土等）时，容易生成二次氧化夹杂物。氧化物的标准生成吉布斯自由能越低，即金属元素的氧化性越强，生成二次氧化夹杂物的可能性就越大；易氧化元素的含量越多，二次氧化夹杂物的生成速度和数量就会越大。

（2）液流特性 液态金属与大气接触的机会越多，接触面积越大和接触时间越长，产生的二次氧化夹杂物就越多。浇注时，液态金属若呈平稳的层流运动，则可减少二次氧化夹杂物；若呈紊流运动，则会增加液态金属与大气接触的机会，则会增加二次氧化夹杂物。液态金属产生的涡流、对流和飞溅等容易将氧化物和空气带入金属液内部，使二次氧化夹杂物形成的可能性增大。

（3）熔炼温度 金属熔炼温度低，易出现液态氧化物熔渣和固态渣；熔炼温度越低，金属流动性越差，金属氧化越严重，熔渣越不易上浮而残留在液态金属内，凝固后形成夹杂。

**2. 防止和减少二次氧化夹杂物的途径**

1）正确选择合金成分，严格控制易氧化元素的含量。

2）采取合理的浇注系统及浇注工艺，保持液态金属充型过程平稳流动。

3）严格控制铸型水分，防止铸型内产生氧化性气氛。另外，还可加入煤粉等碳质材料或采用涂料，使铸型内形成还原性气氛。

4）对要求高的重要零件或易氧化的合金，可以在真空或保护性气氛下浇注。

**（四）偏析夹杂物**（次生夹杂物）

偏析夹杂物是指合金凝固过程中因液-固界面处液相内溶质元素的富集而产生的非金属夹杂物，其大小通常属于微观范畴。

合金结晶时，由于溶质再分配，在凝固区域内合金及杂质元素将高度富集于枝晶间尚未凝固的液相内。在一定条件（温度、压力等）下，靠近液-固界面的"液滴"有可能具备产生某种夹杂物的条件，这时处于过饱和状态的液相 $L_1$ 将发生 $L_1 \rightarrow \beta + L_2$ 偏晶反应，析出非金属夹杂物 $\beta$。由于这种夹杂物是从偏析液相中产生的，因此称为偏析夹杂物。因各枝晶间偏析的液相成分不同，产生的偏析夹杂物也就有差异。

和高熔点一次夹杂物一样，偏析夹杂物有的能被枝晶黏附而陷入晶内（图 5-14），其分布比较均匀，此时大多能满足产生黏附的界面能条件。有的被生长的晶体推移到尚未凝固的液相内，并在液相中产生碰撞、聚合而粗化，凝固完毕时被排挤到初晶晶界上（图 5-15），大多密集分布在断面中心或铸件上部。

偏析夹杂物大小主要由合金的结晶条件和成分决定。凡是能细化晶粒的条件都能减小偏析夹杂物尺寸；形成夹杂物的元素原始含量越高，枝晶间偏析液相中富集该元素的数量

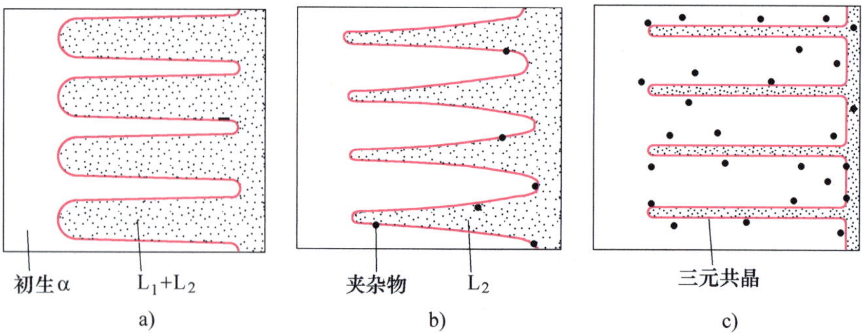

图 5-14　合金凝固时偏析夹杂物陷入晶内示意图

a) 初生 α 相结晶　b) 夹杂物偏晶结晶　c) 三元共晶凝固

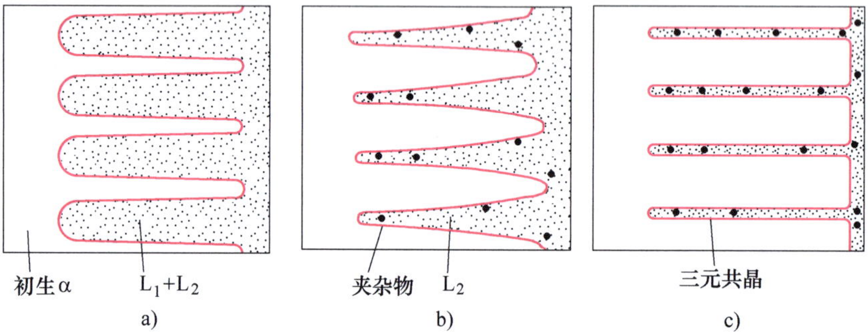

图 5-15　合金凝固时夹杂物被推向初晶晶界示意图

a) 初生 α 相结晶　b) 夹杂物偏晶结晶　c) 三元共晶凝固

越多，同样结晶条件下产生的偏析夹杂物越大，数量也越多。

# 第四节　缩孔与缩松的形成原理

## 一、金属的收缩

金属在液态、凝固态和固态冷却过程中发生的体积减小现象，称为收缩（Contraction）。它是金属本身的物理性质，也是引起缩孔、缩松、应力、变形、热裂和冷裂等缺陷的重要原因。

液态金属从浇注温度冷却到常温要经历三个阶段（图 5-16），即液态收缩阶段（Ⅰ）、凝固收缩阶段（Ⅱ）和固态收缩阶段（Ⅲ）。在不同的阶段，金属具有不同的收缩特性。

### （一）液态收缩

液态金属从浇注温度 $T_浇$ 冷却到液相线温度 $T_L$ 产生的体收缩（体积改变量），称为液态收缩。液态收缩的表现形式为金属液面降低，其大小可用如下液态体收缩率表示

$$\varepsilon_{V液}=\alpha_{V液}(T_浇-T_L)\times100\% \tag{5-12}$$

式中，$\varepsilon_{V液}$ 为液态体收缩率（%）；$\alpha_{V液}$ 为金属液体收缩系数（℃$^{-1}$）；$T_浇$ 为液态金属的浇

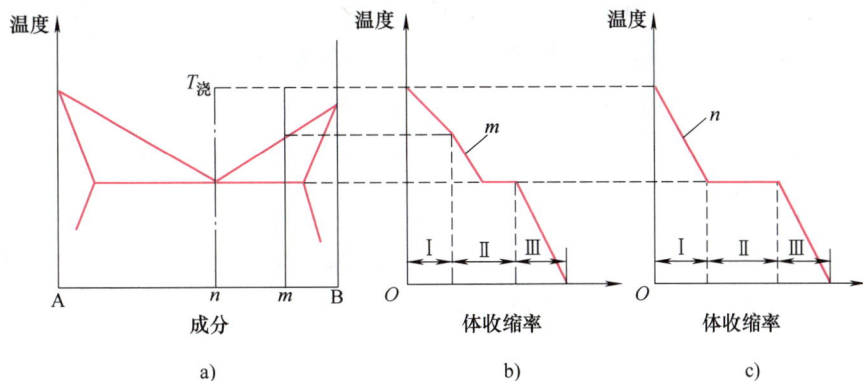

图 5-16　二元合金收缩过程示意图

a）合金相图　b）有一定结晶温度范围的合金　c）恒温凝固的合金

注温度（℃）；$T_L$ 是液相线温度（℃）。

液态体收缩系数 $\alpha_{V液}$ 和液相线温度 $T_L$ 主要取决于合金成分。例如，碳钢中碳含量增加时，$T_L$ 降低，$\alpha_{V液}$ 增大（碳的质量分数 $w_C$ 每增 1%，$\alpha_{V液}$ 增大 20%）；对于铸铁，$w_C$ 每增加 1%，$T_L$ 下降 90℃，而 $\alpha_{V液}$ 与 $w_C$ 之间存在下列关系

$$\alpha_{V液} = (90+30w_C)\times 10^{-6} \tag{5-13}$$

此外，$\alpha_{V液}$ 还受温度、合金中气体及杂质含量等因素的影响。

表 5-4 列出了亚共晶铸铁的液态体收缩率 $\varepsilon_{V液}$。可见，浇注温度一定时，$\varepsilon_{V液}$ 随着碳含量的增加而增大。但是，当相对过热度一定而仅变化铸铁的碳含量时，$\varepsilon_{V液}$ 变化不大，这是因为 $\alpha_{V液}$ 随碳含量增加变化比较缓慢所致。

表 5-4　亚共晶铸铁的液态体收缩率 $\varepsilon_{V液}$

| 碳的质量分数 $w_C$（%） | 2.0 | 2.5 | 3.0 | 3.5 | 4.0 |
|---|---|---|---|---|---|
| $\varepsilon_{V液}$（$T_浇 = 1400℃$）（%） | 0.6 | 1.4 | 2.3 | 3.4 | 4.6 |
| $\varepsilon_{V液}$（$T_浇 - T_L = 100℃$）（%） | 1.5 | 1.7 | 1.8 | 2.0 | 2.1 |

### （二）凝固收缩

金属从液相线冷却到固相线所产生的体收缩，称为凝固收缩（Solidification Shrinkage）。

对于纯金属和共晶合金，凝固期间的体收缩仅由状态改变引起，与温度无关，故具有一定的数值。对于有一定结晶温度范围的合金，其凝固收缩率既与状态改变时的体积变化有关，也与结晶温度范围有关。某些合金（如 Bi-Sb）在凝固过程中，体积不但不收缩反而产生膨胀，故其凝固体收缩率 $\varepsilon_{V凝}$ 为负值。

钢和铸铁的凝固收缩包括状态改变和温度降低部分，可表示为

$$\varepsilon_{V凝} = \varepsilon_{V(L\to S)} + \alpha_{V(L\to S)}(T_L - T_S)\times 100\% \tag{5-14}$$

式中，$\varepsilon_{V凝}$ 为凝固体收缩率（%）；$\varepsilon_{V(L\to S)}$ 为因相变的体收缩率（%）；$\alpha_{V(L\to S)}$ 为凝固温度范围内的体收缩系数（℃$^{-1}$）。

钢因状态改变而引起的体收缩为一固定值，而碳含量增加时，其结晶温度范围变宽，由温度降低引起的体收缩增大。碳钢的凝固体收缩率见表 5-5。

表 5-5 碳钢的凝固体收缩率 $\varepsilon_{V凝}$

| 碳的质量分数 $w_C$（%） | 0.10 | 0.25 | 0.35 | 0.45 | 0.70 |
|---|---|---|---|---|---|
| 凝固体收缩率 $\varepsilon_{V凝}$（%） | 2.0 | 2.5 | 3.0 | 4.3 | 5.3 |

对于亚共晶铸铁，$\varepsilon_{V(L\to S)}$ 和 $\alpha_{V(L\to S)}$ 的平均值分别为 3.0% 和 $1.0\times10^{-4}$；而碳含量 $w_C$ 每增加 1%，$T_L$ 降低 90℃。由此可得铸铁的凝固体收缩率为

$$\varepsilon_{V凝}=6.9-0.9w_C \tag{5-15}$$

灰铸铁在凝固后期共晶转变时，由于石墨的析出膨胀而使体收缩得到一定的补偿。因此其凝固体收缩率为

$$\varepsilon_{V凝}=10.1-2.9w_C \tag{5-16}$$

可见，铸铁的凝固体收缩率随着碳含量的增加而减小。对于灰铸铁，当其碳含量足够高时，凝固体收缩率将变为负值（见表 5-6）。

表 5-6 亚共晶铸铁的凝固体收缩率 $\varepsilon_{V凝}$

| 碳的质量分数 $w_C$（%） | | 2.0 | 2.5 | 3.0 | 3.5 | 4.0 |
|---|---|---|---|---|---|---|
| 凝固体收缩率 $\varepsilon_{V凝}$（%） | 白口铸铁 | 5.1 | 4.6 | 4.2 | 3.7 | 3.3 |
| | 灰铸铁 | 4.3 | 2.8 | 1.4 | -0.1 | -1.5 |

凝固收缩的表现形式分为两个阶段。当结晶尚少未搭成骨架时，表现为液面下降；当结晶较多并搭成完整骨架时，收缩的总体表现为三维尺寸减小即线收缩，在结晶骨架间残留的液体则表现为液面下降。

### （三）固态收缩

金属在固相线以下发生的体收缩，称为固态收缩。固态体收缩率表示为

$$\varepsilon_{V固}=\alpha_{V固}(T_S-T_0)\times100\% \tag{5-17}$$

式中，$\varepsilon_{V固}$ 为金属的固态体收缩率（%）；$\alpha_{V固}$ 为金属的固态体收缩系数（℃$^{-1}$）；$T_S$ 为固相线温度（℃）；$T_0$ 为室温（℃）。

固态收缩的表现形式为三维尺寸同时缩小。因此，常用线收缩率 $\varepsilon_l$ 表示固态收缩，即

$$\varepsilon_l=\alpha_l(T_S-T_0)\times100\% \tag{5-18}$$

式中，$\varepsilon_l$ 为金属的固态线收缩率（%），$\varepsilon_l\approx\varepsilon_{V固}/3$；$\alpha_l$ 为金属的固态线收缩系数（℃$^{-1}$），$\alpha_l\approx\alpha_{V固}/3$。

对于纯金属和共晶合金，线收缩在金属形成凝固壳时开始；对于具有结晶范围的合金，线收缩在表面形成凝固骨架后开始。

当合金有固态相变发生时，$\alpha_l$ 将发生突变，并在不同温度区段取不同的值。例如，碳钢在共析转变前后都随温度降低而收缩，但在共析转变时，因产物体积增加而膨胀。同样，铸铁在共析转变和析出石墨时，也会发生膨胀。

碳钢和铸铁的线收缩率分别见表 5-7 和表 5-8。

表 5-7　碳钢的线收缩率与碳含量的关系

| $w_C$（%） | 0.08 | 0.14 | 0.35 | 0.45 | 0.55 | 0.60 |
|---|---|---|---|---|---|---|
| $\varepsilon_l$（%） | 2.47 | 2.46 | 2.40 | 2.35 | 2.31 | 2.18 |

注：碳钢中 $w_{Mn} = 0.55\% \sim 0.80\%$，$w_{Si} = 0.25\% \sim 0.40\%$。

表 5-8　铸铁的自由线收缩率

| 材料名称 | 化学成分质量分数（%） | | | | | | 碳当量 $CE^{①}$（%） | 线收缩率（%） | 浇注温度 /℃ |
|---|---|---|---|---|---|---|---|---|---|
| | C | Si | Mn | P | S | Mg | | | |
| 白口铸铁 | 2.65 | 1.00 | 0.48 | 0.06 | 0.015 | — | 3.04 | 2.180 | 1300 |
| 灰铸铁 | 3.30 | 3.14 | 0.66 | 0.095 | 0.026 | — | 4.38 | 1.082 | 1270 |
| 球墨铸铁 | 3.00 | 2.96 | 0.69 | 0.11 | 0.015 | 0.045 | 4.02 | 0.807 | 1250 |

① $CE = w_C + (w_{Si} + w_P)/3$。

金属从浇注温度冷却到室温所产生的体收缩为液态收缩、凝固收缩和固态收缩之和，即

$$\varepsilon_{V总} = \varepsilon_{V液} + \varepsilon_{V凝} + \varepsilon_{V固} \tag{5-19}$$

其中，液态收缩和凝固收缩是铸件产生缩孔和缩松的基本原因，$\varepsilon_{V液} + \varepsilon_{V凝}$ 越大，缩孔的容积就越大；而金属的固态收缩（线收缩）是铸件产生尺寸变化、应力、变形和裂纹的基本原因。

### （四）铸件的收缩

铸件收缩时还会受到外界阻力的影响。这些阻力包括热阻力（铸件温度分布不均匀所致）、铸型表面摩擦力和机械阻力（铸型和型芯的阻碍作用）等。表面摩擦力和机械阻力均使铸件收缩量减少。

铸件在铸型中的收缩若仅受到可以忽略的阻力影响时，则为自由收缩；否则，称为受阻收缩。显然，对于同一种合金，受阻收缩率小于自由收缩率。生产中应采用考虑各种阻力影响的实际收缩率。

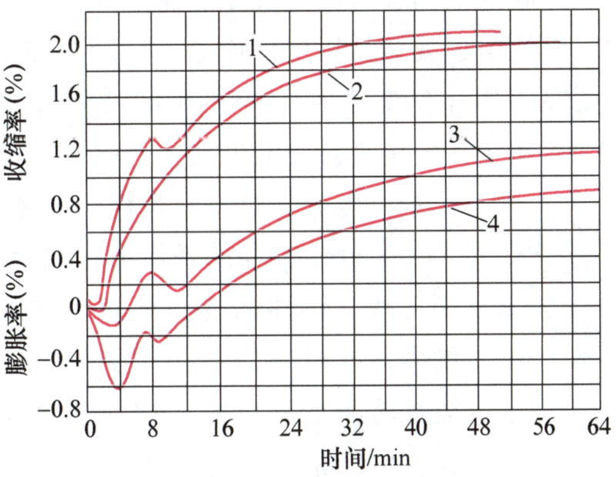

图 5-17 所示为常见 Fe-C 合金的自由固态收缩（线收缩）曲线。由图可见，灰铸铁和球墨铸铁有两次膨胀过程，第一次膨胀量大，称为体膨胀（缩

图 5-17　Fe-C 合金的自由固态收缩（线收缩）曲线
1—碳钢　2—白口铸铁　3—灰铸铁　4—球墨铸铁

前膨胀），由共晶时石墨及气体析出所致；第二次膨胀较小，由共析转变引起。白口铸铁的缩前膨胀很小，共析转变膨胀也不明显；而碳钢主要发生共析转变膨胀。

## 二、缩孔与缩松的分类及特征

铸件在凝固过程中，由于合金的液态收缩和凝固收缩，往往在铸件最后凝固的部位出

现孔洞。容积大而集中的孔洞称为缩孔，细小而分散的孔洞称为缩松。

### 1. 缩孔（Shrinkage Hole）

常出现于纯金属、共晶成分合金和结晶温度范围较窄的铸造合金中，且多集中在铸件的上部和最后凝固的部位。铸件厚壁处、两壁相交处及内浇道附近等凝固较晚或凝固缓慢的部位（称为热节），也常出现缩孔。缩孔尺寸较大，形状不规则，表面不光滑，有枝晶脉络状凸起特征。

缩孔有内缩孔和外缩孔两种形式（图 5-18）。外缩孔出现在铸件的外部或顶部，一般在铸件上部呈漏斗状（图 5-18a）。铸件壁厚很大时，有时会出现在侧面或凹角处（图 5-18b）。内缩孔产生于铸件内部（图 5-18c、d），孔壁粗糙不规则，可以观察到发达的树枝晶末梢，一般为暗黑色或褐色，如果是气缩孔，则内表面为氧化色。

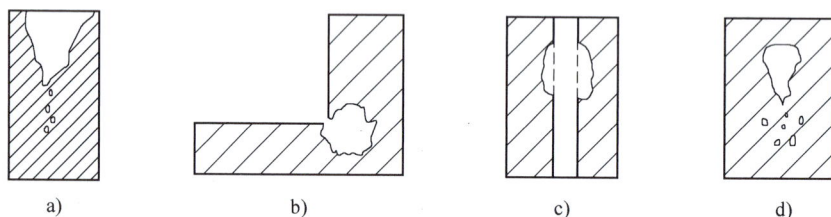

图 5-18 铸件缩孔形式

a）明缩孔 b）凹角缩孔 c）芯面缩孔 d）内部缩孔

### 2. 缩松（Porosity）

按其形态分为宏观缩松（简称缩松）和微观缩松（也称显微缩松）两类。缩松多出现于结晶温度范围较宽的合金中，常分布在铸件壁的轴线区域、缩孔附近或铸件厚壁的中心部位（图 5-19）。微观缩松则在各种合金铸件中（特别在球铁铸件中）或多或少都会存在，一般出现在枝晶间和分枝晶之间，与微观气孔难以区分，只有在显微镜下才能观察到。

铝合金零件的缩孔与缩松

铸件中存在的任何形态的缩孔和缩松，都会减少铸件的受力面积，在缩孔和缩松的尖角处产生应力集中，使铸件的力学性能显著降低。此外，缩孔和缩松还会降低铸件的气密性和物理化学性能。因此，必须采取有效措施予以防止。

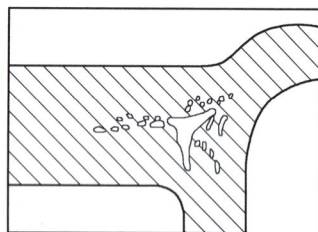

图 5-19 铸件热节处的缩孔与缩松

## 三、缩孔与缩松的形成机理

### （一）缩孔的形成

纯金属、共晶成分合金和结晶温度范围窄的合金，在一般铸造条件下按由表及里逐层凝固的方式凝固。由于金属或合金在冷却过程中发生的液态收缩和凝固收缩大于固态收缩，从而在铸件最后凝固的部位形成尺寸较大的集中缩孔。现以圆柱体铸件为例，说明缩孔的形成机理。

缩孔的形成过程如图 5-20 所示。液态金属充满型腔后，由于铸型的吸热作用，其温度下降，产生液态收缩。此时，液态金属可通过浇注系统得到补充，因而型腔始终保持充满状态（图 5-20a）。当铸件外表温度降到凝固温度时，铸件表面就凝固成一层固态外壳，

并将内部液体包住（图 5-20b）。这时，内浇道已经凝结。当铸件进一步冷却时，壳内的液态金属因温度降低一方面产生液态收缩，另一方面继续凝固使壳层增厚并产生凝固收缩；与此同时，壳层金属也因温度降低而发生固态收缩。如果液态收缩和凝固收缩造成的体积缩减等于固态收缩引起的体积缩减，则壳层金属和内部液态金属将

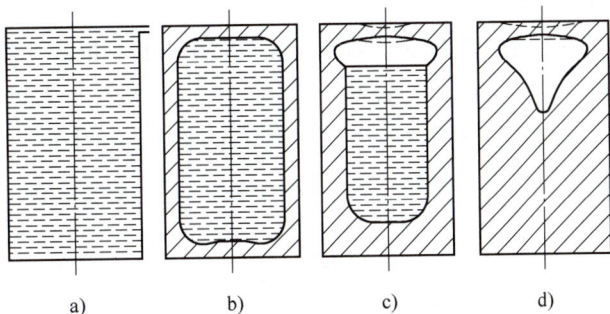

图 5-20 铸件中缩孔形成过程示意图

紧密接触，不会产生缩孔。但是，由于金属的液态收缩和凝固收缩大于壳层的固态收缩，壳内液体与外壳顶面将发生脱离（图 5-20c）。随着冷却的进行，固态壳层不断加厚，内部液面不断下降。当金属全部凝固后，在铸件上部就形成一个倒锥形的缩孔（图 5-20d）。

在液态金属含气量不大的情况下，当液态金属与外壳顶面脱离时，液面上部要形成真空。在大气压力作用下，顶面的薄壳可能向缩孔方向凹进去，如图 5-20c、d 中虚线所示。因此缩孔应包括外部的缩凹和内部的缩孔两部分。如果铸件顶面的薄壳强度很大，也可能不出现缩凹。

综上所述，铸件产生集中缩孔的基本原因是金属的液态收缩和凝固收缩之和大于固态收缩；产生集中缩孔的条件是铸件由表及里逐层凝固。缩孔一般集中在铸件顶部或最后凝固的部位，如果在这些部位设置冒口，缩孔将被移入冒口中。

### （二）缩松的形成

结晶温度范围较宽的合金，一般按照体积凝固的方式凝固。由于凝固区域较宽，凝固区内的小晶体很容易发展成为发达的树枝晶。当固相达到一定数量形成晶体骨架时，尚未凝固的液态金属便被分割成一个个互不相通的小熔池。在随后的冷却过程中，小熔池内的金属液体将发生液态收缩和凝固收缩，已凝固的金属则发生固态收缩。由于熔池内的金属液的液态收缩和凝固收缩之和大于其固态收缩，两者之差引起的细小孔洞又得不到外部液体的补充，因而在相应部位便形成了分散性的细小缩孔，即缩松。金属的凝固区域越宽，产生缩松的倾向越大。

可见，缩松和缩孔形成的基本原因是相同的，即金属的液态收缩和凝固收缩之和大于固态收缩。但形成缩松的条件是金属的结晶温度范围较宽，倾向于体积凝固或同时凝固方式、断面厚度均匀的铸件，如板状或棒状铸件，在凝固后期不易得到外部液态金属的补充，往往在轴线区域产生缩松，称为轴线缩松。

显微缩松通常伴随着微观气孔的形成而产生。当铸件在凝固过程中析出气体时，显微缩松的形成条件用下式表示为

$$p_g + p_s > p_a + \frac{2\sigma}{r} + p_H \qquad (5-20)$$

式中，$p_g$ 为某一温度下金属中气体的析出压力；$p_s$ 为对显微孔洞的补缩阻力；$p_a$ 为凝固着的金属上方的大气压；$\sigma$ 为气-液界面的表面张力；$r$ 为显微孔洞半径；$p_H$ 为孔洞上方的金属压头。

当金属在常压下凝固时，式（5-20）中变化的参数只有 $p_g$ 和 $p_s$。$p_g$ 与液态金属中气体的含量有关，$p_s$ 与枝晶间通道的长度、晶粒形态以及晶粒大小等因素有关。铸件的凝固区域越宽，树枝晶越发达，则通道越长，晶间和分枝间被封闭的可能性越大，产生显微缩松的可能性也就越大。

### （三）铸铁的缩孔和缩松

灰铸铁和球墨铸铁在凝固过程中会析出石墨相而产生体积膨胀，因此其缩孔和缩松的形成比一般合金复杂。

亚共晶灰铸铁和球墨铸铁凝固的共同特点是，初生奥氏体枝晶能迅速布满铸件的整个断面，而且奥氏体枝晶具有很大的连成骨架的能力。因此，这两种铸铁都有产生缩松的可能性。但是，由于它们的共晶凝固方式和石墨长大的机理不同，产生缩孔和缩松的倾向有很大差别。

灰铸铁共晶团中的片状石墨，与枝晶间的共晶液直接接触（图 5-21a），因此片状石墨长大时所产生的体积膨胀大部分作用在所接触的晶间液体上，迫使它们通过枝晶间的通道去充填奥氏体枝晶间因液态收缩和凝固收缩所产生的小孔洞，从而大大降低了灰铸铁产生缩松的严重程度。这就是灰铸铁的所谓"自补缩现象"。

被共晶奥氏体包围的片状石墨，由于碳原子的扩散作用，在横向上也要长大，但速度很慢。石墨片横向长大所产生的膨胀力作用在共晶奥氏体上，使共晶团膨胀，并传到邻

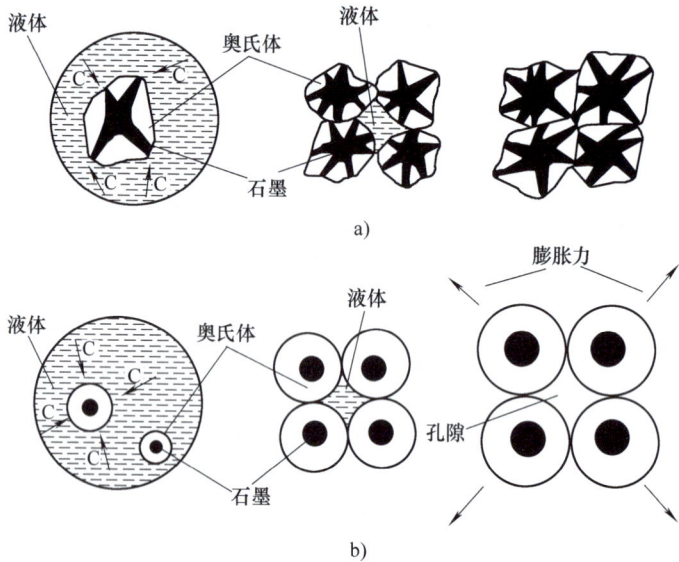

图 5-21　灰铸铁和球墨铸铁共晶石墨长大示意图
a）片状石墨长大　b）球状石墨长大

近的共晶团或奥氏体晶体骨架上，使铸铁产生缩前膨胀。显然，这种缩前膨胀会抵消一部分自补缩效果。但是，由于这种横向的膨胀作用很小而且是逐渐发生的，同时因灰铸铁在共晶凝固中期，在铸件表面已经形成硬壳，所以灰铸铁的缩前膨胀一般只有 $0.1\% \sim 0.2\%$。因此，灰铸铁件产生缩松的倾向性较小。

从图 5-21b 可以看出，球墨铸件在凝固中后期，石墨球长大到一定程度后四周形成奥氏体壳，碳原子通过奥氏体壳扩散到共晶团中使石墨球长大。当共晶团长大到相互接触

后，石墨化膨胀所产生的膨胀力，只有一小部分作用在晶间液体上，而大部分作用在相邻的共晶团上或奥氏体枝晶上，趋向于把它们挤开。因此，球墨铸铁的缩前膨胀比灰铸铁大得多（图 5-17）。随着石墨球的长大，共晶团之间的间隙逐步扩大，并使铸件普遍膨胀。共晶团之间的间隙就是球墨铸铁的显微缩松，而共晶团集团之间的间隙则构成铸件的（宏观）缩松。所以，球墨铸铁产生缩松的倾向性很大。如果铸件厚大，球墨铸铁的缩前膨胀也会导致铸件产生缩孔。如果铸型刚度足够大，石墨化膨胀力有可能将缩松压合。在这种情况下，球墨铸铁也可看作具有"自补缩"能力。

### 四、影响缩孔与缩松的因素及防止措施

#### （一）影响缩孔与缩松的因素

##### 1. 影响缩孔与缩松大小的因素

（1）金属的性质　金属的液态体收缩系数 $\alpha_{V液}$ 和凝固体收缩率 $\varepsilon_{V液}$ 越大，缩孔及缩松容积越大。金属的固态体收缩系数 $\alpha_{V固}$ 越大，缩孔及缩松容积越小。

（2）铸型条件　铸型的激冷能力越大，缩孔及缩松容积就越小。因为铸型激冷能力越大，越易造成边浇注边凝固的条件，使金属的收缩在较大程度上被后注入的金属液所补充，使实际发生收缩的液态金属量减少。

（3）浇注条件　浇注温度越高，合金的液态收缩越大，则缩孔容积越大。但是，在有冒口或浇注系统补缩的条件下，提高浇注温度固然使液态收缩增加，然而它也使冒口或浇注系统的补缩能力提高。

（4）铸件尺寸　铸件壁厚越大，表面层凝固后，内部的金属液温度就越高，液态收缩就越大，则缩孔及缩松的容积越大。

（5）补缩压力　凝固过程中增加补缩压力，可减小缩松而增加缩孔的容积。

##### 2. 影响灰铸铁和球墨铸铁缩孔与缩松的因素

（1）铸铁成分　对于灰铸铁，随碳当量增加共晶石墨的析出量增加，石墨化膨胀量增加，有利于消除缩孔和缩松。

共晶成分灰铸铁以逐层方式凝固，倾向于形成集中缩孔。但是，共晶转变的石墨化膨胀作用，能抵消甚至超过共晶液体的收缩，使铸件不产生缩孔。

球墨铸铁的碳当量大于 3.9% 时，经过充分孕育，在铸型刚度足够时，利用共晶石墨化膨胀作用，产生自补缩效果，可以获得致密的铸件。

球墨铸铁中磷含量、残余镁量及残余稀土量过高，均会增加缩松倾向。因为磷共晶会削弱铸件外壳的强度，增加缩前膨胀量，松弛了铸件内部压力；镁及稀土会增大铸件白口倾向，减少石墨析出，使石墨化膨胀作用减弱。

（2）铸型刚度　铸铁在共晶转变发生石墨化膨胀时，型壁是否迁移是影响缩孔容积的重要因素。铸型刚度大，缩前膨胀就小，缩孔容积也相应减小，甚至不产生缩孔。铸型刚度依下列次序逐级降低：金属型—覆砂金属型—水泥型—水玻璃砂型—干型—湿型。因此，高刚度的铸型（如覆砂金属型等）可以生产无冒口球墨铸铁件。

#### （二）防止铸件产生缩孔和缩松的途径

缩孔和缩松可以通过凝固工艺原则的选择（即顺序凝固还是同时凝固）加以控制。

### 1. 顺序凝固

　　铸件的顺序凝固原则是采取各种措施，保证铸件各部分按照距离冒口的远近，由远及近朝着冒口方向凝固，冒口本身最后凝固（图 5-22）。铸件按照这一原则凝固时，可使缩孔集中在冒口中，以获得致密的铸件。

　　均匀壁厚铸件的顺序凝固过程如图 5-23 所示。图 5-23a 是厚度为 $\delta$ 带冒口的板状铸件，采用顶注式浇注。由于金属液是从冒口浇入的，所以铸件纵截面中心线上的温度自远离冒口处向冒口方向依次递增（图 5-23b）。在 A、B、C 三点的横截面上，铸件外表冷却快，温度低（图 5-23c）。而在图 5-23d 所示的铸件纵截面上，向着冒口张开的 $\varphi$ 角（等液相线之间的夹角，称为补缩通道扩张角）范围内，金属都处于液态，形成"楔形"补缩通道。$\varphi$ 角越大，越有利于冒口的补缩。

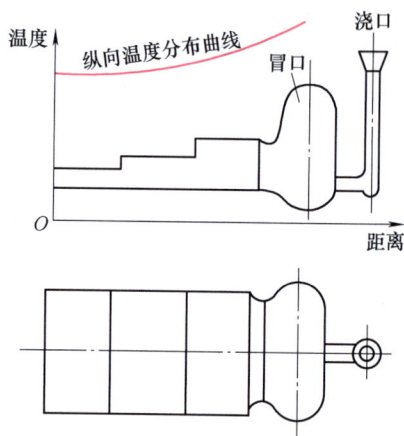

图 5-22　顺序凝固方式示意图

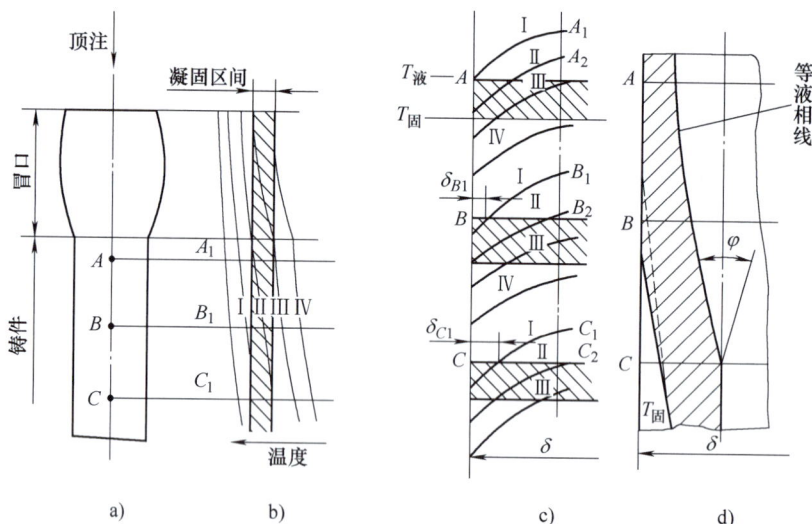

图 5-23　均匀壁厚铸件顺序凝固过程示意图（图 c、d 较图 a 放大 1 倍）

a）厚度为 $\delta$ 带冒口的板状铸件　b）铸件纵截面中心线上的温度分布　c）铸件 A、B、C 三点横截面上径向温度分布（纵坐标为温度）　d）铸件纵截面上 II 时刻的等液相线和补缩通道扩张角 $\varphi$（I、II、III、IV 代表不同时刻）

　　在铸件中，液固两相区与铸件壁热中心相交的线段为"补缩困难区 $\mu$"。液固两相区越宽，扩张角 $\varphi$ 越小，补缩困难区 $\mu$ 就越长，如图 5-24 所示。

　　顺序凝固可以充分发挥冒口的补缩作用，防止缩孔和缩松的形成，获得致密铸件。因此，对凝固收缩大、结晶温度范围小的合金，以及断面较厚大的铸件通常采用这一原则。但顺序凝固时，铸件各部分存在温差，在凝固过程中易产生热裂，凝固后铸件易产生变形。此外，由于有时需要使用冒口和补贴（主要是铸钢件），故工艺出品率较低。

**2. 同时凝固**

同时凝固原则是采取工艺措施保证铸件各部分之间没有温差或温差尽量小，使各部分同时凝固，如图5-25所示。

同时凝固条件下，扩张角 $\varphi$ 等于零，没有补缩通道，无法实现补缩。但是，由于同时凝固时铸件温差小，不容易产生热裂，凝固后不易引起应力和变形，因此常在以下情况下采用：

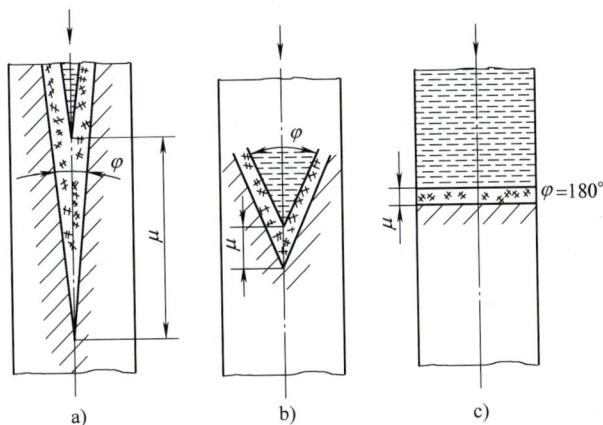

图 5-24 扩张角对补缩困难区的影响

1）碳硅含量高的灰铸件，其体收缩较小甚至不收缩，合金本身不易产生缩孔和缩松。

2）结晶温度范围大、容易产生缩松的合金（如锡青铜），对气密性要求不高时，可采用这一原则，以简化工艺。

3）壁厚均匀的铸件，尤其是均匀薄壁铸件，倾向于采用同时凝固。因该类铸件消除缩松困难，故多采用同时凝固原则设计浇注系统。

4）球墨铸铁件利用石墨化膨胀进行自补缩时，必须采用同时凝固原则。

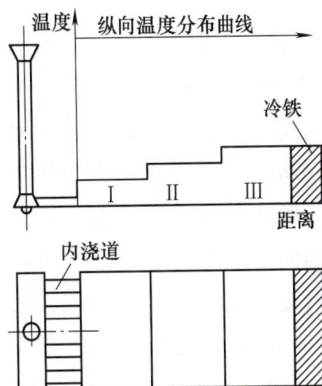

图 5-25 同时凝固方式示意图

5）某些适合采用顺序凝固原则的铸件，当热裂、变形成为主要矛盾时，也可采用同时凝固原则。

应当指出，对于某一具体铸件，究竟采用何种凝固方式，应根据合金特点、铸件结构及其技术要求，以及可能出现的其他缺陷（如应力、变形、裂纹）等综合加以考虑。对于某些结构复杂的铸件，也可采用复合凝固方式，即整体上按同时凝固，局部为顺序凝固，或者相反。

**3. 控制缩孔和缩松的工艺措施**

调整液态金属的浇注温度和浇注速度，可以加强顺序凝固或同时凝固。采用高温慢浇工艺，能增加铸件的纵向温差，有利于实现顺序凝固原则。通过多个内浇道低温快浇，可减少纵向温差，有利于实现同时凝固原则。

使用冒口、补贴和冷铁是防止缩孔和缩松最有效的工艺措施。冒口一般设置在铸件厚壁或热节部位，其尺寸应保证铸件被补缩部位最后凝固，并能提供足够的金属液以满足补缩的需要。此外，冒口与被补缩部位之间必须有补缩通道。

冷铁和补贴与冒口配合使用，可以造成人为的补缩通道及末端区，延长了冒口的有效补缩距离。冒口有效补缩距离等于冒口补缩区长度与末端区长度之和（图

5-26）。此外，冷铁还可以加速铸件厚壁局部热节的冷却，实现同时凝固。

加压补缩法是防止产生显微缩松的有效方法。该法是将铸件放在具有较高压力的装置中，使铸件在压力下凝固，以消除显微缩松，获得致密铸件。加压越早，压力越高，补缩效果越好。对于致密要求高而缩松倾向较大的铸件，通常需采用加压补缩方法。

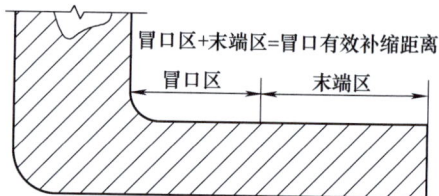
图 5-26　冒口有效补缩距离示意图

# 第五节　化学成分的偏析

液态合金在凝固过程中发生的化学成分不均匀现象称为偏析（Segregation）。根据偏析范围的不同，可将偏析分为微观偏析和宏观偏析两大类。微观偏析是指小范围（约一个晶粒范围）内的化学成分不均匀现象，按位置不同可分为晶内偏析（枝晶偏析）和晶界偏析。宏观偏析是指凝固断面上各部位的化学成分不均匀现象，按其表现形式可分为正常偏析、逆偏析、重力偏析等。

微观偏析和宏观偏析主要是由于合金在凝固过程中溶质再分配和扩散不充分引起的。它们对合金的力学性能、可加工性、抗裂性能，以及耐蚀性能等有着程度不同的损害。但偏析现象也有有益的一面，如利用偏析现象可以净化或提纯金属等。

偏析还可根据合金各部位的溶质浓度 $C_S$ 与合金原始平均浓度 $C_0$ 的偏离情况分类。凡 $C_S > C_0$ 者称为正偏析；$C_S < C_0$ 者称为负偏析。这种分类对微观偏析和宏观偏析均适用。

## 一、微观偏析

### 1. 晶内偏析

晶内偏析是在一个晶粒内出现的成分不均匀现象，常产生于具有一定结晶温度范围、能够形成固溶体的合金中。

在实际生产条件下，过冷速度较快，扩散过程来不及充分进行，因而固溶体合金凝固后每个晶粒内的成分是不均匀的。对于溶质分配系数 $k < 1$ 的固溶体合金，晶粒内先结晶部分含溶质较少，后结晶部分含溶质较多。这种成分不均匀性就是晶内偏析。固溶体合金按树枝晶方式生长时，先结晶的枝干与后结晶的分枝也存在着成分差异。这种在树枝晶内出现的成分不均匀现象，又成为枝晶偏析。

晶内偏析程度取决于合金相图的形状、偏析元素的扩散能力和冷却条件。

1）合金相图上液相线与固相线间隔越大，则先后结晶部分的成分差别越大，晶内偏析越严重。如锡青铜（Cu-Sn 合金）结晶的成分间隔和温度间隔都比较大，故偏析严重。

2）偏析元素在固溶体中的扩散能力越小，晶内偏析倾向越大。如硅在钢中的扩散能力大于磷，故硅的偏析程度小于磷。

3）在其他条件相同时，冷却速度越快，则实际结晶温度越低，原子扩散能力越小，晶内偏析越严重。但另一方面，随着冷却速度的增加，固溶体晶粒细化，晶内偏析程度减轻。因此，冷却速度的影响应视具体情况而定。

晶内偏析程度一般用偏析系数 $|1-k|$ 来衡量。$|1-k|$ 值越大，固相与液相的浓度差越大，晶内偏析越严重。表5-9列出了不同元素在铁中的偏析系数。

表 5-9　不同元素在铁中的偏析系数

| 元素 | P | S | B | C | V | Ti | Mo | Mn | Ni | Si | Cr |
|---|---|---|---|---|---|---|---|---|---|---|---|
| 质量分数（%） | 0.01~0.03 | 0.01~0.04 | 0.002~0.10 | 0.30~1.0 | 0.50~4.0 | 0.20~1.20 | 1.00~4.0 | 1.00~2.50 | 1.00~4.50 | 1.00~3.0 | 1.00~8.0 |
| 偏析系数 $|1-k|$ | 0.94 | 0.90 | 0.87 | 0.74 | 0.62 | 0.53 | 0.51 | 0.86 | 0.65 | 0.35 | 0.34 |

晶内偏析通常是有害的。晶内偏析的存在，使晶粒内部成分不均匀，导致合金的力学性能降低，特别是塑性和韧性降低。此外，晶内偏析还会引起合金化学性能不均匀，使合金的耐蚀性能下降。

晶内偏析是一种不平衡状态，在热力学上是不稳定的。如果采取一定的工艺措施，使溶质充分扩散，就能消除晶内偏析。生产上常采用均匀化退火来消除晶内偏析，即将合金加热到低于固相线100~200℃的温度进行长时间保温，使偏析元素进行充分扩散以达到均匀化的目的。

### 2. 晶界偏析

在合金凝固过程中，溶质元素和非金属夹杂物富集于晶界，使晶界与晶内的化学成分出现差异，这种成分不均匀现象称为晶界偏析。晶界偏析的产生一般有两种情况，如图5-27所示。

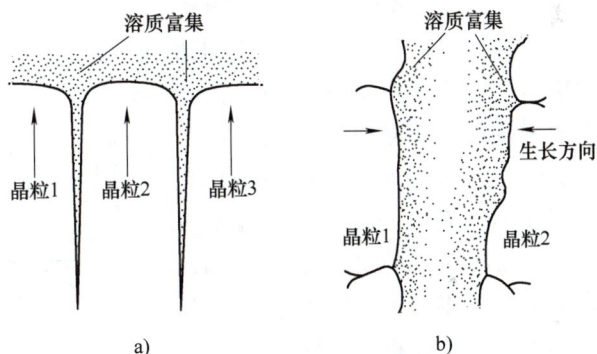

图 5-27　晶界偏析形成示意图

a）晶界平行于生长方向形成的晶界偏析

b）晶粒相遇形成的晶界偏析

1）两个晶粒并排生长，晶界平行于晶体生长方向。由于表面张力平衡条件的要求，在晶界与液相的接触处出现凹槽（图5-27a），此处有利于溶质原子的富集，凝固后就形成了晶界偏析。

2）两个晶粒相对生长，彼此相遇而形成晶界（图5-27b）。晶粒结晶时所排出溶质（$k<1$）富集于固-液界面，其他的低熔点物质也可能被排出在固-液界面。这样，在最后凝固的晶界部分将含有较多的溶质和其他低熔点物质，从而造成晶界偏析。

固溶体合金凝固时，若成分过冷不大，会出现一种胞状结构。这种结构由一系列平行的棒状晶体组成。沿凝固方向长大，呈六方断面。当 $k<1$ 时，六方断面的晶界处将富集溶质元素，如图5-28所示。这种偏析又称为胞状偏析。实质上，胞状偏析属于亚晶界偏析。这种情况类似于图5-27a。

晶界偏析比晶内偏析的危害更大，它既会降低合金的塑性和高温性能，又会增加热裂倾向，因此必须加以防止。生产中预防和消除晶界偏析的方法与晶内偏析所采用的措施相同，即细化晶粒，均匀化退火。但对于氧化物和硫化物引起的晶界偏析，即使均匀化退火也无法消除，必须从减少合金中氧和硫的含量入手。

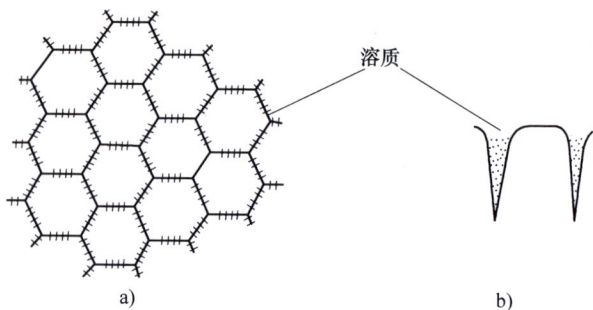

图5-28 胞状偏析时溶质分布示意图

## 二、宏观偏析

### 1. 正常偏析

铸造合金一般从与铸型壁相接触的表面层开始凝固。当合金的溶质分配系数 $k<1$ 时，凝固界面的液相中将有一部分被排出，随着温度的降低，溶质的浓度将逐渐增加，越是后来结晶的固相，溶质浓度越高。当 $k>1$ 时则与此相反，越是后来结晶的固相，溶质浓度越低。按照溶质再分配规律，这些都是正常现象，故称之为正常偏析。

正常偏析随凝固条件的变化如图5-29所示。在平衡凝固条件下，固相和液相中的溶质都可以得到充分的扩散，这时从铸件凝固的开始端到中止端，溶质的分布是均匀的，无偏析现象发生，如图5-29中的 $a$ 所示。当固体内溶质无扩散或扩散不完全时，铸件中出现了严重偏析，如图5-29中的 $b\sim d$ 所示。凝固开始时，在冷却端结晶的固体溶质浓度为 $kC_0$（ $k<1$ ），随后结晶出的固相中溶质浓度逐渐增加，而在最后凝固端的凝固界面附近固相溶质的浓度急剧上升。

正常偏析随着溶质偏析系数 $|1-k|$ 的增大而增大。但对于偏析系数较大的合金，当溶质含量较高时，合金倾向于体积凝固，正常偏析反而减轻，甚至不产生正常偏析。

正常偏析的存在使铸件性能不均匀，在随后的加工和处理过程中也难以根本消除，故应采取适当措施加以控制。

利用溶质的正常偏析现象，可以对金属进行精炼提纯。"区域熔化提纯法"就是利用正常偏析的规律发展起来的。

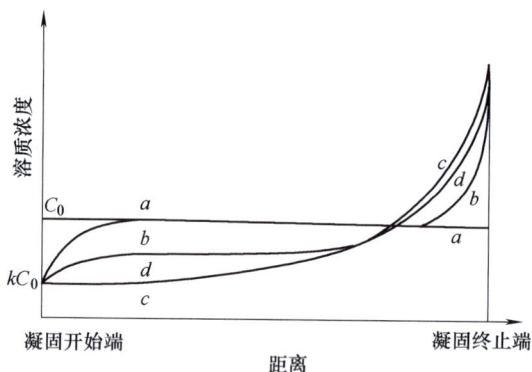

图5-29 单向凝固时铸件内溶质的分布曲线

$a$—平衡凝固 $b$—固体无扩散而液体中有扩散 $c$—固体无扩散而液体完全混合 $d$—固体有若干扩散而液体部分混合

### 2. 逆偏析

铸件凝固后常出现与正常偏析相反的情况，即 $k<1$ 时，铸件表面或底部含溶质元素较多，而中心部位或上部含溶质元素较少，这种现象称为逆偏析。如 Cu-10%Sn（质量分

数）合金，其表面有时会出现含 20% ~
25%Sn 的 "锡汗"。图 5-30 所示为 $w_{Cu}$ =
4.7% 的铝合金铸件断面上产生的逆偏析
情况。逆偏析会降低铸件的力学性能、气
密性和可加工性能。

图 5-30 Al-4.7%Cu 合金铸件的逆偏析

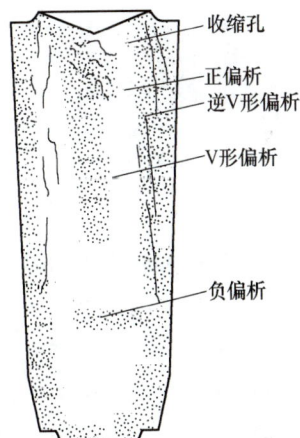

逆偏析的形成特点是：结晶温度范围
宽的固溶体合金和粗大的树枝晶易产生逆
偏析，缓慢冷却时逆偏析程度增加。若液
态合金中溶解有较多的气体，则在凝固过
程中将促进逆偏析的形成。

逆偏析的形成原因在于结晶温度范围宽的固溶体型合金，在缓慢凝固时易形成粗大的
树枝晶，枝晶相互交错，枝晶间富集着低熔点相，当铸件产生体收缩时，低熔点相将沿着
树枝晶间向外移动。

向合金中添加细化晶粒的元素，减少合金的含气量，有助于减少或防止逆偏析的
形成。

### 3. V 形偏析和逆 V 形偏析

V 形偏析和逆 V 形偏析常出现在大型铸锭中，一般呈锥形，偏析带中含有较高的碳
以及硫和磷等杂质。图 5-31 所示为 V 形偏析和逆 V 形偏析产生部位示意图。关于 V 形偏
析和逆 V 形偏析的形成机理，目前尚无同一的解释，概括起来有以下几点：

Нехендэи. ю. A 认为，固-液界面偏析元素的富集将
阻碍结晶的生长，出现周期性结晶。并且认为，金属在液
态时，由于密度的差异已开始产生偏析。由于结晶沉淀，
在铸锭的下半部形成低于平均成分的负偏析区，上半部则
形成高于平均成分的正偏析区。

大野笃美认为，铸锭凝固初期，晶粒从型壁或固-液
界面脱落沉淀，堆积在下部，凝固后期堆积层收缩下沉对
V 形偏析起着重要作用。铸锭在凝固过程中，由于结晶堆
积层的中央下部收缩下沉，上部不能同时下沉，就会在堆
积层上方产生 V 形裂纹，V 形裂纹被富溶质的液相填充，
便形成 V 形偏析。

铃木等认为，逆 V 形偏析的形成是由于密度小的溶
质浓化液沿固-液界面上升引起的。另一种观点认为，当

图 5-31 铸锭产生 V 形偏析和
逆 V 形偏析部位示意图

铸锭中央部分在凝固过程中下沉时，侧面向斜下方产生拉应力，从而在其上部形成逆 V
形裂纹，并被低熔点物质所填充，最终形成逆 V 形偏析带。

降低铸锭的冷却速度，枝晶粗大，液体沿枝晶间的流动阻力减小，促进富集液的流
动，均会增加形成 V 形偏析和逆 V 形偏析的倾向。

### 4. 带状偏析

带状偏析常出现在铸锭或厚壁铸件中，有时是连续的，有时则是间断的。带状偏析的

形成特点是它总是和凝固的固-液界面相平行。

带状偏析的形成是由于固-液界面前沿液相中存在溶质富集层且晶体生长速度发生变化的缘故。以单向凝固的合金（$k<1$）为例，当晶体生长速度突然增大时，会出现溶质富集带（正偏析）；当晶体生长速度突然减小时，会出现溶质贫乏带（负偏析）。如果液相中溶质能完全混合（即存在对流和搅拌），则生长速度的波动不会造成带状偏析。

溶质的偏析系数越大，带状偏析越容易形成。减少溶质的含量，采取孕育措施细化晶粒，加强固-液界面前的对流和搅拌，均有利于防止或减少带状偏析的形成。

### 5. 重力偏析

重力偏析是由于重力作用而出现的化学成分不均匀现象，通常产生于金属凝固前和刚刚开始凝固之际。当共存的液体和固体，或互不相溶的液相之间存在密度差时，将会产生重力偏析。例如，Cu-Pb 合金在液态时由于组元密度不同存在分层现象，上部为密度较小的 Cu，下部为密度较大的 Pb，凝固前即使进行充分搅拌，凝固后也难免形成重力偏析。Sn-Sb 轴承合金也易产生重力偏析，铸件上部富 Sb，下部富 Sn。

防止或减轻重力偏析的方法有以下几种：

1）加快铸件的冷却速度，缩短合金处于液相的时间，使初生相来不及上浮或下沉。

2）加入能阻碍初晶沉浮的元素，如在 Cu-Pb 合金中加入少量 Ni，能使 Cu 固溶体枝晶首先在液体中形成枝晶骨架，从而阻止 Pb 下沉。再如向 Pb-17%Sn 合金中加入质量分数为 1.5% 的 Cu，首先形成 Cu-Pb 骨架，也可以减轻或消除重力偏析。

3）浇注前对液态合金充分搅拌，并尽量降低合金的浇注温度和浇注速度。

## 第六节　变形与裂纹

### 一、铸件应力的基本概念

铸件从液态转变为固态的凝固过程中会发生体积收缩。有些合金在固态冷却时还会发生相变而伴生收缩或膨胀。如果铸件或者铸件某部位由于凝固所带来的尺寸变化受到阻碍不能自由进行时，就会产生应力、变形或裂纹（包括冷裂、热裂）。

对铸件收缩过程中力学行为的研究表明，在合金有效结晶温度间隔内，合金的强度和塑性都很低，在应力作用下很容易产生变形或热裂，应力不会残留于铸件内。该温度范围即为热裂区。但处于固相线以下某一温度范围时，合金的强度和塑性随温度的下降而升高。因此，铸件在应力作用下，容易发生塑性变形而使应力松弛。该温度范围称变形区，其温度下限称为塑性与弹性转变的临界温度（$T_k$）。不同材料的临界温度不同，有人认为铸铁可取 400℃ 左右，铸钢为 600℃。在临界温度以下，强度随温度下降而继续升高，塑性则急剧下降至某一较低水平。如果铸件受外力作用则将发生弹性变形，并在铸件内部保持着应力。该温度范围称应力区。

铸件在冷却过程中产生的应力，按产生的原因可分为热应力、相变应力和机械阻碍应力三种。热应力是铸件冷却过程中各部位冷却速度不同，因而同一时刻的收缩量不等，互相制约形成的应力。相变应力是固态发生相变的合金，因各部位达到相变温度的时刻不同，相变程度也不同而产生的应力。机械阻碍应力是铸件收缩受到诸如铸型、型芯、箱带或芯骨等外部机械阻碍产生的应力。

通常说的铸造应力，有时是泛指，即不论产生应力的原因如何，凡铸件冷却过程中尺寸变化受阻所产生的应力都称铸造应力。但通常指的铸造应力多指残余应力。实际铸件中的应力，通常是热应力、相变应力和机械阻碍应力的矢量和，称为总应力。由于应力的存在，将引起铸件变形和冷裂。若总应力超过屈服强度，铸件将产生塑性变形或挠曲。若总应力超过抗拉强度，铸件将产生冷裂。若总应力低于弹性极限，铸件中将存在残余应力。

有残余应力的铸件，机械加工后残余应力失衡，可能产生新的变形使铸件精度降低或尺寸超差。若铸件承受的工作应力与残余应力方向相同而叠加，也可能超过抗拉强度而破坏。有残余应力的铸件在长期存放过程中还会产生变形；若在腐蚀介质中存放或工作，还会因耐蚀性降低产生应力腐蚀而开裂。因此，应尽量减小铸件冷却过程中产生的残余应力并设法消除之。

铸造热应力、相变应力和机械阻碍应力的产生原理与焊接应力相似，详见第九章第一节。

## 二、铸件的变形和冷裂

### 1. 铸件的变形

如果铸件冷却过程中形成的铸造应力较大，或者冷却至室温时铸件内有残余应力存在，在应力作用下，铸件就有发生塑性变形的趋势，从而减小或消除应力，使之趋于稳定状态。

铸件中铸造应力的状态及其分布规律取决于铸件的结构及温度分布情况。而铸件发生的变形是各种应力综合作用的结果。挠曲（Warp）是铸件中最常见的变形。

图5-32是几种铸件变形的例子。图5-32a是T形梁在热应力作用下的变形情况。由于厚部内的拉应力力图使铸件缩短，薄部内的压应力力图使铸件伸长，结果使铸件弯曲。图5-32b是镁合金雷达罩铸件，由于浇注系统收缩及引入位置的影响，使$\alpha$、$\beta$两个张角变大。图5-32c是壁厚均匀的槽形铸件，由于充填铸型先后的影响，下部先冷，上部后冷，最终出现与T形梁类似的应力和变形。图5-32d是采用熔模精铸法生产的半球形铸钢件轴承壳，由于浇口棒粗大，最后冷却时的收缩使铸件变形为椭圆，其短轴方向与浇口棒方向一致。壁厚均匀的大平板铸件，其边角部位比中心部位冷却快，产生压应力，中心部位为拉应力。如果平板上下表面冷却速度也不同，平板将发生挠曲变形，中心部位向冷却较快的下表面凸出。

由于铸件的变形，可能造成尺寸超差，增加加工余量，又导致铸件重量和切削加工成本增加。铸件变形如果超差而又不能校正时则将报废。

### 2. 铸件的冷裂

冷裂（Cold Crack）是铸件处于弹性状态、铸造应力超过材料的抗拉强度时产生的裂纹。冷裂总发生在拉应力集中的部位，如铸件厚部或内部以及转角处等。与热裂产生的部位相同。但冷裂的断口表面有金属光泽或呈轻度氧化色，裂纹走向平滑，而且往往是穿过晶粒而非沿晶界发生，这与热裂有显著的不同。

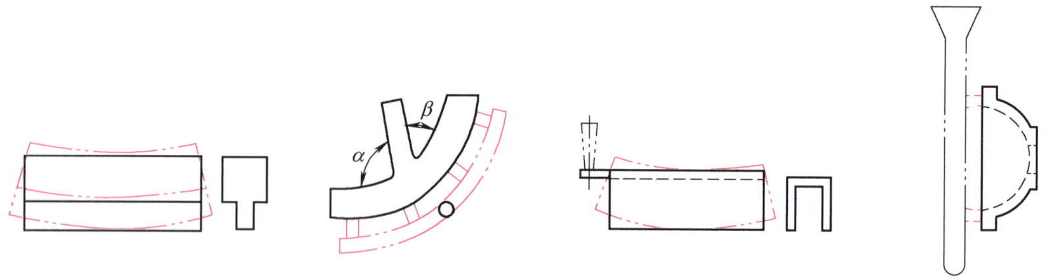

图 5-32 铸件的变形

a）T形梁 b）雷达罩 c）槽形铸件 d）轴承壳

大型复杂铸件由于冷却不均匀，应力状态复杂，铸造应力大而易产生冷裂。有的铸件在落砂和清理前可能未产生冷裂，但内部已有较大的残余应力，而在清理或搬运过程中，因为受到激冷或振击作用而促使其冷裂。

铸件产生冷裂的倾向还与材料的塑性和韧性有密切关系。有色金属由于塑性好易产生塑性变形，冷裂倾向较小。低碳奥氏体钢弹性极限低而塑性好，很少形成冷裂。合金成分中含有降低塑性及韧性的元素时，将增大冷裂倾向。磷增加钢的冷脆性，而容易冷裂。当合金中含有较多的非金属夹杂物并呈网状分布时，也会降低韧性而增加冷裂倾向。

总之，使铸件中铸造应力增大，或者使材料的强度、塑性及韧性降低的因素，都会使冷裂倾向增加。

**3. 铸造应力、变形和冷裂的预防与消除**

（1）**铸造应力的防止与消除** 防止或减小铸造应力的主要途径是使铸件冷却均匀，减小各部分温度差，改善铸型及型芯退让性，减少铸件收缩时的阻力。

上述这些原则对防止热裂同样适用，如两者都希望铸型和型芯有好的退让性等。但由于铸造应力产生的温度比热裂要低，因此它只要求在铸件凝固后的冷却阶段，尤其是在 $T_k$ 以下时退让性要好，如掌握好合理的开箱时间，对于减小铸造应力将是有效的。

铸件产生残余应力后，可以采取自然时效、人工时效及共振法等方法消除。

（2）**变形和冷裂的防止与消除** 如前所述，铸件变形和冷裂的主要原因是铸造应力。因此，防止及消除变形和冷裂的最根本的方法是设法减小铸造应力。如前所述的防止和消除铸造应力的方法，对于变形和冷裂的防止同样适用。在生产实践中，还可以根据具体情况采用一些专门的工艺措施。

1）反变形措施。在掌握了铸件变形规律的情况下，设计并制造出与铸件变形量相等而方向相反的模样或芯盒，以抵消铸件的变形。如图 5-32a 的 T 形梁模型可做成向上凸起形状。

2）设置防变形的"拉肋"。针对铸造应力集中的情况及变形趋势设置拉肋，可以增强刚性，防止变形。图 5-32b 的雷达罩，在 $\alpha$、$\beta$ 两角对面各设一拉肋，将伸出的臂连接起来，即能防止变形。拉肋可在热处理后去除。

3）对于容易变形的重要铸件，可采用早开箱并立即入炉内缓冷的方法。

4）用浇注系统调整铸件的温度场。图 5-32c 的槽形铸件，如果浇注时将直浇道一端抬高，改变原来的充填顺序，有利于应力和变形的防止。图 5-32d 的球轴承壳铸件，改用环形横浇道，内浇道增加为三个后，消除了原来发生的变形。

已经产生变形的铸件，如果材料的塑性好，可以用机械方法进行校正，如精密铸造件及有色金属铸件。但对于变形量过大或材料塑性差的铸件，则校正困难。

铸件产生冷裂以后，如果材料的焊接性好，工艺文件也允许时，可以焊补修复，否则报废。

### 三、热裂

#### 1. 热裂的形态及危害

热裂（Hot Crack）是铸件处于高温状态时形成的裂纹类缺陷，是许多合金铸件最常见的缺陷之一。合金的热裂性是重要的铸造性能之一。

热裂的外形不规则，弯弯曲曲，深浅不一，有时还有分叉。裂纹表面不光滑，有时可以看到树枝晶凸起，并呈现高温氧化色，如铸钢为黑灰色，铸铝为暗灰色。在铸件表面可以观察到的裂纹为外裂纹，隐藏在铸件内部的裂纹为内裂纹。外裂纹表面宽，内部窄，有的裂纹贯穿整个铸件断面，它常产生于铸件的拐角处、截面厚度突变处、外冷铁边缘附近以及凝固冷却缓慢且承受拉应力的部位。内裂纹多产生在铸件最后凝固部位，如缩孔附近，需用 X 射线、γ 射线或超声波探伤检查才能发现。外裂纹大部分可用肉眼观察到，细小的外裂纹需用磁力探伤或荧光检查等方法才能发现。

铸件中的热裂严重降低其力学性能，引起应力集中。在铸件使用中，裂纹扩展而导致断裂，是酿成事故的主要原因之一。发现热裂纹后，若铸造合金的焊接性好，在技术条件许可的情况下经焊补后仍可使用；若焊接性差，铸件则应报废。内裂纹不易发现，危害性更大。

关于热裂产生的机理也有液膜理论及高温强度理论，与焊缝的热裂相同，详见第九章第三节的分析。

#### 2. 防止铸件热裂的途径

热裂的影响因素主要是合金性质、铸型性质、浇注条件及铸件结构四个方面，因此，防止热裂的途径及措施也主要从这四个方面入手。

（1）提高合金抗热裂能力　在满足铸件使用性能的前提下，调整成分或选用热裂倾向小的合金。例如：在铸铁中调整 Si、Mn 含量；采用接近共晶成分的合金等；控制炉料中的杂质含量和采取有效的精炼措施，以改善夹杂物在铸件中的形态和分布，从而提高抗裂能力。

另外，控制结晶过程，细化一次结晶组织。采取变质处理、振动结晶、在旋转磁场中凝固、悬浮铸造等细化一次结晶的措施。细小晶粒表面积大，液膜薄而均匀，变形时晶粒位置易于调整，不易断裂。

（2）改善铸型和型芯的退让性，减少铸件收缩时的各种阻力　铸型紧实度不应过大，使用溃散性好的芯砂。湿砂型代替干砂型，黏土砂中加入木屑；采用空心型芯或在大型芯中加入焦炭、草绳等松散材料，都可改善退让性。此外，避免芯骨和箱带阻碍铸件的收缩，浇注系统的结构不应增加铸件的收缩阻力，避免过长或截面积过大的横浇道，尽量减少铸件产生的披缝等。

（3）**减小铸件各部位温差，建立同时凝固的冷却条件** 如预热铸型；在铸件薄壁处开设多个分散的内浇道；在热节及铸件内角处安放冷铁，并在单个厚大冷铁边缘采用导热能力好的材料（如铬矿砂）过渡；薄壁铸件可采取高温快浇等。这些措施都可使铸件冷却均匀，从而达到减少热裂的目的。

（4）**改进铸件结构的设计** 在铸件结构设计中应尽量缩小或消除热节和应力集中，增强高温脆弱部位的冷却条件及抗

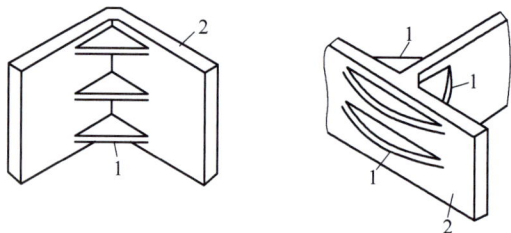

图 5-33　增加防裂肋防止热裂
1—防裂肋　2—铸件

裂能力。在厚薄相接处要逐渐过渡；在两壁转角处要有适当的半径圆角，减小铸件不等厚截面收缩时的互相阻碍（如轮类铸件的轮辐设计成弯曲形状）；在铸件易产生热裂的部位设置防裂肋（图 5-33），有的防裂肋在铸件冷却到室温后或热处理后可以去除掉。

总之，影响热裂形成的因素很多，应根据具体情况具体分析，找出主要原因，才能有效地采取适当措施，防止铸件的热裂。

**习题**

5.1　铸件典型宏观凝固组织是由哪几部分构成的？它们的形成机理如何？

5.2　试分析溶质再分配对游离晶粒的形成及晶粒细化的影响。

5.3　液态金属中的流动是如何产生的？流动对内部等轴晶的形成及细化有何影响？

5.4　常用生核剂有哪些种类？其作用条件和机理如何？

5.5　试分析影响铸件宏观凝固组织的因素，列举获得细等轴晶的常用方法。

5.6　何谓"孕育衰退"？如何防止？

5.7　简述析出性气孔的特征、形成机理及主要防止措施。

5.8　分析初生夹杂物、次生夹杂物及二次氧化夹杂物是如何形成的？主要防止措施有哪些？

5.9　某厂生产的球墨铸铁曲轴，经机加工和抛丸清理后，发现大量直径为 1~3mm 的球状、椭圆状或针孔状、内壁光滑的孔洞，有的均匀分布，有的呈蜂窝状分布，试对此缺陷产生的原因进行分析，并提出防止措施。

5.10　何谓体收缩、线收缩、液态收缩、凝固收缩、固态收缩、收缩率、顺序凝固和同时凝固？

5.11　试分析缩孔、缩松形成条件及形成原因的异同点。

5.12　试分析灰铸铁及球墨铸铁产生缩孔及缩松的倾向性及影响因素。

5.13　简述顺序凝固原则及同时凝固原则分别适应于哪些情况？

5.14　何谓晶内偏析、晶界偏折、正偏析、逆偏析、V 形偏析、逆 V 形偏折、带状偏析？

5.15    分析偏析对铸件质量的影响。

5.16    Cu-Sn 铸件表面常出现"锡汗"的反偏析，试述其产生的原因。

5.17    分析影响铸件中产生正偏析和逆偏析的因素。如何防止它们的产生及消除措施如何？

5.18    生产中如何防止重力偏析的形成？

5.19    为什么铸铁容易形成冷裂纹？其防止措施有哪些？

5.20    试分析 T 形梁铸件在冷却过程中的应力和变形。

# 第六章

# 特殊条件下的凝固（凝固新技术原理）

## 第一节　压力下金属的凝固

随着工业技术的发展，金属在压力下凝固的工艺方法越来越多，如低压铸造、高压铸造、挤压铸造等。一些成形方法已成为很常见的、普遍的工艺，如许多汽车零部件都采用压铸或挤压铸造工艺生产。

凝固或结晶压力是金属或合金凝固时的一个重要工艺参数，随着结晶压力的升高，金属或合金的物性参数、相图、凝固组织和性能都会发生明显的变化。

### 一、压力对金属物性参数的影响

施加于正在结晶的熔体上的压力，对铸造毛坯的主要热物理参数值是有影响的，如熔点、热导率、比热容、结晶潜热、密度等。

#### 1. 对熔点的影响

对正在结晶的液态金属施加压力，会导致金属熔点的变化。利用克劳修斯-克拉伯龙方程（Clausius-Clapeyron Equation）可以描述金属熔点与凝固压力之间的关系，即

$$\frac{\mathrm{d}T_{\mathrm{m}}}{\mathrm{d}p} = \frac{T_{\mathrm{m}}(v_{液} - v_{固})}{\Delta H_{\mathrm{m}}} \tag{6-1}$$

近似计算可采用下式

$$\Delta T_{\mathrm{m}} = \frac{T_{\mathrm{m}}(v_{液} - v_{固})}{\Delta H_{\mathrm{m}}} \Delta p \tag{6-2}$$

式中，$p$ 为压力（MPa）；$T_{\mathrm{m}}$ 为金属或合金的熔点（K）；$v_{液}$、$v_{固}$ 分别为单位质量的液相和固相金属的体积（$cm^3/g$）；$\Delta H_{\mathrm{m}}$ 为单位质量金属的熔化潜热（J/g）。

根据式（6-2）可以计算压力下金属或合金熔点的变化。表 6-1 列举了一些常用金属的熔点（0.1MPa）、结晶时的体积变化率和熔点随压力的变化率及对应的计算值。

表 6-1　常用金属熔点与附加压力的关系

表 6-1　常用金属熔点与附加压力的关系

| 金属 | | 镉 | 铝 | 铁 | 镁 | 铜 | 镍 | 锡 | 铅 | 锌 | 铋 | 锑 | 硅 |
|---|---|---|---|---|---|---|---|---|---|---|---|---|---|
| 熔点/℃ | | 320 | 660 | 1539 | 650 | 1083 | 1455 | 232 | 327 | 419 | 271 | 630 | 1430 |
| $dT_m/dp/(\times10^{-2}℃$ /MPa) | 计算值 | 5.9 | 5.70 | 2.7 | 6.3 | 3.3 | 2.6 | 3.2 | 8.3 | 3.7 | -3.6 | -2.8 | -5.9 |
| | 试验值 | 6.2 | 6.4 | 3.0 | 7.5 | 4.2 | 3.7 | 4.3 | 11 | 4.5 | -0.4 | -0.5 | — |
| 结晶时体积变化率（%） | | -5.64 | -6.5 | -2.2 | -5.1 | -4.1 | — | -2.8 | -3.5 | -4.2 | 3.3 | 0.95 | — |

图 6-1 所示为部分纯金属和共晶合金的熔点随压力的变化曲线。从表 6-1 和图 6-1 可以总结出以下规律：

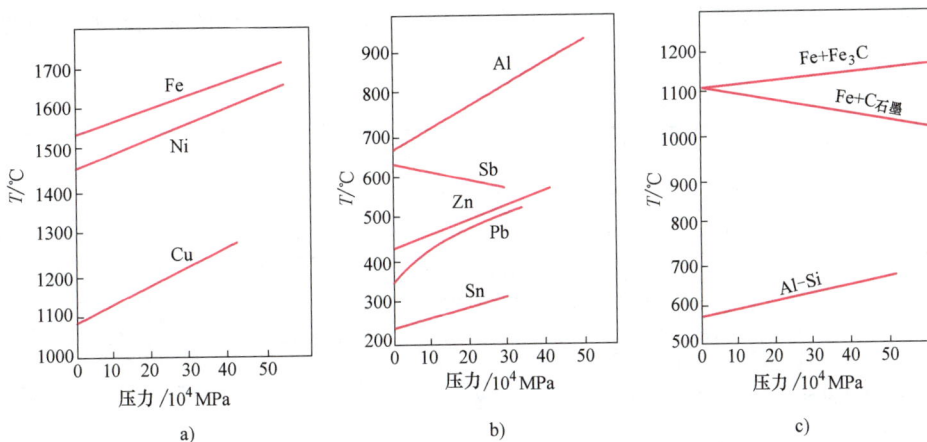

图 6-1　部分纯金属和共晶合金的熔点随压力的变化
a)、b) 纯金属　c) 共晶合金

1）熔化时体积膨胀，即结晶时体积收缩的金属（$v_{液}-v_{固}>0$），增加结晶时的压力，金属的熔点将升高（$\Delta T_m>0$），如 Al、Cu、Mg、Fe、Ni、Zn、Pb、Sn、Cd 等纯金属以及 Al-Si、Fe-Fe₃C 共晶合金；相反的情况是，熔化时体积收缩，即结晶时体积膨胀的金属（$v_{液}-v_{固}<0$），如 Bi、Sb 等纯金属以及 Fe-C$_{石墨}$ 共晶合金。所以，在相变过程中，增加压力促进形成比体积小的相和阻碍形成比体积大的相。

2）在压力不太高的情况下，金属的熔点与压力呈直线关系。

3）对于 Al-Si 共晶合金，按式（6-2）计算的合金熔点随压力的变化值为（2.6～3.0）$\times10^{-2}℃$/MPa；用 Al-12%Si 共晶合金的 $\phi50mm\times76mm$ 铸锭进行柱塞挤压铸造，在 325MPa 下，测定其熔点的升高为 11～12℃，即合金熔点随压力的变化实际值为（3.1～3.4）$\times10^{-2}℃$/MPa。

4）对于 Fe-C 系共晶合金，加压使 Fe-C$_{石墨}$ 合金共晶点温度下降，按式（6-2）计算值为 $-2.34\times10^{-2}℃$/MPa；加压使 Fe-Fe₃C 合金共晶点温度上升，按式（6-2）计算值为 $4\times10^{-2}℃$/MPa。

5）一些试验结果表明，曾经在高压下凝固过的金属，若重新在常压下凝固，其熔点还有一定程度的提高（凝固时体积收缩）或降低（凝固时体积膨胀），如分别在 200MPa

和 2000MPa 压力下凝固的 Zn 试样，在常压下重新凝固时，其熔点分别提高了 3℃和 6℃。与此相似，Sn、Cd 的熔点提高了，而 Bi 的熔点则降低了。

### 2. 对热导率的影响

在压力下凝固，由于金属结晶的致密化，缩短了原子间的平均距离，使金属的热导率（$\lambda$）有一定的提高，但提高幅度有限，尚不能明显地提高金属的凝固速度。例如，$\phi 20mm \times 60mm$ 的 T1 纯铜铸锭在一个大气压力下凝固，其热导率为 326～335kcal/（h·m·℃）[⊖]，而在 150MPa 柱塞压力下凝固，相应热导率为 352～356kcal/（h·m·℃）。

### 3. 对密度的影响

在一定的压力范围内，随着压力的增加，结晶金属的密度有明显的提高，见表 6-2。压力下结晶金属的密度随压力的增加并非都是线性递增，它与铸件的缩松和晶体中的位错密度等有关。

表 6-2　结晶压力对一些金属和合金密度的影响

| 压力/MPa | | 1 | 100 | 200 | 500 | 1000 | 1500 | 2500 |
|---|---|---|---|---|---|---|---|---|
| 密度/（g/cm³） | Zn | 7.100 | 7.120 | 7.130* | 7.125 | 7.120 | 7.118 | 7.117 |
| | ZnAl4-1 | 6.220 | 6.730 | 6.740 | 6.770 | 6.795* | 6.790 | 6.774 |
| | ZM5 | 1.781 | 1.784 | 1.787 | 1.792 | 1.799 | 1.802* | 1.792 |
| | ZG20 | 7.80 | 7.845 | 7.850 | 7.855* | 7.843 | — | — |
| | 黄铜 | 8.130 | 8.136 | 8.140 | 81.49* | 8.140 | 8.130 | 8.116 |

注：黄铜成分为 60%Cu-36%Zn-1%Al-3%Fe；标 * 的数值为极大值。

### 4. 对结晶潜热和比热容的影响

在压力和密度增加时，结晶潜热有一定程度的提高，而比热容不受压力的影响。

## 二、压力对合金相图的影响

研究压力对合金相图的影响，对于研究压力下的金属凝固技术、合理地掌握压力下金属的凝固工艺都具有重要的意义。

金属与合金的熔点随结晶压力的改变仅仅是压力改变合金相图的一方面。经过理论计算和大量试验证明：结晶压力的改变会导致金属相图发生较大的变化，如改变合金相变点位置、改变相区的范围、改变已知相的性质、形成新相或新相区等。

目前，已经研究过的高压合金相图有：Al-Si、Cu-Al、Fe-C、Fe-Si、Ag-Cu、Bi-Sn、Bi-Pb 等合金系，下面介绍 Al-Si 和 Fe-C 系的高压相图。

### 1. Al-Si 合金的高压相图

图 6-2 为已经公开发表的两个 Al-Si 合金高压相图。从图中可见：

1）随结晶压力的升高，纯铝的熔点升高，纯硅的熔点下降。

2）随结晶压力的升高，Al-Si 共晶点 B 向高温和高 Si 方向移动。在 0.1MPa 下，Al-Si 共晶温度为 577℃，但当压力增至 1000MPa 时，Al-Si 共晶温度上升为 640℃，而当压力增至 2500MPa 时，Al-Si 共晶温度上升为 677℃。在 0.1MPa 下，Al-Si 合金的共晶成分为

---

⊖　1cal = 4.1855J。

$w_{Si}=12\%$，但当压力增至 5000MPa 时，Al-Si 合金的共晶成分变为 $w_{Si}=30\%$。

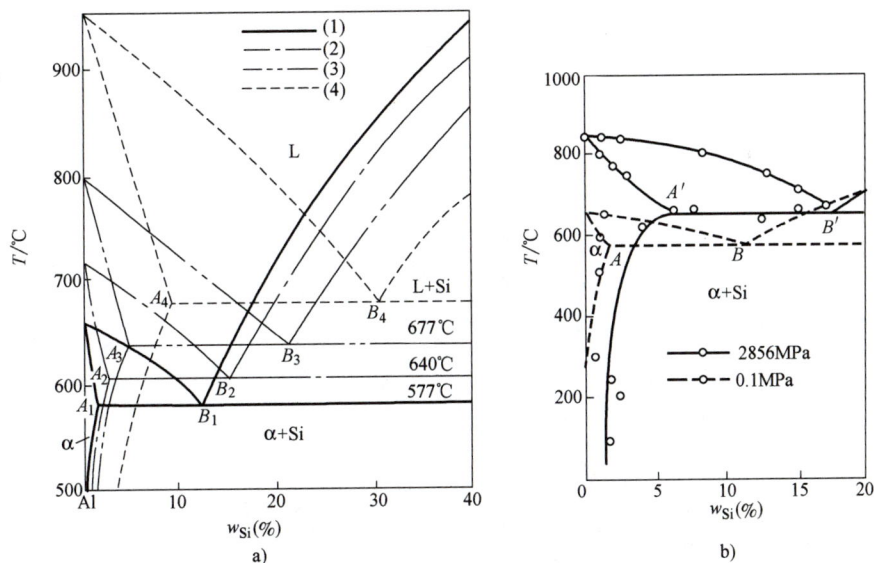

图 6-2　不同压力下的 Al-Si 合金相图

a）压力分别为 0.1MPa（1）、1000MPa（2）、2500MPa（3）和 5000MPa（4）　b）压力分别为 0.1MPa 和 2856MPa

3）随结晶压力的升高，Si 在 Al 中的固溶体 α-Al 相区逐渐扩大，其最大固溶点 $A$ 同共晶点 $B$ 一样，也向高温和高 Si 方向移动。

总之，Al-Si 合金在压力下结晶，由于共晶成分和最大固溶点 $A$ 都向高 Si 方向移动，使亚共晶 Al-Si 合金中的 α-Al 相增加、共晶体减少，也使过共晶 Al-Si 合金中的共晶体增加、初生 Si 相减少。

### 2. Fe-C 合金的高压相图

图 6-3 和图 6-4 分别为 Fe-C 稳定系和介稳系的共晶点、共析点附近相图与压力的关系，从这些图中可以看出：

1）随结晶压力的升高，Fe-C石墨系的共晶温度和共晶点 $C'$ 的成分向低温和高 C 方向移动。

2）随结晶压力的升高，Fe-Fe₃C 系和 Fe-C石墨系的共析温度向低温方向移动，共析点 $S$ 和 $S'$ 的成分向低 C 方向移动。例如：在 0.1MPa 下，介稳系的共析温度和共析点 $S$ 的成分分别为 723℃和 0.77%；当压力增至 3GPa 时，介稳系的共析温度和共

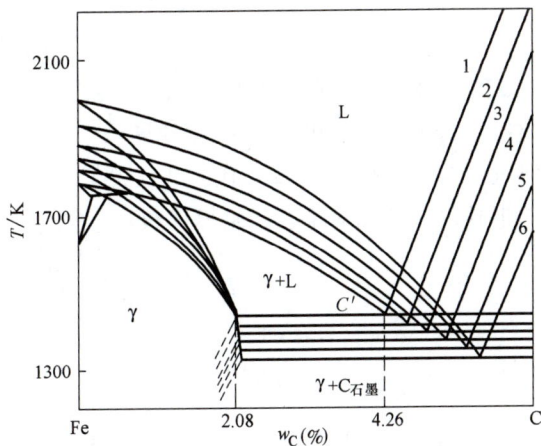

图 6-3　压力对 Fe-C石墨系共晶点附近相图的影响

1～6 分别对应的压力为 0.1MPa、1000MPa、2000MPa、3000MPa、4000MPa 和 5000MPa

析点 $S$ 的成分分别为 681℃ 和 0.40%；当压力增至 5GPa 时，介稳系的共析温度和共析点 $S$ 的成分分别为 641℃ 和 0.25%。

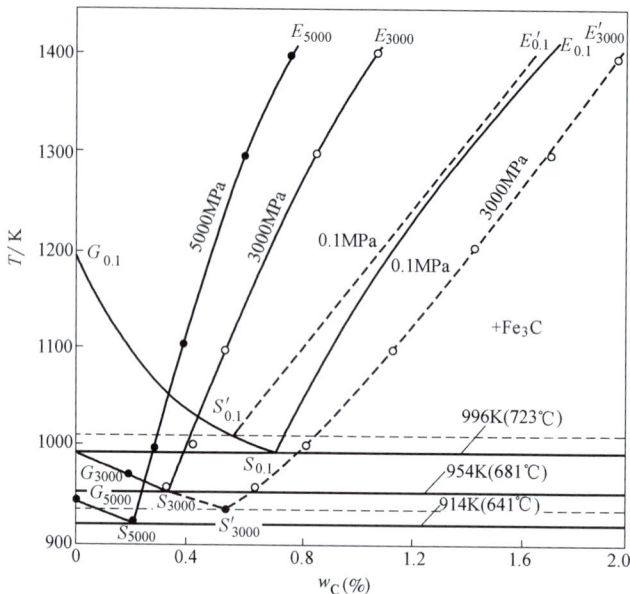

图 6-4　压力对 Fe-C 共析点附近相图的影响

## 三、压力对结晶参数的影响

液态金属结晶过程的实质是：在液相中形成结晶和随后的晶核长大。因此，结晶过程可以用形核率和晶体的长大速度来评价。

### 1. 压力对临界形核功和临界晶核半径的影响

（1）压力对均质形核的影响　在附加压力下的金属结晶，其过冷度有如下关系

$$\Delta T = \Delta T_0 + \Delta T_m \tag{6-3}$$

式中，$\Delta T_0$ 为液态金属在 0.1MPa 下的过冷度（℃）；$\Delta T_m$ 为在附加压力 $\Delta p$ 条件下液态金属的过冷度（℃），可用式（6-2）计算。

将式（6-3）和式（6-2）代入式（3-5）和式（3-6）可分别计算在附加压力下，金属均质形核的晶核临界半径和临界形核功。

$$r_{均}^{*}{}' = \frac{2\sigma_{CL}}{(L\Delta T_0 / T_m) + (v_{液} - v_{固})\Delta p} \tag{6-4}$$

$$\Delta G_{均}^{*}{}' = \frac{16\pi\sigma_{CL}^3}{3\left[(L\Delta T_0 / T_m) + (v_{液} - v_{固})\Delta p\right]^2} \tag{6-5}$$

（2）压力对异质形核的影响　由式（3-18）可推导出压力下结晶的异质形核的临界形核功为

$$\Delta G_{异}^{*}{}' = \Delta G_{均}^{*}{}' f(\theta) = \frac{16\pi\sigma_{CL}^3}{3\left[(L\Delta T_0 / T_m) + (v_{液} - v_{固})\Delta p\right]^2} \cdot \frac{(2+\cos\theta)(1-\cos\theta)^2}{4} \tag{6-6}$$

从式（6-4）~式（6-6）中，可以得出：①对于结晶时体积收缩的金属与合金，不论是均质形核，还是异质形核，增加压力，均减小临界晶核尺寸和形核功，有利于形核；②对于结晶时体积膨胀的金属与合金，不论是均质形核，还是异质形核，增加压力，均增大临界晶核尺寸和形核功，不利于形核。

### 2. 压力对形核速率的影响

根据第三章第二节的讨论可知，液态金属的形核速率受晶核的形核功和液态原子扩散激活能的影响。在附加压力下结晶时，对于结晶时体积收缩的金属与合金，在温度相同的条件下，随着压力的升高，形核速率先增加，达到峰值后，形核速率则又随压力的进一步升高而降低。对于结晶时体积膨胀的金属与合金，若增加结晶过程中的压力，则会使形核功和原子扩散激活能同时增加，因此，随着压力的升高，形核速率反而降低。

### 3. 压力对晶体长大速度的影响

对于结晶时体积收缩的金属与合金，若增加结晶过程中的压力，将使其熔点上升，在结晶温度不变的条件下，相应地增加了结晶过冷度，因此，在一定的范围内，增加结晶过程中的压力会导致晶体长大速度 $R$ 的提高。但在一定的范围内，增加结晶过程中的压力也会导致液态金属形核速率 $I$ 的提高，因此，压力下结晶对金属或合金宏观晶粒度的影响是复杂的，它还与合金的成分和各种工艺条件有关。在某些压力条件下，形核速率 $I$ 的增加幅度超过了晶体长大速度 $R$ 的增加幅度，则加压可以使宏观晶粒细化；反之，若形核速率 $I$ 的增加幅度低于晶体长大速度 $R$ 的增加幅度，则加压反而会使宏观晶粒粗化。

对于结晶时体积膨胀的金属与合金，若增加结晶过程中的压力，将使其熔点下降，在结晶温度不变的条件下，相应地减小了结晶过冷度，因此，在一定的范围内，增加结晶过程中的压力会导致晶体长大速度 $R$ 的降低。但在一定的范围内，增加结晶过程中的压力也会导致液态金属形核速率 $I$ 的下降，因此，压力下结晶对金属或合金宏观晶粒度的影响也是复杂的，要视具体情况而定。

## 四、压力对金属或合金结晶组织的影响

### 1. 对宏观晶粒度的影响

结晶时施加外界压力，除改变结晶参数外，还会影响以下几个方面：

1）使液态金属或铸件结晶的硬壳与模具型腔紧密接触，可大大改善模具与金属的热交换条件，加速铸件的凝固。但是，冷却速度的提高也会增加结晶前沿液态金属中的温度梯度，对于厚壁铸件内部或导热性较差的金属来说，这会促使形成发达的柱状晶；还可以在结晶前沿的液态金属中产生较大的过冷度，这对于在较小过冷度下就能迅速形核的金属或合金来说，可以细化晶粒。

2）使正在生长的树枝晶破碎和脱落而成为新的晶核，有利于细化晶粒。

3）在大多数情况下，只要工艺得当，压力下结晶可以细化晶粒，如图 6-5 所示。ZM5、ZA4-1 和 ZA4-4、ZG200-400 合金随结晶压力的升高晶粒明显细化，但当压力超过 200MPa 后，晶粒细化效果不明显。

金属或合金晶粒的细化还与其他工艺因素有关，见表 6-3。晶粒能否细化与加压时液态金属的过热度有关，如果过热度太高，就达不到细化效果，甚至还会形成粗大的晶粒。

图 6-5　结晶压力与金属晶粒度的关系

表 6-3　工艺参数对 Cu-10%Sn 晶粒分布的影响

| 工艺参数 | | 晶粒分布 |
|---|---|---|
| 开始加压时液态金属温度/℃ | 压力/MPa | |
| 液相线温度以上 30 | 0.1 | 细等轴晶 |
| 液相线温度以上 30 | 100~600 | 外周为柱状晶,中心为粗大等轴晶 |
| 液相线温度以上 10 | 400 | 外周为柱状晶,中心粗大等轴晶区扩大 |
| 液相线温度以下 | 400 | 全细等轴晶 |

### 2. 对显微组织细化的影响

显微组织细化的程度,可以用树枝晶的二次臂间距、胞晶的间距或单个胞晶的宽度参数来描述。研究表明:影响树枝晶细化的主要因素是合金成分和凝固速度,凝固速度越快,结晶组织越细小。

液态金属在高压下结晶,使铸件的凝固速度大大提高,可以细化显微组织。图 6-6 为不同压力下结晶的铝合金枝晶间距,随着压力的增加,晶粒不断细化;当压力达到某一数值时,再增加压力,晶粒也不会进一步细化。Mg65Cu25Y10 合金在超高压下结晶,当压力由 2GPa 提高至 5GPa 时,$Mg_2$(Cu,Y)纳米相由 125nm 细化至 80nm,$Cu_2$(Mg,Y)纳米相则由 96nm 细化至 7nm。

图 6-6　不同压力下结晶的铝合金枝晶间距
1—Al-3%Cu 合金　2—Al-4.5%Cu 合金
3—Al-6%Cu 合金

ZA27 合金在常压下凝固,α-Al 的二次枝晶臂间距一般为 10~20μm,但在 2.5GPa 下凝固,α-Al 的二次枝晶臂间距则为 5~6μm。

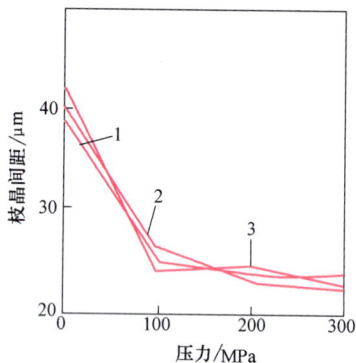

## 五、压力对液态金属气体析出的影响

液态金属在附加压力下凝固时,压力对液态金属中气体析出过程的影响主要体现在以下几方面:

1)增加气体的溶解度,使可能析出的气体量减少,如图 6-7 所示。图中曲线 1 是

0.1MPa 压力下合金中气体溶解度的平衡曲线，曲线 2 是 $p \times 0.1$MPa 压力下合金中气体平衡溶解度曲线。图 6-7 中处在 $a$ 点位置的液态合金的温度为 $T_L$、饱和气体含量为 $s_3$，随着温度的降低，合金按曲线 1 不断地析出气体；当到达温度 $T_1$ 后，由于来不及析出所有的过饱和气体，只能析出其中的一小部分，另外，在固态合金中溶解的气体不能析出，因此，合金气体的浓度不会按曲线 1 进行，而是按虚线进行；当冷却到室温时，合金气体的实际析出量为 $a$、$b$ 两点对应的浓度 $s_3$ 和 $s_1$ 之差。如果对处在 $a$ 点位置的液态合金开始施加外部压力 $p$，其气体平衡溶解度与温度的关系应按曲线 2 变化；在 $T_L$ 温度下气体的平衡饱和浓度为 $a_1$ 点的对应值，但此时合金液的实际气体浓度为 $s_3$，因此，从 $T_L$ 冷却到 $T_2$ 的区间内，液态合金不会析出气体；当温度低于 $T_2$ 后，合金才会析出很少量的气体；当冷却到室温时，气体的实际析出量为 $s_3$ 和 $s_2$ 之差，所以，施加外压后使合金气体总析出量大大减少。

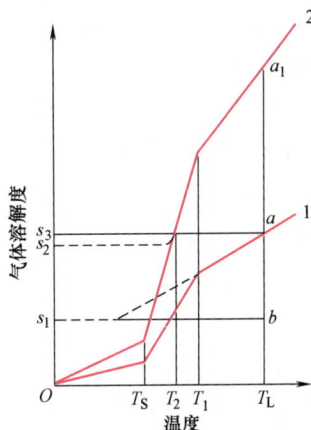

图 6-7　合金中的溶解度与温度和压力的关系

1—0.1MPa 压力　2—$p \times 0.1$MPa 压力

2）增加外部压力，使气泡在更高的内部压力下才能形核，从而可能抑制气泡的形成。

3）增加外部压力，提高了金属液的凝固速度，使气体来不及扩散析出，从而避免凝固的金属中出现气孔。

例如，铸造铝合金在 0.4~0.5MPa 的高压釜中凝固，可使大部分的气体以溶解状态保留于铝合金中，所以，即使用含气量较高的铝合金液浇注，也可以保证获得无气孔的致密铸件。

下面简要介绍压力结晶技术的应用。

铸造金属的组织与性能，在很大程度上取决于结晶规范，这个规范的调节范围很宽。为了改善铸件的质量，影响金属和合金结晶过程所使用的最基本方法是调节冷却速度和变形处理。近年来，在生产黑色金属及有色金属铸件和铸锭中，加压铸造工艺越来越得到广泛的应用，图 6-8 给出了常用的加压铸造工艺。

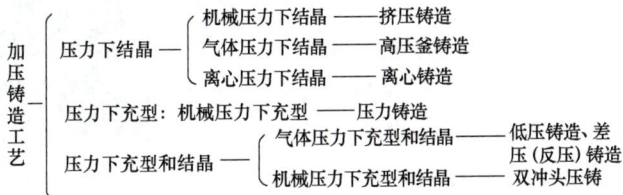

图 6-8　常用的加压铸造工艺

下面以挤压铸造为例，说明压力结晶技术的应用。

挤压铸造是对浇入铸型型腔的液态金属施加较高的机械压力，并使其成形和凝固，从而获得铸件的一种工艺方法。挤压铸造装备可参考其他资料。按液态金属的充型特征和结晶时所受的压力状况，挤压铸造技术可分为以下几种：①柱塞挤压，合型加压时，液态金属不发生充型流动；②冲头挤压，合型加压时，液态金属发生充型流动；（冲头挤压又可分为直接冲头挤压和间接冲头挤压）；③特殊挤压，可分为冲头柱塞挤压和型板挤压。

在挤压铸造生产中，铝合金的挤压铸造所占比例最大，工艺最为成熟，包括铸造铝合金、变形铝合金、铝基轴承合金、铝基复合材料等。国内外用于挤压铸造生产的铝合金零件有：铝活塞、炮弹引信体、军械零件、壳体零件、法兰盘、杯形件、筒形件、气动仪表元件、车轮、支座、盖板、多通道接头、餐具、器皿等。

在挤压铸造生产中，铜合金也是应用较早、挤压铸造工艺较为成熟的材料之一。国内外挤压铸造的铜合金零件毛坯有：各种供锻压使用的铸锭毛坯、实心铸件、齿轮、套筒形零件、杯形件、法兰盘、涡轮、高压阀体、管接头、光学镜架等。

目前，也有部分挤压铸造钢铁零件用于生产。国内外挤压铸造的钢铁件毛坯有：锻模和铸型零件、螺母、轮盘、端盖、法兰盘、军械零件、机座、管接头、齿轮、铁锅、农机零件等。

# 第二节　对流对凝固组织的影响及半固态金属的凝固

## 一、对流对凝固组织的影响

液相区液体的流动，将改变凝固界面前沿液体的温度场和浓度场，从而对凝固组织形态产生影响。以低熔点类透明有机物为例可观察到，当枝晶定向凝固时，在平行于凝固界面的流速较小时，将发生枝晶间距的增大，以及一次枝晶的成长方向偏向来流方向几度，如图 6-9 所示。同时，来流方向的二次枝晶成长较好，背流侧的二次枝晶几乎不成长。一次枝晶偏向来流方向的原因是一次枝晶先端的液体内的温度分布及成分分布变得非对称所致。

当流速增大到一定值时，原来的主轴晶将无法生长，而在背流处形成新的主轴晶，并与原来的主轴晶竞相生长，获得一种特殊的凝固组织，即穗状晶。

当流体流速与凝固界面垂直时，可能产生比较严重的宏观偏析。强烈的紊流可能冲刷新形成的枝晶臂，而造成晶粒繁殖，对细化等轴晶有一定的帮助。

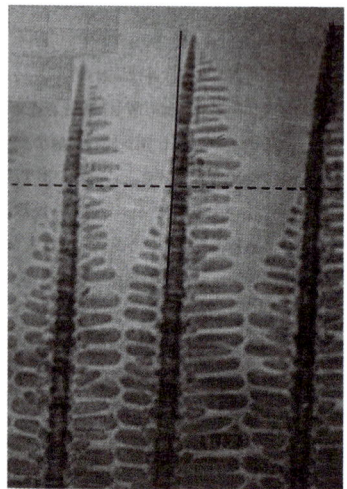

图 6-9　向上成长的环己醇（Cyclohexanol）柱状树枝晶的先端到了虚线的位置时，液体从右向左以 0.3mm/s 速度流动（×25）

## 二、金属的半固态非枝晶组织与凝固机理

由大量的试验结果可知，经过激烈搅拌后的与未经搅拌的半固态浆料的凝固组织之间有明显的区别。后者的淬火组织特点是先析出粗大的树枝晶组织，并互相搭接成骨架状结构，如图 6-10 所示。相反，前者的淬火组织特点（图 6-11）是：淬火前已经凝固的非枝晶初生晶粒均匀地悬浮在母液中，这些晶粒大多呈球状、椭球状或花瓣状，大部分初生晶粒之间并无搭接，但也有部分初生晶粒相互聚集在一起；在有的非枝晶初生晶粒中还存在残留的液相痕迹。

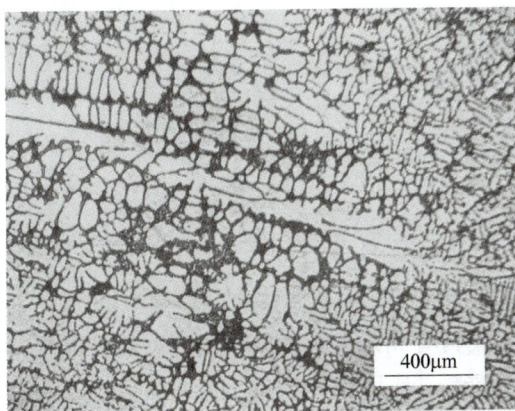

图 6-10 Al-7%Si 半固态无搅拌浆料的淬火组织    图 6-11 Al-7%Si 半固态搅拌浆料的淬火组织

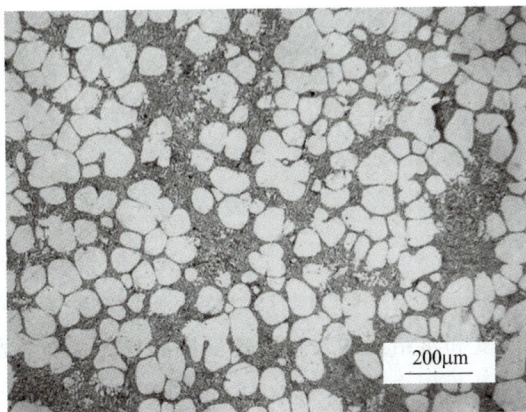

合金在凝固过程中，如果对其施加强烈搅拌，传统的枝晶状初生晶粒最终会转变为球状、椭球状或花瓣状。关于这种初生晶粒在搅拌过程中的转变机制是一个十分重要的基础理论问题，对这个问题的解决，将会加深对半固态组织形成的理解，更有效地指导半固态金属或合金浆料或坯料的制备。由于半固态金属或合金组织形成过程研究尚有一定的困难，故目前尚未形成统一和确定的理论，但已提出了几种半固态初生晶粒转变机制的假说，试图说明或解释初生晶粒在搅拌过程中的转变机制。

### 1. 正常熟化引起的枝晶根部熔断论假说

Flemings 等人认为，在搅拌条件下，由于正常的熟化作用，枝晶臂会从其根部熔断，而搅拌引起的流动改变了或促进了晶粒熟化时溶质的扩散，并将枝晶臂带往其他地方。这些熔断的初生枝晶臂在早期的生长时会进一步枝晶化，如图 6-12b 所示。随着持续地搅拌剪切、初生枝晶之间的摩擦，以及与液体之

图 6-12 搅拌条件下的球状初生晶粒演化机制示意图
a）原始枝晶碎块  b）进一步长大后的枝晶碎块  c）玫瑰花状枝晶碎块  d）严实的玫瑰花状晶粒  e）球状晶粒

间的摩擦和冲刷作用，加之初生枝晶臂碎块的熟化作用，初生枝晶臂碎块逐渐转变为玫瑰花状，如图 6-12c 所示。随着初生枝晶臂碎块熟化的进行，初生枝晶臂碎块逐渐转变为更加密实的玫瑰花状，如图 6-12d 所示。只要在较高的搅拌速率和较低的冷却速率下，初生

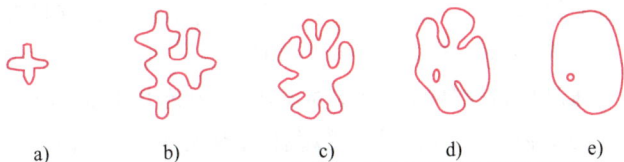

135

枝晶臂碎块最后会转变为球状或椭球状，如图6-12e所示。当增加剪切速率和固相含量及降低冷却速率时，就能够加速从图6-12a到图6-12e的进程。初生固相晶粒的大小主要与凝固时的冷却速率有关，冷却速率越高，初生固相晶粒就越小，但当剪切速率大于某一数值时，初生固相晶粒也随剪切速率的增加而减小。

### 2. 枝晶臂塑性弯曲和晶界浸润熔断论假说

Vogel等人在Al-20%Cu合金机械搅拌试验的基础上，提出：$\alpha$-Al枝晶在接近熔点温度附近虽然脆弱，但剪切不会使初生$\alpha$-Al枝晶二次枝晶臂立即折断，会使二次枝晶臂发生塑性弯曲，弯曲使枝晶臂根部产生附加位错群。这些位错将会因为该枝晶臂弯曲部位的

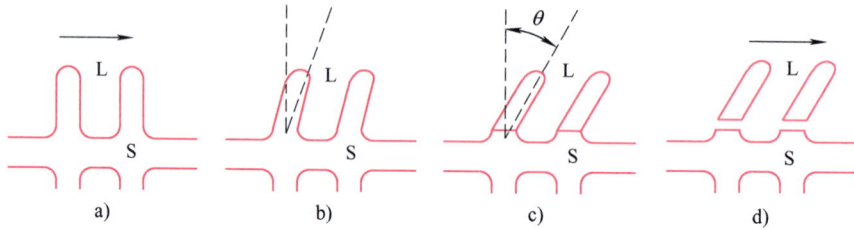

图6-13　枝晶断裂过程示意图

a）未变形的枝晶　b）枝晶臂弯曲　c）枝晶臂弯曲产生晶界　d）晶界被浸润，枝晶脱落

回复和再结晶的发生而转变成晶界，那么该晶界就具有$\theta$角大小的取向错误。若枝晶根部的晶界取向错误大于20°，该晶界所具有的晶界能$\sigma_{gb}$比固液界面能$\sigma_{SL}$大两倍以上，如Al的$\sigma_{gb}$大小为$0.6J/m^2$，而Al的$\sigma_{SL}$为$0.09J/m^2$，那么弯曲枝晶臂中的这种大角度晶界最终会被液体薄膜所完全浸润，最后该枝晶臂就会由于晶界引发的浸润而从枝晶主干上脱落下来，如图6-13所示。

### 3. 冷却速度与对流速度耦合作用模型

随着人们对非枝晶组织的形成机理认识的深入，也提出了一些新的理论，如在电磁搅拌作用下的晶粒漂移和混合-抑制机制。认为在固液两相区，枝晶是难以机械断裂的，枝晶碎断并不是非枝晶组织形成的主要原因，由于电磁搅拌在熔体中产生的强烈混合和对流改变了传热和传质过程，使得晶粒在各个方向上的生长条件都相同，于是晶粒发生了类似于等轴晶生长的过程，搅拌冲刷作用使晶粒呈球状。由于金属的不透明性，限制了人们对半固态组织形成过程中微观组织的动态演化过程进行直接研究。李涛等人采用丁二腈-5%水透明模型合金，通过实时观察技术对半固态处理过程中的组织形成及演化机理进行了研究。结果表明，球晶是由液相形核长大产生的，而非传统的枝晶断裂机制。因此，吴树森等人通过分析搅拌状态下晶粒生长的温度场和浓度场条件，将凝固速度（受冷却条件影响）与液体的流动速度（受搅拌的剪切速率影响）作为晶粒生长形态方程的函数，建立了搅拌状态下的冷却速度与对流速度耦合作用数学模型，并且模拟了晶粒在不同的凝固速度与剪切速率下的晶粒形态。

考虑搅拌不充分的情况，晶粒外观形状介于球状与树枝状之间，单个晶粒生长的固液界面的溶质分布如图6-14所示。图中$R_s$为与晶粒截面积相等的圆的半径；$R_g$为晶粒尖端包围圆的半径；$R_{tot}$为凝固后平均晶粒半径。晶粒形状系数$f_i$定义为：与晶粒实际体积相等的球体的体积与晶粒尖端包围圆所形成的球体的体积之比，即$f_i = ( R_s /$

$R_g)^3$。$f_i$ 的值越大，晶粒越圆整，当 $f_i = 1$ 时，晶粒呈球状。

在半固态组织生成过程中，往往伴随着激烈的搅拌，液相中溶质混合均匀，但是在固液界面依然存在一薄层液体，其流速为零，溶质只能借助扩散才能通过。由于扩散层的厚度 $\delta$ 远远小于晶粒尺寸，因此可以将固液界面的溶质扩散作为平界面的溶质扩散处理，当晶粒生长达到稳定状态后，固液界面的推进（凝固）速度 $R$ 可视为常数。

溶质分配特征微分方程式如下

$$D_L\frac{\partial^2 C}{\partial x^2}+R\frac{\partial C}{\partial x}=0 \tag{6-7}$$

式中，$D_L$ 为扩散率。

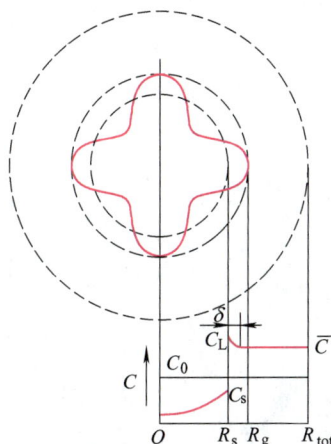

图 6-14 晶粒形状及溶质分布示意图

根据图 6-14 所示的模型，利用固相无扩散、液相有对流等边界条件，最后推导得到晶粒形状系数 $f_i$ 与凝固速度 $R$ 和液体对流速度 $v$ 之间的关系为

$$f_i = e^{-\frac{2R}{v}} \tag{6-8}$$

由式（6-8）可知，半固态非枝晶晶粒的形态及圆整度由凝固速度 $R$ 和液体对流速度 $v$ 耦合作用控制。表 6-4 表示了根据上述数学模型的模拟结果。从模拟结果可知，在凝固速度保持一定的条件下，随着液体对流速度增大，晶粒形状系数增大，晶粒由枝晶状向球状转变。而在液体对流速度一定的条件下，凝固速度越大，晶粒形状系数越小，晶粒倾向于成为枝晶状。

表 6-4 晶粒形状模拟结果

| 对流速度 | $v=50\mu m/s$ | $v=100\mu m/s$ | $v=150\mu m/s$ | $v=200\mu m/s$ |
|---|---|---|---|---|
| $R=4\mu m/s$ | $f_i=0.85$ | $f_i=0.92$ | $f_i=0.95$ | $f_i=0.95$ |
| $R=12\mu m/s$ | $f_i=0.62$ | $f_i=0.79$ | $f_i=0.85$ | $f_i=0.89$ |

通过对机械搅拌方法制备的 AZ91D 镁合金的半固态组织进行的研究表明，在不同的搅拌速度和冷却速度下，得到了形态各异的半固态组织。图 6-15 所示两图的冷却条件相同，即具有相同的浇注温度和容器筒体温度，根据实际组织大小及凝固时间得出凝固速度

$R = 10\mu m/s$。与图 6-15a、b 对应的搅拌下的液体流动速度 $v$ 分别为 $55\mu m/s$、$220\mu m/s$，图6-15a虽然是半固态组织，但看得出初晶 α 相仍有较明显的枝晶形态，而图 6-15b 的初晶 α 相却是明显的非枝晶组织，且较圆整。根据式(6-8) 计算得出 $f_i$ 的值分别为 0.69 和 0.91。参照表 6-4 可知，模拟计算结果与图 6-15 所示的实际结果比较接近。

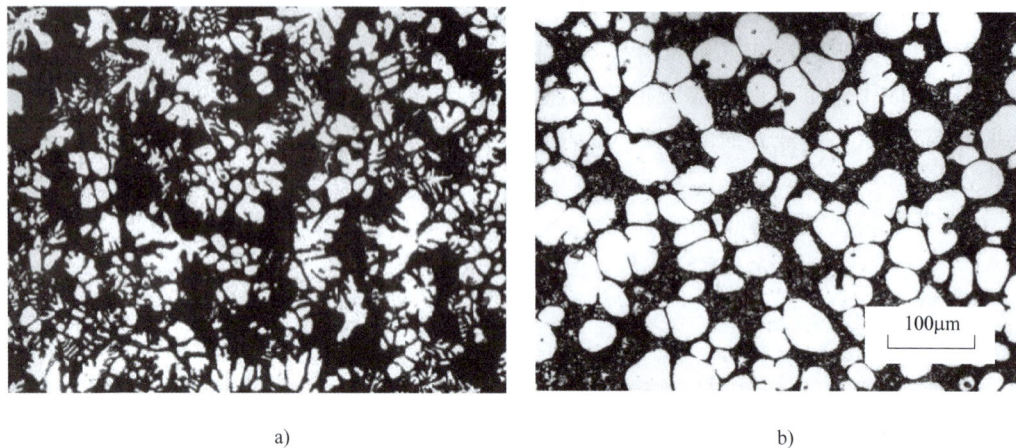

a)　　　　　　　　　　　　　　　　　　　b)

图 6-15　AZ91D 镁合金的半固态组织 （$R = 10\mu m/s$）

a）$v = 55\mu m/s$　b）$v = 220\mu m/s$

# 第三节　快速凝固

快速凝固（Rapid Solidification）是指采用急冷或大过冷技术获得很高的凝固前沿推进速度的一种凝固过程，通常其界面推进速度大于 10mm/s。在采用急冷方法的快速凝固技术中，液态金属的冷却速度可达到 $10^4 \sim 10^{10} K/s$，而一般凝固过程的冷却速度通常不超过 $10^2 K/s$。大量研究表明，快速凝固使金属材料发生了一些前所未有的结构变化。主要有：形成超细组织；形成溶解度比通常情况下大得多的过饱和固溶体，固溶体中合金元素的含量大大超过平衡相图上合金元素的极限溶解度；形成亚稳相或新的结晶相；形成微晶、纳米晶或金属玻璃。通过形成不同的组织结构，特别是亚稳相、微晶、纳米晶或金属玻璃，可以获得优异的强度、塑性、耐磨性、耐蚀性等，从而满足各种实际应用的需要。

## 一、快速凝固基本原理

快速凝固技术可以分为急冷凝固技术和大过冷凝固技术两大类。急冷凝固技术的核心是要提高凝固过程中熔体的冷速。对金属凝固而言提高系统的冷速必须要求：

1）减少单位时间内金属凝固时产生的结晶潜热。

2）提高凝固过程中的传热速度。

根据这两个基本要求，急冷凝固技术的基本原理是设法减小同一时刻凝固的熔体体积并减小熔体体积与其散热表面积之比，并设法减小熔体与热传导性能很好的冷却介质的界面热阻以及主要通过传导的方式散热。

大过冷凝固技术的原理就是要在熔体中形成尽可能接近均质形核的凝固条件，从而获得尽可能大的凝固过冷度。在熔体凝固过程中促进非均质形核的媒质主要来自熔体内部和容器壁，因此大过冷技术就要从这两个方面设法消除形核媒质。其实施的主要途径：一是把熔体弥散成熔滴，当熔滴体积很小、数量很多时，每个熔滴中含有的形核媒质数非常少，从而产生接近均质形核的条件；二是设法把熔体与容器壁隔离开，甚至在熔化与凝固过程中不用容器，以减少或消除由容器壁引入的形核媒质。

## 二、急冷凝固技术及特点

在急冷凝固技术中，根据熔体分离和冷却方式的不同又可分为模冷技术、雾化技术和表面熔化与沉积技术三类。

### （一）模冷技术

模冷技术主要是使熔体与冷模接触并以传导的方式散热，根据这个特点，模冷技术可分为双活塞法、熔体旋转法、平面流铸造法、电子束急冷淬火法、熔体提取法及急冷模法等。

这类技术采用一个或多个熔体流冲击到以几十米每秒的速度旋转的单个或双冷却辊表面上，形成厚 $10 \sim 100\mu m$，宽几个毫米的单一或复合的条带。在平面流铸造法中（图 6-16），喷嘴口到冷却体表面的距离可降低到 0.5mm，以限制条带上熔池的形成和防止组织不稳定现象的出现。通过该技术，可以成吨生产最大宽度达 500mm 的薄带。

采用模冷技术，熔体的凝固冷速较高，产品的微观组织结构和性能也比较均匀，这是该技术的主要优点。但是用模冷技术生产的急冷合金产品作为结构材料使用时，还要首先粉碎后才能经固结成形加工成大块材料，这是模冷技术的一个缺点。采用这一技术时提高急冷产品凝固冷速的关键是选择与熔体热接触好、导热能力强的材料做冷模，从而提高传热效率；同时要减小熔体流的截面尺寸，控制熔体与冷模上某一固定点的连续接触时间，以便提高传热速度。在上述各种方法中，熔体旋转法、平面流铸造法、熔体提取法已经用于工业化大批量生产中。

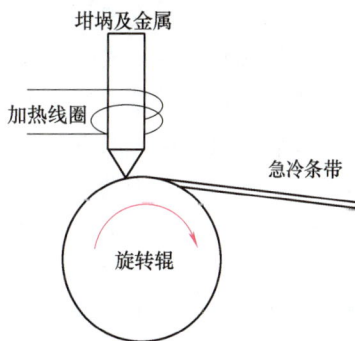

图 6-16　模冷工艺—平面流铸造法示意图

### （二）雾化技术

雾化技术指采取某种措施将熔体分离雾化，同时通过对流的方式冷凝。该技术主要包括超声雾化、离心雾化和机械雾化三类方法，如图 6-17 所示。

这种技术可以通过高速气流喷枪或水喷头的冲击，在旋转杯或盘边缘的离心力以及电场力作用下，使熔体流分散成小液滴，并可以使小液滴在飞行过程中完全凝固，形成单个的颗粒或薄片，或在合适的基底上形成厚沉积层。由这种技术形成的粉末或颗粒的尺寸和形状有一定的分布，在同一种操作条件下，如果增加雾化气流的压力，将使比较细小的颗粒部分的尺寸分布增加，而采用水雾化则会导致颗粒形状更加不规则。在同一粉末样品

图 6-17　两种雾化技术示意图

a）超声雾化法　b）离心雾化法

中，尽管尺寸和形状大致相同的颗粒可能具有非常不同的显微组织，但总的来说，尺寸小的颗粒还是趋向于更快地冷却或在凝固前得到更大的过冷度，从而凝固得更快。由一定尺寸小液滴形成的薄片，由于它们提供了更大的表面，热量散发更快，因而凝固得更快，特别是当这些薄片至少有一个面与高效冷却器（如水冷旋转铜鼓）紧密接触的情况下。喷射沉积可以获得与相应的薄片相同的显微组织，因为喷射沉积的凝固时间比在基底上沉积连续层片的时间要短。目前，从每次产量不大于 1kg 的实验室雾化装置到年产量为 $5 \times 10^4 t$ 的工业雾化设备都有应用。用于生产高性能产品的粉末通常要在惰性气体或真空条件下雾化，以减少氧化物和其他有害夹杂的形成。

由于采用雾化技术制成的产品主要是粉末，可以不用粉碎而直接固结成形为大块材料或工件，因此生产成本较低，便于大批量生产，这是雾化技术的主要优点。雾化技术的缺点是熔体在凝固过程中一般不与冷模接触，或只在冷凝过程中的部分时间内与冷模接触，主要以对流方式冷却，因此凝固速度一般不如模冷技术高。此外，如何提高粉末的收得率，减轻粉末的氧化与污染等问题还有待进一步研究改进。

### （三）表面熔化与沉积技术

表面熔化与沉积技术（或表面喷涂沉积技术），主要应用激光束、电子束或等离子束等作为高密度能束聚焦并迅速逐行扫描工件表面，使工件表层熔化，熔化层深度一般为 $10 \sim 1000 \mu m$。表面熔化与沉积技术应用较多的是等离子体喷涂沉积技术。这一方法主要是用高温等离子体火焰熔化合金或陶瓷粉末，然后再喷射到工件表面，高温熔滴迅速冷凝沉积并与基体结合成牢固、致密的喷涂层。

这类技术起源于点焊或连续焊接技术。它与点焊和连续焊接的不同点仅在于需要控制深度以保证后续的凝固足够快。最简单的方法是，采用一个脉冲或连续移动热源，对一大料的表面进行快速熔化，材料的大块未熔化部分在后续的快速凝固过程中充当散热器的角色，如图 6-18 所示。这样，尽管快速凝固将可能产生不同的组织和良

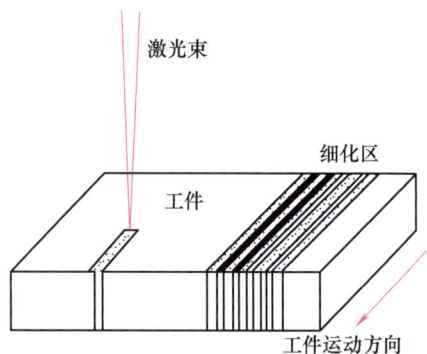

图 6-18　表面熔化法示意图

好的性能，但快速冷却的材料与母材基本上具有相同的化学成分。第二个方法是，在材料的表面预先放置或喷射合金，或者分散添加剂，以使它们混合到熔化区中，产生一个与所在基体材料成分不同的表面区。第三个方法是，对预先放置在表面上的材料进行熔化，使其与基体合金的混合限制在形成有效结合的最低程度。以上三种方法，都可以在基体材料上形成一种寿命更长的表面，而基体材料在其他方面都可以满足应用需要。

与模冷技术、雾化技术相比，表面熔化与沉积技术具有凝固冷速高、工艺流程短、生产速度快、应用比较方便等特点，但是这种方法只能应用于工件表面强化。

### 三、快速凝固晶态合金的组织和性能特征

按固-液界面的形态可将快速凝固的模式分为平界面凝固、胞晶凝固及树枝晶凝固；也可按固-液界面上成分的变化，将快速凝固的模式分为有溶质再分配凝固、无溶质再分配凝固或无偏析凝固。快速凝固合金具有极高的凝固速度，因而使合金在凝固中形成的微观组织产生了许多变化，主要包括：

（1）**显著扩大合金的固溶极限**　共晶成分的合金通过快速凝固甚至可形成单相的固溶体组织。

（2）**超细的晶粒度**　快速凝固合金具有比常规合金低几个数量级的晶粒尺寸，一般小于 $0.1\sim1.0\mu m$。这是在很大的过冷度下达到很高形核率的结果。

（3）**少偏析或无偏析**　在快速凝固的合金中，如果冷速不够快，局部区域也会出现胞状晶或树枝晶。但这些胞状晶或树枝晶与常规合金相比已大大细化，因此表现出的显微偏析也很小。如果凝固速率超过了界面上溶质原子的扩散速率，即进入完全的无偏析、无扩散凝固，可获得完全不存在任何偏析的合金。

（4）**形成亚稳相**　这些亚稳相的晶体结构可能与平衡相图上相邻的某一中间相的结构极为相似，因此可看作是在快速冷却和达到大过冷的条件下，中间相的亚稳浓度范围扩大的结果。另一方面，也有可能形成某些在平衡相图上完全不出现的亚稳相。

（5）**高的点缺陷密度**　在快速凝固过程中，液态金属内的缺陷会较多地保存在固态金属中。

在快速凝固的晶态合金中出现的上述组织特征，导致这些合金具有优异的力学性能与物理性能。

快速凝固合金由于微观组织结构的尺寸明显细化和均匀化，所以具有很好的晶界强化与韧化、微畴强化与韧化等作用；而成分均匀、偏析减小不仅提高了合金元素的使用效率，还避免了一些降低合金性能的有害相的产生，消除了微裂纹萌生的隐患，因而改善了合金的强度、延性和韧性；固溶度的扩大、过饱和固溶体的形成，不仅起到了很好的固溶强化作用，也为第二相析出、弥散强化提供了条件；位错、层错密度的提高还产生了位错强化的作用。此外，快速凝固过程中形成的一些亚稳相也能起到很好的强化与韧化作用。

快速凝固形成的一些亚稳相具有较高的超导转变温度。由于平衡相相区的亚稳扩展程度与凝固冷速有关，所以对一定成分的合金存在一个使其超导转变温度达到最高的最佳冷速。快速凝固合金的成分偏析显著减小，对提高合金的磁学性能十分有利，而且有些在快速凝固中形成的亚稳相还有很高的矫顽力等特性，所以某些快速凝固晶态合金也与非晶态

合金一样具有很好的磁学性能。此外，某些快速凝固合金还具有很好的电学性能。

### 四、快速凝固非晶态材料的性能特征

液态合金经过快速凝固而形成非晶态合金（Amorphous Alloy）是非平衡凝固的一种极限情况。在足够高的冷却速度下，液态合金可避免通常的结晶过程（形核与生长），在过冷至某一温度以下时，内部原子冻结在液态时所处的位置附近，从而形成非晶结构，也称为金属玻璃（Metallic Glass）。

非晶态材料的生产是一个直接铸造的过程，加工温度低于纯金属或合金。此外，在液态进行金属成形，所需能量少，设备轻巧，生产率较高。缺点是：为快速冷却，必须很快从系统中排除热量，在短时间内使热量流出材料，因此非晶态材料必须在至少一维方向上尺寸很小，只能是粉末、丝、带和薄片等。若通过合金设计或采取特殊的工艺，也可以制备出厘米级以上的大块非晶态材料，但这样的合金体系还较少。非晶态材料的另一缺点是热稳定性不佳，加热到几百摄氏度就会发生原子移动，温度稍高便失去非晶特性，变成单一或多个结晶相。

非晶态材料具有一系列极有价值的性能特点。在力学性能方面，它有极高的强度及硬度，这是因为在非晶态金属中没有普通晶态金属中存在着的可移动的位错，而在金属/类金属原子间又有很强的化学键的缘故。与普通晶态金属相比，金属玻璃的强度与金属理论强度之间的差距已大为缩小。拉伸时金属玻璃的伸长率较小（1.5%~2.5%），但在压缩时表现出很高的塑性，它的撕裂能也比一般晶态合金高，表明在高强度的同时有较好的韧性。由于非晶态合金中没有晶界、位错、夹杂物相等显微缺陷，因此铁、铬、镍基的金属玻璃具有良好的软磁性能，它们的铁心损耗仅为晶态合金的几分之一，是优异的变压器铁芯、磁录音头及多种磁性器件材料。由于非晶态合金具有很小（直至为零）的电阻温度系数，因而可成为标准电阻及磁泡存储器材料。除了优异的力学、磁学、电学性能外，金属玻璃也具有极为有利的化学性能。以铁、镍、钴为基，含有一定量的铬及磷的金属玻璃有极好的耐蚀性能，远优于耐蚀性最好的不锈钢。

## 第四节 定向凝固

定向凝固（Directional Solidification）又称定向结晶，是使金属或合金在熔体中定向生长晶体的一种工艺方法。由金属学原理可知，晶界处原子排列不规则、杂质多、扩散快，因此在高温受力条件下，晶界是较薄弱的地方，裂纹常常是沿垂直于受力方向的横向晶界扩展，甚至断裂。如果采取定向凝固方式，使晶粒沿受力方向生长，消除横向晶界，则能大大提高材料的性能。在凝固过程中，如果热流（散热）是单向的，又有足够的温度梯度，则新晶核的形成将受到限制，晶体便以柱状晶方式生长，且这种生长有一定的晶体学取向，这便是定向凝固技术。定向凝固技术已在涡轮与叶片生产、磁性材料等方面取得了应用。例如，涡轮叶片在高温工作过程中常呈晶界断裂，特别容易在沿与主应力相垂直的晶界上发生，通过定向凝固技术，可使叶片中的晶界与主应力相平行，从而使叶片的使用

寿命显著地提高。

## 一、定向凝固工艺参数

由凝固原理可知，获得单向生长柱状晶的根本条件是避免在固-液界面前方的液体中形成新的晶核，即固-液界面前方不应存在生核和晶粒游离现象，使柱状晶的纵向生长不受限制。其技术关键在于保证固-液界面前沿液相中的温度梯度参数 $G_L$ 足够大，以形成柱状晶组织，同时还要控制界面的推进速度，即晶体生长速度 $R$，以保证一定的生产率。$G_L/R$ 值是控制晶体长大形态的重要判据。以坩埚下降定向凝固法为例（图6-19），由式（4-41）其温度梯度可表示为

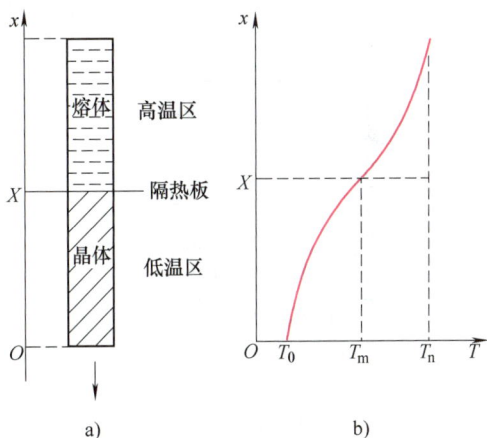

图6-19 坩埚下降定向凝固法装置
示意图和温度分布

a）装置示意图 b）温度分布图

$$G_L = \frac{G_S \lambda_S - R\rho L}{\lambda_L} \quad\quad (6-9)$$

式中，$R$ 为凝固速度；$L$ 为结晶潜热；$\rho$ 为熔体的密度；$\lambda_S$、$\lambda_L$ 分别为固体和液体的热导率；$G_S$ 为固相温度梯度。

若 $\lambda_S$、$\lambda_L$ 为常数，则在凝固速度 $R$ 一定时，$G_L$ 与 $G_S$ 成正比，通过增大 $G_S$ 可增强固相的散热强度，这是实际生产应用中获得大的 $G_L$ 的重要途径。但是，固相散热强度的增大，在 $G_L$ 提高的同时，凝固速度 $R$ 也可能增大，不利于柱状晶的形成及稳定。因此为了提高 $G_L$，常用提高固-液界面前沿熔体的温度来达到。单向凝固装置在凝固界面附近加上辐射板正是为此目的。$G_L$ 较大时，有利于抑制成分过冷，从而提高晶体的质量。但并不是温度梯度 $G_L$ 越大越好，特别是制备单晶时，熔体温度过高，会导致液相剧烈挥发、分解和受到污染，从而影响晶体的质量。固相温度梯度 $G_S$ 过大，也会使生长着的晶体产生大的内应力，甚至使晶体开裂。

采用功率降低法进行定向凝固（图6-20），铸件在凝固时所放的热量，只靠水冷结晶器导出；随着凝固界面的推移，结晶器的冷却效果越来越小，温度梯度也逐渐减小，因而凝固速度不断减缓。采用快速凝固法时（图6-21），凝固速度实际上取决于铸型或炉体的移动速度。通常将固-液界面稳定在辐射板附近，使之达到一定的 $G_L/R$ 值，以保证晶体稳定生长。利用这种方法，可使铸件在拉出初期，热量主要靠传导传热，通过结晶器导出。随着铸件不断拉出，铸件向周围辐射传热逐渐增加。显然，采用快速凝固法时，$G_L$ 受到铸件拉出速度、热辐射条件和铸件径向尺寸的影响。在稳定生长条件下，铸件拉出的临界速度主要受到铸件辐射传热特性的影响，在小于临界拉出速度时，凝固速度 $R$ 与拉出速度 $v$ 基本一致，固-液界面稳定在辐射挡板附近。

## 二、常用定向凝固方法

（1）**发热剂法** 将型壳置于绝热耐火材料箱中。底部安放水冷结晶器。型壳中浇入

金属液后在型壳上部盖以发热剂，使金属液处于高温，建立自下而上的凝固条件。由于无法调节凝固速度和温度梯度，因此该法只能制备小的柱状晶铸件。

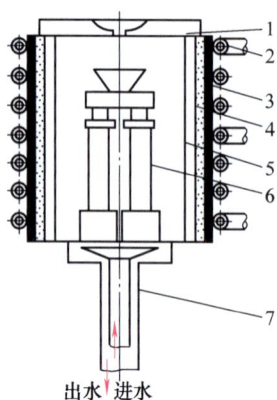

图 6-20　功率降低法（P·D）
1—保温盖　2—感应圈　3—玻璃布　4—保温层　5—石墨套　6—模壳　7—结晶器

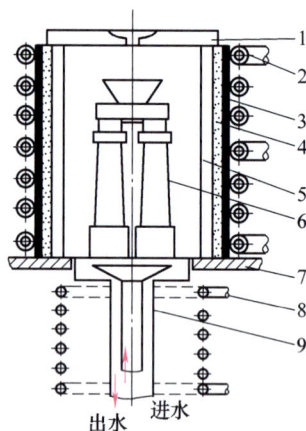

图 6-21　快速凝固法（H·R·S）
1—保温盖　2—感应圈　3—玻璃布　4—保温层　5—石墨套　6—模壳　7—挡板　8—冷却圈　9—结晶器

（2）**功率降低法**　铸型加热感应圈分两段，铸件在凝固过程中不移动。当型壳被预热到一定过热温度时向型壳内浇入过热合金液，切断下部电源，上部继续加热，$G_L$ 随着凝固距离的增大而不断减小。$G_L$ 和 $R$ 都不能人为地控制。

（3）**快速凝固法**　与功率降低法的主要区别是铸型加热器始终加热，在凝固时铸件与加热器之间产生相对移动。另外，在热区底部使用辐射挡板和水冷套。在挡板附近产生较大的温度梯度 $G_L$ 和 $G_S$。与功率降低法相比，该法可大大缩小凝固前沿两相区，局部冷却速度增大，有利于细化组织，提高力学性能。

（4）**液态金属冷却法**　该法的工艺过程与快速凝固法基本相同，当合金液浇入型壳后，按预定的速度将型壳拉出炉体浸入金属浴。金属浴的水平面位于固-液界面近处，并保持在一定温度范围内。作为冷却剂的液态金属（金属浴）应满足以下要求：

1）熔点低，有良好的热学性能。

2）不溶于合金中。

3）蒸气压低，可在高真空条件下使用。

4）价格便宜。

目前，使用的金属浴有：锡液、铝液、镓铟合金、镓铟锡合金等。镓、铟价格过于昂贵，难以采用，锡液应用较多。但锡为高温合金的有害元素，如操作不善使锡污染了合金，会严重恶化合金性能。

### 三、定向凝固技术的应用

定向凝固技术常用于制备柱状晶和单晶合金。在定向凝固过程中，由于晶粒的竞争生长，形成了平行于抽拉方向的结构。最初产生的晶体，其取向呈任意分布。其中平行于凝固方向的晶体凝固较快，而其他取向的晶体最后都消失了（图 6-22），因此存在一个凝固的初始阶段。在这个阶段柱状晶密度大，随着晶体的生长，柱状晶密度趋于稳定。因此，任何定向凝固铸件都有必要设置可以切去的结晶起始区，以便在零件本体开始凝固前就建立起所需的晶体取向结构。若在铸型中设置一段缩颈过道（晶粒选择器），在铸件上部选择一个单晶体，就可以制得单晶零件，如涡轮叶片等。

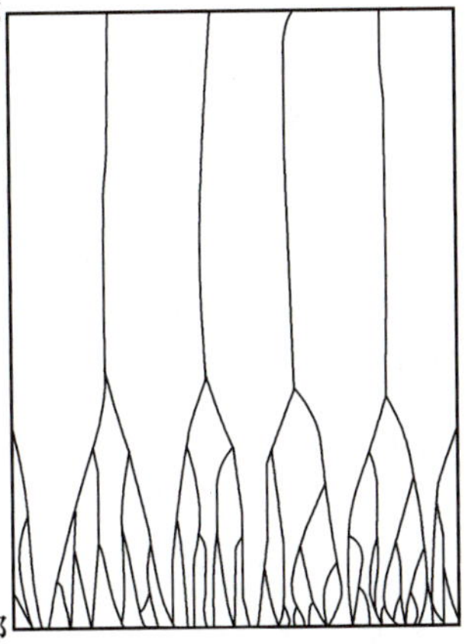

图 6-22 定向凝固晶粒组织沿长度方向的变化示意图

### （一）柱状晶的生长

柱状晶包括柱状树枝晶和胞状柱状晶。通常采用定向凝固工艺，使晶体有控制地向着与热流方向相反的方向生长，减少偏析、疏松等，形成取向平行于主应力轴的晶粒，基本上消除了垂直应力轴的横向晶界，使合金的高温强度、蠕变和热疲劳性能有大幅度的改善。

获得定向凝固柱状晶的基本条件是合金凝固时热流方向必须是定向的。在固-液界面前沿应有足够高的温度梯度，避免在凝固界面的前沿出现成分过冷或外来核心，使柱状晶的横向生长受到限制。另外，还应该保证定向散热，绝对避免侧面型壁生核长出横向新晶体。因此，要尽量抑制液态合金的形核能力。提高液态合金的纯洁度，减少氧化、吸气所形成的杂质污染，是用来抑制形核能力的有效措施。另外，还可以通过添加适当的元素或添加物，使形核剂失效。

$G_L/R$ 值决定着合金凝固时组织的形貌，$G_L/R$ 值又影响着各组成相的尺寸大小。由于 $G_L$ 在很大程度上受到设备条件的限制，因此，凝固速度 $R$ 就成为控制柱状晶组织的主要参数。

### （二）单晶生长

定向凝固是制备单晶体最有效的方法。单晶在生长过程中要绝对避免固-液界面不稳定而长出胞状晶或柱状晶，因而固-液界面前沿不允许有温度过冷和成分过冷。固-液界面前沿的熔体应处于过热状态，结晶过程的潜热只能通过生长着的晶体导出。定向凝固满足上述热传输的要求，只要恰当地控制固-液界面前沿熔体的温度和晶体生长速率，是可以得到高质量单晶体的。为了得到高质量的单晶体，首先要在金属熔体中形成一个单晶核，而后在晶核和熔体界面上不断生长出单晶体。20 世纪 60 年代初，美国普拉特·惠特尼公司用定向凝固高温合金制造航空发动机单晶涡轮叶片，与定向柱状晶相比，在使用温度、抗热疲劳强度、蠕变强度和抗热腐蚀性等方面都具有更为良好的性能。

#### 1. 单晶生长的特点

单晶体是从液相中生长出来的，按其成分和晶体特征可分为如下三种：

（1）晶体和熔体成分相同　纯金属和化合物属于这一种。

（2）晶体和熔体成分不同　为了改善单晶材料的电学性质，通常要在单晶中掺入一定含量的合金元素，使这类材料实际上变为二元或多元系。这类材料要得到均匀成分的单晶困难较大，在固-液界面上会出现溶质再分配，因此熔体中溶质的扩散和对流对晶体中杂质的分布有重要作用。

（3）有第二相或出现共晶相的晶体　高温合金的铸造单晶组织不仅含有大量基体相和沉淀析出强化相，还有共晶相析出于枝晶之间。整个零件由一个晶粒组成，晶粒内有若干柱状枝晶，枝晶是"十"字形花瓣状，枝晶干均匀，二次枝晶干互相平行，具有相同的取向。纵截面上是互相平行排列的一次枝干，这些枝干同属一个晶体，不存在晶界。严格地说，这是一种"准单晶"组织，与晶体学严格的单晶是不同的。由于是柱状晶单晶，在凝固过程中会产生成分偏析、显微疏松及柱状晶间小角度取向差（2°~3°）等，这些都会不同程度地损害晶体的完整性。但是，单晶体内的缺陷比多晶粒柱状晶界对力学性能的影响要小得多。

### 2. 单晶生长的制备方法

根据熔区的特点，单晶生长的制备方法可分为正常凝固法和区熔法。

（1）正常凝固法制备单晶　最常用的有坩埚移动、炉体移动及晶体提拉等定向凝固方法。坩埚移动或炉体移动定向凝固法的凝固过程都是由坩埚的一端开始，坩埚可以垂直放置在炉内，熔体自下而上凝固或自上而下凝固，也可以水平放置。最常用的是将尖底坩埚垂直沿炉体逐渐下降，单晶体从尖底部位缓慢向上生长；也可以将"籽晶"放在坩埚底部，当坩埚向下移动时，"籽晶"处开始结晶，随着固-液界面移动，单晶不断长大。这类方法的主要缺点是，晶体和坩埚壁接触容易产生应力或寄生成核，因此，在生产高完整性的单晶时很少采用。

晶体提拉是一种常用的晶体生长方法，它能在较短时间里生长出大而无位错的晶体。这种方法是将欲生长的材料放在坩埚里熔化，然后将"籽晶"插入熔体中，在适当的温度下，"籽晶"既不熔掉，也不长大，然后缓慢向上提拉和转动晶杆。旋转一方面是为了获得好的晶体热对称性，另一方面也搅拌熔体。用这种方法生长高质量的晶体，要求提拉和旋转速度平稳，熔体温度控制精确。单晶体的直径取决于熔体温度和提拉速度。减少功率和降低提拉速度，使晶体直径增加，反之直径减小。提拉法的主要优点是：

1）在生长过程中，可以方便地观察晶体的生长状况。

2）晶体在熔体的自由表面处生长，而不与坩埚接触，显著减少晶体的应力，并防止坩埚壁上的寄生成核。

3）可以以较快的速度生长，具有低位错密度和高完整性的单晶，而且晶体直径可以控制。

（2）区熔法制备单晶　可分为水平区熔法和悬浮区熔法。

水平区熔法制备单晶是将材料置于水平舟内（图6-23），通过加热器1加热，首先在舟端放置的籽晶和多晶材料间产生熔区，然后以一定的速度移动熔区，熔区从一端移至另一端，使多晶材料变为单晶体。该法的优点是减小了坩埚对熔体的污染，降低了加热功率。另外，区熔过程可以反复进行，从而不断提高晶体的纯度或使掺杂均匀化。水平区熔法主要用于材料的物理提纯，也可用来生产单晶体。

悬浮区熔法是一种垂直区熔法，它是依靠表面张力支持着正在生长的单晶和多晶棒之间的熔区，由于熔融硅有较大的表面张力和小的密度，所以该法是生产硅单晶的优良方法。该法不需要坩埚，免除了坩埚污染。此外，由于加热温度不受坩埚熔点限制，因此可

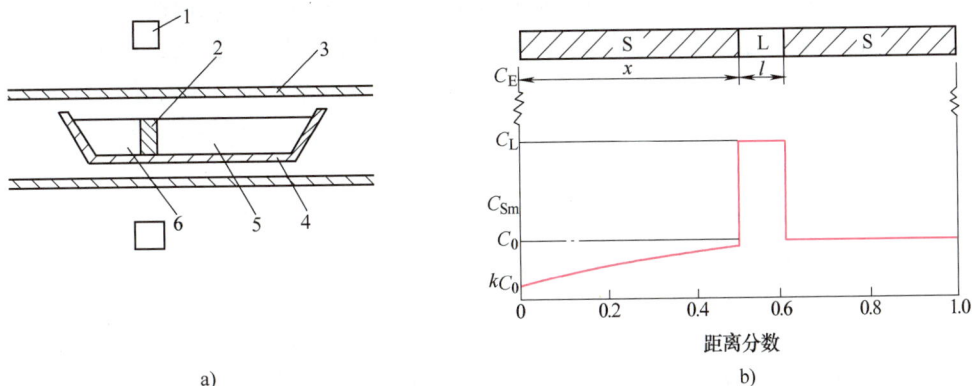

图 6-23 水平区熔法示意图及提纯过程中的溶质再分配

1—加热器 2—熔区 3—炉管 4—坩埚 5—多晶材料 6—晶体

用来生长熔点高的单晶，如钨单晶等。

### （三）定向凝固合金的力学行为

多晶材料在高温下的断裂，一般起始于垂直于主应力的横向晶界。如果这些有害的横向晶界可以通过定向凝固制取柱状晶来减少，或者通过制取单晶部件来消除，那么断裂会受到抑制，某些力学性能，尤其是塑性将得到改善。定向凝固所得到的力学性能的改善，是定向凝固对材料微观组织的影响结果。

#### 1. 弹性各向异性

普通铸造合金在宏观上显示各向同性的弹性及塑性，这是由于组成材料的晶粒取向是随机分布的。在单晶状态下，力学性能取决于应力施加的方向，并反映出结晶学上的对称性。定向凝固获得的柱状晶组织，具有介于等轴晶与单晶之间的力学行为，表现在凝固方向与横向之间的差异，但在横向上是各向同性的。

#### 2. 塑性各向异性

不同取向的单晶镍基高温合金的拉伸试验表明，温度低于760℃时，变形特性有很强的各向异性，在较高温度下则显示各向同性。低温下的各向异性及缺少加工硬化均与单滑移系易产生滑移有关。温度高于980℃时，所有取向急剧变为各向同性变形，这意味着在高温下其他的滑移系统被激活了。在定向凝固生产的柱状晶中，应力相当均匀地分布在不同晶粒上，使各晶体在相同应变下产生屈服。因此，在定向凝固材料变形时产生的内应力小，这可用材料塑性高来解释，这与普通铸造高温合金中的低塑性正好相反。

#### 3. 蠕变特性

研究表明，高温合金定向凝固材料的蠕变伸长率大为增加，断裂韧度提高。在因定向凝固而额外增加的断裂韧度中，大部分是由于第三阶段蠕变伸长的结果，不是由于蠕变强度提高的结果。

#### 4. 循环形变

定向凝固高温合金沿生长轴的弹性模量低，在应变控制条件下，应力范围就低于普通铸造的同一合金。在温度循环中，一个部件上冷却速率及加热速率不同的部位会引起应变控制的热疲劳，沿生长轴取向的晶体的弹性模量低而断裂性能好，在稳态负荷和热疲劳方面比普通铸造合金高。在应力控制的高循环疲劳条件下，沿生长轴取向的晶体的性能低于普通铸造合金，但是定向凝固材料塑性的提高有可能克服低模量的缺点，从而使疲劳寿命有显著的改进。定向凝固的镍基高温合金 MarM200 沿纵向受力时，其 $10^7$ 循环疲劳极限大约比普通铸造合金高 10%，而横向受力时其疲劳极限与普通铸造合金相当。

### 5. 断裂

等轴晶高温合金的蠕变断裂一般与晶界有关。蠕变裂纹一般都沿垂直于外加应力方向的晶界扩展。定向凝固组织中基本消除了横向晶界，所以沿晶界开裂的机制不会发生，裂纹是穿晶而不是沿晶扩展的。

总之，与普通铸造合金相比，定向凝固合金在弹性、塑性、抗蠕变性、抗疲劳性等方面都具有突出特点，在高温耐热合金方面有广泛应用。

## 第五节　金属基复合材料的凝固

复合材料是由两种或两种以上物理和化学性质不同的物质组合而成的一种多相固体材料。复合材料按基体类型分为金属基复合材料、陶瓷基复合材料和聚合物基复合材料。若按增强材料的形态可分为纤维增强复合材料、颗粒增强复合材料、叠层复合材料、夹层结构复合材料。若按使用性能可分为结构复合材料、功能复合材料等。若按强化相的产生方式又可分为自生复合材料和人工复合材料。

金属基复合材料（Metal Matrix Composites，MMC）主要采用高强度、高模量、硬脆的非金属颗粒或纤维来增强韧性的金属基体，使之具有高的比强度、比刚度、优良的耐磨性及热稳定性，因而广泛应用于航空、航天、汽车和电子仪表等领域。本节主要讨论金属基人工复合材料和自生复合材料的凝固。

### 一、金属基人工复合材料的凝固

#### （一）金属基纤维增强型复合材料

##### 1. 金属基纤维增强型复合材料的制备

金属基纤维增强型复合材料的增强相，主要有长纤维（如硼纤维、碳化硅纤维、氧化铝纤维、碳纤维等）及短纤维（如氧化铝纤维）。这些纤维具有很高的弹性模量和强度，是复合材料中的主要受力单元。

金属基纤维增强型复合材料的制备多采用液态成形，即将金属液体以加压或不加压的方式浸入预制的纤维体中，凝固后即为复合材料或成形产品。因此，制备过程涉及固液两相的相互作用，存在液相与固相的润湿问题。纤维表面与液相是否润湿是制造复合材料的关键。如果合金液有较大的过热度，则在浸入纤维块的过程中液相有一定的流动性，有利于填充纤维块中的空隙，获得致密的复合材料。如果纤维与合金液完全不润湿，则无法获得良好的复合材料。

##### 2. 合金液在预制纤维体中的凝固

合金液在预制纤维体孔隙中的凝固，仍遵循第三章、第四章中所阐述的合金凝固一般规律。其特点是在于纤维增强相对凝固过程的影响，即纤维表面与合金液的润湿情况很重要。当合金液与纤维绝对润湿时，即润湿角 $\theta = 0°$，此时纤维即成为结晶核心，按照异质成核的规律进行结晶。如果合金液过热度不大，浸入纤维中已达到过冷状态，将以体积凝固的方式进行；若合金液没有达到过冷状态，凝固过程则由传热过程来控制。在这种情况下，合金液还有利于充填纤维块中的孔隙，获得复合材料的增强相与基体结合紧密，达到理想状态。当纤维表面与合金液完全不润湿时，即 $\theta = 180°$，此时根本无法获得符合要求的复合材料。因此在复合材料的制备中极其重视基体材料与增强材料的界面作用。在金属中加入各种合金元素或其他的微量元素以及对增强相进行表面涂覆处理，其重要的目的之一就是增加基体相与增强相之间的润湿作用。

### （二）金属基颗粒增强型复合材料的凝固

金属基颗粒增强型复合材料的成形方法有多种，最常用的是液相工艺。它是将陶瓷颗粒或其他类型颗粒直接加入到合金液中或预制成坯后浸入合金液中成形。一般合金液具有一定的流动性，但当颗粒的体积分数较大时，直接加入合金液中将会降低合金的流动性而影响成形，此时必须采用压力铸造或流变铸造工艺，以利充型和补缩。因此颗粒的体积分数、颗粒度、形状等对复合材料的性能有重要影响。

合金颗粒混合液的凝固特点仍体现在形核及生长两个方面。当颗粒表面与合金液润湿时，则其本身可作为形核剂，使组织得以细化，并按照异质成核的规律凝固；反之，随着凝固过程的进行，将被排斥于枝晶间或晶界上。关于陶瓷等异相颗粒与凝固界面的相互作用，Nakae 等人在考虑颗粒与凝

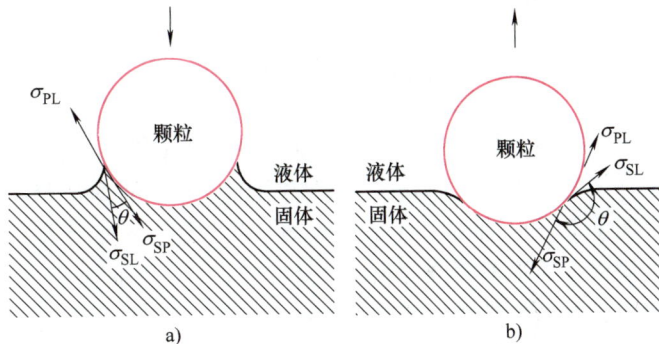

图 6-24 球状颗粒与固液界面的相互作用模型
a) $\theta < 90°$ b) $\theta > 90°$

固界面接触时固相的实际生长形态的基础上，结合固相（S）/液相（L）/颗粒（P）三相间的相互润湿性，提出了界面能模型，如图 6-24 所示。假设凝固过程中颗粒与固液界面之间保持一定的润湿角 $\theta$，此时润湿角 $\theta$ 的大小由三相之间的界面能决定，并存在着两种状态，$\theta < 90°$（图 6-24a）与 $\theta > 90°$（图 6-24b）。但此模型中忽略了重力的影响，即作用于小颗粒（粒径<0.5mm）的力仅与界面能有关。此时润湿角 $\theta$ 与界面能之间有如下关系

$$\cos\theta = (\sigma_{PL} - \sigma_{SP}) / \sigma_{SL} \tag{6-10}$$

当 $\theta < 90°$ 时，颗粒被捕捉，因为此时 $\sigma_{PL} < \sigma_{SP}$，颗粒与固相的结合更容易发生。反之，当 $\theta > 90°$ 时，颗粒被凝固界面排斥。

利用定向凝固的方法可以观察合金凝固界面与陶瓷颗粒的相互作用。例如，共晶 Al-Si 合金中掺入 $Al_2O_3$ 颗粒时，仅用 Sr 变质时，$Al_2O_3$ 颗粒被凝固界面所排斥，如图 6-25 所示。但当同时加入一定量的 Sr 和 Ca 变质时，$Al_2O_3$ 颗粒被生长的凝固界面捕捉而进入固相，在界面前沿的液相中没有颗粒聚集，如图 6-26 所示。研究表明，$Al_2O_3/Al$-12.6%

Si 复合材料中，由 Sr 变质时润湿角仍大于 90°，所以 $Al_2O_3$ 颗粒仍被排斥。由多元复合（Sr+Ca）变质时润湿角小于 90°，所以颗粒被捕捉，在固相中均匀分布。

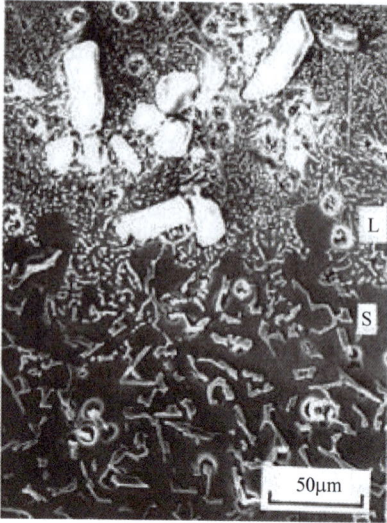

图 6-25　$Al_2O_3$/Al-Si-Sr 复合材料中
颗粒被凝固界面排斥
（$R$ = 8mm/h）

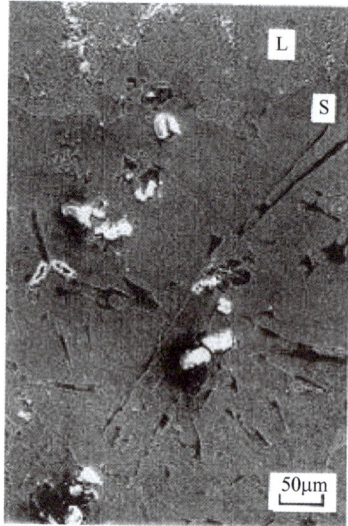

图 6-26　$Al_2O_3$/Al-Si-Sr-Ca 复合材料中
颗粒被凝固界面捕捉
（$R$ = 2mm/h）

对于金属基复合材料，通常都不是用纯金属作基体，而是采用合金。由于合金元素的影响，平整的固液界面将变成胞状或树枝状。界面形状不平整时，颗粒的行为变得复杂化。图 6-27 概括地描述了固液界面形状与颗粒被捕捉及排出的关系。

固液界面平整时，若颗粒被持续地推移，界面前沿将凝集很多的颗粒，颗粒的运动受到阻碍，其结果是颗粒被固相机械地嵌入，生成带状组织（图 6-27a）；若颗粒能被固液界面捕捉时，就能够获得颗粒均匀分布的固相组织（图 6-27b）。

凝固界面为胞状时，假定胞晶间距大于颗粒直径，粒子与界面的作用结果如图 6-27c、d 所示。若颗粒被固液界面排斥时，颗粒将偏聚在胞晶界面的沟槽中，从而被机械地嵌入晶粒边界。$Al_2O_3$/Al-0.2%Ce 复合材料定向凝固时，$Al_2O_3$ 粒子被固液界面排斥，固相中的颗粒分布于晶界的状态与图 6-27c 相同，如图 6-28 所示。另一方面，若颗粒能被捕捉时，将能够进入晶粒内部形成较均匀的分布（图 6-27d）。

树枝状的界面成长时，颗粒将呈图 6-27e、f 所示的状态分布。粗看固相中的颗粒分布宏观上几乎相同，但是，颗粒被固相排斥时（图 6-27e），颗粒偏析在枝晶之间。因此，如果通过急冷等手段使枝晶细化，可以得到宏观上均匀分布的组织，但这不是真正的均匀分布。图 6-27f 所示为颗粒能够被捕捉时的均匀分布状态。

## 二、自生复合材料的凝固

人工合成的金属基复合材料由于存在增强材料与基体之间的润湿性问题，无论液态法还是固态法成形，增强材料与基体合金之间均存在界面反应。与此相对应，若增强材料是从金属基体中直接生成，则增强材料与基体之间界面结合良好，生成相的热力学稳定性好，也不存在基体与增强体之间的润湿和界面反应等问题，这就是原位（In-situ）复合方法，或称为自生复合。目前开发的原位复合或原位增强方法主要有共晶合金定向凝固法、直接金属氧化法（DIMOX™）和反应生成法（XD™）。下面介绍凝固法制备自生复合材料的凝固特点。

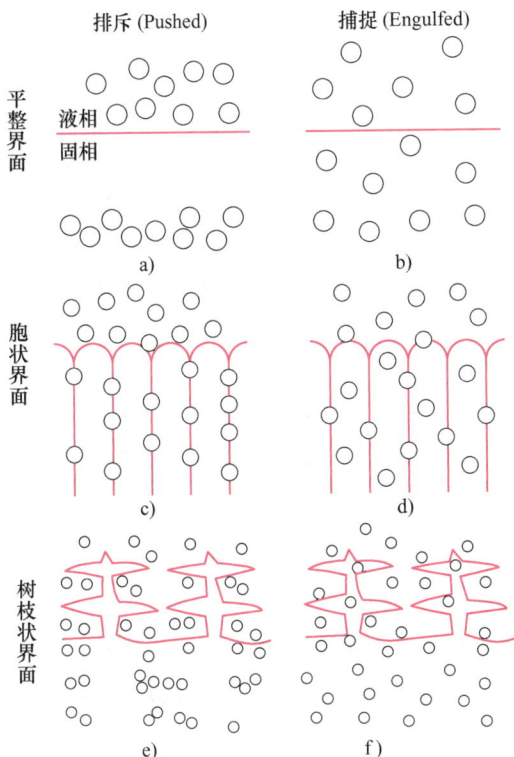

图 6-27 凝固界面形状对相互作用及颗粒分布的影响

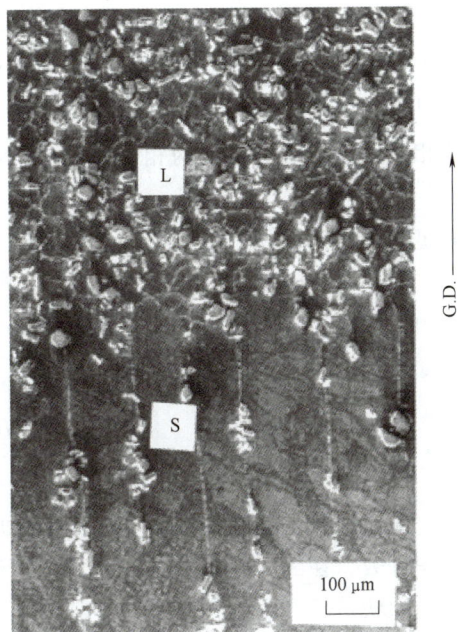

图 6-28 $Al_2O_3/Al-0.2\%Ce$ 复合材料中颗粒分布状态（$R=2mm/h$）

## （一）共晶自生复合材料

并不是所有的共晶系合金都能满足自生复合材料的要求，作为工程结构用复合材料，必须有高强度相、高弹性相或高温相作为主要承载相，而基体应有良好的韧性以保证载荷的传递。表6-5所列为以金属间化合物为强化相的共晶自生复合材料的组成和性能。

表6-5 金属-金属间化合物型自生复合材料的组成和性能

| 相系 A-B | B 的体积分数（%） | 熔点/℃ | 抗拉强度/MPa | 伸长率（%） |
|---|---|---|---|---|
| Ni-NiBe | 38~40 | 1157 | 918 | 9.0 |
| Ni-Ni$_3$Nb | 26 | 1270 | 745 | 12.4 |
| Ni-NiMo | 50 | 1315 | 1250 | <1 |
| Ni-Ni$_3$Mo | 29 | 1300 | 650 | ≪1 |
| Ni-NiC | 55 | 1307 | — | — |
| Al-Al$_5$Ni | 11 | 640 | — | — |

（续）

| 相系 A-B | B 的体积分数（%） | 熔点/℃ | 抗拉强度/MPa | 伸长率（%） |
|---|---|---|---|---|
| Al-CuAl$_2$ | 48 | 548 | — | — |
| Co-TaC | 29 | 1360 | 1035 | 11.8 |
| Co-CoAl | 35 | 1400 | 500～585 | 26 |
| Co-CoBe | 23 | 1120 | — | — |
| Co-NbC | 12 | 1305 | 1030 | 2 |

共晶合金定向凝固法是由单晶和定向凝固制备方法衍生而来的。20 世纪 60 年代初就开始把定向凝固技术应用于共晶合金的定向凝固过程。共晶合金定向凝固法要求合金成分为共晶或接近共晶成分。开始时仅限于二元合金，后扩展为三元合金以及包晶或偏晶反应的两相结合。参与共晶的两相同时从液相中生成，其中一相以棒状或层片状规则排列。

定向凝固共晶复合材料的原位生长必须满足三个条件：①有温度梯度的加热方式；②满足平面凝固条件；③两相的成核和生长要协调进行。

二元共晶合金固-液界面为平界面的判据与单相合金成分过冷判据不同。设共晶成分为 $C_E$ 的合金，最大固溶量分别为 $C_{\alpha m}$ 和 $C_{\beta m}$，以晶胞状生长时平界面稳定生长的判据为

$$\frac{G_L}{R} \geqslant \frac{2Pm_L}{\pi D_L}(C_{\beta m} - C_{\alpha m}) \tag{6-11}$$

式中，$P$ 为与 $\alpha$ 相体积分数有关的常数。

定向凝固共晶复合材料的凝固组织是层片状还是棒状，取决于共晶中含量较少的组元的体积分数。在二元共晶中，当含量较少组元的体积分数小于 $1/\pi$ 时呈纤维状；大于 $1/\pi$ 时为层片状。

在一定温度梯度下，层片间距 $\lambda$ 与凝固速度 $R$ 之间的关系可由式（4-49）确定。因此在满足平面凝固生长的条件下，增加定向凝固时的温度梯度，可以加快定向凝固组织生长速度，同时可以降低层片（纤维）间距，有利于提高复合材料的性能。

图 6-29 所示为 Ni-W 共晶合金定向凝固时高温的 W 相在 Ni 基体中呈纤维状排列。

20μm

图 6-29　Ni-W 共晶合金定向凝固时 W 相呈纤维状排列

### （二）非共晶自生复合材料

共晶自生复合材料要求化学组成为共晶成分，这无疑有很大的局限性。如果偏离共晶成分的合金也能获得类似于共晶系的复合材料，将会大大扩大自生复合材料的使用范围。

在单向凝固的条件下，偏离共晶成分的合金是可以获得相含量不同的复合材料的。图

6-30是成分为 $C_0$ 的亚共晶二元合金。其生成复合材料的过程是这样的：凝固开始后，液相温度稍低于 $T_0$ 时析出初生单相 $\alpha$，其成分为 $kC_0$，随着凝固的推进，固-液界面上固相和液相成分沿固、液相线变化，当液相线的成分变化达到共晶成分 $C_E$ 时，与之相平衡的固相 $\alpha$ 相的成分为 $C_{\alpha m}$，这是第一阶段。当固-液界面达到共晶温度 $T_E$，液相成分为 $C_E$ 时，$\alpha$、$\beta$ 两相同时析出，$\beta$ 相的量不断增加，直至两相达到平衡比例为止，这是第二阶段。第一阶段和第二阶段中固、液相成分都在不断变化，因此称为"过渡阶段"。在第二阶段结束时，固相的平均成分由 $C_{\alpha m}$ 逐渐增加到合金原始成分 $C_0$，液相的成分也是 $C_0$，这时凝固过程进入了"稳定生长阶段"，即第三阶段。这时固相成分始终保持 $C_0$，固-液界面前沿的液相成分保持共晶成分 $C_E$，界面前沿的液相内溶质的浓度梯度保持不变，结晶出来的 $\alpha$、$\beta$ 两相比例是平衡相图上 $C_0$ 成分时 $\alpha$、$\beta$ 相之比例，保持不变，形成了单向凝固的"伪共晶"组织。其稳定态生长是以不出现成分过冷为前提的。因此，仍保持有一定的 $G_L/R$ 值。

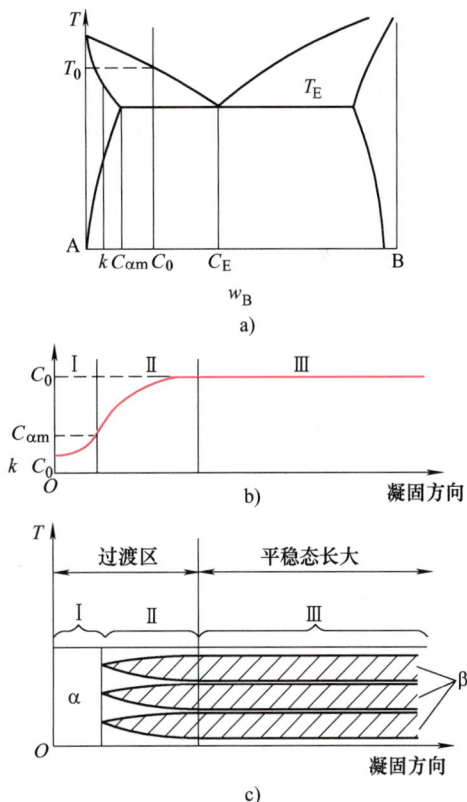

图 6-30　亚共晶复合材料形成过程
a）相图　b）相变成分变化　c）$\alpha$、$\beta$ 相的分布

成分为 $C_0$ 的亚共晶合金形成"伪共晶"，其凝固前沿溶质分布方程为

$$C_L - C_0 = (C_E - C_0)\exp\left(-\frac{R}{D_L}x\right) + \sum_{n=1}^{\infty} Bn\cos\left(\frac{2\pi n}{\lambda}y\right)\exp\left(-\frac{2\pi n}{\lambda}x\right) \qquad (6\text{-}12)$$

式中，$B$ 为常数；$\lambda$ 为片间距；$x$ 为共晶生长方向；$y$ 为其垂直方向。

式（6-12）等号右边第二项比第一项的影响要小得多。忽略第二项，可以按单相合金成分过冷判据求得伪共晶合金稳定态长大判据

$$\frac{G_L}{R} \geqslant \frac{m_L C_S^*(1-k)}{D_L k} = \frac{m_L(C_E - C_0)}{D_L} \qquad (6\text{-}13)$$

式中，$C_S^*$ 相当于初始成分，即 $C_S^* = C_0$。

如果考虑到共晶凝固时，界面前沿溶质分布对成分过冷的影响，即不忽略溶质分布方程中的第二项，则平界面稳定的判据为

$$\frac{G_L}{R} \geqslant \frac{m_L}{D_L}\left[C_E - C_0 + \frac{2P(C_{\beta m} + C_{\alpha m})}{\pi}\right] \qquad (6\text{-}14)$$

从式（6-13）和式（6-14）可以看出，合金成分远离共晶成分时，由于（$C_E - C_0$）值增大，为了获得稳定的共晶组织，$G_L/R$ 的数值必须足够大。

## 习题

6.1 试分析压力对液态金属凝固参数的影响。

6.2 简述压力对液态金属凝固组织的影响。

6.3 简述挤压铸造的原理及应用。

6.4 何为快速凝固？其基本原理是什么？

6.5 快速凝固晶态合金的组织与性能有何特点？

6.6 快速凝固技术有哪些方法？各有何特点？

6.7 定向凝固技术有哪些应用？

6.8 定向凝固方法有哪些？

6.9 界面作用对人工复合材料的凝固有何影响？

# 第二篇　连接成形理论基础

# 第七章

# 焊缝及其热影响区的组织和性能

## 第一节　焊接及其冶金特点

### 一、焊接

焊接（Welding）是 19 世纪末 20 世纪初发展起来的工程技术。焊接技术又称为材料连接工程（Materials Joining Engineering），它是材料加工与成形工艺的重要技术方法之一。随着科学技术的发展，焊接技术不断地进步，并广泛应用于机械制造、石油化工、航空航天、能源、交通、通信、海洋、建筑等工业部门。由于新型材料及连接工艺的不断涌现，焊接及连接技术已用于塑料、陶瓷、复合材料、记忆合金等工程材料和功能材料。

焊接绪论

#### （一）焊接及其物理本质

焊接是通过加热或加压、或两者并用，用或不用填充材料，使两个分离的工件（同种或异种金属或非金属，也可以是金属与非金属）产生原子（分子）间结合而形成永久性连接的工艺过程。

由焊接的定义可知，焊接的物理本质是使两个独立的工件实现了原子间结合，对金属材料而言，即实现了金属键结合。可见，焊接这种连接方式，不仅在宏观上形成了永久性的接头（Permanent Joint），而且在微观上建立了组织上的内在联系。从金属学的观点来看，表现在两个被焊金属件连接处与焊缝金属形成了共同晶粒。

众所周知，固体材料是由各类键结合在一起的，金属材料是依靠金属键结合在一起的。金属两原子的结合力大小取决于两原子之间的吸引力与排斥力的共同作用结果。

对于大多数金属来说，当两原子的间距 $r_A$ 为 $0.3 \sim 0.5nm$ 时，原子间的结合力最大。当原子间的距离大于或小于 $r_A$ 时，结合力显著降低。

如何才能实现金属材料的焊接过程？从理论上讲，就是使两被焊的固体金属表面接

近到相距 $r_A$ 时，就可以在金属表面进行扩散、再结晶等物理化学过程，形成金属键，达到焊接的目的。由于金属表面微观上的凹凸不平，再加之金属表面有氧化膜、油污和水分等吸附层，这就阻碍了两被焊的固体金属表面接近到 $r_A$ 的距离。

为了实现焊接，一般可以采取两种工艺措施，即加热与加压。将被焊工件加热，对金属材料而言，可以使结合处达到熔化或塑性状态，接触面的氧化膜被迅速破坏，熔化部分冷却凝固后形成的焊缝将被焊金属件连接成为一个整体。金属达到较高温度呈塑性状态时，金属变形的阻力减小，有利于缩小被焊工件间的距离，达到原子间距。加热还会增加原子的振动能，促进化学反应、扩散、结晶和再结晶过程的进行。除加热外，还可以同时或单独采取加压措施实现焊接。施加压力的目的是破坏接触表面的氧化膜，使结合处有效接触面积增加，达到紧密接触实现焊接的目的。

## （二）焊接方法

根据焊接工艺特点，一般将焊接方法分为熔焊、压焊和钎焊三大类。

熔焊（Fusion Welding）是通过局部加热使连接处达到熔化状态，然后冷却结晶形成共同晶粒。它最有利于实现原子间结合，是金属焊接的最主要方法。熔焊关键是应具备能量集中且温度足够高的热源，同时必须采取有效保护措施，以防止熔化金属与空气接触而恶化焊缝金属的性能。

压焊（Solid-state Welding）是利用加压、摩擦、扩散等物理作用克服连接表面的不平度，挤除氧化膜等污物，在固态条件下实现连接。压焊时必须加压，故也称压力焊。为了有效地实现压焊，一般在加压的同时还伴随加热。但加热温度远低于母材的熔点。除加热温度较高的扩散焊外，都无须保护措施。

钎焊与熔焊不同，它采用熔点低于母材的金属材料做钎料，加热的温度仅使钎料熔化而母材并不熔化。液态钎料靠毛细作用填入接头间隙并润湿母材金属表面，与母材相互扩散而形成钎焊接头。使用熔点高于450℃的硬钎料进行的钎焊称为硬钎焊（Brazing），而使用熔点低于450℃的软钎料进行的钎焊称为软钎焊（Soldering）。

熔焊和压焊都是原子间的结合，而钎焊通常在连接处不形成共同晶粒，仅在钎料与母材之间形成黏合，因此它们在微观上是不同的，如图7-1所示。

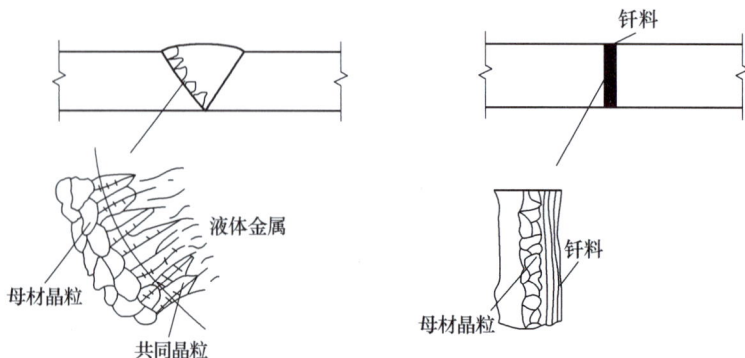

图 7-1　熔焊与钎焊的组织区别

黏接作为连接的另一种方法，是靠黏结剂与母材之间的黏合作用进行连接的，一般没有原子的相互渗透或扩散。

无论何种焊接方法，从焊接能源基本性质来看，主要是热能和机械能。熔焊和钎焊主要采用热能，如电弧热、电阻热、可燃气体燃烧时的化学热等，而压焊主要采用机械能。

随着科学技术的发展，焊接方法已有数十种。应当说明，通常所指的电阻焊又称压焊，属于固相焊接；但是电阻点焊、缝焊的接头在形成过程中伴随有熔化结晶过程，故属于熔焊。

## 二、熔焊焊接接头的形成及其冶金过程

熔焊焊接接头的形成一般要经历加热、熔化、冶金反应、凝固结晶、固态相变直至形成焊接接头。图 7-2 所示为熔焊过程示意图。以钢铁材料焊接为例，在加热过程中，$\theta$ 在 $\theta_0 \sim \theta_S$ 之间母材处于固态，当温度升高，$\theta$ 高于 $\theta_S$ 时母材开始熔化；$\theta$ 高于 $\theta_m$ 后完全为液态，直至峰值温度，液态钢液处于过热状态。在冷却过程中，$\theta$ 高于 $\theta_m$ 时处于液态，称为熔池金属；$\theta$ 冷却到 $\theta_m \sim \theta_S$ 之间时熔池金属凝固，液相减少，固相增多；$\theta$ 低于 $\theta_S$ 后完全为高温固相焊缝金属，焊缝金属发生固态相变；$\theta$ 降至 $A_1$ 点附近或以下，直到降至室温形成焊接接头。为了便于分析，可将熔焊焊接接头的形成过程归纳为焊接热过程、焊接化学冶金过程和焊接物理冶金过程三个相互交错进行且彼此联系的局部过程。

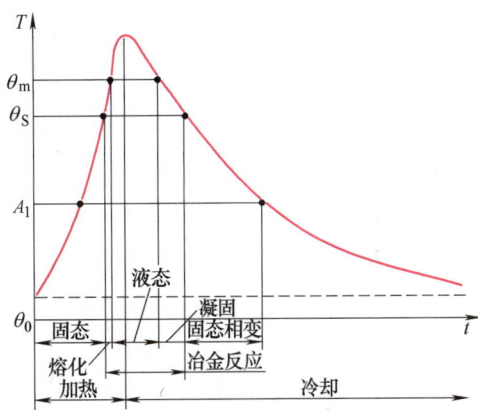

图 7-2　焊接过程示意图

$\theta_0$—初始温度　　$\theta_m$—金属的熔化温度（液相线）

$\theta_S$—金属的凝固温度（固相线）　　$A_1$—钢的 $A_1$ 相变点

### （一）焊接热过程

熔焊时被焊金属及焊接材料在热源作用下局部受热并熔化，热源移走后焊接熔池冷却凝固，焊缝及热影响区金属发生固态相变。所以，整个焊接过程自始至终都是在焊接热作用过程中发生和发展的。焊接热过程与冶金反应、凝固结晶和固态相变、焊接温度场和应力变形等有密切关系，成为影响焊接接头质量和生产率的重要因素之一。

### （二）焊接化学冶金过程

熔焊时，液态金属、熔渣及气相之间进行一系列的化学冶金反应，如金属的氧化、还原、脱硫、脱磷、合金化等。这些冶金反应直接影响焊缝金属的成分、组织和性能。所以，控制焊接化学冶金过程是提高焊接质量的重要途径之一。近年来，在化学冶金方面的研究重点是利用氧化物冶金，一是控制焊缝金属中夹杂物的种类、直径大小，作为形核质点细化焊缝金属晶粒，提高焊缝的强度与韧性；二是往焊缝中加入微量合金元素（如 Ti、Mo、Nb、V、Zr、B 和 RE 等）进行变质处理；三是适当降低焊缝的碳含量，并最大限度地排除焊缝中的 S、P、O、N、H 等杂质，使焊缝净化，也可以提高焊缝的韧性。有人采用计算机对焊缝的化学成分和力学性能进行优化设计，即利用焊接化学冶金的有关规律建

立起数学模型，用计算机选出焊缝的化学成分和力学性能的最优化方案。

### （三）焊接物理冶金过程

在焊接热源作用下，焊接材料及母材金属局部熔化，热源离开后经过化学冶金反应的熔池金属开始凝固结晶，金属原子由近程有序排列转变为远程有序排列，即由液态转变为固态。随着温度的降低，具有同素异构转变的金属，在冷却过程中还将发生不同的固态相变。例如，焊接低碳钢时，将发生 $\delta \to \gamma \to \alpha$ 的转变。另外，在焊接进行过程中，焊缝周围未熔化的母材在加热和冷却过程中，发生了显微组织和力学性能变化的区域称为热影响区（Heat-affected Zone，HAZ），此区域与焊缝不同，主要发生物理冶金过程。由于 HAZ 中各点距离焊缝的远近不同，所经受的最高温度和高温停留时间也不同，将发生不同的组织转变，必将影响其性能变化。由此可见，焊接接头主要由焊缝（Weld Metal）、热影响区（HAZ）和母材（Base Metal）组成。此外，焊缝与热影响区之间有一薄层过渡区，称为熔合区（Fusion Zone）。熔焊焊接接头示意图如图 7-3 所示。要保证焊接接头的性能，首先要选择合适的母材，其次应选择合适的焊接材料。同时应控制焊接热过程，使熔焊时由焊接材料及部分母材形成的焊缝金属达到成分和组织要求，保证焊缝的力学性能。同时，控制 HAZ 的组织转变，使整个焊接接头满足设计及使用要求。

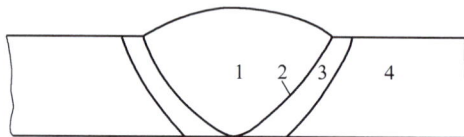

图 7-3 熔焊焊结接头示意图
1—焊缝 2—熔合区 3—热影响区 4—母材

另外，在焊接化学冶金和物理冶金过程中，由于焊接快速连续加热与冷却的特点，并受局部拘束应力的作用，可能在焊接接头中产生成分偏析、夹杂、气孔、裂纹、脆化等焊接缺陷，使接头性能下降。因此，了解焊接成形的化学冶金和物理冶金过程特点，掌握焊接接头形成过程及其成分、组织与性能的变化规律，防止各种焊接缺陷，对于热加工工程技术人员来说是非常必要的。

## 三、焊接温度场

### （一）焊接热过程的特点

20 世纪 30 年代，人们就对焊接热过程进行了系统研究，到目前为止已取得了很大进展。焊接的热过程是十分复杂的，其特点主要体现在以下几个方面：

（1）焊接热过程的局部性或不均匀性　与热处理工艺不同，多数焊接过程都是进行局部加热的，只有在热源直接作用下的区域受到加热，有热量输入，其他区域则存在热量损耗。受热区域的金属熔化，形成焊接熔池。这种局部加热正是引起焊接残余应力和焊接变形的根源。

（2）焊接热过程的瞬时性（非稳态性）　由于在金属材料中热量的传播速度很快，焊接时必须利用高度集中的热源。这种热源可以在极短的时间内将大量的热量由热源传递给焊件，这就造成了焊接热过程的瞬时性和非稳态性。例如，在最不利的情况下，构件的初始温度可达到-40℃（在北方冬天的室外温度），而焊接熔池的最高温度可以达到金属汽化的温度（如钢的沸点为 3000℃），而熔池的形成是在很短时间内完成的，因此其加热速度很快，常可以达到1500℃/s以上。

（3）**焊接热源的相对运动**　由于焊接热源相对于焊件的位置不断发生变化，这就造成了焊接热过程的不稳定性。

**（二）焊接温度场的一般特征**

焊接时，焊件上各点的温度同铸件一样，都随时间而变化，可用数学关系式（2-20）表示。同铸件温度场一样，焊接温度场也是不稳定温度场。但是，当一个恒定热功率的热源固定作用在焊件上时（相当于补焊），开始一段时间内，温度场是非稳定的，但经过一段时间后便达到了饱和状态，形成了暂时稳定的温度场（即各点温度不随时间变化），这种情况称为准稳定温度场。

对于正常焊接条件下的移动热源，经过一定时间后，焊件上也会形成准稳定温度场。这时焊件上各点温度虽然随时间而变化，但各点以固定的温度跟随热源一起移动，即温度场与热源做同步运动。如果采用移动的坐标系，使坐标原点与热源中心重合，则焊件上各点的温度只取决于这个系统的空间坐标，而与时间无关。

**（三）焊接温度场的表达式**

根据传热学的理论，在熔焊条件下，热源将热能传递给焊件时主要以辐射和对流为主；而母材获得热后，热的传播主要以导热为主，适当考虑辐射和对流的作用，即在焊件表面上存在与空气的对流及辐射换热。经研究表明，熔池内流体的流动对焊件上热的传播和分布有一定的影响，尤其对近缝区的影响不可忽略，因为熔池内的液态金属是强烈运动着的。

焊件上各点在瞬时的温度分布称为"温度场"，也称为焊接温度场，该场可用等温线表示。所谓等温线，是指焊件上瞬时温度相同的点连接在一起而组成的线。而等温线之间单位距离的温度差，称为温度梯度。

根据焊件的尺寸和热源的性质，焊接传热可分为：

1）三维传热（空间传热），如厚大焊件在表面上堆焊的传热。

2）二维传热（平面传热），如一次焊透的薄板件的传热。

3）一维传热（线性传热），如细棒的电阻焊的传热。

这里只讨论前两种传热状态。

从焊接温度场的数学模型，可得出其极限饱和状态下的温度场计算公式。

（1）厚板

$$\theta - \theta_0 = \frac{q}{2\pi\lambda R}\exp\left[-\frac{v(x+R)}{2a}\right] \tag{7-1}$$

式中，$\theta$ 为某点温度（℃）；$\theta_0$ 为初始温度（℃）；$q$ 为有效热功率（J/s）；$\lambda$ 为热导率 [W/(cm·℃)]；$v$ 为焊接速度（cm/s）；$a$ 为热扩散率（cm²/s）；$R$ 为某点离热源中心的距离（cm），$R = \sqrt{x^2 + y^2 + z^2}$；$x$ 为某点离热源中心在 $x$ 方向上的距离（$x$ 方向为热源移动方向）。

根据式（7-1）计算，可得到"厚板"堆焊时的温度场，如图7-4所示。可以看出，熔池前部升温区的温度梯度要大于熔池后部降温区的温度梯度。而且在热源移动轴线两侧（即 $x$ 轴两侧）的温度分布是对称的。

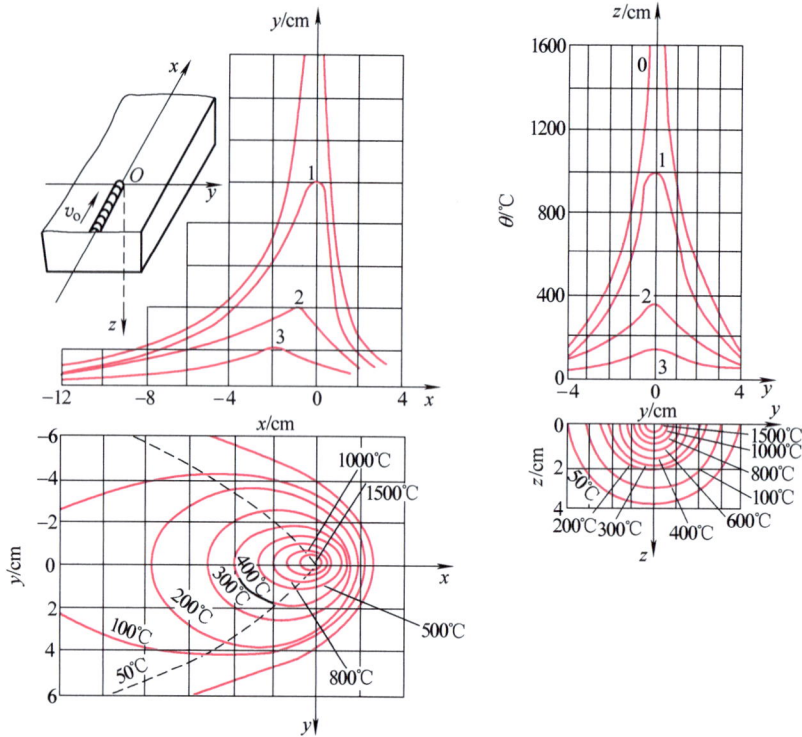

图 7-4 "厚板"表面运动点热源的温度场

$$q = 4000 \text{J/s} \quad v = 0.1 \text{cm/s} \quad a = 0.1 \text{cm}^2/\text{s} \quad \lambda = 0.4 \text{W/(cm} \cdot \text{℃)}$$

（2）薄板

$$\theta - \theta_0 = \frac{q}{2\pi\lambda h} \exp\left(\frac{-vx}{2a}\right) K_0\left(\frac{vr}{2a}\right) \tag{7-2}$$

式中，$h$ 为板厚；$K_0\left(\dfrac{vr}{2a}\right)$ 为 Besscel 函数，$r = \sqrt{x^2 + y^2}$；其他符号的意义如同厚板。

薄板的温度场如图 7-5 所示。由图可见，在二维热传导中，在板厚方向上不存在温差，近似全熔透对接焊缝。

其他焊接情况下的温度场计算公式可参见有关文献。

（四）影响温度场的因素

影响温度场的因素很多，如热源的性质、焊接参数、金属的热物理性质、焊件的厚度及形状等，这里主要讨论焊接参数及金属的热物理性质对温度场的影响。

1. 焊接参数的影响

焊接参数对焊接温度场的影响如图 7-6 所示。当热源的有效热功率 $q$ 一定时，增大焊接速度 $v$，则由图 7-6a 可见，某一温度的等温线所包围的范围显著缩小，温度场的形态变得细长。当 $v$ 一定时，随着 $q$ 的增大，一定温度的等温线所包围的范围显著增大，如图 7-6b 所示，尤其在长度方向。当 $q/v$ 保持一定，即热输入 $E$ 为常数时，同时增大 $q$ 与 $v$，此时等温线在热源移动方向上会伸长，而在宽度方向上变化较小，如图 7-6c 所示。

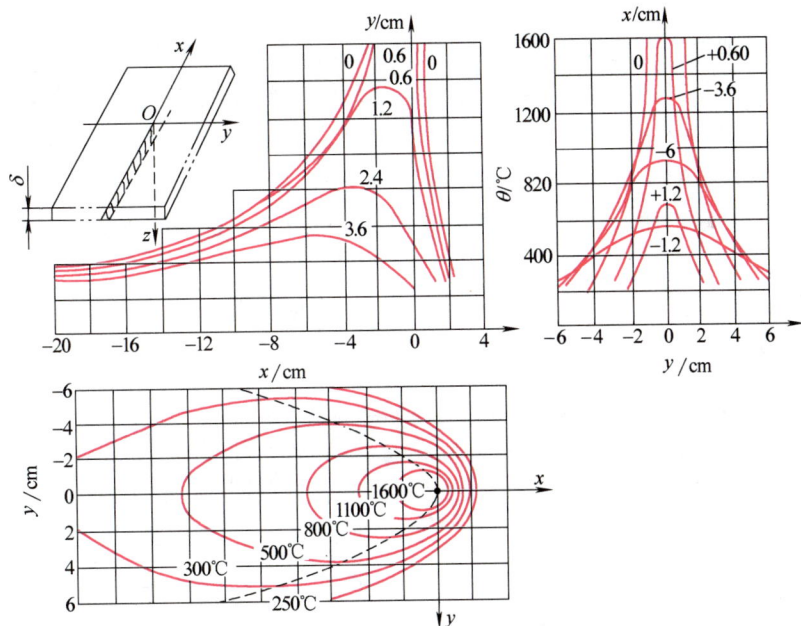

图 7-5　薄板焊接时的温度场分布

$q = 4200\text{J/s}\quad v = 0.1\text{cm/s}\quad \lambda = 0.42\text{W/(cm·℃)}$

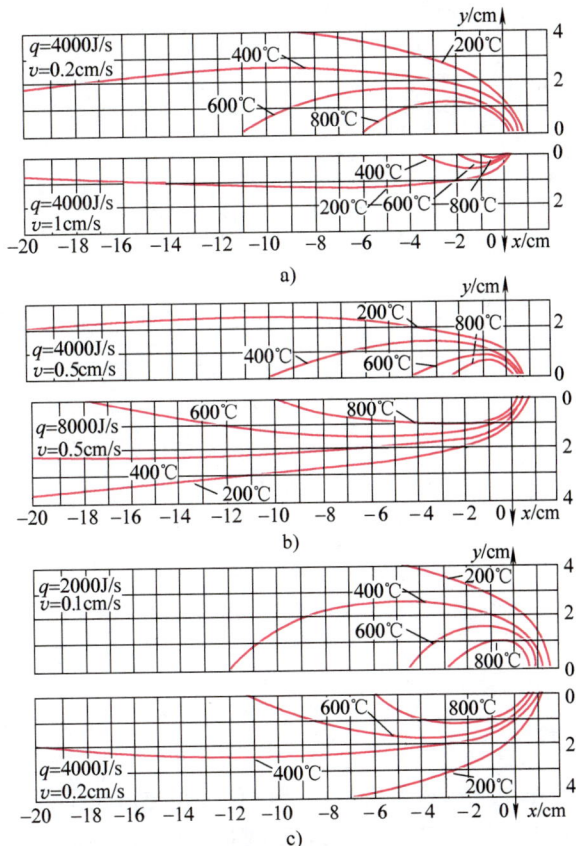

图 7-6　焊接参数对温度场的影响

**2. 金属热物理性质的影响**

金属的热物理性质，包括热导率 $\lambda$、体积比热容 $c\rho$、热扩散率 $a$、焓 $H$ 等。各种材料的热物理常数是不相同的，见表 7-1，特别是 $\lambda$ 对温度场的分布有很大的影响。对比图 7-7a 与 b 可见，当热输入相同时，$\lambda$ 很小的奥氏体不锈钢 600℃ 以上高温区所包围的范围显然比低碳钢大得多。对于 $\lambda$ 相当大的铝和铜，如图 7-7c 和 d 所示，较高温度的等温线显著地向热源中心收缩，而温度较低的等温线则向周围散开，这说明热源作用点附近部位的温度不易升高。

由此反映出，焊接不同金属材料时，应根据其热物性质的不同，而采用不同的焊接方法和焊接热输入。

表 7-1　不同金属材料热物理常数的平均值

| 热物理常数 | 单位 | 焊接条件下选取的平均值 | | | |
|---|---|---|---|---|---|
| | | 低碳钢、低合金钢 | 不锈钢 | 铝 | 纯铜 |
| $\lambda$ | W/(cm·℃) | 0.288~0.504 | 0.168~0.336 | 2.65 | 3.78 |
| $c$ | J/(g·℃) | 0.67~0.76 | 0.42~0.50 | 1.0 | 1.32 |
| $c\rho$ | J/(cm³·℃) | 4.83~6.92 | 3.36~4.2 | 2.63 | 3.99 |
| $a=\dfrac{\lambda}{c\rho}$ | cm²/s | 0.07~0.10 | 0.05~0.07 | 1.00 | 0.95 |

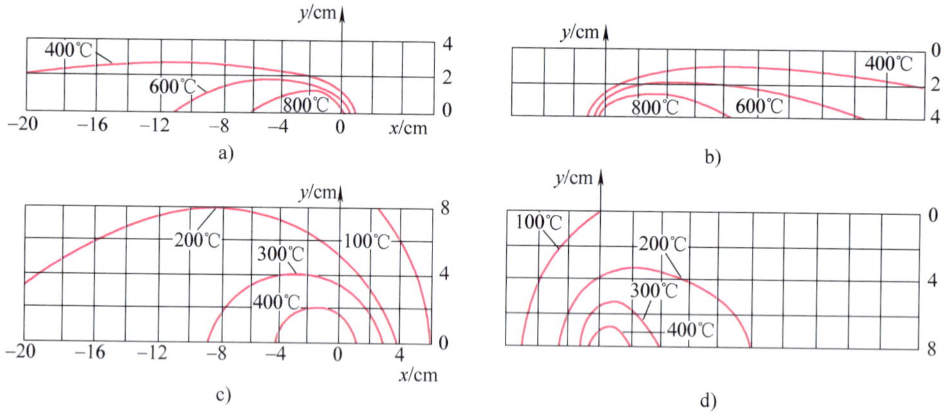

图 7-7　热导率对温度场分布的影响
a）低碳钢　b）奥氏体不锈钢　c）铝　d）铜

# 第二节　焊缝金属的组织与性能

## 一、焊接熔池的结晶

熔焊时，在热源的作用下母材将发生局部熔化，并与熔化了的填充金属搅拌混合形成焊接熔池。当热源离开后，熔池开始凝固结晶，随着热源的移动焊接熔池不断形成又不断凝固结晶，从而形成了焊缝。

理论上，熔池的凝固也是晶核生成和晶核长大的过程，但与一般钢锭的凝固相比有一定特殊性。

### （一）焊接熔池的特征

#### 1. 熔池的体积小，冷却速度大

在电弧焊条件下，焊接熔池的体积很小，最大也只有 $30cm^3$，质量不超过 $100g$。由于焊接熔池体积小，周围又被冷金属所包围，所以熔池的冷却速度很大，平均为 $4 \sim 100℃/s$，钢锭的平均冷却速度为 $3 \times 10^{-4} \sim 150 \times 10^{-4}℃/s$。由此可见，焊接熔池的平均冷却速度比钢锭的平均冷却速度大 $10^4$ 倍。

#### 2. 焊接熔池的液态金属处于过热的状态

在电弧焊条件下，焊接熔池中的温度分布是不均匀的，这里采用平均温度的概念。对于低碳钢和低合金钢来说，熔池的平均温度可达 $(1770 \pm 100)℃$，熔滴的温度更高，为 $(2300 \pm 200)℃$。一般钢锭的熔点很少超过 $1550℃$，可见熔池的过热度很大，使得合金元素的烧损比较严重，造成熔池中异质晶核的质点大为减少，这是促使焊缝中柱状晶得到发展的重要原因之一。焊接熔池的平均温度超过金属熔点的数值被定义为平均过热度，不同焊接方法的熔池过热度见表 7-2。

表 7-2　焊接熔池与熔滴的平均温度

| 被焊金属熔点 | 焊接方法 | 熔池的平均温度/℃ | 熔滴的平均温度/℃ |
|---|---|---|---|
| 低碳钢<br>$\theta_m = 1525℃$ | SAW | 1705 ~ 1860 | |
| | $CO_2$ 焊 | 1900 | 2590 |
| | SMAW | 1600 ~ 2000 | 2100 ~ 2200 |
| | MIG | 1625 ~ 1800 | 2560 ~ 3190 |
| Cr12Mo1V1 钢<br>$\theta_m = 1310℃$ | 药芯焊丝<br>Cr12WV | 1500 ~ 1610 | 2000 ~ 2700 |
| 铝<br>$\theta_m = 660℃$ | TIG | 1075 ~ 1215 | |
| | MIG | 1000 ~ 1245 | |

#### 3. 焊接熔池中的液态金属始终处于运动状态

随着热源的移动，熔池与热源做同步运动。在熔池的前端部，金属不断被熔化，而在熔池的尾部，液态金属不断地进行凝固，即熔池中金属的熔化和凝固过程是同时进行的，而钢锭的结晶是在固定的钢锭模中静止状态下结晶。

熔池中存在着各种力的作用，如电弧的机械搅拌力、气流的吹力、电磁力、熔滴的作用力，以及由于不均匀的温度分布所造成的金属密度差和表面张力差等，所以熔池中液态金属不是处于平静状态，而是存在着强烈的搅拌和对流运动。液态金属的流动状态如图 7-8 所示，一般趋向为液态金属从头部向尾部流动。

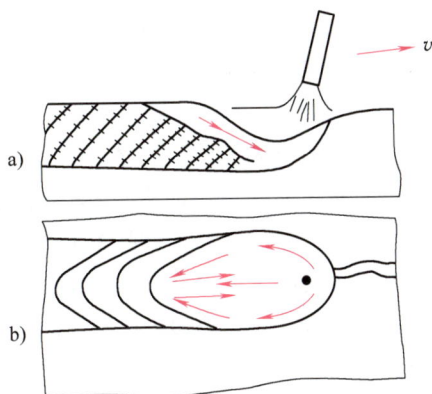

图 7-8　焊接熔池中液态金属运动示意图

a) 纵面图　b) 俯视图

焊接熔池是在运动状态下凝固的，熔池的凝固速度相当大，固-液界面的推进成长速度要比铸件高 10～100 倍。

### （二）熔池凝固的特点

焊接熔池凝固组织的形态如图 7-9 所示，它的结晶过程与钢锭一样都经历形核和晶核长大的过程。然而，由于焊接熔池的凝固属于非平衡凝固，使焊接熔池的凝固组织具有其独特的形态。其凝固过程具有以下特点：

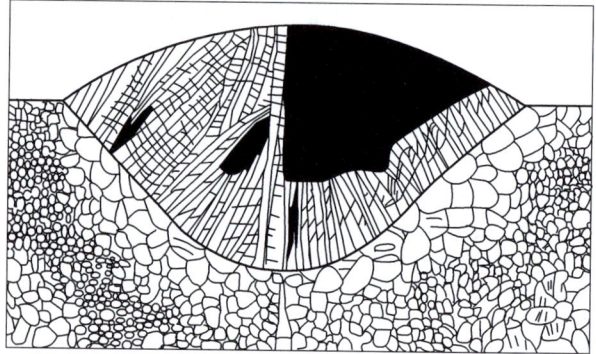

图 7-9　熔池金属的凝固（结晶）

右侧—结晶开始　左侧—结晶结束

#### 1. 联生结晶（或称交互结晶、外延结晶）

由金属凝固理论可知，过冷是凝固的条件，并通过萌生晶核和晶核的成长而进行。但在焊接熔池这种非常过热的条件下，均匀形核的可能性是非常小的，而熔池边界熔化的母材晶核表面，完全可能成为新相晶核的"基底"。因为母材晶粒表面作为新相晶核的"基底"不仅所需能量小，而且在结晶点阵形式及点阵常数上均与新相接近一致，因而易于促使新相成核。试验也证明，焊接熔池的凝固过程是从边界开始的，是一种非均匀形核。焊缝金属呈柱状晶形式与母材相联系，好似母材晶粒的外延生长。这种依附于母材晶粒的现成表面而形成共同晶粒的凝固方式，被称为联生结晶或外延结晶，它是焊缝金属凝固的重要特征之一。

图 7-10 所示为联生结晶示意图，图中 WI 表示焊缝边界，WM 为焊缝金属，BM 为母材金属。由于焊缝的柱状晶是母材晶粒的外延生长，其初始尺寸就等于焊缝边界母材晶粒的尺寸。在焊接热循环作用下，母材的晶粒容易过热粗化，其焊缝柱状晶也必然发生粗化。

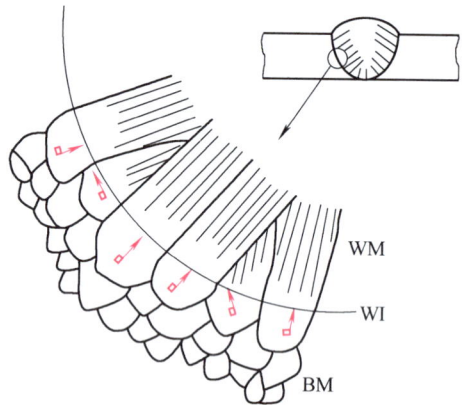

图 7-10　联生结晶示意图

#### 2. 择优成长

在熔池的边界开始结晶之后，晶体便呈柱状晶的形式继续向熔池的内部成长，但并非边界上的晶粒都"齐步前进"，有的长大得很显著，并一直可以向熔池内部发展，有的则只能长大到很短的距离，就被抑制而停止成长，如图 7-10 所示。

由金属凝固理论可知，柱状晶的成长，其主轴具有严格结晶位向。在各种立方点阵的金属中，如 Cu、Fe、Ni、Al 等，最有利于晶体成长的结晶位向为〈001〉。而在熔池的边界，作为现成晶核的母材晶粒是各向异性的，即结晶位向不相同。其中有的晶粒的结晶位向为〈001〉，正好与熔池边界等温线（实际为等温面）相垂直，也就是正好是散热最快的方向，自然就有利于柱状晶的成长。有的晶粒的结晶位向为〈001〉，处于熔池边界等温线的偏斜方向，显然不利于其成长，这就是焊缝中柱状晶择优长大的结果。

由于焊接熔池是在运动状态下进行凝固的，其柱状晶的成长方向，在沿焊缝长度方向上与熔池的形状和焊接速度有关。在通常焊接速度的情况下，焊缝的柱状晶是朝向焊接方向并弯曲地指向焊缝中心，被称为"偏向晶"，如图 7-11a 所示。焊接速度越慢，柱状晶主轴越弯向焊接方向。

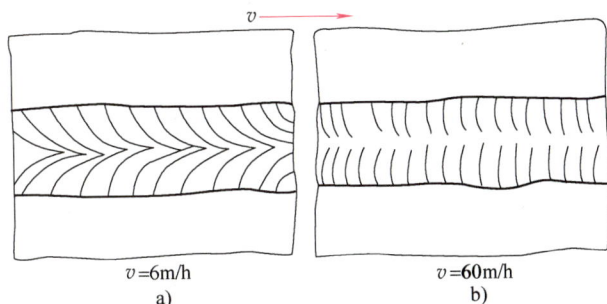

图 7-11　焊缝柱状晶成长与焊接速度的关系（示意）
a）偏向晶　b）定向晶

在高速焊接条件下，柱状晶成长方向可垂直于焊缝边界，一直长到焊缝中心，被称为"定向晶"，如图 7-11b 所示。出现"定向晶"时，低熔点杂质易偏析于焊缝中心部位而形成脆弱的结合面，甚至出现纵向裂纹。

焊缝中柱状晶的成长方向，之所以具有定向和偏向的特征，与熔池移动过程中最快散热方向有关；由边界成长起来的柱状晶，总是垂直于等温面而指向焊缝中心，如图 7-12 所示。图中 $G_{max}$ 为最快的散热方向。当热源移动速度很快时，焊接熔池已变成细长条。从理论上说，在热源运动方向上可认为无温度梯度存在，所以最快散热方向垂直于焊缝轴线。因而柱状晶也只

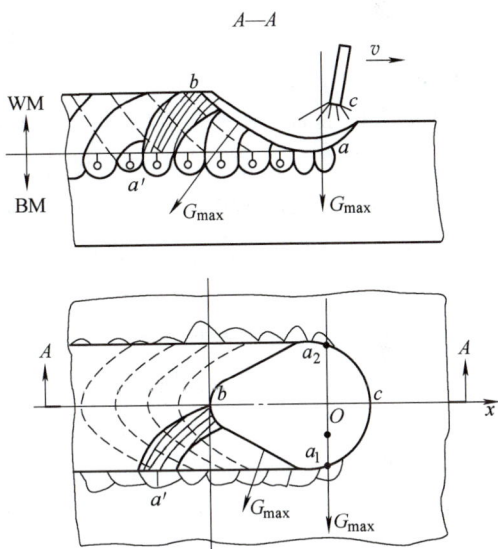

图 7-12　柱状晶指向焊缝中心

能垂直焊缝轴线向焊缝中心成长，成为典型的对向生长的结晶状态。

### 3. 凝固线速度

熔池中液态金属的凝固线速度可以通过柱状晶成长速度或凝固时间来反映。

柱状晶的成长速度即为柱状晶前沿推进的线速度。在偏向晶的情况下，由于晶体成长方向在不断变化，而且各点的散热程度不同，所以柱状晶成长速度应为平均成长速度。平均成长速度与焊接速度有关，如图 7-13 所示。设焊接速度为 $v$，柱状晶平均成长速度为 $R$，可由图 7-13 求得 $R$ 与 $v$ 的关系。

若熔池以速度 $v$ 移动，当由 $b$ 移到 $b_1$ 时，将形成以 $a_1 - b_1$ 为晶轴的柱状晶，如图 7-13a 所示。在 $a_1 - b_1$ 晶轴上取任意一点 $k$，作切线与 $x$ 轴的交角为 $\theta$，此切线即为在点 $k$

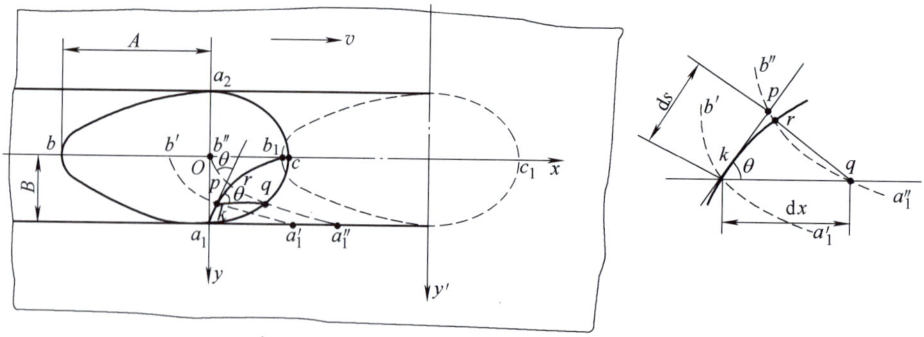

图 7-13 柱状晶平均成长速度 $R$ 的求法

时柱状晶成长的线速度方向。若在 $dt$ 时间内，凝固前沿 $a_1'b'$ 移动一个微小的距离 $dx$ 而到达 $a_1''b''$，则柱状晶主轴的前沿将由 $k$ 点移到 $r$ 点。$k$ 点与 $p$ 点的距离为 $ds$，因 $ds$ 很小，可认为 $p$ 点与 $r$ 点相重合，则 $ds$ 为柱状晶在 $dt$ 时间内成长的距离。由于柱状晶主轴在点 $r$，$a_1''b''$ 应与主轴轨迹线在 $r$ 点相垂直，故可近似地认为 $\angle kpq$ 为直角，又因为 $\angle pkq = \theta$，故得

$$ds = dx\cos\theta$$

两端分别除以 $dt$，则

$$R = v\cos\theta \tag{7-3}$$

由于 $\theta$ 为柱状晶主轴在某点的成长方向与焊接方向的夹角，所以 $\theta$ 值是不断变化的，因而 $R$ 值也是不断变化的。在焊缝边界处，因 $\theta = 90°$，所以 $R \to 0$。焊缝的中心处（即柱状晶生长的终点），因 $\theta \approx 0$，所以 $R \approx v$。由此可知，在焊缝边界刚开始凝固时的柱状晶平均成长速度，总是小于焊缝中、上部的成长速度，而柱状晶成长的最大速度不可能超过焊接速度。

焊接熔池的实际凝固过程并不是完全连续的，而是时有停顿的断续过程。由于析出结晶潜热及其他附加热的作用，柱状晶成长速度的变化并不是十分有规律，常会伴有不规则的波动现象。

与铸件相比，焊缝金属的凝固速度非常迅速。通常对某一定点而言，仅为几秒钟。这样的凝固组织不能简单地说成是铸造组织。焊缝金属的强韧性往往要高于铸件，这与焊缝金属独特的凝固过程有关。

**（三）焊缝金属凝固组织的形态**

在焊接凝固过程中，凝固组织的形态具有柱状晶及其多种亚结构，通常有平面晶、胞状晶、胞状树枝晶和树枝状晶以及等轴晶等多种形态。

**1. 柱状晶**

（1）平面晶（又称平滑晶）　在固-液界面前方液相中温度梯度 $G$ 很大，液相中实际温度曲线高于成分过冷形成的液相线温度曲线 $T_L$，此时不形成成分过冷区，如图 7-14a 所示。向前生长出的晶核均被"过热"的液态金属重新熔化，此时凝固界面为平滑界面，如图 7-14b 所示。且在柱状晶内不存在溶质的微观偏析，称为平面晶。这类凝固组织多见于高纯金属焊缝或溶质的质量分数低的液态合金，在熔合线附近温度梯度很高而结晶速度很小的边界层中。如纯铌板氩弧焊时，焊缝就是以平面结晶形态形成的，如图 7-14c 所示。

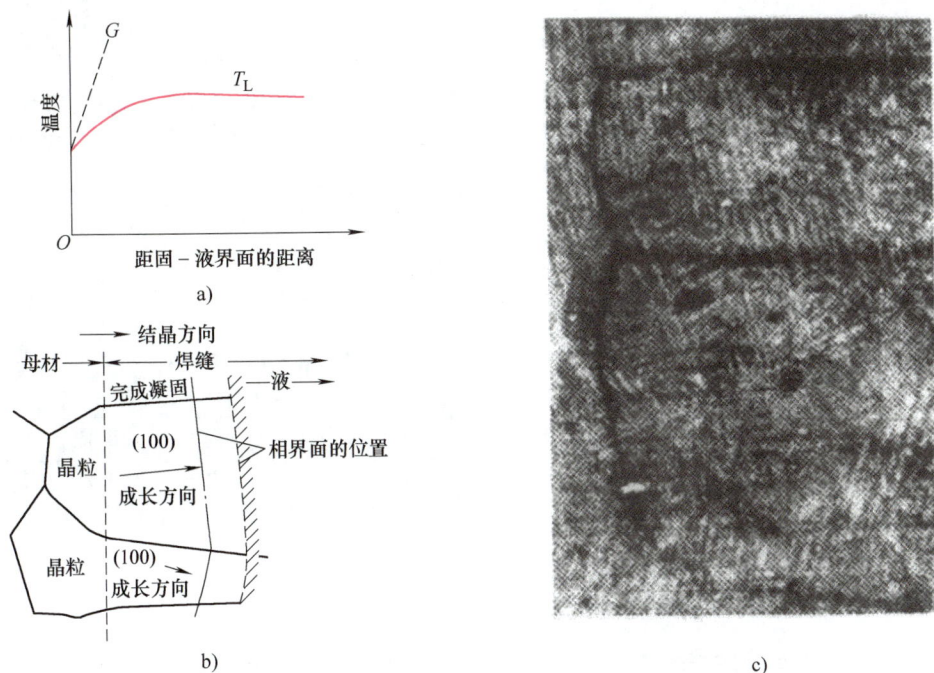

图 7-14 平面结晶形态

a）成分过冷条件 b）结晶形态 c）纯铌板氩弧焊时的平面晶

（2）胞状晶 液相中温度梯度 $G$ 变小，实际温度曲线与液相线温度曲线 $T_L$ 在小距离 $x$ 内相交，形成少量成分过冷区，如图 7-15a 所示。此时因平面结晶界面处于不稳定状态，凝固界面长出许多平行束状的晶芽胞，凸入前方过冷的液相，并继续向前成长，凸起的晶芽胞向侧面亚晶界排出溶质，使亚晶界的液相线温度下降，于是在晶粒内部形成一束相互平行的棱柱体元、横截面近似六角形的亚结构，如图 7-15b 所示。其主轴方向与成长方向一致，每一棱柱体前沿中心都有稍微突前的现象，这种组织形态称为胞状晶，如图 7-15c 所示。

（3）胞状树枝晶 温度梯度 $G$ 进一步减小，成分过冷区增大，如图 7-16a 所示。晶体成长加快，胞状晶前沿能够深入液相内部较长的距离，凸起部分也向周围排出溶质，而在横向也产生成分过冷，并从主干上横向长出短小二次枝，在晶粒内部形成较多十字棱柱体亚结构，如图 7-16b 所示。由于主干的间距较小，所以二次横枝也比较短，这样就形成了特殊的胞状树枝晶，这种组织形态多在钢铁材料焊缝中见到，如图 7-16c 所示。

（4）树枝状晶（柱状枝晶） 温度梯度 $G$ 再进一步减小，产生的成分过冷区进一步增大，如图 7-17a 所示。晶体成长速度更快，在一个晶粒内只产生一个很长的主干，其周围界面会突入过冷液相中而形成二次枝晶，成为典型的树枝状枝晶，称为树枝状晶，如图 7-17b、c 所示。枝晶的枝干间的间隙是在随后的凝固中被填满的。二次枝晶与邻近枝晶接触时即停止生长。二次枝晶的接触面就是两个晶体的晶界，凝固速度越大，枝晶的间距越小。

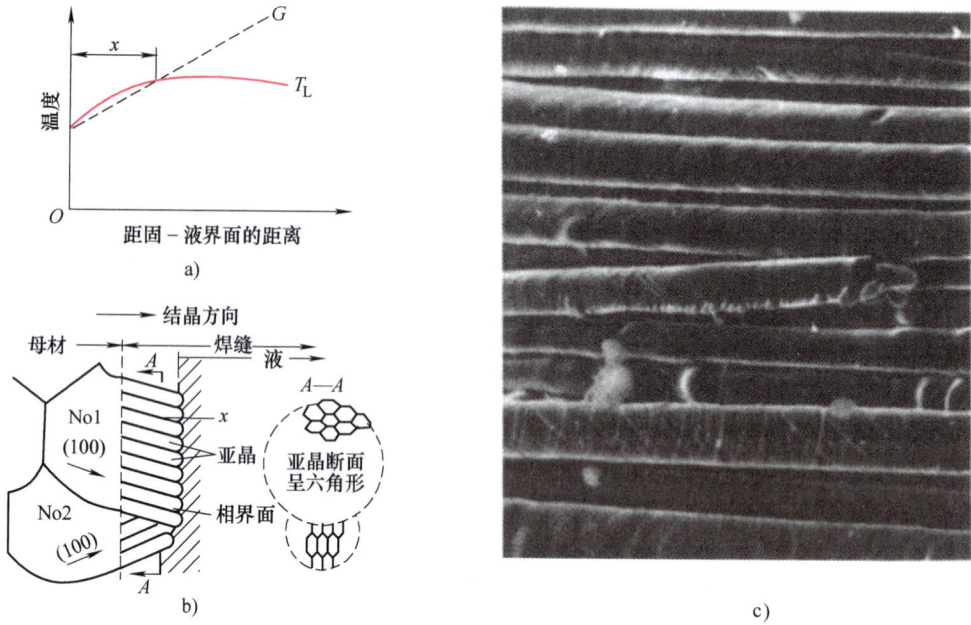

图 7-15 胞状结晶形态

a）成分过冷条件 b）结晶形态 c）Cr25Ni35AlTi 合金 TIG 焊时的胞状晶

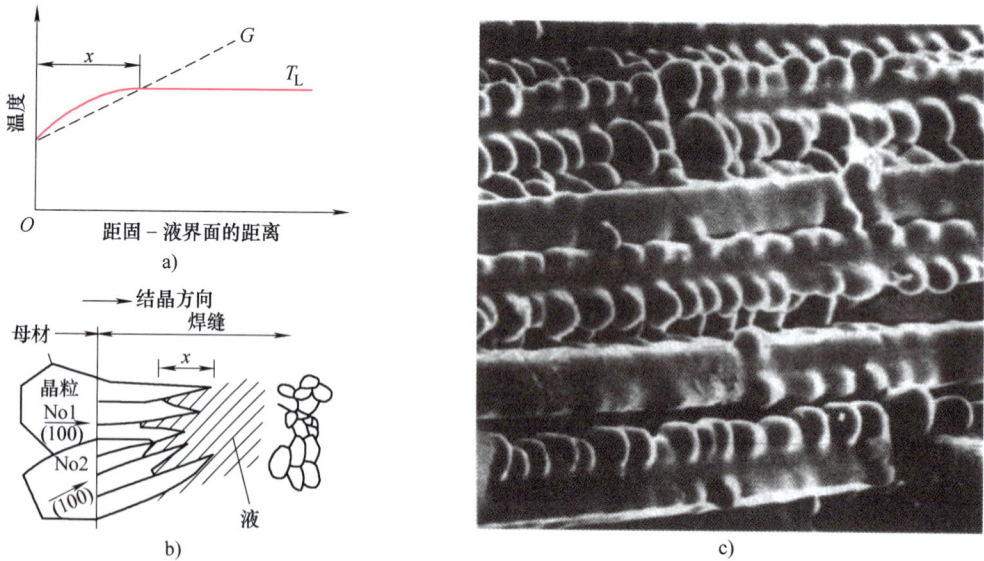

图 7-16 胞状树枝结晶形态

a）成分过冷条件 b）结晶形态 c）Cr25Ni35AlTi 合金 TIG 焊时的胞状树枝晶

## 2. 等轴晶

当液相中温度梯度 $G$ 很小时，在液相中形成很宽的成分过冷区，即比图 7-17a 所示的成分过冷区更宽。这时不仅在结晶前沿形成粗大的树枝状晶，同时也能在液相的内部生核，产生新的晶粒，这些晶粒的四周不受阻碍，可以自由成长，形成等轴晶，如图 7-18a、b 所示。

a)

b)

c)

图 7-17  树枝状结晶形态

a）成分过冷条件  b）结晶形态  c）Cr25Ni35AlTi 合金 TIG 焊时的树枝状晶

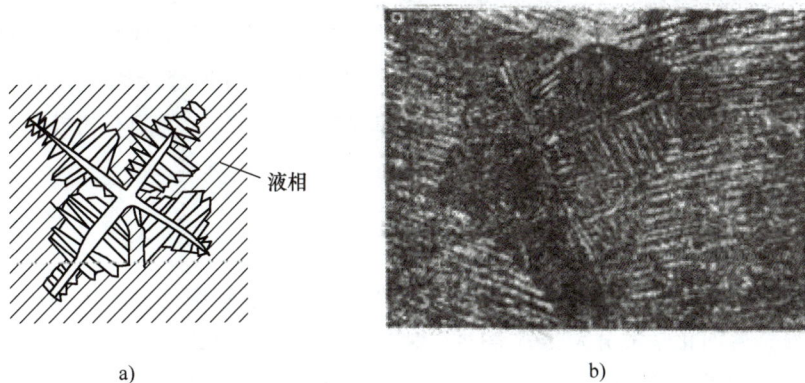

a)

b)

图 7-18  等轴状结晶形态

a）结晶形态  b）铝板 TIG 焊时的等轴晶

### 3. 焊缝各部位结晶形态的变化

由于焊接熔池中不同部位的温度梯度和结晶速度不同，使得成分过冷的分布是不同的。因此，焊缝金属各部位也将会出现不同的结晶形态，如图 7-19 所示。

在焊缝的边界，即焊接熔池开始结晶处，由于熔合线上的温度梯度大，结晶速度 $R$ 小，成分过冷很难形成，故多以平面晶形态成长。随着晶粒逐渐远离边界向焊缝中心生长，温度梯度 $G$ 逐渐变小，结晶速度逐渐加快，溶质的质量分数增高，成分过冷区也逐渐增大，柱状晶内的亚结构依次向胞状晶、胞状树枝晶、树枝状晶发展。晶体生长到焊缝中心时，温度梯度 $G$ 最小，结晶速度最大，溶质的质量分数最高，成分过冷区最大，最终可能生成等轴晶。

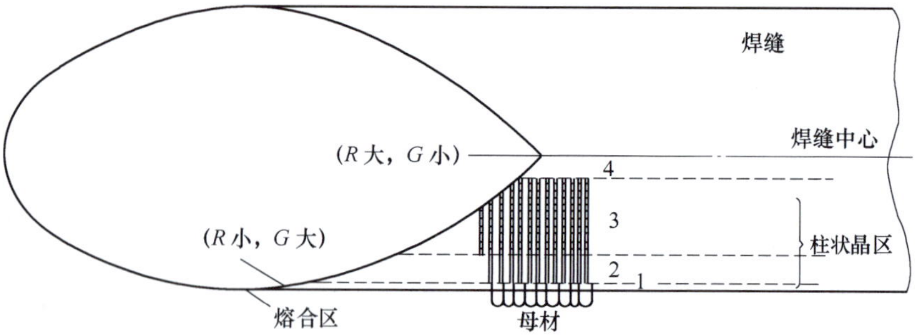

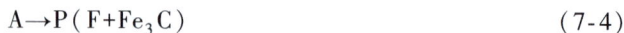

图 7-19　焊缝结晶形态的变化

1—平面晶　2—胞状树枝晶　3—树枝状晶　4—等轴晶

但在实际焊缝中，由于化学成分、板厚、接头形式和采用的焊接方法及焊接参数不同，不一定具有上述全部结晶形态。对焊缝断面的宏观观察表明，焊缝的晶体形态，主要是柱状晶和少量的等轴晶。在显微镜下进行微观分析，还可以发现每个柱状晶内有不同的结晶形态，如平面晶、胞状晶和树枝状晶等。而等轴晶内一般都呈现为树枝晶。

除焊缝金属的化学成分对结晶形态有影响外，焊接参数也有很大影响。

（1）焊接速度的影响　当焊接速度增加，熔池中的温度梯度下降很多时，熔池中心的成分过冷加大。因此，当焊接速度快时，在焊缝金属中心往往会出现大量的等轴晶；当焊接速度较低时，在熔合线附近出现胞状树枝晶，在焊缝金属中出现较细的树枝状晶。

（2）焊接电流的影响　当焊接速度一定时，焊接电流对焊缝凝固组织的影响为：焊接电流较小时，焊缝金属易得到胞状组织；增加焊接电流，易得到胞状树枝晶；电流继续增大，出现更为粗大的柱状树枝晶组织。

## 二、焊缝金属的组织

焊接熔池完全凝固以后，焊缝金属在随后的连续冷却过程中将发生固态相变，相变类型取决于焊缝金属的化学成分及冷却条件。对碳钢与合金钢焊缝金属而言，高温奥氏体将在不同温度区间转变为铁素体、珠光体、贝氏体及马氏体，在室温下得到相应的混合组织。

### （一）低碳钢焊缝的室温组织

低碳钢焊缝金属碳含量较低，高温奥氏体固态相变后得到铁素体加珠光体组织。固态相变时首先沿奥氏体晶界析出共析铁素体，然后发生共析转变，即

$$A \rightarrow P(F + Fe_3C) \tag{7-4}$$

式中，A 为奥氏体；P 为珠光体；F 为铁素体；$Fe_3C$ 为渗碳体。

焊缝金属过热时，还会出现魏氏组织，其特征是铁素体在原奥氏体晶界呈网状析出，也可从原奥氏体晶粒内部沿一定方向析出，具有长短不一的针状或片条状，可直接插入珠光体晶粒之中。一般认为，焊缝金属是一种多相组织，是晶界铁素体、侧板条铁素体和珠光体混合组织的总称。这种组织的塑性和冲击韧性差，使脆性转变温度上升。魏氏组织是在一定含碳量、一定冷却速度下形成的，在初晶奥氏体中更容易形成。

## （二）低合金钢焊缝的室温组织

### 1. 铁素体（Ferrite，F）

低合金钢焊缝中的铁素体大致分为以下四类：

（1）先共析铁素体（Proeutectoid Ferrite，PF） 焊缝中的先共析铁素体，是焊缝冷却到较低高温区间（转变温度在 $770 \sim 680 \, ℃$），沿奥氏体晶界首先析出的铁素体，因此也称为晶界（或粒界）铁素体（Grain Boundary Ferrite，GBF）。在晶界析出的形态可以是长条形沿晶扩展，也可以是多边形块状，互相连接沿晶分布，故又称为块状铁素体。晶界铁素体析出的数量与焊缝成分及焊接热循环的冷却条件有关，合金含量较低，高温停留时间较长，冷却较慢时，其量就较多。先共析铁素体内部的位错密度较低，为 $5 \times 10^9 \, cm^{-2}$ 左右，为低屈服强度的脆弱相，使焊缝金属韧性下降。

（2）侧板条铁素体（Ferrite Side Plate，FSP） 侧板条铁素体形成温度比先共析铁素体稍低，转变温度范围较宽，为 $700 \sim 550 \, ℃$。它一般从晶界铁素体的侧面以板条状向晶内生长，从形态上看如镐牙状，其长宽比在 20∶1 以上。有人认为其属于魏氏组织，也有人由于这种组织的转变温度偏低而将它称为无碳贝氏体（Carbon Free Binete）。侧板条铁素体内的位错密度比先共析铁素体高一些，它使焊缝金属韧性显著下降。

（3）针状铁素体（Acicular Ferrite，AF） 针状铁素体形成温度比侧板条铁素体更低些，约在 $500 \, ℃$ 附近，在中等冷却速度下才能得到，它在原奥氏体晶内以针状分布，其宽度约为 $2 \, \mu m$，长宽比在 3∶1 至 5∶1 范围内，常以某些弥散氧化物或氮化物夹杂物质点为核心放射性成长，使形成的针状铁素体相互限制而不能任意长大。针状铁素体内位错密度较高，为 $1.2 \times 10^{10} \, cm^{-2}$ 左右，为先共析铁素体的 2 倍。位错之间也相互缠结，分布也不均匀。一般认为在焊缝屈服强度不超过 $550 \, MPa$、硬度在 $175 \sim 225 HV$ 范围内时，针状铁素体是可以显著改善焊缝韧性的理想组织。针状铁素体的比例增加时，有利于提高焊缝金属的韧性，故希望尽可能获得较多的针状铁素体组织。

（4）细晶铁素体（Finc Grain Ferrite，FGF） 细晶铁素体一般是在有细化晶粒的元素（如 Ti、B 等）存在的条件下，在奥氏体晶粒内形成的铁素体，在细晶之间有珠光体和碳化物析出。它实质上是介于铁素体与贝氏体之间的转变产物，故又称贝氏铁素体（Binetic Ferrite）。细晶铁素体转变温度一般在 $500 \, ℃$ 以下，如果在更低的温度（约 $450 \, ℃$）转变时，可转变为上贝氏体。

以上四种显微组织是低合金钢焊缝中铁素体类型的基本形态，但并不是低合金钢焊缝所独有，即使低碳钢焊缝也会出现，只是所含比例不同而已。

### 2. 珠光体（Pearite，P）

珠光体是在接近平衡状态下（如热处理时的连续冷却）低合金钢中常见的组织，珠光体转变发生在 $Ar_1 \sim 550 \, ℃$ 之间。根据细密程度的不同，珠光体又分层状珠光体、粒状珠光体及细珠光体。

在焊接非平衡条件下，原子来不及充分扩散，使珠光体转变相受到抑制，扩大了铁素体和贝氏体转变的区域。当焊缝中含有 B、Ti 等细化晶粒的元素时，珠光体转变可完全被抑制。所以低合金钢焊缝的固态转变很少能得到珠光体转变，除非在很缓慢的冷却条件下（预热、缓冷和后热等），才有少量珠光体组织存在，珠光体会增加焊缝金属的强度，但使其韧性下降。

### 3. 贝氏体（Bainite，B）

贝氏体转变属于中温转变，它的转变温度在 $550℃ \sim Ms$。此时合金元素已不能扩散，只有碳还能扩散，故其转变机制为扩散-切变型。在焊接热循环条件下，很容易促使形成贝氏体，按贝氏体形成的温度区间及其特性来分，可分为上贝氏体（Upper Bainite，$B_U$）和下贝氏体（Lower Bainite，$B_L$）。

上贝氏体的特征为，在光学显微镜下呈羽毛状，一般沿奥氏体晶界析出。在电镜下可以看出，相邻条状晶的位向接近于平行，且在平行的条状铁素体间分布有渗碳体。由于这些碳化物断续平行地分布于铁素体条间，因而裂纹易沿铁素体条间扩展，在各类贝氏体中以上贝氏体的韧性最差。

下贝氏体的特征为，在光学显微镜下观察时，有些与回火片状马氏体相似。在电镜下可以看到许多针状铁素体和针状渗碳体的机械混合物，针与针之间呈一定的角度。由于下贝氏体的转变温度区在贝氏体转变区的低温部分（$450℃ \sim Ms$ 之间），碳的扩散更为困难，故在铁素体内分布有碳化物颗粒。由于下贝氏体中铁素体针呈一定交角，且碳化物弥散析出于铁素体内，裂纹不易穿过，因此下贝氏体具有强度和韧性均良好的综合性能。

此外，在奥氏体以中等速度连续冷却时，稍高于上贝氏体形成温度下还可能出现粒状贝氏体，以 $B_G$ 表示。它是在块状铁素体形成后，待转变的富碳奥氏体呈岛状分布其上，$w_C$ 约 1%，在一定的合金成分和冷却速度下可转变为富碳马氏体和残留奥氏体，有时也有碳化物，称为 M-A 组元（Constitution M-A）。当块状铁素体上 M-A 组元以粒状分布时，即称粒状贝氏体（Grain Bainite）。如以条状分布时，称为条状贝氏体（Lath Bainite）。粒状贝氏体不仅在奥氏体晶界形成，也可在奥氏体晶内形成。粒状贝氏体中 M-A 组元也称为岛状马氏体。因硬度高，在载荷下可能开裂，或在相邻铁素体薄层中引发裂纹而使焊缝韧性下降。

### 4. 马氏体（Martensite，M）

当焊缝金属的含碳量偏高或合金元素较多时，在快速冷却条件下，奥氏体过冷到 $Ms$ 温度以下将发生马氏体转变。根据含碳量不同，可形成不同形态的马氏体。

（1）板条马氏体（Plate Martensite）　板条马氏体是低碳低合金钢焊缝金属中最常出现的马氏体形态，它的特征是在奥氏体晶粒内部平行生长成群的细条状马氏体板条。马氏体板条内存在许多位错，其密度为 $(3 \sim 9) \times 10^{11} cm^{-2}$，因此又称为位错型马氏体。由于这种马氏体的含碳量低，故也称低碳马氏体。这种马氏体不仅具有较高的强度，同时也具有良好的韧性，抗裂纹能力强，其综合性能好。

（2）片状马氏体（Plate Martensite）　当焊缝中含碳量较高（$w_C \geqslant 0.4\%$）时，将会出现片状马氏体，它与板条马氏体在形态上的主要区别是：马氏体片不相互平行，初始形成的马氏体较粗大，往往贯穿整个奥氏体晶粒，使以后形成的马氏体片受到阻碍。片状马氏体内部的亚结构存在许多细小平行的带纹，为孪晶带，故又称其为孪晶马氏体，因其含碳量较高，所以也称为高碳马氏体。这种马氏体硬度高而脆，容易产生焊缝冷裂纹，是焊缝中应予避免的组织。

低合金钢的焊缝组织较复杂，随着化学成分、强度级别及焊接条件的不同，会出现不同的混合组织，力学性能变化也较大。低合金钢焊缝金属的组织可能出现的形态可归纳为表 7-3。

表 7-3 低合金钢焊缝金属的组织可能出现的形态

| 铁素体（F） | 粒界铁素体（GBF） | 侧板条铁素体（FSP） | 针状铁素体（AF） | 细晶铁素体（FGF） |
|---|---|---|---|---|
| 贝氏体（B） | 上贝氏体（$B_U$） | 下贝氏体（$B_L$） | 粒状贝氏体（$B_G$） | 条状贝氏体（$B_{LA}$） |
| 珠光体（P） | 层状珠光体（$P_L$） | 粒状珠光体（托氏体）（$P_r$） | 细珠光体（索氏体）（$P_s$） | |
| 马氏体（M） | 板条马氏体（位错）$M_D$ | 片状马氏体（孪晶）$M_T$ | 岛状 M-A 组元 | |

### （三）WM-CCT 图

为了预测低合金钢焊缝组织与性能，焊接工作者专门研究制订了低合金钢焊缝金属连续冷却组织转变图，简称为 WM-CCT（Weld Metal-Continuous Cooling Transformation）图，其分析原理及应用与热处理中的连续冷却转变图（CCT 图）相同。根据焊缝金属的 WM-CCT 图（与成分有关）和焊接条件（决定冷却曲线），可以推断焊缝金属的组织与性能；反之，由焊缝的性能要求可以确定其组织组成，选择母材与焊接材料，制订焊接参数。

### 三、焊缝金属性能的控制

控制焊缝性能是保证焊接质量的主要内容之一。一般的焊接构件焊后不再进行热处理，因此，保证焊缝及焊接接头的焊态组织与性能非常重要。在焊接过程中用于改善焊缝金属性能的途径很多，但归纳起来主要是焊缝合金化和变质处理、调整焊接工艺。

#### 1. 焊缝合金化与变质处理

焊缝合金化的目的是保证焊缝金属的焊态强度与韧性，可以采取固溶强化（加入锰、硅等合金元素）、细晶强化（加入钛、铌、钒等合金元素）、弥散强化（加入钛、钒、钼等合金元素）、相变强化等措施。在焊接熔池中加入少量钛、硼、锆、稀土等元素有变质处理作用，可以有效地细化焊缝组织，提高韧性。

### 2. 工艺措施

除上述冶金措施以外，还可以通过调整焊接参数的方法提高焊缝性能，如采取振动结晶、焊后热处理等措施。

## 第三节 焊接热影响区的组织与性能

熔焊时，在焊接热源的作用下焊缝周围的母材发生组织和性能变化的区域，称为热影响区（Heat Affected Zone，HAZ），或称为近缝区（Near Weld Zone）。

### 一、焊接热影响区的热循环特点

#### 1. 焊接热循环

在焊接中，焊件上某点的温度由低到高，达到最大值后又由高到低随时间的变化过程，称为焊接热循环。HAZ 中距离焊缝位置不同的点，焊接热循环不同，焊后组织及性能也不同，不同点的不同热循环还会造成复杂的焊接应力与应变。

#### 2. 焊接热循环的主要参数

焊接热循环反映了焊接过程中热源对被焊金属的热作用。距离焊缝远近不同的点，经历的热循环不同。如图 7-20 所示，焊接热循环曲线可以分为加热与冷却两个阶段，采用四个主要参数描述其特征。

（1）加热速度 $v_H$　焊接时热源对母材局部的加热速度比热处理条件下快，加热速度与焊接方法、焊接热输入（单位焊缝长度上吸收的热量）、母材板厚及材质等因素有关。例如，埋弧焊时加热速度可达 $60 \sim 200 ℃ / s$。

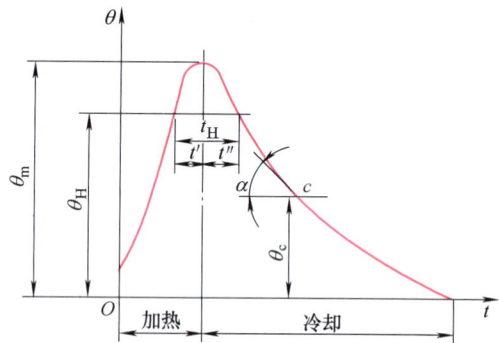

图 7-20　焊接热循环参数

$\theta_H$—相变温度

加热速度影响加热过程中的相变温度和奥氏体的均质化。加热速度越快，相变温度越高，奥氏体的均质化及碳化物的溶解越不充分，这必然影响冷却后的组织与性能。

（2）最高温度 $\theta_m$　最高温度又称为峰值温度，它与 HAZ 中的点有对应关系，距离焊缝近的点峰值温度高，也就是说，焊接热循环的最高温度代表了 HAZ 中该点的位置。焊接钢材时，熔合线附近 HAZ 过热区的 $\theta_m$ 可达 $1300 \sim 1350 ℃$，奥氏体因严重过热而长大，冷却后组织粗大，韧性下降，因而此区受到人们的关注。

（3）相变温度以上的停留时间 $t_H$　这是一个非独立参数，又称为高温停留时间。它可以分为加热停留时间 $t'$ 及冷却停留时间 $t''$，显然 $t_H = t' + t''$。$t_H$ 越长，HAZ 高温区的奥氏体均质化越充分，但是，奥氏体晶粒长大也越严重。

（4）**冷却速度 $v_c$** 或**冷却时间 $t_c$**　冷却速度 $v_c$ 是指冷却至某一温度 $\theta_c$ 时的瞬时冷却速度，可以在时间-温度曲线上，在 $\theta_c$ 点作切线求得。由于 $v_c$ 难以准确求得，也可以采用一定温度范围内的平均冷却速度 $\Delta\theta/\Delta t$，或者干脆采用一定温度范围内的冷却时间 $t_c$ 来反映冷却速度。例如，$t_{8/5}$ 代表从 800℃ 冷却到 500℃ 的冷却时间；$t_{8/3}$ 代表从 800℃ 冷却到 300℃ 的冷却时间；$t_{100}$ 是从 $\theta_m$ 冷却到 100℃ 的冷却时间。冷却速度是决定 HAZ 组织与性能的主要参数。

综上所述，在描述焊接热循环的参数 $v_H$、$\theta_m$、$t_H$、$v_c$ 或 $t_c$ 中，只有三个独立参数 $v_H$、$\theta_m$、$v_c$，其中 $\theta_m$、$v_c$ 较为重要。焊接热循环反映了母材在热源作用下的相变特点，研究它对于了解焊接接头的应力与变形、组织与性能的变化等内容是十分重要的。参考 HAZ 某点的热循环曲线制订热模拟曲线，可以用焊接热模拟装置重现该点的热循环，以研究实际焊接热影响区各微区的组织与性能，进而得到 HAZ 组织与性能变化的信息。

采用热电偶测温等方法可以测试并记录焊接热循环。近年来人们广泛应用传热学理论及有限元等数值方法模拟焊接温度场，并计算焊接热循环的特征值（$\theta_m$、$t_H$、$v_c$ 或 $t_c$ 等），以获得焊接热过程的定量结果。

## 二、焊接热影响区的组织转变特点

焊接条件下 HAZ 的组织转变与热处理条件下的组织转变，冶金学基本原理是一样的。新相的形成要通过形核和核长大两个过程，组织转变的动力来源于系统的热力学条件，即新相与母相的自由能之差。但是，焊接过程本身的特点使 HAZ 组织转变具有特殊性。

### 1. 焊接热循环的特点

（1）**焊接 HAZ 加热温度高**　在热处理条件下，可以控制工件的加热温度为 $Ac_3$ 以上 100~200℃ 以控制其晶粒度。焊接时，熔合线附近的最高加热温度接近母材的熔点，焊接低碳钢及低合金钢时，温度高于 1300℃ 的区域晶粒严重粗化，这种情况不可避免，只能采取冶金或工艺措施控制之。

（2）**加热速度快**　焊接时的加热速度比热处理时要高出几十甚至几百倍，对于加热过程中钢的奥氏体化有一定影响。

（3）**高温停留时间短**　焊接快速加热及自然连续冷却的热循环条件，使 HAZ 在 $Ac_3$ 以上的停留时间很短，焊条电弧焊为 4~20s，埋弧焊较长为 30~100s。热处理则可以根据需要任意控制保温时间。

（4）**局部受热**　热处理时工件在炉中整体加热，焊接时焊件局部受热，且随着焊接热源的移动，被加热区域随之变化。

综上所述，焊接 HAZ 各处的温度分布不均匀，加热与冷却也不均匀，造成了组织与性能的不均匀。

### 2. 焊接加热过程中奥氏体化的特点

焊接条件下，由于加热速度快，使钢的 $Ac_1$、$Ac_3$ 点相应提高，两者温差也增大。由于 F+P→A 转变是扩散型重结晶过程，快速加热必然使奥氏体孕育期延长，不利于奥氏体化及奥氏体均匀化。钢中含有合金元素（如铬、钨、钼等）时，不但合金元素本身扩散较慢，而且降低碳的扩散速度，这也不利于奥氏体化。

焊接 HAZ 加热温度高，这不但促进奥氏体化，而且在高温下奥氏体晶粒迅速长大，使 HAZ 高温区奥氏体粗大，冷却后为粗大的奥氏体转变产物。

### 3. 焊接冷却过程中的组织转变特点

在焊接 HAZ 组织与性能研究的初期，是根据金属学理论中组织转变规律进行分析讨论的，即使用热处理条件下的连续冷却转变图（CCT 图）对焊接冷却过程中的组织转变进行研究。后来发现，由于焊接 HAZ 奥氏体化温度高，加热与冷却速度快，理论分析与实际观察出入较大，因此，有人专门研制了焊接热模拟试验装置，利用快速相变仪测定了一些焊接用钢材的 HAZ 组织转变，得到了相应材料的焊接连续冷却转变图（CCT 图），称之为模拟焊接热影响区连续冷却组织转变图，简称为 SH-CCT 图。其加热的峰值温度为 1300~1350℃。

## 三、焊接热影响区的组织与性能变化

焊接 HAZ 上各点因距离焊缝远近不同，所经历的焊接热循环不同，会出现不同的组织与性能。因此，焊接 HAZ 的组织与性能分布不均匀，但也有一定的规律性。

### （一） HAZ 组织分布

### 1. 低碳钢及不易淬火的低合金钢 HAZ 组织分布

这类钢主要有 Q235、20、Q345（16Mn）、Q420（15MnVN） 等。按最高温度范围及组织变化可以将 HAZ 分为四个区，如图 7-21 所示。

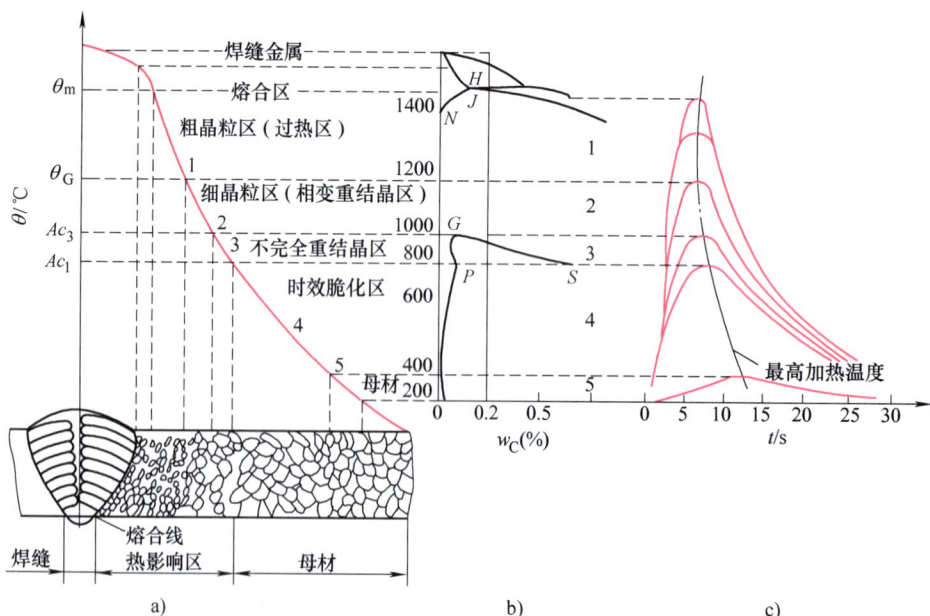

图 7-21　焊接热影响区的温度分布与相图的关系

a）HAZ 组织分布　b）铁碳相图　c）热循环

$\theta_m$—峰值温度　$\theta_G$—晶粒长大温度

（1） 熔合区　焊缝与母材相邻的部位，最高温度处于固相线与液相线之间，严格来说，它不属于热影响区，所以又称为半熔化区。此区虽然较窄，但是，由于晶界与晶内局部熔化，成分与组织不均匀分布，过热严重，塑性差，所以是焊接接头的薄弱环节。

（2）**过热区**　温度范围处于固相线到1100℃左右。由于加热温度高，奥氏体过热，晶粒严重长大，故又称之为粗晶粒区。焊后冷却时，奥氏体相变产物也因晶粒粗化使塑性、韧性下降，慢冷时还会出现魏氏组织。过热区也是焊接接头的薄弱环节。

（3）**相变重结晶区**（正火区）　母材已完全奥氏体化，该区处于1100℃ ~ $Ac_3$（约900℃）之间。由于奥氏体晶粒细小，空冷后得到晶粒细小而均匀的珠光体和铁素体，相当于热处理时的正火组织，因此其塑性和韧性很好。

（4）**不完全重结晶区**　$Ac_1$ ~ $Ac_3$ 范围内的 HAZ 属于不完全重结晶区。由于部分母材组织发生相变重结晶 F+P→A，且奥氏体晶粒细小，冷却转变后得到细小的 F+P，而未奥氏体化的 F 受热后长大，使该区晶粒大小、组织分布不均匀，虽然受热不严重但性能不如相变重结晶区。图 7-22 是低碳钢 Q235A 焊接热影响区的显微组织。

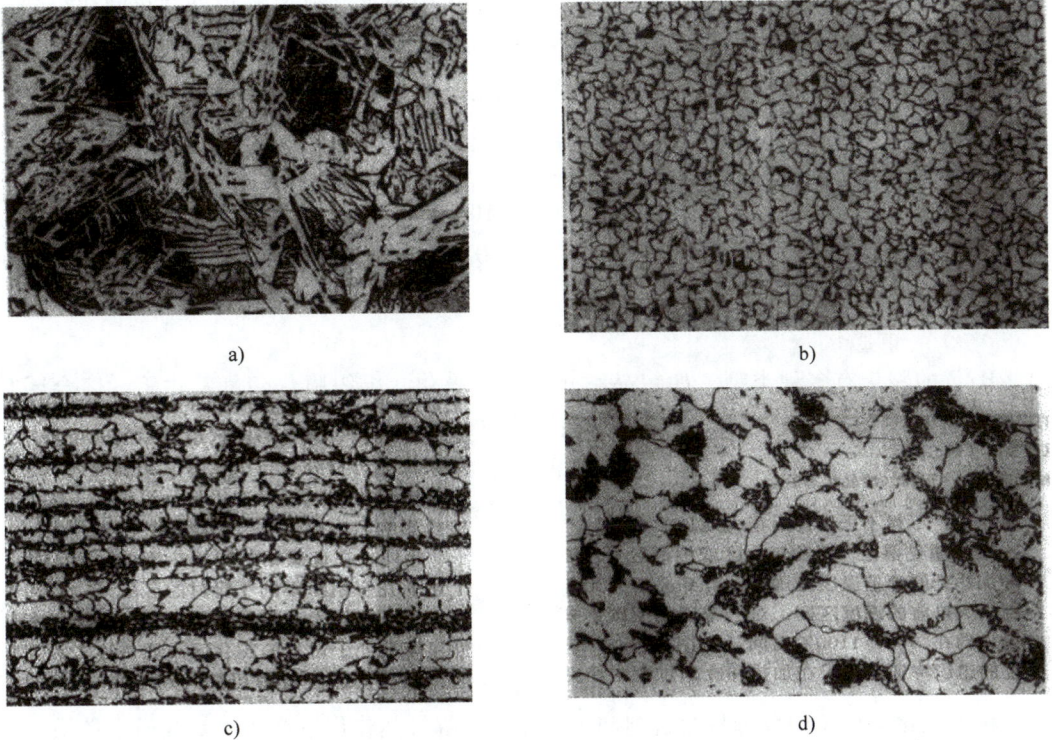

图 7-22　Q235A 钢的热影响区的组织特点（226×）
a）过热区　b）重结晶区　c）不完全重结晶区　d）母材

### 2. 易淬火钢 HAZ 组织分布

这类钢淬硬倾向较大，包括低碳调质钢、中碳钢及中碳调质钢，如 18MnMoNb、45、30CrMnSi 等，其 HAZ 组织变化及分布与母材焊前的热处理状态有关。

（1）**焊前为正火或退火状态**　焊前母材为 F+P（S、B）组织。HAZ 主要由完全淬火区和不完全淬火区组成。完全淬火区 $\theta_m$ 高于 $Ac_3$，由于完全奥氏体化，焊后因快冷得到淬火组织 M（或 M+B）。但靠近焊缝的高温区为粗大的 M 组织，韧性很差；$\theta_m$ 在 $Ac_3$ ~ 1100℃ 范围内的区域为细小马氏体组织。在不完全淬火区，即 $\theta_m$ 处于 $Ac_1$ ~ $Ac_3$ 之间的

HAZ，铁素体很少分解为奥氏体，而珠光体 P（或 S、B）优先转变为奥氏体，随后快冷时，奥氏体转化为马氏体，而铁素体有所长大但类型不变，最后得到 M+F 混合组织。

（2）焊前为调质态 调质后母材为回火组织，其 HAZ 可分为完全淬火区、不完全淬火区和回火区。其中前两个区域组织变化与正火态下基本相同，但 $\theta_m$ 处于 $Ac_1 \sim \theta_{回}$（调质处理时的回火温度）范围内的区域发生了不同程度的回火热处理，故称为回火区。由于这次回火温度高于热处理时的回火温度 $\theta_{回}$，故该区强度下降，塑性、韧性上升，故称之为回火软化。

（二）HAZ 的性能变化

对于一般焊接结构来讲，主要考虑 HAZ 的硬化、脆化、软化及综合力学性能的变化。

1. HAZ 的硬化

HAZ 组织硬化后必然导致性能变化，由于硬度试验易操作，故常用 HAZ 的最高硬度 $H_{max}$ 来间接判断组织变化对 HAZ 性能的影响。HAZ 的硬度主要取决于母材化学成分和冷却条件。在实际工作中可以用碳当量 CE（Carbon Equivalent）来估算母材成分对 HAZ 淬硬程度的影响。例如，国际焊接学会（IIW）推荐的碳当量公式为

$$CE = C + \frac{Mn}{6} + \frac{Cu+Ni}{15} + \frac{Cr+Mo+V}{5} \tag{7-5}$$

则

$$H_{max} = 559CE + 100 (HV) \tag{7-6}$$

上述 CE 及 $H_{max}$ 公式适用于碳含量 $w_C$ 大于 0.18% 的低合金钢。式中元素符号为该元素的质量分数。

2. HAZ 的脆化

HAZ 的脆化有多种类型，如粗晶脆化、析出脆化、组织脆化、氢脆化等。熔合区与过热区因 $\theta_m$ 高，常常发生严重的粗晶脆化。例如，对于不易淬火钢该区出现粗大魏氏组织，易淬火钢出现粗大的孪晶马氏体。这种脆化实际是粗晶脆化与组织脆化的复合作用。组织脆化除上述提到的魏氏组织和孪晶马氏体以外，还有 M-A 组元脆化和上贝氏体脆化。M-A 组元脆化是由于焊接低合金高强度钢时，因慢冷在 HAZ 的某些区域（如过热区、不完全重结晶区）先析出含碳量低的铁素体类组织，使 C 富集到被 F 包围的岛状 A 中（其 M 碳含量 $w_C$ 可达 0.5%~0.8%），这些高碳奥氏体随后转变为高碳 M 与残留 A 的混合物，称为 M-A 组元。M-A 组元很硬，它与周围的铁素体受力时变形不协调导致脆化。

析出脆化是由于焊前母材为过饱和固溶体，在焊接热作用下产生时效或回火效果，碳化物或氮化物析出造成的塑性及韧性下降。

3. HAZ 的软化

焊接调质钢或淬火钢时，HAZ 受热温度超过回火温度，在 $Ac_1$ 附近强度下降的现象称为回火软化。

（三）HAZ 韧化

韧性是指材料在塑性应变和断裂全过程中吸收能量的能力，它是强度和塑性的综合表现。长期焊接实践证明，焊接接头韧性是保证焊接结构安全运行的最重要性能指标。实际接头中，HAZ 的熔合区与过热区是整个接头的薄弱地带。保证 HAZ 韧性的措施有：

（1）调整低合金高强钢的成分与 HAZ 组织状态 近年来大力发展了低碳微量多种合

金元素合金化的钢种，焊后 HAZ 分布弥散强化质点，韧性好。焊后希望 HAZ 为针状铁素体、下贝氏体、低碳马氏体、奥氏体等塑性、韧性相对较好的组织。

（2）合理制订焊接工艺　正确选择焊接热输入、预热温度，必要时预热。例如，热输入的大小应合理，过小时，快冷造成脆硬组织，生产率也低；过大时，HAZ 粗晶脆化，低碳钢可能出现粗大魏氏组织，低合金钢出现上贝氏体与 M-A 组元。所以，热输入的选取原则是，在避免脆化组织的前提下尽量大一些，以防止淬硬组织，避免冷裂纹，提高生产率。

为了控制 HAZ 的组织转变与性能，防止冷裂纹，有时应对焊件进行预热。低合金高强钢常采取预热加适中热输入的焊接工艺，必要时进行后热处理。

## 习题

7.1　说明焊接定义。焊接的物理本质是什么？采取哪些工艺措施可以实现焊接？

7.2　传统上焊接方法分为哪三大类？说明熔焊的定义。

7.3　焊接冶金包括哪些内容？

7.4　如何控制焊缝金属的组织与性能？

7.5　说明 WM-CCT 的意义及其应用。

7.6　描述 HAZ 的概念。焊接接头由哪几部分组成？

7.7　焊接热循环有哪几个参数？说明 $\theta_m$、$t_{8/5}$ 的含义。

7.8　说明易淬火钢与不易淬火钢 HAZ 的组织分布。

7.9　哪些原因会造成 HAZ 的脆化？如何改善 HAZ 韧性？

# 第八章

# 成形过程的冶金反应原理

在材料成形过程中（如液态成形、焊接成形等），由于液态金属和其周围的物质，如气体、熔渣等处于高温状态，各种物质在高温下将发生相互作用，这是一个极其复杂的物理化学变化过程（称之为化学冶金过程），对铸件和焊件的质量有很大的影响。因此必须研究冶金反应与焊缝（或铸件）成分、性能之间的关系及其变化规律，从而利用这些规律来合理选择焊接材料等，以控制焊件的质量，使之符合使用要求。本章以低碳钢或低合金钢的冶金问题为对象，从热力学的角度来阐述化学冶金的一般规律，大部分的冶金反应原理也适用于熔炼及铸造过程。

## 第一节　成形工艺中的冶金反应特点

在材料成形过程中，高温下各种物质之间的相互作用主要是指液态金属与气、渣之间的物理化学反应。本章主要分析讨论物质的结构、物态的转变、化学反应的平衡问题，以及化学反应的速度和机理等。研究化学现象和物理现象之间的内在联系，找出各种化学冶金现象的共同规律。

由于液态成形与焊接成形过程有着较大的差别，因而两者在高温下进行的化学冶金过程也不完全相同。所以在分析和研究化学冶金规律时必须注意它们各自的特点。

### 一、液态成形的冶金反应特点

液态成形的化学冶金过程，主要发生在金属的熔炼阶段。以电弧炉炼钢为例，冶炼碳钢、低合金钢和高合金钢时的工艺过程包括装料、熔化期、氧化期、还原期和出钢。主要的物理化学反应为金属的氧化、金属的脱磷、脱碳、脱氧、脱硫和合金化等。

由于金属在熔炼过程中的温度较低，一般比金属的熔点温度稍高（在1600℃以下），温度变化的范围不大，并且液态金属的体积（与焊接熔池相比）较大，熔炼的时间相对较长，因此冶金反应进行得较充分和完全，可以采用物理化学中的平衡方程式来进行分析与计算，能较为容易地控制钢中各种元素的含量，保证钢的化学成分达到设计的要求。

## 二、焊接成形的冶金反应特点

焊接冶金过程与一般钢铁的冶炼过程不同。在熔焊条件下，焊接冶金过程是优质金属的局部超高温快速熔化，和随后伴随的凝固。所形成的焊缝金属在化学成分上，往往同母材有相当明显的差别。因此不能完全用普通的化学冶金规律来研究焊接的化学冶金问题。

表 8-1 是低碳钢焊材熔敷金属成分分析及性能试验的结果。从表 8-1 可见，用光焊丝在空气中进行无保护焊接时，熔敷金属化学成分、气体杂质的质量分数和力学性能受到的影响最为显著，以致满足不了使用要求。因此，有必要加强对焊接区金属的保护，防止空气的有害影响。

表 8-1　低碳钢焊材熔敷金属成分及性能变化

| 分析对象 | | 化学成分（%） | | | | | | 常温力学性能[1] | | | |
|---|---|---|---|---|---|---|---|---|---|---|---|
| | | $w_C$ | $w_{Si}$ | $w_{Mn}$ | $w_N$ | $w_O$ | $w_H$ | $\sigma_s$/MPa | $\sigma_b$/MPa | $\delta_5$（%） | $A_{KV}$（20℃）/J |
| 焊丝 | | 0.13 | 0.07 | 0.66 | 0.005 | 0.021 | 0.0001 | — | — | — | — |
| 钢板 | | 0.20 | 0.18 | 0.44 | 0.004 | 0.003 | 0.0005 | 235 | 412 | 26 | 102 |
| 熔敷金属 | 无保护光焊丝 | 0.03 | 0.02 | 0.20 | 0.140 | 0.210 | 0.0002 | 302 | 410 | 7.5 | 12 |
| | 酸性焊条 | 0.06 | 0.07 | 0.36 | 0.013 | 0.099 | 0.0009 | 321 | 460 | 25 | 75 |
| | 碱性焊条 | 0.07 | 0.23 | 0.43 | 0.026 | 0.051 | 0.0005 | 345 | 459 | 29 | 121 |

注：两种焊条的焊芯与光焊丝为同一种焊丝。

[1]　本书中力学性能的一些符号仍用旧标准中符号表示，如 $\sigma_s$、$\sigma_b$、$\delta$、$A_{KV}$、$\psi$ 等。

焊接过程中保护气体介质中基本不含氮，焊缝金属中氮的来源主要是空气，所以可用焊缝金属中氮含量作为各种保护方式隔离空气的有效程度的指标。高真空度下的电子束焊接的保护效果最好，焊缝金属中的氧、氮含量极低。惰性气体（Ar、He 等）保护焊的保护效果是很好的，熔化极氩弧焊焊缝金属中氮的质量分数约为 0.0068%，适用于焊接合金钢和化学活性金属及其合金。埋弧焊是利用焊剂熔化后形成的熔渣隔离空气保护高温金属的，其焊缝金属中氮的质量分数一般为 0.002%~0.007%，保护效果也比较好。实芯焊丝和药芯焊丝 $CO_2$ 焊时，焊缝金属中氮的质量分数在 0.008%~0.015% 范围内变化。尽管各种焊接方法的保护效果不同，但均能有效地防止空气中的氧、氮侵入焊接区，以满足金属熔焊保护的要求。

## 三、焊接化学冶金反应区

焊接冶金反应开始于焊接材料（焊条、焊丝）的引弧熔化，经熔滴过渡后到达熔池中，既具有阶段性特征又是互相依赖的连续过程。以焊条电弧焊为例，大体可分为三个冶金反应区：药皮反应区、熔滴反应区及熔池反应区，如图 8-1 所示。各区域进行的冶金反应及反应条件（如反应物的性质、浓度、温度、反应时间、相接触面、对流和搅拌的程度等）有较大的差别。因而反应的可能性、进行的方向、速度等也各不相同。

不同的焊接方法有不同的冶金反应区。药皮焊条和黏结焊剂等三个反应区都存在；对于熔炼焊剂或熔化极气体保护焊，只有熔滴反应区和熔池反应区；而不加填充材料的气焊、钨极氩弧焊等只有熔池反应区。

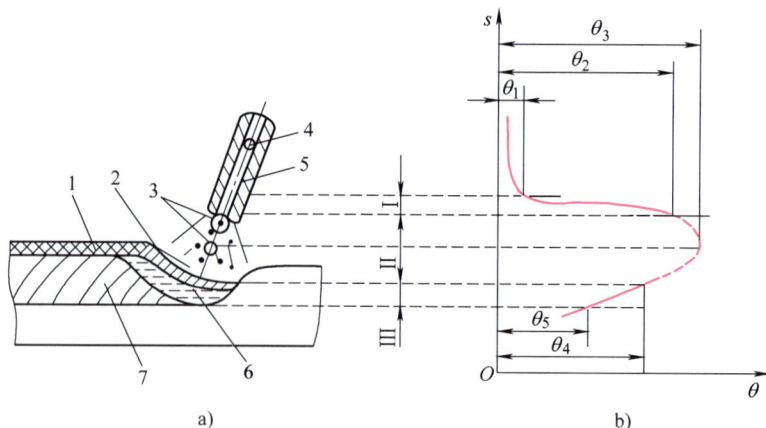

图 8-1　焊接冶金反应区（以焊条电弧焊为例）

a）焊接区纵剖面示意图　b）焊接反应区温度变化特性曲线

1—渣壳　2—熔渣　3—包有渣壳的熔滴　4—焊芯　5—药皮　6—熔池　7—已凝固的焊缝

Ⅰ—药皮反应区　Ⅱ—熔滴反应区　Ⅲ—熔池反应区

$\theta_1$—药皮反应开始温度　$\theta_2$—焊条端部的熔滴表面温度　$\theta_3$—弧柱间的熔滴表面温度

$\theta_4$—熔池表面温度　$\theta_5$—熔池凝固温度

下面简述各反应区的特点：

### 1. 药皮反应区

药皮反应区的特点是加热的温度较低，不超过药皮的熔化温度（对钢焊条来说约为 1200℃），也称造渣反应区。反应的部位在焊条前端的套筒附近。在药皮反应区所进行的冶金反应，主要是水的蒸发及药皮中某些固态物质（如有机物、大理石、高价氧化物等）的分解。反应的结果将显著改变焊接区的气氛性质，在氧化性气氛中将导致铁合金的氧化。因此药皮反应区是焊接冶金反应的准备阶段，为冶金反应提供了气体和熔渣。

### 2. 熔滴反应区

熔滴反应区的特点是：

（1）温度高　钢焊条熔滴金属的温度达 2100～2200℃，最高温度可接近钢的沸点（约为 2800℃）。气体保护焊和埋弧焊熔滴的平均温度均可接近钢的沸点。

（2）熔滴的比表面积大　由于熔滴的尺寸小，其比表面积可达 $10^3\sim10^4\text{cm}^2/\text{kg}$ 以上，比炼钢时大 1000 倍左右。这种特大相界面的存在可促进冶金反应的进行，因此熔滴反应区是焊接冶金反应最激烈的部位，许多反应可达到很完全的程度，对焊缝的化学成分影响最大。

在熔滴反应区进行的冶金反应有：气体的分解和溶解，金属的蒸发，金属及其合金的氧化、还原，以及焊缝金属的合金化等。但由于反应的时间短促，一般小于 1s，故不利于冶金反应达到平衡状态。

### 3. 熔池反应区

熔滴金属和部分熔渣以很大的速度落入熔池后，同熔化的母材金属混合，并向熔池尾部和四周运动；与此同时，各相之间进一步发生物理化学反应，直至金属凝固，形成固态焊缝金属。

由于熔池的平均温度比熔滴低（钢的熔池温度为 1600～1900℃，平均可达 1770℃±100℃），比表面积小，所以熔池中的化学反应强烈程度要比熔滴反应区小一些。此外，由于熔池中的温度分布极不均匀，在熔池的不同部位液态金属存在的时间不同，因而冶金反应进行的程度也不相同，尤其是熔池的头部和尾部更为复杂。熔池的头部处于升温阶段，发生金属的熔化和气体的吸收，这有利于吸热反应的进行；而熔池的尾部发生金属的凝固和气体的逸出，则有利于放热反应的进行。

熔池反应区反应物的相对浓度要比熔滴反应区小，故其反应的速度也比熔滴反应区小一些。但由于熔池区的反应时间较长，一般在几秒或几十秒，并且熔池中存在着对流和搅拌现象，这有助于熔池成分的均匀化和冶金反应的进行。因此熔池反应区对焊缝的化学成分具有决定性的影响。

总之，焊接化学冶金过程是分区域连续进行的。熔滴阶段所进行的反应，多数会在熔池阶段中继续进行，但也有少数会停止或向相反的方向进行。各阶段冶金反应的综合才能决定焊缝金属的最终成分。

# 第二节 液态金属与气体界面的反应

## 一、焊接区气体的来源

焊接区内的气体主要来源于焊接材料，如焊条药皮、焊剂及药芯焊丝中的造气剂、高价氧化物和水分等都是气体的主要来源。气体保护焊时焊接区内的气体主要来自所采用的保护气体中的杂质（如氧、氮、水气等）。热源周围的空气也是一种难以避免的气体源。

除了直接进入焊接区内的气体（如空气、保护气体中的水分等）外，焊接区内的气体主要是通过以下物理化学反应而产生的：

### 1. 有机物的分解和燃烧

制造焊条时常用的淀粉、纤维素等（作为造气剂和涂料的增塑剂），焊丝和母材表面的油污、油漆等，这些物质被加热到 200～250℃后，将发生复杂的分解和燃烧，生成的气态产物主要是 $CO_2$，还有少量的 CO、$H_2$、烃和水汽。

### 2. 碳酸盐和高价氧化物的分解

焊接冶金中常用的碳酸盐有 $CaCO_3$、$MgCO_3$ 及 $BaCO_3$ 等，当其被加热到一定温度后，开始发生分解并放出 $CO_2$ 气体，即

$$CaCO_3 = CaO + CO_2 \uparrow$$
$$MgCO_3 = MgO + CO_2 \uparrow$$

在空气中，$CaCO_3$ 开始分解的温度为 545℃，$MgCO_3$ 为 325℃。而 $CaCO_3$ 激烈分解的温度为 910℃，$MgCO_3$ 为 650℃。可见，在焊接条件下，它们能完全分解。

焊接材料中常用的高价氧化物主要有 $Fe_2O_3$ 和 $MnO_2$，它们在焊接过程中将发生逐级分解，即

$$6Fe_2O_3 = 4Fe_3O_4 + O_2$$

$$2Fe_3O_4 \rule[0.5ex]{1.5em}{0.4pt} 6FeO+O_2$$

$$4MnO_2 \rule[0.5ex]{1.5em}{0.4pt} 2Mn_2O_3+O_2$$

$$6Mn_2O_3 \rule[0.5ex]{1.5em}{0.4pt} 4Mn_3O_4+O_2$$

$$2Mn_3O_4 \rule[0.5ex]{1.5em}{0.4pt} 6MnO+O_2$$

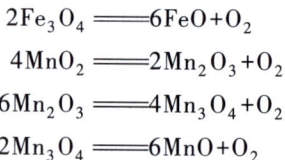

反应的结果生成大量的氧气和低价氧化物 FeO 和 MnO。

### 3. 材料的蒸发

焊接过程中，除了焊接材料中和母材表面的水分发生蒸发外，金属元素和熔渣中的各种成分也在电弧的高温作用下发生蒸发，并形成相当多的蒸气。

进入焊接区内的气体，如 $N_2$、$H_2$、$O_2$、$CO_2$ 和 $H_2O$ 等，在电弧的高温作用下（一般在 6000℃ 左右）还将发生分解，如

$$H_2 \rule[0.5ex]{1.5em}{0.4pt} H+H$$

$$CO_2 \rule[0.5ex]{1.5em}{0.4pt} CO+\frac{1}{2}O_2$$

$$H_2O \rule[0.5ex]{1.5em}{0.4pt} 2H+O$$

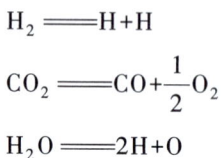

如图 8-2 所示。其中某些气体还能发生电离，由分子或原子变为离子，如 $H \rightarrow H^+$、$N \rightarrow N^+$、$NO \rightarrow NO^-$。

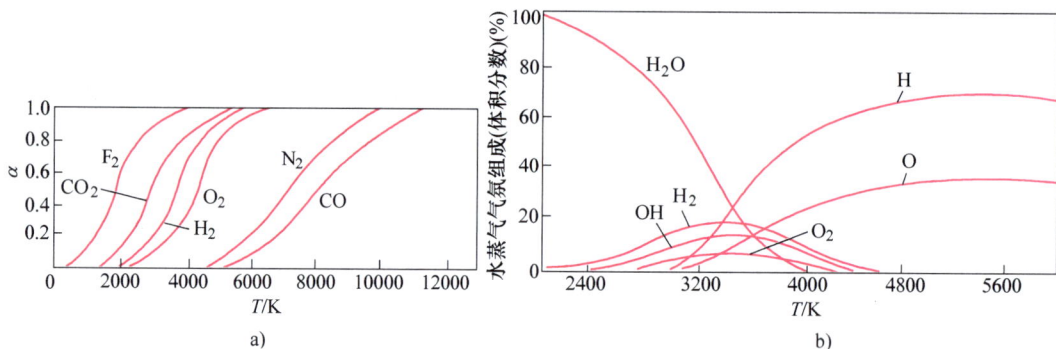

图 8-2 气体的高温分解

a) 气体的分解度 $\alpha$（0.1MPa） b) 水蒸气的分解 （$p_{H_2O}=0.1MPa$）

综上所述，焊接区内的气体是由 CO、$CO_2$、$H_2O$、$O_2$、$H_2$、$N_2$、金属和熔渣的蒸气，以及它们分解或电离的产物所组成的混合物。几种焊条焊接区气氛的组成见表 8-2。可见，低氢型焊条气相中含 $H_2$ 最低，即 $p_{H_2}$ 最小。所有酸性焊条的 $p_{H_2}$ 均较高，其中纤维素型焊条的 $p_{H_2}$ 最大。

表 8-2 各种钢焊条的焊接气氛组成体积分数（烘干 110℃×2h） （%）

| 药皮类型 | CO | $CO_2$ | $H_2$ | $H_2O$ |
|---|---|---|---|---|
| 高钛型（J421） | 46.7 | 5.3 | 34.5 | 13.5 |
| 钛钙型（J422） | 50.7 | 5.9 | 37.7 | 5.7 |
| 钛铁矿型（J423） | 48.1 | 4.8 | 36.6 | 10.5 |
| 氧化铁型（J424） | 55.6 | 7.3 | 24.0 | 13.1 |
| 纤维素型（J425） | 42.3 | 2.9 | 41.2 | 12.6 |
| 低氢型（J427） | 79.8 | 16.9 | 1.8 | 1.5 |

## 二、液态金属与气体的反应

本节主要讨论 $N_2$、$H_2$、$O_2$ 对金属的作用，其他气体与金属的作用将在有关部分内介绍。

### （一）氮与金属的作用

根据氮与金属作用的特点，铜和镍不会与氮发生作用（既不溶解，也不形成氮化物），在此情况下氮可以作为保护气体使用。但铁、锰、钛、铬等金属既能溶解氮，又能与氮形成稳定的氮化物，因此须防止金属的氮化。

### 1. 氮在金属中的溶解

氮在金属中的溶解过程可以分为以下四个阶段，如图 8-3 所示。

第一阶段：气体分子向金属与气体的界面上运动；第二阶段：气体被金属表面吸附；第三阶段：气体分子在金属表面上分解为原子；第四阶段：原子穿过金属表面层向金属深处扩散。

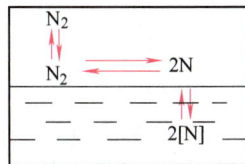

图 8-3 N 的溶解过程

氮在金属中的溶解反应，符合化学平衡法则，氮的溶解度 $S_N$ 的关系式为

$$S_N = K_N \sqrt{p_{N_2}} \tag{8-1}$$

式中，$K_N$ 为氮溶解反应的平衡常数，取决于温度和金属的种类；$p_{N_2}$ 为气相中分子氮的分压。

式（8-1）就是气体在金属中溶解的平方根法则或平方根定律，即氮在金属中的溶解度与氮分压的平方根成比例。氮在铁中的溶解度与温度的关系式为

$$\lg S_N = -\frac{1050}{T} - 0.815 + 0.5 \lg p_{N_2} (\%) \tag{8-2}$$

经计算得到氮在 $w_{Mn} = 1\%$ 的 Fe-Mn 合金中的溶解度与温度的关系，如图 8-4 所示。可以看出：氮在 $w_{Mn} = 1\%$ 的 Fe-Mn 合金中的溶解度随温度的升高而增大，当温度为 2200℃ 时，氮的溶解度达到最大值 47mL/100g，继续升高温度，溶解度急剧下降，至 Fe-1%Mn 合金的沸点（2750℃）时，溶解度为零（这是由于金属蒸气压急剧增加的结果）。此外还可以看出，在液态铁凝固时，氮的溶解度突然下降到 1/4 左右。

在电弧焊条件下，熔池中的含氮量比平方根定律计算的溶解度要高几倍。其主要原因是：因氮分子或氮原子受激使溶解速度加快，电弧气氛中被电离的氮离子 $N^+$ 可直接在阴极溶解；在氧化性气氛中形成的 NO，在遇到温度较低的液态金属时可分解为 N 和 O，其中 N 能迅速溶于金属。此外，各种合金元素对氮的溶解度有影响，在钢中加入 Cr、Nb，则可溶解更多的 N。

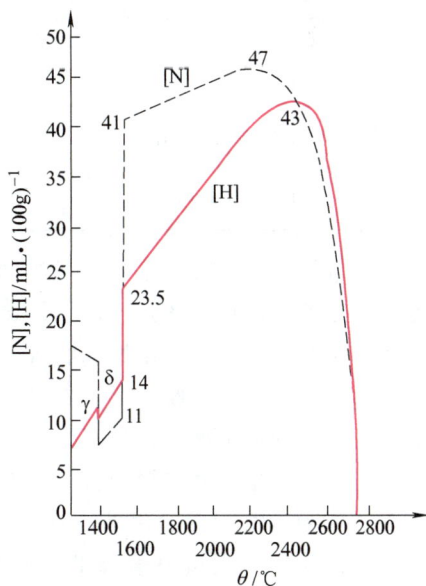

图 8-4 氢与氮在 $w_{Mn} = 1\%$ 的 Fe-Mn 合金中的溶解度

（$p_{H_2} = 0.1 \text{MPa}$，$p_{N_2} = 0.1 \text{MPa}$）

## 2. 氮的影响

氮是低碳钢的有害元素，其突出的影响之一是使材料变脆，即严重降低金属的塑性和韧性，尤其是低温韧性。根据 Fe-N 相图，氮在室温时的溶解度小于 0.001%（质量分数），因此过饱和的氮将以针状 $Fe_4N$ 的形式析出，并分布于晶界和晶内，从而导致金属强度的升高，而塑性、韧性下降。

氮是促使时效脆化的元素，因为焊接时冷却速度较大，氮来不及随温度下降而析出，随着时间的延长，钢中过饱和的氮将逐渐析出，并形成稳定的 $Fe_4N$，从而导致钢的时效脆化。

若焊缝中有过多的铝，而生成大量的 AlN，因其呈细微的多角形颗粒状分布在晶界，也能使材料脆化，在外力作用下易发生断裂。

氮也是促使焊缝产生气孔的主要原因之一。液态金属在高温时可以溶解大量的氮，而在凝固时氮的溶解度突然下降，这时，过饱和的氮以气泡的形式从液态金属中向外逸出。当液态金属的结晶速度大于气泡的逸出速度时，就会形成气孔，导致焊缝承载能力的下降。

## 3. 氮的控制

**氮的控制**

（1）加强保护　对氮的控制主要是加强对金属的保护，防止空气的侵入。因为氮一旦进入液态金属，脱氮就比较困难。

在焊接时，采用不同的焊接方法其保护效果不同，可以从焊缝的氮含量反映出来，见表 8-3。这主要与不同焊接方法所采用的保护方式（如气保护、渣保护或气渣联合保护）、焊条药皮的成分和数量及药芯焊丝的形状系数等有关。

表 8-3　用不同方法焊接低碳钢时焊缝的氮含量

| 焊接方法 | | $w_N(\%)$ | 焊接方法 | $w_N(\%)$ |
|---|---|---|---|---|
| 焊条电弧焊 | 光焊丝电弧焊 | 0.08~0.0228 | 埋弧焊 | 0.002~0.007 |
| | 纤维素型焊条 | 0.015 | $CO_2$ 保护焊 | 0.008~0.015 |
| | 钛型焊条 | 0.013 | 气焊 | 0.015~0.020 |
| | 钛铁矿型焊条 | 0.014 | 熔化极氩弧焊 | 0.0068 |
| | | | 药芯焊丝明弧焊 | 0.015~0.04 |
| | 低氢型焊条 | 0.010 | 实心合金焊丝保护焊 | <0.12 |

（2）正确选择焊接参数　焊接参数对焊缝的含氮量有明显的影响。如电弧电压增加，导致保护变差，使焊缝含氮量增加。焊接电流增加时，由于熔滴过渡频率的增加，导致氮与熔滴作用时间减小，可使焊缝的氮含量减少。直流正极性焊接时焊缝的氮含量比反极性时高，这与氮离子的溶解有关。氮以离子的形式溶于液态金属时，由于熔滴的温度高，比表面积大，故含氮量增加，如图 8-5 所示。此外，在氧化性气氛中，氮可以以 $NO^-$ 的形式溶于液态金属，也可使焊缝的含氮量增加。

（3）控制合金元素的含量　若在液态金属中加入 Ti、Al、Zr 等能固定氮的元素，形成稳定的氮化物，则可显著降低气孔形成的倾向和时效脆化的倾向。但要严格控制加铝量。

## （二）氢与金属的作用

氢是与金属发生作用中的最活泼的气体。氢脆问题是国际上重点研究的课题之一。

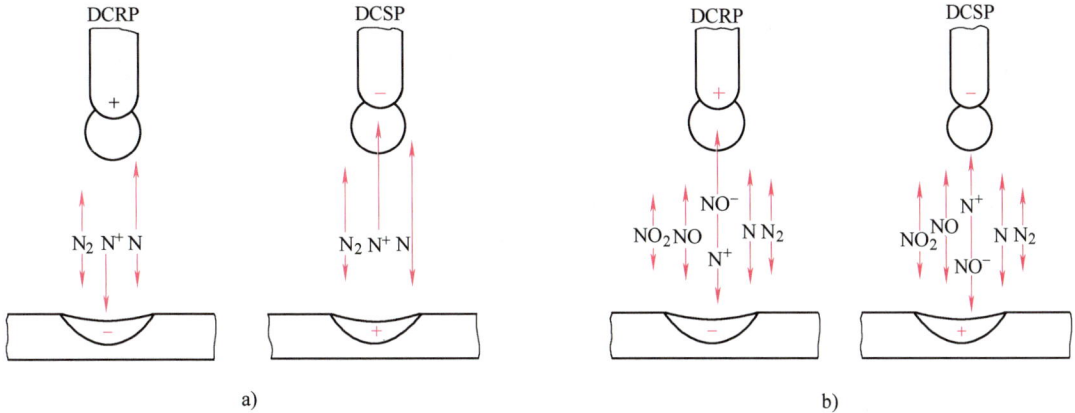

图 8-5　电流极性及气氛性质对氮的质点运动和溶解的影响
a）还原性介质　b）氧化性介质

### 1. 氢在金属中的溶解

氢几乎可以被所有的金属吸收，根据氢与金属作用的特点，可将金属分为两类：第 I 类金属，如 Al、Fe、Ni、Cu、Cr、Mo 等，它们与氢不形成氢化物，但液态吸氢量大，且氢的溶解是吸热反应。第 II 类金属，如 Ti、Zr、V、Nb 等，它们能与氢形成氢化物，在较低温度下吸氢量大，高温时吸氢量小，吸氢过程是放热反应。

氢在金属中的溶解过程如图 8-6 所示。分子状的氢必须分解为原子状或离子状（主要是 $H^+$）才能向金属中溶解。一般地说，在焊接条件下以图 8-6b 的方式占主要地位。

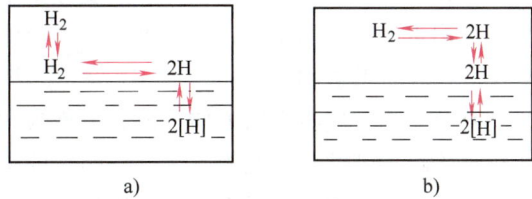

图 8-6　H 的溶解过程
a）温度较低　b）温度较高

对钢而言，氢的溶解服从平方根定律，即

$$S_H = K_H \sqrt{p_{H_2}} \tag{8-3}$$

氢在 Fe-Mn 合金中的溶解度与温度的关系已示于图 8-4 中。氢在第 I 类（溶解吸热类）和第 II 类（溶解放热类）金属中的溶解度变化分别如图 8-7a、b 所示。由图 8-7 可见，铁在凝固点时，氢的溶解度有突变。在随后冷却过程中，发生点阵结构改变时，氢的溶解度还有跳跃式的变化，即在面心立方点阵的 γ-Fe 中，比在体心立方点阵的 δ-Fe 及 α-Fe 中，能溶解更多的氢。

### 2. 氢的扩散

氢不仅原子半径小，而且可以形成带电质点 $H^+$、$H^-$，因此活动能力强，很容易在金属中进行扩散。除了一部分滞留于各种缺陷（陷阱）而聚集成分子状态外，过饱和的氢即便在常温下也能在金属的晶格中自由扩散，甚至可以扩散到金属的表面而逸出。能在金属的晶格中自由扩散的氢称为扩散氢，而被滞留在缺陷中的氢称为残留氢。对于第 I 类金属来说，扩散氢占 80%～90%，它对金属力学性能有很大的影响。

在焊接接头中，氢的扩散以及由此而造成的氢的分布特征是一个比较复杂的问题。浓

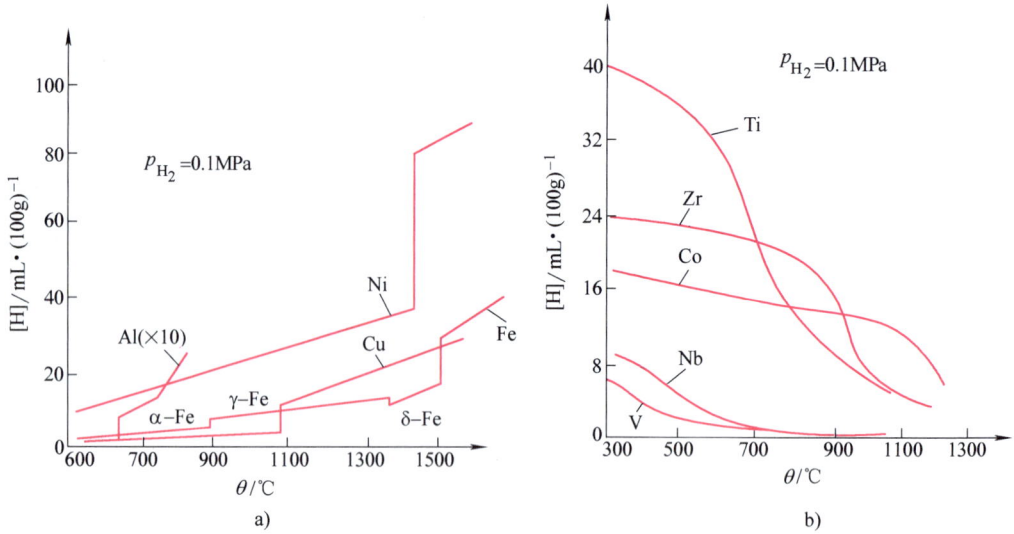

图 8-7 金属中氢的溶解度变化（$p_{H_2} = 0.1MPa$）

a）Ⅰ类金属 b）Ⅱ类金属

度梯度的存在是氢能进行扩散的重要推动力之一。这是在温度一定条件下进行扩散过程的基本特征：氢总是由高浓度区向低浓度区进行扩散。这种扩散称之为"浓度扩散"。此外，因焊接接头各区域成分的差异或温度分布不同而造成相变先后时间的不同，导致接头中出现不同点阵结构的组织，这时可发生氢由体心立方点阵组织向面心立方点阵组织扩散的现象。这种扩散被称为"相变诱导扩散"。应力的存在也是促使氢进行扩散的推动力之一，并且总是向拉应力大的方向扩散，被称为"应力诱导扩散"。焊接接头中还可能存在着各种缺陷，如裂纹、气孔等，也会影响氢的扩散及其分布特征。一般来说，在焊接接头中，氢总是倾向于向焊缝根部及焊缝边界这些应力集中区进行扩散和聚集。氢在焊接接头横截面上的分布特征如图 8-8 所示。

### 3. 氢的影响

概括地说，氢的影响主要是导致脆化，体现在以下四个方面：

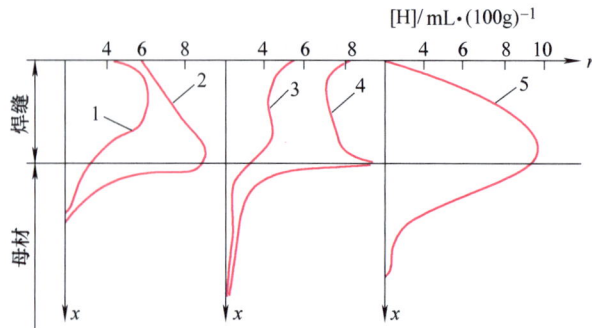

图 8-8 氢在焊接接头横截面上的分布

1—低碳钢，碱性焊条 2—低碳钢，钛型焊条 3—30CrMnSi 钢，自动堆焊的铁素体焊缝

4—30CrMnSi 钢，奥氏体焊缝 5—工业纯铁，纤维素型焊条

（1）**氢脆**　氢在室温附近使钢的塑性严重下降，被称为氢脆（氢病），如图 8-9 所示。当用氢含量高的低碳钢焊缝做拉伸试验时，这种现象特别明显。其伸长率和断面收缩率显著下降，而强度几乎不受影响。

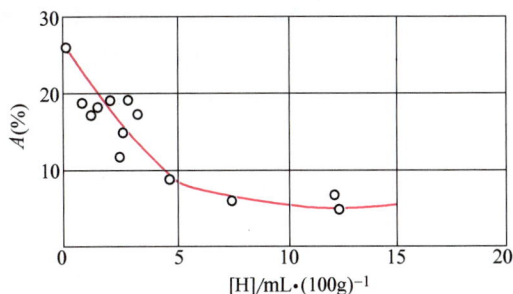

氢脆现象是由溶解在金属晶格中的氢引起的。在试件拉伸过程中位错发生运动和堆积，从而形成显微空洞；与此同时，

图 8-9　氢含量对低碳钢塑性的影响

溶解在晶格中的原子氢，不断沿位错运动方向扩散，最后聚集于显微空洞内，并形成分子氢，使空洞内产生很高的压力，加速微裂纹的扩展，而导致金属变脆。

（2）**白点（鱼眼）**　碳钢或低合金钢中，若氢含量高，则常常在拉伸或弯曲断面上出现银白色的圆形局部脆断点，称之为白点。白点的直径一般为 0.5~3mm，其周围为塑性断口，用肉眼即可辨识。在许多情况下，白点的中心有小夹杂物或气孔。钢中若产生白点，则其塑性大大下降。

（3）**形成气孔**　如果液态金属吸收了大量的氢，在凝固时由于溶解度的急剧下降，使氢处于过饱和状态，促使原子氢结合成分子氢。所生成的分子氢不溶于金属中，而是在液态金属中形成气泡。当气泡的外逸速度小于金属的凝固速度时，就会在金属中形成气孔。

（4）**冷裂纹**　冷裂纹是金属冷却到较低温度下所产生的一种裂纹，其危害性很大。氢是促使产生冷裂纹的主要因素之一。

### 4. 氢的控制

鉴于氢的有害作用，必须尽量减少金属中的氢含量，具体措施如下：

1）限制氢的来源。在焊接中，必须限制焊接材料中的水含量。如焊条、焊剂、药芯焊丝必须进行烘干处理。不仅在制造过程中应进行烘干，而且在使用前也应烘干。尤其是低氢型焊条，烘干后应立即使用或放在低温（100℃）烘箱内，以免重新吸潮。

必须清除焊丝和焊件表面的杂质。焊丝和焊件坡口表面附近的铁锈、油污、吸附水等是增加焊缝氢含量的原因之一。对于焊接铝合金、钛及其合金时，因其表面层结构不致密，常形成含水的氧化膜，必须用机械或化学方法进行清除。

2）冶金处理。常通过调整焊接材料的成分，使氢在高温下生成比较稳定的不溶于液态金属的氢化物（如 HF、OH）来降低焊缝中的氢含量，如在焊条药皮和焊剂中加入氟化物。氟化物的去氢机理有以下两种：

① 在酸性渣中，由于熔渣中 $CaF_2$ 和 $SiO_2$ 共存时能发生如下化学反应

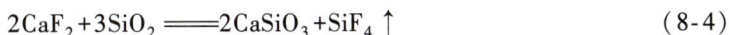

$$2CaF_2 + 3SiO_2 = 2CaSiO_3 + SiF_4 \uparrow \qquad (8-4)$$

生成的气体 $SiF_4$ 沸点很低（90℃），并与气相中的原子氢和水蒸气发生反应

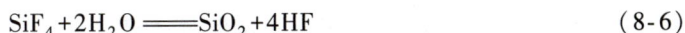

$$SiF_4 + 3H = SiF + 3HF \qquad (8-5)$$

$$SiF_4 + 2H_2O = SiO_2 + 4HF \qquad (8-6)$$

② 在碱性药皮焊条中，$CaF_2$ 首先与药皮中的水玻璃发生反应

$$Na_2O \cdot nSiO_2 + mH_2O \Longrightarrow 2NaOH + nSiO_2(m-1)H_2O$$
$$2NaOH + CaF_2 \Longrightarrow 2NaF + Ca(OH)_2 \tag{8-7}$$
$$K_2O \cdot nSiO_2 + mH_2O \Longrightarrow 2KOH + nSiO_2(m-1)H_2O$$
$$2KOH + CaF_2 \Longrightarrow 2KF + Ca(OH)_2 \tag{8-8}$$

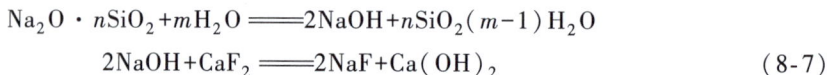

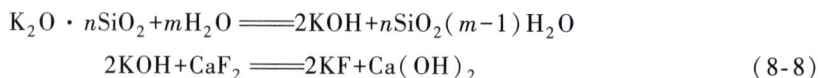

与此同时，$CaF_2$ 与氢和水蒸气发生如下反应

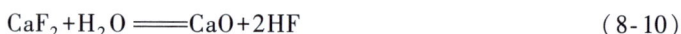

$$CaF_2 + 2H \Longrightarrow Ca + 2HF \tag{8-9}$$
$$CaF_2 + H_2O \Longrightarrow CaO + 2HF \tag{8-10}$$

上述反应生成的 NaF 和 KF 与 HF 发生反应

$$NaF + HF \Longrightarrow NaHF_2 \tag{8-11}$$
$$KF + HF \Longrightarrow KHF_2 \tag{8-12}$$

生成的氟化氢钠和氟化氢钾进入焊接烟尘，从而达到了去氢的目的。

此外，适当增加熔池中的氧含量，或提高气相的氧化性，也可以减少熔池中氢的平衡浓度。因为气相中的氧可以夺取氢生成较稳定的 OH，如：

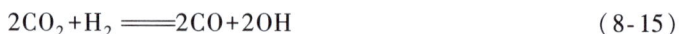

$$O + H \Longrightarrow OH \tag{8-13}$$
$$O_2 + H_2 \Longrightarrow 2OH \tag{8-14}$$
$$2CO_2 + H_2 \Longrightarrow 2CO + 2OH \tag{8-15}$$

反应的结果使气相中氢的分压减小。研究表明，熔池中氢的平均浓度的计算式为

$$[H] = \sqrt{\frac{p_{H_2}p_{H_2O}}{[O]}} \tag{8-16}$$

可见当气相中氢的分压减小或熔池中的氧含量增加时，可以降低熔池中氢的浓度。

在药皮或焊芯中加入微量稀土元素钇或表面活性元素如碲、硒，可以大大降低焊缝中扩散氢的含量。

3）控制工艺过程，调整焊接参数，控制熔池存在时间和冷却速度等，均能减少金属中的氢含量。

4）脱氢处理，即焊后把焊件加热到一定温度，促使氢扩散外逸的工艺称为脱氢处理。将焊件加热到350℃，保温 1h 可使绝大部分的扩散氢去除。在生产上对于易产生冷裂的焊件，常常要求进行焊后的脱氢处理。

### （三）氧与金属的作用

根据氧与金属作用的特点，可把金属分为两类。第一类是不溶解氧的金属，如 Al、Mg 等；第二类是能有限溶解氧的金属，如 Fe、Ni、Cu、Ti 等。后一类金属生成的氧化物能溶解于相应的金属中，如铁氧化生成的 FeO 能溶于铁及其合金中。

#### 1. 氧在金属中的溶解

氧在铁液中以原子氧和 FeO 两种形式存在。氧在铁液中的溶解度随温度的升高而增大，如图 8-10 所示，在室温下 α-Fe 中几乎不溶解氧［氧含量<0.001%（体积分数）］，金属中的氧绝大部分

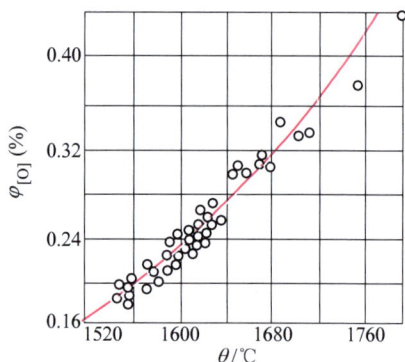

图 8-10  铁液中氧的溶解度与温度的关系

以氧化物（FeO、MnO、$SiO_2$、$Al_2O_3$ 等）和碳酸盐夹杂物的形式存在。金属中的含氧量是指总的含氧量，包括以氧原子形式以及以别的任何形式存在的氧的总和。

### 2. 氧化反应

氧对金属有氧化作用。焊接时，通过各个反应区中氧化性气体（$O_2$、$CO_2$、$H_2O$ 等）和活性熔渣与金属发生相互作用而实现。在这里主要讨论氧化性气体的作用，有关活性熔渣对金属的氧化将在后面讨论。

在一个由金属、金属氧化物和氧化性气体组成的系统中，判别金属是否被氧化可以采用氧化物分解压来作为判据：

当 $\{p_{O_2}\}>p_{O_2}$ 时，金属被氧化；

当 $\{p_{O_2}\}=p_{O_2}$ 时，处于平衡状态；

当 $\{p_{O_2}\}<p_{O_2}$ 时，金属被还原。

式中，$\{p_{O_2}\}$ 为气相中氧的实际分压；$p_{O_2}$ 为金属氧化物的分解压。

金属氧化物的分解压与温度的关系如图 8-11 所示。从图中可以看出，除了 Ni 和 Cu 外，在同样温度下，FeO 的分解压最大，即最不稳定。但由于 FeO 不是纯凝聚相，而是溶于铁中的，这时其分解压可用下式表示为

$$p'_{O_2}=p_{O_2}\frac{[\,FeO\,]^2}{[\,FeO\,]^2_{max}} \qquad (8-17)$$

式中，$p'_{O_2}$ 为铁液中 FeO 的分解压；$[\,FeO\,]$ 为铁液中 FeO 的含量；$[\,FeO\,]_{max}$ 为液态铁中 FeO 的饱和含量。

由式（8-17）可见，由于 FeO 溶于铁液中，使它的分解压变小，致使 Fe 更容易被氧化。由计算得出的不同温度下铁液中 FeO 的含量与分解

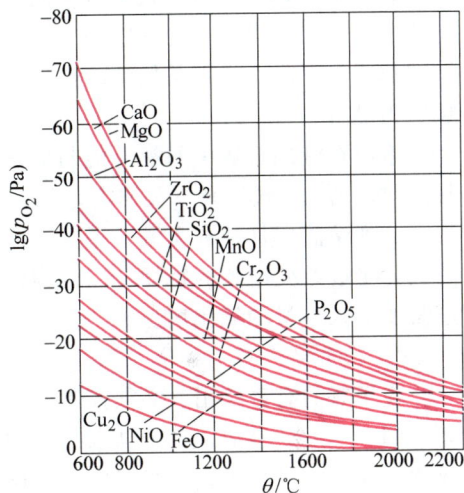

图 8-11　金属氧化物的分解压与温度的关系

压的关系见表 8-4。由此可见，在焊接温度下 FeO 的分解压很小，只要气相中有微量的氧，即可使铁氧化。

表 8-4　在不同温度下铁液中[FeO ]的含量与其分解压 $p'_{O_2}$（×101.3kPa）的关系

| 在铁液中含量（%） | | 温度/℃ | | | | |
|---|---|---|---|---|---|---|
| $w_{[FeO]}$ | $w_{[O]}$ | 1540 | 1600 | 1800 | 2000 | 2300 |
| 0.10 | 0.0222 | $7.4×10^{-11}$ | $1.7×10^{-10}$ | $1.56×10^{-9}$ | $6.1×10^{-9}$ | $4.8×10^{-8}$ |
| 0.20 | 0.0444 | $2.9×10^{-10}$ | $6.7×10^{-10}$ | $6.25×10^{-9}$ | $2.4×10^{-8}$ | $1.9×10^{-7}$ |
| 0.50 | 0.1110 | $1.8×10^{-9}$ | $4.2×10^{-9}$ | $3.9×10^{-8}$ | $1.5×10^{-7}$ | $1.2×10^{-6}$ |
| 1.00 | 0.2220 | — | — | $1.5×10^{-7}$ | $6.1×10^{-7}$ | $4.8×10^{-6}$ |
| 2.00 | 0.4440 | — | — | — | $2.4×10^{-6}$ | $1.9×10^{-5}$ |
| 3.00 | 0.6660 | — | — | — | — | $4.3×10^{-5}$ |
| $[FeO]_{max}$ | — | $4.0×10^{-9}$ | $1.5×10^{-8}$ | $3.4×10^{-7}$ | $4.8×10^{-6}$ | $1.1×10^{-4}$ |

氧化性气体对金属的氧化反应如下

$$[Fe]+\frac{1}{2}O_2 =\!=\!= [FeO] \tag{8-18}$$

$$[Fe]+O =\!=\!= [FeO] \tag{8-19}$$

$$[Fe]+CO_2 =\!=\!= [FeO]+CO \tag{8-20}$$

$$[Fe]+H_2O =\!=\!= [FeO]+H_2 \tag{8-21}$$

当钢中存在着其他对氧亲和力比铁大的元素时，它们也会被氧化，如

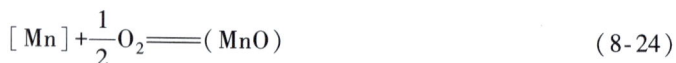

$$[C]+\frac{1}{2}O_2 =\!=\!= CO \tag{8-22}$$

$$[Si]+O_2 =\!=\!= (SiO_2) \tag{8-23}$$

$$[Mn]+\frac{1}{2}O_2 =\!=\!= (MnO) \tag{8-24}$$

### 3. 氧的影响

氧化物极容易呈薄膜状偏析于晶粒边界或以夹杂物形式存在于晶界。氧在钢中无论以何种形式存在，对金属的性能都有很大的影响。随着氧含量的增加，金属的强度、塑性、韧性都明显下降。特别是低温冲击韧度，急剧下降。因此对合金钢，尤其是对低温用钢影响更为显著。

溶解在液态金属中的氧还能与碳发生反应，生成不溶于金属的 CO 气体。在液态金属凝固时，若 CO 气体来不及逸出，就会形成气孔。当熔滴中生成气体时，因 CO 气体受热膨胀，使熔滴爆炸造成飞溅，还会影响焊接过程的稳定性。不过在焊接中，为了减少焊缝的氢含量或改变电弧的特性，以及为使熔渣获得必要的物理化学性能，有时在焊接材料中还需要加入少量的氧化剂。

### 4. 氧的控制

鉴于氧的有害作用，必须控制金属中的氧含量，可通过以下途径来实现：

（1）纯化焊接材料　在焊接要求比较高的合金钢和活泼金属时，应尽量选用不含氧或含氧少的焊接材料，如采用惰性气体保护焊，采用低氧或无氧的焊条、焊剂等。

（2）控制焊接参数　焊接条件的变化可能会造成保护不良的效果。如电弧电压增大时，使空气与熔渣接触的机会增多，会导致焊缝氧含量的增加。

（3）进行脱氧处理　采用冶金方法进行脱氧，如在焊接材料（焊条及焊剂）中加入脱氧剂。这是实际生产中行之有效的方法，将在第三节中讨论。

## 第三节　液态金属与熔渣的反应

### 一、熔渣

在熔炼金属的过程中，固体熔渣材料如石灰石、氟石、硅砂等，在高温炉中被熔化生成的低熔点复杂化合物，称为熔渣。同样，焊条药皮或埋弧焊用的焊剂，在电弧高温下也会发生熔化而形成熔渣。

熔渣在焊接过程中具有以下作用：

（1）机械保护作用　由于熔渣的熔点比液态金属低，因此熔渣覆盖在液态金属的表面（包括熔滴的表面），将液态金属与空气隔离，可防止液态金属的氧化和氮化。熔渣凝固后形成的渣壳，覆盖在金属的表面，可以防止处于高温的金属在空气中被氧化。

（2）冶金处理作用 熔渣与液态金属能发生一系列的物理化学反应，如脱氧、脱硫、脱磷、去氢等，可去除金属中的有害杂质，还可以使金属合金化等。通过控制熔渣的成分和性能，可调整金属的成分和改善金属的性能。

（3）改善焊接工艺性能 在熔渣中加入适当的物质，可以使电弧容易引燃，稳定燃烧及减小飞溅，还能保证良好的操作性、脱渣性和焊缝成形等。

## 二、熔渣的成分和分类

熔渣可以分为酸性和碱性两大类。熔渣的主要成分为 $SiO_2$、$CaO$、$Al_2O_3$，三者之和为 80%~90%。熔渣中有较多的 CaO 时，形成碱性渣，而熔渣中有较多的 $SiO_2$ 时，形成酸性渣。加入不同百分比的 CaO 时可以得到不同碱度的熔渣。熔渣的碱度计算公式为

$$B=\frac{w_{CaO}+w_{MgO}}{w_{SiO_2}} \tag{8-25}$$

式中，$w_{CaO}$ 为 CaO 的质量分数；$w_{MgO}$ 为 MgO 的质量分数；$w_{SiO_2}$ 为 $SiO_2$ 的质量分数。

当 B<1 时为酸性渣；当 B=1 时为中性渣；当 B>1 时，为碱性渣。

在焊接中根据熔渣的成分和性能可以分为以下三类：

（1）盐型熔渣 它主要由金属氟酸盐、氯酸盐和不含氧的化合物组成，其主要渣系有：$CaF_2$-$NaF$、$CaF_2$-$BaCl_2$-$NaF$、$KCl$-$NaCl$-$Na_3AlF_6$ 等。由于盐型熔渣的氧化性很小，所以主要用于焊接铝、钛和化学活性强的金属，也可以用于焊接高合金钢。

（2）盐-氧化物型熔渣 主要由氟化物和强金属氧化物组成。常用的渣系有：$CaF_2$-$CaO$-$SiO_2$、$CaF_2$-$CaO$-$Al_2O_3$、$CaF_2$-$CaO$-$Al_2O_3$-$SiO_2$ 等。因其氧化性较小，主要用于焊接合金钢。

（3）氧化物型熔渣 主要由金属氧化物组成。广泛应用的渣系有：$MnO$-$SiO_2$、$FeO$-$MnO$-$SiO_2$、$CaO$-$TiO_2$-$SiO_2$ 等。这类熔渣一般含有较多的弱氧化物，因此氧化性较强，主要用于低碳钢和低合金钢的焊接。

在上述三类熔渣中，最常用的是后两种，表8-5列出了不同焊条和焊剂的熔渣成分。

表 8-5 焊接熔渣化学成分举例

| 焊条和焊剂类型 | 熔渣化学成分（质量分数）（%） | | | | | | | | | | 熔渣碱度 | | 熔渣类型 |
| | $SiO_2$ | $TiO_2$ | $Al_2O_3$ | FeO | MnO | CaO | MgO | $Na_2O$ | $K_2O$ | $CaF_2$ | $B_1$ | $B_2$ | |
|---|---|---|---|---|---|---|---|---|---|---|---|---|---|
| 钛铁矿型 | 29.2 | 14.0 | 1.1 | 15.6 | 26.5 | 8.7 | 1.3 | 1.4 | 1.1 | — | 0.88 | -0.1 | 氧化物型 |
| 钛型 | 23.4 | 37.7 | 10.0 | 6.9 | 11.7 | 3.7 | 0.5 | 2.2 | 2.9 | — | 0.43 | -2.0 | 氧化物型 |
| 钛钙型 | 25.1 | 30.2 | 3.5 | 9.5 | 13.7 | 8.8 | 5.2 | 1.7 | 2.3 | — | 0.76 | -0.9 | 氧化物型 |
| 纤维素型 | 34.7 | 17.5 | 5.5 | 11.9 | 14.4 | 2.1 | 5.8 | 3.8 | 4.3 | — | 0.60 | -1.3 | 氧化物型 |
| 氧化铁型 | 40.4 | 1.3 | 4.5 | 22.7 | 19.3 | 1.3 | 4.6 | 1.8 | 1.5 | — | 0.60 | -0.7 | 氧化物型 |
| 低氢型 | 24.1 | 7.0 | 1.5 | 4.0 | 3.5 | 35.8 | — | 0.8 | 0.8 | 20.3 | 1.86 | +0.9 | 盐-氧化物型 |
| HJ430 | 38.5 | — | 1.3 | 4.7 | 43.0 | 1.7 | 0.45 | | 0.8 | 6.0 | 0.62 | -0.33 | 氧化物型 |
| HJ251 | 18.2~22.0 | — | 18.0~23.0 | ≤1.0 | 7.0~10.0 | 3.0~6.0 | 14.0~17.0 | — | | 23~30 | 1.15~1.44 | 0.048~0.49 | 盐-氧化物型 |

熔渣的性质与其结构有关，有分子理论和离子理论之分。

根据分子理论，焊接熔渣的碱度定义为

$$B = \frac{\sum (R_2O + RO)}{\sum RO_2} \qquad (8\text{-}26)$$

式中，$R_2O$、$RO$ 为熔渣中碱性氧化物的摩尔分数；$RO_2$ 为熔渣中酸性氧化物的摩尔分数。

当 $B>1$ 时为碱性渣；$B<1$ 时为酸性渣；$B=1$ 时为中性渣。经对上述计算式进行修正，提出较为精确的计算公式为

$$B_1 = \frac{0.018CaO + 0.015MgO + 0.006CaF_2 + 0.014(Na_2O+K_2O) + 0.007(MnO+FeO)}{0.017SiO_2 + 0.005(Al_2O_3+TiO_2+ZrO_2)}$$

$$(8\text{-}27)$$

式中，$CaO$、$MgO$、$CaF_2$、$SiO_2$……以质量分数计。利用该式计算得到的低氢型焊条的熔渣是碱性渣，与实际情况相符。

采用离子理论计算熔渣碱度的公式为

$$B_2 = \sum_{i=1}^{n} a_i M_i \qquad (8\text{-}28)$$

式中，$M_i$ 为熔渣中第 $i$ 种氧化物的摩尔分数；$a_i$ 为熔渣中第 $i$ 种氧化物的碱度系数。

若 $B_2>0$ 为碱性渣，$B_2<0$ 为酸性渣，$B_2=0$ 为中性渣。各种氧化物的碱度系数可参见表 8-6。

表 8-6　氧化物的 $a_i$ 值及相对分子质量

| 分　类 | 氧化物 | $a_i$ 值 | 相对分子质量 |
|---|---|---|---|
| 碱性 | $K_2O$ | 9.0 | 94.2 |
| | $Na_2O$ | 8.5 | 62 |
| | $CaO$ | 6.05 | 56 |
| | $MnO$ | 4.8 | 71 |
| | $MgO$ | 4.0 | 40.3 |
| | $FeO$ | 3.4 | 72 |
| 酸性 | $SiO_2$ | −6.31 | 60 |
| | $TiO_2$ | −4.97 | 80 |
| | $ZrO_2$ | −0.2 | 123 |
| | $Al_2O_3$ | −0.2 | 102 |
| | $Fe_2O_3$ | 0 | 159.7 |

根据熔渣的碱度值可把焊条和焊剂分为碱性和酸性两大类。它们的冶金性能、工艺性能和焊缝的成分、性能有显著的不同，因此碱度是熔渣的一个重要化学性能。

## 三、熔渣的物理性能

### （一）熔渣的黏度

熔渣的黏度与其成分及温度有很大的关系。由于碱性熔渣中含有较多的金属氧化物，如 $CaO$、$MgO$ 等，其离子的尺寸小，容易移动。当温度高于液相线时，随温度的提高其黏度迅速下降；而当温度低于液相线时，随温度的下降其黏度迅速增加。因此随温度变化

时，碱性渣的黏度变化 $\Delta \eta$ 较大，而酸性渣的 $\Delta \eta$ 较小，如图 8-12 所示。图 8-12 表明：当两种渣的黏度变化量 $\Delta \eta$ 相同时，酸性渣的对应温度变化量 $\Delta \theta_2$ 较大，故称为长渣。这种渣不适宜于仰焊。碱性渣的 $\Delta \theta_1$ 较小，凝固时间短，故称之为短渣。低氢型和氧化钛型焊条的熔渣属于短渣，可适用于全位置焊接。

熔化焊时，高温熔渣的黏度对焊缝的质量也有很大的影响。若 $\eta$ 过大，焊接冶金反应缓慢，焊缝表面的成形不良，并易产生气孔、夹杂等缺陷；若 $\eta$ 过小，将使熔渣对焊缝的覆盖不均匀，失去应有的保护作用。因此焊接时要求熔渣的黏度要合适。

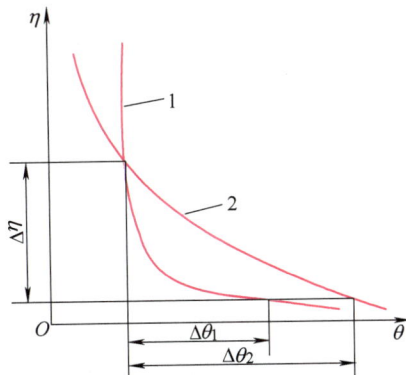

图 8-12　熔渣黏度与温度的关系
1—碱性渣　2—含 $SiO_2$ 多的酸性渣

### （二）熔渣的熔点

焊条或焊剂加热熔化后形成熔渣。固体熔渣开始熔化的温度称为熔渣的熔点，焊条药皮开始熔化的温度（即药皮熔点）称为造渣温度，两者之间有一定的关系：药皮熔点要高于熔渣的熔点，而且药皮的熔点越高，则熔渣的熔点也越高。一般要求熔渣的熔点与焊丝或母材的熔点相匹配。适合于焊接钢材的熔渣熔点为 1150～1350℃，其成分范围参考图 8-13、图 8-14。熔渣的熔点过高或过低均不利于焊缝的表面成形。若熔渣的熔点过高，就会比熔池金属过早地开始凝固，使焊缝成形不良；若熔渣的熔点过低，则熔池金属开始凝固时，熔渣仍处于稀流状态，熔渣的覆盖性不良，也不能起到"成形"作用，其机械保护作用也难以令人满意。

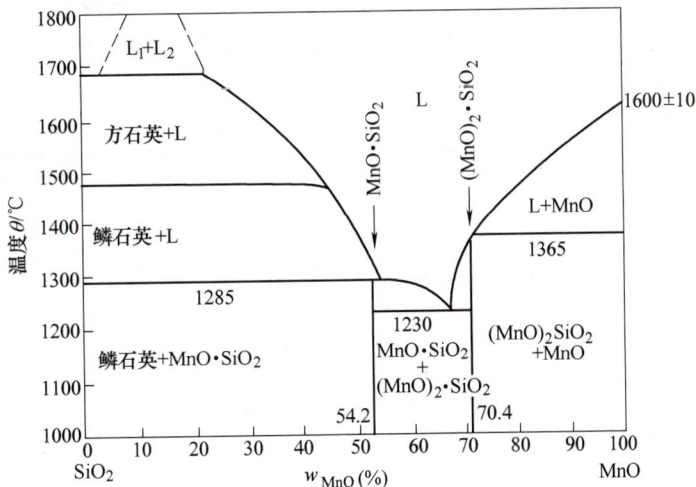

图 8-13　$MnO$-$SiO_2$ 渣系相图

### （三）熔渣的表面张力

熔渣的表面张力对熔滴过渡、焊缝成形及许多冶金反应有着重要的影响。熔渣的表面张力实际上是气相与熔渣之间的界面张力。物质的表面张力大小与其质点之间作用力的大小有关，或者说与化学键的键能有关。一般来说，金属键的键能最大，所以液态金属的表

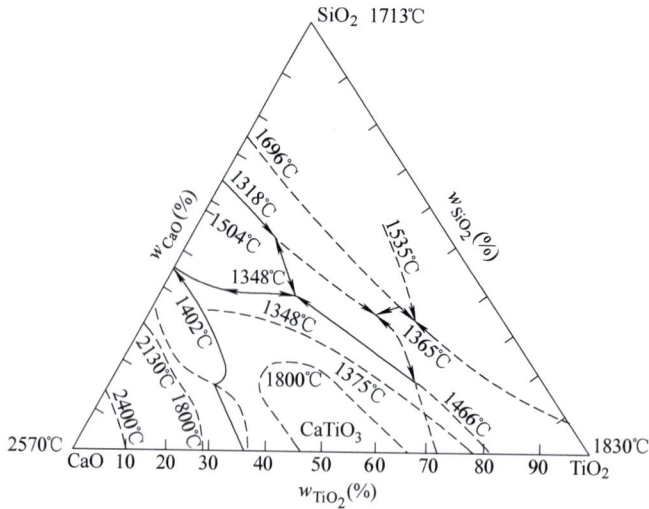

图 8-14　$TiO_2$-$SiO_2$-$CaO$ 渣系图

面张力最大。具有离子键的物质如 $CaO$、$MgO$、$MnO$、$FeO$ 等的键能较大，表面张力也较大；而具有共价键的物质如 $TiO_2$、$SiO_2$、$P_2O_5$ 等的键能小，表面张力也小。故碱性熔渣的表面张力较大，而酸性熔渣的表面张力较小。碱性焊条焊接时容易形成粗颗粒过渡，焊缝表面的鱼鳞纹较粗，焊缝成形较差，其原因也在于此。

　　熔渣的黏度、熔点、表面张力可以通过调整熔渣的成分来进行控制。如在碱性渣中加入 $CaF_2$，能促使 $CaO$ 熔化，可降低碱性渣的黏度；在熔渣中加入酸性氧化物如 $SiO_2$、$TiO_2$ 等，可以减小熔渣的表面张力；在熔渣中加入碱性氧化物如 $CaO$、$MgO$ 等，可增加熔渣的表面张力；在药皮中加入高熔点的物质越多，熔渣的熔点越高；调整渣系的成分，使其形成低熔点共晶或化合物，可降低熔渣的熔点。表 8-7 为几种化合物的熔点和密度，可供调整熔点时参考。

表 8-7　几种化合物的熔点和密度

| 化 合 物 | FeO | MnO | $SiO_2$ | $TiO_2$ | $Al_2O_3$ | $(FeO)_2SiO_2$ | $MnO \cdot SiO_2$ | $(MnO)_2SiO_2$ |
|---|---|---|---|---|---|---|---|---|
| 熔点/℃ | 1370 | 1580 | 1713 | 1825 | 2050 | 1205 | 1270 | 1326 |
| 密度（20℃）/g·$cm^{-3}$ | 5.80 | 5.11 | 2.26 | 4.07 | 3.95 | 4.30 | 3.60 | 4.10 |

## 四、活性熔渣对金属的氧化

　　除了氧化性气体对金属有氧化作用外，活性熔渣对金属也有氧化作用。活性熔渣对金属的氧化有以下两种形式：

### 1. 扩散氧化

　　FeO 既溶于渣，又溶于钢液，因此能在熔渣与钢液之间进行扩散分配，在一定温度下平衡时，它在两相中的浓度符合分配定律，即

$$L = \frac{[FeO]}{(FeO)} \tag{8-29}$$

式中，（FeO）为 FeO 在熔渣中的浓度；［FeO］为 FeO 在液态金属中的浓度；$L$ 为分配

常数。

在温度不变的情况下，当增加熔渣中 FeO 浓度时，它将向液态金属中扩散，使金属中的含氧量增加。

此外，分配常数 $L$ 与温度和熔渣的性质有关。若将分配系数写成如下形式

$$L_0 = \frac{[O]}{(FeO)}$$

在 $SiO_2$ 饱和的酸性渣中

$$\lg L_0 = \frac{-4906}{T} + 1.877 \qquad (8\text{-}30)$$

在 CaO 饱和的碱性渣中

$$\lg L_0 = \frac{-5014}{T} + 1.980 \qquad (8\text{-}31)$$

可以看出，温度越高，$L_0$ 值越大，即温度越高，越有利于 FeO 向液态金属中扩散。并由此可以推断，扩散氧化主要发生在熔滴阶段和熔池的高温区，并且在碱性渣中比在酸性渣中更容易向液态金属扩散。也就是说，在 FeO 总量相同的情况下，碱性渣时液态金属中的氧含量比酸性渣时高。这种现象可以采用熔渣的分子理论来解释。因为碱性渣中含 $SiO_2$、$TiO_2$ 等酸性氧化物少，FeO 的活度大，容易向液态金属扩散，使其含氧量增加。因此碱性焊条对氧较敏感，对 FeO 的含量必须加以限制。一般在药皮中不加入含 FeO 的物质，并要求焊接时需清理焊件表面的氧化物和铁锈，以防止焊缝增氧。但不应当据此认为，碱性焊条焊缝中的氧含量比酸性焊条的高；恰恰相反，碱性焊条的焊缝氧含量比酸性焊条低，这是因为碱性焊条药皮的氧化性较小的缘故。虽然在碱性焊条的药皮中，加入了大量的大理石，在药皮反应区能形成 $CO_2$ 气体，但由于加入了较强的脱氧剂如 Ti、Al、Mn、Si 等进行脱氧，使气相的氧化性大大削弱。

### 2. 置换氧化

置换氧化是一种金属与氧化物之间的反应。如铁液中 Mn 和 Si 可能与 FeO 发生置换反应如下

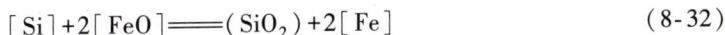

$$[Si] + 2[FeO] \Longrightarrow (SiO_2) + 2[Fe] \qquad (8\text{-}32)$$

$$\lg K_{Si} = \frac{13460}{T} - 6.04 \qquad (8\text{-}33)$$

$$[Mn] + [FeO] \Longrightarrow (MnO) + [Fe] \qquad (8\text{-}34)$$

$$\lg K_{Mn} = \frac{6600}{T} - 3.16 \qquad (8\text{-}35)$$

反应的结果使铁液中的 Mn 和 Si 被烧损。由于 Mn 和 Si 的氧化反应是放热反应，随着温度的升高，平衡常数 $K$ 减小，即反应减弱。

由于焊接时的温度非常高，特别是在熔滴区和熔池的高温区（可在 2000℃ 以上）。如果熔渣中含有较多易分解的氧化物时，则有利于上述的氧化反应向相反方向进行，即反应向左进行，使液态金属渗 Mn、渗 Si（熔滴和熔池高温区液态金属中含 Mn、含 Si 量增加）。同时使铁被氧化，生成的 FeO 大部分进入熔渣，少部分进入钢液中。

在熔池的尾部，由于温度较低，上述的氧化反应将向右进行，生成的 $SiO_2$ 和 MnO 易在焊缝中形成非金属夹杂物。但是由于温度低，反应速度慢，总的来说，焊缝中的含锰、含硅量是增加的。

### 五、脱氧处理

脱氧的目的是尽量减少金属中的氧含量，这既要求减少液态金属中溶解的氧，又要求脱氧后的产物容易被排除。

脱氧的主要措施是在焊接材料中加入合适的元素或铁合金，使之在冶金反应中夺取氧，将金属还原。用于脱氧的元素或铁合金被称为脱氧剂。在选用脱氧剂时应遵循以下原则：

1）脱氧剂对氧的亲和力应比需还原的金属大。对于铁基合金，Al、Ti、Si、Mn 等可作为脱氧剂使用。在实际生产中，常采用铁合金或金属粉，如锰铁、硅铁、钛铁、铝粉等。元素对氧的亲和力越大，其脱氧能力越强。元素按脱氧能力大小，由大到小的顺序为：Ca、Mg、Be、Zr、Al、Ti、B、Si、C、V、Mn、Cr，焊接中最常用的脱氧剂是锰、硅和钛。

2）脱氧产物应不溶于液态金属，且密度小，质点较大。这样可使其上浮至液面而进入渣中，以减少夹杂物的数量，提高脱氧效果。

3）需考虑脱氧剂对金属的成分、性能及工艺的影响。在满足技术要求的前提下，还应考虑成本。

在焊接中脱氧反应按其方式和特点可分为先期脱氧、沉淀脱氧和扩散脱氧三种。下面分别讨论三种不同方式的脱氧过程。

#### （一）先期脱氧

在药皮加热阶段，固态药皮受热后发生的脱氧反应称为先期脱氧。含有脱氧剂的药皮（或焊剂）被加热时，其中的碳酸盐或高价氧化物发生分解，生成的氧和 $CO_2$ 便与脱氧剂发生反应，反应的结果使气相的氧化性大大减弱。例如，Al、Ti、Si、Mn 脱氧剂的先期脱氧反应可简写为

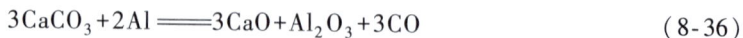

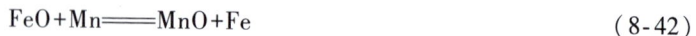

$$3CaCO_3 + 2Al \longrightarrow 3CaO + Al_2O_3 + 3CO \tag{8-36}$$

$$2CaCO_3 + Ti \longrightarrow 2CaO + TiO_2 + 2CO \tag{8-37}$$

$$CaCO_3 + Mn \longrightarrow CaO + MnO + CO \tag{8-38}$$

$$2CaCO_3 + Si \longrightarrow 2CaO + SiO_2 + 2CO \tag{8-39}$$

$$MnO_2 + Mn \longrightarrow 2MnO \tag{8-40}$$

$$Fe_2O_3 + Mn \longrightarrow MnO + 2FeO \tag{8-41}$$

$$FeO + Mn \longrightarrow MnO + Fe \tag{8-42}$$

在先期脱氧中，由于 Al、Ti 对氧的亲和力非常大，它们绝大部分被氧化，故不易过渡到液态金属中进行沉淀脱氧。先期脱氧的效果取决于脱氧剂对氧的亲和力、它们的粒度以及加入的比例等，并与焊接工艺条件有一定的关系。

由于药皮加热阶段的温度较低，传质条件较差，先期脱氧的脱氧效果不完全，还需进一步地进行脱氧处理。不过 Al、Ti、Mn、Si 的氧化，已经降低了药皮熔化成渣后对液态金属的氧化性能。

### （二）沉淀脱氧

沉淀脱氧是在熔滴和熔池内进行的，是溶解在液态金属中的脱氧剂与 FeO 直接进行反应，把铁还原，且脱氧产物浮出液态金属的过程。下面为几种常见的沉淀脱氧反应。

#### 1. 锰的脱氧反应

利用液态金属中的脱氧元素锰可进行如下脱氧反应

$$[Mn]+[FeO]=[Fe]+(MnO) \tag{8-43}$$

$$K_{Mn}=\frac{\alpha_{MnO}}{\alpha_{Mn}\alpha_{FeO}}=\frac{\gamma_{MnO}(MnO\%)}{\alpha_{Mn}\alpha_{FeO}} \tag{8-44}$$

式中，$K_{Mn}$ 为平衡常数；$\gamma_{MnO}$ 为渣中 MnO 的活度系数；$\alpha_{MnO}$ 为渣中 MnO 的活度；$\alpha_{Mn}$ 为金属中 Mn 的活度；$\alpha_{FeO}$ 为金属中 FeO 的活度。

由上式可见，增加金属中的锰含量或减少渣中的 MnO 的含量可以使反应向右进行，即提高脱氧效果。在酸性熔渣中，由于含有较多的 $SiO_2$ 和 $TiO_2$，它们能与脱氧产物 MnO 生成低熔点复合物 $MnO \cdot SO_2$ 或 $MnO \cdot TiO_2$，从而使 $\gamma_{MnO}$ 减小，因此脱氧效果较好。相反，在碱性熔渣中，由于含有较多的碱性氧化物，因而 $\gamma_{MnO}$ 较大，不利于锰的脱氧。而且碱度越大，锰的脱氧效果越差。正由于这个缘故，一般酸性焊条用锰铁作为脱氧剂，而碱性焊条不单独用锰铁作为脱氧剂。

#### 2. 硅的脱氧反应

利用液态金属中的脱氧元素硅的脱氧反应为

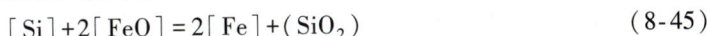

$$[Si]+2[FeO]=2[Fe]+(SiO_2) \tag{8-45}$$

$$K_{Si}=\frac{\alpha_{SiO_2}}{\alpha_{Si}\alpha_{FeO}^2}=\frac{\gamma_{SiO_2}(SiO_2\%)}{\alpha_{Si}\alpha_{FeO}^2} \tag{8-46}$$

采用类似分析锰脱氧的方法来分析硅的脱氧效果。显然，提高熔渣的碱度和液态金属的硅含量，可以提高硅的脱氧效果。所以说，碱性焊条采用硅铁作为脱氧剂较好。但是，由于用硅铁脱氧后生成的产物 $SiO_2$ 的熔点高（1713℃），不易聚集成大的质点，而且与钢液的界面张力小，润湿性好，不易与钢液分离，易出现夹杂现象，因此一般不单独用硅脱氧。

#### 3. 锰硅联合脱氧

把锰和硅按适当的比例加入金属中进行联合脱氧，可以得到较好的脱氧效果。实践证明，当金属中 [Mn]/[Si] 的质量分数比例合适时，脱氧产物可形成硅酸盐 $MnO \cdot SiO_2$，它的密度小，熔点低（见表 8-7），容易聚合成半径大的质点（表 8-8），易于留到渣中，这样可减少金属中的夹杂物，又可降低金属中的氧含量。

表 8-8 金属中[Mn]/[Si] 对脱氧产物质点半径的影响

| [Mn]/[Si] | 1.25 | 1.95 | 2.78 | 3.60 | 4.18 | 8.70 | 15.90 |
|---|---|---|---|---|---|---|---|
| 最大质点半径/cm | 0.00075 | 0.00145 | 0.0126 | 0.01285 | 0.01835 | 0.00195 | 0.0006 |

在 $CO_2$ 气体保护焊时，根据锰硅联合脱氧的原则，常在焊丝中加入适当比例的锰和硅，可减少焊缝中的夹杂物。各国使用的焊丝中 [Mn]/[Si] = 1.5~3。

其他焊接材料也可利用锰硅联合脱氧的原则。例如，在碱性焊条的药皮中一般加入锰铁和硅铁进行联合脱氧，其脱氧效果较好。

采用含有两种以上脱氧元素的复合脱氧剂，如硅钙合金，可取得多重效果，是今后发展的方向。

沉淀脱氧是具有决定性意义的脱氧过程，它对焊缝的氧含量起决定性的作用。

### （三）扩散脱氧

扩散脱氧是在液态金属与熔渣的界面上进行的，是以分配定律为理论基础的，即

$$L = \frac{[FeO]}{(FeO)}$$

根据式（8-30）和式（8-31）可以看出，当温度下降时，分配系数 $L_0$ 减小，便发生 FeO 由液态金属向熔渣扩散的过程，即 $[FeO] \rightarrow (FeO)$。在熔池的尾部低温区有利于扩散脱氧的进行。

扩散脱氧的效果与熔渣的性质有关。在酸性渣中，由于 $SiO_2$ 和 $TiO_2$ 能与 FeO 生成复合物 $FeO \cdot SiO_2$ 和 $FeO \cdot TiO_2$，使 FeO 的活度减小，有利于液态金属中的 FeO 向熔渣进行扩散，因此脱氧能力较强。而在碱性渣中，FeO 的活度大，扩散脱氧的能力比酸性渣差。

在焊接条件下，由于冷却速度大，扩散时间短，氧的扩散速度又慢，因此扩散脱氧是不充分的。

以上讨论了脱氧的几种方式，在具体的焊接条件下脱氧效果如何，则与脱氧剂的种类和数量、氧化剂的种类和数量、熔渣的成分、碱度和物理性能、焊丝和母材的成分、焊接参数等多种因素有关。一般地说，低氢型和钛型焊条焊缝金属的氧含量较低。

## 六、金属中硫和磷的控制

### （一）金属中硫的危害及控制

#### 1. 硫的危害

硫是钢中有害元素，它以 FeS-Fe 或 FeS-FeO 的共晶体形式，呈片状或链状存在于钢的晶粒边界，降低了钢的冲击韧性和耐蚀性。此外，由于硫共晶的熔点低（FeS-Fe 熔点为 985℃，FeS-FeO 熔点为 940℃），容易形成凝固裂纹。对于高镍合金钢，硫的危害更为突出。因为镍与硫化镍会形成熔点更低的 NiS-Ni 共晶（熔点为 644℃），所以对凝固裂纹的影响更大。

#### 2. 控制硫的措施

（1）限制焊接材料中的硫含量　焊接时，焊缝中的硫主要来源于焊接材料，因此在制造焊接材料时，要严格按标准来选用药皮、焊剂或药芯的原材料，如锰矿、赤铁矿等。若某些材料硫含量过高时，要预先进行处理。

（2）用冶金方法脱硫　脱硫反应也是一个扩散过程，其原理与扩散脱氧相似。钢液中的硫以 [FeS] 的形式存在，达到平衡时，熔渣中（FeS）含量与钢液中 [FeS] 含量成一定比例，即 $L = [FeS]/(FeS)$，在白渣冶炼条件下，渣中的氧化钙起脱硫作用，其反应式为

$$(CaO) + (FeS) \longrightarrow (CaS) + (FeO) \tag{8-47}$$

脱硫反应是吸热反应，温度升高，有利于脱硫。随着脱硫反应的进行，渣中的（FeS）含量逐渐减少，于是钢液中的［FeS］就会自动地往熔渣中扩散转移，即［FeS］→（FeS），这样就达到了脱硫的目的。

在焊接中的脱硫主要依靠锰，其脱硫反应式为

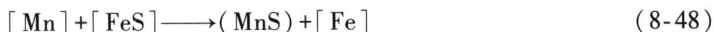

$$[Mn]+[FeS]\longrightarrow(MnS)+[Fe] \tag{8-48}$$

反应的产物 MnS 不溶于钢液，大部分进入熔渣中，少量残留在焊缝中。但因硫化锰的熔点高（1616℃），以点状弥散分布，故其危害较小。

目前常用的焊条药皮和焊剂的碱度不高（一般 $B<2$），脱硫的能力有限，焊接普通钢还可以，但用来焊接硫含量低的精炼钢，需高碱度的无氧药皮或焊剂，如 $CaCO_3$-MgO-$CaF_2$ 系高碱度焊剂。用钛作脱氧剂，有较好的脱硫效果，焊缝的硫含量可小于 0.01%（质量分数）。

此外，研究表明：稀土元素可以用来脱硫和改变硫化物的形态、尺寸、分布，还可以提高金属的韧性。

### （二）金属中磷的危害及控制

#### 1. 磷的危害

磷也是钢中的有害元素。铁液中可以溶解较多的磷，并主要是以 $Fe_2P$、$Fe_3P$ 的形式存在。由于磷与铁和镍可以形成低熔点共晶，如 $Fe_3P$+Fe（熔点 1050℃）和 $Ni_3P$+Fe（熔点 880℃），在钢液的凝固过程中最后以块状或条状析出于晶界处，减弱了晶粒之间的结合力。同时其本身既硬又脆。它既能增加冷脆性，又能促使形成凝固裂纹，因此必须限制钢中的磷含量。

#### 2. 控制磷的措施

（1）限制磷的来源 熔炼时应采用低磷生铁或废钢进行配料。因为在冲天炉熔炼时，常采用酸性熔渣，脱磷能力很弱，即使采用碱性熔渣也不能有效脱磷。对熔炼韧性较高的金属时，更需严格限制磷的含量。

焊接时，为减少焊缝的磷含量，首先必须限制母材、填充金属、药皮和焊剂中的磷含量。药皮和焊剂中的锰矿是导致焊缝增磷的主要来源。一般情况下，需限制使用锰矿作为药皮或焊剂的原材料。

（2）用冶金方法脱磷 磷一旦进入液态金属，就应当采用冶金方法脱磷。脱磷反应分为两步：第一步是将铁液中的 $Fe_2P$（或 $Fe_3P$）与渣中的 FeO 化合成 $P_2O_5$；第二步是让 $P_2O_5$ 与渣中的碱性氧化物生成稳定的磷酸盐。两步合并的反应式为

$$2[Fe_3P]+5(FeO)+3(CaO)=\!=\!=((CaO)_3\cdot P_2O_5)+11[Fe] \tag{8-49}$$

$$2[Fe_2P]+5(FeO)+4(CaO)=\!=\!=((CaO)_4\cdot P_2O_5)+9[Fe] \tag{8-50}$$

脱磷反应是放热反应，降低温度对脱磷有利。而高碱度、强氧化性及低黏度的熔渣也有利于脱磷反应的进行。但在实际中，由于熔渣的碱度太高时熔渣的流动性较差，反而使脱磷效果变差。

在焊接中，由于熔渣的碱度受焊接工艺性能的制约，不能过分增大，而且碱性熔渣中又不允许含较多的 FeO，所以碱性渣的脱磷效果是不理想的。在酸性渣中，虽然含有较多的 FeO，有利于磷的氧化，但因其碱度低，脱磷能力更差，所以说焊接时脱磷比脱硫更困

难。要控制焊缝磷含量，主要是严格控制焊接材料中的磷含量。

## 第四节　焊缝金属的合金化及成分控制

### 一、合金化的目的

合金化就是把所需的合金元素加入到金属中去的过程。对于焊接过程，可通过焊接材料（焊丝、药皮或焊剂等），将合金元素过渡到焊缝金属中去。

合金化的目的首先是补偿在高温下金属由于蒸发或氧化等造成的损失，其次是消除缺陷，改善焊缝金属的组织与性能，或获得具有特殊性能的堆焊金属。如用堆焊的方法过渡 Cr、Mo、W、Mn 等合金元素，使焊件表面具有耐磨性、热硬性、耐热和耐蚀等性能。因此研究合金化的方式及其规律具有重要的指导意义。

### 二、合金化的方式

在焊接工艺中，常采用以下几种合金化方式：

（1）通过合金焊丝或带极　把所需合金元素加入焊丝或带极内，配合碱性药皮或低氧、无氧焊剂进行焊接，将合金元素过渡到焊缝中去。其优点是焊缝成分均匀、稳定、可靠，合金损失少；缺点是合金成分不易调整，制造工艺复杂，成本高。对于脆性材料，如硬质合金、高合金高强材料等不能轧制、拔丝，应用受到限制。

（2）通过药芯焊丝或药皮（或焊剂）　将粉末状态的合金剂加入药皮、药芯、黏结焊剂中，通过焊接过程过渡到焊缝金属中去。少数情况下，也可将按比例配制好的合金粉直接放置或涂敷于焊件表面、坡口或把它输送到焊接区，在热源作用下与母材一起熔化、混合后形成合金化的堆焊金属。这类方法的优点是合金成分的比例调配方便，制造容易，成本低；缺点是合金元素的氧化损失较大，并有一部分残留在渣中，使合金利用率较低。在应用黏结焊剂和合金粉末的情况下，焊接参数的波动会引起焊缝合金成分的显著变化。

（3）通过置换反应还原出合金元素　通过药皮、药芯和焊剂中的合金元素氧化物与 Fe 的置换反应，还原出合金元素，使焊缝合金化。如焊接低碳钢时高 Si 高 Mn 焊剂的渗 Si 和 Mn 的反应，以及通过对应的氧化物向焊缝加入微量稀土、Ti 和 B 的反应等。其优点是极为简单方便、价格低廉；缺点是合金化程度有限，通过焊剂过渡时难以保证焊缝金属成分的稳定性和均匀性。

上述合金化方式应根据过渡元素的性质及具体焊接条件来选择，较活泼的元素多选用从合金焊丝和带极等过渡的方式。上述几种方式也可以同时采用。

### 三、合金元素的过渡系数及其影响因素

在焊接中，合金元素向焊缝金属过渡的过程是在高温冶金反应中进行的，合金元素会经受氧化或蒸发造成一部分损失，同时，通过熔渣过渡到焊缝金属中时，也会有一部分残

留在渣中造成损失。熔化的母材中的合金元素，由于未经历电弧区高温冶金过程，则可认为几乎全部过渡到焊缝金属中。因此，合金元素过渡系数 $\eta$ 忽略了母材中的合金元素过渡过程。为了说明合金元素利用率的高低，常采用过渡系数的概念。合金元素的过渡系数 $\eta$ 等于它在熔敷金属中的实际含量与它原始含量之比，即

$$\eta = \frac{C_d}{C_e} = \frac{C_d}{C_{cw} + K_b C_{co}} \tag{8-51}$$

式中，$C_d$ 为合金元素在熔敷金属中的含量；$C_e$ 为合金元素的原始含量；$C_{cw}$ 为合金元素在焊丝中的含量；$C_{co}$ 为合金元素在药皮中的含量；$K_b$ 为焊条药皮的重量系数，即单位长度焊条中药皮重量与焊芯重量之比。

若已知 $\eta$ 值及有关数据，则可用上式来计算出合金元素在熔敷金属中的含量 $C_d$，再根据具体的焊接工艺条件确定熔合比，即可求出它在焊缝中的含量。相反，根据对熔敷金属成分的要求，可求出在焊条药皮中应具有的合金元素含量。可见，合金元素的过渡系数对于设计和选择焊接材料是很有实用价值的。

过渡系数 $\eta$ 的计算式，只是反映了总的合金元素过渡系数，是焊芯和药皮两个方面过渡的总和。一般情况下，通过焊芯过渡时的过渡系数大，而通过药皮过渡时的过渡系数小，尤其是药皮的氧化性较强时，更为明显。

不同合金元素的过渡系数不同。若合金元素对氧的亲和力越大，其氧化损失越大，过渡系数越小。合金元素的沸点越低，其蒸发损失越大，过渡系数越小。此外，合金元素的过渡系数与其在药皮中的含量、粒度，熔渣的成分，药皮的重量系数等均有较大的关系。因此，影响合金元素过渡系数的因素主要有：

（1）合金元素的物理化学性质　其中最重要的是元素对氧的亲和力大小。对氧亲和力大的元素，其氧化损失大，过渡系数较小。焊接钢时，按元素对氧亲和力序列位于 Fe 以下的元素几乎无氧化损失，故过渡系数大；位于 Fe 以上靠近 Fe 的元素，氧化损失较小，过渡系数较大；而位于 Fe 以上并远离 Fe 的元素，如 Ti、Zr 和 Al 等因对氧亲和力很大，氧化损失严重，过渡系数小，一般很难过渡到焊缝中去。但合金剂的选择主要取决于焊缝金属性能的要求，在必须加 Ti、Zr 等对氧亲和力大的元素时就应创造低氧或无氧的良好过渡条件，如用无氧焊剂、惰性气体保护等。也可利用对氧亲和力大的元素保护合金剂，提高它们的过渡系数。例如，在碱性药皮中，加入 Ti 保证 B 的过渡。

（2）合金元素的含量　随焊接材料中合金元素含量的增加，其过渡系数逐渐增加，最后趋于一个定值，如图 8-15 所示。这是因为合金元素的含量开始增加时，氧势逐渐减小，使其过渡系数增加；但再增加合金元素的含量时，氧势不再减小，并可能抑制该元素氧化物的置换合金元素反应、增加渣中残留损

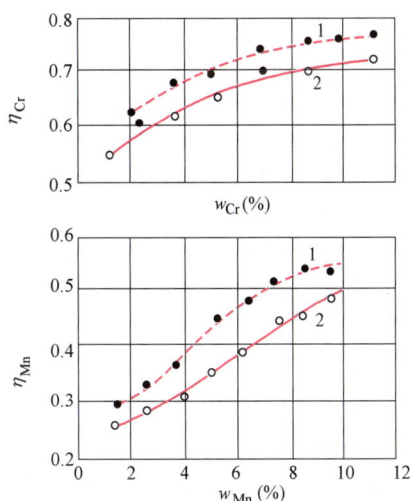

图 8-15　Mn 和 Cr 的过渡系数与其在焊剂中 Mn、Cr 含量的关系

1—正极性　2—负极性

失，其过渡系数不再增加。药皮或焊剂的氧化性和元素对氧的亲和力越大，合金元素的含量对过渡系数的影响越大。

（3）**合金剂的粒度**　增加合金剂的粒度，其比表面积和氧化损失将减少，使过渡系数增加。因此，一般合金剂的粒度比脱氧剂的大。但如粒度过大，则不易完全熔化，渣中残留损失会增加，过渡系数会减小。

（4）**药皮、药芯或焊剂的放氧量**　氧化势（放氧量）越大，合金元素的过渡系数就越小（表8-9）。因此，一般高合金钢焊接，焊缝金属须渗入多种、多量合金元素时，宜采用低氧药皮、药芯或焊剂。由于 Si、Mn 的氧化物和液态铁反应而使焊缝金属产生渗 Si 和 Mn 现象，表8-9中 Si 和 Mn 在埋弧焊时的过渡系数会出现大于1的情况。

**表8-9　合金元素的过渡系数**

| 焊接方法 | 焊芯（丝） | 药皮或焊剂 | 过渡系数 | | | | | | | | |
|---|---|---|---|---|---|---|---|---|---|---|---|
| | | | C | Si | Mn | Cr | W | V | Nb | Mo | Ni |
| 空气中无保护焊 | H70W10Cr3Mn2V | — | 0.54 | 0.75 | 0.67 | 0.99 | 0.94 | 0.85 | — | — | — |
| | H18CrMnSiA | — | 0.30 | 0.80 | 0.67 | 0.92 | — | — | — | — | — |
| 氩弧焊 | H70W10Cr3Mn2V | — | 0.80 | 0.79 | 0.88 | 0.99 | 0.99 | 0.98 | — | — | — |
| 埋弧焊 | H70W10Cr3Mn2V | HJ251 | 0.53 | 2.03 | 0.59 | 0.83 | 0.83 | 0.78 | — | — | — |
| | H70W10Cr3Mn2V | HJ431 | 0.33 | 2.25 | 1.13 | 0.70 | 0.89 | 0.77 | — | — | — |
| $CO_2$ 保护焊 | H70W10Cr3Mn2V | — | 0.29 | 0.72 | 0.60 | 0.94 | 0.96 | 0.68 | — | — | — |
| | H18CrMnSiA | — | 0.60 | 0.71 | 0.69 | 0.92 | — | — | — | — | — |
| 焊条电弧焊 | H18CrMnSiA | 赤铁矿（$K_b=0.3$） | 0.22 | 0.02 | 0.05 | 0.25 | — | — | — | — | — |
| | H18CrMnSiA | 大理石（$K_b=0.3$） | 0.28 | 0.10 | 0.14 | 0.43 | — | — | — | — | — |
| | H18CrMnSiA | 氟石（$K_b=0.3$） | 0.67 | 0.88 | 0.38 | 0.89 | — | — | — | — | — |
| | H18CrMnSiA | CaO-BaO-$Al_2O_3$ 80%①, 氟石 20%① | 0.57 | 0.88 | 0.70 | 0.95 | — | — | — | — | — |
| | H18CrMnSiA | 石英（$K_b=0.3$） | 0.20 | 0.75 | 0.18 | 0.80 | — | — | — | — | — |
| | H08A | 钛钙型（$K_b=0.68$） | — | 0.71 | 0.38 | 0.77 | Ti=0.125 | 0.52 | 0.80 | 0.60 | 0.96 |
| | H08A | 氧化铁型 | — | 0.14~0.27 | 0.08~0.12 | 0.64 | — | — | — | 0.71 | — |
| | H08A | 低氢型 | — | 0.14~0.27 | 0.45~0.55 | 0.72~0.82 | — | 0.59~0.64 | — | 0.83~0.86 | — |
| Ar+$O_2$ 5% | H18CrMnSiA | — | 0.60 | 0.71 | 0.69 | 0.92 | — | — | — | — | — |
| | H10MnSi | — | 0.59 | 0.32 | 0.41 | — | — | — | — | — | — |

① 百分数指的是质量分数。

（5）**合金元素氧化物的酸碱性与熔渣的酸碱性**　其他条件相同情况下，合金元素的氧化物酸碱性与熔渣的酸碱性相同时，有利于提高该元素的过渡系数；酸碱性相反，则会降低其过渡系数。如图 8-16 所示，$SiO_2$ 为酸性氧化物，所以随着熔渣碱度增加，Si 的过渡系数减小；MnO 为碱性氧化物，所以随着熔渣碱度增加，Mn 的过渡系数增大；$Cr_2O_3$ 为两性氧化物，熔渣碱度变化对其过渡系数影响不大。

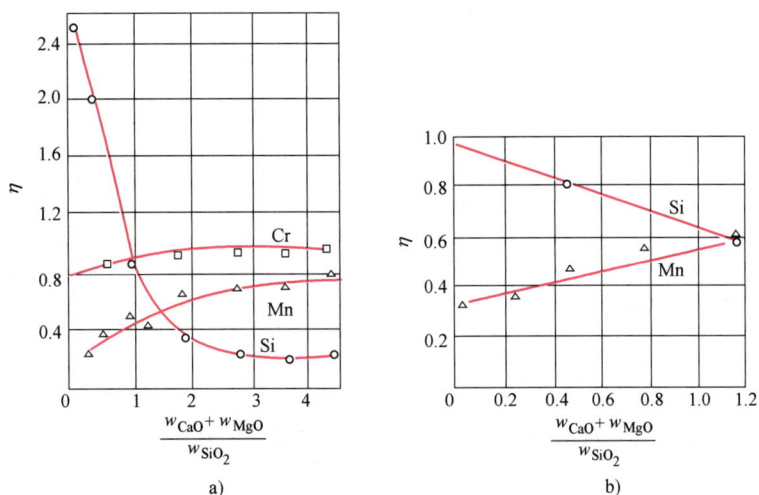

图 8-16 熔渣碱度与过渡系数的关系

a）药皮中 $w_{大理石}$ 为 20%，焊芯 H06Cr19Ni9Ti  b）无氧药皮，焊芯 H08A

因此，当合金元素及其氧化物在药皮中共存时，可提高该元素的过渡系数。所以，常在药皮、药芯中加入所要添加合金元素的氧化物。

（6）**药皮、药芯的重量系数** 在药皮或药芯中合金剂含量相同的条件下，药皮、药芯的重量系数 $K_b$ 和 $K_c$ 增加将使合金元素的氧化和渣中残留损失增加，虽然合金元素过渡总量增加，但过渡系数减小。

（7）**熔滴过渡特性** 焊接参数对熔滴过渡的特性有很大的影响，从而对冶金反应产生影响。例如，熔滴反应区的反应时间随电流的增加而变短，随电弧电压的增加而变长。在药芯焊丝和焊条的熔敷金属中，硅含量随电弧电压的增加和电流的减小而增加，如图 8-17 所示。$CO_2$ 气体保护焊时，焊丝中硅的氧化损失也有类似的情况，如图 8-18 所示，并且在短路过渡时比颗粒过渡时的损失小。

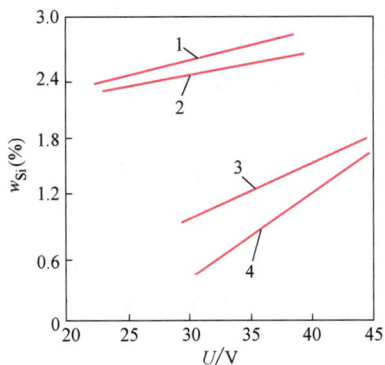

图 8-17 熔敷金属中硅含量与电弧电压
和电流的关系（焊条）

1—$I=150A$  2—$I=220A$  3—$I=240A$  4—$I=410A$

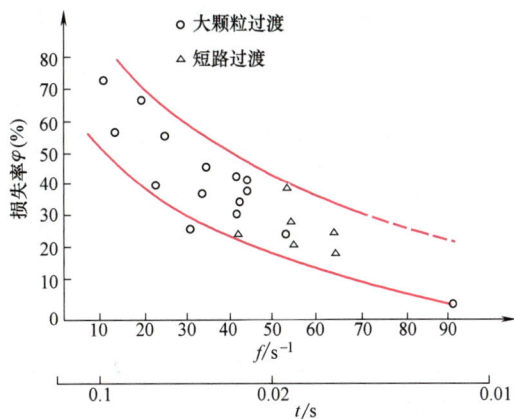

图 8-18 熔滴过渡频率 $f$ 和过渡时间 $t$ 与
硅的损失率的关系（低碳钢 $CO_2$ 堆焊）

### 四、焊缝金属化学成分的计算与控制

#### 1. 焊缝金属化学成分的计算

熔焊时，焊缝金属由局部熔化的母材和填充金属组成。在焊缝金属中熔化的母材所占的比例称为熔合比 $\theta$，如图 8-19 所示。它与焊接方法、焊接参数、接头形式等有很大的关系（表 8-10），可通过实际测量焊缝截面粗略估算为

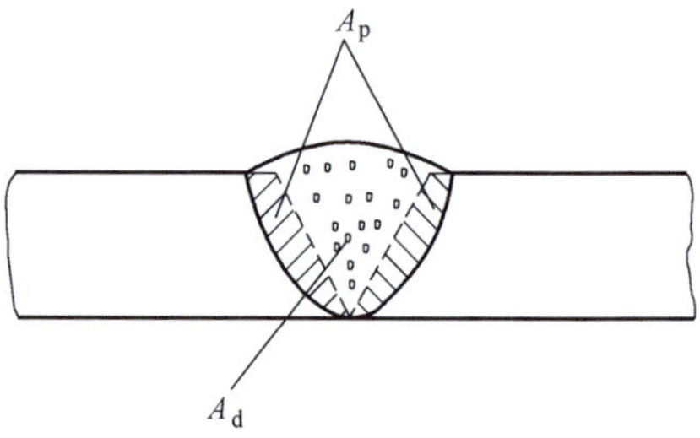

图 8-19 对接 V 形坡口的熔合比

$$\theta = \frac{A_p}{A_p + A_d} \qquad (8\text{-}52)$$

式中，$A_p$ 为焊缝截面中母材所占的面积；$A_d$ 为焊缝截面中填充金属所占的面积；$\theta$ 为熔合比。

表 8-10 焊接工艺条件对低碳钢熔合比的影响

| 焊接方法 | 接头形式 | 被焊金属厚度/mm | 熔合比 $\theta$ |
|---|---|---|---|
| 焊条电弧焊 | I 形坡口对接 | 2～4 | 0.4～0.5 |
| | | 10 | 0.5～0.6 |
| | V 形坡口对接 | 4 | 0.25～0.5 |
| | | 6 | 0.2～0.4 |
| | | 10～20 | 0.2～0.3 |
| | 角接及搭接 | 2～4 | 0.3～0.4 |
| | | 5～20 | 0.2～0.3 |
| | 堆焊 | — | 0.1～0.4 |
| 埋弧焊 | 对接 | 10～30 | 0.45～0.75 |

当母材和填充金属的成分不同时，熔合比对焊缝成分的影响很大。若不考虑冶金反应造成的成分变化，则焊缝的成分将仅取决于母材金属与焊条金属的比例。焊缝中某合金元素的含量可通过下式进行计算

$$C_0 = \theta C_b + (1-\theta) C_e \qquad (8\text{-}53)$$

式中，$C_0$ 为某元素在焊缝金属中的质量分数；$C_b$ 为某元素在母材中的质量分数；$C_e$ 为某元素在焊条中的质量分数；$\theta$ 为熔合比。

若考虑合金元素在焊接中的损失，则焊缝金属中某合金元素的实际含量 $C_w$ 为

$$C_w = \theta C_b + (1-\theta) C_d \qquad (8\text{-}54)$$

式中，$C_d$ 为熔敷金属（即真正过渡到熔池中去的那部分焊条金属）中某元素的质量分数。

多层焊时，如果各层的熔合比恒定，可由式（8-54）推导出第 $n$ 层焊缝金属中合金元素的实际含量为

$$C_{wn} = C_d - (C_d - C_b) \theta^n \qquad (8\text{-}55)$$

式中，$C_{wn}$ 为第 $n$ 层焊缝金属中合金元素的实际质量分数（%）。

由于 $\theta$ 总小于 1，随 $n$ 增大，母材对焊缝金属的稀释作用减小，$n$ 大到一定程度后，

$C_{wn}$ 将趋近于 $C_d$。所以经常用多层堆焊的方法来测定焊接材料熔敷金属的化学成分。

### 2. 焊缝金属化学成分的控制

可根据式（8-54）或式（8-55）中各项来调节焊缝成分，由于母材成分已确定，所以，调整焊接材料是控制焊缝金属成分的主要手段。

调节焊接条件（包括焊接参数）也可作为控制焊缝金属成分的辅助手段，例如：

（1）改变熔合比　在堆焊时，常调整焊接参数使熔合比尽可能小，以减少母材对堆焊层成分和性能的影响。在异种钢焊接时，熔合比对焊缝成分和性能的影响很大，因此应根据确定的熔合比选择焊接材料。母材中 C、S 和 P 等元素偏高时，可用开坡口等方式减小熔合比，以避免它们的有害影响。

（2）熔渣有效作用系数的影响　埋弧焊时焊接参数可在很宽的范围内变化，从而改变焊剂的熔化率 $K_f$（熔化的焊剂质量与熔化的焊丝质量之比）以及熔渣有效作用系数 $\beta$（定义为真正发生相互作用的熔渣质量与金属质量之比），以此可对焊缝的成分进行适当调整。

但由于焊接参数的调整常受其他因素的限制，其控制焊缝化学成分的作用也就很有限。此外，还必须注意，焊接参数一旦选定应保持不变，以保证焊缝金属成分和性能的稳定性。

（3）焊缝金属成分的预测　按式（8-54）计算的焊缝金属成分是近似的，其中焊接材料的熔敷金属中合金元素的实际含量和熔合比 $\theta$ 均受焊接条件的影响而发生变化。

近年来，统计焊接冶金得到了迅速的发展。它利用试验数据进行统计处理，建立数学模型，提出了定量预测焊条电弧焊、气体保护焊、埋弧焊等焊缝金属成分的计算式。模型中包含了合金元素在焊缝中的原始含量、熔渣的碱度与成分、焊接参数等因素的影响，并能借助计算机快速地完成计算，使人们可以方便、准确地预测到在各种不同的实际焊接条件下焊缝金属的化学成分，这是十分有价值的。在此基础上还可建立焊缝金属力学性能的预测模型。因此，可用于选择焊接材料和焊接参数，或反过来用于焊缝成分和焊接材料的优化设计。此外，还可提供各种合金元素、杂质和焊接参数等对焊缝金属性能影响的大量信息，具有重要理论意义。因此这是一种很有发展前途的冶金分析方法。

### 🔍 习题

8.1　焊接过程的化学冶金与炼钢相比有哪些不同？

8.2　金属在焊接时，气相中的气体的主要来源是什么？气相的成分如何？

8.3　氢和氮向金属溶解的过程有何不同之处？

8.4　氢对金属的质量有何影响？

8.5　控制焊缝中的含氮量的重要措施是什么？

8.6　如何控制焊缝中的氢含量？

8.7　为什么低氢型焊条焊缝的氢含量低？

8.8　氧对金属的质量有哪些影响？采取哪些措施可以减少焊缝中的氧含量？

8.9　$CO_2$ 焊时，应采用什么焊丝？为什么？

8.10　焊接原材料中含硫或含磷且较高时，应采取哪些工艺措施？这些措施的原理是什么？

8.11 为什么采用碱性焊条焊接时必须清理母材表面的铁锈、油污和水分等？

8.12 熔渣在焊接中有哪些作用？

8.13 为什么酸性焊条要用锰作为脱氧剂，而碱性焊条要用钛、锰、硅作为脱氧剂？

8.14 已知低氢型焊条的药皮重量系数 $K_b = 0.4$，铬的过渡系数 $\eta = 0.8$，药皮中含铬铁量（质量分数）为 70%，其中含铬 50%，焊丝含铬量为 8%，母材含铬量为 8%，熔合比 $\theta = 0.4$，求焊缝的含铬量。

8.15 已知母材锰含量（质量分数）为 1.5%，熔合比 $\theta = 0.35$。焊丝锰含量（质量分数）为 0.45%，药皮重量系数为 0.4，锰的过渡系数 $\eta = 50\%$，若要求焊缝锰含量（质量分数）为 1.3%，药皮中应加入多少低碳锰铁（锰铁中含锰量为 80%）？

8.16 影响焊接过程中合金元素过渡系数的因素有哪些？

# 第九章

# 焊接缺陷的产生机理及防止措施

## 第一节　内　应　力

一般情况下，金属受热温度升高要发生体积膨胀，冷却时温度降低要发生体积收缩。由于大多数焊接方法采用局部加热，焊件上的温度分布很不均匀，这使得发生的膨胀与收缩不均匀，不可避免地在焊件上产生应力与变形。许多金属材料，在从高温冷却到室温的过程中，还会因发生固态相变引起收缩和膨胀，使工件的体积和形态都会发生变化，也会造成应力与变形。这种在没有外力的作用条件下，平衡于物体内部的应力称为内应力。在焊接加热冷却过程中某一瞬时焊件中存在的应力，称为焊接瞬时应力。焊件完全冷却、温度均匀化后残存于焊件中的应力，称为焊接残余应力。

内应力的存在对焊接结构的质量有很人的影响。在一定的条件下，内应力影响结构的强度、刚度、受压稳定性和加工精度。

残余应力的存在对构件的承载能力也有很大的影响，尤其是承受交变载荷的结构和零件。当载荷作用的方向与构件的内应力方向一致时，则在内、外应力的共同作用下，很可能超过材料的强度极限，从而导致局部或整体的断裂。如焊接结构件，当局部内应力很大时，常发生低应力脆断。此外，在腐蚀介质中，还会出现应力腐蚀开裂现象。因此，必须尽量减小焊件中的内应力。

### 一、内应力的形成

内应力是在没有外力的条件下，平衡于物体内部的应力。内应力按其产生的原因可分为三种，即热应力、相变应力和机械阻碍应力。本节主要分析焊接热应力、相变应力的形成、分布及控制的措施。

#### （一）热应力

热应力是工件在受热及冷却过程中，由于各部分的温度不同、冷却速度不同而造成工件上在同一时刻各部分的收缩或膨胀量不同，从而导致内部彼此相互制约而产生的应力。

该应力是由热胀冷缩引起的，故被称为热应力。下面简要分析两端被固定的杆件其内应力的变化过程。

图 9-1 是一个金属框架的示意图。若将金属框架进行整体均匀加热和均匀冷却，则金属框架内不会产生应力；若只将框架的中心杆件加热，而两侧的杆件不加热，框架的中心杆温度上升而要发生伸长，但其伸长会受到两侧杆件的阻碍，不能自由进行。因此中心杆件受到压缩应力的作用，而两侧杆件在阻碍中心杆件伸长的同时，也受到了中心杆件对其的反作用力，即受到拉伸应力的作用。这种拉伸应力与压缩应力是在没有外部应力作用下形成的，在框架中互相平衡，所以称为内应力。

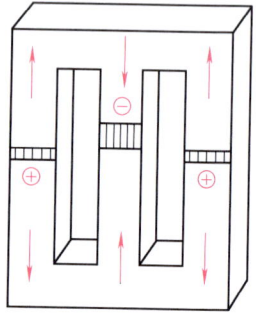

图 9-1　金属框架

假定弹性模量 $E$ 和线胀系数 $\alpha$ 均为常量，不随温度而变，则

$$\sigma = -E\alpha\Delta T \tag{9-1}$$

式中，$\Delta T$ 为温度的增量；$\sigma$ 为热应力，随温差的增大呈线性增加。

如果热应力较小，其值低于材料的屈服强度，则在框架内不会产生塑性变形，当框架的温度均匀化后，热应力也随之消失。如果热应力较大，其值超过了材料的屈服强度，则框架的中心杆件将产生压缩塑性变形。当杆件温度下降，恢复到原始状态时，若框架的中心杆件能自由收缩，其长度必然比原来的短，其缩短量就是压缩塑性变形量，其缩短率 $\varepsilon_s$ 可按下式进行计算

$$\frac{\Delta L}{L_0} = \frac{\sigma_s}{E} = \varepsilon_s \tag{9-2}$$

式中，$\Delta L$ 为缩短量；$L_0$ 为原始长度；$\sigma_s$ 为屈服强度。

实际上，框架两侧的杆件阻碍着中心杆件的收缩，因此使中心杆件受到拉伸应力的作用，两侧的杆件受到压缩应力的作用。这样在冷却后的框架中形成了新的内应力体系，即残余应力。

### （二）焊接应力与变形

在焊接过程中，由于热源是移动的，因此焊件的加热是局部和不均匀的加热过程。从焊接温度场的温度分布中可以看出，同一时刻离热源中心距离不同点的温度是不相同的。如果把焊件分成无数小的窄板条，便可将微元件的温度当作均匀的看待。这样受热的微元件，在具有不同温度的周围杆件的作用下，将处于应力状态之中，即相当于加热时不能自由膨胀，冷却时不能自由收缩的杆件，而其本身也将对周围杆件产生制约作用。

钢板中心堆焊时的应力与变形如图 9-2 所示。图 9-2a 为加热时温度的分布、变形及应力状况。图 9-2b 为冷却到常温时，钢板内的应力与变形。其中

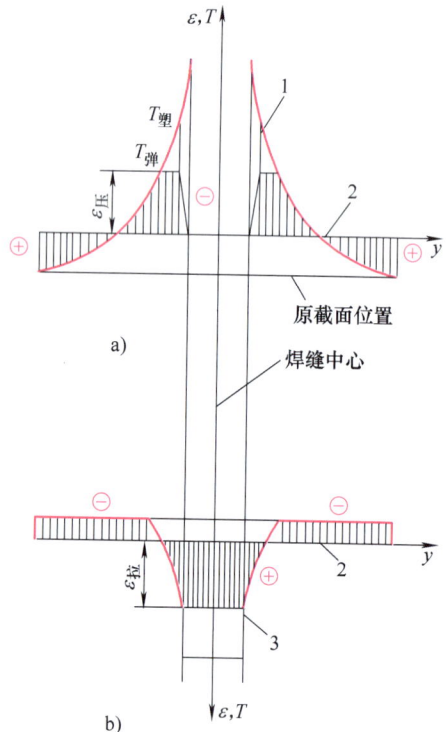

图 9-2　钢板中心堆焊时的应力与变形图

曲线1为温度分布曲线；曲线2为实际截面的位置，并显示了钢板各部位所承受的拉伸或压缩变形；曲线3为残留的压缩塑性变形。从图中可以看出，焊缝及近缝区受到等于屈服强度的拉伸应力，离开焊缝和近缝区的区域受压缩应力，此时钢板将产生缩短的现象。

### （三）相变应力

金属材料在固态相变过程中，各部分因发生相变的先后时刻不同，相变程度也不同，由此而产生的应力称为相变应力。钢材在加热和冷却的过程中，体积发生变化的情形如图9-3所示。

其中 I 表示钢材的加热曲线，II、III 分别代表低碳钢和低合金钢的冷却曲线。加热时钢材要膨胀，其体积随温度的升高而增大。加热到 $Ac_1$ 时发生相变，铁素体与珠光体转变为奥氏体。由于奥氏体的比体积最小，因此钢材的

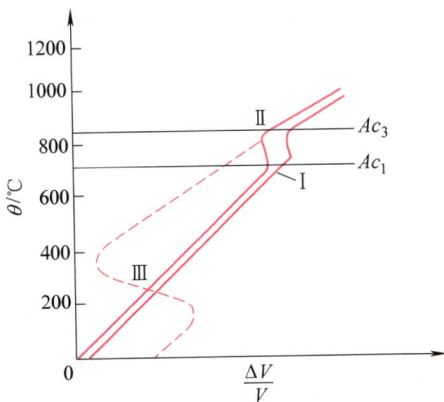

图 9-3　钢铁材料相变时的体积变化曲线图

体积要减小。到 $Ac_3$ 相变结束后，其体积又随温度的升高而增大。冷却时，低碳钢与合金钢体积变化的情况大不相同。低碳钢的相变温度高于 600℃，此时钢材仍处于塑性状态，所以不会产生相变应力。而对合金钢来说，由于合金元素的作用，使钢材在高温时奥氏体的稳定性增加，以至冷却到 200~350℃ 时，才发生奥氏体向马氏体的转变，并保留到室温。由于马氏体的比体积最大，因此马氏体形成后将造成较大的应力。

钢的各种组织密度及比体积见表9-1。焊接合金钢时，由于形成马氏体发生体积的膨胀，可使焊缝中心拉应力有所下降，使最终的残余拉应力有所降低。

表 9-1　钢的各种组织密度及比体积

| 钢的组成相 | 铁素体 | 渗碳体 | 奥氏体 $w_C$ 0.9% | 珠光体 $w_C$ 0.9% | 马氏体 |
|---|---|---|---|---|---|
| 密度/g·cm$^{-3}$ | 7.864 | 7.670 | 7.843 | 7.778 | 7.633 |
| 比体积/cm$^3$·g$^{-1}$ | 0.1271 | 0.1304 | 0.1275 | 0.1286 | 0.1310 |

### （四）机械阻碍应力

焊件冷却过程中产生的收缩，受到外界的阻碍而产生的应力称为机械阻碍应力。焊件焊接时，需要采用刚性固定装置、工装夹具及胎模等，这些均能阻碍焊件的收缩，机械阻碍应力可使焊件产生拉应力或切应力。若应力是在弹性范围内，当阻碍消除后，则应力消失。但是，当阻碍应力与其他应力同时作用且方向一致时，则会促使内应力加剧，甚至导致焊件中出现裂纹。

综上所述，焊件内的应力是热应力、相变应力及机械阻碍应力的总和，在冷却过程中的某一瞬时，当局部应力的总和大于金属在该温度下的抗拉强度时，焊件就会产生裂纹。焊件中的残余应力并非是永久性的，经过热处理，即在一定温度下经过一定时间后焊件内各部分应力会重新分配或消失。

## 二、残余应力的分布

焊接残余应力值的大小可以通过试验方法直接测定，也可进行理论计算。在实际的焊

接结构中，残余应力的分布是十分复杂的。但只要掌握一些简单焊接接头的残余应力分布，就可定性地分析具体结构中的应力分布状况。

在厚度小于20mm的焊接结构中，焊后残存在结构中的残余应力基本上是双轴的，厚度方向的应力很小。只有在大厚度焊接结构中，厚度方向的应力才比较大。为了便于分析，把沿焊缝方向的应力称为纵向应力，用 $\sigma_x$ 表示；垂直于焊缝方向的应力称为横向应力，用 $\sigma_y$ 表示；沿板厚度方向的应力称为厚度向应力，用 $\sigma_z$ 表示；下面简要分析对接接头中的纵向和横向残余应力分布情况。

### （一）纵向残余应力的分布 $\sigma_x$

图9-4为对接接头中的纵向残余应力分布。在低碳钢的对接接头中，焊缝及近缝区中的纵向残余应力为拉应力，其最大值 $\sigma_{max}$ 通常可达到焊缝金属的屈服强度 $\sigma_s$，离焊缝较远的母材中为压应力，拉应力与压应力大小相等，是自平衡力系。

由图9-4可以看出，由于端面是自由边界，其表面的应力为0，即截面0—0上的纵向应力 $\sigma_x = 0$。随着离端面的距离增加，纵向应力 $\sigma_x$ 逐渐增大，如截面Ⅰ—Ⅰ、Ⅱ—Ⅱ，最后达到金属材料的屈服强度 $\sigma_s$，如截面Ⅲ—Ⅲ。由此可见，低碳钢长板条对接接头的纵向残余应力存在过渡区与稳定区。当钢板的长度较短时，焊缝中的 $\sigma_{max}$ 可小于 $\sigma_s$，如图9-5所示。

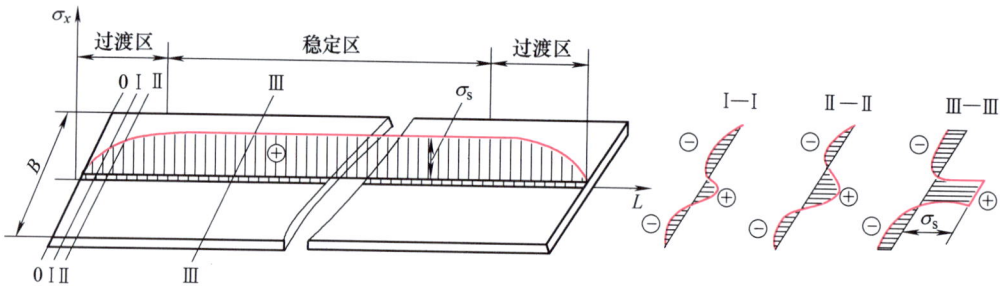

图9-4 对接接头中的纵向残余应力分布

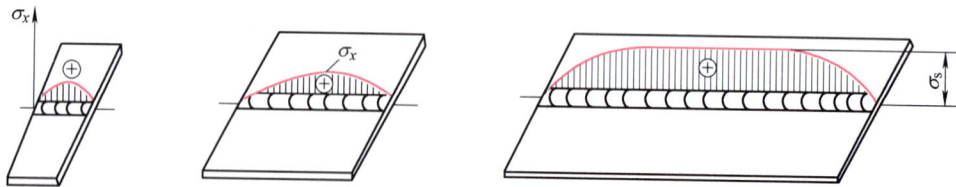

图9-5 短焊缝中的纵向应力分布

圆筒上环形焊缝引起的纵向应力（即圆筒的切向应力）分布与圆筒的直径、厚度有关，当圆筒的直径与厚度比较大时，纵向应力 $\sigma_x$ 的分布与平板的情况类似，如图9-6所示。若圆筒的直径较小，纵向应力 $\sigma_x$ 的值就有所降低。

### （二）横向残余应力的分布 $\sigma_y$

横向残余应力的分布情况比较复杂。它由两个部分组成：一是由于焊缝及附近的塑性变

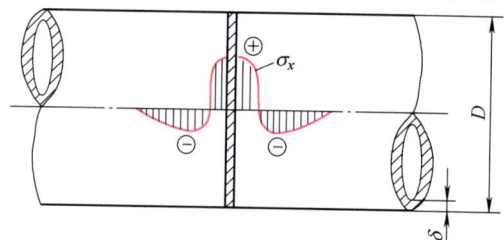

图9-6 圆筒上环形焊缝的纵向应力分布

形区的纵向收缩引起的；二是由于焊缝及附近的塑性变形区的横向收缩不同时性引起的。

　　平板对接焊缝的应力分布如图9-7所示。如果沿焊缝中心将焊件一分为二，则两块钢板都相当于在板边进行堆焊。它们将分别因焊缝的纵向收缩而发生弯曲，如图9-7b所示。由此可见，在焊缝的两端产生横向的压应力，焊缝的中间段产生横向的拉应力，如图9-7c所示。通常两端压应力的最大值比拉应力的最大值大得多，而且焊缝越长，中间段的拉应力会有所降低，并逐渐趋近于零，如图9-7d所示。这就是由于焊缝的纵向收缩而引起的横向应力分布情况。

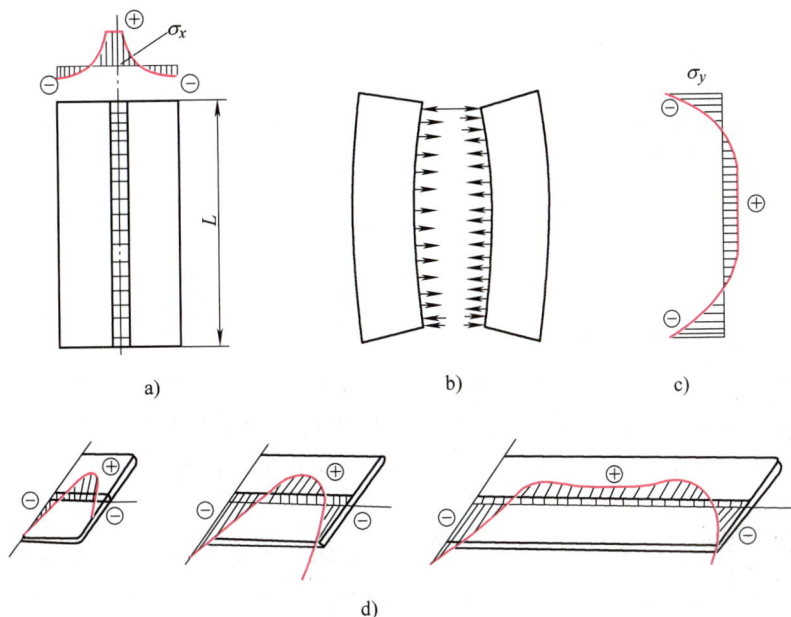

图 9-7　平板对接焊缝的应力分布

　　下面再分析由于横向收缩的不同时而引起的横向残余应力分布。由于焊缝有先焊和后焊之分，先焊的部分先冷却，后焊的部分后冷却。先冷却的部分将限制后冷却部分的横向收缩，这样就形成了横向残余应力。横向残余应力的分布与焊接方向、焊接顺序有关，如图9-8所示。图9-8a为直通焊，由图可见，在焊缝的中间段为压应力区，焊缝的两端为拉应力区，后焊部分的拉应力比先焊部分的大。其他焊接方向的横向残余应力分布如图9-8b、c所示。

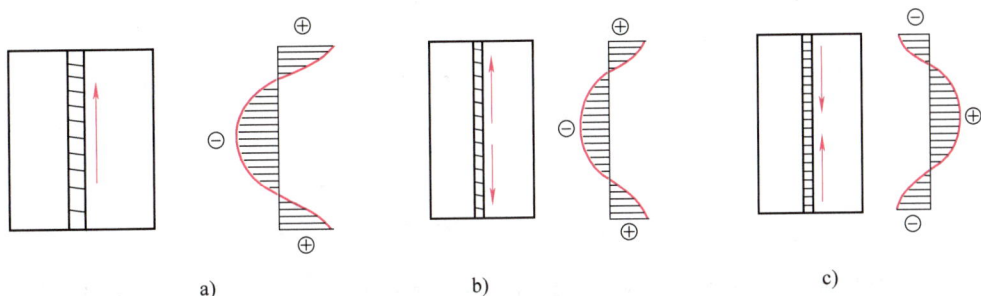

图 9-8　不同焊接方向焊缝横向收缩引起的横向应力
a）直通焊　b）从中间向两端焊　c）从两端向中间焊

横向残余应力 $\sigma_y$ 由上述的两部分应力组成。横向残余应力沿板宽分布如图9-9所示，图中还给出了焊缝中心、距焊缝不同距离截面上的应力 $\sigma_y$ 的分布。图中表明：离焊缝距离越大，应力值越低，而在边缘上的 $\sigma_y = 0$。

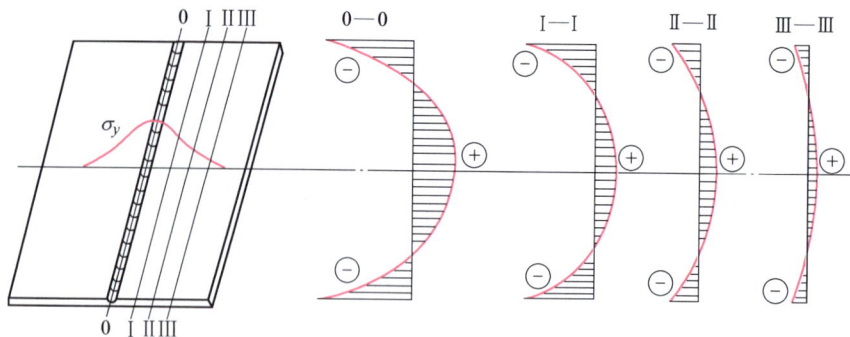

图 9-9　横向残余应力沿板宽分布

### （三）相变残余应力的分布

当金属发生相变时，其比体积将发生突变。这是由于不同的组织具有不同的密度和不同的晶格类型，因而具有不同的比体积。对于碳钢来说，当奥氏体转变为铁素体或马氏体时，其比体积将由 0.123 ~ 0.125 增加到 0.127 ~ 0.131。发生反方向相变时，比体积将减小相应的数值。如果相变温度高于金属的塑性温度 $T_P$（材料屈服强度高于零时的温度），则由于材料处于完全塑性状态，比体积的变化完全转化为材料的塑性变形，因此，不会影响焊后的残余应力分布。

对于低碳钢来说，受热升温过程中，发生铁素体向奥氏体的转变，相变的初始温度为 $Ac_1$，终了温度为 $Ac_3$。冷却时反向转变的温度稍低，分别为 $Ar_1$ 和 $Ar_3$，如图9-10a 所示。在一般的焊接冷却速度下，其正、反向相变温度均高于 600℃（低碳钢的塑性温度 $T_P$），因而低碳钢焊缝金属的相变对焊接残余应力没有影响。

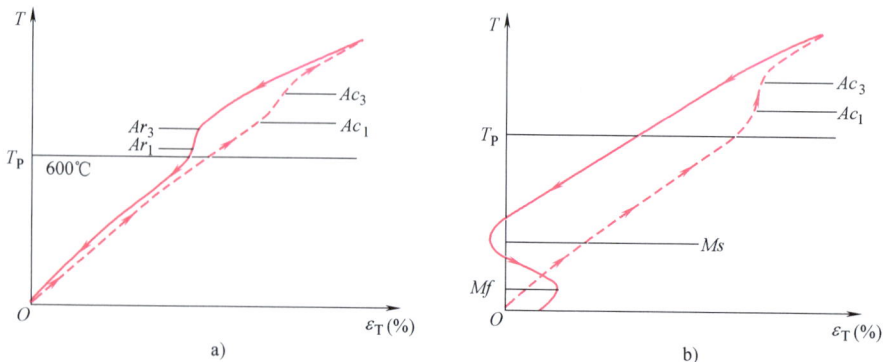

图 9-10　钢铁加热和冷却时的膨胀与收缩曲线

a）相变温度高于塑性温度　b）相变温度低于塑性温度

一些碳含量或合金元素含量较高的高强度钢，加热时，其相变温度 $Ac_1$ 和 $Ac_3$ 仍高于 $T_P$，但冷却时其奥氏体转变温度降低，并可能转变为马氏体，而马氏体转变温度 $Ms$ 远低于 $T_P$，如图9-10b 所示。这种情况下，由于奥氏体向马氏体转变使比体积增大，不但可以抵消部分焊接时的压缩塑性变形，减小残余拉应力，而且可能出现较大的焊接残余压应力。

当焊接奥氏体转变温度低于 $T_p$ 的母材时，在塑性变形区（$b_s$，图 9-11）内的金属产生压缩塑性变形，造成焊缝中心受拉伸、板边受压缩的纵向残余应力 $\sigma_x$。如果焊缝金属为不产生相变的奥氏体钢，则热循环最高温度高于 $Ac_3$ 的近缝区（$b_m$）内的金属在冷却时，体积膨胀，在该区域内产生压应力。而焊缝金属为奥氏体，以及母材两侧温度低于 $Ac_1$ 的部分均未发生相变，因而承受拉应力。纵向相变应力 $\sigma_{mx}$ 的分布如图 9-11a 所示，焊缝最终的纵向残余应力分布应为 $\sigma_x$ 与 $\sigma_{mx}$ 之和（图 9-11a）。如果焊接材料为与母材同材质的材料，冷却时焊缝金属和近缝区 $b_m$ 一样发生相变，则其纵向相变应力 $\sigma_{mx}$ 和最终的纵向残余应力 $\sigma_{mx}+\sigma_x$ 如图 9-11b 所示。

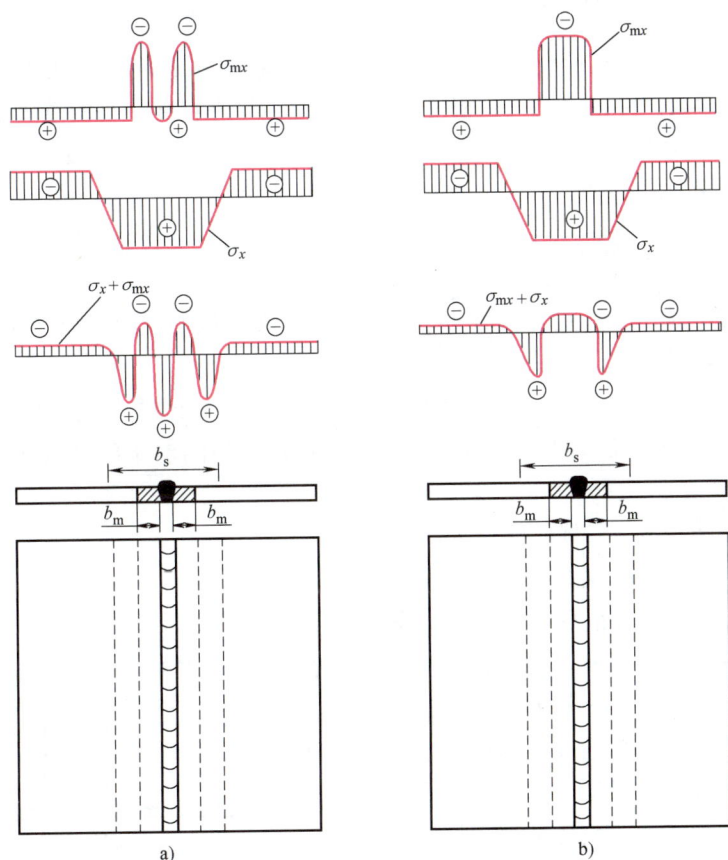

图 9-11  高强度钢焊接时相变应力对纵向残余应力分布的影响

a）焊缝金属为奥氏体钢  b）焊缝成分与母材近似

在 $b_m$ 区内，相变所产生的局部纵向膨胀，不但会引起纵向相变应力 $\sigma_{mx}$，而且会引起横向相变应力 $\sigma_{my}$。如果沿相变区 $b_m$ 的中心线将板截开，则相变区的纵向膨胀将使截下部分向内弯曲，为了保持平直，两个端部将出现拉应力，中部将出现压应力，如图 9-12a 所示。同样，相变区 $b_m$ 在厚度方向的膨胀也将产生厚度方向的相变应力 $\sigma_{mz}$。$\sigma_{mz}$ 也将引起横向相变应力 $\sigma_{my}$，其在平板表面为拉应力，在板厚中间为压应力，如图 9-12b 所示。

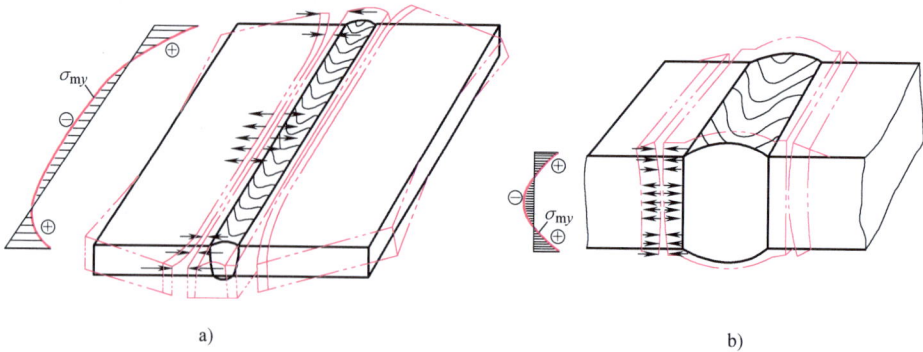

图 9-12 横向相变应力 $\sigma_{my}$ 的分布

a）由 $\sigma_{mz}$ 引起的 $\sigma_{my}$ 沿纵向的分布　b）由 $\sigma_{mz}$ 引起的 $\sigma_{my}$ 在厚度上的分布

从上述分析可以看出，相变不但在 $b_m$ 区产生拉应力 $\sigma_{mx}$ 和 $\sigma_{mz}$，也可以引起拉应力 $\sigma_{my}$。相变应力的数值可以相当大，相变拉伸应力是产生焊接冷裂纹的重要原因之一。

以上分析的残余应力均为焊条电弧焊条件下的情况，其他焊接方法或焊接条件下的应力分布可能有所不同。

### 三、减小或消除焊接残余应力的途径

根据焊接残余应力产生的原因，可以通过以下途径来减小或消除焊接残余应力。

#### 1. 合理的结构设计

若焊接结构设计不合理，在焊接过程中会产生严重的焊接应力。因此在焊接结构中，应避免焊缝的交叉及密集，尽量采用对接而避免搭接，用刚度小的结构代替刚度大的结构等。

#### 2. 选择合理的工艺及采取必要的措施

在焊接中，应根据焊接结构的具体情况，尽量采用较小的热输入（即采用小直径焊条和较低的电流），以减小焊件的受热范围。安排合适的焊接顺序，尽可能使焊缝能自由收缩。工字梁的焊接如图 9-13 所示，翼板和腹板上都有对接焊缝，彼此之间用角焊缝连接。对这种结构就应当先焊对接焊缝①和②，后焊角焊缝③。因为对接焊缝的收缩量比角焊缝大。此外采用预热措施，在焊前进行预热可降低焊件中的温度梯度，从而降低焊接应力。

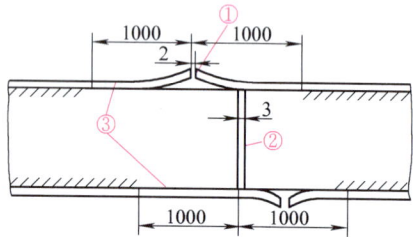

图 9-13 工字梁的焊接

#### 3. 减少焊接残余应力的措施

（1）热处理法　降低或去除残余应力的热处理，其加热温度和保温时间，需根据材料的性质、工件的结构以及冷却条件而定。一般的规律是将工件加热到塑性状态的温度，并在此温度下保温一段时间，利用蠕变产生新的塑性变形，使残余应力消除。再缓慢冷却，使厚、薄部位的温度均匀，而不重新出现应力。

对于焊后消除应力的热处理，通常是将焊件加热到 $Ac_1$ 温度以下（约 650℃）。对于

调质钢，消除应力的热处理温度要比钢材原来的回火温度低 30~50℃，以保证构件的强度。

（2）机械法　对于某些压力容器、桥梁、船体结构，可以采用加载的办法来降低焊接应力。其原理是利用加载所产生的均匀拉伸应力与焊接应力相叠加，使存在于高拉伸应力区的应力值达到屈服强度值，迫使材料发生塑性变形，卸载后该区的残余应力得以完全或部分的消除。

（3）共振法　将焊件在共振条件下振动 10~15min，以达到消除焊件中残余应力的目的。

该法与热处理法相比，设备费用低，花费的时间少，易于操作，而且无氧化皮，不受工件大小尺寸的限制，也不会由于热处理规范不当而产生新的内应力，甚至产生裂纹的危险。

## 第二节　焊接变形

当焊接件的形状尺寸发生变化时，说明构件发生了变形。这种由焊接所导致的变形，被称为焊接变形。焊后构件完全冷却后，遗留下的变形被称为残余变形。本节主要分析残余变形的种类、影响因素及控制变形的措施。

### 一、焊接变形的基本形式

在焊件中，存在着各种各样的变形，如收缩变形、角变形、弯曲变形、波浪变形、扭曲变形等，如图 9-14 所示。具体如下：

（1）收缩变形（Contraction Deformation）　收缩变形是指焊件整体尺寸的减小，包括焊缝的纵向收缩和横向收缩变形。

（2）角变形（Angular Deformation）　当焊缝截面上下不对称或受热不均匀时，焊缝因横向上下收缩不一致，引起的变形。V 形坡口的对接接头和角接接头易出现角变形。

（3）弯曲变形（Curving Deformation）　焊缝在结构上不对称分布，使得焊缝的纵向收缩不对称，引起焊件向一侧弯曲，形成弯曲变形。

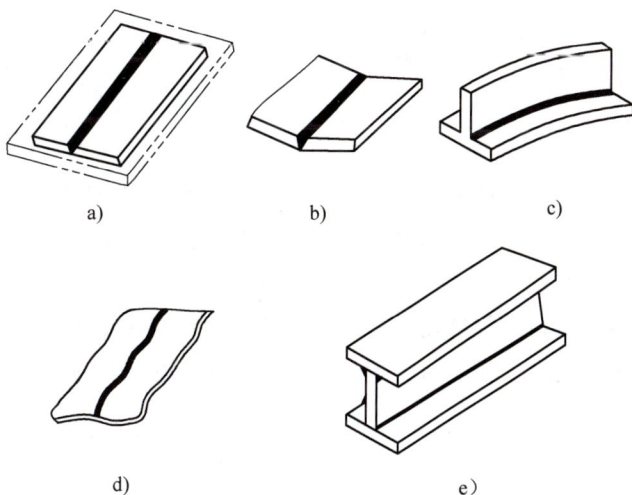

图 9-14　焊接变形的基本形式
a）收缩变形　b）角变形　c）弯曲变形　d）波浪变形　e）扭曲变形

（4）波浪变形（Waviness Deformation）　焊接薄板结构时，焊接压应力使薄板失去稳定性，引起不规则的波浪变形。

（5）扭曲变形（Twist Deformation） 由焊缝的角变形沿焊缝长度上的分布不均匀和焊件的纵向错边引起的，也与结构中焊缝布置不对称，或者焊接顺序和施焊方向不合理有关。

实际焊接结构的变形是十分复杂的，往往是几种焊接变形同时存在，一般的焊接结构均存在收缩变形与角变形。

## 二、影响焊接变形的因素

焊接过程中焊件变形是十分复杂的问题，受很多因素的影响，下面具体分析影响焊接变形的主要因素。

### 1. 金属材料的热物理性能

金属材料的热物理性能对变形有一定的影响。一般来说，材料的线胀系数越大，则产生的塑性压缩变形越大，冷却后纵向和横向的收缩也越大。如不锈钢的线胀系数比低碳钢大，因而变形也大。导热性好的金属，如铝及其合金，因其线胀系数大，且在高温时的 $\sigma_s$ 较低，变形也大。

### 2. 工艺因素

不同的施焊工艺引起不同的收缩量，对于相同厚度的焊件，如单层焊的纵向收缩量比多层焊大。因为，单层焊的热输入大，使受热面积也增大，导致压缩塑性变形区增大，因而收缩量增大；焊缝越长，使纵向收缩或横向收缩量越大。此外，坡口形状（V 形坡口比 X 形坡口的收缩量大）、焊缝位置的设置、结构的刚度、装焊的顺序等，都对焊接结构的变形有很大的影响。

## 三、防止或减少焊接变形的方法

针对焊接变形的影响因素，在生产中所采取的防止或减少变形的方法可以分为以下两个方面：

### 1. 结构设计方面

结构的设计不仅需要考虑强度、刚度和稳定性，而且需要考虑制造工艺。如在焊接中，要尽可能减少不必要的焊缝；合理选择焊缝的尺寸，在保证结构承载能力的条件下尽量采用小的焊缝尺寸；对于受力较大的 T 形接头和十字接头，在保证相同强度的条件下，采用开坡口的焊缝比不开坡口的角焊缝对减小变形有利。但要注意开坡口的方法，应根据具体情况来安排。对于箱形梁采用图 9-15b、c 的接头形式可减小焊缝的尺寸。在某些薄

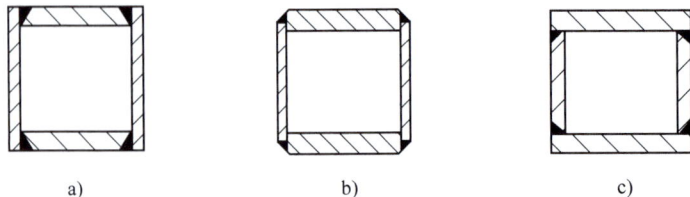

a)                    b)                    c)

图 9-15 箱形梁的不同接头形式

板结构中，采用点焊代替熔焊，如图 9-16 所示结构可以减小焊接变形。此外，合理地安排焊缝位置，使其尽可能对称于截面的中心轴以及适合坡口的形式等，均可减小焊接变形量。

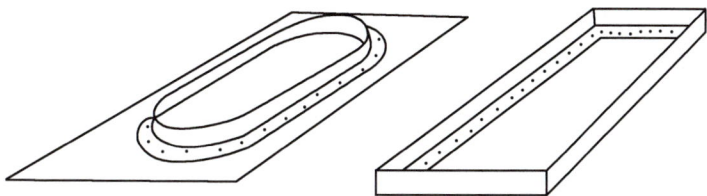

图 9-16　采用接触点焊的薄板结构

### 2. 工艺方面

（1）**反变形法**　这是焊接生产中最常用减小焊接变形的方法。反变形法就是根据结构件变形的情况，预先给出一个方向相反、大小相等的变形，用来抵消结构件在焊接过程中产生的变形，使焊接后的结构件符合设计要求。反变形的尺寸、形态应根据实测或经验来确定。

如图 9-17 所示的工字梁（实线），未做反变形时，焊后的变形如图 9-17a 中双点画线所示，采用反变形法后，焊后的形态如图 9-17b 中双点画线所示。

（2）**刚性固定法**　该方法是将焊件牢牢地固定在夹具中进行焊接，以限制其发生变形。例如，焊接法兰盘时，采用图 9-18 所示的刚性固定法，即两个法兰盘背对背地被固定，可以有效地减小其角变形，使法兰面保持平直。

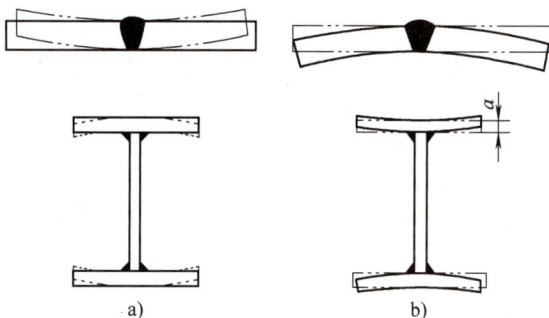

图 9-17　用反变形法减少工字梁焊接变形

a）未做反变形　b）做反变形

（双点画线为焊后形状，实线为焊前形状）

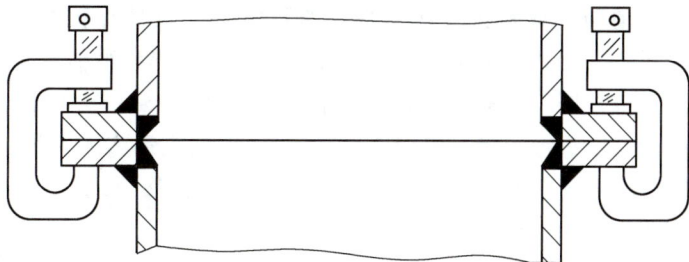

图 9-18　刚性固定法焊接法兰盘

焊接薄板时，在焊缝两侧放置压铁，并在薄板四周焊上临时定位焊焊缝，如图 9-19a 所示，可以减少焊接后的波浪变形。此外，在钢板拼接时可以用加"马板"的方法来控制焊接变形，如图 9-19b 所示。

（3）**预留收缩量**　在备料时，预先考虑加放收缩余量。收缩量的大小可根据经验估计，表 9-2、表 9-3 为焊条电弧焊焊缝收缩量的近似值，可供焊接时参考。

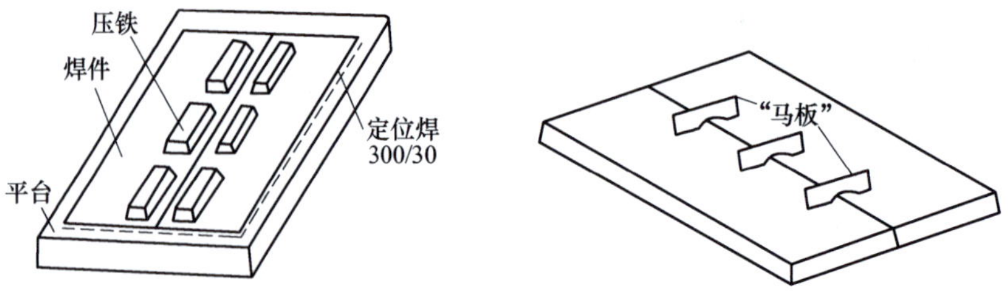

a)                                                b)

图 9-19   刚性固定法减少焊接变形

a）对焊缝旁加压铁   b）对焊缝上加"马板"

表 9-2   焊缝纵向收缩量的近似值                （单位：mm/m）

| 对接焊缝 | 连续角焊缝 | 间断角焊缝 |
|---|---|---|
| 0.15~0.3 | 0.2~0.4 | 0~0.1 |

表 9-3   焊缝横向收缩量的近似值

| 接头形式 | 板厚/mm | | | | | | |
|---|---|---|---|---|---|---|---|
| | 3~4 | 4~8 | 8~12 | 12~16 | 16~20 | 20~24 | 24~30 |
| | 收缩量/mm | | | | | | |
| V形坡口   对接 | 0.7~1.3 | 1.3~1.4 | 1.4~1.8 | 1.8~2.1 | 2.1~2.6 | 2.6~3.1 | |
| X形坡口   对接 | | | | | 1.9~2.4 | 2.4~2.8 | 2.8~3.2 |
| 单面坡口   十字接头 | 1.5~1.6 | 1.6~1.8 | 1.8~2.1 | 2.1~2.5 | 2.5~3.0 | 3.0~3.5 | 3.5~4.0 |
| 单面坡口   角焊缝 | 0.8 | | 0.7 | | 0.6 | 0.4 | |
| 无坡口   角焊缝 | 0.9 | | 0.8 | | 0.7 | 0.4 | |
| 双面断续   角焊缝 | 0.4 | 0.3 | | 0.2 | | | |

（4）合理的工艺   采用热输入较小的焊接方法，选择合适的焊接参数，以及合理的施焊顺序，也能有效地防止或减少焊接变形。如采用 $CO_2$ 气体保护焊代替焊条电弧焊，可以减小薄板的变形。采用真空电子束焊或激光焊，由于其焊缝很窄，故变形极小。采用多层焊代替单道焊，或采用小热输入焊接，均有利于减少焊接变形。对于图 9-20 所示的构件，若采用相同的参数进行焊接，焊缝 1、2 造成的弯曲变形将大于焊缝 3、4。由于两者不能抵消，故焊后将出现下弯。如将焊缝 1、2 适当分层焊，每层采用小热输入，则完全可以使上、下弯曲变形相抵消，焊后成为平直的构件。

对于大型结构件，如贮油罐、船体、车辆底架等，可将结构件适当地分成几个部件，分别加以装配焊接，然后再将焊好的部件拼焊成整体。这样可使其中不对称的或收缩力较大的焊缝能自由收缩，而不影响整体结构，从而有效地控制焊接变形。

在装焊大构件时，焊接顺序对焊接变形有很大的影响。图 9-21 为船体合拢时焊缝的焊接顺序，从图中可以看出，对称的焊缝是同时进行焊接的，远离中性轴的焊缝先焊，靠近中性轴的焊缝后焊。通常由双数焊工同时焊接整个环形缝，使沿着整个对接缝的加热膨胀和冷却收缩能够均匀进行。

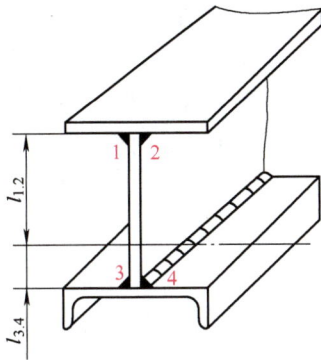

图 9-20  防止非对称截面弯曲变形的焊接

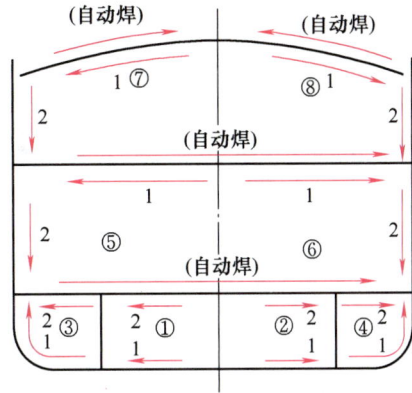

图 9-21  船台装配（船体合拢）时
焊缝的焊接顺序

（5）**焊接变形的矫正**  焊接结构发生了超出技术要求所允许的变形时，应进行矫正。生产中采用的矫正方法有：机械矫正、火焰矫正和综合矫正。其实质就是以新的变形来抵消原有的变形。

1）机械矫正。机械矫正就是利用机械力使构件产生与焊接变形方向相反的塑性变形，以消除原有的焊接变形。图 9-22 为工字梁焊后变形的机械矫正示意图。使用的加压机构有液压机和校直机等。

2）火焰矫正。采用火焰局部加热使物体产生压缩塑性变形，利用冷却后产生的收缩变形来矫正原有的变形。对低碳钢或低合金钢结构，常采用气焊焊炬进行 600~

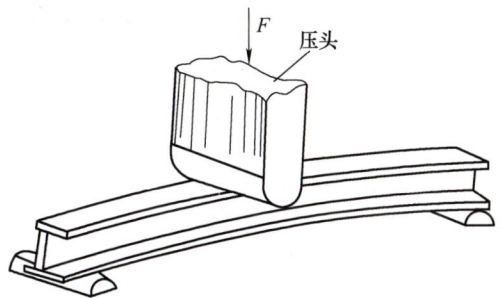

图 9-22  工字梁焊后变形的机械矫正

800℃ 的加热。并根据结构的特点和变形的情况，可采用单点、多点、三角形及火焰沿直线加热等不同方式。图 9-23 为采用不同加热方式矫正焊接变形的示意图。其中，图 9-23a 为薄板结构点状火焰矫形，图 9-23b 为三角形加热矫形，图 9-23c 为直线加热矫形。火焰矫正的效果在于加热位置和加热范围的选择。

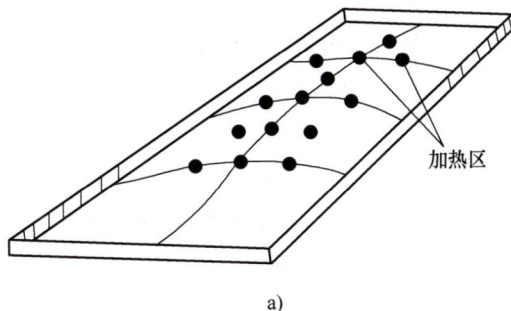

a)

图 9-23  不同加热方式矫正焊接变形示意图

a）薄板结构点状火焰矫形

图 9-23　不同加热方式矫正焊接变形示意图（续）
b）三角形加热矫形　c）直线加热矫形

3）综合矫正。在某些情况下，采用机械与火焰两种方法同时矫正焊接变形可以收到更好的效果，如图 9-24 所示。

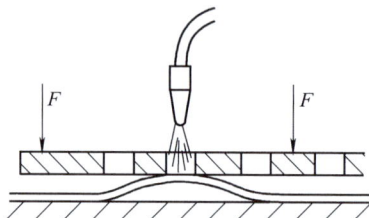

图 9-24　综合矫正

# 第三节　裂　　纹

在应力与致脆因素的共同作用下，使材料的原子结合遭到破坏，形成新界面时产生的缝隙称为裂纹。它具有尖锐的缺口和长宽比大的特征，是一种断裂形态的缺陷。裂纹是焊接结构中最为重要的缺陷，其危害性极大，它不仅给生产带来许多困难，而且可能带来灾难性的事故，给国民经济和发展造成重大的影响。各类事故的发生，如压力容器的爆炸、桥梁的断裂等，绝大多数是由裂纹而引发的脆性破坏，可以说裂纹是引起脆性破坏的主要原因。

## 一、焊接裂纹的分类

焊接过程中，由于材料或结构的种类不同，焊接裂纹的形态与分布也不同，图 9-25 为焊接接头中经常出现的裂纹形态及其分布。

焊接裂纹有时出现在焊接过程中，如热裂纹和大部分冷裂纹；也有时出现在放置或运行过程中，如冷裂纹中某些延迟裂纹和应力腐蚀裂纹；也有时出现在焊后热处理或再次受热过程中，如消除应力裂纹等。按产生裂纹的本质来分，大体上可分为五大类，五大类裂纹的形成时期、分布部位及基本特征见表 9-4。

## 二、热裂纹

焊接过程中，在高温阶段产生的开裂现象，多在固相线附近发生，故称为热裂纹。热裂纹有凝固裂纹、液化裂纹、高温失延裂纹等形式，其中最常见的是凝固裂纹。重点讨论凝固裂纹的形成机理，并以结构钢、奥氏体不锈钢及铝合金为对象，分别讨论热裂纹的各种影响因素，进而论述防止热裂纹产生的措施。

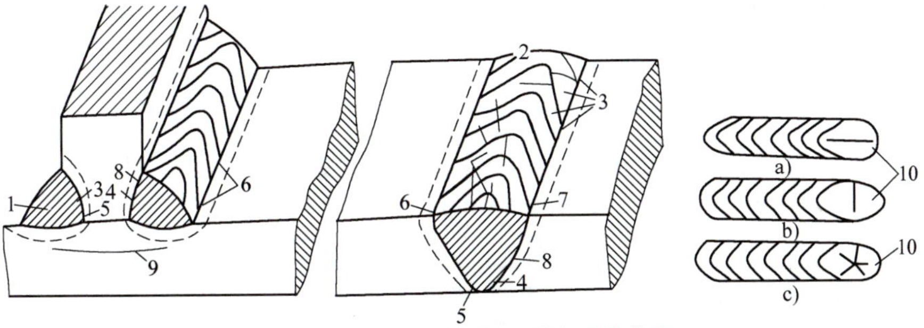

**图 9-25　焊接裂纹的宏观形态及其分布**

a）纵向裂纹　b）横向裂纹　c）星形裂纹

1—焊缝中纵向裂纹　2—焊缝中横向裂纹　3—熔合区裂纹　4—焊缝根部裂纹　5—HAZ 根部裂纹　6—焊趾纵
向裂纹（延迟裂纹）　7—焊趾纵向裂纹（液化裂纹、消除应力裂纹）　8—焊道下裂纹（延迟裂纹、
液化裂纹、多变化裂纹）　9—层状撕裂　10—弧坑裂纹（火口裂纹）

**表 9-4　焊接裂纹的类型及特征**

| 裂纹类型 | | 形成时间 | 基本特征 | 被焊材料 | 分布部位及裂纹走向 |
|---|---|---|---|---|---|
| 热裂纹 | 凝固裂纹（结晶裂纹） | 固相线以上稍高的温度，凝固前固液状态下 | 沿晶间开裂，晶界有液膜，开口裂纹断口有氧化色彩 | 杂质较多的碳钢、低中合金钢、奥氏体钢、镍基合金及铝 | 在焊缝中，沿纵向轴向分布，沿晶界方向呈人字形，在弧坑中沿各方向或呈星形，裂纹走向沿奥氏体晶界开裂 |
| | 液化裂纹 | 固相线以下稍低的温度，也可为结晶裂纹的延续 | 沿晶间开裂，晶间有液化，断口有共晶凝固现象 | 含 S、P、C 较多的镍铬高强钢、奥氏体钢、镍基合金 | 热影响区粗大奥氏体晶粒的晶界，在熔合区中发展，多层焊的前一层焊缝中，沿晶界开裂 |
| | 失延裂纹及多边化裂纹 | 再结晶温度 $T_R$ 附近 | 表面较平整，有塑性变形痕迹，沿奥氏体晶界形成和扩展，无液膜 | 纯金属及单相奥氏体合金 | 纯金属或单相合金焊缝中，少量在热影响区，多层焊前一层焊缝中，沿奥氏体晶界开裂 |
| 消除应力裂纹 | | 600～700℃ 回火处理温度区间，不同钢种消除应力开裂敏感温度区间不大相同 | 沿晶间开裂 | 含有沉淀强化元素的高强钢、珠光体钢、奥氏体钢、镍基合金等 | 热影响区的粗晶区，大体沿熔合线发展至细晶区即可停止扩展 |
| 冷裂纹 | 延迟裂纹（氢致裂纹） | 在 Ms 点以下，200℃ 至室温 | 有延迟特征，焊后几分钟至几天出现，往往沿晶启裂，穿晶扩展，断口呈氢致准解理形态 | 中、高碳钢，低、中合金钢，钛合金等 | 大多在热影响区的焊趾（缺口效应）、焊根（缺口效应）、焊道下（沿熔合区），少量在焊缝（大厚度多层焊焊缝偏上部），沿晶或穿晶开裂 |
| | 淬硬脆化裂纹 | Ms 至室温 | 无延迟特征（也可见到少许延迟情况），沿晶启裂与扩展，断口非常光滑，极少塑性变形痕迹 | NiCrMo钢、马氏体不锈钢、工具钢 | 热影响区，少量在焊缝，沿晶或穿晶开裂 |

（续）

| 裂纹类型 | | 形成时间 | 基本特征 | 被焊材料 | 分布部位及裂纹走向 |
|---|---|---|---|---|---|
| 冷裂纹 | 低塑性脆化裂纹 | 400℃以下,室温附近 | 母材延性很低,无法承受应变,边焊边开裂,可听到脆性响声,脆性断口 | 铸铁、堆焊硬质合金 | 熔合区及焊缝,沿晶及穿晶开裂 |
| | 层状撕裂 | 400℃以下,室温附近 | 沿轧层,呈阶梯状开裂,断口有明显的木纹特征,断口平台分布有夹杂物 | 含有杂质的低合金高强钢厚板结构 | 热影响区沿轧层,热影响区以外的母材轧层中,穿晶或沿晶开裂 |
| | 应力腐蚀裂纹（SCC） | 任何工作温度 | 有裂源,由表面引发向内部发展,二次裂纹多,撕裂棱少,呈根须状,多分支,裂纹细长而尖锐,断口有腐蚀产物及氧化现象且有腐蚀坑,断口周围有裂纹分支,有解理状、河流花样等 | 碳钢、低合金钢、不锈钢、铝合金等 | 焊缝和热影响区,沿晶或穿晶开裂 |

## （一）热裂纹的形成条件及其特征

### 1. 热裂纹的形成条件

热裂纹具有高温沿晶断裂的性质。由金属断裂理论可知,发生高温沿晶断裂的条件是,高温阶段晶间的延性或塑性变形能力 $\delta_{min}$ 不足以承受凝固过程或高温时冷却过程积累的应变量 $\varepsilon$,即

$$\varepsilon \geq \delta_{min} \tag{9-3}$$

焊件在冷却凝固过程中,总是存在着不均匀的应变场。影响高温晶间断裂的关键在于晶粒边界或亚晶界的性质,它不仅决定晶间延性的高低,而且影响塑性应变的集中情况。因此,在金属凝固过程中,存在着一个"脆性温度区",它具有最低的延性,易于促使产生热裂纹。脆性温度区如图9-26所示,表明有两类热裂纹:①与液膜有关的热裂纹,如图9-26中的I区,裂纹出现在金属凝固的末期;②与液膜无关的热裂纹,如图9-26中的II区,裂纹出现温度位于奥氏体再结晶温度 $T_R$ 附近。

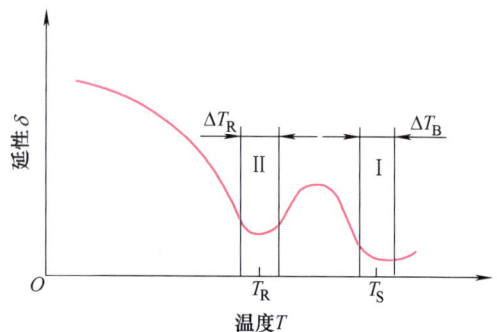

图9-26 形成焊接热裂纹的"脆性温度区间"示意

### 2. 热裂纹的特征

（1）与液膜有关的热裂纹 金属在凝固的末期,在固相线 $T_S$ 附近,因晶间残存液膜所造成的热裂纹被称为凝固裂纹,我国习惯称其为结晶裂纹。这类裂纹易在焊缝中心形成。在焊接时近缝区由于过热,晶间也可能出现液化的现象,因而也会出现由于晶间液膜

分离而导致开裂的现象，这种热裂纹被称为"液化裂纹"。

从微观上分析，它们都具有沿晶液膜分离的断口特征，晶界面很圆滑，表明是液膜分离的结果，断口有明显的氧化色彩。

（2）与液膜无关的热裂纹 与液膜无关的热裂纹可能与再结晶相联系而导致晶间的延性陡降，造成沿晶开裂，这种热裂纹被称为"高温失延裂纹"，也可能由于位错运动而形成多边化边界（亚晶界）以致开裂，被称为"多边化裂纹"。与液膜无关的热裂纹并不多见，偶尔可在单相奥氏体钢中见到，高温失延开裂的微观断口特征，显示出其柱状晶明显的方向性，但无液膜分离的特征，断口显得粗糙不光滑。

焊接中的热裂纹可以出现在焊缝，也可以出现在近缝区，包括多层焊焊道间的热影响区。凝固裂纹只存在于焊缝中，特别容易出现在弧坑之中，特称之为"弧坑裂纹"。

宏观可见的热裂纹，其断口均有较明显的氧化色彩，可作为初步判断其是否为热裂纹的判据。

但要指出的是，焊接时近缝区产生的热裂纹，一般都是微裂纹，而且在外观上也常常很难发现。

### （二）热裂纹的形成机理
#### 1. 凝固裂纹的形成机理

金属在凝固过程中，总要经历液固态和固液态两个阶段，如图 9-27 所示。在液固状态下，金属一般是通过液相的自由流动而发生变形，少量的固相晶体只是移动一些位置，本身形状基本不变。在固液状态下，塑性变形的基本特点是晶体间的相互移动，晶体本身也可发生一些变形。在凝固末期，晶体可以交织长合成枝晶骨架，这时晶体本身能进行剧

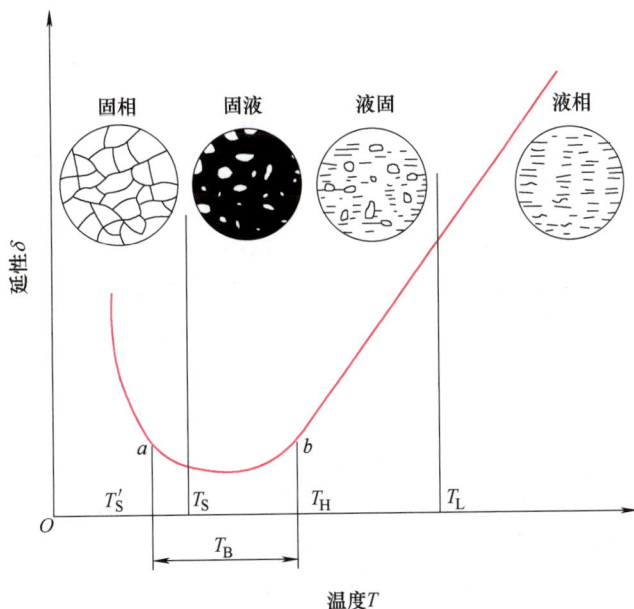

图 9-27 熔池结晶的阶段及脆性温度区

$T_B$—脆性温度区 $T_L$—液相线 $T_S$—固相线

225

烈的变形，但晶体间残存的液相则不易自由流动，在拉应力作用下所产生的微小的缝隙将无法填充。图 9-28 为固液状态下受切应力作用的变形示意图。图 9-28a 表示四个晶粒间的液相可以自由流动的状态。虚线表示晶体承受两对切应力 $\tau_1$、$\tau_2$ 的作用，晶粒间的箭头表示液相受力后的流动方向。图 9-28b 表示凝固后期晶粒在 $A$、$B$ 处发生长合时的状态。由于液相的抗变形阻力小，形变将集中于断面 2—2，使之成为薄弱环节，在晶粒尚未能发生塑性变形时，就易于沿晶界断面 2—2 发生开裂。这意味着金属的延性达到了极限，呈现出极微小的延性。该温度区间被定义为"脆性温度区"，简称 BTR。其上限为枝晶开始交织长合的温度，以 $T_H$ 表示，其下限为液膜完全消失的实际固相线，以 $T'_S$ 表示（不是平衡相图中的固相线 $T_S$）。

低延性或脆化只是产生裂纹的条件之一，这是内因，是否能产生裂纹，还需看在脆性温度区内的应变发展情况，这是产生裂纹的必要条件。图 9-29 可用来说明凝固裂纹产生的具体条件，图中脆性温度区的大小用 $T_B$ 表示；金属在 $T_B$ 区间所具有的延性大小用 $\delta$ 表示；在 $T_B$ 区间内的应变量用 $\varepsilon$ 表示，其应变增长率用 $\partial\varepsilon/\partial T$ 表示。

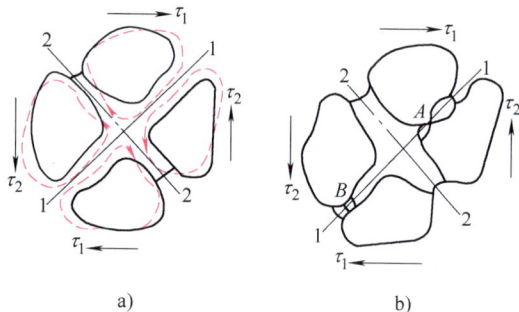

图 9-28 凝固期间在固液状态下受切应力
作用的变形示意图
a）晶粒间液相可自由流动 b）晶粒在 $A$、$B$ 点长合时的状态

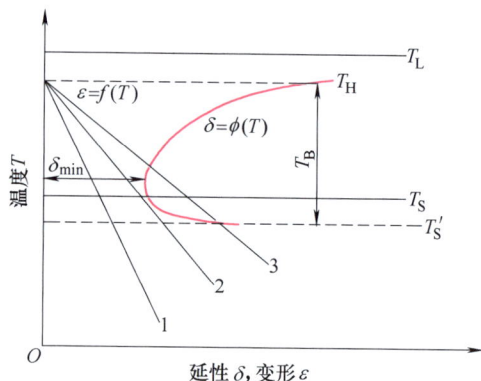

图 9-29 焊接时产生凝固裂纹的条件
$T_L$—液相线温度 $T_S$—固相线温度

当应变增长率 $\partial\varepsilon/\partial T$ 为直线 1 时，$\varepsilon<\delta_{min}$，则不会产生裂纹。

当应变增长率 $\partial\varepsilon/\partial T$ 为直线 3 时，$\varepsilon>\delta_{min}$，则会产生裂纹。

当应变增长率 $\partial\varepsilon/\partial T$ 为直线 2 时，$\varepsilon\approx\delta_{min}$ 表示临界状态。此时 $\partial\varepsilon/\partial T$ 称为"临界应变增长率"。

由此可见，是否产生凝固裂纹主要取决于以下三个方面：

（1）脆化温度区 $T_B$ 的大小 一般来说，$T_B$ 越大，就越容易产生裂纹。

（2）金属在 $T_B$ 区间所具有的最小延性的大小 $\delta_{min}$ 越小，就越容易产生裂纹。

（3）在 $T_B$ 区间内的应变增长率 $\partial\varepsilon/\partial T$ 的大小 $\partial\varepsilon/\partial T$ 越大，就越容易产生裂纹。

以上三个方面是相互联系和相互影响的，但又相对独立。例如，脆性温度区的大小和金属在脆性温度区的延性主要取决于化学成分、凝固条件、偏析程度、晶粒大小和方向等冶金因素。而应变增长率主要取决于金属的热胀系数、焊件的刚度、收缩阻力及温度场的温度分布等力学因素。

不同材料的 $T_B$ 大小不同，最低延性（用可变拘束试验中引起开裂的最小外加应变量 $\lambda_m$ 来表示）的大小也不同，因而临界应变增长率也各不相同。

研究表明，焊接时临界应变增长率，用 CST 表示，可以反映与材料成分有关的热裂敏感性。如结构钢 HT100 的 CST 为

$$CST = (-19.2C-97.2S-1.0Ni-0.8Cu-618.5B-3.9Mn+65.7Nb+7.0)\times10^{-4} \qquad (9\text{-}4)$$

CST 值越大，表示材料的热裂敏感性越小，通常希望结构钢的 CST $\geqslant 6.5\times10^{-4}$。

为了防止凝固裂纹，必须满足下列条件：

$$\partial\varepsilon/\partial T < CST \qquad (9\text{-}5)$$

式中，$\partial\varepsilon/\partial T$ 为实际的应变增长率。

### 2. 液化裂纹的形成机理

液化裂纹与凝固裂纹均与液膜有关，同样是沿晶断裂，在液化裂纹的断口中会看到局部有树枝状突起。

液化裂纹只发生在焊接热影响区的近缝区，或多层焊焊缝中相邻焊道的热影响区，如图 9-30 所示。这些部位在开裂前原是固态，不存在凝固过程。液化裂纹的液膜是焊接过程中沿晶界重新熔化的产物，因而称为"液化裂纹"。

液化裂纹的形成与偏析所造成的共晶反应有关。若金属材料中存在偏析元素，即使微量的溶质元素，也会

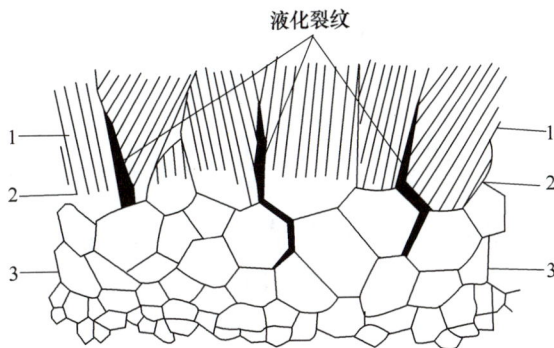

图 9-30　近缝区液化裂纹
1—未混合区　2—部分熔化区　3—粗晶区

产生强烈的偏析，使近缝区粗晶粒的边界处出现共晶反应，在焊接热循环作用下会发生熔化而形成液态薄膜。表 9-5 为镍基合金 Ni75Cr15Fe 近缝区晶界分析的结果，由于杂质 Mg 的强烈偏析，使晶间形成液膜，其组成非常接近 Ni-Mg 合金相图中 $Ni+Ni_2Mg$ 共晶的组成。由于 Mg 的偏析，焊接过程中造成 Ni75Cr15Fe 近缝区有共晶液膜，形成液化裂纹。液化裂纹本身的尺寸并不大，但能诱发其他裂纹，如凝固裂纹和冷裂纹等。

表 9-5　近缝区晶间偏析值（质量分数）　　　　　　　　　　（%）

| 项　　目 | Ni | Cr | Fe | Mg | Ti | Si | Mn | C |
|---|---|---|---|---|---|---|---|---|
| 母材 | 74.8 | 16 | 7.93 | 0.118 | 0.11 | 0.45 | 0.26 | 0.02 |
| 晶间液膜 | 81 | 3 | 4 | 11 | — | — | — | — |
| $Ni+Ni_2Mg$ 共晶 | 89 | — | — | 11 | — | — | — | — |

### 3. 高温失延裂纹的形成机理

若温度低于实际固相线时不存在液膜，此时所产生的晶间断裂称为"高温失延裂纹"。在断口中看不到有液膜存在的迹象，但却具有焊缝金属典型的柱状晶方向性特征。

高温阶段，在不均匀的应力场的作用下，各个晶粒产生的形变量是不同的，即使同一晶粒内，晶粒的周边与晶粒内部的形变量也是不相同的，塑性变形不均匀。一般晶界处的畸变大，晶粒中心的畸变小。晶界的变形方式是沿着晶界本身的面发生滑动，在晶界上，

常温时的形变量小，常被忽略。高温时，晶界的滑动就非常的显著。晶界的原子排列越不规则，存在着位错或空位时，扩散速度就越快。晶界滑动变形时，原子的相邻关系可能失去。温度越高，越有利于晶界的扩散变形。位错或空位的密度越大，越容易促使晶界扩散变形。晶界扩散变形的集中，可导致晶间裂纹的形成。图9-31a为三晶粒顶点形成微裂纹的"楔形开裂模式"。即晶界扩散变形的发展，导致在三晶粒相交的顶点形成大的应变集中，从而引起微裂纹的产生。图9-31b为"空穴开裂模式"。在高温和低应力下，晶界的滑动与晶界的迁移同时发生，导致形成晶界台阶，从而形成空穴并发展成微裂纹。晶界中过饱和的空位扩散凝聚，也可能是形成微裂纹的原因。此时晶界中若存在杂质偏析，则有利于降低空穴的表面能，有利于促使微裂纹的形成。奥氏体再结晶时发生的晶界迁移，也为空穴的开裂创造了条件。

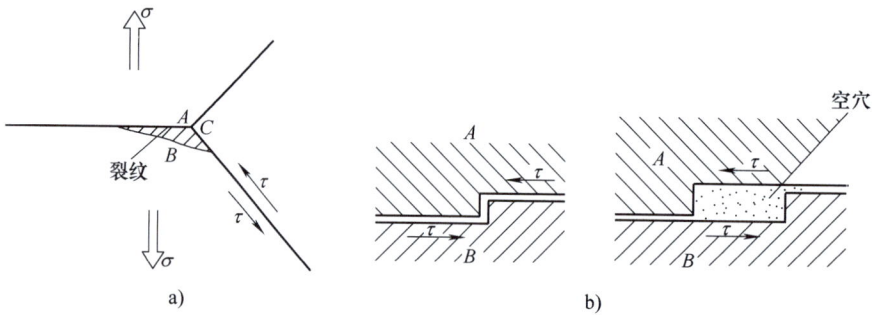

图9-31 高温失延裂纹的开裂模型

a）三晶粒顶点所形成的微裂纹 b）晶界的相对滑动而形成空穴

### （三）影响热裂纹的因素

#### 1. 冶金因素对热裂纹的影响

冶金因素主要是指合金的化学成分及凝固组织的形态。

（1）化学成分对热裂纹的影响

1）合金元素对凝固温度区的影响。合金元素既能影响凝固温度区的大小，也能影响合金在脆性温度区中的塑性。研究表明，凝固裂纹倾向的大小是随凝固温度区的增大而增加的，如图9-32所示。随着合金元素的增加，凝固温度区增大，同时脆性温度区的范围也增大，如图9-32中阴影部分所示，因此凝固裂纹的倾向也随之增大。在 $S$ 点时，凝固温度区最大，脆性温度区也最大，即裂纹的倾向最大。当合金元素含量进一步增加时，凝固温度区和脆性温度区反而减小，所以裂纹的倾向也降低了。图中，实线为平衡状态

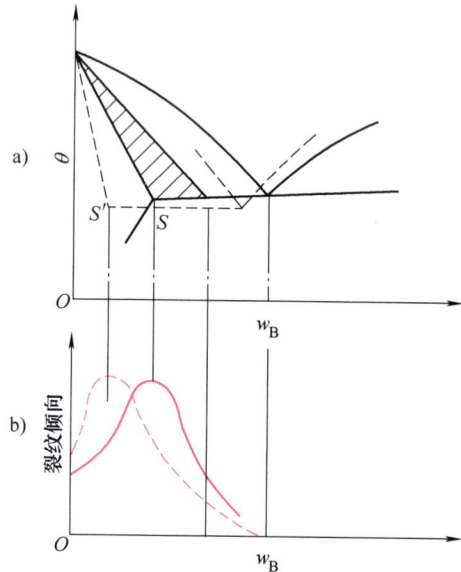

图9-32 凝固温度区间与裂纹倾向的关系（B为某合金元素）

下的凝固温度区和裂纹倾向，虚线为实际条件下的凝固温度区和裂纹倾向。在实际条件下为非平衡状态下的凝固，所以固相线向左下方移动，裂纹的倾向也随之左移。

为防止热裂纹，有时采用超合金化的方法，即合金含量超过图 9-32 的 $S$ 点，使其产生更多的易熔共晶，发生"愈合"现象。

研究表明，可利用合金的相图来分析焊件的凝固裂纹的倾向，各种合金相图的类型及裂纹倾向的大小如图 9-33 所示，图中虚线为裂纹倾向的变化曲线。由图可见，虽然相图的类型不同，但都有共同的规律，即合金的凝固温度区越大，凝固裂纹的倾向就越大。

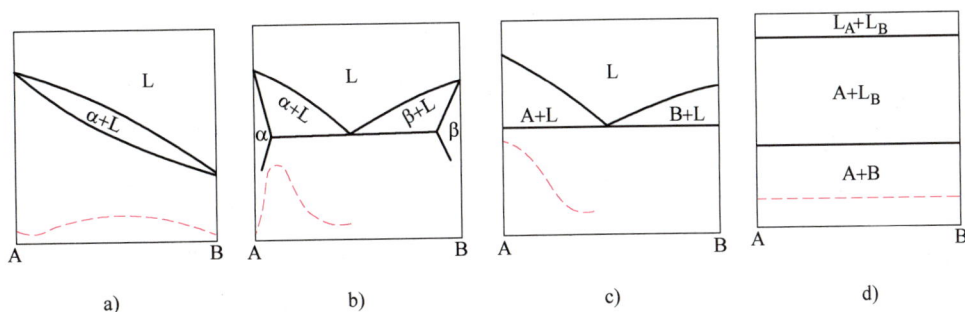

图 9-33　合金相图与凝固裂纹倾向的关系（虚线表示凝固裂纹倾向的变化）

a）完全互溶　b）有限固溶　c）机械混合物　d）完全不固溶

2）杂质元素的偏析以及偏析产物的形态对热裂纹的影响。杂质元素磷和硫在钢中能形成多种低熔点共晶，即使是微量存在，也会使凝固温度区大为增加，在合金凝固过程中极易形成液态薄膜，因而会显著增大裂纹倾向。磷和硫在钢中还能引起偏析，偏析的程度可用下式表示

$$K = \frac{[X]_A - [X]_B}{[X]_0} \times 100\% \qquad (9-6)$$

式中，$K$ 为元素的偏析度（%）；$[X]_B$ 为开始凝固时晶轴上某元素的质量分数；$[X]_A$ 为最终凝固时晶界处某元素的质量分数；$[X]_0$ 为某元素在液相时的原始平均质量分数。

偏析度 $K$ 越大，表示元素的偏析程度越严重。钢中各元素的偏析度 $K$ 见表 9-6，可以看出，磷和硫是极易偏析的元素，几乎对各种裂纹都比较敏感。

表 9-6　钢中各元素的偏析度 $K$

| 元素 | S | P | W | V | Si | Mo | Cr | Mn | Ni |
|---|---|---|---|---|---|---|---|---|---|
| $K$ | 200 | 150 | 60 | 55 | 40 | 40 | 20 | 15 | 5 |

合金元素对硫、磷的偏析及对偏析产物的形态有一定的影响。如碳是影响钢中凝固裂纹的主要元素，并能促使硫、磷的偏析。由 Fe-C 平衡相图可知，因碳含量的增加，初生相可由 δ 相转为 γ 相，如图 9-34 所示。而磷、硫在 γ 相中的溶解度比在 δ 相中低很多，见表 9-7。若初生相或凝固结束前是 γ 相，则被析出的磷和硫就会富集于晶界，从而增加裂纹的倾向。

表 9-7 硫和磷的溶解度（质量分数） （%）

| 元素 | 在 δ 相 | 在 γ 相 |
|---|---|---|
| S | 0.18 | 0.05 |
| P | 2.8 | 0.25 |

锰具有脱硫的作用，Mn 与 FeS 反应生成 MnS，同时也改善了硫化物的分布形态，由薄膜状改变成为球状，从而提高了抗裂性。为防止热裂纹，需提高焊缝金属中的 Mn/S 比值。当 $w_C > 0.10\%$ 时，Mn/S 值应大于 22。研究表明，为防止焊缝的热裂，希望焊缝金属的 $w_C$ 不超过 0.12%，同时必须控制 Mn/S 比值。

总结各种元素对低合金钢焊缝凝固裂纹的影响，提出热裂纹敏感系数 HCS 的计算公式为

$$HCS = \frac{C[S+P+Si/25+Ni/100]\times10^3}{3Mn+Cr+Mo+V}$$

(9-7)

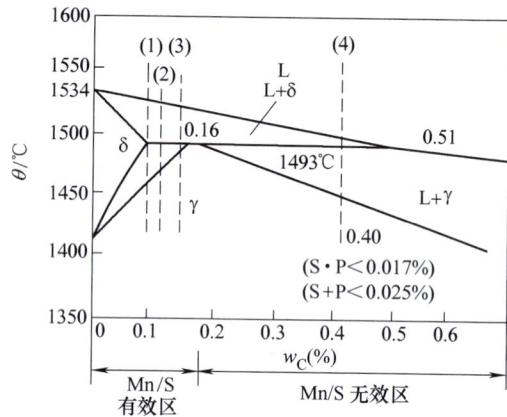

图 9-34 Fe-C 平衡相图的高温部分

式中元素符号代表其质量分数。如果 HCS<4 时，则可以防止热裂纹的产生。

对于奥氏体钢或合金，由于镍含量高，有害杂质磷和硫的有害作用将显著增强，特别是磷的作用更为突出。虽然 S 可与 Ni 形成 NiS，并可形成熔点更低的 Ni+NiS 共晶，其熔点为 650℃，在 Cr25Ni20（25-20 型）焊缝中，硫化物共晶的共晶温度为 1140~1170℃，所以 Ni 与 S 的结合可造成有害的后果，但由于 Mn 的影响，硫化物常呈球状。但磷化后共晶的共晶温度低至 930~970℃，而且呈薄膜状分布在晶界上。所以在单相奥氏体焊缝中，磷的偏析所带来的影响要比硫的偏析还要严重。此外，在单相奥氏体中，硅的偏析也较严重，也可形成低熔点共晶。

在奥氏体焊缝金属中，各种元素对凝固裂纹影响的热裂纹敏感系数 HCI 的计算公式为

$$HCI = 1080P + 733S + 13Si + 0.2Ni - 43C - 3Mn - 0.7Cr$$

(9-8)

由式可见，P、S、Si、Ni 能促进奥氏体不锈钢焊缝热裂纹的形成。为防止奥氏体不锈钢焊缝产生凝固裂纹，要求 HCI<15。

（2）凝固组织形态对热裂纹的影响  对于奥氏体钢，凝固后晶粒的大小、形态和方向以及析出的初生相等对抗裂性都有很大的影响。晶粒越粗大，方向性越明显，则产生热裂纹的倾向就越大。为此，常在焊缝及母材中加入一些细化晶粒的合金元素（如钛、钼、钒、铌、铝和稀土元素等），一方面可以破坏液态薄膜的连续性，另一方面也可以打乱柱状晶的方向。对于焊接 18-8 型不锈钢时，希望得到 γ+δ 双相焊缝组织，因焊缝中有少量 δ 相可以细化晶粒，打乱奥氏体粗大柱状晶的方向性，同时，δ 相还具有比 γ 相溶解更多 S、P 的有利作用，因而可以提高焊缝的抗裂能力，如图 9-35 所示。

由图 9-35 可知，在单相粗大奥氏体柱状晶之间有铁素体（δ 相）存在时，可以细化晶粒和打乱柱状晶的方向性。

综上所述，对于低合金钢，热裂纹的主要影响因素是杂质元素的偏析作用。应通过提高 Mn/S 比值，降低裂纹倾向。对于 Cr-Ni 奥氏体钢焊缝，需严格控制焊缝金属中 S、P 含量，细化组织，打乱奥氏体粗大的柱状晶的方向。

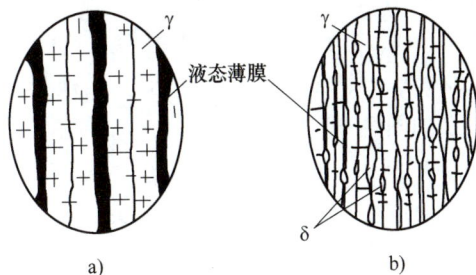

图 9-35　δ 相在奥氏体基底上的分布
a）单相奥氏体　b）γ+δ 双相组织

### 2. 工艺因素对热裂纹的影响

在焊接工艺中应尽量减少有害元素的偏析及降低应变增长率。具体有以下几个方面：

（1）熔合比的影响　对于在焊接过程中易向焊缝金属中转移有害杂质的母材，必须尽量减少熔合比或者开大坡口，或者减小熔深，甚至采用隔离层堆焊法等。尤其是异种金属的焊接，如蒙耐尔合金与低碳钢的焊接，焊缝应为奥氏体组织，故采用镍基焊条。在这种情况下，Fe 成为促使产生凝固裂纹的有害元素，为此必须减少低碳钢一侧的熔化量。

（2）成形系数的影响　从熔池的凝固特点可知，焊接参数与接头的形式对焊缝枝晶成长有重要影响，从而影响到枝晶偏析或区域偏析。若将焊缝宽度 $B$ 与焊缝计算厚度 $H$ 之比用 $\phi$ 表示，即 $\phi = B/H$，$\phi$ 被称为成形系数，如图 9-36 所示。不同形式的接头对裂纹倾向的影响如图 9-37 所示。表面堆焊和熔深较浅的对接焊缝其抗裂性较高（图 9-37a、b）。熔深较大的对接和各种角接焊缝其抗裂性较差（图 9-37c、d、e、f）。因为这些焊缝所承受的应力正好作用在焊缝最后凝固的部位，而这些部位因富集杂质元素，晶粒之间的结合力较差，容易引起裂纹。在对接焊缝时一般要求 $\phi > 1$，即焊缝的计算厚度不要超过焊缝的宽度。

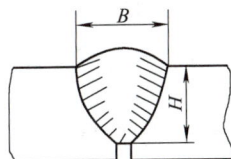

图 9-36　焊缝成形系数 $\phi$ 示意图

此外要控制焊接速度，在高速焊接时，熔池呈泪滴状，这时柱状晶几乎垂直地向焊缝

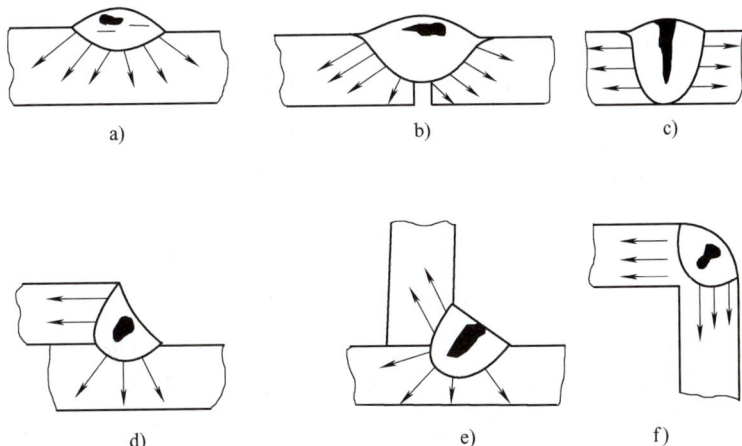

图 9-37　接头形式对裂纹倾向的影响

轴线方向生长，易在会合面处形成偏析弱面，所以热裂倾向大。在这种情况下，可用熔池形状系数 $\phi'$ 描述。$\phi'=B/L$，一般要求 $\phi'$ 不要太小。熔池形状与焊接速度的关系如图9-38所示。

（3）拘束度的影响　为防止热裂纹，应尽可能减小应变量及应变增长率，以降低接头的拘束度。如合理地布置焊缝，合理地安排施焊顺序，对于厚板结构采用多层焊代替单道焊缝等，均可降低裂纹倾向。

总括以上，产生热裂纹的影响因素是很复杂的，冶金因素和工艺因素之间既有内在的联系，又有各自的特点。在各种情况下产生的裂纹，是冶金因素和工艺因素共同作用的结果，因此必须根据实际情况，找出主要问题，才能采取相应的措施。

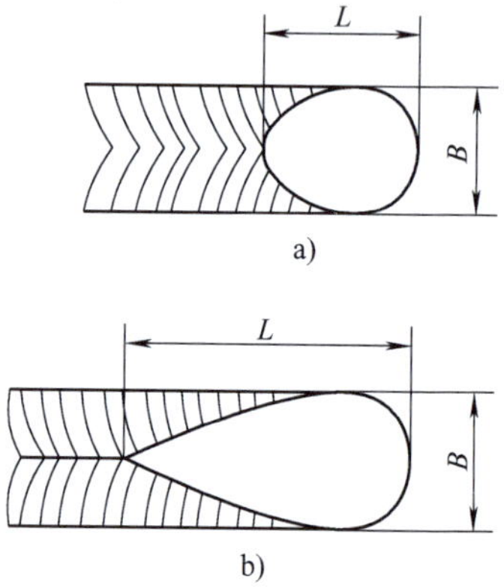

图9-38　熔池形状与焊接速度的关系

a）低速焊接　b）高速焊接

### （四）防止热裂纹的措施

针对热裂纹的影响因素，防止热裂纹的措施主要是控制焊缝金属的成分和调整焊接参数。

#### 1. 焊缝成分的控制

（1）选择合适的焊接材料　当母材的成分一定时，选用不同的焊接材料，可以得到不同成分的焊缝，在抗裂性上就会出现差异。如铝合金的焊接应选用超合金化的焊接材料（焊丝）。对于Al-Mg板材，一般Mg含量为3.5%（质量分数），焊丝的镁含量应为5%（质量分数）。对于Al-Mn板材，焊丝的含镁量应为8%（质量分数），方可防止热裂。对于结构钢，焊缝中的碳含量最好小于0.1%（质量分数），同时适当提高Mn/S的比值。

在焊缝中加入细化晶粒的元素，如Mo、V、Ti、Nb等也是提高抗裂性的常用方法。

（2）限制有害的杂质　对于不同材料的焊缝，有害杂质也不相同。例如，单相γ组织的奥氏体钢或合金的焊缝，其中的硅是非常有害的杂质，铌也促使热裂纹的产生，因为硅和铌均可形成低熔点共晶。但在δ+γ的双相焊缝中硅和铌作为铁素体化元素，能促使δ的形成，反而有利于提高抗裂性。

对于结构钢和单相奥氏体钢的焊缝，提高锰含量可改善抗裂性；但锰与铜共存时，反而不利，因为锰与铜相互促使偏折。与此相类似，镍基合金的焊缝中，不能Cu-Fe共存，所以蒙耐尔合金（Ni-Cu）与钢焊接时，焊缝中的Fe便成为有害杂质。

各种材料中，包括母材与焊材，均必须严格控制磷、硫的含量。合金元素越高的材料，对磷、硫的限制越要严格。

#### 2. 调整焊接工艺

焊接工艺的影响是多方面的，主要的是以下几个方面：

（1）适宜的焊接参数　适当增加焊接电流、电压，以提高焊接热输入和提高预热温度，可以减少焊缝金属的应变速率，从而降低热裂纹倾向。但增加热输入会使焊缝金属近缝区金属过热，提高预热温度又恶化劳动条件，所以提高预热温度受到限制。

（2）控制焊缝金属成形系数　在不同的焊接方法和接头形式的条件下，选用合适的成形系数。

（3）**减小熔合比**　减小熔合比即减少了母材对焊缝的稀释作用，包括焊缝中合金元素的稀释，及母材中有害元素对焊缝的影响。

（4）**减小拘束度**　选择合理的焊接顺次，尽可能让大多数焊缝在较小的刚度下进行焊接，使焊缝的拘束应力减小。

## 三、冷裂纹

焊件在室温附近出现的裂纹被称为冷裂纹。其中，主要与淬硬组织有关的冷裂纹被称为淬火裂纹；主要与氢脆有联系的冷裂纹被称为氢致裂纹；主要与材料本身低塑性有关，不需要其他致脆因素作用而形成的冷裂纹被称为低塑性脆化裂纹。这里主要讨论焊接高强度钢时产生的氢致裂纹。也涉及中、高碳钢中出现的淬火裂纹。

### （一）冷裂纹的形成条件及其特征

#### 1. 冷裂纹的形成条件

冷裂纹的产生同热裂纹一样，也满足以下条件

$$\delta_{min} \leqslant \varepsilon \tag{9-9}$$

即局部区域的延性 $\delta$ 不足以承受当时应力所产生的应变量 $\varepsilon$。$\varepsilon$ 与工件的拘束应力有关。而 $\delta_{min}$ 则取决于冷却过程的致脆因素。其中主要是指淬硬组织的出现和氢的脆化作用。通常在马氏体转变的开始温度 $Ms$ 以下，最易出现开裂现象，故被称为"冷裂纹"，以与"热裂纹"相区别。

冷裂纹最易出现在有一定淬硬倾向的金属中，如中碳钢、高碳钢和高强度钢。Cr-Ni 奥氏体钢很少形成冷裂纹，因其具有低的弹性极限和高的塑性。

#### 2. 冷裂纹的分布形态与特征

冷裂纹最易出现在焊道下、焊根、焊趾部位。冷裂纹具有以下特征：

（1）**分布形态**　典型的冷裂纹分布形态常见的有以下三种（图9-39）：

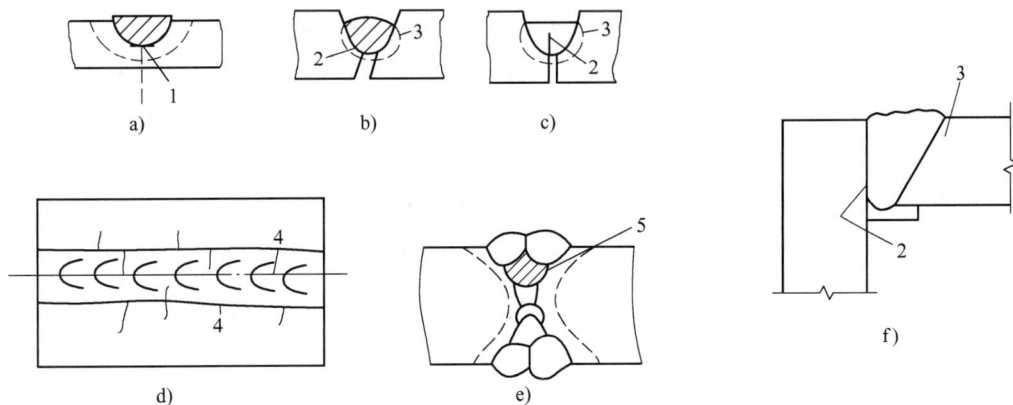

图 9-39　冷裂纹的分布形态

1—焊道下裂纹　2—焊根裂纹　3—焊趾裂纹　4、5—表面或焊缝内裂纹

1）焊道下裂纹。这种裂纹经常发生在淬硬倾向较大，含氢量较高，距焊缝边界0.1～

0.2mm 的热影响区中。裂纹的走向大致与熔合线平行，但也有垂直熔合线的。焊道下裂纹的分布如图 9-39a 中 1 所示。

2）焊根裂纹。这种裂纹是延迟裂纹中比较常见的一种形态，主要发生在含氢量较高、预热温度不足的情况下。这种裂纹与焊趾裂纹相似，起源于焊缝根部应力集中最大的部位。焊根裂纹可能出现在热影响区的粗晶区，也可能出现在焊缝金属中，这取决于母材与焊缝的强韧程度及根部的形状，如图 9-39b、c、f 中 2 所示。

3）焊趾裂纹。这种裂纹起源于母材与焊缝的交界处，并有明显应力集中部位（如咬肉处）。裂纹的走向经常与焊道平行，一般由焊趾表面开始向母材的深处扩展。焊趾裂纹的分布如图 9-39b、c、f 中 3 所示。

以上是焊接生产中经常遇到的三种不同形态的延迟裂纹。当然，实际生产中远不止上述三种，如某超高强度钢筒形容器焊接后，在焊缝和母材均出现很多横向和纵向微裂纹，它们也具有延迟开裂的特征，经过一段时间之后，有的已扩展为宏观裂纹。又如，15MnV 钢多层焊压力容器，焊接时由于预热温度不足和没有及时进行焊后热处理，在焊缝的层间出现许多横向微裂纹，也具有延迟的特征，应属于延迟裂纹的一种。

（2）冷裂纹的特征

1）有延迟特征的冷裂纹。这类裂纹不是在焊后（或加工后）马上出现，而是有一段潜伏期，即经过一定时间后才出现，以焊道下裂纹最为典型。

具有"延迟开裂"特征的冷裂，与渗氢钢的延迟开裂极其相似，可以分为潜伏期、缓慢扩展和突然断裂三个相互联系的阶段，而且裂纹的扩展呈现出断断续续的过程。由于能量的释放，常可听到较清晰的开裂声音。研究表明，具有延迟特征的冷裂纹是由于氢的作用而造成的，因此又称为"氢致裂纹"。

2）无延迟特征的冷裂纹。淬硬倾向大的钢材、焊接时出现的冷裂纹常常没有潜伏期，即不具有延迟开裂特征。一些塑性较低的合金材料焊接时，只要冷却到较低的温度就会出现冷裂纹，这类裂纹与氢无关，主要与淬硬组织有关，因此又称为"淬火裂纹"。

铸铁和硬质合金等脆性材料焊接时，很容易产生冷裂纹，而且不存在潜伏期。这类裂纹是由于本身的低塑性造成的，故被称为"低塑性脆化裂纹"或"应力裂纹"。

（3）断口特征 从宏观上看，冷裂纹的断口具有发亮的金属光泽，呈脆性断裂特征。经微观分析，有的呈晶间断裂（即沿晶断裂），有的呈穿晶断裂。而常常看到的是沿晶与穿晶共存的断口情况。当裂纹是由氢的作用而产生，即氢致裂纹时，会有明显的氢致准解理断口出现，随着淬硬倾向的增大，沿晶断裂特征越趋明显。在许多情况下，启裂点是沿晶断裂，在扩展过程中可以是沿晶断裂，也可以是穿晶断裂。

综上所述，冷裂纹的断口形态较复杂，具有晶间断裂特征。

**（二）冷裂纹的形成及其延迟机理**

**1. 冷裂纹的形成机理及临界条件**

研究表明，冷裂纹的产生与钢的淬硬倾向、氢含量及其分布，以及拘束应力的状态三大因素有关。

（1）氢的作用 氢在氢致裂纹的形成中起主要作用。它决定了裂纹形成过程中的延迟特点和其断面上的氢脆开裂特征。

　　焊接过程中，高温熔池中溶入了大量的氢，在随后的冷却凝固过程中，由于溶解度的急剧下降，氢要极力逸出。但因冷却速度很快，使氢来不及逸出而被滞留在金属中。虽然氢在固相中仍有很大的扩散速度，但室温下氢在金属中的溶解度很低，如在钢中约为0.0005mL/100g。因此冷却后的金属中有大量的氢，并以过饱和的状态存于金属中，如钢焊缝中的氢含量可达 $10^2$ mL/100g。这些过饱和的氢在金属中极不稳定，即使在室温下也能在金属的晶格中自由扩散，甚至可以扩散到金属的表面，逸出金属。因此在足够高的温度下，如100℃以上就不会形成裂纹。此外，当氢的扩散受到抑制时，如在很低的温度下（-100℃以下）也不会导致开裂。只有当温度在-100～100℃的范围内时，氢在金属的晶格中能自由扩散，称为"扩散氢"，才对氢致裂纹起决定性的作用。

　　焊接过程中，由于加热和冷却的不均匀，使金属内部的各部分存在着应力与相变的不同步，以及内应力的不均匀。在"相变诱导扩散""应力诱导扩散"和"浓度扩散"等驱动力作用下，将导致在工件中出现氢致裂纹。

　　例如，在焊接接头中，由于焊缝中存在着大量的氢，而其周围基体金属（母材）中的氢含量少，致使氢由焊缝向热影响区进行扩散，如图9-40所示。又因焊缝的碳含量被控制在低于母材，故焊缝先于母材在较高的温度下就发生相变，即由奥氏体分解为铁素体、珠光体等组织。由于氢在铁素体、珠光体中的溶解度小，因此将进一步促使氢向热影响区进行扩散，因为此时热影响区仍处于奥氏体状态，未开始发生相变。但因氢扩散速度较小，不能扩散到离焊缝边界较远的母材中去。这样，在焊缝与母材的交界处，即熔合区内形成了富氢区。当该区由奥氏体向马氏体转变时，氢便以过饱和的状态保留在马氏体中。若该区域存在缺口效应，如晶格缺陷等，又促使氢向应力集中区进行扩散并发生聚集。当氢的浓度足够高时，就可能导致裂纹的产生。

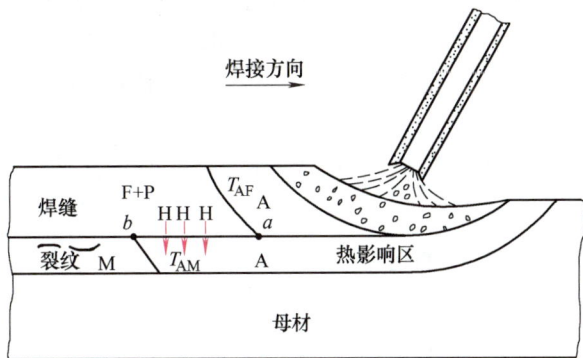

图9-40　高强度钢热影响区（HAZ）延迟裂纹的形成过程

　　（2）钢材的淬硬倾向　焊接时，钢种的淬硬倾向越大，越易产生裂纹。这主要是因为，钢淬硬后形成的马氏体组织是碳在铁中的过饱和固溶体，晶格发生较大的畸变，使组织处于硬脆状态。特别是在焊接条件下，近缝区的加热温度高达1350～1400℃，使奥氏体晶粒严重长大，快速冷却时转变为粗大马氏体，性能更为脆硬，且对氢脆非常敏感。

　　组织硬化程度与马氏体相数量有关，如图9-41所示，在碳当量一定时，540℃的瞬时冷却速度 $R_{540}$ 越大，马氏体数量越多、硬度越高，裂纹率 $C_R$ 越大。

马氏体的形态也对裂纹敏感性有很大影响。低碳马氏体呈板条状，因 $M_s$ 点较高，转变后有自回火作用，因此具有较高的强度和韧性；当钢中含碳量和合金元素较高，或冷却较快时，就会出现孪晶马氏体，它的硬度很高，性能很脆，对氢脆和裂纹敏感性很强。组织对裂纹的敏感性大致按下列顺序增大：铁素体（F）或珠光体（P）-下贝氏体（$B_L$）-低碳马氏体（$M_L$）-上贝氏体（$B_U$）-粒状贝氏体（$B_G$）-高碳孪晶马氏体（$M_T$）。

因而具有生成马氏体的倾向，特别是具有高碳孪晶马氏体淬火倾向的钢种，对延迟裂纹是很敏感的，且淬火倾向越高，产生延迟裂纹的可能性越大。

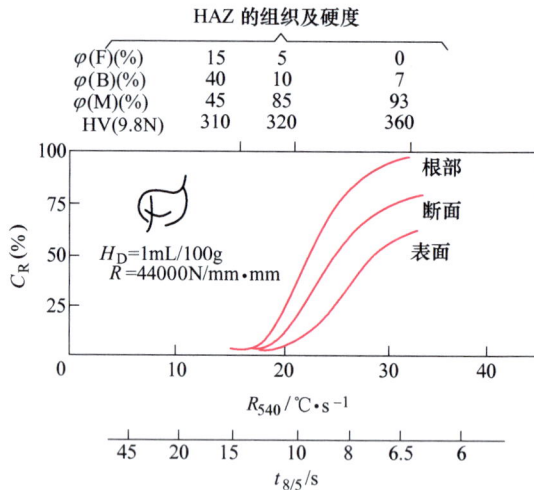

| HAZ 的组织及硬度 | | | |
|---|---|---|---|
| $\varphi(F)(\%)$ | 15 | 5 | 0 |
| $\varphi(B)(\%)$ | 40 | 10 | 7 |
| $\varphi(M)(\%)$ | 45 | 85 | 93 |
| HV(9.8N) | 310 | 320 | 360 |

图 9-41 马氏体数量与冷却速度对热影响区冷裂倾向的影响

（HT60：$w_C = 0.15\%$，$w_{Si} = 0.45\%$，$w_{Mn} = 1.27\%$）

目前以钢中的碳当量 CE 来衡量钢种淬硬倾向及由此引起的冷裂倾向。碳当量与冷裂纹临界含氢量之间的关系如图 9-42 所示。与图相应的碳当量 CE 计算公式为

$$CE = C + \frac{1}{6}Mn + \frac{1}{15}Cu + \frac{1}{15}Ni + \frac{1}{5}Cr + \frac{1}{5}Mo + \frac{1}{5}V \qquad (9\text{-}10)$$

由上式可见，碳含量越高，或含合金元素越多，则钢材的淬硬倾向越大。钢材的淬硬倾向越大，即越容易形成马氏体组织；马氏体的数量越多，则氢脆的敏感性越强。当形成高碳马氏体（孪晶马氏体）时，由于其硬度很高，性能很脆，裂纹的敏感性最强，即使没有氢的作用也可能产生裂纹。

由图 9-42 可见，碳当量越高，则临界含氢量（扩散氢）越低。由此反映出，对于淬硬倾向大的钢必须严格控制氢含量。

需指出的是，组织因素中除了钢材基体的淬硬倾向外，还与析出相和非金属夹杂物的特征与形态有关，凡能促使回火脆性的晶界析出物（如杂质 P）都会增加氢脆的敏感性。钢中的夹杂物如 MnS 等，若以细小的球状存在时，能降低氢脆的敏感性；若以条状或纺锤状存在时，不仅降低了与基体之间的结合力，而且其尖端又是高应力区，特别是当受力方向与夹杂物的分布方向相垂直时，应力集中更为严重。氢很容易向这

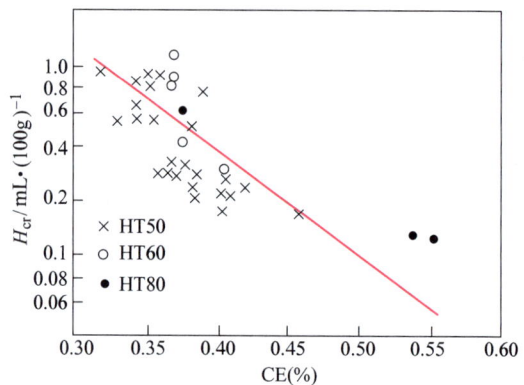

图 9-42 碳当量与冷裂纹临界含氢量的关系

些部位扩散并发生聚集，从而导致氢脆开裂。层状撕裂裂纹就是典型的例子，如图 9-43 所示。

（3）拘束应力　焊接过程中，由于不均匀的加热、冷却过程会产生应力，并将热应力和相变应力称为**内拘束应力**，而将结构的刚度、受载等条件产生的应力称为**外拘束应力**。

拘束应力的大小，可以用拘束度 $R$ 的大小来描述。在焊接中，其定义为：单位长度焊缝，在根部间隙产生单位长度位移所需要的力。拘束度的含义如图 9-44 所示。

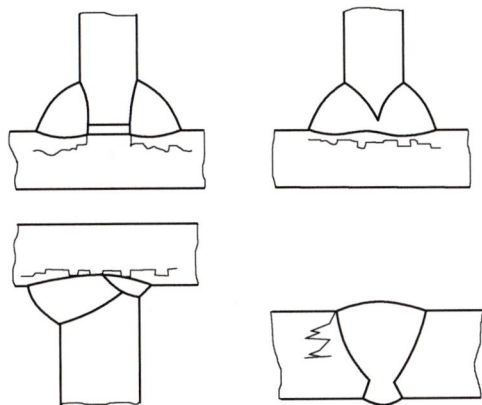

图 9-43　几种典型的层状撕裂

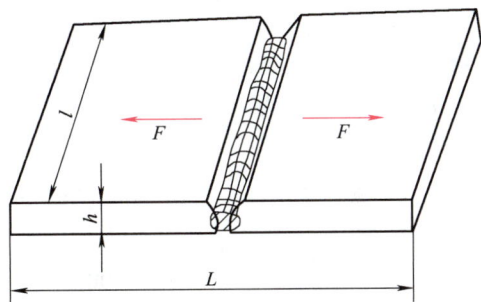

图 9-44　对接接头的拘束度模型

对于两端固定的对接接头，拘束度 $R$ 可用下式表示

$$R = Eh/L \tag{9-11}$$

式中，$E$ 为母材金属的弹性模量（MPa）；$L$ 为拘束距离（mm）；$h$ 为板厚（mm）；$R$ 为拘束度 $[\mathrm{N/(mm \cdot mm)}]$。

由式（9-11）可知，当 $L$ 越小或 $h$ 越大时，则拘束度越大。当 $R$ 值大到一定程度而产生裂纹时，称此时的 $R$ 值为临界拘束度 $R_{cr}$。

不同钢材在焊接时，冷却到室温所形成的拘束度与拘束应力的关系如图 9-45 所示。其关系式为

$$\sigma = mR \tag{9-12}$$

式中，$\sigma$ 为拘束应力；$m$ 为转换系数，与钢的线胀系数、比热容、接头的坡口形式等因素有关。低合金高强度钢焊条电弧焊时，$m \approx (3 \sim 5) \times 10^{-2}$。

在实际焊接结构中，如船体、球罐、建筑和桥梁等，一般情况下 $R = 400h$，在高拘束度时可达 $R = 900h$（$h$ 为 25～35mm），$R$ 值最高可达 $15000\mathrm{N/(mm \cdot mm)}$。

可见，在焊接结构的不同部位中，存在着不同的拘束度。在弹性条件下，若有应力集中时，则拘束应力将剧增，因为 $\sigma = kmR$（其中 $k$ 为应力集中系数），所以冷裂倾向也势必会增加。

**必须指出**，冷裂纹的三大因素中可能是其中一种或两种因素起主要作用，其余的起辅助作用。因此必须对具体情况进行具体分析。一般来说，焊道下裂纹主要与焊缝金属中存在高的扩散氢含量有关；缺口裂纹则主要与应力集中情况有关；而凝固过渡层裂纹主要与

马氏体淬硬组织有关。铸件中的冷裂纹主要是由拘束应力造成的，当局部应力值超过材料的抗拉强度时，便会产生裂纹。

（4）产生冷裂纹的临界条件 根据冷裂纹形成的条件

$$\delta_{min} \leqslant \varepsilon \qquad (9-13)$$

即局部区域的延性 $\delta_{min}$ 不足以承受当时应力所产生的应变 $\varepsilon$。

影响 $\varepsilon$ 的根本因素是拘束度 $R$，而影响 $\delta_{min}$ 的因素是致脆因素，主要是氢脆和组织的硬化。

总结以上三方面的影响，对于低合金高强度钢的焊接，可归纳成关于冷裂纹敏感性的重要关系式。其中最常用的关系式为

$$P_W = P_{cm} + \frac{H_D}{60} + \frac{R}{400000} \qquad (9-14)$$

或

$$P_C = P_{cm} + \frac{H_D}{60} + \frac{h}{600} \qquad (9-15)$$

$$P_{cm} = C + \frac{Si}{30} + \frac{Mn+Cr+Cu}{20} + \frac{Ni}{60} + \frac{Mo}{15} + \frac{V}{10} + 5B$$

式中，$P_W$、$P_C$ 均称为冷裂纹敏感指数；$P_{cm}$ 为冷裂纹敏感组分；$H_D$ 为扩散氢含量；$R$ 为拘束度；$h$ 为工件厚度。

上述各式适用的条件为：

1）$H_D = 1 \sim 5mL/100g$，为甘油法（JIS 标准）测定的钢凝固时焊缝中的扩散氢含量。

2）$R \approx 5000 \sim 33000N/(mm \cdot mm)$。

3）钢材的化学成分（质量分数）范围：C 为 0.07%～0.22%，Si≤0.6%，Mn 为 0.4%～1.4%，Cr<1.2%，Cu<0.5%，Ni<1.2%，Mo<0.7%，V<0.12%，Ti<0.05%，Nb<0.04%，B<0.005%。

4）进行斜 Y 形坡口对接裂纹试验时的热输入 $E = 17 \sim 30kJ/cm$，板厚 $h = 19 \sim 50mm$。

若已知 $P_W$ 或 $P_C$，就可以获得是否能产生冷裂纹的信息。

例如，对于低碳低合金高强度钢，经研究确定

$$(t_{100})_{cr} = 10.5 \times 10^4 (P_W - 0.276)^2 \qquad (9-16)$$

式中，$t_{100}$ 为熔合区开始凝固后冷却到100℃的时间（s）；$(t_{100})_{cr}$ 为出现冷裂纹的临界冷却时间（s）。

将 $t_{100}$ 作为判据，只要实际的冷却时间 $t_{100} \geqslant (t_{100})_{cr}$，即不可能产生焊接裂纹。为安全起见，希望控制 $t_{100} \geqslant 1.35(t_{100})_{cr}$。

为了方便起见，将安全因数1.35乘到式（9-16）上，则式（9-16）变为

$$(t_{100})_{cr} = 14 \times 10^4 (P_W - 0.276)^2 \qquad (9-17)$$

不产生冷裂纹的临界条件表达式为

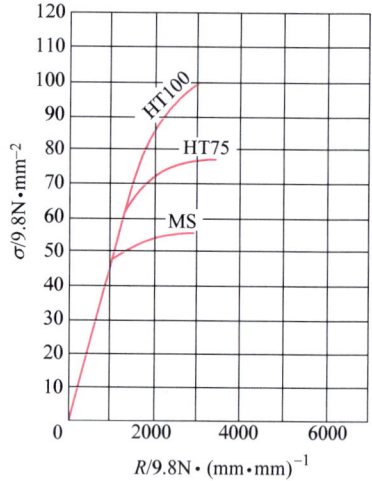

图 9-45 室温下拘束度与拘束应力的关系
HT75、HT100—低合金钢
MS—低碳钢

$$t_{100} \geq (t_{100})_{cr} \tag{9-18}$$

若接头为双面 V 形坡口时，为防止产生冷裂，还必须限制 $P_W$。对于低碳低合金高强度钢，希望 $P_W < 0.3$；对于微合金化钢和 C-Mn 钢，希望 $P_W < 0.35$。

### 2. 氢致裂纹的机理

氢致裂纹为什么具有延迟开裂和裂纹的扩展呈断续状的特征呢？

可以通过氢的应力诱导扩散理论来进行解释。焊接时产生的氢致裂纹与渗氢钢恒载拉伸试验时表现出的延迟断裂现象是一致的。当应力高于上临界应力值 $\sigma_{uc}$ 时，试件很快断裂，无延迟现象。当应力低于下临界应力值 $\sigma_{lc}$ 时，试件将不会断裂。当应力在 $\sigma_{uc}$ 与 $\sigma_{lc}$ 之间时，就会出现由氢引起的延迟断裂现象，由加载到发生裂纹之前有一段潜伏期，然后是裂纹的扩展，最后发生断裂。渗氢高强度钢的断裂特征示意图如图 9-46 所示。延迟时间的长短与应力大小有关。拉应力越小，启裂所需临界氢的浓度越高，潜伏期（延迟时间）就越长。当应力低到接近下临界应力 $\sigma_{lc}$ 时，因启裂所需的临界氢的浓度较高，故氢的扩散、聚集所需的时间也相应较长，甚至可能长达几十小时。

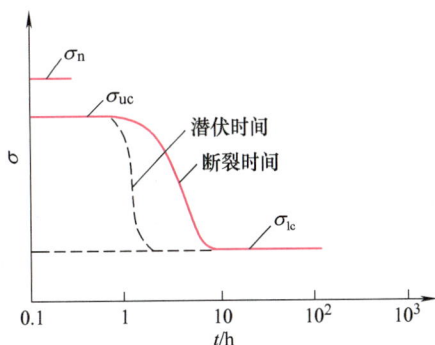

图 9-46　渗氢高强度钢的断裂特征示意图

$\sigma_n$—缺口抗拉强度　$\sigma_{uc}$—上临界应力
$\sigma_{lc}$—下临界应力

氢的应力诱导扩散理论认为，金属内部的缺陷（如微空穴、微夹杂物、晶格缺陷等）提供了裂纹的裂源，在缺陷的前沿（即缺口处）会形成应力集中的三向应力区。于是在应力的诱导下，使氢向高应力区扩散，并发生聚集。当氢的浓度达到一定值时，将促使位错移动或增殖。此时缺口尖端微区的塑性应变量，随氢的浓度的增加而增大。当氢的浓度达到临界值时，便发生局部开裂现象，导致裂纹的向前扩展，并在裂纹尖端形成新的三向应力区，促使氢向新的三向应力区内扩散聚集，如图 9-47 所示。此时裂纹暂停向前的扩展，只有当裂纹尖端局部的氢浓度达到临界值时，裂纹才能进一步扩展。由此可见氢致裂纹的启裂需要一段时间（即潜伏期），而且裂纹的扩展是一个断续的过程。裂纹停顿的时间正是氢再次进行扩散和聚集，并达到临界浓度所需的时间。

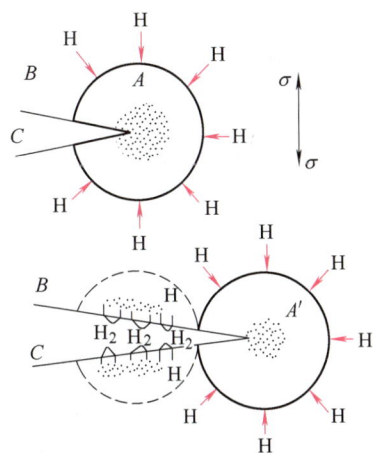

图 9-47　氢致裂纹的发展过程原理图

$C$—裂纹尖端　$B$—基体　$A$—氢浓度达临界值的三维应力场　$A'$—新的三维应力场

值得指出的是，真正导致开裂的条件是即时的局部应力状况和氢在应力集中处的实际浓度。但由于实测局部氢含量很困难，所以通常讨论三大因素时的临界氢含量，均指原始的平均氢含量。

**（三）冷裂纹的控制**

根据冷裂纹的产生机理，为防止冷裂纹，必须控制三个主要因素，即降低扩散氢的含量、减小拘束度和组织的硬化程度。

**1. 控制组织脆化**

在钢的化学成分一定时，即 CE 一定时，为控制组织的脆化程度，必须调整工艺参数，以获得合适的 $800 \sim 500 \text{℃}$ 的冷却时间 $t_{8/5}$（或 $t_{100}$）。在焊接时，为防止过热脆化，常采用小热输入进行焊接。为获得所需的 $t_{8/5}$ 或 $t_{100}$，预热是生产中采取的重要措施。

焊接厚度较大的中碳钢或低碳钢焊件时，为了防止硬化往往需要预热。在焊接材料确定时，选用低氢焊条的预热温度要低于高氢焊条，并随碳含量的提高，预热温度也相应提高。一般情况下，当碳含量较高时应选用低氢焊条。

碳钢的预热温度 $T_0$ 也可参考下式进行选择

$$T_0 = 550(\text{C} - 0.12) + 0.5h \tag{9-19}$$

式中，$h$ 为焊件的厚度；C 为碳含量（质量分数）。

对于低合金高强度钢，根据插销试验，建立了如下预热温度的经验公式，即

$$T_0 = 324P_{cm} + 17.7H_D + 0.14\sigma_b + 4.72h - 214 \tag{9-20}$$

式中，$H_D$ 为焊缝金属中扩散氢的含量（mL/100g）；$\sigma_b$ 为被焊金属的抗拉强度（MPa）；$h$ 为焊件厚度。

图 9-48 所示为 $P_{cm}$ 及板厚 $h$ 与预热温度 $T_0$ 的关系。为了方便起见，根据钢材的 $P_{cm}$ 和板厚 $h$ 也可以从图上直接确定所需的预热温度。

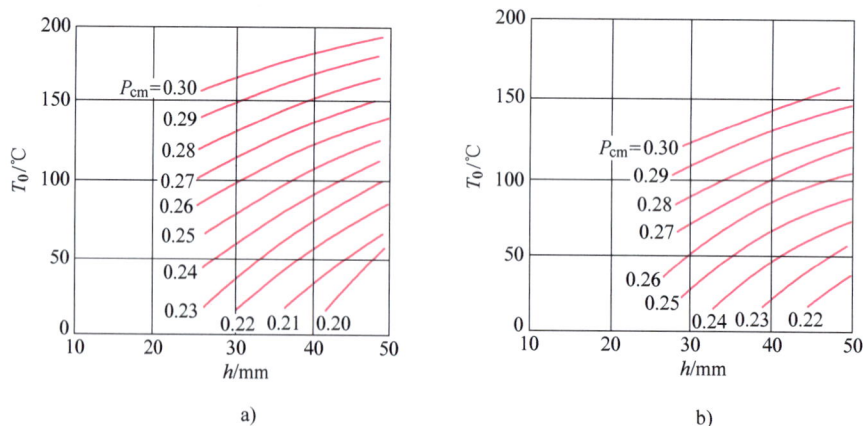

图 9-48 $P_{cm}$ 及板厚 $h$ 与预热温度 $T_0$ 的关系

a）$E = 17\text{kJ/cm}$  $H_D = 4.0\text{mL/100g}$  b）$E = 30\text{kJ/cm}$  $H_D = 205\text{mL/100g}$

以上的预热计算公式，都是按整体预热考虑的。对于一些大型焊接结构件，因整体预热很困难，故常采用局部预热方式。一般情况下，局部预热的范围以焊缝两侧各 $100 \sim 200\text{mm}$ 为宜。此外在进行多层焊时，须保证层间温度。

**2. 限制扩散氢的含量**

（1）严格限制氢的来源  采用低氢或超低氢焊接材料，并防止再吸潮，有利于防止

冷裂纹。

（2）预热和紧急后热也可减少扩散氢的含量　所谓紧急后热，即冷裂纹尚处在潜伏期、在未启裂前实施的焊后热处理。后热可以减少扩散氢含量，同时也可减小残余应力，对改善组织性能也有一定的作用。

（3）在焊接冷裂倾向大的高强钢时可采用奥氏体焊条　因奥氏体焊缝本身塑性较好，又可固溶较多的氢，限制氢扩散运动，有利于减小冷裂倾向，一般情况可以不必预热，但增大了焊缝热裂倾向，而且也必须尽量限制原始氢含量，否则仍会有微量氢扩散到熔合区马氏体组织中，使之产生冷裂。如果用奥氏体焊条焊接低合金高强度钢，必须减小熔合比，否则，在熔合区将形成较多马氏体带，冷裂倾向增大。

### 3. 控制拘束应力

从设计到施焊工艺的制订，必须力求减小刚度或拘束度，并避免形成各种"缺口"。调整施焊顺序，使焊缝有收缩余地，以降低焊接接头的拘束。在焊接结构钢时，一般情况下焊缝不发生马氏体相变，这时应采用低强匹配的焊缝，即焊缝强度较母材低一些。由于焊缝塑性的提高，可减小焊接接头的拘束应力，从而减小冷裂倾向。

但有的研究表明，若焊缝的合金化程度提高，促使其发生马氏体相变。由于相变后的比体积增大，反而能减小接头的拘束应力。

## 四、再热裂纹

残余应力是造成低应力脆性破坏、焊接冷裂纹，以及应力腐蚀裂纹等的重要原因之一。因此，对于一些重要的厚板焊接结构，如核电站的压力壳、厚壁容器和潜艇结构等，焊后进行消除应力热处理几乎是不可缺少的一道工序，因为这些结构焊后不可避免地存在不同程度的焊接残余应力。

对于一些含有沉淀强化元素的高强度钢和高温合金（包括低合金高强度钢、珠光体耐热钢、沉淀强化的高温合金，以及某些奥氏体不锈钢等），在焊后并未发现裂纹，而在热处理过程中出现了裂纹，这种裂纹称为消除应力处理裂纹（Stress Relief Cracking），简称 SR 裂纹。

另外，有些焊接结构是在一定温度条件下工作的，即使在焊后消除应力处理过程中不产生裂纹，而在 500~600℃ 长期工作时也会产生裂纹。为此，在工程上常把上述两种情况下，即消除应力过程和服役过程产生的裂纹，均称为再热裂纹（Reheat Cracking）。

在 20 世纪 60 年代初，国外报道了许多因再热裂纹引发的多起事故，引起了各国的重视，并进行了大量的试验研究。20 世纪 70 年代初我国制造的大型锅炉锅筒，采用了德国钢 BHW38，也出现过再热裂纹的问题。为此，当时国内许多单位对国产低合金钢和部分国外钢种产生再热裂纹的问题进行了系统的研究。

### （一）再热裂纹的主要特征

1）再热裂纹均发生在钢的焊接热影响区的粗晶部位并呈晶间开裂，如图 9-49 所示。母材、焊缝和热影响区的细晶部位均不产生再热裂纹。裂纹的走向是沿熔合线母材侧的奥氏体粗晶晶界扩展，有时裂纹并不连续，而是断续的，遇到细晶区就停止扩展。

2）进行消除应力处理之前焊接区存在较大的残余应力，并有不同程度的应力集中。

图 9-49　18MnMoNb 钢的再热裂纹

a）裂纹的部位（×4）　b）晶间开裂（×100）

残余应力与应力集中两者必须同时存在，否则不会产生再热裂纹。应力集中系数 $K$ 越大，产生再热裂纹所需的临界应力 $\sigma_{cr}$ 越小，如图 9-50 所示。

3）产生再热裂纹存在一个最敏感的温度区间，这个温度区间与再热温度及再热时间有关。对于奥氏体不锈钢和一些高温合金，敏感温度区间在 700～900℃ 之间。对于沉淀强化的低合金钢，敏感温度区间在 500~700℃ 之间，其随材料的不同而变化。再热温度与裂纹率 $C_R$ 和断裂韧

图 9-50　应力集中系数 $K$ 与临界应力 $\sigma_{cr}$ 的关系（0.5Mo 钢）

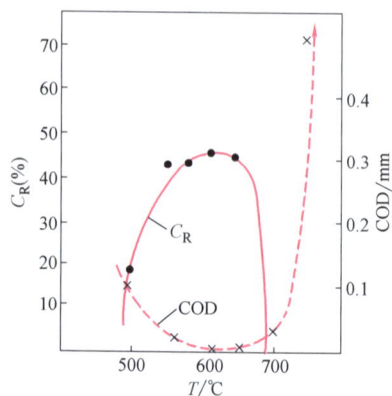

性裂纹尖端张开位移临界 COD 的关系如图 9-51 所示。再热温度与应力松弛的断裂时间 $t_f$ 的关系如图 9-52 所示。由图看出，再热裂纹敏感温度区表现出最小的临界 COD 值和最短

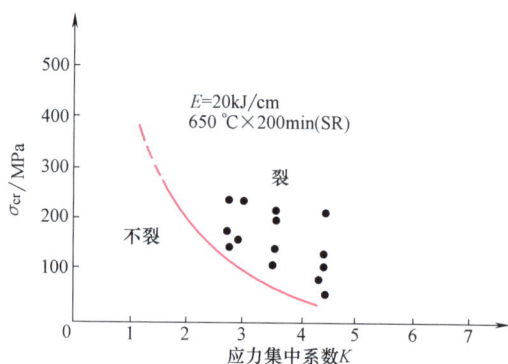

图 9-51　再热温度与裂纹率 $C_R$ 和临界 COD 的关系

图 9-52　再热温度与应力松弛的断裂时间 $t_f$ 的关系

1—22Cr2NiMo　2—25CrNi3MoV　3—25Ni3MoV

4—20CrNi3MoVNbB　5—25Cr2NiMoMnV

的断裂时间 $t_f$，并且具有"C"曲线的特征。

4）含有一定沉淀强化元素的金属材料才具有产生再热裂纹的敏感性，碳素钢和固溶强化的金属材料，一般都不产生再热裂纹。

以上就是再热裂纹的主要特征。在工程上和失效事故中，可以按上述的主要特征鉴别是否属于再热裂纹。

### （二）再热裂纹的产生机理

大量的试验研究表明，再热裂纹的产生是由晶界优先滑移导致微裂形核而发生和扩展的。也就是说，在焊后热处理时，残余应力松弛过程中，粗晶区应力集中部位的晶界滑动变形量超过了该部位的塑性变形能力，就会产生再热裂纹。理论上产生再热裂纹的条件可用下式表达

$$e > e_c \qquad (9-21)$$

式中，$e$ 为粗晶区局部晶界的实际塑性变形量；$e_c$ 为粗晶区局部晶界的塑性变形能力，即再热裂纹的临界塑性变形量。

上述理论条件虽被普遍公认，但对产生再热裂纹的具体机制存在不同的看法：有人强调晶界弱化是主要的；而有人则强调晶内强化是主要的。正因如此，目前对再热裂纹的解释存在不同的看法，各自强调了自己试验范围内所得的结论，如晶界杂质析集弱化理论、晶内沉淀强化理论，以及蠕变断裂理论等。还有人认为，再热裂纹与回火脆性具有相同的机理。

#### 1. 晶界杂质析集弱化理论

对一些低合金高强度钢再热裂纹的试验研究中，已确认杂质在晶界析集而造成脆化，对产生再热裂纹具有重要的作用。

根据这种理论，钢中 P、S、Sb、Sn、As 等元素，在 500~600℃ 再热处理过程中向晶界析集，因而大大降低了晶界的塑性变形能力。如果产生再热裂纹的临界塑性变形量为 $e_c$（mm），则 $e_c$ 可用下式计算

$$e_c = L(1+\alpha T)\left(\frac{\sigma_R}{E} - \frac{\sigma_c}{E_c}\right) \qquad (9-22)$$

式中，$L$ 为试件的拘束距离（mm）；$\alpha$ 为钢材的线胀系数（$10^{-6}℃^{-1}$）；$T$ 为热处理温度（℃）；$\sigma_R$ 为初始残余应力（MPa）；$\sigma_c$ 为产生裂纹时的应力（MPa）；$E$ 为常温时的弹性模量（MPa）；$E_c$ 为热处理温度（约 600℃）时的弹性模量（MPa）。

当 $e_c$ 值越小时，再热裂纹的敏感性越大。Sb、S、P、As 和 Sn 等杂质含量对临界塑性变形量的影响如图 9-53 所示。由图可以看出，随杂质含量的增多，产生再热裂纹的塑性变形量显著减少，尤其是 Sb 的影响。

此外，井川博等人采用 600℃ 时的缺口拉伸试验，用缺口底部裂纹尖端张开位移 COD（$\delta_c$）为判据，研究了 HT80 钢中磷对再热裂纹的影响。由图 9-54 可以看出，当 HT80 钢中的磷含量增加时，裂纹尖端张开

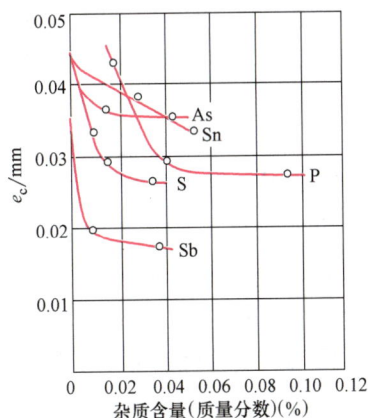

图 9-53 杂质含量对 $e_c$ 的影响

位移 $\delta_c$ 下降，这是因为磷向晶界析集而造成的。正因如此，有人认为晶界上杂质析集脆化而导致再热裂纹与钢的回火脆性机理相似。根据对 $2\frac{1}{4}$Cr-1Mo 钢回火脆性的研究，可用脆性因子（Embrittlement Factor）$X$（$10^{-4}\%$）表示杂质对回火脆性的影响。

$$X=(10P+5Sb+4Sn+As)/100 \tag{9-23}$$

当钢中 $w_{(Mn+Si)}\leqslant 1.2\%$ 时，$X\leqslant 0.0025\%$，则不会产生回火脆性。这一结论对于解决再热裂纹的问题也是有效的，因此应设法降低钢中 Sb、S、P、As 和 Sn 等杂质的含量。

但在另外一些试验中也反映出矛盾的现象，如某些钢的再热裂纹敏感温度远高于回火脆性的温度。所以不能认为再热裂纹与回火脆性属于同一机理。

我国在研究 Mn-Mo-Nb-B 钢再热裂纹的问题时，发现硼化物有沿晶析集的现象，它是导致再热裂纹敏感性增加和发生沿晶断裂的重要原因。这也说明，晶界杂质析集与产生再热裂纹有密切的关系。

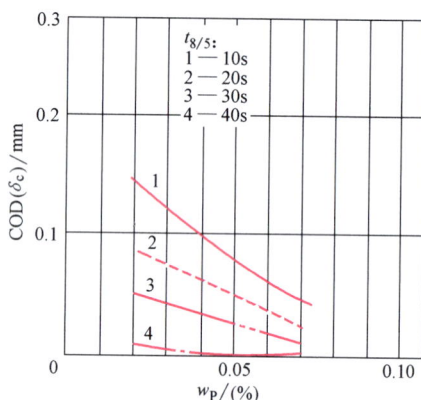

图 9-54　磷对临界 COD 的影响（HT80，600℃）

### 2. 晶内沉淀强化理论

事实表明，并不是所有的钢和合金都具有再热裂纹的敏感性，只有那些含有沉淀强化元素的钢和合金才具有再热裂纹的问题。试验研究表明，铬、钼、钒、钛、铌等元素的碳化物、氮化物，以及镍基合金中的沉淀相 $\gamma'$ 相、$Ni_3$(Al, Ti)，在一次焊接热作用下，因受热而固溶（高于 1100℃）。在焊后冷却时不能充分析出，而在二次加热进行热处理过程中，由晶内析出这些碳、氮化物及沉淀相，造成晶内强化，这时，应力松弛所产生的变形就集中于晶界，当晶界的塑性不足时，就会产生再热裂纹。

为了定量评价某些低合金钢再热裂纹敏感性，经大量试验，建立了以下几个经验公式

$$\Delta G=Cr+3.3Mo+8.1V-2 \tag{9-24}$$

当 $\Delta G>0$ 时，易裂。

$$\Delta G_1=Cr+3.3Mo+8.1V+10C-2 \tag{9-25}$$

当 $\Delta G_1>2$ 时，易裂；当 $\Delta G_1<1.5$ 时，不易裂。

$$P_{SR}=Cr+Cu+2Mo+5Ti+7Ni+10V-2 \tag{9-26}$$

当 $P_{SR}>0$ 时，易裂。

式中的元素符号表示各元素的质量分数。

应当指出，这些公式具有一定的参考意义，但也都有一定的局限性。例如，式（9-24）是在低合金钢 HT70 的基础上，调整合金元素 Cr、Mo、V、B、Ni、Mn、Si、C、P、S、Ti、Nb、Zr、Al 等试制 127 种钢，在斜 Y 形坡口的窗形拘束裂纹试验条件下得到的，但公式中只反映了 Cr、Mo、V 的影响，其他元素未能总结在内，这是该公式的不足。

式（9-25）是在式（9-24）的基础上又反映了碳的影响。式（9-26）是以 $1Cr-\frac{1}{2}Mo$ 及 $\frac{1}{2}$

Cr-1Mo 低合金耐热钢为研究对象，变动 V、Ni、Ti、Cu 等合金元素的含量，用斜 Y 形坡口拘束裂纹试验得到的结果。

由以上看来，这些公式的应用都有较强的针对性。但是，这些公式都忽略了杂质（如 S、P、Sb、Sn、As 等）的有害作用，这一点与生产实际所反映的再热裂纹倾向有些不符，还有待深入研究。

另外，有些低合金钢合金碳化物沉淀相，不仅在晶内，也可弥散于晶界。例如，14MnMoV 钢，强化晶内的同时也强化晶界。因此，晶内沉淀强化的理论还有不足，这还值得进一步研究。

### 3. 蠕变断裂理论

近年来许多人认为，热处理过程中随着应力松弛，伴随有蠕变现象。因此，可以用蠕变断裂理论来说明再热裂纹的形成机理。

分析热处理温度条件下的蠕变断裂机制有两种开裂模型。

（1）应力集中产生的楔形开裂（Wedge Mode）　此模型是 C. Zenner 首先提出的，他根据晶界黏滞性流动的观点，认为在蠕变条件下，在发生应力松弛的三晶粒交界处产生应力集中，当此应力超过晶界的结合力时，就会在此处产生裂纹，如图 9-55 所示。

经理论上的推导，楔形开裂所需的应力为

$$\sigma_c = \sqrt{\frac{3E[2(\gamma_s+\gamma_p)-\gamma_b]}{2d}} \tag{9-27}$$

式中，$E$ 为弹性模量；$\gamma_s$ 为开裂断口单位面积的表面能；$\gamma_p$ 为伴随开裂的塑性变形功；$\gamma_b$ 为由于杂质而降低的晶界能；$d$ 为晶粒直径。

裂纹扩展所需的临界应力为

$$\sigma_p = \sqrt{\frac{2E[2(\gamma_s+\gamma_p')-\gamma_b]}{(1-\nu^2)\pi d}} \tag{9-28}$$

式中，$\gamma_p'$ 为裂纹扩展时的塑性变形功；$\nu$ 为泊松比。

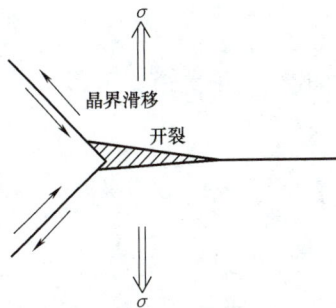

图 9-55　楔形开裂模型

当晶界有杂质存在时，使 $\gamma_s$、$\gamma_p$ 和 $\gamma_p'$ 均有不同程度的降低，因而 $\sigma_c$ 和 $\sigma_p$ 也会降低，这样就易于发生再热裂纹。

（2）空位聚集而产生的空位开裂（Cavitation Mode）　此模型是根据点阵空位在应力和温度的作用下，能够发生运动，当空位聚集到与应力方向垂直的晶界上达到足够的数目时，晶界的结合面就会遭到破坏，在应力继续作用下，使之扩大而成为裂纹，如图 9-56 所示。

有人认为，空位聚集开裂之前先形成空穴（Void），空穴形核所得的空位浓度与应力有关，经研究得出了形成稳定空穴所得的最小能量为：

$$W = \frac{256\pi^3\gamma^3}{27A^2} \tag{9-29}$$

式中，$\gamma$ 为形成空穴单位面积的表面能（$\times10^{-7}$ J/cm$^2$）；$A$ 为与空位浓度和应力有关的常数，对于高强度钢 $A=3.4\times10^{11}$。

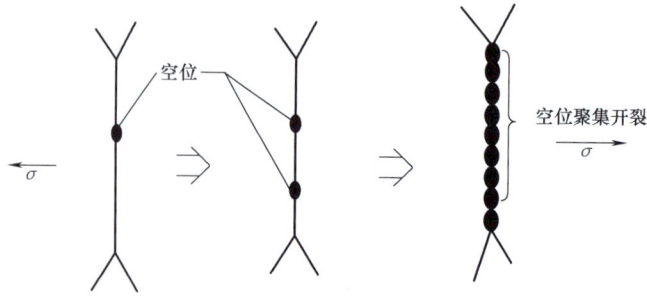

图 9-56 空位开裂模型

一般情况下，焊接金属热处理过程中就可以获得足够的能量，当金属发生蠕变时，通过空位的运动、聚集而形成空穴，逐渐长大成为裂纹。另一方面如有杂质沿晶分布，也可作为空穴的发源地。

一些试验表明，某些低合金高强度钢的再热裂纹属于楔形开裂，而珠光体耐热钢及耐热合金的再热裂纹多属于空位开裂。但不管属于哪类开裂，都具有晶间开裂的特征，如图9-57 所示。

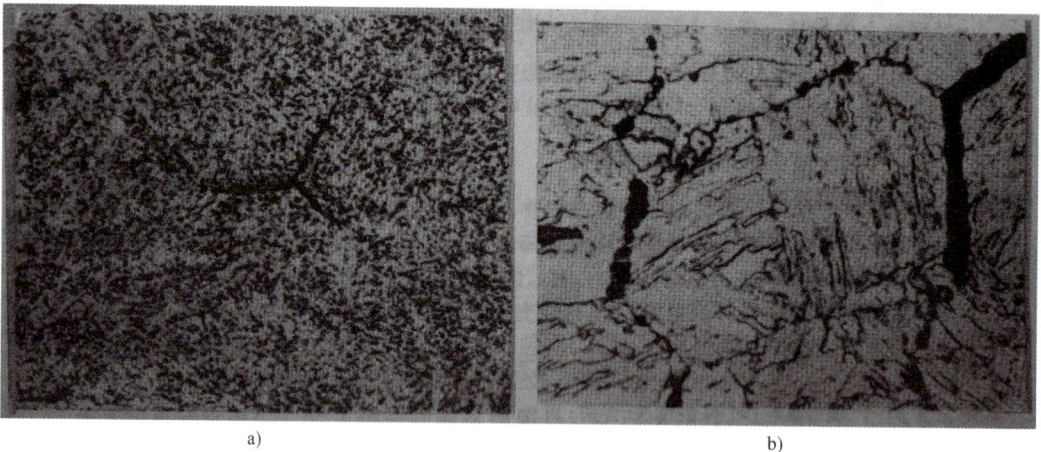

图 9-57 再热裂纹的两种晶间开裂

a）楔形开裂（20CrNi3MoV，埋弧焊，经620℃、0.5h回火）（×800）

b）空位开裂（14MnMoNbB钢，焊条电弧焊，经620℃、22h回火）（×1600）

总括以上，关于再热裂纹的机理，虽然做了许多工作，但很难用统一的观点来解释，因此应考虑综合因素的作用。根据材料冶金品质和应力条件的综合影响，对于低合金钢建立了产生再热裂纹临界应力的关系式，即

$$\sigma_{cr} = (20.7 - 4.25\sqrt{C_{SR} - 4.7}) \times 9.8 \tag{9-30}$$

$$C_{SR} = 32C + 0.5Cr + Mo + 11V$$

式中，$\sigma_{cr}$ 为产生再热裂纹的临界应力（MPa）。

如果结构的实际拘束应力为 $\sigma$，则

$$\sigma \geqslant \sigma_{cr} 时开裂$$

$$\sigma < \sigma_{cr} \text{时不裂}$$

式（9-30）仍未考虑杂质的影响，这是不足之处。

**（三）再热裂纹的影响因素及其防治**

从上述讨论可以知道，影响再热裂纹的主要因素是钢种的化学成分（直接影响粗晶区的塑性）和焊接区的残余应力（特别是应力集中部位）。以下仅根据上述两方面的因素进行讨论。

**1. 冶金因素**

（1）化学成分对再热裂纹的影响随钢种的不同存在差异　对于珠光体耐热钢，钢中 Cr、Mo 含量对再热裂纹的影响如图 9-58 所示。从图中可以看出，钢中的含 Mo 量越多，则 Cr 的影响越大，但当达到一定含量（如 $w_{Mo}=1\%$，$w_{Cr}=0.5\%$）时，随 Cr 的增多，SR 裂纹率反而下降。若在钢中含有 V 时，SR 裂纹率显著增加。钢中 Mo、Cu 含量对再热裂纹的影响如图 9-59 所示。碳在 $1Cr-\frac{1}{2}Mo$ 钢中对再热裂纹的影响如图 9-60 所示，随钢中含钒量的增多，碳的影响增大。图 9-61 是 V、Nb、Ti 对再热裂纹的影响，其中钒的影响最大。

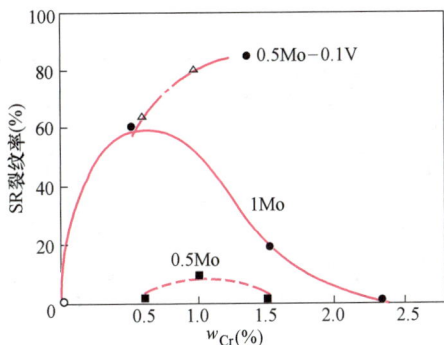

图 9-58　钢中 Cr、Mo 含量对 SR 裂纹的影响（620℃，2h 炉冷）

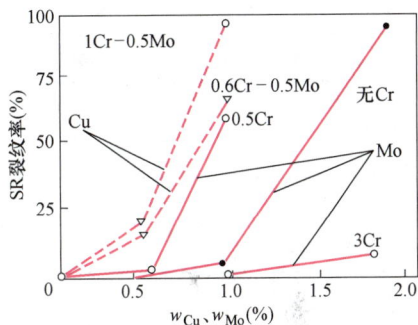

图 9-59　钢中 Mo、Cu 含量对 SR 裂纹的影响（600℃，2h 炉冷）

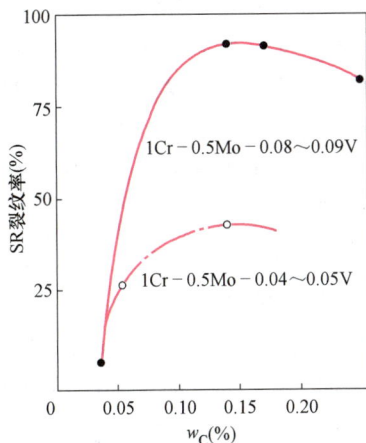

图 9-60　碳对 SR 裂纹的影响（600℃，2h 炉冷）

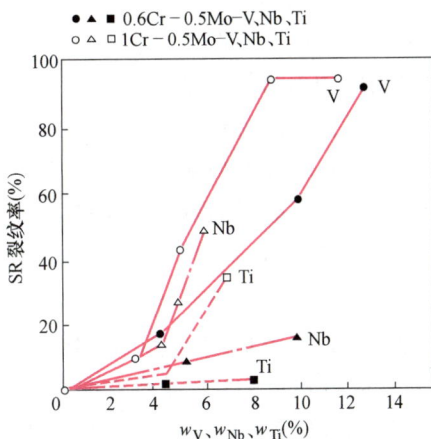

图 9-61　V、Nb、Ti 对 SR 裂纹的影响（600℃，2h 炉冷）

关于化学成分对再热裂纹的影响，也可根据前面介绍的再热裂纹敏感性判据式（9-24）、式（9-25）和式（9-26）进行评价。

（2）钢的晶粒度对再热裂纹影响显著 采用焊接热模拟再现粗晶区，并经 600℃ 热处理后，试验结果如图 9-62 所示。A387（美国钢）高强度钢的晶粒度越大，则晶界开裂所需的应力 $\sigma_{gc}$ 越小，也就越容易产生再热裂纹。另外，钢中的杂质（Sb）越多，也会降低晶界开裂所需的应力 $\sigma_{gc}$。

（3）焊接接头不同部位和缺口效应对再热裂纹的影响也有不同 如 HT80 钢，把缺口开在不同位置，经 600℃、2h 热处理后，试验结果见表 9-8。

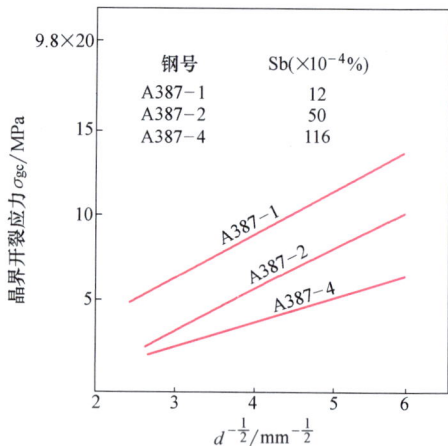

图 9-62 晶粒直径平方根倒数与 $\sigma_{gc}$ 的关系

表 9-8 缺口位置与再热裂纹的关系

| 缺口位置 | SR 裂纹 | 缺口位置 | SR 裂纹 |
|---|---|---|---|
| 焊缝 | 无 | 母材 | 无 |
| 粗晶区 | 有 | 无缺口的粗晶区 | 无 |
| 细晶区 | 无 | 有余高无咬肉 | 无 |
| 不完全重结晶区 | 无 | 有余高有咬肉 | 有 |

### 2. 焊接工艺因素

焊接工艺因素包括焊接方法、焊接热输入、预热温度、后热温度，以及焊接材料的匹配问题等。

（1）焊接方法的影响 根据结构的形状、板厚及使用上的要求不同，采用的焊接方法不同。对于一般压力容器、舰船、桥梁、管道和发电设备等，多采用焊条电弧焊和埋弧焊，有时也用电渣焊和气体保护焊等。这些焊接方法在正常情况下的焊接热输入不同，大的热输入会使过热区的晶粒粗大，其中电渣焊最为严重。因此，对于一些晶粒长大敏感的钢种，埋弧焊时再热裂纹的敏感性比焊条电弧焊时大。但对一些淬硬倾向较大的钢种，焊条电弧焊反而比埋弧焊时的再热裂纹倾向大。

（2）预热及后热的影响 预热可以有效地防止冷裂纹，但对防止再热裂纹，必须采用更高的预热温度或配合后热才能有效。例如，焊接 14MnMoNbB 钢，预热 200℃ 可以有效地防止冷裂纹，但经 600℃、6h 的再热热处理便产生了再热裂纹。如果预热温度提高到 270~300℃，或者预热 200℃ 焊后立即进行 270℃、5h 的后热，均可防止产生再热裂纹。18MnMoNb 钢也有类似的情况。但有些钢种（如德国钢 BHW38），即使预热温度再高，也难以消除再热裂纹，必须采用其他方面的措施才能有效（如使用高韧性焊接材料）。某些压力容器用钢防止再热裂纹所需的预热及后热参数见表 9-9。

表 9-9  某些压力容器用钢防止再热裂纹所需的预热及后热参数

| 试验钢种 | 板厚/mm | 防止冷裂纹的预热温度/℃ | 防止 SR 裂纹的预热温度/℃ | 防止 SR 裂纹的后热参数 |
|---|---|---|---|---|
| 14MnMoNbB | 50 | 200 | 300 | 270℃，5h |
| 14MnMoNbB | 28 | 180 | 300 | 250℃，2h |
| 18MnMoNb | 32 | 180 | 220 | 180℃，2h |
| 18MnMoNbNi | 50 | 180 | 220 | 180℃，2h |
| $2\frac{1}{4}$Cr-1Mo | 50 | 180 | 200 | — |

由表 9-9 可以看出，防止再热裂纹比防止冷裂纹需要更高的预热温度。可见，对于某些钢结构来讲，防止再热裂纹比防止冷裂纹更为困难。

（3）选用低匹配的焊接材料  近年来的许多研究表明，适当降低在 SR 温度区间焊缝金属的强度，提高它的塑性和韧性，对降低再热裂纹的敏感性是有益的。例如，焊接美国的 A514 钢时，采用不同强度级别焊条，再热裂纹率随焊接材料强度的增高而增大，如图 9-63 及表 9-10 所示。

表 9-10  焊条金属的力学性能

| 焊条 | No. 1 | No. 2 | No. 3 | No. 4 |
|---|---|---|---|---|
| $\sigma_s$/MPa | 451 | 476 | 524 | 706 |
| $\delta$(%) | 33 | 31.3 | 29.7 | 24.0 |

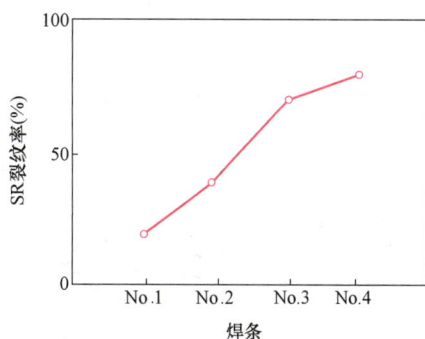

图 9-63  焊接 A514 钢时焊条强度对再热裂纹率的影响

由图 9-63 可见，焊接材料应选用比母材强度稍低些为宜。某厂在解决 BHW38（20NiCrMoV）钢锅炉锅筒的再热裂纹问题时，专门研制了 SG-2 专用焊条，这种焊条 350℃以下至室温与母材等强（相当于 J 607，即 E6015），而在 SR 处理时强度下降，但塑性、韧性保持原来的水平，因此缓和了母材热影响区粗晶部位的应力状态，从而提高了抗再热裂纹的能力。

（4）降低残余应力和避免应力集中  残余应力应在消除应力热处理过程中消除。但对残余应力较大的焊件，在进行再热热处理之前就有可能造成粗晶区微裂，而在热处理过程中就会加速产生再热裂纹。应力集中对产生再热裂纹是十分明显的，如制造 BHW38 钢锅炉锅筒时，由于大口径下降管在高压锅筒上采用"内伸式"结构，使接口部位的刚性很大，产生很大的应力集中，从而增加了再热裂纹的敏感性。为了减小该部位的应力集中，把下降管的顶端改为与锅筒筒体内壁平齐，可大大降低再热裂纹的敏感性。

此外，焊缝咬边、未焊透及焊缝表面的余高，都会使热影响区的粗晶部位产生应力集中，不同程度地增大了再热裂纹的敏感性。

## 五、层状撕裂

大型厚壁结构，在焊接过程中会沿钢板的厚度方向出现较大的拉伸应力，如果钢中有较多的夹杂，那么沿钢板轧制方向会出现一种台阶状的裂纹，一般称为 层状撕裂（Lamellar Tear）。

### （一）层状撕裂的特征及其危害性

层状撕裂一般在钢的表面上难以发现，即使采用超声探伤检测合格的钢板，仍可能经焊接后出现层状撕裂。层状撕裂是一种内部沿轧制方向的应力开裂， 它的特征是呈阶梯状 ，这是其他裂纹所没有的。层状撕裂的全貌，基本是由平行于轧制方向的平台（Terraces）和大体垂直于平台的剪切壁（Shear Walls）所组成。

层状撕裂常出现在 T 形接头、角接接头和十字接头中，如图 9-64 所示。一般对接接头很少出现，但在焊趾和焊根处由于冷裂的诱发也会出现层状撕裂。

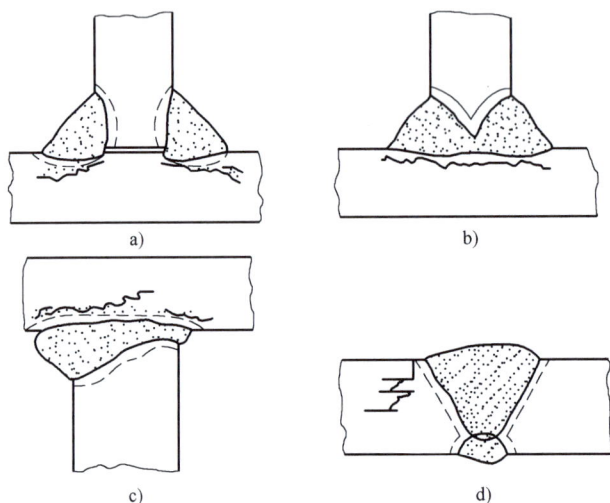

图 9-64　各种接头的层状撕裂

a）T 形接头　b）T 形接头（深熔）　c）角接接头　d）对接接头

层状撕裂与冷裂纹不同，它的产生与钢种强度级别无关，主要与钢中的夹杂量及分布形态有关，因此，在撕裂的平台部位常发现不同种类的非金属夹杂物（如 MnS、硅酸盐和铝酸盐等）。层状撕裂不仅会出现在厚钢板中（低碳钢和低合金高强度钢），也会出现在铝合金的板材中，根据层状撕裂产生的位置大体可分为以下三类：

1）在焊接热影响区焊趾或焊根处由冷裂纹而诱发形成的层状撕裂。

2）在焊接热影响区沿夹杂开裂，是工程上最常见的层状撕裂。

3）在远离热影响区的母材中沿夹杂开裂，这种情况多出现在有较多 MnS 的片状夹杂的厚板结构中。

层状撕裂的形态也并不完全都呈梯形分布，这与夹杂的种类、形状、分布等情况有关。当沿轧制方向有较多的片状 MnS 时，层状撕裂多以阶梯状出现（图 9-65a）；当以硅酸盐夹杂为主时，常呈直线状（图 9-65b）；当以 $Al_2O_3$ 夹杂为主时，呈不规则的阶梯状（图 9-65c）。

层状撕裂主要发生在低合金高强度钢的厚板焊接结构中，多用于海洋采油平台、核反应堆压力容器及潜艇外壳等重要结构。由于层状撕裂在钢材外观上没有任何迹象，而现有的无损检测手段又难以发现，即使能判明结构中有层状撕裂，但也难以修复，会造成巨大的经济损失。特别严重的是，由层状撕裂引起的事故往往是灾难性的，因此，研究层状撕裂的形成机理，防止层状撕裂的发生已成为焊接工程上一项重要的研究任务。

### （二）层状撕裂的形成机理及其影响因素

#### 1. 层状撕裂的形成机理

厚板结构焊接时，特别是 T 形接头和角接接头，在强制拘束的条件下，焊缝收缩时会在母材厚度方向产生很大的拉伸应力和应变，当应变超过母材金属的塑性变形能力时（沿板厚方向），夹杂物与金属基体之间就会发生分离而产生微裂，在应力的继续作用下，裂纹尖端沿着夹杂所在平面进行扩展，就形成了所谓"平台"。这种平台可能在多处产生，与此同时，在相邻两个平台之间，由于不在一个平面上而发生切应力，造成了剪切断裂，形成所谓"剪切壁"。连接这些平台和剪切壁，就构成了层状撕裂所特有的阶梯形态。

抗拉强度为 559MPa 的高强度钢进行 Z 向窗形拘束裂纹试验时，层状撕裂在夹杂处的扩展情况如图 9-66 所示。由图 9-66 可以看出，层状撕裂的开始阶段都是在平行于轧制方向不同水平平台的夹杂处萌生，而后逐渐扩展成为阶梯状。

图 9-65 层状撕裂的不同形态

a) MnS 夹杂引起的　b) 硅酸盐夹杂引起的

c) $Al_2O_3$ 夹杂引起的

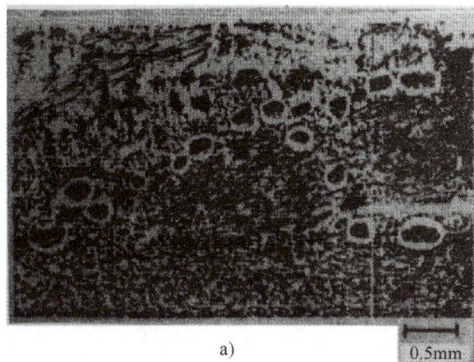

图 9-66 层状撕裂扩展的过程

a) 焊后 20min　b) 焊后 120min

层状撕裂在不同平台上破裂的情况如图 9-67 所示。

由以上看来，造成层状撕裂的根本原因在于钢材中存在较多的夹杂物，而在轧制过程

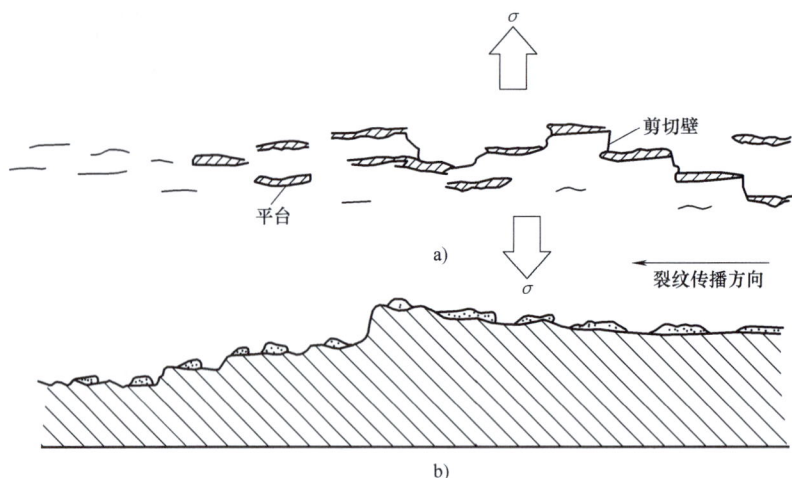

图 9-67 层状撕裂的破裂情况

a）阶梯状撕裂 b）不同平面的平台

中，轧成平行于轧制方向的带状夹杂物，这就造成了钢材力学性能的各向异性。试验表明，沿轧制方向（简称 $L$ 向）和厚度方向（简称 $Z$ 向）的拉伸试样，尽管在强度方面相差不大，但在塑性方面即伸长率与断面收缩率则有很大的差异。一些低合金钢 $Z$ 向的伸长率要比 $L$ 向的伸长率低 30%～40%，所以承受 $Z$ 向拉伸应力的结构，很容易沿层状分布的夹杂处开裂。

**2. 影响层状撕裂的因素**

影响层状撕裂的因素有以下几方面：

（1）非金属夹杂物的种类、数量和分布形态 它是产生层状撕裂的基本原因，是造成钢的各向异性、力学性能差异的内在因素。

钢中夹杂物一般常见的有硫化物、各种硅酸盐和铝酸盐等，在钢中的分布形态如图 9-68 所示。由图可以看出，铝酸盐夹杂物呈球形分布，对层状撕裂的敏感性稍差，而硫化物和硅酸盐都是呈不规则的条形分布，对层状撕裂的敏感性稍大。

夹杂物在钢中的分布及含量可用下面两个物理量来确定：

1）夹杂物的体积比，是指试样中夹杂物的总体积与试样总体积之比。

2）夹杂物的累积长度，是指单位面积上夹杂长度的总和。

试验证明，$Z$ 向的断面收缩率 $\psi_Z$ 随夹杂物的体积比和累积长度的增加而显著下降。

（2）$Z$ 向拘束应力 厚壁结构在焊接过程中承受不同程度的 $Z$ 向拘束应力，同时还有焊后的残余应力及负载，它们是造成层状撕裂的力学条件。采用插销 $Z$ 向拉伸试验或角接接头弯曲拘束试验可以测出 $Z$ 向拘束应力的大小。大量的试验证明，在一定焊接条件下，对于某种钢存在一个 $Z$ 向临界拘束应力 $(\sigma_Z)_{cr}$，超过此值便产生层状撕裂。

（3）氢的影响 一般认为，在焊接热影响区附近，由冷裂诱发成为层状撕裂中氢是一个重要的影响因素，因此目前也有人把层状撕裂看成是冷裂的另一形态。但远离热影响

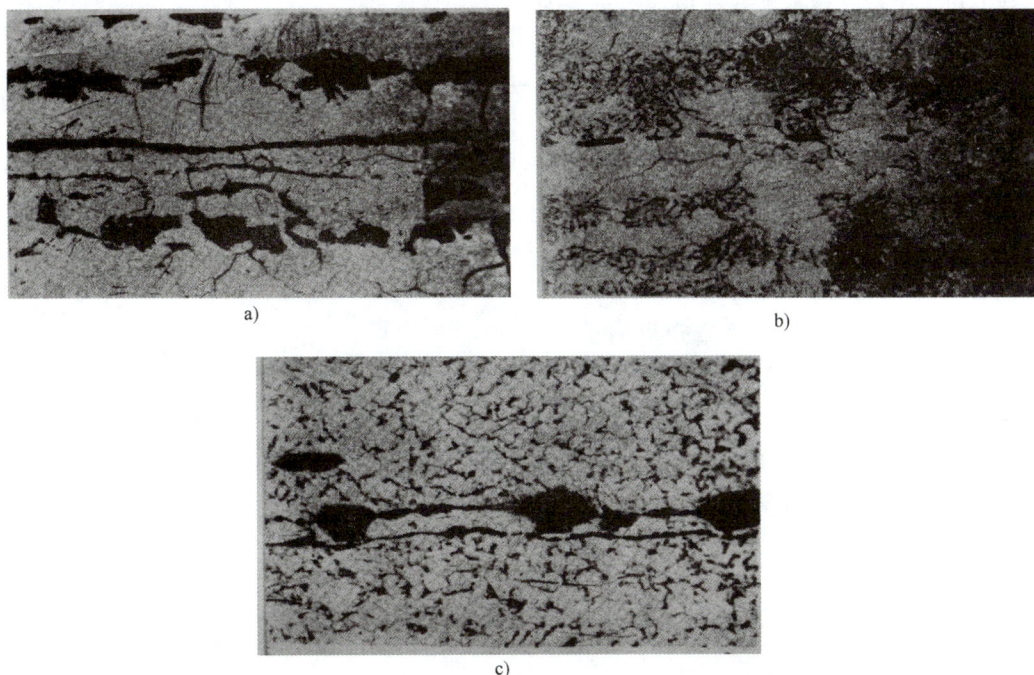

图 9-68　钢中夹杂物的分布形态

a）硫化物　b）硅酸盐　c）铝酸盐

区的母材处产生的层状撕裂，焊缝中的氢就不会产生影响，所以氢的影响应根据具体条件而定。

除上述的主要影响之外，还有其他一些影响因素，如热应变会引起母材发生脆化，使金属的塑性和韧性下降，易在该部位产生层状撕裂。

**（三）层状撕裂的判据**

由于层状撕裂的危害甚为严重，因此需要在施工之前对钢材层状撕裂的敏感性做出判断。常用的评定方法有 Z 向拉伸断面收缩率和插销 Z 向临界应力。前者多用于无氢条件下母材的评定，后者多用于有氢条件下的焊接热影响区评定。

**1. Z 向拉伸断面收缩率 $\psi_Z$ 为判据**

世界上许多国家都采用 Z 向拉伸断面收缩率作为评定层状撕裂的判据。试样的形状如图 9-69 所示，当板厚为 60mm 以下时，试样直径为 10mm；当板厚为 60mm 以上时，试样直径为 15mm 为宜。为防止层状撕裂，断面收缩率 $\psi_Z$ 应不小于 15%，一般希望 $\psi_Z = 15\% \sim 20\%$；当 $\psi_Z \geqslant 25\%$ 时，认为抗层状撕裂优异。

**2. 插销 Z 向临界应力为判据**

钢中化学成分，特别是含硫量对层状撕裂有重要的影响。为此，在大量试验的

图 9-69　Z 向拉伸试样

基础上提出了层状撕裂敏感性评定公式，即

$$P_L = P_{cm} + \frac{[H]}{60} + 6S \tag{9-31}$$

式中，$P_L$ 为层状撕裂敏感指数（%）；$P_{cm}$ 为化学成分裂纹敏感指数（%）（与冷裂纹中的 $P_{cm}$ 一致）；$[H]$ 为扩散氢含量（mL/100g）；S 为钢中硫的质量分数（%）。

图 9-70 为 $P_L$ 与插销试样 Z 向临界应力（$\sigma_Z$）$_{cr}$ 之间的关系。由图可以看出，$P_L$ 与（$\sigma_Z$）$_{cr}$ 有良好的对应关系。

**应当指出**，式（9-31）是根据插销试验的结果建立的，所以这种判据只能适于焊接热影响区附近所发生的层状撕裂。另外，此公式仅考虑了硫的作用，而对硅酸盐、铝酸盐等氧化物夹杂的影响并未考虑，因此具有局限性。

**（四）防止层状撕裂的措施**

根据以上讨论，防止层状撕裂应主要从以下两方面采取措施：

**1. 选用具有抗层状撕裂的钢材**

工程实践表明，降低钢中夹杂物的含量和控制夹杂物的形态，来提高钢板厚度方向的塑性是有效的。这方面近年来发展很快，已研制出许多抗层状撕裂的新钢种。

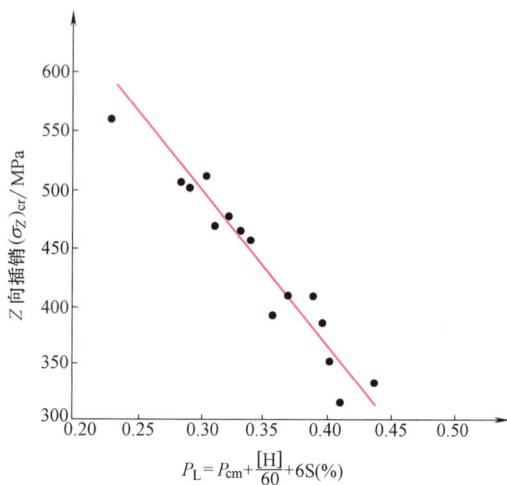

图 9-70　层状撕裂敏感指数 $P_L$ 与（$\sigma_Z$）$_{cr}$ 的关系

（1）精炼钢　采用铁液先期脱硫的办法，并用真空脱气（主要是氧和氮），可以冶炼出 $w_S$ 只有 0.003%~0.005% 的超低硫钢，它的断面收缩率（Z 向）可达 23%~45%。

炉外精炼也可冶炼出高纯净钢，它的办法是向钢液内吹入氩气，促使夹杂物上浮。此外，还有采用粉末状的钙和镁合金化合物与惰性气体一起吹入钢液中，也能获得显著的脱氧脱硫效果。其他还有许多精炼的方法可以冶炼出含氧含硫极低的钢材（$w_S$ 只有 0.0010%~0.0030%），Z 向断面收缩率可达 60%~75%。选用这类钢材制造大型重要的焊接结构，可以完全解决层状撕裂问题。

（2）控制硫化物夹杂的形态　冶炼时加入能把钢中 MnS 变成其他元素的硫化物的元素，使其在热轧时难以伸长，从而减轻各向异性，提高其抗层状撕裂性能。目前广泛使用的添加元素是钙和稀土元素。经过上述处理的钢，Z 向断面收缩率可达 50%~70%，足以抗层状撕裂。

**2. 设计和工艺上的措施**

从防止层状撕裂的角度出发，在设计和施工工艺上主要是避免 Z 向应力和应力集中，具体措施如下：

1）应尽量避免单侧焊缝，改用双侧焊缝，这样可以缓和焊缝根部的应力状态，并防止应力集中（图9-71a）。

2）在强度允许的情况下，尽量采用焊接量少的对称角焊缝来代替焊接量大的全焊透焊缝，以避免产生过大的应力（图9-71b）。

3）应在承受Z向应力的一侧开坡口（图9-71c）。

4）对于T形接头，可在横板上预先堆焊一层低强度的熔敷金属，以防止焊根出现裂纹，同时也可缓和横板的Z向应力（图9-71d）。

5）为防止由冷裂引起的层状撕裂，应尽量采用一些防止冷裂的措施，如降低氢量、适当提高预热温度、控制层间温度等。

由于影响层状撕裂的因素很多，应根据具体情况进行分析。

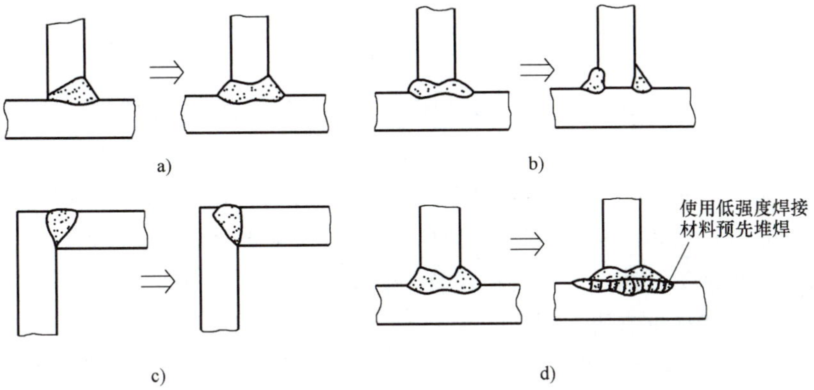

a)　　　　　　　　　　　　　　　　　b)

c)　　　　　　　　　　　　　　　　　d)

使用低强度焊接材料预先堆焊

图9-71　改变接头形式防止层状撕裂

根据层状撕裂的主要类型及产生原因，其防止措施汇总于表9-11。

表9-11　层状撕裂的类型、产生原因及防止措施

| 类　　型 | 产生的原因及因素 | 防　止　措　施 |
|---|---|---|
| 第一类<br>焊根或焊趾处冷裂引起的层状撕裂 | 1）由于冷裂而引起（淬硬、氢及拘束应力）<br>2）条、片状的MnS夹杂<br>3）角变形引起的弯曲拘束应力或由缺口引起的应力、应变集中<br>4）氢脆 | 1）降低钢材焊接冷裂敏感性<br>2）降低钢材的含硫量，选用精炼的抗层状撕裂用钢<br>3）防止角变形，改善接头形式及坡口形状，从而防止应力、应变集中<br>4）降低焊缝中的含氢量 |
| 第二类<br>以夹杂物为裂纹源并沿热影响区扩展的层状撕裂 | 1）MnS、$SiO_2$、$Al_2O_3$等夹杂物<br>2）存在Z向拉伸拘束应力<br>3）氢脆 | 1）降低钢中硫、氧、硅、铝等含量，并在钢中加入稀土元素<br>2）改善钢材的轧制条件和热处理<br>3）缓和外部的Z向拘束<br>4）提高焊接金属塑性并降低含氢量 |
| 第三类<br>远离热影响区，在板厚中央部位的层状撕裂 | 1）MnS、$SiO_2$、$Al_2O_3$等夹杂物<br>2）弯曲拘束产生的残余应力<br>3）应变时效引起 | 1）选用抗层状撕裂用钢<br>2）减小拘束度<br>3）轧制钢板端面需要机加工<br>4）改善接头形式和坡口形状<br>5）预堆焊层 |

## 第四节  焊缝中的气孔与夹杂物

### 一、焊缝中的气孔

气孔是焊接生产中经常遇到的一种缺陷，在碳钢、高合金钢和有色金属的焊缝中，都有出现气孔的可能。焊缝中的气孔不仅削弱焊缝的有效工作截面积，同时也会带来应力集中，从而降低焊缝金属的强度和韧性，对动载强度和疲劳强度更为不利。在个别情况下，气孔还会引起裂纹。

#### 1. 焊缝中的气孔分类

（1）析出型气孔  析出型气孔是因气体在液、固态金属中的溶解度差造成过饱和状态的气体析出所形成的气孔。如高温时氢能大量溶解于液态金属中，冷却时氢在金属中的溶解度急剧下降，特别是从液体转为固态的瞬时，氢的溶解度从 32mL/100g 降至 10mL/100g，使对于 δ 铁过饱和的氢在结晶前沿富集。当超过液态金属溶解度时，过饱和气体析出。这些气体如果来不及逸出而残留在焊缝中，就成为气孔。由于产生气孔的气体不同，形成的气孔形态和特征也有所不同。

1）氢气孔。对低碳钢和低合金钢焊接而言，在大多数情况下氢气孔出现在焊缝的表面上，气孔的断面形状如同螺钉状，从焊缝的表面上看呈喇叭口形，气孔的四周有光滑的内壁。这是由于氢气是在液态金属和枝晶界面上浓聚析出，随枝晶生长而逐渐形成气孔所致。

但有时，这类气孔也会出现在焊缝的内部。如焊条药皮中含有较多的结晶水，使焊缝中的含氢量过高，或在焊接铝、镁合金时，由于液态金属中氢溶解度随温度下降而急剧降低，析出气体在凝固时来不及上浮而残存在焊缝内部。

2）氮气孔。其机理与氢气孔相似，氮气孔也多出现在焊缝表面，但多数情况下是成堆出现的，与蜂窝相似。氮的来源，主要是由于保护不好由空气侵入焊接区所致。

（2）反应型气孔  熔池中由于冶金反应产生不溶于液态金属的 CO、$H_2O$ 而生成的气孔称反应型气孔。

1）CO 气孔。焊接碳钢时，当液态金属中的碳含量较高而脱氧不足时，会发生下列冶金反应生成 CO，即

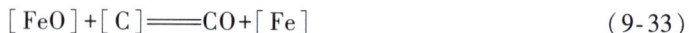

$$[C]+[O] \Longrightarrow CO \tag{9-32}$$

$$[FeO]+[C] \Longrightarrow CO+[Fe] \tag{9-33}$$

这些反应可以发生在熔滴过渡过程中，也可以发生在熔池中。由于 CO 不溶于金属，所以，在高温时生成的 CO 就会以气泡的形式从液态金属中高速逸出，形成飞溅，而不会形成气孔。但是，当热源离开后，熔池开始凝固时，由于碳和氧的偏析或在结晶前沿浓聚而进行式（9-33）的反应，该反应为吸热反应，会促使凝固加快，在 CO 形成的气泡来不及逸出时便产生了气孔。由于 CO 形成的气泡是在结晶界面上产生的，因此形成了沿结晶方向呈条虫状的

内气孔。

2）$H_2O$ 气孔。焊接铜时形成的 $Cu_2O$，在 1200℃ 以上能溶于液态铜，但当温度降低到 1200℃ 以下时，它将逐渐析出，并与溶解于钢中的氢发生下列反应

$$[Cu_2O]+2[H]=\!=\!=2[Cu]+H_2O \tag{9-34}$$

形成的 $H_2O$ 不溶于液态铜，是焊接铜时产生气孔的主要原因。焊接镍时与焊铜类似，也会有产生水气的下述反应

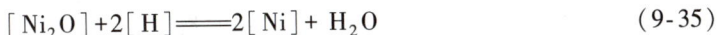

$$[Ni_2O]+2[H]=\!=\!=2[Ni]+H_2O \tag{9-35}$$

$H_2O$ 也不溶于液态镍，是焊接镍时产生气孔的主要原因。

**2. 焊缝中气孔形成的机理**

焊缝金属中的气孔产生取决于气泡核的生成、气泡的长大和逸出三个过程。其原理与液态金属中形成气孔的机理相同，参见第五章第三节。

**3. 影响焊缝形成气孔的因素**

（1）冶金因素的影响

1）熔渣氧化性的影响。熔渣氧化性的大小对焊缝的气孔敏感性具有很大的影响。由表 9-12 可知，无论酸性焊条还是碱性焊条，当熔渣的氧化性增大时，由 CO 引起气孔的倾向增加；相反随氧化性减小，即熔渣还原性增大时，CO 气孔减少，氢气孔的倾向增加。

一般用焊缝金属中碳与氧的含量乘积，即 $w_C \times \varphi_{O_2}$ 来表示 CO 气孔的倾向。酸性焊条 J424-5 焊缝中出现 CO 气孔的 $w_C \times \varphi_{O_2}$ 临界值（$46.07 \times 10^{-4}\%$）比碱性焊条 J507-5 焊缝中出现 CO 气孔的临界值（$27.30 \times 10^{-4}\%$）要大，这表明了在酸性渣中 FeO 的活度较小，而在碱性渣中 FeO 的活度较大，即使质量分数较小的情况下，也能促使产生 CO 气孔。

2）焊条药皮和焊剂成分的影响。$CaF_2$ 以及同时存在 $SiF_2$ 时，有明显的降氢作用。这是由于 $CaF_2$ 和 $H_2$、$H_2O$ 作用产生 HF，$SiF_2$ 和 $CaF_2$ 作用产生 $SiF_4$，$SiF_4$ 和 $H_2$、$H_2O$ 作用也产生 HF，HF 是一种不溶于液态金属的稳定的气体化合物。由于大量的氢被 HF 占据，因而可以有效地降低氢气孔的倾向。

表 9-12 不同类型焊条的氧化性对气孔倾向的影响

| 焊条牌号 | 焊缝中氧和碳及氢含量 | | | 氧化性 | 气孔倾向 |
| --- | --- | --- | --- | --- | --- |
| | $\varphi_{O_2}(\%)$ | $w_C \times \varphi_{O_2}/\times 10^{-4}(\%)$ | $[H]/cm^3 \cdot (100g)^{-1}$ | | |
| J424-1 | 0.0046 | 4.37 | 8.80 | | 较多气孔（氢） |
| J424-2 | — | — | 6.82 | | 个别气孔（氢） |
| J424-3 | 0.0271 | 23.03 | 5.24 | | 无气孔 |
| J424-4 | 0.0448 | 31.36 | 4.53 | 增加 | 无气孔 |
| J424-5 | 0.0743 | 46.07 | 3.47 | | 较多气孔（CO） |
| J424-6 | 0.1113 | 57.88 | 2.70 | | 更多气孔（CO） |
| J507-1 | 0.0035 | 3.32 | 3.90 | | 个别气孔（氢） |
| J507-2 | 0.0024 | 2.16 | 3.17 | | 无气孔 |
| J507-3 | 0.0047 | 4.04 | 2.80 | | 无气孔 |
| J507-4 | 0.0160 | 12.16 | 2.61 | 增加 | 无气孔 |
| J507-5 | 0.0390 | 27.30 | 1.99 | | 更多气孔（CO） |
| J507-6 | 0.1680 | 94.08 | 0.80 | | 密集大量气孔（CO） |

由图 9-72 可知，当熔渣中 $SiO_2$ 和 $CaF_2$ 同时存在时，对消除氢气孔最为有效。这是因为 $SiO_2$ 和 $CaF_2$ 的含量对于消除气孔具有相互补充的作用。当 $SiO_2$ 少，而 $CaF_2$ 较多时，可以消除气孔。相反，当 $SiO_2$ 多，而 $CaF_2$ 少时，也可以消除气孔。

3）铁锈及水分的影响。在焊接生产中由于焊件或焊接材料不洁而使焊缝出现气孔的现象十分普遍。其中影响较大的是铁锈、油类和水分等杂质，尤其是铁锈的影响特别严重。

铁锈的成分为 $mFe_2O_3 \cdot nH_2O$，其中 $Fe_2O_3$ 的质量分数约为 83.28%，$FeO$ 的质量分数约为 5.7%，$H_2O$ 的质量分数约为 10.70%，即铁锈中含有较多的铁的高级氧化物 $Fe_2O_3$ 和结晶水。加热时，放出 $H_2$ 和 $O_2$。一方面对熔池增加了氧化作用，在结晶时促使

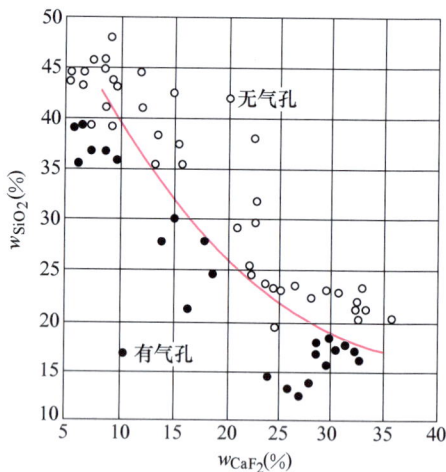

图 9-72　$SiO_2$ 和 $CaF_2$ 对焊缝生成气孔的影响

生成 CO 气孔，另一方面增加了生成氢气孔的可能性。因此，铁锈是非常有害的杂质，增加了焊缝对于两类气孔的敏感性。

此外，钢板上的氧化皮（主要是 $Fe_3O_4$，少量 $Fe_2O_3$）虽无结晶水，但对产生 CO 气孔仍有较大的影响。所以，生产中应尽可能清除钢板上的铁锈、氧化皮等杂质。

焊条或焊剂受潮或烘干不足而残存的水分，以及潮湿的空气，同样起增加气孔倾向的作用。所以对焊条和焊剂的烘干应给予重视，一般碱性焊条的烘干温度为 350~450℃，酸性焊条为 200℃ 左右，各类焊剂也规定了相应的烘干温度。

（2）工艺因素的影响

1）焊接参数的影响。焊接参数主要包括焊接电流、电弧电压和焊接速度等参数，一般均在正常的焊接参数下施焊。

焊接电流增大虽能增加熔池存在的时间，有利于气体逸出。但使熔滴变细，比表面积增大，熔滴吸收的气体较多，反而增加了气孔倾向。使用不锈钢焊条时，焊接电流增大，焊芯的电阻热增大，会使焊条末端药皮发红，药皮中的某些组成物（如碳酸盐）提前分解，影响了造气保护的效果，因而也增加了气孔倾向。

电弧电压太高，会使空气中的氮侵入熔池易出现氮气孔。焊条电弧焊和自保护药芯焊丝电弧焊对这方面的影响最为敏感。

焊接速度太大时，往往由于增加了结晶速度，使气泡残留在焊缝中而出现气孔。

2）电流种类和极性的影响。实践证明，电流种类和极性不同将影响电弧稳定性，从而对焊缝产生气孔的敏感性也有影响。一般情况下，交流焊时较直流焊时气孔倾向较大，而直流反接较正接时气孔倾向小。

3）工艺操作方面的影响。在生产中由于工艺操作不当而产生气孔的实例还是很多的，最常见的问题主要有：

① 焊前未按要求清除焊件、焊丝上的污锈或油脂。

② 未按规定严格烘干焊条（碱性焊条烘干温度不足，酸性焊条烘干温度过高）、焊剂，或烘干后放置时间过长。

③ 焊接时参数不稳定，使用低氢型焊条时未采用短弧焊等。

**4. 防止焊缝中形成气孔的措施**

防止焊缝中形成气孔的措施主要在于限制熔池溶入或产生气体，以及排除熔池中存在的气体。

（1）消除气体来源　主要进行表面清理、焊接材料的防潮和烘干、加强保护，其目的是防止空气侵入熔池而引起氮气孔。引弧时通常不能获得良好保护，如低氢焊条引弧时易产生气孔，就是因为药皮中造气物质 $CaCO_3$ 未能及时分解生成足够的 $CO_2$ 保护所致。焊接过程中如果药皮脱落、焊剂或保护气中断，都将破坏正常的保护。

气体保护焊时，必须防风。焊枪喷嘴前端保护气体流速一般为 2m/s 左右，风速如超过此值，保护气流就不能稳定而成为紊流状态，失去保护作用。MAG 焊接时风速对气孔形成的影响如图 9-73 所示。可见药芯焊丝 $CO_2$ 焊时受风速的影响较小。当然，保护气体的流量也影响保护效果，保护气体的纯度也须严格控制。

（2）正确选用焊接材料　焊接材料的选用必须考虑与母材的匹配。例如，低氢焊条的抗锈性能很差，不

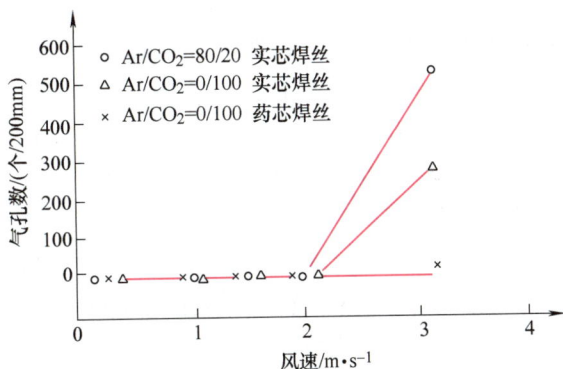

图 9-73　风速对气孔形成的影响

（MAG 焊，焊丝 $\phi$1.2mm，$I$=300A，保护气流量 25L/min）

能用于带锈构件的焊接，而氧化铁型焊条却有很好的抗锈性。埋弧焊时，如果使用高碱度烧结焊剂，由于碱度允许提高到 3 以上，$O^{2-}$ 活度已降低，不同于常用碱性焊条，对铁锈敏感性显著减小。

在气体保护焊时，从防止氢气孔产生的角度考虑，选用活性气体优于惰性气体。因为活性气体 $O_2$ 或 $CO_2$ 均可促使降低氢的分压而限制氢的溶入，同时还能降低液态金属的表面张力和增大其活动性能，有利于气体的排出。

有色金属焊接时，为克制氢的有害作用，在 Ar 中添加氧化性气体 $CO_2$ 或 $O_2$ 有一定效果。但其数量必须严格控制，氧化性气体含量少时无降氢的效果，含量多时会使焊缝明显氧化，外观变差。

（3）控制焊接工艺条件　控制焊接工艺条件的目的是使熔池中的气体易于逸出，同时也应有利于限制电弧外围气体向液态金属中的溶入。

对于反应型气体而言，首先应着眼于创造有利的排气条件，即适当增大熔池在液态的存在时间。由此可知，增大热输入和适当预热都是有利的。

对于氢和氮而言，也只有气体逸出条件比气体溶入条件改善更多，才有减少气孔的可能性，因此，焊接参数应有一个最佳值，而不是简单地增大或减小。

铝合金 TIG 焊时，应尽量采用小热输入以减少熔池存在的时间，从而减少氢的溶入，

同时又要充分保证根部熔化，以利于根部氧化膜上的气泡浮出，因此，用大电流配合较高的焊接速度比较有利。而铝合金 MIG 焊时，焊丝氧化膜影响更为主要，减少熔池存在时间也难以有效地防止焊丝氧化膜分解出来的氢向熔池侵入，因此，要增大熔池存在时间以利于气泡逸出，即增大焊接电流和降低焊接速度或增大热输入，有利于减少气孔。

### 二、焊缝中的夹杂物

焊缝金属中有夹杂物的存在不仅降低了焊缝金属的塑性，增大低温脆性，降低韧性和疲劳强度，还会增加热裂纹倾向。因此，在焊接生产中必须限制夹杂物的数量、大小和形状。常见的夹杂物有以下三种：

（1）氧化物夹杂　焊接金属材料时，氧化物夹杂的存在较为普通。氧化物夹杂的主要成分是 $SiO_2$、$MnO$、$TiO_2$、$CaO$ 和 $Al_2O_3$ 等，一般多以复合硅酸盐形式存在。这种夹杂物主要是降低焊缝金属的韧性。

（2）氮化物夹杂　在良好保护条件下焊接时，生成氮化物夹杂的几率很小。在保护不良的情况下焊接碳钢和低合金钢时，与空气中的氮反应生成氮化物 $Fe_4N$ 夹杂物，残留在焊缝金属中。氮化物在时效过程中以针状分布在晶粒上或穿过晶界，使焊缝金属的塑性、韧性急剧下降。

（3）硫化物夹杂　硫从过饱和固溶体中析出，形成硫化物夹杂，以 $MnS$ 和 $FeS$ 的形式存在于焊缝中。$FeS$ 的危害程度远比 $MnS$ 大，因 $FeS$ 沿晶界析出与 $Fe$ 或 $FeO$ 形成低熔点共晶，增加热裂纹生成的敏感性。

研究表明，焊缝金属中的夹杂物不是完全有害的。有些细小、均匀分布的夹杂物，如 $TiO$、$SiO_2$、$MnO$、$MnS$、$CuS$ 及其复合物等，在焊缝金属中可以作为固态相变时针状铁素体的形核核心，诱导焊缝金属中针状铁素体的形成，细化焊缝金属组织，提高焊缝金属的强度与韧性。

减少有害夹杂物的主要措施是正确选择焊条、药芯焊丝、焊剂的渣系，以便在焊接过程中脱氧、脱硫；其次是选用较大的焊接热输入，仔细清理层间焊渣，摆动焊条，以便熔渣浮出。此外，降低电弧电压，防止空气中氮的侵入，避免生成氮化物 $Fe_4N$ 夹杂物。

对于夹杂物的形成机理的详细分析，可参见第五章第三节。

## 第五节　焊缝中的化学成分不均匀性

焊缝金属非平衡凝固导致焊缝金属的化学成分不均匀性，即出现所谓的偏析现象。焊缝中常见的偏析有以下三种。

### 1. 显微偏析

显微偏析又称微观偏析或晶间偏析，也称晶界偏析。这种偏析发生在柱状晶内以及柱状晶界。常见于液相线与固相线温度区间较宽的钢或合金的焊缝金属中。图9-74为HY80钢 TIG 焊焊缝中，Ni 在胞状晶的晶界上产生的显微偏析。这是由于钢在凝固过程中，先结晶的固相（相当于晶内中心部分）其溶质的含量较低，溶质在结晶界面浓聚，使后结晶的固相溶质的含量较高，并富集了较多的杂质。

S、P 和 C 是最容易偏析的元素，焊接过程中要严加控制，合金元素的交互作用往往促进偏析。当钢中碳 $w_C$ 由 0.1% 增加到 0.47% 时，可使 S 偏析增加 65% ～ 70%。但在 Cr18Ni9Ti 奥

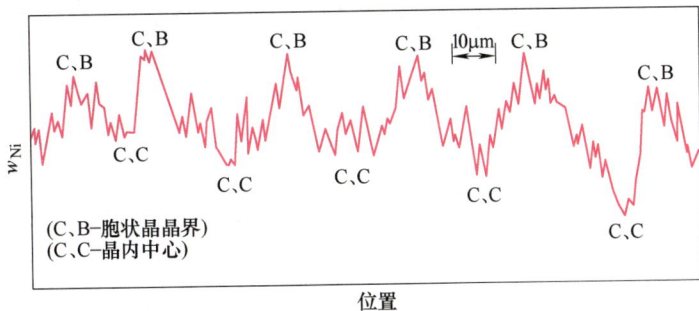

图 9-74 HY80 钢 TIG 焊焊缝中 Ni 的偏析

氏体钢焊缝金属中，当锰 $w_{Mn}$ 为 1.5% ～ 2.0% 时，使 S 的偏析下降 20% ～ 30%。

由于柱状晶内胞状晶的亚结构界面多，其偏析远比柱状晶晶间偏析低。树枝晶存在很多的晶间毛细间隙，它比胞状晶界有更大的亚晶界偏析倾向。亚结构晶间偏析程度较低，可通过热处理或大变形量热轧、热锻来消除。焊接冷却速度很小时，偏析减小。柱状晶界面的偏析可能引起热裂纹。

### 2. 层状偏析

焊缝金属横剖面的化学成分不均匀，称为层状偏析或结晶层偏析，如图 9-75 所示。层状偏析是由于结晶过程放出结晶潜热和熔

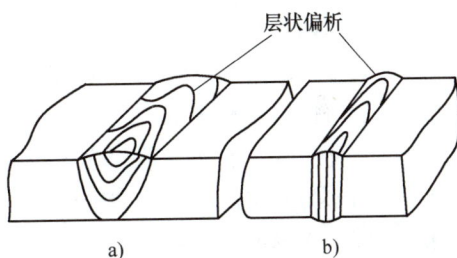

图 9-75 焊缝的层状偏析
a) 焊条电弧焊 b) 电子束焊

滴过渡时热能输入周期性变化，使树枝晶生长速度周期变化，从而使结晶界面上溶质原子浓聚程度周期变化的结果。

研究表明，层状偏析呈不连续的有一定宽度的链状偏析带，带中常集中一些有害的元素如 C、S 和 P 等，并往往出现气孔等缺陷，如图 9-76 所示。层状偏析也会引起焊缝的力学性能不均匀，耐蚀性下降以及断裂韧度降低等。

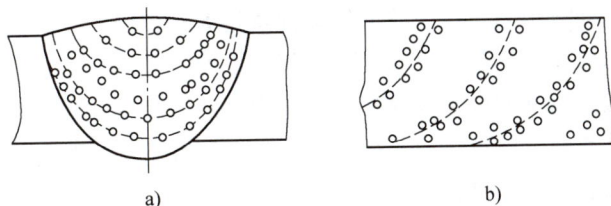

图 9-76 层状偏析与气孔

### 3. 区域偏析

焊缝柱状晶晶体在从熔合线向焊缝中心外延生长过程中，会将溶质或杂质赶向中心，导致焊缝中心结晶界面的溶质或杂质含量增高，形成偏析，称为区域偏析，也称宏观偏析，如图 9-77 所示。

改善偏析的方法较多，其中，控制凝固结晶过程，细化凝固组织，能有效减少或消除

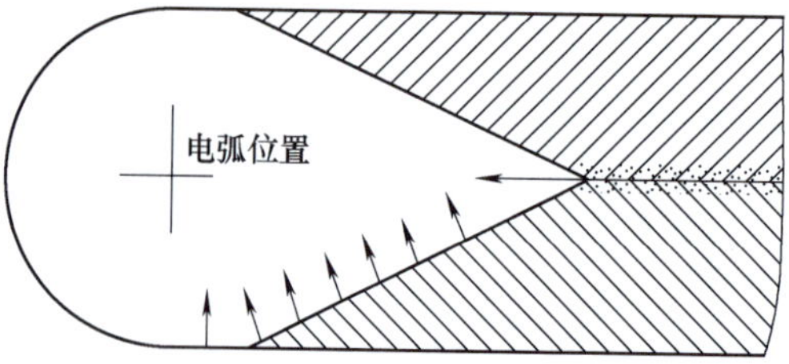

图 9-77 快速焊时的区域偏析

偏析。

对于偏析的形成机理的详细分析，可参见第五章第五节。

## 习题

9.1 内应力是怎样产生的？对结构件的质量有何影响？

9.2 试述两端被刚性固定的杆件在加热及冷却过程中的应力和变形。

9.3 试分析对接焊缝横向和纵向应力的分布状态。

9.4 如何控制工件内的应力？

9.5 常见的变形有哪几种？你认为哪些变形对结构的影响最大？为什么？

9.6 如何防止或减小焊接变形？

9.7 矫正变形的方法有哪几种？其原理是什么？

9.8 简述裂纹的种类及其特征。

9.9 什么是脆性温度区？为什么金属在脆性温度区内的塑性很低？

9.10 产生凝固裂纹的条件是什么？简述凝固裂纹的形成机理。

9.11 如何防止凝固裂纹？对于不同的金属，如铝、合金结构钢、Cr-Ni 奥氏体钢，其防止凝固裂纹的方法是否相同？

9.12 什么是液化裂纹？其出现在焊接接头的哪个区域？为什么？

9.13 试述冷裂纹的种类及其特征。

9.14 试分析氢在形成冷裂纹中的作用，简述氢致裂纹的特征和机理。

9.15 为什么碳当量越高，冷裂纹的敏感性就越大？

9.16 什么是拘束度？它与工件的尺寸有何关系？

9.17 为什么低合金钢的冷裂纹容易出现在焊接热影响区及焊根、焊趾部位？

9.18 为什么预热和后热可以防止冷裂纹？是否适合于热裂纹？

9.19 简述再热裂纹的主要特征与形成机理。

9.20 简述产生层状撕裂的原因，如何判断钢材产生层状撕裂的敏感性？

9.21 焊缝中的气孔有哪几种类型？有何特征？

9.22 如何防止焊缝中产生气孔？

9.23 焊缝中的偏析有哪些类型？它们是如何形成的？

9.24 为什么说熔合区是焊接接头中的薄弱部位？

# 第十章

# 特种连接成形原理与方法

## 第一节　扩散连接技术

### 一、扩散连接原理及特点

#### 1. 扩散连接的特点

扩散连接是指相互接触的表面，在高温和压力的作用下局部发生塑性变形，经一定时间后结合层原子间相互扩散，而形成整体的可靠连接的过程。

扩散连接方法主要有以下几个特点：

1）扩散连接适合于耐热材料（耐热合金、钨、钼、铌、钛等）、陶瓷、磁性材料及活性金属的连接，特别适合于不同种类的金属与非金属异种材料的连接，在扩散连接技术研究与实际应用中，有70%涉及异种材料的连接。

2）它可以进行内部及多点、大面积构件的连接，可实现电弧可达性不好或无法用熔焊的方法的连接。

3）它是一种高精密的连接方法，连接后焊件不变形，可以实现机械加工后的精密装配连接。

#### 2. 扩散连接原理

扩散连接是压焊的一种，与常用压焊方法（电阻焊、摩擦焊、爆炸焊及超声波焊等）相同的是在连接过程中要施加一定的压力。

扩散连接的参数主要有：表面状态、中间层的选择、温度、压力、时间和气体介质等，其中最主要的参数有4个，即温度、压力、时间和真空度，并且这些因素是相互影响的。

扩散连接过程可以大致分为三个阶段。第一阶段为物理接触阶段，在高温下微观不平的表面，在外加压力的作用下总有一些点首先达到塑性变形，在持续压力的作用下接触面积逐渐增大，最终达到整个面的可靠接触。第二阶段是接触界面原子间的相互扩散，形成牢固的结合层。第三阶段是在接触部分形成的结合层逐渐向体积方向发展，形成可靠的连接接头。当然，这三个过程不是截然分开的，而是相互交叉进行的，最终在接头连接区域由于扩散、再结晶等过程形成固态冶金结合，它可以生成固溶体及共晶体，有时生成金属间化合物，形成可靠连接。

### 3. 扩散连接时材料间的相互作用

扩散连接通过界面原子间的相互作用形成接头，原子间的相互扩散是实现连接的基础。对具体材料与合金，还要具体分析扩散的路径及材料界面元素间的相互物理化学作用，对异种材料连接还可能生成金属间化合物，而对非金属材料的连接界面可能进行化学反应，界面生成物的形态及其生成规律，对材料连接接头性能有很大的影响。

（1）材料界面的吸附与活化作用

1）物理接触形成阶段。被焊材料在外界压力的作用下，被焊界面应首先靠近到距离为 $R_1$（等于 $2\sim4nm$）才会形成范德华力作用的物理吸附过程。经过仔细加工的表面，微观总有一定的不平度，在外加应力的作用下，被焊表面微观凸起部位形成微区塑性变形（如果是异种材料则较软的金属变形），被焊表面的局部区域达到物理吸附程度。

2）局部化学反应。延长扩散连接时间，被焊表面微观凸起变形量增加，物理接触面积进一步增大，在接触界面的某些点形成活化中心，在这个区域可以进行局部化学反应。此时，被焊表面局部区域形成原子间相互作用，原子间距应达到 $R_2$（等于 $0.1\sim0.3nm$），则形成原子间相互作用的反应区域达到局部化学结合。首先出现的是个别反应源的活化中心，受控于接触面的活化过程，在这些部位往往具有一定的缺陷或较大畸变能。对晶体材料位错在表面上的出口处，晶界可以作为反应源的发生地，而对于非晶态材料，可以萌生微裂纹的区域作为反应源的产生地。在界面上完成由物理吸附到化学结合的过渡。在金属材料扩散连接时，形成金属键；而当金属与非金属连接时，则此过程形成离子键与共价键。

随着时间的延长，局部的活化区域沿整个界面扩展，局部表面形成局部黏合与结合，最终导致整个结合面出现原子间的结合。仅结合面的黏合还远不能称固态连接过程的最终阶段，结合材料必须向结合面两侧进行扩散，或在结合区域内完成组织变化和物理化学反应（称为体反应）。

连接材料界面的结合区中，由于再结晶形成共同的晶粒，接头区由于应变产生的内应力得到松弛，使结合金属的性能得到调整。对同种金属体反应，总能改善接头的结合性能。异种金属扩散连接体反应的特点，可以由相图特性来决定，可以生成无限固溶体、有限固溶体、金属间化合物或共析组织的过渡区。当金属与非金属连接时，体反应可以在连接界面区形成尖晶石、硅酸盐、铝酸盐及其热力学反应新相。如果结合材料在焊接区可能形成脆性层，则体反应的过程必须用改变扩散焊参数的方法加以控制与限制。

（2）固体中的扩散 扩散连接接头的形成及接头的质量，是与元素的粒子扩散行为分不开的，同时扩散也影响到接头缺陷的形成。扩散是指相互接触的物质，由于热运动而发生的相互渗透，扩散向着物质浓度减小的方向进行，使粒子在其占有的空间均匀分布，它可以是自身原子的扩散，也可以是外来物质形成的异质扩散。

实际工程中应用的材料不管是晶态或非晶态材料，在材料中都有大量的缺陷，很多材料甚至处于非平衡状态，组织缺陷对扩散的影响十分显著，实际上在很多情况下组织缺陷决定了扩散的机制和速度。

## 二、材料的扩散连接工艺

从可连接性的角度看，可以认为这种方法可使各种材料、各种复杂结构都能够实现可靠的连接。这种连接方法一般要求在真空环境下进行，要用特殊的设备，因此限制了这种方法的广泛应用。主要用于航空、航天、核能及仪表等部门解决一些特殊件的连接问题，用于新材料组合零件、内部夹层、中空零件、异种材料及精密件等的连接。

### （一）耐热合金的扩散连接

镍中加入其他合金元素组成镍基耐热合金，是现代燃气涡轮、航天、航空喷气发动机的基本结构材料。镍基耐热合金扩散连接的特点由它们的性能、组成、高温蠕变和变形能力来确定。镍基耐热合金可以是铸态或锻造状态应用，一般采用的精密铸造的构件，焊接性极差，熔焊时极易产生裂纹。因此，这种合金用钎焊或扩散连接的方法可实现可靠的连接。

材料的扩散连接表面应仔细加工，表面达到一定的表面粗糙度值，使被焊表面良好地接触，还要克服表面氧化膜对扩散连接的影响。通过真空加热使氧化膜分解。在一般真空度条件下，扩散连接过程中，消除氧化膜的影响，实现可靠的扩散连接，有如下形式。

### 1. 无中间层扩散连接

镍基耐热合金无中间层扩散连接在国外已经应用，主要用来连接航空、航天发动机叶轮构件。大量的试验证实，镍基耐热合金扩散连接时，规范参数对接头性能的影响与其他金属的相似，但要保证接头性能，特别是保证与基体金属相同的持久强度和塑性还是不易做到的。

### 2. 加中间层扩散连接

扩散连接常用加中间层的方法，改善接头的性能。中间层的选择主要有以下几点考虑：

1）中间层金属能与被连接母材相互固溶，不生成脆性的金属间化合物。

2）中间层较软，在扩散连接过程中易于塑性变形，而改善被连接材料界面的物理接触及相互扩散的状况。

3）在异种材料连接时，由于不同材料物理性能的差异，加入中间层可以缓和接头的内应力，有利于得到优质的接头。

### 3. 液相扩散连接

一般扩散连接对材料表面粗糙度值要求较低，同时要加较大的压力，可能引起接头较大的塑性变形。液相扩散连接可以用较低的压力，表面准备要求也较低，加上熔化金属的润湿，去除表面氧化膜，有利于材料连接。如用含有锂、硅、硼等低熔点合金做中间层，连接时熔化合金中的锂可与氧化膜反应，生成 $LiO$（1703K），它与 $Cr_2O_3$（2263K）化合可以形成低熔点（790K）的复合盐。在压力作用下，可以从间隙中挤出低熔点的液体，残留的熔化金属，经过扩散处理，使熔化金属中的某些成分向母材扩散，母材中的一些元素在熔化中间层溶解，改变熔化中间层的成分，在高温下达到凝固点而形成接头。

### （二）陶瓷材料的扩散连接

#### 1. 陶瓷材料连接特性

由于陶瓷材料具有高硬度、耐高温、耐蚀及特殊的电化学性能，近年来得到快速发展，特别是一些具有特殊性能的工程陶瓷，已经在生产中得到应用，但常常遇到陶瓷本身或与其他材料的连接问题。陶瓷材料主要有以下几种：氧化物陶瓷、碳化物陶瓷、氮化物陶瓷、硼化物及硅化物陶瓷，生产中广泛应用的主要是前三种陶瓷。

陶瓷材料连接的主要困难是，在扩散连接（或钎焊）过程中很多熔化的金属在陶瓷表面不能润湿。因此，在陶瓷连接过程中往往要在陶瓷表面用物理气相沉积或化学气相沉积的方法（PVD、CVD）涂上一层金属，这也称为陶瓷表面的金属化，而后再进行陶瓷与其他金属的连接。实际上就是把陶瓷与陶瓷或陶瓷与其他金属的连接变成了金属之间的连接，这也是过去常用连接陶瓷的方法。但这种方法有一个不足，即接头的结合强度不太高，主要用于密封的焊缝。对于结构陶瓷，如果连接界面要承受较高的应力，扩散连接时必须选择一些活性金属做中间层，或中间层材料中含有一些活性元素，改善和促进金属在陶瓷表面的润湿过程。

另外，金属与陶瓷材料连接时，由于陶瓷与金属热胀系数不同，在扩散连接或使用过程中，加热和冷却必然产生热应力，容易在接头处由于内应力作用而破坏。因此，加入中间层可缓和这种内应力，通过韧性好的中间层变形来吸收这种内应力。选择连接材料时，应当使两种连接材料的热胀系数差值小于10%。

#### 2. 陶瓷连接

用活性金属做中间层的连接。这种方法的原理是活性金属在高温下与陶瓷材料中的结晶相进行还原反应，生成新的氧化物、碳化物或氮化物，使陶瓷与还原层可靠地结合，最后形成材料间的可靠连接。

常用的活性金属主要有铝、钛、锆、铌及铪等，这些都是很强的氧化物、碳化物及氮化物形成元素，它们可以与氧化物、碳化物、氮化物陶瓷反应，而改善金属对连接界面的润湿、扩散和连接性能。

# 第二节 摩擦焊技术

摩擦焊是在外力作用下，利用焊件接触面之间的相对摩擦运动和塑性流动所产生的热量，使接触面及其近区金属达到黏塑性状态并产生适当的宏观塑性变形，通过两侧材料间的相互扩散和动态再结晶而完成焊接的一种压焊方法。多年来，摩擦焊以其优质、高效、节能、无污染的技术特色，在航空航天、核能、海洋开发等高技术领域以及电力、机械制造、石油钻探、汽车制造等产业部门得到了越来越广泛的应用。

摩擦焊原理及技术特点说明如下。

摩擦焊焊接过程如图10-1所示。图10-2是连续驱动摩擦焊过程中几个主要参数随时间的变化规律。

焊前，待焊的一对工件中，一件夹持于旋转夹具，称为旋转工件，另一件夹持于移动

夹具，称为移动工件。焊接时，旋转工件在电动
机驱动下开始高速旋转，移动工件在轴向力作用
下逐步向旋转工件靠拢（10-1a）；当两侧工件接
触并压紧后，摩擦界面上一些微凸体首先发生粘
接与剪切，并产生摩擦热（图10-1b）。随着实际
接触面积增大，摩擦力矩迅速升高，摩擦界面处
温度也随之上升，摩擦界面逐渐被一层高温黏塑
性金属所覆盖。此时，两侧工件的相对运动实际
上已发生在这层黏塑性金属内部，产热机制已由
初期的摩擦产热转变为黏塑性金属层内的塑性变
形产热。在热激活能作用下，这层黏塑性金属发
生动态再结晶，使流动应力降低，故摩擦力矩升
高到一定程度（前峰值力矩）后逐渐降低。随着
摩擦热量向两侧工件的传导，焊接面两侧温度也
逐渐升高，在轴向压力作用下，焊合区金属发生
径向塑性流动，从而形成飞边（图10-1c），轴向
缩短量逐渐增大。随摩擦时间的延长，摩擦界面
温度与摩擦力矩基本恒定，温度分布区逐渐变宽，
飞边逐渐增大，此阶段称之为准稳定摩擦阶
段。在此阶段，轴向压力与转速保持恒定。
当摩擦焊接区的温度分布、变形达到一定程
度后，开始制动并使轴向力迅速升高到所设
定的顶锻压力（图10-1d）。此时轴向缩短量
急骤增大，并随着界面温度降低，摩擦压力
增大，摩擦力矩出现第二个峰值，即后峰值
力矩。在顶锻过程中及顶锻后保压过程中，
焊合区金属通过相互扩散与再结晶，使两侧
金属牢固焊接在一起，从而完成整个焊接过
程。在整个焊接过程中，摩擦界面温度一般
不会超过熔点，故摩擦焊是固态焊接。

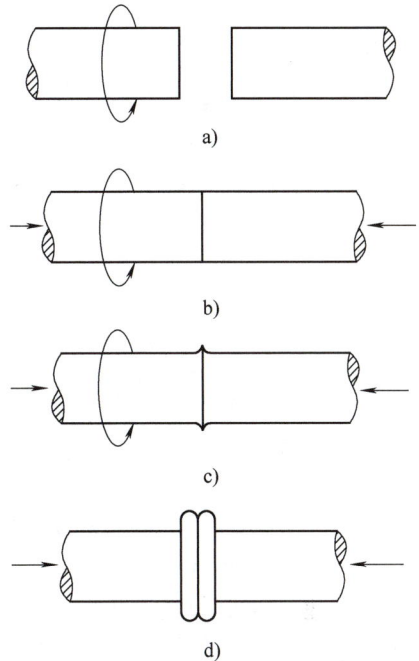

图10-1　摩擦焊焊接过程

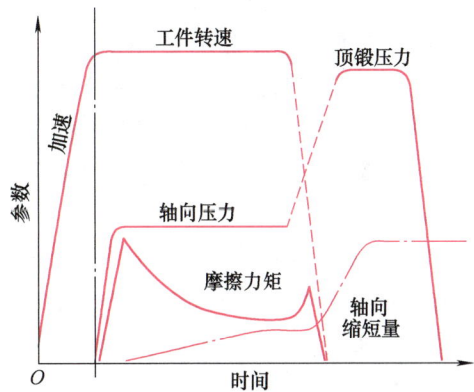

图10-2　连续驱动摩擦焊过程中几个
主要参数随时间的变化规律

　　摩擦焊过程中，被焊材料通常不熔化，
仍处于固相状态，焊合区金属为锻造组织。它与熔焊相比，在焊接接头的形成机制和性能
方面存在着显著区别。首先，摩擦焊接头不产生与熔化和凝固冶金有关的一些焊接缺陷和
焊接脆化现象，如粗大的柱状晶、偏析、夹杂、裂纹和气孔等；其次，轴向压力和扭矩共
同作用于摩擦焊表面及其近区，产生了一些力学冶金效应，如晶粒细化、组织致密、夹杂
物弥散分布，以及摩擦焊表面的"自清理"作用等；再者，摩擦焊时间短，热影响区窄，
热影响区组织无明显粗化。上述三方面均有利于获得与母材等强的焊接接头。这一特点是
决定摩擦焊接头具有优异性能的关键因素。

## 第三节 超塑成形/扩散连接

超塑成形/扩散连接（Superplastic Forming/Diffusion Bonding，SPF/DB），是一种利用材料的超塑性，采用吹胀或模锻法将超塑成形与扩散连接结合在一起，形成高精度大型零件的近无余量加工方法。

根据金属材料的结构和变形条件（温度、应力），可将超塑性合金大致划分为三大类。第一类是微晶超塑性合金（又称组织超塑性或恒温超塑性）。这种合金产生超塑性的条件是：变形温度要高（是熔点热力学温度的 0.4~0.7）；变形速度要低（应变速率 $\varepsilon$ 为 $10^{-4}~10^{-1}\ s^{-1}$）；材料的晶体结构应为微细晶粒（晶粒尺寸为 0.5~5μm）。一般所指超塑性合金多属于此类，其特点是材料具有微细的等轴晶粒组织。第二类是相变超塑性合金（又称环境超塑性、转变超塑性或变态超塑性）。这类超塑性并不要求材料有超细晶粒，而是在一定的温度和负荷条件下，经过多次的循环相变或同素异构转变获得大延伸。第三类超塑性合金（或其他超塑性合金），是在消除应力退火过程中在应力作用下得到的超塑性合金。

### 一、金属超塑成形/扩散连接

超塑成形/扩散连接（即 SPF/DB 技术）是利用材料在特定的微观组织、温度及拉伸量下，合金的伸长率超过 100%，甚至可达 1000% 的特性，进行超塑成形；同时，在同等条件下，把温度控制在合金的熔点以下进行焊接，在足够的热量和压力之下，使两块金属的接触面上的原子和分子相互扩散，从而连接成一个整体。这种扩散连接是在真空中或惰性气体中进行的，超塑成形是在超塑温度下和专用的 SPF/DB 机床上，将合金工件在封闭的模具内吹塑成形。

SPF/DB 技术的发展及广泛应用对现代航空航天结构设计和制造产生了重大影响，在国外被誉为 21 世纪大型复杂结构件的高效费比制造技术。国外 SPF/DB 技术经过二十几年的开发验证、工程化和推广应用的发展过程，已由试验研究阶段进入专业化生产阶段。所用材料从钛合金发展到铝合金及铝锂合金，结构从单层板发展到多层板，从非承力构件发展到承力构件和主承力构件。目前 SPF/DB 最广泛最有效的结构是各种芯板形式的夹层和半夹层结构。美、英、法、日等国家都建立了 SPF/DB 生产基地，英国哈菲尔德、美国道格拉斯等公司均已建成生产线并实现了工艺过程的自动化控制。随着 SPF/DB 在军机上应用的成熟，多板结构的 SPF/DB 已用于民用运输机上，如 NASA 正在研究的高速民用运输机（HSCT）的机翼段及下部结构等。人造卫星的球形燃料箱，厚度只有 0.7~1.5mm，只有采用超塑性加工法才能成形。

图 10-3 所示为一些超塑成形的零部件，其中图 10-3a 是超塑成形的波形膨胀节用 TC4 钛合金波纹管；图 10-3b、c 分别是 SP-700 和工业纯钛超塑成形的零件；图 10-3d 是在 700℃吹塑成形的 Ti-15-3 零件。用 500×10⁴N 液压机，在 730℃下成功地用 Ti-8Co-5Al 合金等温锻造出飞机用喷嘴壳体。若采用同样的压力机、同样的模具等温锻造同样的零

件，Ti-6Al-4V 的等温锻造温度则为 940℃。

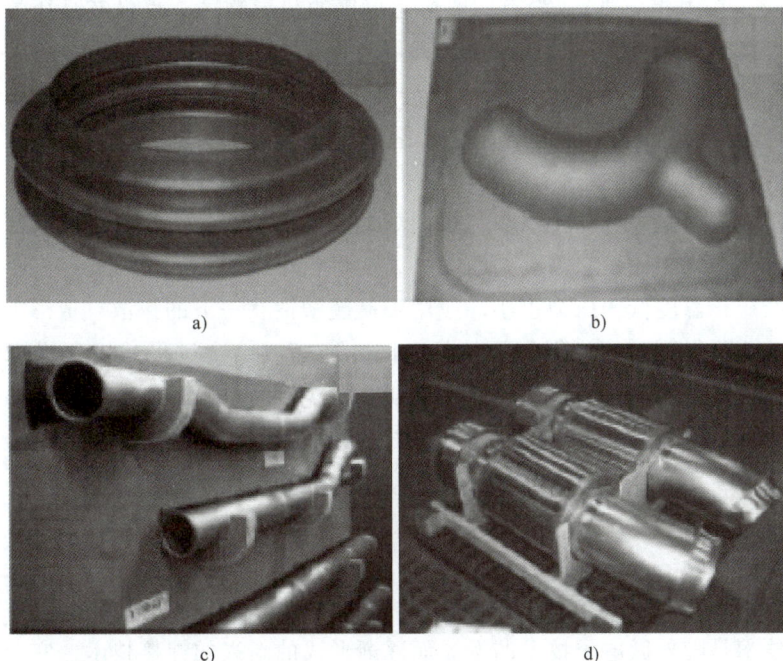

图 10-3 超塑成形的零部件

a) Ti-6Al-4V b) SP-700 c) C.R.Ti d) Ti-15-3

钛合金的"超塑性成形"温度和"超塑成形/扩散连接"温度极为接近，同时进行这两项工艺可以将形状相当复杂的大型构件一次直接加工出来，成形出整体无连接、形状复杂的零件（包括空心构件）。利用 SPF/DB 技术，克服了钛合金冷加工工艺性差、成形困难的缺点。SPF/DB 技术在航空航天结构件上的应用日益扩大，正是适应了钛合金薄壁整体结构设计的新构想，使成形与连接一体化。它与以往的铆接和焊接相比，可以降低成本 40%~60%，减轻重量 30%~50%。

钛合金 SPF/DB 组合工艺按结构特点可分为三类：加强板结构、整体加强结构和夹层结构。钛合金 SPF/DB 适用的飞机构件有：形状复杂的零件，如发动机整流罩、整流包皮、内外加肋蒙皮、整体隔框、翼肋、波纹板、加强板、舱门、口盖等。超塑性金属的加工温度范围和变形速度虽有限制，但因为它的晶粒组织细致，又容易和其他合金压接在一起，组成复合材料，这在材料加工中又是一个很大的优势。例如，在 Ti-6Al-4V 合金超塑性温度范围内（910~940℃），Ti-6Al-4V 与 IMI834 合金板材扩散焊结合得很好。试验与理论预计的结果均表明，界面处的结合是由 Ti-6Al-4V 合金的超塑性变形引起的。

## 二、相变超塑性在焊接中的应用

无论是恒温超塑性还是相变超塑性，都可以利用其流动特性及高扩散能力进行焊接。将两块金属材料接触，利用相变超塑性的原理，施加很小的负荷和加热冷却循环即可使接触面完全黏合，得到牢固的焊接，这种焊接被称为相变超塑性焊接（TSW）。此种焊接由于加热温度低（在固相加热），没有一般熔化焊接的热影响区，也没有高压焊接的大变形区，焊后可不经热处理或其他辅助加工，即可应用。焊接对偶可以是同种材料，也可以是异种材料。原则上具有相变点的金属或合金都可以进行超塑性相变焊接。钛合金一般在882℃时发生同素异构转变，即密排六方晶格的α钛转变为体心立方晶格的β钛，这样就可以利用相变诱发的超塑性进行焊接。

相变超塑性焊接是一种介于压焊与扩散焊之间的固相焊接方法，它具有压焊与扩散焊两者的优点。与压焊相比，它需要的压力小，变形也小；与扩散焊相比，它形成良好接头所需要的时间短，温度低，压力也小。应用细晶超塑性状态下的扩散、成形方法焊接钛合金，在航空工业也得到应用，但需要较长时间才能完成结合过程。相变超塑性焊接过程中，接头附近位错密度增加，元素的扩散性也大为增加，因而可以在短时间内实现冶金结合。

# 第四节　微连接技术

微连接技术是随着微电子技术的发展而逐渐形成的新兴的焊接技术，它与微电子器件和微电子组装技术的发展有着密切的联系。1961年完整的硅平面工艺出现之际，也正是微连接这一名词首先在工业发达国家采用之时。此后每一类新的微电子器件的研制成功，都必然导致在微连接技术上有新的突破，而微连接技术的发展又推动着微电子技术向组装密度更高、重量更轻、体积更小、信号传输速度更快的方向迅猛发展。国际焊接学会（IIW）于20世纪80年代后期成立了微连接特设委员会（Selected Committee Microjoining），日本、德国、中国也相继成立了专门的研究委员会，如今微连接技术已经自成体系，成为一门独立的焊接技术。

微连接技术是指由于连接对象尺寸的微小精细，在传统焊接技术中可以忽略的因素，如溶解量、扩散层厚度、表面张力、应变量等将对材料的连接性、连接质量产生不可忽视的影响，这种必须考虑接合部位尺寸效应的连接方法总称为微连接。微连接技术并不是一种传统连接技术之外的连接方法，只是由于尺寸效应使微连接技术在工艺、材料、设备等方面与传统连接技术有显著不同。

微连接技术的主体由现有的各种连接方法（表10-1）构成，主要应用对象是微电子器件内部的引线连接和电子元器件在印制电路板上的组装，涉及的主要焊接工艺为压焊和软钎焊。

表 10-1　微连接方法分类

| 连接方法 | | 组装技术 | 连接部位（例） |
|---|---|---|---|
| 熔焊 | 弧焊 | | 精密机械元件连接 |
| | 微电阻焊 | 平行间隙电阻焊 闪光焊 | 接头连接 |

（续）

| 连接方法 | | 组装技术 | 连接部位（例） |
|---|---|---|---|
| 液-固相连接 | 软钎焊 | 浸渍焊 | 电子元器件组装 |
| | | 波峰焊 | |
| | | 再流焊 | |
| | 液相扩散连接 | | |
| | 喷镀法 | | |
| 固-固相连接 | 固相扩散连接 | | |
| | 反应扩散连接 | | |
| | 冷压焊 | | 大功率晶体管外壳封装 |
| | 超声焊 | | |
| | 热压焊 | 楔压焊 | |
| | | 丝球焊 | |
| 气-固相连接 | 物理沉积 | 真空沉积 | 电极膜形成 扩散阻挡层形成 |
| | | 离子沉积 | |
| | 化学沉积 | | |
| | 电镀 | | 电极膜形成 |
| 黏接 | | | 芯片黏接，电子元件组装，精密机械元件连接 |

微电子器件的内引线连接是指微电子元器件制造过程中固态电路内部互连线的连接，即芯片表面电极（金属化层材料，主要为 Al）与引线框架（Lead Frame）之间的连接。按照内引线形式，可分为丝材键合、梁式引线技术、倒装芯片法和载带自动键合技术等。下面简要介绍倒装芯片法和印制电路板组装中的微连接技术。

## 一、倒装芯片法

随着大规模和超大规模集成电路的发展，微电子器件内引线的数目也随之增加。传统的丝材键合方法由于受丝径和芯片上电极尺寸的限制，最大的引出线数目有一定限制，于是相继出现了一些可以提高芯片级组装密度（单位面积上的 I/O 数）的微连接技术，其代表是倒装芯片法和载带自动键合技术。

以往的芯片级封装技术都是芯片的有源区面朝上，背对芯片载体基板粘贴后通过内引线与引线框架连接，而倒装芯片法则是将芯片有源区面对着芯片载体基板，通过芯片上呈阵列排列的金属凸台（代替金属丝）来实现芯片与基板电路的连接。倒装芯片法组装中采用的焊接工艺主要为再流软钎焊，目前占总产量的 80% ~ 90%，其余为热压焊。采用再流软钎焊时的工艺过程如下：首先在芯片的电极处预制钎料凸台，同时将钎料膏印制到基板一侧的电极上，然后将芯片倒置，使硅片上的凸台与之对位，利用再流焊使钎料融化，实现引线连接的同时将芯片固定在基板上。该方法由于钎料重熔时的自调整作用，对于元器件的放置精度要求较低，从而可实现高速生产，因此成为倒装芯片法连接工艺的主流。

采用热压焊工艺时是把预制金属凸台与基板表面电极直接通过热压焊连接在一起。

金属凸台的制作是倒装芯片法的关键技术，而且决定了焊接工艺的选择。金属凸台分为可重熔的和不可重熔的两类，前者用于再流软钎焊，后者用于热压焊。

倒装芯片法的优点是：①减小封装外形尺寸；②由于互连结构的互连长度小，连接点I/O 的节距小，导致小的互连电感、电阻和信号延迟，同时耦合噪声较低，与丝材键合及载带自动键合相比改善了 10%~30%，从而提高了电性能；③高 I/O 密度；④该工艺最后用填充料将每个焊点密封起来，这种韧性密封剂对芯片与基板键合过程中产生的热应力起到了缓冲、释放的作用，从而提高了可靠性；⑤可以对裸芯片进行测试，芯片至少可以拆装 10 次。

倒装芯片法的缺点是钎料凸台制作复杂，焊后外观检查困难，并且需要焊前处理和严格控制焊接参数。

## 二、印制电路板组装中的微连接技术

印制电路板组装是指微电子元器件信号引出端（外引线）与印制电路板（PCB，Printed Circuit Board）上相应焊盘之间的连接。印制电路板组装中微连接技术的发展与微电子元器件外引线的设计改进密切相关。为适应微电子器件功能更强、信号引出端更多的要求，后者经历了从外引线分布在器件封装两旁的双列直插（DIP，Dual In-line Package）形式，到分布在封装四周（如小外形封装 SO，Small Outline；四边扁平封装 QFP，Quad Flat Package），再到分布在封装底面的球栅阵列 BGA 形式；外引线形式也经历了从适用于插装的直线型，到适用于贴装的 J 型、翼型和金属镀层的边堡型，再到直接利用钎料凸台作为外引线的发展，相应的微连接技术也经历了从通孔插装（THT，Through Hole Technology）到表面组装（SMT，Surface Mount Technology）的变化。

印制电路板组装中的微连接技术主要是软钎焊技术，它与传统的软钎焊原理相同，只是由于连接对象的尺寸效应，在工艺、材料、设备上有很大不同。

目前微电子工业生产中常见的印制电路板组装，通常为微电子元器件插装/贴装混合方式。常见的软钎焊工艺为波峰焊和再流焊。再流焊和波峰焊的根本区别在于热源和钎料。在波峰焊中，钎料波峰起到提供热量和钎料的双重作用；在再流焊中，预置钎料膏在外加热量下熔化，与母材发生相互作用而实现连接。

### 1. 波峰焊（Wave Soldering）

波峰焊是借助于钎料泵使熔融态钎料不断垂直向上地朝狭长出口涌出，形成 20~40mm 高的波峰。钎料波以一定的速度和压力作用于印制电路板上，充分渗入到待钎焊的器件引线与电路板之间，使之完全润湿并进行钎焊。由于钎料波峰的柔性，即使印制电路板不够平整，只要翘曲度在 3% 以下，仍可得到良好的钎焊质量。

在通孔插装工艺中，主要采用单波峰焊，引线末端接触到钎料波，毛细管作用使钎料沿引线上升，钎料填满通孔，冷却后形成钎料圆角。其缺点是钎料波峰垂直向上的力，会给一些较轻的器件带来冲击，造成浮动或虚焊。而在表面组装工艺中，由于表面组装元件没有通孔插装元件那样的安装插孔，钎剂受热后挥发出的气体无处散逸；另外，表面贴装元件具有一定的高度与宽度，且组装密度较大（一般 5~8 件/cm$^2$），钎料的表面张力作用将形成屏蔽效应，使钎料很难及时润湿并渗透到每个引线，此时采用单波峰焊会产生大量的漏焊和桥连，为此又开发出双波峰焊（图10-4）。双波峰焊有前后两个波峰，前一波峰较窄，波高与波宽之比大于1，峰端有2~3排交错排列的小波峰，在这样多头的、上下左右不断快速流动的紊流波作用下，钎剂挥发气体被排除掉，表面张力作用也被减弱，从而获得良好的钎焊质量。后一波峰为双向宽平波，钎料流动平坦而缓慢，可以去除多余钎料，消除毛刺、桥连等钎焊缺陷。

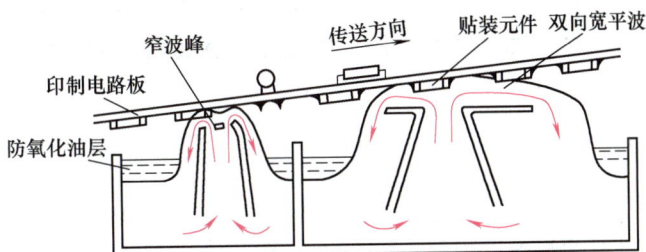

图 10-4　双波峰软钎焊示意图

波峰焊是适用于连接插装件和一些小外形表面贴装件的有效方法，不适用于精密引线间距器件的连接，所以随着传统插装器件的减少，以及表面贴装元件的小型化和精细化，波峰焊的应用会逐渐减少。

### 2. 再流焊（Reflow Soldering）

再流焊是适用于精密引线间距的表面贴装元件的有效连接方法。由于表面组装技术的兴起，再流软钎焊的应用范围日益扩大。再流焊使用的连接材料是钎料膏，通过印制或滴注等方法将钎料膏涂敷在印制电路板的焊盘上，再用专用设备（贴片机）在上面放置表面贴装元件，然后加热使钎料熔化，即再次流动，从而实现连接，这也是再流焊名称的来源。各种再流焊方法以其加热方式各不相同，但工艺流程均相同，即滴注/印制钎料膏—放置表面贴装元件—加热再流。加热再流前必须进行预热，使钎料膏适当干燥，并缩小温差，避免热冲击。再流焊后，自然降温冷却或用风扇冷却。各种再流焊方法的区别在于热源和加热方法。根据热源不同，再流焊主要可分为红外再流焊、气相再流焊和激光再流焊。下面仅简要介绍红外再流焊。

红外再流焊（Infrared Reflow Soldering）　是利用红外线辐射能加热来实现表面贴装元件与印制电路板之间连接的软钎焊方法。红外线辐射能直接穿透到钎料合金内部被分子结构所吸收，吸收能量引起局部温度增高，导致钎料合金熔化再流，这是红外再流焊的基本原理（图10-5）。

红外线的波长为 $0.73~1000\mu m$，波长范围对加热效果有很大影响。红外再流焊中采用 $1~7\mu m$ 的波长范围。其中 $1~2.5\mu m$ 范围为短波，辐射元件为钨灯；$4\mu m$ 以上为长波，辐射元件为板元。波长越小，印制电路板及小器件越容易过热，而钎料膏越容易均匀受热。长波红外线辐射元件可以加热环境空气，而热空气再加热组装件，这称为自然对流加热，它有助于实现均匀加热并减少焊点之间的温差。计算机控制强制对流加热装置可实现加热区热分布曲线控制，加热区域数量柔性化，能够视加热需要扩展到 10~14 个区域，从而能够适应各种印制电路板尺寸和器件性能要求。

已涂敷钎料膏和放置
元器件的印制电路板

预热区红外线辐射元件

软钎焊区红外线辐射元件

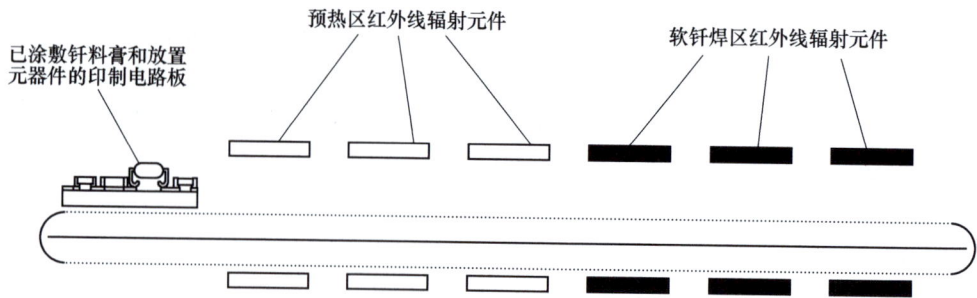

图 10-5　红外再流焊示意图

## 习题

10.1　什么是材料的超塑性现象？

10.2　简述超塑成形/扩散连接的原理。

10.3　扩散连接的原理及特点是什么？

10.4　摩擦焊技术有哪些优点？

10.5　简述微连接的特点及适用范围。

# 第三篇 金属塑性加工力学基础

金属塑性加工（也称为塑性成形）是对金属施加外力，在不破坏其本身完整性的条件下改变形状，从而获得所需工件的一种无屑加工方法。塑性变形不仅会引起金属形状的改变，也会引起金属内部组织及其性能的改变。金属塑性加工力学，是在塑性力学的基础上着重研究材料塑性成形工艺过程中的塑性力学问题。

塑性成形绪论

由于材料塑性成形是一个非常复杂的过程，同时也受到数学上处理问题的限制，获得塑性加工问题的精确解是比较困难的。因此，为了得到对工程设计和实际生产有指导意义的解，在研究材料塑性成形的力学行为时，通常采用以下五个假设：

1）材料是各向同性的均匀连续体。也就是说，变形体内各质点的组织、化学成分相同，各质点在各个方向上的物理性能和力学性能相同，是不随坐标的改变而变化的。这是因为该假设要求变形体连续，即整个变形体内不存在任何缝隙，因此，应力、应变和位移等物理量是坐标的连续函数。

2）体积力为零。材料塑性成形是利用材料的塑性，在外力作用下使其成形的一种加工方法。外力可分为表面力和体积力。表面力是作用在物体表面上的力，是工具或者传力介质对变形体的作用而产生的。表面力又称为面力，面力可以是集中力，但一般的是分布载荷。体积力是作用在物体内每个质点上的力，如重力、磁力和惯性力等。对于塑性加工而言，除了高速锻造、爆炸成形和电磁成形等少数情况外，体积力一般可以忽略不计。

3）变形体在外力作用下处于平衡状态。在塑性加工理论中，将工具或者变形体的整体作为研究对象，通常假设工具或者变形体是处于平衡状态的；当把这个整体划分为有限个单元体作为基本研究对象时，每个单元体仍处于平衡状态。而变形体处于平衡状态的充分和必要条件是，作用于每个变形体的整体以及从整个变形体中分离出来的每个单元体上的外力系的矢量和必定为零，并且外力系对任一点的合力矩也必定为零。

4）初始应力为零。物体在没有外力作用时也存在内力。内力是物体内各质点之间的相互作用力，是材料本身所具有的特性。在外力的作用下，物体内原有的内力将发生变化，即产生了抵抗外力的附加内力，这种附加的内力会使物体的形状发生改变。当附加内力达到一定值时，就可以产生塑性流动。由于本书所讨论的是材料在外力作用下的变形问题，因此，与变形无关的内力将不予考虑，也就是说物体在受到外力作用之前是处于自然平衡状态的，附加内力为零，即初始应力为零。

5）体积不变。物体发生弹性变形时体积变化必须加以考虑。而在塑性变形时，虽然体积也有微量变化，但与塑性变形量相比是很小的，可以忽略不计。

# 第十一章

# 应力与应变理论

在介绍应力与应变理论之前，有必要引入有关的几个概念。

塑性成形是利用金属的塑性，在外力的作用下使其成形的一种加工方法。作用于金属的外力可以分为两类：一类是作用在金属表面上的力，称为面力或者接触力，它可以是集中力，一般情况下是分布力；另一类是作用在金属物体每个质点上的力，称为体积力。

## 1. 面力（Surface Force）

面力可分为作用力、反作用力和摩擦力。

作用力是由塑性加工设备提供的，用于使金属坯料发生塑性变形。在不同的塑性加工工艺中，作用力可以是压力、拉力或者切应力。反作用力是工具反作用于金属坯料的力。一般情况下，作用力与反作用力相互平行，并组成平衡力系，如图 11-1 所示 $F = F'$（$F$ 为作用力，$F'$ 为反作用力）。

摩擦力是金属在外力作用下产生塑性变形时，在金属与工具的接触面上产生阻止金属流动的力。摩擦力的方向与金属质点移动的方向相反，如图 11-1 所示的 $f$。摩擦力的最大值不应超过金属材料的抗剪强度。摩擦力的存在往往引起变形力的增加，对金属的塑性成形往往是有害的。

图 11-1　工件镦粗时受力分析

## 2. 体积力（Volumetric Force）

体积力是与变形体内各质点的质量成正比的力，如重力、磁力和惯性力等。

对一般的塑性成形过程，由于体积力与面力相比要小很多，可以忽略不计。因此，一般都假定物体是在面力的作用下的静力平衡系。但是在高速成形时，如高速锤锻造、爆炸成形等，惯性力不能忽略。在锤上模锻时，坯料受到由静到动的惯性力的作用，惯性力向上，有利于金属填充上模，因此锤上模锻通常将形状复杂的部位设置在上模。

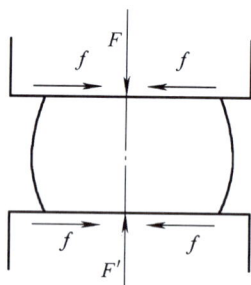

# 第一节　应力空间

## 一、应力的概念

因外力作用而在物体内部产生的力称为内力。单位面积上的内力称为应力。应力表示内力的强度，它作用于被假想截开平面的物体质点之间。物体内一点的各个截面上的应力状况，通常被称为物体内一点的应力状态。研究某一点的应力状态，就是建立该点无数个不同方向截面上的不同应力表达式，并研究它们之间的联系。

研究一点的应力状态，对于解决物体处于弹性阶段或者塑性阶段的强度问题或者屈服条件问题都是很重要的，也是建立在复杂应力状态下强度准则和屈服条件所必需的基础知识。

为了研究物体内某一点的应力状态，现考察物体在外力系 $F_1$、$F_2$、$F_3$、…作用下处于平衡状态（图 11-2a）。为了研究该受力物体内某一点 $P$ 处的内力，假想用经过 $P$ 点的一个截面 $A$ 将物体分为 $V_1$、$V_2$ 两个部分，并将 $V_2$ 移去（图 11-2b），此时可以将 $A$ 截面看作是 $V_1$ 的外表面。为了使剩下的部分 $V_1$ 仍处于平衡状态，则 $V_2$ 部分必然有力作用于 $V_1$ 部分的 $A$ 截面上。根据作用与反作用定律，$V_1$ 部分也以大小相同、方向相反的力作用于 $V_2$ 部分。$V_1$ 与 $V_2$ 之间相互作用的力就构成了物体在截面 $A$ 上的内力。因此，将 $V_2$ 部分移去之后，$V_2$ 部分对 $V_1$ 部分的作用力就可以用内力来表示。该内力与作用在 $V_1$ 部分上的外力相平衡。

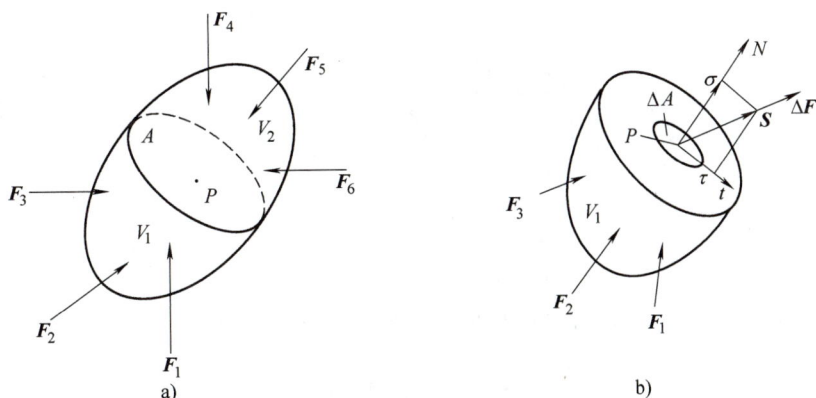

图 11-2　变形体在外力作用下处于平衡状态
a）平衡体外力系　b）截面体

在 $A$ 截面上围绕 $P$ 点取一微小面积 $\Delta A$，设作用在该微小面积上内力的合力为 $\Delta F$，则 $A$ 面上的 $P$ 点全应力 $S$ 可由下式定义

$$S = \lim_{\Delta A \to 0} \frac{\Delta F}{\Delta A} = \frac{\mathrm{d}F}{\mathrm{d}A} \tag{11-1}$$

由于 $\Delta \boldsymbol{F}$ 对于 $\Delta A$ 可以有任意的方向，通常将合力 $\Delta \boldsymbol{F}$ 按截面 $\Delta A$ 的法向 $N$ 和切向 $t$ 分解为两个分量 $\Delta F_N$ 和 $\Delta F_t$，则定义

$$\sigma = \lim_{\Delta A \to 0} \frac{\Delta F_N}{\Delta A} = \frac{\mathrm{d}F_N}{\mathrm{d}A} \tag{11-2}$$

$\sigma$ 为全应力 $\boldsymbol{S}$ 的法向分量，称为正应力。定义

$$\tau = \lim_{\Delta A \to 0} \frac{\Delta F_t}{\Delta A} = \frac{\mathrm{d}F_t}{\mathrm{d}A} \tag{11-3}$$

$\tau$ 为全应力 $\boldsymbol{S}$ 的切向分量，称为切应力。显然

$$|\boldsymbol{S}|^2 = \sigma^2 + \tau^2 \tag{11-4}$$

过变形体内某点 $P$ 有无限多个截面，每个截面上都作用有应力。对于三维应力状态问题，为了研究方便，在 $P$ 点的无限多个截面中，取相互垂直的三个截面，在笛卡儿坐标系中，这三个截面的法线方向分别与三个坐标轴 $x$、$y$、$z$ 平行，因此又称为坐标面。这里将法线方向与 $x$ 坐标方向一致的截面称为 $x$ 面，与 $y$ 坐标方向一致的截面称为 $y$ 面，与 $z$ 坐标方向一致的截面称为 $z$ 面。三个截面上的全应力分别为 $S_x$、$S_y$、$S_z$。为了使研究对象更加直观、清晰，通常采用一个无限小的平行六面体来表示相互垂直的三个截面，将其称为单元体。设单元体非常小，可视为一点，因此，单元体上相互平行的两个平面可以视为过该点的同一个平面，只需在三个相互垂直的三个平面上标注出全应力即可，而另外三个相互垂直的三个平面不需标注（图 11-3a 和 b）。将三个截面上的全应力 $S_x$、$S_y$、$S_z$ 分别沿三个坐标方向进行分解，每一个全应力均可分解为一个法向应力分量和两个切向应力分量。这样，过变形体内一点的三个相互垂直的三个平面上共有九个应力分量，即三个正应力分量和六个切向应力分量（图 11-3c）。显然有

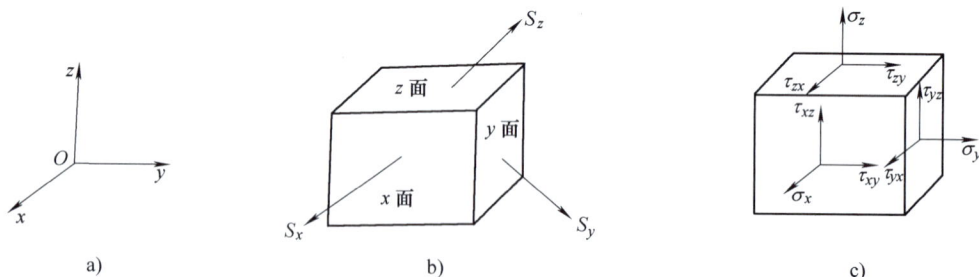

图 11-3　单元体的应力状态

a) 空间坐标　b) 单元体　c) 应力分量表示

$$\left. \begin{array}{l} S_x^2 = \sigma_{xx}^2 + \tau_{xy}^2 + \tau_{xz}^2 \\ S_y^2 = \tau_{yx}^2 + \sigma_{yy}^2 + \tau_{yz}^2 \\ S_z^2 = \tau_{zx}^2 + \tau_{zy}^2 + \sigma_{zz}^2 \end{array} \right\} \tag{11-5}$$

每个应力分量均有两个下标。第一个下标表示应力作用面法线的方向，第二个下标表示该应力的作用方向。为简单起见，通常省略正应力的第二个下标（图 11-3c）。

应力分量的正负号确定方法如下：

1）如果某一截面上的外法线方向是沿着坐标轴的正向，则作用在这个截面上的应力

分量就以沿着坐标轴正方向为正，沿坐标轴负方向为负。

2）如果某一截面上的外法线方向是沿着坐标轴的负向，则作用在这个截面上的应力分量就以沿着坐标轴负方向为正，沿坐标轴正方向为负。

由此可知，塑性力学对正应力分量正负号的规定与材料力学的规定一致，但关于切应力分量的正负号规定与材料力学的正负号规定不同。

由于微元体处于静力平衡状态，所以绕其各轴的合力矩为零，由此可以导出如下关系

$$\tau_{xy}=\tau_{yx}, \ \tau_{yz}=\tau_{zy}, \ \tau_{xz}=\tau_{zx} \qquad (11\text{-}6)$$

式（11-6）称为切应力互等定律，表明为保持微元体的平衡，切应力总是成对出现的。因此，表示一个受力作用点的应力状态时，实际上只需要六个应力分量。

## 二、点的应力状态

点的应力状态是指受力物体内某一点各个截面上所有应力的变化情况。过一点有无限个截面，在一般情况下，各个截面上的应力是不相同的。一个点的应力状态被确定，是指过该点的所有截面上的应力分量均被确定。以下，将根据上述已知单元体的三个相互垂直坐标面上的九个应力分量（其中独立的应力分量只有六个）来确定该点任意截面上的应力。

如图 11-4 所示，变形体内受应力作用点 $Q$ 的应力状态，由过点 $Q$ 所作的三个相互垂直坐标面上的九个应力分量 $\sigma_x$、$\sigma_y$、$\sigma_z$、$\tau_{xy}$、$\tau_{yz}$、$\tau_{zx}$、$\tau_{yx}$、$\tau_{zy}$、$\tau_{xz}$ 来表示。过 $Q$ 点的任意斜切面为 $ABC$，其法线方向为 $N$。$N$ 与三个坐标轴夹角的方向余弦分别为 $l$、$m$、$n$，即

$$l=\cos(x,N), \ m=\cos(y,N), \ n=\cos(z,N) \qquad (11\text{-}7)$$

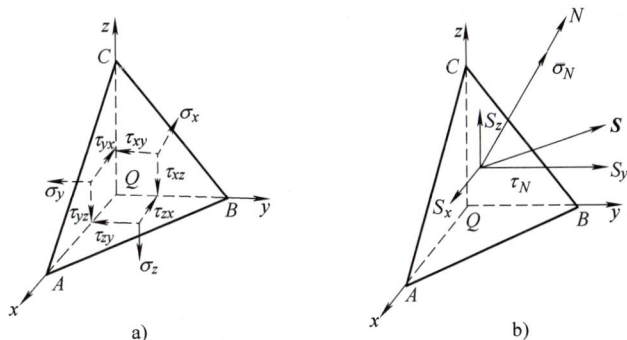

图 11-4　斜切面上的应力
a）变形体应力状态　b）斜切面应力状态

设斜切面 $ABC$ 的面积为 $\mathrm{d}A$，三个微分坐标面 $BQC$、$AQC$ 和 $AQB$ 的面积分别为 $\mathrm{d}A_x$、$\mathrm{d}A_y$、$\mathrm{d}A_z$，由图 11-4 中的几何关系可得

$$\mathrm{d}A_x=l\mathrm{d}A, \ \mathrm{d}A_y=m\mathrm{d}A, \ \mathrm{d}A_z=n\mathrm{d}A$$

设 $ABC$ 面上的全应力为 $S$，全应力 $S$ 沿三个坐标轴方向的分量分别是 $S_x$、$S_y$、$S_z$，由于变形体在外力作用下处于平衡状态，因此，由静力平衡条件 $\sum F_x=\sum F_y=\sum F_z=0$ 可得

$$S_x\mathrm{d}A=\sigma_x\mathrm{d}A_x+\tau_{yx}\mathrm{d}A_y+\tau_{zx}\mathrm{d}A_z$$

$$S_y dA = \tau_{xy} dA_x + \sigma_y dA_y + \tau_{zy} dA_z$$
$$S_z dA = \tau_{xz} dA_x + \tau_{yz} dA_y + \sigma_z dA_z$$

整理以后得

$$\left.\begin{array}{l} S_x = \sigma_x l + \tau_{yx} m + \tau_{zx} n \\ S_y = \tau_{xy} l + \sigma_y m + \tau_{zy} n \\ S_z = \tau_{xz} l + \tau_{yz} m + \sigma_z n \end{array}\right\} \tag{11-8}$$

简记为

$$S_i = \sigma_{ij} l_j \tag{11-9}$$

全应力 $S$ 为

$$|S|^2 = S_x^2 + S_y^2 + S_z^2 \tag{11-10}$$

该斜切面上的正应力 $\sigma_N$ 等于全应力 $S$ 在法线 $N$ 上的投影。也就是等于全应力 $S$ 的三个分量 $S_x$、$S_y$、$S_z$ 在法线 $N$ 方向上的投影之和，即

$$\sigma_N = S_x l + S_y m + S_z n \tag{11-11}$$

将式（11-8）带入式（11-11），整理后可得

$$\sigma_N = \sigma_x l^2 + \sigma_y m^2 + \sigma_z n^2 + 2(\tau_{xy} lm + \tau_{yz} mn + \tau_{zx} nl) \tag{11-12}$$

斜切面上的切应力为

$$\tau_N^2 = |S|^2 - \sigma_N^2 \tag{11-13}$$

由此可见，已知过一点相互垂直的三个坐标面上的九个应力分量 $\sigma_x$、$\sigma_y$、$\sigma_z$、$\tau_{xy}$、$\tau_{yz}$、$\tau_{zx}$、$\tau_{yx}$、$\tau_{zy}$、$\tau_{xz}$，则过该点任意斜截面上的应力可以根据式（11-8）计算出来。也就是说，已知过一点相互垂直的三个坐标面上的九个应力分量，那么该点的应力状态就被确定了。虽然是在不同的坐标系下，表示该点应力状态的九个应力分量也是不同的，即各应力分量随坐标的变化而改变；但过一点相互垂直的三个坐标面上的九个应力分量作为一个整体用来表示一点应力状态的这个物理量与坐标的选择无关。这个物理量通常称为应力张量，用符号 $\boldsymbol{\sigma}_{ij}$ 来表示，即

$$\boldsymbol{\sigma}_{ij} = \begin{pmatrix} \sigma_x & \tau_{xy} & \tau_{xz} \\ \tau_{yx} & \sigma_y & \tau_{yz} \\ \tau_{zx} & \tau_{zy} & \sigma_z \end{pmatrix} \tag{11-14}$$

由于两个切应力互成对等，故可简写为

$$\boldsymbol{\sigma}_{ij} = \begin{pmatrix} \sigma_x & \tau_{xy} & \tau_{xz} \\ \cdot & \sigma_y & \tau_{yz} \\ \cdot & \cdot & \sigma_z \end{pmatrix} \tag{11-15}$$

### 三、张量和应力张量

#### （一）张量（Tensor）的基本知识

##### 1. 角标符号

带有下角标的符号称为角标符号，可用来表示成组的符号或者数组。例如，笛卡儿坐标系的三根轴 $x$、$y$、$z$ 可写成 $x_1$、$x_2$、$x_3$，于是就可以用角标符号简记为 $x_i (i=1,2,3)$；

空间直线的余弦 $l$、$m$、$n$ 可写成 $l_x$、$l_y$、$l_z$，用角标符号简记为 $l_i(i=x,y,z)$；表示一个点的应力状态的九个分量 $\sigma_{xx}$、$\sigma_{yy}$……可记为 $\boldsymbol{\sigma}_{ij}(i,j=x,y,z)$ 等。如果一个角标符号带有 $m$ 个角标，每个角标取 $n$ 个值，则该角标符号代表 $n^m$ 个元素。如 $\boldsymbol{\sigma}_{ij}$（$i$、$j=x,y,z$）就有 $3^2=9$ 个元素。

### 2. 求和约定

在运算中常遇到求几个数组各元素乘积之和，如空间中的平面方程为

$$Ax+By+Cz=p$$

采用角标符号，将 $A$、$B$、$C$ 写成 $a_1$、$a_2$、$a_3$，并记为 $a_i(i=1,2,3)$，将 $x$、$y$、$z$ 写成 $x_i$（$i=1,2,3$），于是上式可写成

$$a_1 x_1 + a_2 x_2 + a_3 x_3 = \sum_{i=1}^{3} a_i x_i = p$$

为了省略求和记号 $\sum$，可引入如下的求和约定：在算式的某一项中，如果有某个角标重复出现，就表示要对该角标自 $1 \sim n$ 所有元素求和。这样，上式可简记为

$$a_i x_i = p(i=1,2,3)$$

下面再举一些例子：

例 11-1：　$\sigma_N = \sigma_x l^2 + \sigma_y m^2 + \sigma_z n^2 + 2(\tau_{xy} lm + \tau_{yz} mn + \tau_{zx} nl)$ 可简记为

$$\sigma_N = \boldsymbol{\sigma}_{ij} l_i l_j(i,j=x,y,z)$$

例 11-2：

$$\begin{cases} T_x = \sigma_x l + \tau_{yx} m + \tau_{zx} n \\ T_y = \tau_{xy} l + \sigma_y m + \tau_{zy} n \\ T_z = \tau_{xz} l + \tau_{yz} m + \sigma_z n \end{cases}$$

上式可以简记为

$$T_j = \boldsymbol{\sigma}_{ij} l_i(i,j=x,y,z)$$

从上述例子可以看到，算式的某一项中，有的角标重复出现，有的角标不重复出现，将重复出现的角标称为哑标，不重复出现的角标称为自由标。自由标不包含求和的意思，但它可表示该表达式的个数。

### 3. 张量的基本概念

有些简单的物理量，如时间、距离、温度等，只需要一个标量就可以表达出来，它的量值为一个实数。有些物理量，如位移、速度、力等空间矢量，则需要用空间坐标系中的三个分量来表示。有些复杂的物理量，如应力状态、应变状态等，需要空间坐标系中的三个矢量，即九个分量才能完整地表示出来，这就需要引入张量。

张量是矢量的推广，与矢量相类似，可以定义由若干个当坐标系改变时满足转换关系的分量所组成的集合为张量。

现设某个物理量 $P$，它关于 $x_i(i=1,2,3)$ 的空间坐标系存在九个分量 $P_{ij}(i=1,2,3)$。若将 $x_i$ 空间坐标系的坐标轴绕原点 $O$ 旋转一个角度，则新的空间坐标系 $x_k(k=1',2',3')$，如图 11-5 所示。新的空间坐标系 $x_k$ 的坐标轴在原坐标系 $x_i$ 中的方向余弦见表 11-1。

表 11-1　新、旧坐标系间的方向余弦

| | $x_1$ | $x_2$ | $x_3$ |
|---|---|---|---|
| $x_{1'}$ | $l_{1'1}$ | $l_{1'2}$ | $l_{1'3}$ |
| $x_{2'}$ | $l_{2'1}$ | $l_{2'2}$ | $l_{2'3}$ |
| $x_{3'}$ | $l_{3'1}$ | $l_{3'2}$ | $l_{3'3}$ |

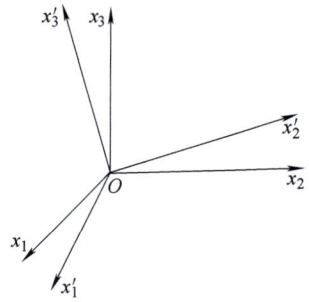

图 11-5　空间坐标系 $x_i$ 和 $x_k$

表 11-1 中的九个方向余弦可记为 $l_{ki}$ 或者 $l_{rj}(i, j = 1, 2, 3,$ $k, r = 1', 2', 3')$。由于 $\cos(x_k, x_i) = \cos(x_i, x_k)$，所以 $l_{ki} = l_{ik}$，$l_{rj} = l_{jr}$。

上述这个物理量 $P$ 对于新的空间坐标系 $x_k(k = 1', 2',$ $3')$ 的九个分量 $P_{kr}(k, r = 1', 2', 3')$。若这个物理量 $P$ 在坐标系 $x_i(i = 1, 2, 3)$ 的九个应力分量 $P_{ij}$ 与在坐标系 $x_k(k = 1', 2', 3')$ 的九个分量 $P_{kr}(k, r = 1', 2', 3')$ 之间存在下列线性变换关系：

$$P_{kr} = P_{ij} l_{ki} l_{rj} (i, j = 1, 2, 3, k, r = 1', 2', 3') \tag{11-16}$$

则这个物理量 $P$ 为张量，用矩阵表示

$$\boldsymbol{P}_{ij} = \begin{pmatrix} P_{11} & P_{12} & P_{13} \\ P_{21} & P_{22} & P_{23} \\ P_{31} & P_{32} & P_{33} \end{pmatrix} \tag{11-17}$$

张量所带的下角标的数目称为张量的阶数。$P_{ij}$ 是二阶张量，矢量是一阶张量，而标量则是零阶张量。

式（11-16）为二阶张量的判别式。

**4. 张量的某些性质**

（1）存在张量不变量　张量的分量一定可以组成某些函数 $f(P_{ij})$，这些函数值与坐标轴的选择无关，即不随坐标而变，这样的函数称为张量的不变量。对于二阶张量，存在三个独立的不变量。

（2）张量可以叠加和分解　几个同阶张量各对应的分量之和或者差，定义为另一同阶张量。两个相同的张量之差，定义为零张量。

（3）张量可分对称张量、非对称张量、反对称张量　若 $P_{ij} = P_{ji}$，则为对称张量；若 $P_{ij} \neq P_{ji}$，则为非对称张量；若 $P_{ij} = -P_{ji}$，则为反对称张量。

（4）二阶对称张量存在三个主轴和三个主值　如取主轴为坐标轴，则两个下角标不同的分量都将为零，留下两个下角标相同的三个分量，称为主值。

**（二）应力张量**（Stress Tensor）

在一定的外力条件下，受力物体内任意点的应力状态已被确定，如果取不同的坐标系，则表示该点应力状态的九个应力分量将有不同的数值，而该点的应力状态并没有变化。因此，在不同坐标系中的应力分量之间应该存在一定的关系。

现设受力物体内一点的应力状态在 $x_i(i = x, y, z)$，坐标系中的九个应力分量为 $\sigma_{ij}(i, j = x, y, z)$，当 $x_i$ 坐标系转换到另一坐标系 $x_k(k = x', y', z')$ 时，其应力分量为 $\sigma_{kr}(k, r = x', y', z')$，$\sigma_{ij}$ 与 $\sigma_{kr}$ 之间的关系符合数学上张量之定义，即存在线性变换关系式（11-16），则有

$$\sigma_{kr}=\sigma_{ij}l_{ki}l_{rj}(i,j=x,y,z;k,r=x',y',z')$$

因此，表示点应力状态的九个应力分量构成一个二阶张量，称为应力张量，可用张量符号 $\boldsymbol{\sigma}_{ij}$ 表示，即

$$\boldsymbol{\sigma}_{ij}=\begin{pmatrix}\sigma_x & \tau_{xy} & \tau_{xz}\\ \tau_{yx} & \sigma_y & \tau_{yz}\\ \tau_{zx} & \tau_{zy} & \sigma_z\end{pmatrix}\qquad(11\text{-}18)$$

每一分量称为应力张量之分量。

根据张量的基本性质，应力张量可以叠加和分解、存在三个主轴（主方向）和三个主值（主应力）以及三个独立的应力张量不变量。

### 四、主应力、应力张量不变量和应力椭球面

#### 1. 主应力和应力张量不变量

由式(11-12)和式(11-13)可知，如果表示一点应力状态的九个应力分量已知，则过该点的斜微分面上的正应力 $\sigma_N$ 和切应力 $\tau_N$ 都将随着外法线 $N$ 的方向余弦 $l$、$m$、$n$ 的变化而变化。当 $l$、$m$、$n$ 在某一组合情况下，斜微分面上的全应力 $S$ 和正应力 $\sigma_N$ 重合，显然切应力 $\tau_N=0$。这种情况下的微分面称为主平面，主平面上的正应力称为主应力，主平面的法线方向就是主应力方向，称为应力主方向或者应力主轴（图11-6）。

假设斜微分面 $ABC$ 是待求的主平面，面上的切应力 $\tau_N=0$，因而正应力就是全应力，即 $|S|=\sigma_N$。于是全应力在三个坐标轴上的投影为

$$\left.\begin{array}{l}S_x=|S|l=\sigma_N l\\ S_y=|S|m=\sigma_N m\\ S_z=|S|n=\sigma_N n\end{array}\right\}\qquad(11\text{-}19)$$

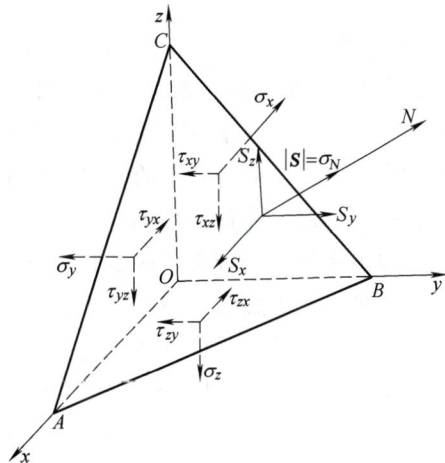

图11-6　主平面上的应力

将式(11-19)带入式(11-8)，整理后得

$$\left.\begin{array}{l}(\sigma_x-\sigma_N)l+\tau_{yx}m+\tau_{zx}n=0\\ \tau_{xy}l+(\sigma_y-\sigma_N)m+\tau_{zy}n=0\\ \tau_{xz}l+\tau_{yz}m+(\sigma_z-\sigma_N)n=0\end{array}\right\}\qquad(11\text{-}20)$$

式(11-20)是以 $l$、$m$、$n$ 为未知数的齐次线性方程组，其解就是应力主轴的方向。此方程组的一组解就是 $l=m=n=0$。但是，由解析几何可知，方向余弦之间必须满足以下关系

$$l^2+m^2+n^2=1\qquad(11\text{-}21)$$

$l$、$m$、$n$ 不可能同时为零，所以必须寻求式(11-20)的非零解。根据线性方程理论，只有在齐次线性方程组式(11-20)的系数行列式等于零的条件下，该方程组才有非零解。所以必有

$$\begin{vmatrix} (\sigma_x - \sigma_N) & \tau_{yx} & \tau_{zx} \\ \tau_{xy} & (\sigma_y - \sigma_N) & \tau_{zy} \\ \tau_{xz} & \tau_{yz} & (\sigma_z - \sigma_N) \end{vmatrix} = 0 \qquad (11\text{-}22)$$

展开行列式，整理后得

$$\sigma_N^3 - (\sigma_x + \sigma_y + \sigma_z)\sigma_N^2 - (\tau_{xy}^2 + \tau_{yz}^2 + \tau_{zx}^2 - \sigma_x\sigma_y - \sigma_y\sigma_z - \sigma_z\sigma_x)\sigma_N - \qquad (11\text{-}23)$$

$$(\sigma_x\sigma_y\sigma_z + 2\tau_{xy}\tau_{yz}\tau_{zx} - \sigma_x\tau_{yz}^2 - \sigma_y\tau_{zx}^2 - \sigma_z\tau_{xy}^2) = 0$$

假设

$$\left. \begin{aligned} I_1 &= \sigma_x + \sigma_y + \sigma_z \\ I_2 &= \tau_{xy}^2 + \tau_{yz}^2 + \tau_{zx}^2 - \sigma_x\sigma_y - \sigma_y\sigma_z - \sigma_z\sigma_x \\ I_3 &= \sigma_x\sigma_y\sigma_z + 2\tau_{xy}\tau_{yz}\tau_{zx} - \sigma_x\tau_{yz}^2 - \sigma_y\tau_{zx}^2 - \sigma_z\tau_{xy}^2 \end{aligned} \right\} \qquad (11\text{-}24)$$

则式（11-23）变为

$$\sigma_N^3 - I_1\sigma_N^2 - I_2\sigma_N - I_3 = 0 \qquad (11\text{-}25)$$

式（11-25）是以 $\sigma_N$ 为未知数的三次方程式，称为应力状态方程，可以证明式（11-23）必然有三个实根，也就是三个主应力，一般用 $\sigma_1$、$\sigma_2$、$\sigma_3$ 来表示。在推导式（11-23）时，坐标系是任意选取的，因此，由式（11-23）所求得的三个主应力的大小与坐标系的选取无关。对于一个确定的应力状态，只能有一组（三个）主应力的数值。当坐标的方向改变时，应力张量的分量将发生改变，但主应力的数值并未发生改变，因此，特征方程式（11-25）中的系数 $I_1$、$I_2$、$I_3$ 应该是单值的，是不随坐标而变化的。由于这些系数是由应力张量的分量所组成的，因此，将 $I_1$、$I_2$、$I_3$ 分别称为应力张量的第一、第二、第三不变量。将由式（11-23）所求得的三个主应力的值代入式（11-20），可求得每个主平面的三个方向余弦，并可以证明这三个主平面是相互垂直的。

由于 $\sigma_1$、$\sigma_2$、$\sigma_3$ 是方程式（11-25）的根，因此，下述方程式必定成立

$$(\sigma_N - \sigma_1)(\sigma_N - \sigma_2)(\sigma_N - \sigma_3) = 0$$

展开后得

$$\sigma_N^3 - (\sigma_1 + \sigma_2 + \sigma_3)\sigma_N^2 + (\sigma_1\sigma_2 + \sigma_2\sigma_3 + \sigma_3\sigma_1)\sigma_N - \sigma_1\sigma_2\sigma_3 = 0$$

对照式（11-25）可得

$$\left. \begin{aligned} I_1 &= \sigma_1 + \sigma_2 + \sigma_3 \\ I_2 &= -(\sigma_1\sigma_2 + \sigma_2\sigma_3 + \sigma_3\sigma_1) \\ I_3 &= \sigma_1\sigma_2\sigma_3 \end{aligned} \right\} \qquad (11\text{-}26)$$

由此可见，采用应力主方向作为坐标轴时，可使应力状态的描述大为简化。描述变形体内一点的应力状态可以用三个主应力 $\sigma_1$、$\sigma_2$、$\sigma_3$ 来表示，此时应力张量可以写成如下形式：

$$\sigma_{ij} = \begin{pmatrix} \sigma_1 & 0 & 0 \\ 0 & \sigma_2 & 0 \\ 0 & 0 & \sigma_3 \end{pmatrix} \qquad (11\text{-}27)$$

在主轴坐标系中斜微分面上应力分量的公式可以简化为下列表达式

$$\left.\begin{array}{l} S_1 = \sigma_1 l \\ S_2 = \sigma_2 m \\ S_3 = \sigma_3 n \end{array}\right\} \tag{11-28}$$

$$S^2 = \sigma_1^2 l^2 + \sigma_2^2 m^2 + \sigma_3^2 n^2 \tag{11-29}$$

$$\sigma_N = \sigma_1 l^2 + \sigma_2 m^2 + \sigma_3 n^2 \tag{11-30}$$

$$\tau_N^2 = |S|^2 - \sigma_N^2 = \sigma_1^2 l^2 + \sigma_2^2 m^2 + \sigma_3^2 n^2 - (\sigma_1 l^2 + \sigma_2 m^2 + \sigma_3 n^2)^2 \tag{11-31}$$

**例 11-3**：利用应力张量不变量，可以判别应力状态的异同。现举例说明，设有以下两个应力张量

$$\boldsymbol{\sigma}_{ij}^1 = \begin{pmatrix} a & 0 & 0 \\ 0 & b & 0 \\ 0 & 0 & 0 \end{pmatrix} \qquad \boldsymbol{\sigma}_{ij}^2 = \begin{pmatrix} \dfrac{a+b}{2} & \dfrac{a-b}{2} & 0 \\ \dfrac{a-b}{2} & \dfrac{a+b}{2} & 0 \\ 0 & 0 & 0 \end{pmatrix}$$

试问，上述两个张量是否表示同一应力状态？

**解**：可以通过求得的应力张量不变量是否相同来判别。按式（11-24）计算，上述两个应力状态的应力张量不变量相同，均为

$$\boldsymbol{I}_1 = a+b \qquad \boldsymbol{I}_2 = -ab \qquad \boldsymbol{I}_3 = 0$$

所以上述两个应力状态相同。

### 2. 应力椭球面

应力椭球面是在主轴坐标系中点应力状态的几何表达。

由式（11-28）可得

$$l = \frac{S_1}{\sigma_1} \qquad m = \frac{S_2}{\sigma_2} \qquad n = \frac{S_3}{\sigma_3}$$

由于

$$l^2 + m^2 + n^2 = 1$$

于是可得

$$\frac{S_1^2}{\sigma_1^2} + \frac{S_2^2}{\sigma_2^2} + \frac{S_3^2}{\sigma_3^2} = 1 \tag{11-32}$$

式（11-32）是椭球面方程，其主半轴的长度分别为 $\sigma_1$、$\sigma_2$、$\sigma_3$。这个椭球面称为应力椭球面，如图 11-7 所示。对于一个确定的应力状态，任意斜切面上全应力矢量 $S$ 的端点必然在椭球面上。

人们常常根据三个主应力的特点来区分各种应力状态，如图 11-8 所示。若 $\sigma_1 \neq \sigma_2 \neq \sigma_3 \neq 0$，称为三向应力状态，如图 11-8a 所示，在锻造、挤压和轧钢等工艺中，大多是这种应力状态。

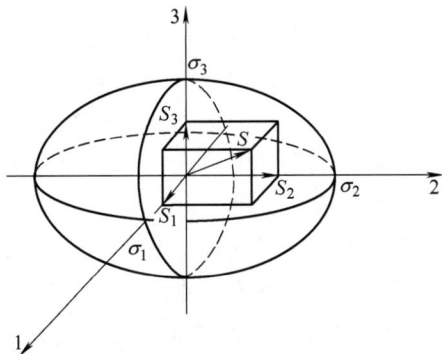

图 11-7 应力椭球面

若 $\sigma_1 \neq \sigma_2 \neq \sigma_3 = 0$，称为两向应力状态（或者平面应力状态），如图 11-8b 所示。此时应力椭球面变为某个平面上的椭圆轨迹，弯曲、扭转等工艺就属于这种应力状态。若 $\sigma_1 \neq \sigma_2 = \sigma_3 \neq 0$，称为圆柱应力状态，如图 11-8c 所示。此时应力椭球面变为旋转椭球面，该点的应力状态对称于主轴。若 $\sigma_1 \neq \sigma_2 = \sigma_3 = 0$，称为单向应力状态，也属于圆柱应力状态。在这种状态下，与 $\sigma_1$ 轴垂直的所有方向都是主方向，而且这些方向上的主应力都是相等的。若 $\sigma_1 = \sigma_2 = \sigma_3$，称为球应力状态，如图 11-8d 所示。根据式（11-31）可知，这时 $\tau \equiv 0$，即所有方向都没有切应力，所以都是主方向，而且所有方向上的应力都相等，此时应力椭球面变成了球面。

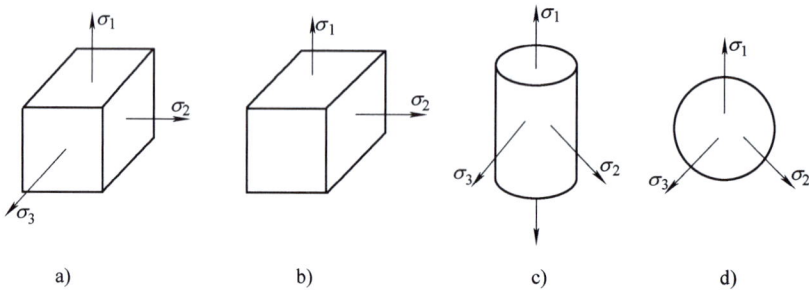

图 11-8　主应力表示的各种应力状态

a）三向应力　b）两向应力　c）圆柱应力　d）球应力

**例 11-4：** 某点应力张量为

$$\sigma_{ij} = \begin{pmatrix} -5 & 3 & 2 \\ \cdot & -6 & 3 \\ \cdot & \cdot & -5 \end{pmatrix}$$

试求过该点的三个主应力之值。

**解：** 由式（11-24）可以算出三个应力张量不变量为

$$I_1 = -16; \quad I_2 = -63; \quad I_3 = 0$$

将其代入式（11-25）可解出三个主应力之值为

$$\sigma_1 = 0, \quad \sigma_2 = -7\text{MPa}, \quad \sigma_3 = -9\text{MPa}$$

### 3. 主应力图

受力物体内一点的应力状态，可用作用在应力单元体上的主应力来描述，只用主应力的个数及符号来描述一点的应力状态的简图称为主应力图。一般，主应力图只表示出主应力的个数及正负号，并不表明作用应力的大小。

主应力图共有九种，其中三向应力状态的四种，两向应力状态的三种，单向应力状态的两种，如图 11-9 所示。在两向和三向主应力图中，各向主应力符号相同时，称为同号主应力图，符号不

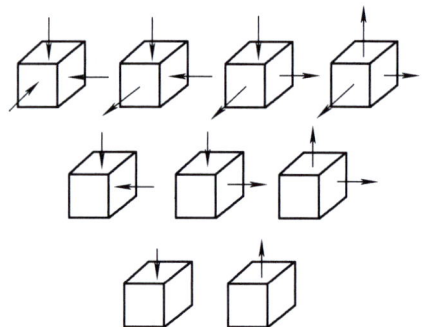

图 11-9　九种主应力图

同时称为异号主应力图，根据主应力图，可定性比较某一种材料采用不同的塑性成形工艺加工时其塑性和变形抗力的差异。

### 五、主切应力和最大切应力

切应力有极值的平面称为主切应力平面，面上作用的切应力称为主切应力。

物体的塑性变形是由切应力产生的。当切应力达到某个临界值时，物体便由弹性状态进入塑性（屈服）状态。下面讨论如何由点的应力状态求切应力的极值。

取应力主轴为坐标轴，则任意斜切面上的切应力由式（11-31）

$$\tau_N^2 = |\boldsymbol{S}|^2 - \sigma_N^2 = \sigma_1^2 l^2 + \sigma_2^2 m^2 + \sigma_3^2 n^2 - (\sigma_1 l^2 + \sigma_2 m^2 + \sigma_3 n^2)^2$$

以 $n^2 = 1 - l^2 - m^2$ 代入上式消去 $n$ 得

$$\tau_N^2 = (\sigma_1^2 - \sigma_3^2) l^2 + (\sigma_2^2 - \sigma_3^2) m^2 + \sigma_3^2 - [(\sigma_1 - \sigma_3) l^2 + (\sigma_2 - \sigma_3) m^2 + \sigma_3]^2 \quad (11\text{-}33)$$

为求切应力的极值，可将式（11-33）分别对 $l$、$m$ 求偏导数并使之等于零得到

$$\left.\begin{array}{l} [(\sigma_1 - \sigma_3) - 2(\sigma_1 - \sigma_3) l^2 - 2(\sigma_2 - \sigma_3) m^2](\sigma_1 - \sigma_3) l = 0 \\ [(\sigma_2 - \sigma_3) - 2(\sigma_1 - \sigma_3) l^2 - 2(\sigma_2 - \sigma_3) m^2](\sigma_2 - \sigma_3) m = 0 \end{array}\right\} \quad (11\text{-}34)$$

现对式（11-34）的解进行如下讨论：

（1）当 $\sigma_1 = \sigma_2 = \sigma_3$ 时　此时由式（11-33）得 $\tau_N = 0$，过该点所有方向都是主应力方向，没有切应力，这是球应力状态，不是所需的解。

（2）当 $\sigma_1 \neq \sigma_2 = \sigma_3$ 时　由式（11-34）可得 $l = \pm\dfrac{1}{\sqrt{2}}$。这是圆柱应力状态，此时外法线方向与 $\sigma_1$ 轴成45°的所有平面都是主切应力平面，而外法线方向与 $\sigma_1$ 轴成90°的所有平面都是应力主平面。

（3）当 $\sigma_1 \neq \sigma_2 \neq \sigma_3$ 时　此时三个主应力都不相同。式（11-34）变为如下形式

$$\left.\begin{array}{l} [(\sigma_1 - \sigma_3) - 2(\sigma_1 - \sigma_3) l^2 - 2(\sigma_2 - \sigma_3) m^2] l = 0 \\ [(\sigma_2 - \sigma_3) - 2(\sigma_1 - \sigma_3) l^2 - 2(\sigma_2 - \sigma_3) m^2] m = 0 \end{array}\right\} \quad (11\text{-}35)$$

以下分别进行讨论：

1）当 $l = m = 0$，$n = \pm 1$ 时，此时由式（11-33）可知 $\tau_N = 0$，这是一对主平面，不是所需要的解。

2）当 $l \neq m \neq 0$，由式（11-35）可得 $\sigma_1 = \sigma_2$，这与前提条件 $\sigma_1 \neq \sigma_2 \neq \sigma_3$ 不符。

3）当 $l = 0$，$m \neq 0$ 时，由式（11-35）可得 $m = \pm\dfrac{1}{\sqrt{2}}$，由式（11-21）得 $n = \pm\dfrac{1}{\sqrt{2}}$。该条件下所得到的主切应力平面与主平面1垂直，与主平面2、3成45°夹角，如图11-10a所示。

4）当 $l \neq 0$，$m = 0$ 时，由式（11-35）可得 $l = \pm\dfrac{1}{\sqrt{2}}$，由式（11-21）得 $n = \pm\dfrac{1}{\sqrt{2}}$。该条件下所得到的主切应力平面与主平面2垂直，与主平面1、3成45°夹角，如图11-10b所示。

同理，分别将 $l^2 = 1 - m^2 - n^2$，$m^2 = 1 - l^2 - n^2$ 代入式（11-31），也可以分别求得三组方向余弦的值，除去重复的解，可以得到另一组主切应力平面的方向余弦值，即

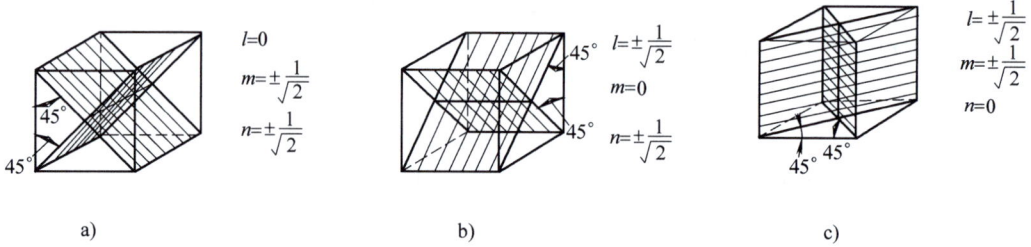

图 11-10  主切应力平面

a) 与主平面 1 垂直   b) 与主平面 2 垂直   c) 与主平面 3 垂直

$$n = 0 \quad l = m = \pm\frac{1}{\sqrt{2}}$$

该条件下所得到的主切应力平面与主平面 3 垂直，与主平面 1、2 成 45°夹角，如图 11-10c 所示。将方向余弦分别代入式（11-30）和式（11-31），可求得主切应力平面上的正应力和主切应力。主切应力平面上的正应力为

$$\sigma_{12} = \frac{\sigma_1 + \sigma_2}{2}, \quad \sigma_{23} = \frac{\sigma_2 + \sigma_3}{2}, \quad \sigma_{31} = \frac{\sigma_3 + \sigma_1}{2} \tag{11-36}$$

主切应力为

$$\tau_{23} = \pm\frac{\sigma_2 - \sigma_3}{2}, \quad \tau_{31} = \pm\frac{\sigma_3 - \sigma_1}{2}, \quad \tau_{12} = \pm\frac{\sigma_1 - \sigma_2}{2} \tag{11-37}$$

为清楚起见，将上述结果列于表 11-2。应该指出的是，主应力之间的关系是按照代数值规定的，而主切应力之间的关系是按照绝对值规定的。在六个主切应力中，绝对值最大的主切应力称为最大切应力 $\tau_{max}$，其值由下式给出

$$\tau_{max} = \frac{1}{2}(\sigma_{max} - \sigma_{min}) \tag{11-38}$$

当主应力顺序已知，如 $\sigma_1 \geq \sigma_2 \geq \sigma_3$ 时，则最大切应力 $\tau_{max}$ 可表示为

$$\tau_{max} = \frac{1}{2}(\sigma_1 - \sigma_3) \tag{11-39}$$

表 11-2  主平面、主切应力平面及其截面上的正应力和切应力

| 截面 | 主平面 | | | 主切应力平面 | | |
|---|---|---|---|---|---|---|
| $l$ | 0 | 0 | ±1 | 0 | $\pm\frac{1}{\sqrt{2}}$ | $\pm\frac{1}{\sqrt{2}}$ |
| $m$ | 0 | ±1 | 0 | $\pm\frac{1}{\sqrt{2}}$ | 0 | $\pm\frac{1}{\sqrt{2}}$ |
| $n$ | ±1 | 0 | 0 | $\pm\frac{1}{\sqrt{2}}$ | $\pm\frac{1}{\sqrt{2}}$ | 0 |

（续）

| 截面 | 主平面 | | | 主切应力平面 | | |
|---|---|---|---|---|---|---|
| 切应力 | 0 | 0 | 0 | $\pm\dfrac{\sigma_2-\sigma_3}{2}$ | $\pm\dfrac{\sigma_3-\sigma_1}{2}$ | $\pm\dfrac{\sigma_1-\sigma_2}{2}$ |
| 正应力 | $\sigma_3$ | $\sigma_2$ | $\sigma_1$ | $\dfrac{\sigma_2+\sigma_3}{2}$ | $\dfrac{\sigma_3+\sigma_1}{2}$ | $\dfrac{\sigma_1+\sigma_2}{2}$ |

### 六、应力偏张量和应力球张量

一个物体受力作用后就要发生变形。变形可分为两部分，即体积的改变和形状的改变。单位体积的改变为

$$\theta=\frac{1-2\nu}{E}(\sigma_1+\sigma_2+\sigma_3) \tag{11-40}$$

式中，$\nu$ 为材料的泊松比；$E$ 为材料的弹性模量。

现设 $\sigma_m$ 为三个正应力分量的平均值，即

$$\sigma_m=\frac{1}{3}(\sigma_x+\sigma_y+\sigma_z)=\frac{1}{3}I_1=\frac{1}{3}(\sigma_1+\sigma_2+\sigma_3) \tag{11-41}$$

$\sigma_m$ 一般称为平均应力，又称静水压力，是不变量，与所取坐标无关，对于一个确定的应力状态，它是单值的。

于是，点的应力张量式(11-14) 可以解成以下两部分

$$\boldsymbol{\sigma}_{ij}=\begin{pmatrix}\sigma_x & \tau_{xy} & \tau_{xz}\\ \tau_{yx} & \sigma_y & \tau_{yz}\\ \tau_{zx} & \tau_{zy} & \sigma_z\end{pmatrix}=\begin{pmatrix}(\sigma_x-\sigma_m) & \tau_{xy} & \tau_{xz}\\ \tau_{yx} & (\sigma_y-\sigma_m) & \tau_{yz}\\ \tau_{zx} & \tau_{zy} & (\sigma_z-\sigma_m)\end{pmatrix}+\begin{pmatrix}\sigma_m & 0 & 0\\ 0 & \sigma_m & 0\\ 0 & 0 & \sigma_m\end{pmatrix} \tag{11-42}$$

式(11-42)右边第二个张量表示一种球应力状态，称为应力球张量。当质点处于球应力状态下，过该点的任意方向均为主方向，且各方向的主应力相等，而任何切面上都没有切应力。所以应力球张量的作用与静水压力相同，它只能引起物体的体积变化，而不能使物体发生形状变化和产生塑性变形。对于一般金属材料，应力球张量所引起的体积变化是弹性的，当应力去除后，体积变化便消失。

式(11-42)右边第一个张量称为应力偏张量，记为 $\boldsymbol{\sigma}'_{ij}$。在应力偏张量中不再包含各向等应力的成分（因为应力偏张量的平均应力为零），因此应力偏张量不会引起物体的体积变化。再者，应力偏张量中的切应力成分与整个应力张量中的切应力成分完全相等，因此应力偏张量完全包括了应力张量作用下的形状变化因素。

归纳起来，物体在应力张量作用下所发生的变形，包括体积变化和形状变化两部分；前者取决于应力张量中的应力球张量，而后者取决于应力偏张量；体积变化只能是弹性的，而当应力偏张量满足一定的数量关系时，则物体发生塑性变形。

应力偏张量同样有三个不变量，可用 $I'_1$、$I'_2$ 和 $I'_3$ 表示。将应力偏张量的分量代入式（11-24），可得

$$\left.\begin{aligned}
I'_1 &= (\sigma_x - \sigma_m) + (\sigma_y - \sigma_m) + (\sigma_z - \sigma_m) = 0 \\
I'_2 &= \frac{1}{6}\left[(\sigma_x - \sigma_y)^2 + (\sigma_y - \sigma_z)^2 + (\sigma_z - \sigma_x)^2 + 6(\tau_{xy}^2 + \tau_{yz}^2 + \tau_{zx}^2)\right] \\
I'_3 &= \begin{vmatrix} \sigma_x - \sigma_m & \tau_{xy} & \tau_{xz} \\ \tau_{yx} & \sigma_y - \sigma_m & \tau_{yz} \\ \tau_{zx} & \tau_{zy} & \sigma_z - \sigma_m \end{vmatrix} \\
&= \sigma'_x \sigma'_y \sigma'_z + 2\tau_{xy}\tau_{yz}\tau_{zx} - (\sigma'_x \tau_{yz}^2 + \sigma'_y \tau_{zx}^2 + \sigma'_z \tau_{xy}^2)
\end{aligned}\right\} \quad (11\text{-}43)$$

式中，$\sigma'_x = \sigma_x - \sigma_m$，$\sigma'_y = \sigma_y - \sigma_m$，$\sigma'_z = \sigma_z - \sigma_m$。

当用主应力形式表示时

$$\left.\begin{aligned}
I'_1 &= 0 \\
I'_2 &= \frac{1}{6}\left[(\sigma_1 - \sigma_2)^2 + (\sigma_2 - \sigma_3)^2 + (\sigma_3 - \sigma_1)^2\right] \\
I'_3 &= \sigma'_1 \sigma'_2 \sigma'_3
\end{aligned}\right\} \quad (11\text{-}44)$$

式中，$\sigma'_1 = \sigma_1 - \sigma_m$，$\sigma'_2 = \sigma_2 - \sigma_m$，$\sigma'_3 = \sigma_3 - \sigma_m$。

主应力偏张量第二不变量 $I'_2$ 十分重要，它将被作为塑性变形的判据。它还可以使八面体（等倾面）切应力的表达式简化。

## 七、八面体应力和等效应力

当用主应力表示应力张量不变量时，三个主应力不变量可表示为

$$I_1 = \sigma_1 + \sigma_2 + \sigma_3, \quad I_2 = -(\sigma_1\sigma_2 + \sigma_2\sigma_3 + \sigma_3\sigma_1), \quad I_3 = \sigma_1\sigma_2\sigma_3$$

而 $\frac{1}{3}I_1$ 刚好是平均应力 $\sigma_m$，即

$$\sigma_m = \frac{1}{3}(\sigma_x + \sigma_y + \sigma_z) = \frac{1}{3}I_1 = \frac{1}{3}(\sigma_1 + \sigma_2 + \sigma_3)$$

它正是与三个坐标轴等倾角的平面（等倾面、八面体平面）上的正应力 $\sigma_8$，证明如下。

取八面体的第一象限部分可得到一个四面体，如图 11-11a 所示，与主平面相一致的三个坐标面上作用着主应力 $\sigma_1$、$\sigma_2$、$\sigma_3$，而为斜面的八面体平面是等倾面（其法线与三个坐标轴的夹角都相等，即 $|l| = |m| = |n| = \dfrac{1}{\sqrt{3}}$），由式（11-30）及式（11-31）此八面体平面上的正应力 $\sigma_8$ 及剪应力 $\tau_8$ 为

$$\begin{aligned}
\sigma_8 &= \sigma_1 l^2 + \sigma_2 m^2 + \sigma_3 n^2 = \left(\frac{1}{\sqrt{3}}\right)^2 (\sigma_1 + \sigma_2 + \sigma_3) \\
&= \frac{1}{3}(\sigma_1 + \sigma_2 + \sigma_3) = \sigma_m = \frac{1}{3}I_1
\end{aligned} \quad (11\text{-}45)$$

$$\tau_8^2 = \frac{1}{3}(\sigma_1^2 + \sigma_2^2 + \sigma_3^2) - \frac{1}{9}(\sigma_1 + \sigma_2 + \sigma_3)^2 \tag{11-46}$$

$$\tau_8 = \pm\frac{1}{3}\sqrt{(\sigma_1-\sigma_2)^2 + (\sigma_2-\sigma_3)^2 + (\sigma_3-\sigma_1)^2} = \pm\sqrt{\frac{2}{3}I_2'} \tag{11-47}$$

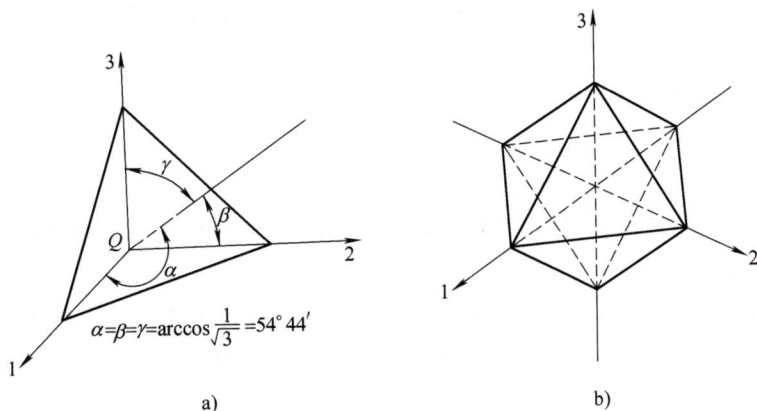

图 11-11 八面体和八面体平面
a) 八面体上的四面体  b) 八面体

由上可见，$\sigma_8$ 就是平均应力或静水压力，是不变量。$\tau_8$ 则是与应力球张量无关的不变量。对于一个确定的应力偏张量，$\tau_8$ 是确定的。将式（11-45）和式（11-47）中的 $I_1$ 和 $I_2'$ 分别用式（11-24）和式（11-43）中的函数式代入，即可得到以任意坐标系应力分量表示的八面体应力

$$\sigma_8 = \frac{1}{3}(\sigma_x + \sigma_y + \sigma_z) \tag{11-48}$$

$$\tau_8 = \pm\frac{1}{3}\sqrt{(\sigma_x-\sigma_y)^2 + (\sigma_y-\sigma_z)^2 + (\sigma_z-\sigma_x)^2 + 6(\tau_{xy}^2 + \tau_{yz}^2 + \tau_{zx}^2)} \tag{11-49}$$

将八面体切应力 $\tau_8$ 取绝对值并乘以系数 $\dfrac{3}{\sqrt{2}}$，所得到的参量仍是一个不变量，人们把它称为"等效应力"，也称广义应力或应力强度，以 $\bar{\sigma}$ 表示。对于主轴坐标系，等效应力的表达式为

$$\bar{\sigma} = \frac{3}{\sqrt{2}}\tau_8 = \sqrt{3I_2'} = \sqrt{\frac{1}{2}\left[(\sigma_1-\sigma_2)^2 + (\sigma_2-\sigma_3)^2 + (\sigma_3-\sigma_1)^2\right]} \tag{11-50}$$

对于任意坐标系，则为

$$\bar{\sigma} = \sqrt{\frac{1}{2}\left[(\sigma_x-\sigma_y)^2 + (\sigma_y-\sigma_z)^2 + (\sigma_z-\sigma_x)^2 + 6(\tau_{xy}^2 + \tau_{yz}^2 + \tau_{zx}^2)\right]} \tag{11-51}$$

应指出，前面讨论过的主应力、主切应力、八面体应力等都是在某些特殊微分面上实际存在的应力，而等效应力则是不能在某特定微分面上表示出来的。但是，等效应力可以在一定意义上"代表"整个应力状态中的偏张量部分，因此，它和塑性变形的关系是很密切的。

物体在变形过程中，一点的应力状态是会变化的，这时就需判断是加载还是卸载。在塑性理论中，一般是根据等效应力的变化来判断的。

如果 $\bar{\sigma}$ 增大，即 $d\bar{\sigma}>0$，就是加载，其中各应力分量都按同一比例增加，则称为比例加载或简单加载。

如果 $\bar{\sigma}$ 不变，即 $d\bar{\sigma}=0$，就是中性载荷；如在 $\bar{\sigma}$ 不变的条件下，各应力分量此消彼长而变化，也可称为中性变载。

如果 $\bar{\sigma}$ 减小，即 $d\bar{\sigma}<0$，就是卸载。

### 八、应力莫尔（Mohr）圆

应力莫尔圆也是应力状态的一种几何表达。由应力莫尔圆可以确定变形体内某点任意截面上的应力值。

设已知某应力状态的主应力，并且 $\sigma_1 \geqslant \sigma_2 \geqslant \sigma_3$。以应力主轴为坐标轴，作一斜切微分面，方向余弦为 $l$、$m$、$n$，则可得到如下三个熟悉的方程

$$\sigma = \sigma_1 l^2 + \sigma_2 m^2 + \sigma_3 n^2$$

$$\tau^2 = \sigma_1^2 l^2 + \sigma_2^2 m^2 + \sigma_3^2 n^2 - (\sigma_1 l^2 + \sigma_2 m^2 + \sigma_3 n^2)^2$$

$$l^2 + m^2 + n^2 = 1$$

上述三式可看成是以 $l^2$、$m^2$、$n^2$ 为未知数的方程组。联立解此方程组可得

$$l^2 = \frac{(\sigma-\sigma_2)(\sigma-\sigma_3)+\tau^2}{(\sigma_1-\sigma_2)(\sigma_1-\sigma_3)} \tag{11-52}$$

$$m^2 = \frac{(\sigma-\sigma_3)(\sigma-\sigma_1)+\tau^2}{(\sigma_2-\sigma_3)(\sigma_2-\sigma_1)} \tag{11-53}$$

$$n^2 = \frac{(\sigma-\sigma_1)(\sigma-\sigma_2)+\tau^2}{(\sigma_3-\sigma_1)(\sigma_3-\sigma_2)} \tag{11-54}$$

将上列各式分子中含 $\sigma$ 的括号展开并对 $\sigma$ 配方，整理后可得

$$\left. \begin{array}{l} \left(\sigma-\dfrac{\sigma_2+\sigma_3}{2}\right)^2+\tau^2 = l^2(\sigma_1-\sigma_2)(\sigma_1-\sigma_3)+\left(\dfrac{\sigma_2-\sigma_3}{2}\right)^2 \\[3mm] \left(\sigma-\dfrac{\sigma_3+\sigma_1}{2}\right)^2+\tau^2 = m^2(\sigma_2-\sigma_3)(\sigma_2-\sigma_1)+\left(\dfrac{\sigma_3-\sigma_1}{2}\right)^2 \\[3mm] \left(\sigma-\dfrac{\sigma_1+\sigma_2}{2}\right)^2+\tau^2 = n^2(\sigma_3-\sigma_1)(\sigma_3-\sigma_2)+\left(\dfrac{\sigma_1-\sigma_2}{2}\right)^2 \end{array} \right\} \tag{11-55}$$

在 $\sigma$-$\tau$ 坐标平面上，由式（11-55）确定三个圆，圆心都在 $\sigma$ 轴上，距离原点分别为 $(\sigma_2+\sigma_3)/2$、$(\sigma_1+\sigma_3)/2$ 和 $(\sigma_1+\sigma_2)/2$，它们在数值上就是主切应力平面上的正应力，三个圆的半径随方向余弦值而变。对于每一组 $|l|$、$|m|$、$|n|$，都将有如图 11-12 所示的三个圆。应注意到，在式（11-55）的三个式子中，每个都只包含一个方向余弦值，表示某一方向余弦值为定值时 $\sigma$ 和 $\tau$ 的变化规律。例如，第一式只含 $l$，故圆 $O_1$，即表示 $l$ 为定值而 $m$、$n$ 变化时，$\sigma$ 和 $\tau$ 的变化规律。因此，对于一个确定的微分面，三个圆必然有共同的交点，交点 $P$ 的坐标即该面上的正应力和切应力。如用 $l=0$ 代入式（11-55）第一

式，$m=0$ 代入第二式，$n=0$ 代入第三式，则可得到如下的三个圆方程

$$
\left.
\begin{aligned}
\left(\sigma-\frac{\sigma_2+\sigma_3}{2}\right)^2+\tau^2=\left(\frac{\sigma_2-\sigma_3}{2}\right)^2=\tau_{23}^2 \\
\left(\sigma-\frac{\sigma_3+\sigma_1}{2}\right)^2+\tau^2=\left(\frac{\sigma_3-\sigma_1}{2}\right)^2=\tau_{31}^2 \\
\left(\sigma-\frac{\sigma_1+\sigma_2}{2}\right)^2+\tau^2=\left(\frac{\sigma_1-\sigma_2}{2}\right)^2=\tau_{12}^2
\end{aligned}
\right\}
\tag{11-56}
$$

这三个圆称为应力莫尔圆，如图 11-13 所示，它们的圆位置与前述的三个圆相同，半径分别等于三个主切应力。其中第一个圆 $O_1$ 表示 $l=0$、$m^2+n^2=1$ 时，即微分面法线 $N$ 垂直于 $\sigma_1$ 轴且在 $\sigma_2\sigma_3$ 平面上旋转时 $\sigma$ 与 $\tau$ 的变化规律。圆 $O_2$、$O_3$ 也可同样理解。

在 $l$、$m$、$n$ 都不等于零时，代表微分面上应力的点虽然不在三个圆上，但它们将必然落在三个莫尔圆之间，如图 11-13 中画阴影线的部分。

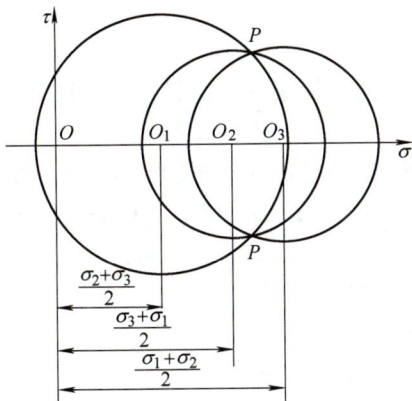

图 11-12　$l$、$m$、$n$ 分别为定值
时的 $\sigma$ 和 $\tau$ 变化规律

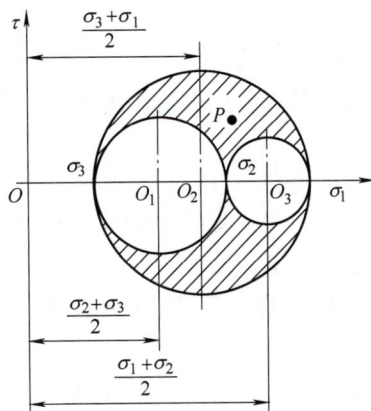

图 11-13　应力莫尔圆

当给定任意截面的一组方向余弦时，可以在应力莫尔圆上确定表示该截面上应力值的点，如 $P$ 点。根据式（11-55）所描述的各族同心圆半径随方向余弦的变化规律，$P$ 点一定会落在图 11-13 所示的三向应力莫尔圆的阴影部分。对于如图 11-13 所示的三向应力莫尔圆来说，当 $\sigma_1=\sigma_2$ 时，三个应力莫尔圆变为一个圆，如图 11-14a 所示，为圆柱应力状态；当 $\sigma_1=\sigma_2=\sigma_3$ 时，三个应力莫尔圆变为一个点，如图 11-14b 所示，为球应力状态；当 $\sigma_2=\dfrac{\sigma_1+\sigma_3}{2}$ 时，三个应力莫尔圆中有两个圆的大小相同，如图 11-14c 所示，为平面应变应力状态。

画应力莫尔圆时，应注意以下两点：

1）切应力的正负号是按照材料力学中的规定而确定的，即切应力对单元体内任意一点的力矩顺时针转向时规定为正，逆时针时为负。

2）应力莫尔圆上所表示的截面之间的夹角为实际物理平面之间夹角的 2 倍。

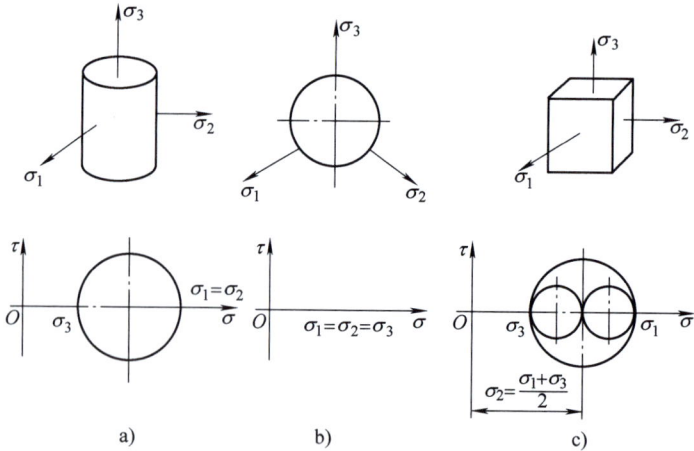

图 11-14　典型应力状态时的应力莫尔圆

a）圆柱应力状态　b）球应力状态　c）平面应变应力状态

## 九、应力平衡微分方程

一般情况下，受力物体内各点的应力状态是不同的，下面讨论相邻各点之间的应力变化关系。

设物体内有一点 $Q$，其坐标为 $x$、$y$、$z$。以 $Q$ 为顶点切取一个边长为 $dx$、$dy$、$dz$ 的直角平行微六面体，其另一个顶点 $Q'$ 的坐标为 $x+dx$、$y+dy$、$z+dz$。由于物体是连续的，应力的变化也是坐标的连续函数。

现设 $Q$ 点的应力状态为 $\sigma_{ij}$，其 $x$ 面上有正应力分量为

$$\sigma_x = f(x, y, z)$$

在 $Q'$ 点的 $x$ 面上，由于坐标变化了 $dx$，其正应力分量将为

$$\sigma_{x+dx} = f(x+dx, y, z) \approx f(x, y, z) + \frac{\partial f}{\partial x}dx = \sigma_x + \frac{\partial \sigma_x}{\partial x}dx$$

$Q'$ 点的其余 8 个应力分量可用同样方法推出，如图 11-15 所示。

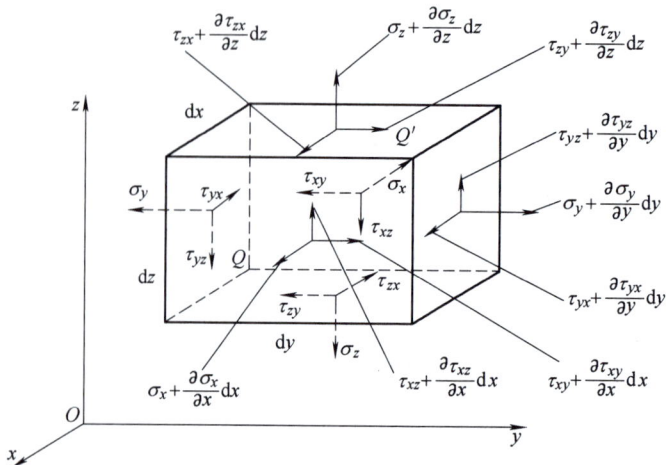

图 11-15　微六面体的应力状态分析

当该微六面体处于静力平衡状态，且不考虑体积力，则由力的平衡条件 $\sum F_x = 0$，有

$$\left(\sigma_x + \frac{\partial \sigma_x}{\partial x}\mathrm{d}x\right)\mathrm{d}y\mathrm{d}z + \left(\tau_{yx} + \frac{\partial \tau_{yx}}{\partial y}\mathrm{d}y\right)\mathrm{d}z\mathrm{d}x + \left(\tau_{zx} + \frac{\partial \tau_{zx}}{\partial z}\mathrm{d}z\right)\mathrm{d}x\mathrm{d}y$$

$$-\sigma_x\mathrm{d}y\mathrm{d}z - \tau_{yx}\mathrm{d}z\mathrm{d}x - \tau_{zx}\mathrm{d}x\mathrm{d}y = 0$$

整理后得

$$\frac{\partial \sigma_x}{\partial x} + \frac{\partial \tau_{yx}}{\partial y} + \frac{\partial \tau_{zx}}{\partial z} = 0$$

根据 $\sum F_y = 0$ 和 $\sum F_z = 0$，还可推得两个公式，最后可得微六面体应力平衡微分方程为

$$\left.\begin{array}{l} \dfrac{\partial \sigma_x}{\partial x} + \dfrac{\partial \tau_{yx}}{\partial y} + \dfrac{\partial \tau_{zx}}{\partial z} = 0 \\[3mm] \dfrac{\partial \tau_{xy}}{\partial x} + \dfrac{\partial \sigma_y}{\partial y} + \dfrac{\partial \tau_{zy}}{\partial z} = 0 \\[3mm] \dfrac{\partial \tau_{xz}}{\partial x} + \dfrac{\partial \tau_{yz}}{\partial y} + \dfrac{\partial \sigma_z}{\partial z} = 0 \end{array}\right\} \tag{11-57}$$

式（11-57）是求解塑性成形问题的基本方程。但该方程组包含有 6 个未知数，是超静定的。为使方程能解，还应寻找补充方程，或对方程做适当简化。

对于平面应力状态和平面应变状态，前者 $\sigma_z = \tau_{zx} = \tau_{zy} = 0$，后者 $\tau_{zx} = \tau_{zy} = 0$，$\sigma_z$ 和 $z$ 轴无关，故式（11-57）简化成

$$\left.\begin{array}{l} \dfrac{\partial \sigma_x}{\partial x} + \dfrac{\partial \tau_{yx}}{\partial y} = 0 \\[3mm] \dfrac{\partial \tau_{xy}}{\partial x} + \dfrac{\partial \sigma_y}{\partial y} = 0 \end{array}\right\} \tag{11-58}$$

**例 11-5**：设某点的应力状态为

$$\sigma_{ij} = \begin{pmatrix} 1 & 3 & 5 \\ \cdot & 2 & 4 \\ \cdot & \cdot & 6 \end{pmatrix}$$

试写出其应力偏张量。

**解**：$\sigma_m = (\sigma_x + \sigma_y + \sigma_z)/3 = (1+2+6)/3\,\mathrm{MPa} = 3\,\mathrm{MPa}$

$$(\sigma_{ij})' = (\sigma_{ij}) - \delta_{ij}\sigma_m = \begin{pmatrix} -2 & 3 & 5 \\ \cdot & -1 & 4 \\ \cdot & \cdot & 3 \end{pmatrix}$$

例 11-6：对于 $Oxyz$ 直角坐标系，受力物体内一点的应力状态为

$$\boldsymbol{\sigma}_{ij} = \begin{pmatrix} 5 & 0 & -5 \\ 0 & -5 & 0 \\ -5 & 0 & 5 \end{pmatrix}$$

1）画出该点的应力单元体。

2）试用应力状态特征方程求出该点的主应力及主方向。

3）画出该点的应力莫尔圆，并将应力单元体的微分面标注在应力莫尔圆上。

解：1）应力单元体如图 11-16 所示。

2）将各应力分量代入应力张量不变量公式（11-24），可解得

$$I_1 = 5, \quad I_2 = 50, \quad I_3 = 0$$

将解得的 $I_1$、$I_2$、$I_3$ 代入应力状态特征方程式（11-25），得

$$\sigma^3 - 5\sigma^2 - 50\sigma = 0$$

解得

$$\sigma_1 = 10 \quad \sigma_2 = 0 \quad \sigma_3 = -5 \quad (\text{应力单位：MPa})$$

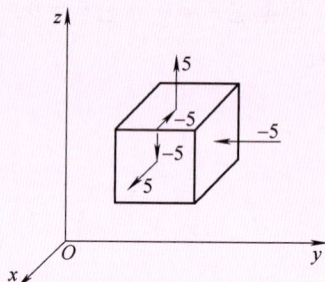

图 11-16 应力单元体

将应力分量代入式（11-20），并与式（11-21）一起写成方程组

$$\left.\begin{array}{r} (5-\sigma)l + 0m - 5n = 0 \\ 0l + (-5-\sigma)m + 0n = 0 \\ -5l + 0m + (5-\sigma)n = 0 \\ l^2 + m^2 + n^2 = 1 \end{array}\right\}$$

为求主方向，可将解得的三个主应力数值分别代入上面方程组前三式中的任意两个，并与方程组中第四个式子联解，可以求得三个主方向的方向余弦为

对于 $\sigma_1$：$l_1 = \dfrac{1}{\sqrt{2}}$；　$m_1 = 0$；　$n_1 = -\dfrac{1}{\sqrt{2}}$

对于 $\sigma_2$：$l_2 = \dfrac{1}{\sqrt{2}}$；　$m_2 = 0$；　$n_2 = \dfrac{1}{\sqrt{2}}$

对于 $\sigma_3$：$l_3 = 0$；　$m_3 = 1$；　$n_3 = 0$

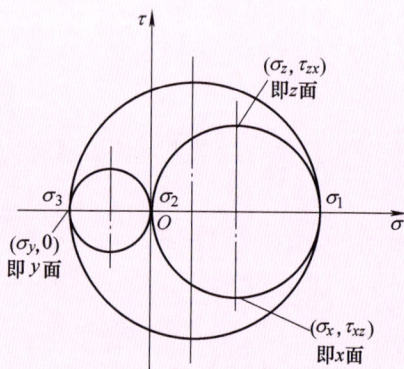

图 11-17 应力莫尔圆

3）根据求得的三个主应力值可画得应力莫尔圆及 $x$、$y$、$z$ 面在应力莫尔圆上的位置，如图 11-17 所示。

# 第二节 应 变 空 间

物体在力的作用下内部质点的相对位置和形状要发生变化，即产生了变形。应变是一个表示变形大小的物理量。物体变形时其体内各个质点在各方向上都会有应变，与应力分析一样，同样需要引入"点的应变状态"的概念。点的应变状态也是二阶对称张量，故与应力张量有很多相似的特性。但是应变分析主要是几何学和运动学的问题，它和物体中的位移场或速度场有密切联系；同时，对于小变形和大变形，其应变的表示方法是不同的；对于弹性变形和塑性变形，考虑的角度也不尽相同，解决弹性和小塑性变形问题时主要用全量应变，而解决塑性成形问题时主要用应变增量或应变速率。

应变状态分析的最主要目标是建立应变及应变速率的几何方程，并为描述应力与应变关系做准备。

## 一、应变的概念

### 1. 定义 （以单向均匀拉伸为例）

若杆子受单向均匀拉伸，变形前杆长为 $l_0$，变形后杆长为 $l$，如图 11-18 所示。

（1）工程应变（相对应变、条件应变）$\varepsilon$

这是工程上经常使用的应变指标，有时称为条件应变或称为相对应变，等于每单位原长的伸长量，即

$$\varepsilon = \frac{l - l_0}{l_0}$$

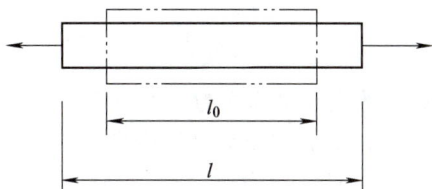

图 11-18　单向拉伸杆件

（2）对数应变（自然应变、真实应变）$\varepsilon^*$

对数应变的物理意义是代表一尺寸的无限小增量与该变形瞬时尺寸的比值的积分，即

$$\varepsilon^* = \int_{l_0}^{l} \frac{\mathrm{d}l}{l} = \ln \frac{l}{l_0}$$

$$\varepsilon^* = \ln \frac{l}{l_0} = \ln\left(\frac{l - l_0}{l_0} + 1\right) = \ln(1 + \varepsilon) = \varepsilon - \frac{\varepsilon^2}{2} + \frac{\varepsilon^3}{3} - \frac{\varepsilon^4}{4} + \cdots + \frac{(-1)^{n-1} \varepsilon^n}{n} + \cdots$$

当 $|\varepsilon| > 1$ 时，该级数发散；当 $-1 < \varepsilon \leqslant +1$ 时，该级数收敛。

工程应变的无限小增量表示直线单元长度的变化与它原来长度 $l_0$ 之比，即

$$\varepsilon = \frac{l - l_0}{l_0}, \quad \mathrm{d}\varepsilon = \mathrm{d}\left(\frac{l - l_0}{l_0}\right) = \frac{\mathrm{d}l}{l_0}$$

对数应变的无限小增量表示直线单元长度的变化与它的瞬时长度之比，即

$$\mathrm{d}\varepsilon^* = \mathrm{d}\left(\ln \frac{l}{l_0}\right) = \frac{\mathrm{d}l}{l} = \mathrm{d}[\ln(1 + \varepsilon)] = \frac{\mathrm{d}\varepsilon}{1 + \varepsilon}$$

对于微小应变，用这两种量度求出来的应变（和应变增量）值几乎是一样的。

## 2. 分析

（1）工程应变　不能表示变形的真实情况，而且变形程度越大，误差也越大。

如 $\varepsilon^* = \ln\dfrac{l}{l_0} = \ln(1+\varepsilon) = \varepsilon - \dfrac{\varepsilon^2}{2} + \dfrac{\varepsilon^3}{3} - \dfrac{\varepsilon^4}{4} + \cdots$，只有当 $\varepsilon$ 很小时，$\varepsilon^* \approx \varepsilon$。

当变形程度小于 10% 时，$\varepsilon$ 与 $\varepsilon^*$ 的数值比较接近；当变形程度大于 10% 时，误差逐渐增加。

（2）对数应变为可加应变，工程应变为不可加应变　如某物从原长 $l_0 \rightarrow l_1 \rightarrow l_2 \rightarrow l_3$，总工程应变为

$$\varepsilon = \frac{l_3 - l_0}{l_0}$$

而各阶段的工程应变为

$$\varepsilon_1 = \frac{l_1 - l_0}{l_0}; \quad \varepsilon_2 = \frac{l_2 - l_1}{l_1}; \quad \varepsilon_3 = \frac{l_3 - l_2}{l_2}$$

显然
$$\varepsilon \neq \varepsilon_1 + \varepsilon_2 + \varepsilon_3$$

但用对数应变 $\varepsilon^* = \ln\dfrac{l_3}{l_0}$ 表示变形程度则无上述问题，因为各阶段的对数应变为

$$\varepsilon_1^* = \ln\frac{l_1}{l_0}; \quad \varepsilon_2^* = \ln\frac{l_2}{l_1}; \quad \varepsilon_3^* = \ln\frac{l_3}{l_2}$$

$$\varepsilon_1^* + \varepsilon_2^* + \varepsilon_3^* = \ln\frac{l_1}{l_0} + \ln\frac{l_2}{l_1} + \ln\frac{l_3}{l_2} = \ln\frac{l_1 l_2 l_3}{l_0 l_1 l_2} = \ln\frac{l_3}{l_0} = \varepsilon^*$$

所以对数应变又称之为可加应变。

（3）对数应变为可比应变，工程应变为不可比应变　若某物体由 $l_0$ 拉长一倍后变为 $2l_0$，其工程应变为

$$\varepsilon_{拉} = \frac{2l_0 - l_0}{l_0} = 1 = 100\%$$

如果该物体缩短一倍，变为 $0.5l_0$，则其工程应变为

$$\varepsilon_{压} = -\frac{0.5l_0}{l_0} = -0.5 = -50\%$$

拉长一倍与缩短一倍，物体的变形程度应该是一样的（体积不变）。然而，如用工程应变表示拉压的变形程度，则数值相差悬殊，失去可以比较的性质。

但用对数应变表示拉压两种不同性质的变形程度，并不失去可以比较的性质。以上例为例

拉长一倍：
$$\varepsilon_{拉}^* = \ln\frac{2l_0}{l_0} = \ln 2 = 69\%$$

缩短一倍：
$$\varepsilon_{压}^* = \ln\frac{0.5l_0}{l_0} = \ln\frac{1}{2} = -69\%$$

## 二、应变与位移的关系（小变形几何方程）

物体受力作用发生变形时，其内部质点将产生位移，设某一质点的位移矢量为 $\boldsymbol{u}$，它

在三个坐标轴上的投影用 $u$、$v$、$w$ 表示，称为位移分量。由于物体在变形后仍保持连续，位移分量应为坐标的连续函数，即

$$u=u(x,y,z);\quad v=v(x,y,z);\quad w=w(x,y,z)$$

当物体中任意两个质点之间发生相对位移时，则认为该物体已发生变形，即存在应变。应变用位移的相对变化表示，这纯粹是几何学的问题，所以应变分析不论对弹性问题还是塑性问题均适用。

如同应力有正应力和切应力之分，应变也有正应变（又称线应变）和切应变两种基本方式。

正应变以线元长度的相对变化来表示，而切应变以相互垂直线元之间的角度变化来表示（定义）。

现设有边长为 $dx$ 和 $dy$ 的微面素 $ABCD$ 仅在 $xy$ 坐标平面内发生很小的正变形（图11-19a），暂不考虑其刚性位移，此时线元 $AB$ 伸长 $du$，线元 $AD$ 缩短 $dv$，则其正应变分别为

$$\varepsilon_x=\frac{du}{dx};\quad \varepsilon_y=-\frac{dv}{dy}$$

前者为正，称为拉应变；后者为负，称为压应变。

又若该微面素发生了切变形（图11-19b），此时线元 $AB$ 与 $AD$ 的夹角缩小了 $\gamma$，此角度即为切应变。显然 $\gamma=\alpha_{yx}+\alpha_{xy}$。在一般情况下，$\alpha_{xy}\neq\alpha_{yx}$。但如将微面素加一刚性转动（图11-19c），使 $\gamma_{xy}=\gamma_{yx}=\frac{1}{2}\gamma$，则切应变的大小不变，纯变形⊖效果仍然相同，$\gamma_{xy}$ 和 $\gamma_{yx}$ 分别表示 $x$ 和 $y$ 方向的线元各向 $y$ 方向和 $x$ 方向偏转的角度。

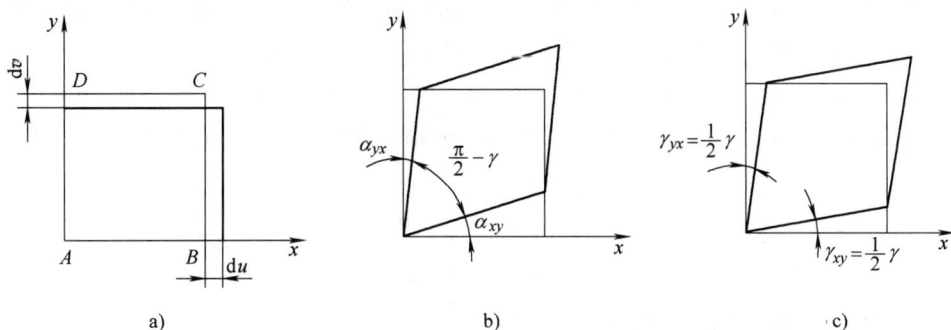

图11-19 微面素在 $xy$ 坐标平面内的纯变形
a）正应变 b）切应变 c）切应变与纯转动

在材料力学以及一般弹、塑性理论中所讨论的变形大多不超过 $10^{-3}\sim10^{-2}$ 数量级，这种很小的变形统称小变形。

对空间变形体内的任一微元体而言，应变共有9个分量：3个正应变，6个切应变

---

⊖ 单元体的变形可分两种形式，一种是线尺寸的伸长或缩短，称为正变形或线变形；一种是单元体发生偏斜，称为切变形和角变形。正变形和切变形也可统称"纯变形"。

（与应力相似）。在小变形条件下微元体的应变状态可以仿照应力张量的形式表示为

$$\boldsymbol{\varepsilon}_{ij} = \begin{bmatrix} \varepsilon_x & \gamma_{xy} & \gamma_{xz} \\ \gamma_{yx} & \varepsilon_y & \gamma_{yz} \\ \gamma_{zx} & \gamma_{zy} & \varepsilon_z \end{bmatrix} = \begin{bmatrix} \varepsilon_x & \gamma_{xy} & \gamma_{xz} \\ \cdot & \varepsilon_y & \gamma_{yz} \\ \cdot & \cdot & \varepsilon_z \end{bmatrix}$$

式中

$$\left.\begin{array}{l} \varepsilon_x = \dfrac{\partial u}{\partial x};\ \gamma_{xy} = \gamma_{yx} = \dfrac{1}{2}\left(\dfrac{\partial u}{\partial y} + \dfrac{\partial v}{\partial x}\right) \\[3mm] \varepsilon_y = \dfrac{\partial v}{\partial y};\ \gamma_{yz} = \gamma_{zy} = \dfrac{1}{2}\left(\dfrac{\partial w}{\partial y} + \dfrac{\partial v}{\partial z}\right) \\[3mm] \varepsilon_z = \dfrac{\partial w}{\partial z};\ \gamma_{zx} = \gamma_{xz} = \dfrac{1}{2}\left(\dfrac{\partial u}{\partial z} + \dfrac{\partial w}{\partial x}\right) \end{array}\right\} \tag{11-59}$$

式（11-59）称为小变形几何方程，也称为柯西方程。

如变形体内的位移场 $u_i$ 已知，则可由柯西方程求得各质点的应变状态 $\boldsymbol{\varepsilon}_{ij}$，再根据应力应变关系（本构关系），求得应力状态 $\boldsymbol{\sigma}_{ij}$。而当整个变形体的位移场、应变场和应力场确定后，就可进一步分析变形体的流动情况、力能参数、工件的内部质量等问题。因此，小变形几何方程是求解塑性成形问题的重要基本方程。

### 三、应变张量分析

#### 1. 主应变、应变张量不变量、主切应变和最大切应变

分析研究表明，应变张量和应力张量十分相似，应力分析中的某些结论和公式，也可类推于应变理论，只要把 $\sigma$ 换成 $\varepsilon$，$\tau$ 换成 $\gamma$ 即可。

通过一点，存在着三个相互垂直的应变主方向和主轴。在主方向上的线元没有角度偏转，只有正应变，该正应变称为主应变，一般以 $\varepsilon_1$、$\varepsilon_2$ 和 $\varepsilon_3$ 表示，它们是唯一的。对于小变形而言，可认为应变主轴和应力主轴对应重合，且如果主应力中 $\sigma_1 > \sigma_2 > \sigma_3$，则主应变的次序也为 $\varepsilon_1 > \varepsilon_2 > \varepsilon_3$。如果取应变主轴为坐标轴，则应变张量就简化为

$$\boldsymbol{\varepsilon}_{ij} = \begin{pmatrix} \varepsilon_1 & 0 & 0 \\ 0 & \varepsilon_2 & 0 \\ 0 & 0 & \varepsilon_3 \end{pmatrix} \tag{11-60}$$

主应变也可由应变张量的特征方程求得

$$\varepsilon^3 - I_1\varepsilon^2 - I_2\varepsilon - I_3 = 0 \tag{11-61}$$

式中，$I_1$、$I_2$ 和 $I_3$ 就是应变张量的第一、第二和第三不变量。

$$\left.\begin{array}{l} I_1 = \varepsilon_x + \varepsilon_y + \varepsilon_z = \varepsilon_1 + \varepsilon_2 + \varepsilon_3 \\[2mm] I_2 = -(\varepsilon_x\varepsilon_y + \varepsilon_y\varepsilon_z + \varepsilon_z\varepsilon_x) + \gamma_{xy}^2 + \gamma_{yz}^2 + \gamma_{zx}^2 \\[2mm] \quad = -(\varepsilon_1\varepsilon_2 + \varepsilon_2\varepsilon_3 + \varepsilon_3\varepsilon_1) \\[2mm] I_3 = \varepsilon_x\varepsilon_y\varepsilon_z + 2\gamma_{xy}\gamma_{yz}\gamma_{zx} - (\varepsilon_x\gamma_{yz}^2 + \varepsilon_y\gamma_{zx}^2 + \varepsilon_z\gamma_{xy}^2) \\[2mm] \quad = \varepsilon_1\varepsilon_2\varepsilon_3 \end{array}\right\} \tag{11-62}$$

应指出，塑性变形时体积不变，故 $I_1 = 0$。

知道了三个主应变，同样可以画出三向应变莫尔圆。

在与应变主方向成±45°角的方向上，存在三对各自相互垂直的线元，它们的切应变有极值，称为主切应变，其大小为

$$\left.\begin{array}{l}\gamma_{12}=\pm\dfrac{\varepsilon_1-\varepsilon_2}{2}\\[2mm]\gamma_{23}=\pm\dfrac{\varepsilon_2-\varepsilon_3}{2}\\[2mm]\gamma_{31}=\pm\dfrac{\varepsilon_3-\varepsilon_1}{2}\end{array}\right\} \tag{11-63}$$

三个主切应变中的最大者，称为最大切应变。如果 $\varepsilon_1>\varepsilon_2>\varepsilon_3$，则最大切应变为

$$\gamma_{\max}=\pm\frac{\varepsilon_1-\varepsilon_3}{2} \tag{11-64}$$

**2. 应变偏张量和应变球张量、八面体应变和等效应变**

设三个正应变分量的平均值为 $\varepsilon_m$，即

$$\varepsilon_m=\frac{1}{3}(\varepsilon_x+\varepsilon_y+\varepsilon_z)=\frac{1}{3}(\varepsilon_1+\varepsilon_2+\varepsilon_3)=\frac{1}{3}I_1 \tag{11-65}$$

则应变张量可以分解成两个张量

$$\varepsilon_{ij}=\begin{pmatrix}\varepsilon_x-\varepsilon_m & \gamma_{xy} & \gamma_{xz}\\ \gamma_{yx} & \varepsilon_y-\varepsilon_m & \gamma_{yz}\\ \gamma_{zx} & \gamma_{zy} & \varepsilon_z-\varepsilon_m\end{pmatrix}+\begin{pmatrix}\varepsilon_m & 0 & 0\\ 0 & \varepsilon_m & 0\\ 0 & 0 & \varepsilon_m\end{pmatrix}$$
$$=\varepsilon'_{ij}+\delta_{ij}\varepsilon_m \tag{11-66}$$

式(11-66)右边第一项为应变偏张量，表示单元体的形状变化；第二项为应变球张量，表示单元体的体积变化。应注意，塑性变形时体积不变，$\varepsilon_m=0$，所以应变偏张量就是应变张量。

如果以应变主轴为坐标轴，同样可做出八面体。八面体平面法线方向的线元的应变称为八面体应变，即

$$\varepsilon_8=\frac{1}{3}(\varepsilon_1+\varepsilon_2+\varepsilon_3)=\varepsilon_m \tag{11-67}$$

$$\gamma_8=\pm\frac{1}{3}\sqrt{(\varepsilon_x-\varepsilon_y)^2+(\varepsilon_y-\varepsilon_z)^2+(\varepsilon_z-\varepsilon_x)^2+6(\gamma_{xy}^2+\gamma_{yz}^2+\gamma_{zx}^2)}$$
$$=\pm\frac{1}{3}\sqrt{(\varepsilon_1-\varepsilon_2)^2+(\varepsilon_2-\varepsilon_3)^2+(\varepsilon_3-\varepsilon_1)^2} \tag{11-68}$$

将八面体切应变 $\gamma_8$ 乘以系数 $\sqrt{2}$，所得之参量称为等效应变，也称广义应变或应变强度，即

$$\bar{\varepsilon}=\sqrt{2}\gamma_8=\frac{\sqrt{2}}{3}\sqrt{(\varepsilon_x-\varepsilon_y)^2+(\varepsilon_y-\varepsilon_z)^2+(\varepsilon_z-\varepsilon_x)^2+6(\gamma_{xy}^2+\gamma_{yz}^2+\gamma_{zx}^2)}$$
$$=\frac{\sqrt{2}}{3}\sqrt{(\varepsilon_1-\varepsilon_2)^2+(\varepsilon_2-\varepsilon_3)^2+(\varepsilon_3-\varepsilon_1)^2} \tag{11-69}$$

单向应力状态时，其主应变为 $\varepsilon_1$、$\varepsilon_2$、$\varepsilon_3$，且 $\varepsilon_2 = \varepsilon_3$。塑性变形时，$\varepsilon_1 + \varepsilon_2 + \varepsilon_3 = 0$，故有

$$\varepsilon_2 = \varepsilon_3 = -\frac{1}{2}\varepsilon_1$$

代入式（11-69）得

$$\bar{\varepsilon} = \frac{\sqrt{2}}{3}\sqrt{\left(\frac{3}{2}\varepsilon_1\right)^2 + \left(-\frac{3}{2}\varepsilon_1\right)^2} = \varepsilon_1$$

### 3. 塑性变形时的体积不变条件

设单元体的初始边长为 $\mathrm{d}x$、$\mathrm{d}y$、$\mathrm{d}z$；体积为 $V_0 = \mathrm{d}x\mathrm{d}y\mathrm{d}z$。小变形时，可以认为只有正应变才引起边长和体积的变化，而切应变引起的边长和体积变化可以忽略。因此变形后单元体的体积为

$$V_1 = (1+\varepsilon_x)\mathrm{d}x(1+\varepsilon_y)\mathrm{d}y(1+\varepsilon_z)\mathrm{d}z \approx (1+\varepsilon_x+\varepsilon_y+\varepsilon_z)\mathrm{d}x\mathrm{d}y\mathrm{d}z$$

于是单元体的体积变化率为

$$\Delta V = \frac{V_1 - V_0}{V_0} = \varepsilon_x + \varepsilon_y + \varepsilon_z$$

弹性变形时，体积变化率必须考虑。塑性变形时，虽然体积也有微量变化，但与塑性应变相比是很小的，可以忽略不计。因此，一般认为塑性变形时体积不变，则有

$$\varepsilon_x + \varepsilon_y + \varepsilon_z = 0 \tag{11-70}$$

式（11-70）即为塑性变形时的体积不变条件。它常作为对塑性成形过程进行力学分析的一种前提条件，也可用于工艺设计中计算原毛坯的体积。

式（11-70）还表明，塑性变形时，应变球张量为零，应变张量即为应变偏张量；三个正应变分量或三个主应变分量不可能全部是同号的，而且如果其中的两个分量已知，则第三个正应变分量或主应变分量即可确定。

## 四、应变协调方程

由柯西方程式（11-59）可知，六个应变分量取决于三个位移分量对 $x$、$y$、$z$ 的偏导数，所以六个应变分量之间不能是相互无关的函数，应有一定的关系，才能保证物体中的所有单元体在变形之后仍然可以连续地组合起来，这样的关系称为变形连续方程或应变协调方程。该方程共有六个式子，可分成两组。现简略推导如下。

将式（11-59）中的 $\varepsilon_x$ 对 $y$ 求两次偏导数；将 $\varepsilon_y$ 对 $x$ 求两次偏导数，可得如下两式

$$\frac{\partial^2 \varepsilon_x}{\partial y^2} = \frac{\partial^2}{\partial x \partial y}\left(\frac{\partial u}{\partial y}\right)$$

$$\frac{\partial^2 \varepsilon_y}{\partial x^2} = \frac{\partial^2}{\partial x \partial y}\left(\frac{\partial v}{\partial x}\right)$$

将上列两式相加，得

$$\frac{\partial^2 \varepsilon_x}{\partial y^2} + \frac{\partial^2 \varepsilon_y}{\partial x^2} = \frac{\partial^2}{\partial x \partial y}\left(\frac{\partial u}{\partial y} + \frac{\partial v}{\partial x}\right) = 2\frac{\partial^2 \gamma_{xy}}{\partial x \partial y}$$

用同样的方法还可以得到其他两个式子，连同上式共三个等式如下

$$
\left.\begin{aligned}
\frac{\partial^2 \gamma_{xy}}{\partial x \partial y} &= \frac{1}{2}\left(\frac{\partial^2 \varepsilon_x}{\partial y^2}+\frac{\partial^2 \varepsilon_y}{\partial x^2}\right) \\
\frac{\partial^2 \gamma_{yz}}{\partial y \partial z} &= \frac{1}{2}\left(\frac{\partial^2 \varepsilon_y}{\partial z^2}+\frac{\partial^2 \varepsilon_z}{\partial y^2}\right) \\
\frac{\partial^2 \gamma_{zx}}{\partial z \partial x} &= \frac{1}{2}\left(\frac{\partial^2 \varepsilon_z}{\partial x^2}+\frac{\partial^2 \varepsilon_x}{\partial z^2}\right)
\end{aligned}\right\}
\tag{11-71}
$$

式（11-71）表明，在每个坐标平面内两个正应变分量一经确定，则切应变分量也即确定。

将式（11-59）中的 $\varepsilon_x$ 对 $y$ 及 $z$ 求偏导数，$\gamma_{xy}$ 对 $x$ 及 $z$ 求偏导数，$\gamma_{zx}$ 对 $x$ 及 $y$ 求偏导数，$\gamma_{yz}$ 对 $x$ 求两次偏导数，可得下列四个式子

$$
\frac{\partial^2 \varepsilon_x}{\partial y \partial z} = \frac{\partial^3 u}{\partial x \partial y \partial z}
\tag{a}
$$

$$
\frac{\partial^2 \gamma_{xy}}{\partial x \partial z} = \frac{1}{2}\left(\frac{\partial^3 v}{\partial x^2 \partial z}+\frac{\partial^3 u}{\partial x \partial y \partial z}\right)
\tag{b}
$$

$$
\frac{\partial^2 \gamma_{zx}}{\partial x \partial y} = \frac{1}{2}\left(\frac{\partial^3 w}{\partial x^2 \partial y}+\frac{\partial^3 u}{\partial x \partial y \partial z}\right)
\tag{c}
$$

$$
\frac{\partial^2 \gamma_{yz}}{\partial x^2} = \frac{1}{2}\left(\frac{\partial^3 v}{\partial x^2 \partial z}+\frac{\partial^3 w}{\partial x^2 \partial y}\right)
\tag{d}
$$

将上面式（b）加式（c）减去式（d），则等号后面消去四项，余下的两项则和式（a）的后面相同得式（11-72）第一式，同理可得

$$
\left.\begin{aligned}
\frac{\partial}{\partial x}\left(\frac{\partial \gamma_{zx}}{\partial y}+\frac{\partial \gamma_{xy}}{\partial z}-\frac{\partial \gamma_{yz}}{\partial x}\right) &= \frac{\partial^3 \varepsilon_x}{\partial y \partial z} \\
\frac{\partial}{\partial y}\left(\frac{\partial \gamma_{xy}}{\partial z}+\frac{\partial \gamma_{yz}}{\partial x}-\frac{\partial \gamma_{zx}}{\partial y}\right) &= \frac{\partial^3 \varepsilon_y}{\partial z \partial x} \\
\frac{\partial}{\partial z}\left(\frac{\partial \gamma_{yz}}{\partial x}+\frac{\partial \gamma_{zx}}{\partial y}-\frac{\partial \gamma_{xy}}{\partial z}\right) &= \frac{\partial^3 \varepsilon_z}{\partial x \partial y}
\end{aligned}\right\}
\tag{11-72}
$$

式（11-72）表明，在空间内三个切应变分量一经确定，则正应变分量也即确定。

式（11-71）和式（11-72）即所谓应变连续方程或称应变协调方程。如果已知位移分量 $u_i$，则用小变形几何方程求得的应变分量 $\varepsilon_{ij}$ 自然满足连续方程。如果先用其他方法求得应变分量，则它们必须同时满足连续方程，才能求得正确的位移分量。

最后需要指出，上述所有应变分析，虽然都是针对小变形情况，但所得结论可推广用于大变形。因为大变形是由小变形积累而成的，若将大塑性变形过程分成若干个很小的变形阶段，则每个阶段的变形仍可看成是小变形。

### 五、应变增量张量和应变速率张量

#### 1. 应变增量张量

以上所提及的应变通常称为"全量应变"，即表示单元体从初始状态开始至变形过程

终了时的全过程应变量。全量应变的大小与变形途径有关，只有知道了变形途径，才能确定全量应变的大小。如果质点曾有过几次变形，则其全量应变将是历次变形叠加的结果。但是，塑性变形是不可恢复的，单元体每经过一次加载产生的塑性变形在卸载之后仍然保留下来，并作为下一次加载时的初始状态，使得全量应变在塑性变形研究中的作用受到了很大的限制。

如图 11-20 所示，对于应力 $\sigma_a$，与此相对应的应变有 $\varepsilon_a$。但如果从 $b$ 点的应力卸载至应力 $\sigma_a$，则相应的应变为 $\varepsilon'_b$，显然 $\varepsilon'_b \neq \varepsilon_a$。同理在图 11-20 中，大于 $\varepsilon_a$ 的应变均可以于应力 $\sigma_a$ 相对应。但是，当将应变限制在一个非常小的范围内，如 $d\varepsilon$ 时，则 $d\varepsilon$ 就与该瞬时的应力状态相对应，将 $d\varepsilon$ 称为应变增量。

应变增量是变形体在变形过程中某一瞬时产生的无限小应变。与全量应变相比，应变增量是以瞬时的尺寸为计算起始点的，因此，应变增量更能准确地反映物体的变形情况。对于一般的塑性变形过程，物体的变形非常复杂，变形也往往不均匀，应变主轴也不断变化，这使得应变主轴与应变增量主轴不一定重合，因此，$d\boldsymbol{\varepsilon}_{ij}$ 并不表示 $\boldsymbol{\varepsilon}_{ij}$ 的微分，即 $\boldsymbol{\varepsilon}_{ij} \neq \int d\boldsymbol{\varepsilon}_{ij}$。应变增

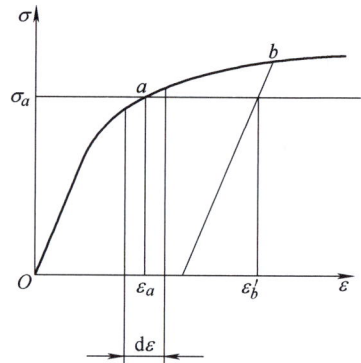

图 11-20　单向拉伸时的应力应变曲线

量与全量应变除了计算的起点以及计算过程的长度不同外，两者没有其他不同之处，因此，一点的应变增量也是应变增量张量，用符号 $d\boldsymbol{\varepsilon}_{ij}$ 来表示

$$d\boldsymbol{\varepsilon}_{ij} = \begin{pmatrix} d\varepsilon_x & d\gamma_{xy} & d\gamma_{xz} \\ d\gamma_{yx} & d\varepsilon_y & d\gamma_{yz} \\ d\gamma_{zx} & d\gamma_{zy} & d\varepsilon_z \end{pmatrix} \tag{11-73}$$

可以仿照小变形几何方程，给出应变增量与位移增量之间关系的几何方程，只要将 $d\boldsymbol{u}_{ij}$、$d\boldsymbol{\varepsilon}_{ij}$ 分别替代 $\boldsymbol{u}_{ij}$、$\boldsymbol{\varepsilon}_{ij}$ 即可。即

$$\left. \begin{aligned} d\varepsilon_x &= \frac{\partial(du)}{\partial x}; \quad d\gamma_{xy} = d\gamma_{yx} = \frac{1}{2}\left(\frac{\partial(du)}{\partial y} + \frac{\partial(dv)}{\partial x}\right) \\ d\varepsilon_y &= \frac{\partial(dv)}{\partial y}; \quad d\gamma_{yz} = d\gamma_{zy} = \frac{1}{2}\left(\frac{\partial(dw)}{\partial y} + \frac{\partial(dv)}{\partial z}\right) \\ d\varepsilon_z &= \frac{\partial(dw)}{\partial z}; \quad d\gamma_{zx} = d\gamma_{xz} = \frac{1}{2}\left(\frac{\partial(du)}{\partial z} + \frac{\partial(dw)}{\partial x}\right) \end{aligned} \right\} \tag{11-74}$$

简记为

$$d\boldsymbol{\varepsilon}_{ij} = \frac{1}{2}\left(\frac{\partial(du_i)}{\partial x_j} + \frac{\partial(du_j)}{\partial x_i}\right) \tag{11-75}$$

### 2. 应变速率张量

物体在较低温度及较慢的速度条件下变形时，可以认为材料的力学性能与变形速度无关。但是当物体在变形速度比较高的情况下就必须考虑变形速度对材料性能的影响。将式

（11-74）两边同时除以时间增量 $\mathrm{d}t$，得

$$\left.\begin{aligned}
\dot{\varepsilon}_x &= \frac{\partial \dot{u}}{\partial x}; \quad \dot{\gamma}_{xy} = \dot{\gamma}_{yx} = \frac{1}{2}\left(\frac{\partial \dot{u}}{\partial y} + \frac{\partial \dot{v}}{\partial x}\right) \\
\dot{\varepsilon}_y &= \frac{\partial \dot{v}}{\partial y}; \quad \dot{\gamma}_{yz} = \dot{\gamma}_{zy} = \frac{1}{2}\left(\frac{\partial \dot{w}}{\partial y} + \frac{\partial \dot{v}}{\partial z}\right) \\
\dot{\varepsilon}_z &= \frac{\partial \dot{w}}{\partial z}; \quad \dot{\gamma}_{zx} = \dot{\gamma}_{xz} = \frac{1}{2}\left(\frac{\partial \dot{u}}{\partial z} + \frac{\partial \dot{w}}{\partial x}\right)
\end{aligned}\right\}
\tag{11-76}$$

简记应变速率张量为

$$\dot{\varepsilon}_{ij} = \frac{\mathrm{d}\varepsilon_{ij}}{\mathrm{d}t} = \frac{1}{2}\left(\frac{\partial(\dot{u}_i)}{\partial x_j} + \frac{\partial(\dot{u}_j)}{\partial x_i}\right) \tag{11-77}$$

需要注意的是，$\dot{\varepsilon}_{ij}$ 是应变增量 $\mathrm{d}\varepsilon_{ij}$ 对时间增量 $\mathrm{d}t$ 的微商。如前所述，$\mathrm{d}\varepsilon_{ij}$ 不是全量应变 $\varepsilon_{ij}$ 的微分，$\dot{\varepsilon}_{ij}$ 一般也不是 $\varepsilon_{ij}$ 对时间的导数。

应变速率张量与应变增量张量相似，它们都是描述瞬时变形状态。在塑性成形理论中，如果不考虑变形速度对材料性能的影响，则用应变增量和应变速率计算出来的结果应该是一致的。

### 习题

**11.1** 什么是应力张量、应力球张量、应力偏张量和应力不变量？其物理意义如何？

**11.2** 什么是主应力、主切应力、八面体应力、等效应力？

**11.3** 什么是平面应力状态、平面应变的应力状态、圆柱体应力状态和球应力状态？

**11.4** 试由动量矩定理出发证明切应力互等定理。

**11.5** 设某点应力分量为

$$\boldsymbol{\sigma}_{ij} = \begin{pmatrix} 4 & 2 & 3 \\ 2 & 6 & 1 \\ 3 & 1 & 5 \end{pmatrix}$$

试求主应力及主方向（应力单位：MPa）。

**11.6** 已知应力分量为

$$\boldsymbol{\sigma}_{ij} = \begin{pmatrix} q & q & q \\ q & q & q \\ q & q & q \end{pmatrix} \qquad \boldsymbol{\sigma}_{ij} = \begin{pmatrix} 0 & \tau & 0 \\ \tau & 0 & \tau \\ 0 & \tau & 0 \end{pmatrix}$$

试求主应力，并指出应力状态的特点。

**11.7** 试求出应力张量 $\boldsymbol{\sigma}_{ij}$ 的第二不变量 $I_2$。

**11.8** 试证明等效应力 $\bar{\sigma}$ 的导出表达式为

$$\bar{\sigma} = \sqrt{\frac{3}{2}\sigma'_{ij}\sigma'_{ij}}$$

**11.9** 设在物体某一点的应力张量为 $\boldsymbol{\sigma}_{ij} = \begin{pmatrix} 0 & 10 & 20 \\ 10 & 20 & 0 \\ 20 & 0 & 10 \end{pmatrix}$ MPa，求作用在此点的平面 $x$

$+3y+z=1$ 上的应力矢量（设外法线为离开原点的方向），求应力矢量在这平面上的法向与切向分量。

11.10 设某物体内的应力场为

$$\left.\begin{array}{l} \sigma_x = -6xy^2 + c_1 x^3 \\[2mm] \sigma_y = -\dfrac{3}{2} c_2 xy^2 \\[2mm] \tau_{xy} = -c_2 y^3 - c_3 x^2 y \\[2mm] \sigma_z = \tau_{yz} = \tau_{zx} = 0 \end{array}\right\}$$

试求系数 $c_1$，$c_2$，$c_3$。（提示：应力场必须满足静力平衡微分方程。）

11.11 某质点处于平面应力状态下，现已知其中的应力分量 $\sigma_x = 20$，$\sigma_y = -40$，$\tau_{xy} = -30$，试求出其主应力、主方向、主切应力及最大切应力。

11.12 如果应力张量沿着某一坐标方向的所有分量均为零，则称为平面应力状态。在平面应力状态下的纯剪切问题中，剪切面上的切应力 $\tau > 0$，法向应力为零。试证明与剪切面的夹角为 45° 的平面为主平面，且有 $\sigma_1 = \tau$，$\sigma_2 = 0$，$\sigma_3 = -\tau$。

11.13 什么是点的应变状态？如何表示点的应变状态？应变球张量和应变偏张量各表示什么变形？

11.14 试判断下列应变场能否存在？

（1）$\varepsilon_x = xy^2$，$\varepsilon_y = x^2 y$，$\varepsilon_z = xy$，$\gamma_{xy} = 0$，$\gamma_{yz} = \dfrac{1}{2}(z^2 + y^2)$，$\gamma_{zx} = \dfrac{1}{2}(x^2 + y^2)$。

（2）$\varepsilon_x = x^2 + y^2$，$\varepsilon_y = y^2$，$\varepsilon_z = 0$，$\gamma_{xy} = 2xy$，$\gamma_{yz} = \gamma_{zx} = 0$。

11.15 设 $\varepsilon_x = a(x^2 - y^2)$，$\varepsilon_y = axy$，$\gamma_{xy} = 2bxy$，其中 $a$、$b$ 为常数。试问应变场在什么条件下成立？

# 第十二章

# 塑性与屈服准则

塑性及屈服

## 第一节　塑　　性

### 一、塑性的基本概念

所谓塑性（Plasticity），是指固体材料在外力作用下发生永久变形而不被破坏其完整性的能力。

材料的塑性不是固定不变的，它受诸多因素的影响。以金属为例，大致包括以下两个方面的因素：一是内在因素，如晶格类型、化学成分、组织状态等；二是变形的外部条件，如变形温度、应变速率、变形的力学状态等。因此，通过创造合适的内外部条件，就有可能改善金属的塑性行为。

### 二、塑性指标

衡量材料塑性好坏的指标，称为塑性指标。塑性指标是以材料开始破坏时的塑性变形量来表示的，它可借助于各种试验方法来测定。常用的试验方法有拉伸试验、压缩试验和扭转试验等。

#### 1. 拉伸试验

在材料试验机上进行，拉伸速度通常在 10mm/s 以下，对应的应变速率为 $10^{-1} \sim 10^{-3}$ $s^{-1}$，相当于一般液压机的速度范围。也有在高速试验机上进行，拉伸速度为 $3.8 \sim 4.5$m/s，相当于锻锤变形速度的下限。在拉伸试验中可以确定两个塑性指标，断后伸长率 $\delta$（%）和断面收缩率 $\psi$（%），即

$$\delta = \frac{L_K - L_0}{L_0} \times 100\% \tag{12-1}$$

$$\psi = \frac{A_K - A_0}{A_0} \times 100\% \qquad (12\text{-}2)$$

式中，$L_0$ 为拉伸试样原始距；$L_K$ 为拉伸试样断后标距；$A_0$ 为拉伸试样原始断面积，$A_K$ 为拉伸试样破断处断面积。

$\delta$ 和 $\psi$ 两个指标越高，说明材料的塑性越好。试样拉伸时，在缩颈出现以前，材料承受单向拉应力；缩颈出现以后，缩颈处承受三向拉应力。上述两个指标反映了材料在单向拉应力均匀变形阶段和三向拉应力局部变形阶段的塑性。伸长率的大小与试样原始标距 $L_0$ 有关，而断面收缩率的大小与试样原始标距无关。因此，在塑性材料中，用 $\psi$（%）作为塑性指标更合理。

### 2. 压缩试验

将圆柱体试样在压力机或落锤上进行镦粗，试样的高度 $H_0$ 一般为直径 $D_0$ 的 1.5 倍（如 $H_0 = 30\text{mm}$，$D_0 = 20\text{mm}$），用试样侧表面出现第一条裂纹时的压缩程度 $\varepsilon_c$ 作为塑性指标，即

$$\varepsilon_c = \frac{H_K - H_0}{H_0} \times 100\% \qquad (12\text{-}3)$$

式中，$H_K$ 为试样侧表面出现第一条裂纹时的高度。

镦粗时，由于接触面摩擦的影响，试样会出现鼓形，内部处于三向压应力状态，而侧表面出现切向拉应力，这种应力状态与自由锻、冷镦等塑性成形过程相近。试验资料表明，同一金属在一定的变形温度和速度条件下进行镦粗时，可能会得到不同的塑性指标，这是由于接触表面上的外摩擦条件、散热条件和试样的原始尺寸不完全一致造成的。

### 3. 扭转试验

在专门的扭转试验机上进行，材料的塑性指标用试样破断前的扭转角或扭转圈数表示。由于扭转时的应力状态接近于静水压力，且试样沿其整个长度上的塑性变形均匀，不像拉伸试验时出现缩颈和压缩试验时出现鼓形，从而排除了变形不均匀的影响，这对塑性理论的研究无疑是很重要的。

板料成形性能的模拟试验方法很多，包括胀形试验、扩孔试验、拉深试验、弯曲试验和拉深-胀形复合试验等。通过这些试验，可以获得评估各相关成形工序板料成形性能的指标。以胀形试验常用的杯突试验为例，如图 12-1 所示。

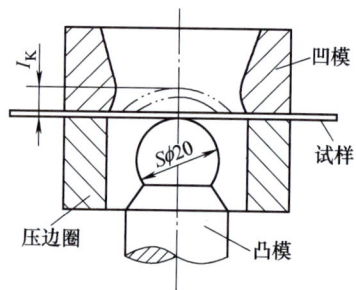

图 12-1 杯突试验

试验时，将试样在凹模与压边圈之间夹紧，球状冲头向上运动使试样胀成凸包，直到凸包产生裂纹为止，测出此时的凸包高度 $I_K$，记为杯突试验值。由于在试验过程中，试样外轮廓不收缩，板料胀出部分承受两向拉应力，其应力状态和变形特点与冲压工序中的胀形、局部成形等相同，因此，该 $I_K$ 值即可作为这类成形工序的成形性能指标。

## 第二节　屈服准则

### 一、屈服准则的一般概念

屈服准则（Yielding Rule）是描述不同应力状态下变形体内某点由弹性状态进入塑性状态，并使塑性变形状态持续进行所必须遵守的条件，因此又称为屈服条件。

在单向应力状态下，随着外力的增加，作用在变形体内的应力随之增加，当应力的数值等于材料的屈服强度 $\sigma_s$ 时，变形体由弹性变形状态进入塑性变形状态，因此，单向应力状态下的屈服准则可以用 $\sigma = \sigma_s$ 来表述。对于任意的应力状态，表述变形体内某点的应力状态需要六个应力分量或者三个主应力分量，此时当主应力分量有两个或三个不为零时，可能的应力分量之间的组合是无限多的，按照所有可能的应力组合进行试验是不可能的。因此，目前对于在任意的应力状态下描述材料由弹性变形状态进入塑性变形状态的判据仅是一种假说。

通过对简单拉伸试验的分析，可以得出下列结论：

1）在单向应力状态下，材料由弹性状态初次进入塑性状态的条件是作用在变形体上的应力等于材料的屈服强度。当应力小于材料的屈服强度时，材料处于弹性状态；当应力等于材料的屈服强度时，材料开始进入塑性状态。

2）材料进入塑性状态之后，应力与应变之间的关系是非线性的，并且不再保持弹性阶段的那种单值关系，而与加载历史有关。对于同一个应力数值，可以有许多不同的应变数值与之对应；同样，对于同一个应变数值，可以有多个应力数值与之对应。

3）对于具有应变硬化的材料，进入塑性状态后卸载并重新加载时，材料由弹性状态进入塑性状态的条件是作用在变形体上的应力等于瞬时屈服强度。

值得注意的是，简单拉伸试验的结果是随材料状态、变形条件的变化而改变的。例如，材料的组织状态、变形温度、应变速率、等静压力等，对于单向应力状态，这些因素的影响有些可以忽略，有些可以用屈服强度反映出来。

### 二、屈服准则的一般形式

材料处于单向应力状态时，只要该单向应力达到某一数值，材料即行屈服进入塑性状态。例如，标准试样拉伸时，若拉伸应力达到屈服强度，则试样开始由弹性变形转为塑性变形。但在复杂应力状态下，显然不能仅用其中某一两个应力分量的数值来判断材料是否进入塑性状态，而必须同时考虑所有的应力分量。研究表明，只有当各应力分量满足一定的关系时，材料才能进入塑性状态。这种关系称为屈服准则，也称塑性条件或塑性方程。屈服准则的数学表达式一般呈如下形式：

$$f(\sigma_{ij}) = C \tag{12-4}$$

上式左边为应力分量的函数；右边 $C$ 为与材料在给定变形条件下的力学性能有关的常数。屈服准则是针对质点而言的，如受力物体内应力均匀分布，则该物体内所有质点可以同时进入塑性状态，即该物体发生塑性变形。但在塑性变形时，应力一般不均匀分布，于是在加载过程中，某些质点将早一些进入塑性状态，这时整个物体并不一定会发生塑性变形，只有当整个物体或者某些连通区域中的质点全部进入塑性塑性状态时，该物体或该物体某连通区域才能开始塑性变形。屈服准则是求解塑性成形问题时必要的补充方程。

对于各向同性的材料，经实践检验并被普遍接受的屈服准则有两个：Tresca 屈服准则和 Mises 屈服准则。

### 三、屈服表面

以主应力 $\sigma_1$、$\sigma_2$、$\sigma_3$ 作为坐标轴，构成主应力空间。屈服函数在主应力空间所构成的几何曲面称为屈服表面。如果变形体内某点，（如 $P$ 点）的主应力是 $\sigma_1$、$\sigma_2$、$\sigma_3$，则这个应力状态可由主应力空间的应力矢量 $\overrightarrow{OP}$ 表示，如图 12-2 所示，且有

$$|\overrightarrow{OP}|^2 = \sigma_1^2 + \sigma_2^2 + \sigma_3^2 \tag{12-5}$$

现考察一原点，并且与三个主应力轴等倾斜的轴线 $OE$，其方向余弦为

$$l = m = n = \frac{1}{\sqrt{3}}$$

则应力矢量 $\overrightarrow{OP}$ 在等倾斜轴线 $OE$ 上的投影为

$$|ON| = \sigma_1 l + \sigma_2 m + \sigma_3 n = \frac{1}{\sqrt{3}}(\sigma_1 + \sigma_2 + \sigma_3) = \sqrt{3}\,\sigma_m \tag{12-6}$$

应力矢量 $\overrightarrow{OP}$ 在垂直于等倾斜轴线 $OE$ 的平面上的投影为

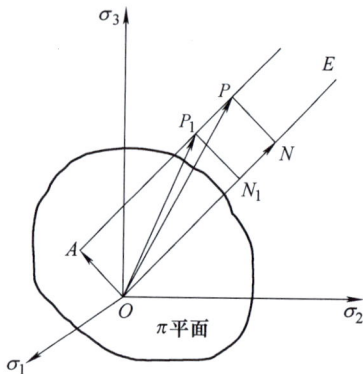

图 12-2　主应力空间

$$|NP|^2 = |OA|^2 = |\overrightarrow{OP}|^2 - |ON|^2 = \sigma_1^2 + \sigma_2^2 + \sigma_3^2 - 3\sigma_m^2$$

$$= \frac{1}{3}\left[(\sigma_1 - \sigma_2)^2 + (\sigma_2 - \sigma_3)^2 + (\sigma_3 - \sigma_1)^2\right] = \frac{2}{3}\overline{\sigma}^2 \tag{12-7}$$

由此，将主应力空间任意一点 $P$ 的应力矢量 $\overrightarrow{OP}$ 分解为两个部分，即偏应力部分 $NP$ 和球应力部分 $ON$。再考察主应力空间的另一点 $P_1$ 的应力状态。点 $P_1$ 位于过点 $P$ 所作的与等倾斜轴线 $OE$ 平行的直线上。与分解 $\overrightarrow{OP}$ 一样，将点 $P_1$ 的应力矢量 $\overrightarrow{OP_1}$ 分解为等倾斜轴 $OE$ 上的分量 $ON_1$ 和垂直于 $OE$ 的分量 $N_1P_1$，由于 $PP_1$ 平行于等倾斜轴 $OE$，因此，$N_1P_1 = NP$，即点 $P$ 和点 $P_1$ 具有相同的偏应力，仅球应力不同。由于材料的屈服取决于偏应力的大小，与球应力无关，所以，如果点 $P$ 位于屈服表面，则点 $P_1$ 也一定位于该屈服表面上。由于 $PP_1$ 及其延长线上的任意一点的偏应力均相同，并且均等于 $NP$，则 $PP_1$ 及其延长线上的所有各点也一定在该屈服表面上。因此，该屈服表面必然是由平行于等倾斜轴线 $OE$ 的母线所构成的与三个主应力轴等倾斜的柱面。当主应力空间内的任意一点 $P$ 位于该柱面以内时，该点处于弹性状态，当该点位于该柱面上时，则该点处于塑性状态，对于理想塑性材料，$P$ 点不可能在柱面之外。

屈服表面与垂直于等倾斜轴线 $OE$ 的任意平面的交线都是相同的，将这些交线称为屈

服轨迹。而其中过原点且与等倾斜轴线 $OE$ 垂直的平面，称为 $\pi$ 平面，如图 12-3 所示。显然 $\pi$ 平面上的平均应力等于零，即 $\sigma_1 + \sigma_2 + \sigma_3 = 0$。

屈服平面在 $\pi$ 平面上的投影称为 $\pi$ 平面上的屈服轨迹。主应力空间的三个相互垂直的坐标轴 $\sigma_1$、$\sigma_2$、$\sigma_3$ 在 $\pi$ 平面上的投影可分别用偏应力 $\sigma_1'$、$\sigma_2'$、$\sigma_3'$ 来表示。$\sigma_1'$、$\sigma_2'$、$\sigma_3'$ 之间的夹角为 $120°$，此时，主应力空间上的点 $P(\sigma_1,\sigma_2,\sigma_3)$ 在 $\pi$ 平面上的投影为 $P'(\sigma_1',\sigma_2',\sigma_3')$，其中 $\sigma_1' = \sqrt{\dfrac{2}{3}}\sigma_1$，$\sigma_2' = \sqrt{\dfrac{2}{3}}\sigma_2$，$\sigma_3' = \sqrt{\dfrac{2}{3}}\sigma_3$。

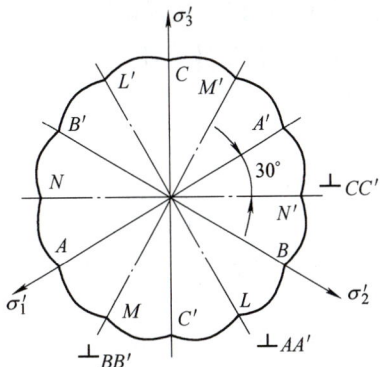

图 12-3　$\pi$ 平面上的屈服轨迹

由以上分析可知，只要确定了 $\pi$ 平面上的屈服轨迹，则整个屈服表面的形状也就确定了。由于各向同性材料的屈服与坐标的选择无关，因此，主应力空间中的点（$\sigma_1$，$\sigma_2$，$\sigma_3$）是屈服表面上的一点，则（$\sigma_1$，$\sigma_3$，$\sigma_2$）也是屈服表面上的一点。在 $\pi$ 平面上，如果点（$\sigma_1'$，$\sigma_2'$，$\sigma_3'$）是屈服轨迹上的一点，则点（$\sigma_1'$，$\sigma_3'$，$\sigma_2'$）也必然是屈服轨迹上的一点，因此屈服轨迹必对称于 $\sigma_1$ 在 $\pi$ 平面上的投射线 $AA'$。同理，屈服轨迹也必然对称于 $\sigma_2$、$\sigma_3$ 在 $\pi$ 平面上的投射线 $BB'$、$CC'$。假设各向同性材料的拉伸与压缩时屈服应力相同，若点（$\sigma_1'$，$\sigma_2'$，$\sigma_3'$）是屈服轨迹上的一点，则点（$-\sigma_1'$，$-\sigma_2'$，$-\sigma_3'$）也是屈服轨迹上的一点。因此，屈服轨迹也是对称于 $AA'$、$BB'$、$CC'$ 的垂线 $LL'$、$MM'$、$NN'$。这样，屈服轨迹至少有六条对称轴，这六条对称轴将屈服轨迹平分成 12 等份，每一等份 $30°$，只要确定了这 $30°$ 范围内的屈服轨迹，然后利用对称关系就可以确定整个屈服轨迹。

## 四、Tresca 屈服准则

1864 年，法国工程师 Tresca 公布了关于冲压和挤压的一些初步试验报告。根据这些试验，提出了如下假设：当变形体内部某点的最大切应力达到某一临界值时，该点的材料发生屈服；该临界值取决于材料在变形条件下的性质，而与应力状态无关。因此 Tresca 屈服准则又称为最大切应力准则（材料力学中称为第三强度理论），其表达式为

$$\tau_{\max} = C \tag{12-8}$$

设 $\sigma_1 > \sigma_2 > \sigma_3$，则根据式（11-39）可得

$$\tau_{\max} = \frac{1}{2}(\sigma_1 - \sigma_3) = C \tag{12-9}$$

式中 $C$ 可通过试验求得。由于 $C$ 值与应力状态无关，因此常采用简单拉伸试验确定。当拉伸试样屈服时，$\sigma_2 = \sigma_3 = 0$，$\sigma_1 = \sigma_s$，代入式（12-9）得 $C = \dfrac{1}{2}\sigma_s$。于是 Tresca 屈服准则的数学表达式为

$$\sigma_1 - \sigma_3 = \sigma_s \tag{12-10}$$

在事先不知道主应力大小次序时，Tresca 屈服准则的普遍表达式为

$$\left. \begin{array}{l} |\sigma_1 - \sigma_2| = \sigma_s \\ |\sigma_2 - \sigma_3| = \sigma_s \\ |\sigma_3 - \sigma_1| = \sigma_s \end{array} \right\} \tag{12-11}$$

311

只要其中任何一式得以满足，材料即屈服。

在薄壁管扭转时，即在纯切应力作用下，根据材料力学的结论，有 $\sigma_1 = -\sigma_3 = \tau$，屈服时 $\tau_s = k$（抗剪强度）。将以上结论代入式（12-9）便得到实用的 Tresca 屈服条件，即

$$\sigma_1 - \sigma_3 = 2k = \sigma_s \qquad (12\text{-}12)$$

因而 $k = \sigma_s/2$。

应当指出，Tresca 屈服准则表达式结构简单，计算方便，故较常用。但不足之处是未反映出中间主应力 $\sigma_2$ 的影响，因而会带来一定的误差。

### 五、Mises 屈服准则

#### 1. Mises 屈服准则的建立

Mises 注意到 Tresca 屈服准则未考虑到中间主应力的影响，且在主应力大小次序不明确的情况下难以正确选用，于是从纯数学的观点出发，建议采用如下的屈服准则

$$\frac{1}{6}\left[(\sigma_x - \sigma_y)^2 + (\sigma_y - \sigma_z)^2 + (\sigma_z - \sigma_x)^2 + 6(\tau_{xy}^2 + \tau_{yz}^2 + \tau_{zx}^2)\right] = C_1$$

若用主应力表示，则为

$$\frac{1}{6}\left[(\sigma_1 - \sigma_2)^2 + (\sigma_2 - \sigma_3)^2 + (\sigma_3 - \sigma_1)^2\right] = C_1 \qquad (12\text{-}13)$$

等号右边的 $C_1$ 取决于材料在变形条件下的性质，而与应力状态无关。已知拉伸试样屈服时，$\sigma_2 = \sigma_3 = 0$，$\sigma_1 = \sigma_s$；将此条件代入式（12-13），得 $C_1 = \dfrac{\sigma_s^2}{3}$。而薄壁管扭转时 $C_1 = \tau_s^2$。于是 Mises 屈服准则的表达式为

$$(\sigma_x - \sigma_y)^2 + (\sigma_y - \sigma_z)^2 + (\sigma_z - \sigma_x)^2 + 6(\tau_{xy}^2 + \tau_{yz}^2 + \tau_{zx}^2) = 2\sigma_s^2 = 6\tau_s^2 \qquad (12\text{-}14)$$

用主应力表示则为

$$(\sigma_1 - \sigma_2)^2 + (\sigma_2 - \sigma_3)^2 + (\sigma_3 - \sigma_1)^2 = 2\sigma_s^2 \qquad (12\text{-}15)$$

显然上述统一的方程式，既考虑了中间主应力的影响，又无须事先区分主应力的大小次序。

Mises 在提出上述准则时，并没有考虑到它所代表的物理意义。但试验结果却表明，对于塑性金属材料，这个准则更符合实际。

为了说明 Mises 屈服准则的物理意义，Hencky（汉基）将式（12-15）两边各乘以 $\dfrac{1+\nu}{6E}$，其中 $E$ 为弹性模量，$\nu$ 为泊松比，于是得

$$\frac{1+\nu}{6E}\left[(\sigma_1 - \sigma_2)^2 + (\sigma_2 - \sigma_3)^2 + (\sigma_3 - \sigma_1)^2\right] = \frac{1+\nu}{3E}\sigma_s^2 \qquad (12\text{-}16)$$

可以证明，上式等号左边项即为材料单位体积弹性形状变化能，而右边项即为单向拉伸屈服时单位体积的形状变化能。

按照 Hencky 的上述分析，Mises 屈服准则又可以表述为：材料质点屈服的条件是其单位体积的弹性形状变化能达到某个临界值；该临界值只取决于材料在变形条件下的性质，而与应力状态无关。因此，Mises 屈服准则又称为弹性形状变化能准则。

Nadai 对 Mises 方程做了另一个解释，他认为当八面体切应力 [式(11-47)] $\tau_8$ 达到某一常数时，材料即开始进入塑性状态，即

$$\tau_8 = \frac{1}{3}\sqrt{(\sigma_1-\sigma_2)^2+(\sigma_2-\sigma_3)^2+(\sigma_3-\sigma_1)^2} = C = \frac{\sqrt{2}}{3}\sigma_s$$

时材料屈服，这个方程式也与 Mises 方程相同。

### 2. Mises 屈服准则的物理意义

Mises 屈服准则主要是考虑到数学处理上的方便，没有考虑其物理意义。Mises 当时认为 Tresca 屈服准则是准确的，而他自己所提出的屈服准则是近似的。但以后的大量试验证明，对于绝大多数金属材料，Mises 屈服准则更接近试验数据。Henky 于 1924 年从能量角度阐明了 Mises 准则的物理意义，他认为 Mises 准则相当于弹性变形能量达到某一定值的情况。此时 Mises 准则可以表述为："无论在何种应力状态下，当变形体单位体积弹性变形能量到达某一定值时，材料进入塑性状态。" 设 $W$ 为单位体积弹性总能量，$W_s$ 为单位体积弹性变形能量，$W_v$ 为单位体积弹性体积变化能量。在主坐标系下，单位体积弹性总能量为

$$W = \frac{1}{2}(\sigma_1\varepsilon_1 + \sigma_2\varepsilon_2 + \sigma_3\varepsilon_3) \tag{12-17}$$

在弹性变形范围内，广义胡克定律为

$$\left. \begin{aligned} \varepsilon_1 &= \frac{1}{E}[\sigma_1 - \nu(\sigma_2+\sigma_3)] \\ \varepsilon_2 &= \frac{1}{E}[\sigma_2 - \nu(\sigma_3+\sigma_1)] \\ \varepsilon_3 &= \frac{1}{E}[\sigma_3 - \nu(\sigma_1+\sigma_2)] \end{aligned} \right\} \tag{12-18}$$

式中，$E$ 为弹性模量；$\nu$ 为泊松比。

将式(12-18)代入式(12-17)得

$$W = \frac{1}{2E}[\sigma_1^2 + \sigma_2^2 + \sigma_3^2 - 2\nu(\sigma_1\sigma_2 + \sigma_2\sigma_3 + \sigma_3\sigma_1)] \tag{12-19}$$

单位体积弹性体积变化能量为

$$W_v = \frac{1}{2}(\sigma_m\varepsilon_m + \sigma_m\varepsilon_m + \sigma_m\varepsilon_m) = \frac{3}{2}\sigma_m\varepsilon_m$$

$$= \frac{1}{6}(\sigma_1+\sigma_2+\sigma_3)(\varepsilon_1+\varepsilon_2+\varepsilon_3) \tag{12-20}$$

将式(12-18)代入式(12-20)，可得

$$W_v = \frac{1-2\nu}{6E}(\sigma_1+\sigma_2+\sigma_3)^2 \tag{12-21}$$

单位体积弹性变形能量等于单位体积弹性总能量减去单位体积弹性体积变化能量，即

$$W_s = W - W_v = \frac{1+\nu}{6E}[(\sigma_1-\sigma_2)^2+(\sigma_2-\sigma_3)^2+(\sigma_3-\sigma_1)^2] \tag{12-22}$$

采用单向拉伸试验或者纯剪切试验，可以确定材料发生屈服时的单位体积弹性变形能

量 $W_s$。

采用单向拉伸试验有

$$W_s = \frac{1+\nu}{3E}\sigma_s^2 \qquad (12\text{-}23)$$

采用纯剪切试验有

$$W_s = \frac{1+\nu}{E}k^2 \qquad (12\text{-}24)$$

将式（12-23）或式（12-24）代入式（12-22），即可得到 Mises 屈服准则表达式（12-15）。

### 六、屈服准则的几何表示

由式（12-11）和式（12-15）可以看出，屈服条件均可表示为主应力 $\sigma_1$、$\sigma_2$、$\sigma_3$ 的函数，无论是 Tresca 屈服准则还是 Mises 屈服准则均如此。若以 $\sigma_1$、$\sigma_2$、$\sigma_3$ 这三个互相正交的应力分量为基底，构造一个笛卡儿坐标系，则此空间坐标被称为主应力空间，它可被用来描述变形物体内某一点的应力状态及屈服条件。

在主应力空间中，物体内任一点的应力状态都可用相应点的坐标矢量 $\overrightarrow{OP}$ 来描述，如图 12-4a 所示。若以 $i$、$j$、$k$ 表示三个坐标轴上的单位矢量，则 $\overrightarrow{OP}$ 为

$$\overrightarrow{OP} = \sigma_1 i + \sigma_2 j + \sigma_3 k$$

将其分解为应力偏量与静水压力部分，有

$$\overrightarrow{OP} = \sigma_1' i + \sigma_2' j + \sigma_3' k + (\sigma_m i + \sigma_m j + \sigma_m k) = \overrightarrow{NP} + \overrightarrow{ON}$$

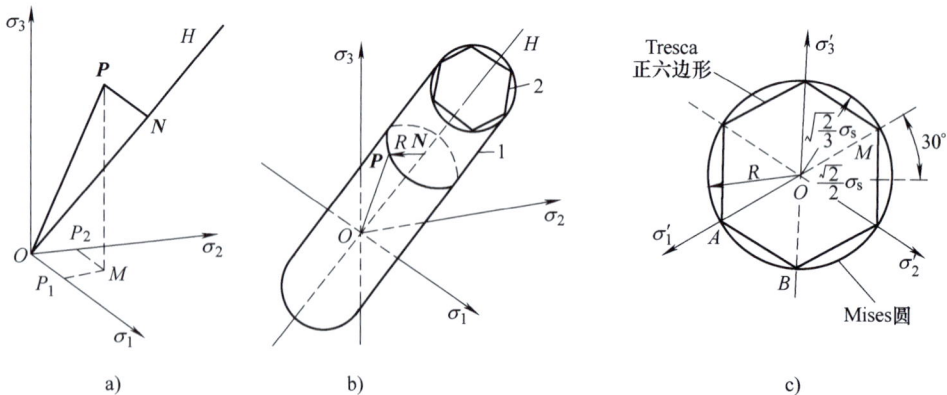

图 12-4　屈服条件的几何表示

a）主应力空间　b）塑性曲面　c）$\pi$ 平面

$\overrightarrow{NP}$ 为主偏差应力矢量，$\overrightarrow{ON}$ 矢量则与 $\sigma_1$、$\sigma_2$、$\sigma_3$ 轴的夹角相等且正交于过原点的平面

$$\sigma_1 + \sigma_2 + \sigma_3 = 0$$

在上述平面上，平均正应力为零，习惯上称之为 $\pi$ 平面。

将 Tresca 屈服准则的数学表达式推广到主应力空间的一般情况，则有

$$\left.\begin{array}{l} \sigma_1 - \sigma_2 = \pm 2k = \pm\sigma_s \\ \sigma_2 - \sigma_3 = \pm 2k = \pm\sigma_s \\ \sigma_3 - \sigma_1 = \pm 2k = \pm\sigma_s \end{array}\right\} \qquad (12\text{-}25)$$

式（12-25）在主应力空间表示为一个由六个平面构成的与 $\sigma_1$、$\sigma_2$、$\sigma_3$ 轴等倾斜的正六棱形柱面。可以证明，由式（12-15）所确定的主应力空间图形为一个外接上述正六棱柱的圆柱面，如图 12-4b 所示。由此图可见，若将 $\pi$ 平面沿等倾斜轴（即屈服面的对称轴）移动，则屈服面在 $\pi$ 平面上的轨迹不变，均为以矢量 $\overrightarrow{OB}$ 为半径的圆。由前面的 $\overrightarrow{OP} = \sigma_1' \boldsymbol{i} + \sigma_2' \boldsymbol{j} + \sigma_3' \boldsymbol{k} + (\sigma_m \boldsymbol{i} + \sigma_m \boldsymbol{j} + \sigma_m \boldsymbol{k})$ 可知，由于静水压力对屈服无影响，则 $\overrightarrow{ON}$ 的变化仅反映为 $\sigma_m$ 值的改变，即静水压力值的改变。屈服面在 $\pi$ 平面上的轨迹可用来解释屈服条件。图 12-4c 绘出了 $\pi$ 平面上屈服条件的轨迹，Mises 屈服条件为一半径 $r = \sqrt{\dfrac{2}{3}}\sigma_s$ 的圆，而 Tresca 屈服条件为一与其内切的正六边形。在纯剪切时，即图 12-4c 中 $M$ 点处，两者差别最大。

应该指出，若表示应力状态的点 $P(\sigma_1, \sigma_2, \sigma_3)$ 在柱面以内，则物体处于弹性状态；若塑性变形继续增加并产生加工硬化，则随 $\sigma_s$ 和 $k$ 值的增加，柱面的半径将加大，可见此点必在柱面上，即实际应力状态不可能处于柱面之外。

**例 12-1：** 一应力张量

$$\boldsymbol{\sigma}_{ij} = \begin{pmatrix} 750 & 150 & 0 \\ 150 & 150 & 0 \\ 0 & 0 & 0 \end{pmatrix} \text{MPa}$$

施加于某物体上。若在此应力张量作用下，刚好引起屈服，问：根据 Tresca 屈服准则以及 Mises 屈服准则，此材料的屈服强度 $\sigma_s$ 各为多少？

**解：** 由于给定的应力状态为平面状态，则按材料力学中求主应力的公式

$$\sigma_{1,2} = \frac{1}{2}(\sigma_x + \sigma_y) \pm \frac{1}{2}\sqrt{(\sigma_x - \sigma_y)^2 + 4\tau_{xy}^2}$$

$$\sigma_1 = \left(\frac{1}{2}(750+150) + \frac{1}{2}\sqrt{(750-150)^2 + 4\times150^2}\right) \text{MPa} = 785.41 \text{MPa}$$

$$\sigma_2 = \left(\frac{1}{2}(750+150) - \frac{1}{2}\sqrt{(750-150)^2 + 4\times150^2}\right) \text{MPa} = 114.59 \text{MPa}$$

而 $\sigma_3 = 0$（平面应力状态）

根据 Tresca 屈服准则应有

$$\sigma_s = \sigma_1 - \sigma_3 = 785.4 \text{MPa}$$

根据 Mises 屈服准则应有

$$2\sigma_s^2 = [(785.41-114.59)^2 + (114.59-0)^2 + (0-785.41)^2] \text{MPa} = 1079999.21 \text{MPa}$$

$$\sigma_s = 734.85 \text{MPa}$$

显然，按不同的屈服条件计算出的单向屈服应力并不相等。

### 七、两个屈服准则的比较

#### 1. 两个屈服准则的特点

（1）拉伸屈服应力 $\sigma_s$ 与剪切屈服应力 $k$ 的关系　在两个屈服准则中，拉伸屈服应力与剪切屈服应力具有固定的关系，即 Tresca 屈服准则 $\sigma_s = 2k$ 和 Mises 屈服准则 $\sigma_s = \sqrt{3}\,k$。

（2）与坐标的选择无关　Tresca 屈服准则中的最大切应力是用最大和最小主应力来表示的，而主应力与坐标的选择无关。Mises 屈服准则是用应力偏张量的第二不变量来表示的，因此两种屈服准则均与坐标的选择无关。

（3）中间主应力的影响　在 Tresca 屈服准则中，只考虑了最大和最小主应力对材料屈服的影响，没有考虑中间主应力对材料屈服的影响。而 Mises 屈服准则由于考虑了中间主应力对屈服的影响，因此，与试验结果的吻合程度比 Tresca 屈服准则的好。

（4）静水压力的影响　静水压力对两种屈服准则没有影响。在原来应力状态上叠加一个正的或负的平均应力，两种屈服准则的表达式不变。

（5）在主应力空间中的几何形状　在主应力空间中，Tresca 屈服准则为一个与三个坐标轴等倾斜的六棱柱面（图 12-5），在 $\pi$ 平面上为一个正六边形（图 12-6），称为 Tresca 正六边形。Mises 屈服准则在主应力空间为一个与三个坐标轴等倾斜的圆柱面，在 $\pi$ 平面上为一个圆，称为 Mises 圆。

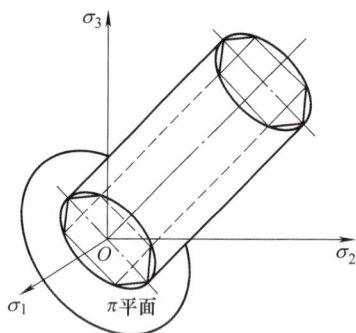

图 12-5　主应力空间中的屈服表面

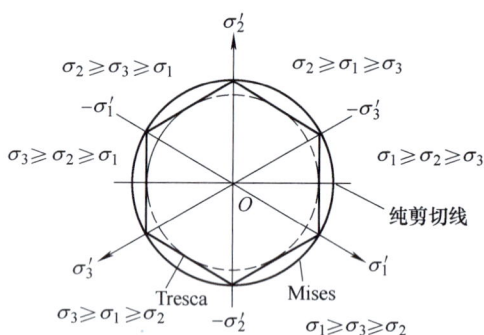

图 12-6　$\pi$ 平面上的屈服轨迹

（6）应用上的限制　在主应力顺序已知时，Tresca 屈服准则是主应力分量的线性函数，使用起来非常方便，在工程设计中常常被采用。而 Mises 屈服准则显得复杂。但是，当主应力顺序未知时，Tresca 屈服准则为六次方程，显然比 Mises 屈服准则复杂得多。

#### 2. 两个屈服准则的联系

由于假设材料是各向同性的，材料的拉伸屈服应力与压缩屈服应力相同，因此，通过单向拉伸（或压缩）试验可以确定主应力空间中的六个点，相应地在 $\pi$ 平面上也有六个点与之对应。通过纯剪切试验也可以确定主应力空间中的六个点，Tresca 屈服准则是用直线将这六个点连接起来的，而 Mises 屈服准则是用圆将这六个点连接起来的。这样一来，两个屈服准则就可以通过两种方法联系起来。一种方法是假定两个屈服准则所预测的单向拉伸（或压缩）屈服应力相同，另一种方法是假定两个屈服准则所预测的剪切屈服应力相同。

（1）假定两个屈服准则所预测的单向拉伸（或压缩）屈服应力相同 该方法是采用单向拉伸试验确定两个屈服准则中的常数 $C$。由此所确定的两个屈服准则在主应力空间中的描述单向拉伸（或压缩）应力状态的点处重合。在主应力空间中，描述单向拉伸或单向压缩应力状态的点有六个，即

$$
\left.\begin{array}{ll}
\sigma_1 = \pm\sigma_s, & \sigma_2 = \sigma_3 = 0 \\
\sigma_2 = \pm\sigma_s, & \sigma_1 = \sigma_3 = 0 \\
\sigma_3 = \pm\sigma_s, & \sigma_1 = \sigma_2 = 0
\end{array}\right\}
\tag{12-26}
$$

由于所考察的是同一点的应力状态，因此，两个屈服准则在这六个点处重合。在 $\pi$ 平面上也有相应的六个点，即 $\sigma_1' = \pm\sqrt{\dfrac{2}{3}}\sigma_s$，$\sigma_2' = \pm\sqrt{\dfrac{2}{3}}\sigma_s$，$\sigma_3' = \pm\sqrt{\dfrac{2}{3}}\sigma_s$。此种情况下，在主应力空间，Mises 屈服准则的圆柱面外接于 Tresca 屈服准则的六棱柱面，在 $\pi$ 平面上，Mises圆是 Tresca 正六边形的外接圆，如图 12-6 所示。Mises 圆的半径为 $\sqrt{\dfrac{2}{3}}\sigma_s$。从图 12-6 中可以看出，当假定两个屈服准则所预测的单向拉伸（或压缩）屈服应力相同时，两个屈服准则在纯切应力状态下的差别最大。此时，按 Mises 屈服准则有 $\tau = \sigma_1 = -\sigma_3 = \dfrac{\sigma_s}{\sqrt{3}}$，按 Tresca 屈服准则有 $\tau' = \sigma_1 = -\sigma_3 = \dfrac{\sigma_s}{2}$，由此可得

$$
\frac{\tau}{\tau'} = \frac{2}{\sqrt{3}}
\tag{12-27}
$$

（2）假定两个屈服准则所预测的剪切屈服应力相同 该方法是采用纯剪切试验确定两个屈服准则中的常数 $C$。由此所确定的两个屈服准则在主应力空间中的描述切应力状态的点处重合。在主应力空间中，描述纯切应力状态的点有六个，即

$$
\left.\begin{array}{ll}
\sigma_1 = -\sigma_3 = \pm k, & \sigma_2 = 0 \\
\sigma_2 = -\sigma_1 = \pm k, & \sigma_3 = 0 \\
\sigma_3 = -\sigma_2 = \pm k, & \sigma_1 = 0
\end{array}\right\}
\tag{12-28}
$$

由于所考察的是同一点的应力状态，因此，两个屈服准则在这六个点处重合。在 $\pi$ 平面上也有相应的六个点，这六个纯切应力状态的点位于与主轴 $\sigma_1'$、$\sigma_2'$、$\sigma_3'$ 成 30° 交角线上。此种情况下，在主应力空间，Mises 屈服准则的圆柱面内接于 Tresca 屈服准则的六棱柱面，在 $\pi$ 平面上，Mises 圆是 Tresca 正六边形的内切圆（如图 12-6 虚线所示）。Mises 圆的半径为 $\sqrt{2}k$。根据图 12-7 分析可以得出，当假定两个屈服准则所预测的剪切屈服应力相同时，两个屈服准则在单向拉伸（或压缩）应力状态下的差别最大。此时，按 Mises 屈服准则有 $\sigma_1 = \sigma_s = \sqrt{3}k$，按 Tresca 屈服准则有 $\sigma_1 = \sigma_s' = 2k$，由此可得

$$
\frac{\sigma_s'}{\sigma_s} = \frac{2}{\sqrt{3}}
\tag{12-29}
$$

### 3. 与试验数据的比较

两个屈服准则是否正确，必须进行试验验证。常用的试验方法有两种，即薄壁管承受

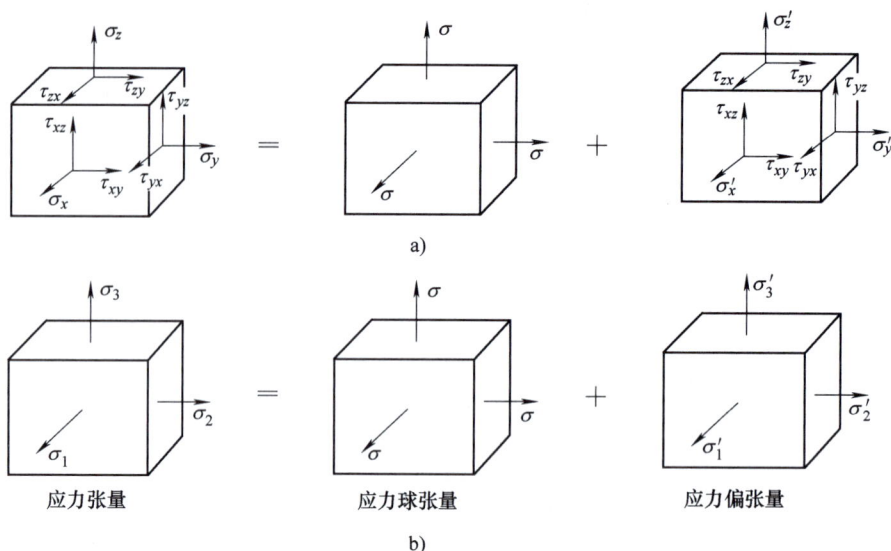

图 12-7　应力张量的分解

a）任意坐标系　b）主轴坐标系

轴向拉力和扭矩作用以及薄壁管承受轴向拉力和内压力（液压）作用。

（1）薄壁管承受轴向拉力 $F$ 和扭矩 $M$ 作用　1931 年泰勒（Taylor）和奎乃（Quinney）对铜、铝、软钢薄壁管进行了轴向拉力 $F$ 和扭矩 $M$ 复合加载试验。如图 12-8a 所示，设薄壁管的平均直径为 $D$，壁厚为 $\delta$，由材料力学可知，某点 $A$ 处的轴向应力 $\sigma$ 和切应力 $\tau$ 分别为

$$\sigma = \frac{F}{\pi D \delta}, \quad \tau = \frac{2M}{\pi D^2 \delta} \tag{12-30}$$

由上式可求出主应力，即

$$\left.\begin{array}{l} \sigma_1 = \dfrac{\sigma}{2} + \sqrt{\left(\dfrac{\sigma}{2}\right)^2 + \tau^2} \\[2mm] \sigma_2 = 0 \\[2mm] \sigma_3 = \dfrac{\sigma}{2} - \sqrt{\left(\dfrac{\sigma}{2}\right)^2 + \tau^2} \end{array}\right\} \tag{12-31}$$

将上式分别代入两个屈服准则式（12-10）、式（12-15），可得 Tresca 屈服准则为

$$\left(\frac{\sigma}{\sigma_s}\right)^2 + 4\left(\frac{\tau}{\sigma_s}\right)^2 = 1 \tag{12-32}$$

Mises 屈服准则为

$$\left(\frac{\sigma}{\sigma_s}\right)^2 + 3\left(\frac{\tau}{\sigma_s}\right)^2 = 1 \tag{12-33}$$

式（12-32）、式（12-33）的理论曲线与试验结果如图 12-8b 所示。从图中可以看出，试验数据更接近于 Mises 屈服准则。

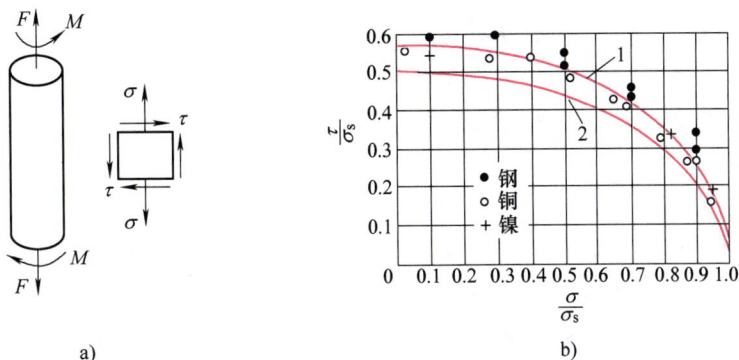

图 12-8　薄壁管承受轴向拉力 $F$ 和扭矩 $M$ 时的试验结果

a）薄壁管承受轴向拉力 $F$ 和扭矩 $M$　b）试验结果
1—Mises 屈服准则　2—Tresca 屈服准则

（2）薄壁管承受轴向拉力 $F$ 和内压力 $p$ 作用　罗德（Lode）于 1926 年对铜、铝、软钢薄壁管进行了轴向拉力 $F$ 和内压力 $p$ 复合加载试验。图 12-9 所示为薄壁管承受轴向拉力 $F$ 和内压力 $p$ 时的试验结果。为了便于比较试验结果，罗德将 Tresca 屈服准则式（12-10）改写成

$$\frac{\sigma_1-\sigma_3}{\sigma_s}=1 \tag{12-34}$$

将 Mises 屈服准则式（12-15）改写成

$$\frac{\sigma_1-\sigma_3}{\sigma_s}=\frac{2}{\sqrt{3+\mu_\sigma^2}} \tag{12-35}$$

$$\mu_\sigma=\frac{2\sigma_2-\sigma_1-\sigma_3}{\sigma_1-\sigma_3} \tag{12-36}$$

式中，$\mu_\sigma$ 为罗德应力参数。

取 $\dfrac{\sigma_1-\sigma_3}{\sigma_s}$ 为纵坐标，$\mu_\sigma$ 为横坐标，在图 12-9 中按 Tresca 屈服准则式（2-32）为一水平直线，按 Mises 屈服准则式（12-33）为一条曲线。当 $\mu_\sigma=\pm1$ 时，两个屈服准则的预测结果相同；当 $\mu_\sigma=0$ 时，两个屈服准则的预测结果相差最大，即有 $\dfrac{2}{\sqrt{3}}-1=0.1555$ 或 $15.5\%$。

从图 12-9 中可以看出，试验数据处于两个屈服准则之间，但更接近于 Mises 屈服准则。由于两个屈服准则均与试验结果吻合较好，在数学运算上又各有其方便之处，并且

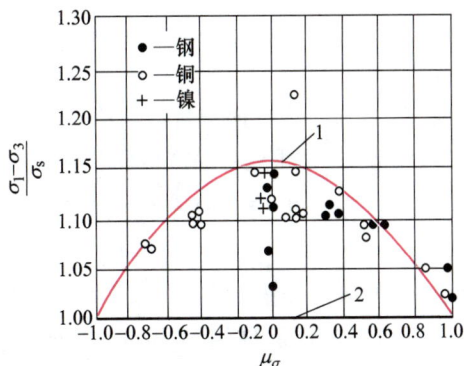

图 12-9　薄壁管承受轴向拉力 $F$ 和
内压力 $p$ 时的试验结果

1—Mises　2—Tresca

两者的最大差别仅为 15.5%，因此，在实用上，两个屈服准则都被广泛使用。有时，也将这两个屈服准则写成同一的数学表达式，即

$$\sigma_{max} - \sigma_{min} = \beta\sigma_s \tag{12-37}$$

式中，$\beta$ 为应力修正系数，取值范围为 $1 \leq \beta \leq 1.155$。

### 八、应变硬化材料的屈服准则

以上所讨论的屈服准则只适用于各向同性的理想塑性材料。记载塑性变形过程中，屈服表面或屈服轨迹保持不变。对于应变硬化材料，初始屈服可以认为仍服从前述的屈服准则，但当材料产生应变硬化后，屈服准则将发生变化，在变形过程中的某一瞬时，都有一个后继的瞬时屈服表面和屈服轨迹。后继屈服表面的变化非常复杂，尤其是随着应变的增加，材料的各向异性显著，使问题更加复杂，因此，需要对材料的应变硬化性质做出某些简单的假设。最常见的是各向同性硬化假设，即假设材料经应变硬化后仍保持各向同性，其屈服轨迹的中心位置和形状保持不变。也就是说，$\pi$ 平面上的屈服轨迹仍保持为圆形或正六边形。各向同性硬化假设的含义就是屈服函数保持不变，只是用瞬时屈服应力 $Y$ 代替屈服强度 $\sigma_s$。因此，后继屈服轨迹围绕初始屈服轨迹均匀膨胀，并与初始屈服轨迹同心，即 Tresca 屈服轨迹为一族同心正六边形，Mises 屈服轨迹为一族同心圆，如图 12-10 所示。

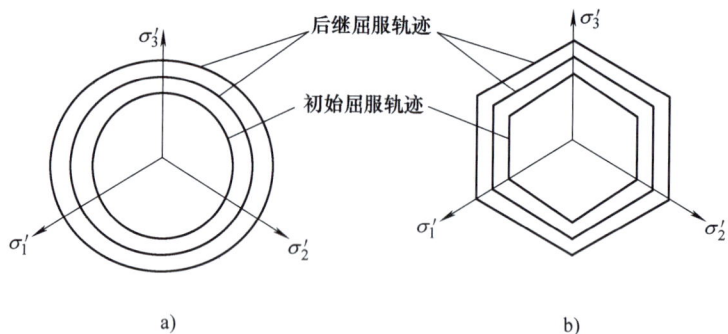

图 12-10 各向同性应变硬化材料的屈服轨迹
a) Mises 圆 b) Tresca 正六边形

**例 12-2**：一个两端封闭的薄壁圆筒，半径为 $r$，壁厚为 $t$，受内压力 $p$ 的作用，如图 12-11 所示。试求此圆筒产生屈服时的内压力 $p$（设材料单向拉伸时的屈服强度为 $\sigma_s$）。

**解**：先求出应力分量。在筒壁选取一单元体，采用圆柱坐标，单元体上的应力分量如图 12-11 所示。

根据平衡条件可求得应力分量为

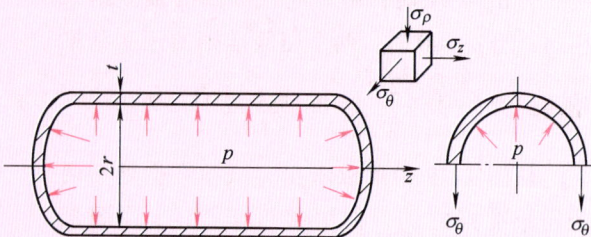

图 12-11 受内压的薄壁圆筒

$$\sigma_z = \frac{p\pi r^2}{2\pi rt} = \frac{pr}{2t} > 0$$

$$\sigma_\theta = \frac{p2r}{2t} = \frac{pr}{t} > 0$$

$\sigma_\rho$ 沿壁厚为线性分布，在内表面 $\sigma_\rho = p$，在外表面 $\sigma_\rho = 0$。

圆筒的内表面首先产生屈服，然后向外扩展，当外表面产生屈服时，整个圆筒就开始塑性变形，因此应研究圆筒外表面的屈服条件，显然

$$\sigma_1 = \sigma_\theta = \frac{pr}{t}, \quad \sigma_2 = \sigma_z = \frac{pr}{2t}, \quad \sigma_3 = \sigma_\rho = 0$$

1）由 Mises 屈服准则

$$(\sigma_1 - \sigma_2)^2 + (\sigma_2 - \sigma_3)^2 + (\sigma_3 - \sigma_1)^2 = 2\sigma_s^2$$

即

$$\left(\frac{pr}{t} - \frac{pr}{2t}\right)^2 + \left(\frac{pr}{2t} - 0\right)^2 + \left(0 - \frac{pr}{t}\right)^2 = 2\sigma_s^2$$

所以求得

$$p = \frac{2t}{\sqrt{3}\,r}\sigma_s$$

2）由 Tresca 屈服准则

$$\sigma_1 - \sigma_3 = \sigma_s$$

即

$$\frac{pr}{t} - 0 = \sigma_s$$

所以求得

$$p = \frac{t}{r}\sigma_s$$

## 习题

12.1　一直径为 50mm 的圆柱形试样在无摩擦的光滑平面间镦粗，当总压力达到 314kN 时试样屈服。现设在圆柱体周围加上 10MPa 的静水压力，试求试样屈服时所需的总压力。

12.2　一薄壁管，内径 80mm，壁厚 4mm，承受内压力 $p$，材料的屈服应力为 200MPa，假定管壁上的径向应力 $\sigma_r \approx 0$。试用 Mises 屈服准则分别求出下列情况下管子屈服时的电压力 $p$：1）管子两端自由；2）两端封闭；3）两端加 100kN 的压力。

12.3　设薄壁球壳的半径为 $R$，厚度为 $t(t \ll R)$，承受内压力 $p$，试用 Mises 屈服准则求薄壁球壳屈服时的内压力 $p$。

12.4　在第十一章习题 11.12 中，如果纯剪切的应力张量满足 Mises 屈服准则，设材料的屈服强度为 $\sigma_s$，试证明 $\tau = \dfrac{\sigma_s}{\sqrt{3}} = k$。

12.5　已知材料的正应力 $\sigma = B \in^n$ 或 $\sigma = C\varepsilon^m$，试证 $m = 1 - e^{-n}$。式中 $\in$ 为对数应变，$\varepsilon$ 为工程应变。

# 第十三章

# 本构方程

本构方程：塑性变形时应力状态与应变状态之间的关系的数学表达式，也称物理方程。

## 第一节　塑性变形时应力应变关系的特点

### 一、应力-应变关系的特点

1）弹性变形时应力应变呈线性关系且弹性变形是可逆的，可用广义胡克定律来描述。

2）塑性变形时应力应变呈非线性关系且塑性变形是不可逆的。

3）塑性应变状态和加载的历史过程相关。

4）简单加载状态：加载过程中各应力分量始终保持比例关系且主轴的方向、顺序不变，则塑性应变分量也按比例增加，这时塑性应变全量与应力状态就有相对应的函数关系。

到目前为止，所有描述塑性应力应变关系的理论可分为两大类：

① 增量理论——描述材料在塑性状态下应力与应变增量（或应变速度）之间的关系，如 Levy-Mises 理论和 Prandtl-Reuss 理论。

② 全量理论——描述材料在塑性状态下应力与应变全量之间的关系，如 Hencky 方程和伊留申理论。

一般而言，全量理论在数学上比较简单，便于实际应用，但其应用范围有限，主要适用于简单加载及小塑性变形（弹、塑性变形处于同一量级）的情况；而增量理论则不受加载方式限制，然而，由于它所描述的是应力与应变速度之间的关系，故在实际应用中需沿加载过程中的变形路径进行积分，计算相当复杂。

早在 1870 年 B. Saint-Venant 就提出应力主轴与应变增量主轴相重合，而不是与全量应变主轴重合。

## 二、等效应力-等效应变曲线

塑性变形时的应力与应变之间的关系，可以归结为等效应力与等效应变之间的关系，即 $\overline{\sigma}=f(\overline{\varepsilon})$。这种关系只与材料的性质、变形条件有关，而与应力状态无关。试验表明，按不同应力组合所得到的 $\overline{\sigma}\text{-}\overline{\varepsilon}$ 曲线与简单拉伸时的应力-应变曲线基本相同。因此，可以假设，对于同一种材料，在变形情况相同的条件下，等效应力与等效应变曲线是单一的，称为单一曲线假设。根据此假设，人们可以采取简单的试验方法来确定材料的等效应力与等效应变曲线。下面介绍最常用的三种试验方法：

### 1. 单向拉伸试验

对于圆柱体单向拉伸时的应力状态和应变状态为：$\sigma_1$，$\sigma_2=\sigma_3=0$；$\varepsilon_1=-(\varepsilon_2+\varepsilon_3)$，$\varepsilon_2=\varepsilon_3$。代入前述等效应力式（11-50）和等效应变式（11-69），可得 $\overline{\sigma}=\sigma_1$，$\overline{\varepsilon}=\varepsilon_1$，由此可见，采用圆柱体单向拉伸试验得到的应力-应变曲线就是等效应力-等效应变曲线。需要注意的是，该关系只适合产生缩颈之前。

### 2. 单向压缩试验

为了获得较大应用范围内的 $\overline{\sigma}\text{-}\overline{\varepsilon}$ 曲线，就需要采取圆柱体试样的轴对称单向压缩试验。单向压缩试验的主要问题是试样与工具之间的摩擦，摩擦力的存在会改变试样的单向均匀压缩状态。因此，为了获得精确的单向压缩应力-应变曲线，就必须消去接触表面间的摩擦。

圆柱体单向压缩应力状态为：$\overline{\sigma}=-\sigma_1$，$\overline{\varepsilon}=-\varepsilon_1$。

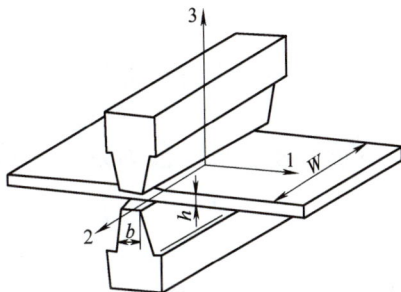

图 13-1 平面应变压缩试验

### 3. 平面应变压缩试验

如图 13-1 所示，设平面应变压缩时的板料宽度为 $W$，工具宽度为 $b$，厚度为 $h$，则一般取 $W/b=6\sim10$，$b=(2\sim4)h$。此时沿板料宽度方向的宽展可以忽略，可将板料看作是处于平面应变状态。平面应变单向压缩时的应力状态与应变状态为：$\sigma_3$，$\sigma_1=0$，$\sigma_2=\dfrac{\sigma_1+\sigma_3}{2}$，$\varepsilon_2=0$，$\varepsilon_1=-\varepsilon_3$。代入前述等效应力式（11-50）和等效应变式（11-69），可得

$$\overline{\sigma}=-\frac{\sqrt{3}}{2}\sigma_3, \quad \overline{\varepsilon}=-\frac{2}{\sqrt{3}}\varepsilon_3$$

## 三、等效应力-等效应变曲线的简化模型

采用以上试验方法获取的 $\overline{\sigma}\text{-}\overline{\varepsilon}$ 曲线一般比较复杂，不能用简单的函数形式来描述。在实际的应用中，通常将其简化为以下几种模型。

### 1. 理想弹塑性材料模型

理想弹塑性材料模型的特点是应力达到屈服应力以前，应力应变呈线性关系，应力达到屈服应力以后，保持为常数，如图13-2a所示。数学表达式为

$$\left.\begin{array}{l}\overline{\sigma}=E\,\overline{\varepsilon}, \quad \overline{\varepsilon}\leqslant\varepsilon_{\mathrm{e}}\\\overline{\sigma}=\sigma_{\mathrm{s}}=E\varepsilon_{\mathrm{e}}, \quad \overline{\varepsilon}\geqslant\varepsilon_{\mathrm{e}}\end{array}\right\}\tag{13-1}$$

式中，$\varepsilon_{\mathrm{e}}$ 为与弹性极限相对应的弹性应变。

**2. 理想刚塑性材料模型**

当材料的的强化和弹性变形都可以忽略不计时，可以认为材料是理想刚塑性，如图 13-2b 所示。数学表达式为

$$\overline{\sigma}=\sigma_{\mathrm{s}}\tag{13-2}$$

**3. 幂指数硬化材料模型**

幂指数硬化曲线如图 13-2c 所示，数学表达式为

$$\overline{\sigma}=A\,\overline{\varepsilon}^{n}\tag{13-3}$$

式中，$A$ 为强度系数；$n$ 为硬化指数，$0<n<1$。

**4. 刚塑性非线性硬化材料模型**

该模型如图 13-2d 所示，数学表达式为

$$\overline{\sigma}=\sigma_{\mathrm{s}}+A\,\overline{\varepsilon}^{m}\tag{13-4}$$

式中，$A$、$m$ 为与材料性质相关的参数。

**5. 弹塑性线性硬化材料模型**

该模型如图 13-2e 所示，数学表达式为

$$\left.\begin{array}{l}\overline{\sigma}=E\,\overline{\varepsilon}, \quad \overline{\varepsilon}\leqslant\varepsilon_{\mathrm{e}}\\\overline{\sigma}=\sigma_{\mathrm{s}}+E'(\overline{\varepsilon}-\varepsilon_{\mathrm{e}}), \quad \overline{\varepsilon}\geqslant\varepsilon_{\mathrm{e}}\end{array}\right\}$$

式中，$E'$ 为塑性模量。

**6. 刚塑性线性硬化材料模型**

如果材料的强化仍可认为是线性的，但可以忽略弹性变形，则是刚塑性线性硬化材料。该模型的数学表达式为

$$\overline{\sigma}=\sigma_{\mathrm{s}}+A_2\overline{\varepsilon}\tag{13-5}$$

式（13-4）中 $m=1$ 则为此种情况，如图 13-2f 所示。

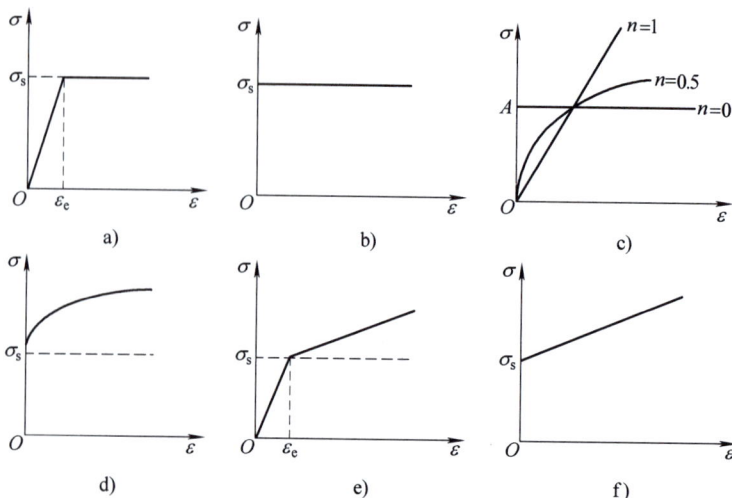

图 13-2 六种简化材料模型

### 四、弹性应力应变关系

胡克定律表示单向应力状态时的弹性应力应变关系，将它推广到一般应力状态的各向同性材料，就称为广义胡克定律，即

$$\left.\begin{aligned}
\varepsilon_x &= \frac{1}{E}\big[\sigma_x - \nu(\sigma_y + \sigma_z)\big]; & \gamma_{xy} &= \frac{\tau_{xy}}{2G} \\
\varepsilon_y &= \frac{1}{E}\big[\sigma_y - \nu(\sigma_x + \sigma_z)\big]; & \gamma_{yz} &= \frac{\tau_{yz}}{2G} \\
\varepsilon_z &= \frac{1}{E}\big[\sigma_z - \nu(\sigma_x + \sigma_y)\big]; & \gamma_{zx} &= \frac{\tau_{zx}}{2G}
\end{aligned}\right\} \tag{13-6}$$

式中，$E$ 为弹性模量；$\nu$ 为泊松比；$G$ 为切变模量，$G = \dfrac{E}{2(1+\nu)}$。

广义胡克定律的张量表达式为

$$\varepsilon_{ij} = \frac{1}{2G}\sigma'_{ij} + \frac{1-2\nu}{E}\sigma_m \delta_{ij} \tag{13-7}$$

式中，$\delta_{ij}$ 为克氏符号（Kronecker Delta），当 $i=j$ 时，$\delta_{ij}=1$；当 $i \neq j$ 时，$\delta_{ij}=0$。

## 第二节　塑性变形的增量理论

增量理论又称流动理论，在增量理论中应用广泛的有 Levy-Mises 理论和 Prandtl-Reuss 理论。

### 一、Levy-Mises 理论

假设：

1）材料为理想刚塑性材料，即弹性应变增量为零，塑性应变增量就是总应变增量；

2）材料服从 Mises 屈服准则，即 $\overline{\sigma} = \sigma_s$。

3）塑性变形时体积不变，即

$$\mathrm{d}\varepsilon_x + \mathrm{d}\varepsilon_y + \mathrm{d}\varepsilon_z = \mathrm{d}\varepsilon_1 + \mathrm{d}\varepsilon_2 + \mathrm{d}\varepsilon_3 = 0$$

$$\mathrm{d}\varepsilon_{ij} = \mathrm{d}\varepsilon'_{ij}$$

则应力应变有如下关系

$$\frac{\mathrm{d}\varepsilon_x}{\sigma'_x} = \frac{\mathrm{d}\varepsilon_y}{\sigma'_y} = \frac{\mathrm{d}\varepsilon_z}{\sigma'_z} = \frac{\mathrm{d}\gamma_{xy}}{2\tau_{xy}} = \frac{\mathrm{d}\gamma_{yz}}{2\tau_{yz}} = \frac{\mathrm{d}\gamma_{zx}}{2\tau_{zx}} = \mathrm{d}\lambda \tag{13-8}$$

简记为

$$\mathrm{d}\boldsymbol{\varepsilon}_{ij} = \boldsymbol{\sigma}'_{ij}\mathrm{d}\lambda \tag{13-9}$$

式中，$\boldsymbol{\sigma}'_{ij}$ 为应力偏张量；$\mathrm{d}\lambda$ 为正的瞬时比例系数。

式（13-9）表明：

1）应变增量主轴与应力偏量主轴（即应力主轴）重合。

2）应变增量与应力偏张量成正比。

利用式(13-8)并对照等效应力式(11-50)和等效应变式(11-69)，可求得 $d\lambda$ 为

$$d\lambda = \frac{3}{2}\frac{d\overline{\varepsilon}}{\overline{\sigma}} \tag{13-10}$$

式中，$d\overline{\varepsilon}$ 为增量形式的等效应变，称为等效应变增量；$\overline{\sigma}$ 为等效应力，由 Mises 屈服准则知 $\overline{\sigma}=\sigma_s$。

将式(13-10)代入式(13-9)，可得 Levy-Mises 理论的张量表达式为

$$d\varepsilon_{ij} = \frac{3}{2}\frac{d\overline{\varepsilon}}{\overline{\sigma}}\sigma'_{ij} \tag{13-11}$$

将式(13-11)展开得到

$$
\left.
\begin{aligned}
d\varepsilon_x &= \frac{d\overline{\varepsilon}}{\overline{\sigma}}\left[\sigma_x - \frac{1}{2}(\sigma_y+\sigma_z)\right] \\
d\varepsilon_y &= \frac{d\overline{\varepsilon}}{\overline{\sigma}}\left[\sigma_y - \frac{1}{2}(\sigma_z+\sigma_x)\right] \\
d\varepsilon_z &= \frac{d\overline{\varepsilon}}{\overline{\sigma}}\left[\sigma_z - \frac{1}{2}(\sigma_x+\sigma_y)\right] \\
d\gamma_{xy} &= \frac{3}{2}\frac{d\overline{\varepsilon}}{\overline{\sigma}}\tau_{xy} \\
d\gamma_{yz} &= \frac{3}{2}\frac{d\overline{\varepsilon}}{\overline{\sigma}}\tau_{yz} \\
d\gamma_{zx} &= \frac{3}{2}\frac{d\overline{\varepsilon}}{\overline{\sigma}}\tau_{zx}
\end{aligned}
\right\} \tag{13-12}
$$

式(13-12)前三个式子中的 $\frac{1}{2}$ 即为体积不变时的泊松比。

（注：对理想刚塑性材料应变增量与应力分量之间不完全是单值关系。）

利用式(13-12)，可根据已知的应变速度来确定应力偏量。但不能根据已知的应力偏量来确定应变速度，因为对于理想塑性材料而言，在屈服后，一定的应力状态可以与无限多组应变状态相对应。

### 二、Prandtl-Reuss 理论

该理论与 Levy-Mises 理论的区别在于考虑了总应变增量中的弹性应变增量，即

$$d\varepsilon_{ij} = d\varepsilon_{ij}^p + d\varepsilon_{ij}^e \tag{13-13}$$

其中，塑性应变增量 $d\varepsilon_{ij}^p$ 与应力之间的关系和 Levy-Mises 理论相同，即

$$d\varepsilon_{ij}^p = d\lambda\sigma'_{ij} = \frac{3}{2}\frac{d\overline{\varepsilon}^p}{\overline{\sigma}}\sigma'_{ij} \tag{13-14}$$

而弹性应变增量 $d\varepsilon_{ij}^e$ 则可由广义胡克定律式(13-7)微分得到，即

$$d\varepsilon_{ij}^e = \frac{1}{2G}d\sigma'_{ij} + \frac{1-2\mu}{E}d\sigma_m\delta_{ij} \tag{13-15}$$

将式（13-14）和式（13-15）代入式（13-13），得到 Prandtl-Reuss 方程，即

$$d\varepsilon_{ij} = \left(\frac{3}{2}\frac{d\overline{\varepsilon^p}}{\overline{\sigma}}\right)\sigma'_{ij} + \frac{1}{2G}d\sigma'_{ij} + \frac{1-2\mu}{E}d\sigma_m\delta_{ij} \tag{13-16}$$

由上式可知，如 $d\varepsilon_{ij}$ 为已知，则应力张量 $\sigma_{ij}$ 是确定的，但对于理想塑性材料，仍然不能由 $\sigma_{ij}$ 求得确定的 $d\varepsilon_{ij}$ 值。对于硬化材料，变形过程每瞬时的 $d\lambda$ 是定值，因此 Prandtl-Reuss 方程中的 $d\varepsilon_{ij}$ 与 $\sigma_{ij}$ 之间完全是单值关系。

显然 Prandtl-Reuss 理论要比 Levy-Mises 理论复杂得多，必须借助计算机来求解。

## 第三节　塑性变形的全量理论

由于塑性变形时全量应变主轴与应力主轴不一定重合，于是提出了增量理论。增量理论虽然比较严密，但是在实际上解题不太方便，因为在解决实际问题时往往对全量应变感兴趣。但仅知道每一瞬时的应变增量要积分到应变全量并非易事。因此，不少学者提出了在一定条件下直接确定全量应变的理论，即称为全量理论或形变理论。它是建立塑性变形的全量应变与应力之间的关系。这里只介绍比较实用的伊留申提出的形变理论：在塑性变形时，只有在满足比例加载（也称简单加载）的条件下，才可以建立全量应变与应力之间的关系。所谓比例加载，是指在加载的过程中所有的外力从一开始就按照同一比例增加。因此，比例加载必须满足如下条件：

1）塑性变形是微小的，和弹性变形属于同一数量级。

2）外载荷各分量按比例增加，即单值递增，中途不能卸载，因此加载从原点开始。

3）在加载的过程中，应力主轴方向与应变主轴方向固定不变，且重合。这说明应力和应变的积累和递增沿同一方向，对应变增量进行积分便可得到全量应变。

4）变形体不可压缩，即泊松比 $\nu = \frac{1}{2}$。

在上述条件下，无论变形体所处的应力状态如何，应变偏张量各分量与应力偏张量各分量成正比，即

$$\varepsilon'_{ij} = \frac{1}{2G'}\sigma'_{ij} = \lambda\sigma'_{ij} \tag{13-17}$$

由于塑性变形时体积不变，即 $\varepsilon_m = 0$，则式（13-17）可写成

$$\varepsilon_{ij} = \frac{1}{2G'}\sigma'_{ij} = \lambda\sigma'_{ij} \tag{13-18}$$

式（13-18）也可写成

$$\frac{\varepsilon_x}{\sigma'_x} = \frac{\varepsilon_y}{\sigma'_y} = \frac{\varepsilon_z}{\sigma'_z} = \frac{\gamma_{xy}}{\tau'_{xy}} = \frac{\gamma_{yz}}{\tau'_{yz}} = \frac{\gamma_{zx}}{\tau'_{zx}} = \frac{1}{2G'} = \lambda \tag{13-19}$$

$$\frac{\varepsilon_x-\varepsilon_y}{\sigma_x-\sigma_y} = \frac{\varepsilon_y-\varepsilon_z}{\sigma_y-\sigma_z} = \frac{\varepsilon_z-\varepsilon_x}{\sigma_z-\sigma_x} = \frac{1}{2G'} = \lambda \tag{13-20}$$

$$\frac{\varepsilon_1-\varepsilon_2}{\sigma_1-\sigma_2} = \frac{\varepsilon_2-\varepsilon_3}{\sigma_2-\sigma_3} = \frac{\varepsilon_3-\varepsilon_1}{\sigma_3-\sigma_1} = \frac{1}{2G'} = \lambda \tag{13-21}$$

$$G' = \frac{E'}{2(1+\nu)} = \frac{E'}{3} \tag{13-22}$$

式中，$G'$ 为塑性切变模量；$E'$ 为塑性模量；$\lambda$ 为比例系数。

它们不仅与材料性质有关，而且与塑性变形程度有关，而与物体所处的应力状态无关。仿造推导确定 $d\lambda$ 的方法，可得比例系数为

$$\lambda = \frac{3}{2} \frac{\bar{\varepsilon}}{\bar{\sigma}} \tag{13-23}$$

$$G' = \frac{1}{3} \frac{\bar{\sigma}}{\bar{\varepsilon}} \tag{13-24}$$

所以

$$E' = 3G' = 3 \cdot \frac{1}{3} \frac{\bar{\sigma}}{\bar{\varepsilon}} = \frac{\bar{\sigma}}{\bar{\varepsilon}} \tag{13-25}$$

因此有

$$\bar{\sigma} = E'\bar{\varepsilon} \tag{13-26}$$

式中，$\bar{\varepsilon}$ 为等效应变；$\bar{\sigma}$ 为等效应力。

若将 $\sigma_m = \frac{1}{3}(\sigma_x + \sigma_y + \sigma_z)$ 代入式（13-18），整理后得到

$$\left.
\begin{aligned}
\varepsilon_x &= \frac{1}{E'}\left[\sigma_x - \frac{1}{2}(\sigma_y + \sigma_z)\right]; \quad \gamma_{xy} = \frac{\tau_{xy}}{2G'} \\
\varepsilon_y &= \frac{1}{E'}\left[\sigma_y - \frac{1}{2}(\sigma_x + \sigma_z)\right]; \quad \gamma_{yz} = \frac{\tau_{yz}}{2G'} \\
\varepsilon_z &= \frac{1}{E'}\left[\sigma_z - \frac{1}{2}(\sigma_x + \sigma_y)\right]; \quad \gamma_{zx} = \frac{\tau_{zx}}{2G'}
\end{aligned}
\right\} \tag{13-27}$$

式（13-27）与弹性变形时广义胡克定律式（13-6）相似，只是式中的 $G'$、$\frac{1}{2}$、$E'$ 与广义胡克定律中 $G$、$\nu$、$E$ 相当。但在胡克定律中弹性模量 $E$ 和切变模量 $G$ 均为材料常数，而式（13-27）中塑性模量 $E'$ 和塑性切变模量 $G'$ 都是与材料性质和加载历史有关的变量。

## 习题

13.1 有一薄壁管，材料的屈服强度为 $\sigma_s$，承受拉力和扭矩的联合作用而屈服。现已知轴向正应力分量，试求切应力 $\tau_{z\theta}$ 以及应变增量各分量之间的比值。

13.2 已知塑性状态下某质点的应力张量为 $\begin{pmatrix} -50 & 0 & 5 \\ 0 & -150 & 0 \\ 5 & 0 & -300 \end{pmatrix}$ MPa，应变分量 $d\varepsilon_x = 0.1\delta$（$\delta$ 为某一微小量，下同），试求应变增量的其余分量。

13.3 某理想塑性材料，屈服应力为 150MPa。已知某点的应变增量 $d\boldsymbol{\varepsilon}_{ij} = \begin{pmatrix} 0.1 & 0.05 & -0.05 \\ 0.05 & 0.1 & 0 \\ -0.05 & 0 & -0.2 \end{pmatrix} \times \delta$，平均应力 $\sigma_m = 50$MPa，试求该点的应力状态。

13.4 有一刚塑性硬化材料，其硬化曲线，也即等效应力-应变曲线为 $\overline{\sigma}=200(1+\overline{\varepsilon})$ MPa。某质点承受两向压力，应力主轴始终不变。试按下列两种加载路线分别求出最终的塑性全量主应变 $\varepsilon_1$、$\varepsilon_2$、$\varepsilon_3$。

1）主应力从 0 开始直接按比例加载到最终主应力状态为（300,0,-200）MPa。

2）主应力从 0 开始按比例加载到（-150,0,100）MPa，然后按比例变载到（300,0,-200）MPa。

13.5 设点 $P$ 为刚塑性的轴对称变形体中的一点，点 $P$ 处的屈服强度为 $\sigma_s$，$\sigma_r=\sigma_s/2$，塑性功增量密度为 $\sigma_s\delta$（$\delta>0$ 为一增量）。已知在点 $P$ 的邻域内，有 $u_r=\dfrac{\delta}{2}r$，试求点 $P$ 处的应力张量。

13.6 如有平面应力状态 $\sigma_1=\dfrac{\sigma_s}{\sqrt{3}}$，$\sigma_2=\dfrac{\sigma_s}{\sqrt{3}}$，$d\varepsilon_1^p=C$，试求相应的应变增量和塑性功增量密度的表达式。

13.7 受内压作用的薄壁球，其半径为 $r$，壁厚为 $t$。当内压增加时，将出现缩颈现象，其失稳条件为 $\dfrac{dp}{d\varepsilon}=0$，设球材料的真实应力应变曲线为 $S=B\varepsilon^n$，试问缩颈时壁厚变化多少？

13.8 设有薄壁圆筒，半径为 $r$，两端面是半径为 $r$ 的薄壁半球壳，设壁厚全部为 $t$，承受内压力 $p$。设圆筒为 Mises 刚塑性材料，屈服强度为 $\sigma_s$。试求：

1）不计径向应力 $\sigma_r$，确定圆筒与半球壳哪一部分先屈服？

2）设屈服时的等效应变增量 $\delta>0$，试求对应的应变增量张量。

13.9 设 $\sigma_{ij}=\begin{pmatrix}-60 & \sqrt{150} & 0\\ \sqrt{150} & -30 & -\sqrt{150}\\ 0 & -\sqrt{150} & 0\end{pmatrix}$ 与 $\sigma_{ij}^*=\begin{pmatrix}20 & 10 & 0\\ 10 & 40 & -20\\ 0 & -20 & 30+30\sqrt{2}\end{pmatrix}$，$d\varepsilon_{ij}^p$ 是与 $\sigma_{ij}$ 对应的塑性应变增量，且 $d\varepsilon_x^p=-\delta$（$\delta>0$ 为一微量），试校核：

1）$\sigma_{ij}$ 与 $\sigma_{ij}^*$ 位于同一个 Mises 加载面上。

2）最大塑性功原理的点形式，即 $(\sigma_{ij}-\sigma_{ij}^*)d\varepsilon_{ij}^p\ge0$。

13.10 设 $\sigma_{ij}$ 与 $\sigma_{ij}^*$ 是位于同一个 Mises 屈服表面上的两个应力张量，而 $d\varepsilon_{ij}^p$ 是与 $\sigma_{ij}$ 之间满足 Mises 本构方程的真实应变增量，试按上述已知条件来证明最大塑性功原理：$(\sigma_{ij}-\sigma_{ij}^*)d\varepsilon_{ij}^p\ge0$。

# 第十四章

# 金属塑性成形解析方法

## 一、塑性成形问题的解的概念

塑性成形问题求解的是变形体内的应力分布 $\sigma_{ij}$、应变分布 $\varepsilon_{ij}$ 或应变速率分布 $\dot{\varepsilon}_{ij}$、位移分布 $u_{ij}$ 或位移速率分布 $\dot{u}_{ij}$。由变形体内部的应力分布可以计算出变形所需要的变形力、变形功以及变形功率，进而预测可能出现的缺陷，为加工设备的选择、工装模具设计以及工艺方案的优化奠定理论基础。由变形体内部的应变分布、位移速度分布可以确定变形体的外形尺寸和尺寸精度，并可以分析变形体内部的硬度分布、纤维组织的形成以及晶粒度的变化，由此可以达到优化毛坯形状、确定成形极限的目的。

由于假设材料在外力作用下处于平衡状态，并且在塑性变形的过程中变形体保持连续性，因此，变形体内部所产生的应力、应变以及位移速度不可能是任意的，而是受到一定条件的约束。对于弹塑性材料的塑性变形，这些约束条件是：3 个应力平衡方程、6 个几何方程、6 个本构方程、1 个屈服准则，共 16 个方程。有 6 个应力分量、6 个应变分量、3 个位移分量以及比例系数 $d\lambda$，共 16 个未知数。对于刚塑性材料，还需要满足体积不变条件，未知数增加 1 个平均应力，即 17 个方程、17 个未知数。

从上述方程组个数和未知数个数相等可知，在一定的应力边界条件和速度边界条件下，是可以求出塑性成形问题的解的。但是在实际的工程问题中，往往由于边界条件的复杂性，求解精确解非常困难。为了适应工程的需要，常常放松精确解的部分条件，仅要求满足其中的一部分条件，由此求得的解是近似解。如果求解时，仅要求满足应变几何方程、体积不变条件和速度边界条件，而不考虑应力平衡微分方程、屈服准则和应力边界条件，这样所得的解称为上限解，它是精确解的上限；如果求解时，仅要求满足应力平衡微分方程、屈服准则和应力边界条件，这样所得的解称为下限解，它是精确解的下限。

## 二、塑性成形问题的简化

塑性加工问题的求解非常复杂，即使求出近似解也有一定的困难，因此需要对某些特殊的问题进行简化以后再求解。一般是将变形过程简化为平面问题或轴对称问题。

### 1. 平面应变问题

对于平面应变问题，变形体内各点的位移分量与某一坐标轴无关，并且沿该坐标轴方向上的位移分量为零。

假设变形体内各点沿 $z$ 坐标轴方向的位移为零，则有

$$du_x = du_x(x, y), \quad du_y = du_y(x, y), \quad du_z = 0 \tag{14-1}$$

将上式代入式(11-74)，可得

$$\mathrm{d}\varepsilon_x = \frac{\partial(du_x)}{\partial x}, \quad \mathrm{d}\varepsilon_y = \frac{\partial(du_y)}{\partial y}, \quad \mathrm{d}\gamma_{xy} = \mathrm{d}\gamma_{yx} = \frac{1}{2}\left(\frac{\partial(du_y)}{\partial x} + \frac{\partial(du_x)}{\partial y}\right) \left.\right\}$$

$$\mathrm{d}\varepsilon_z = \mathrm{d}\gamma_{yz} = \mathrm{d}\gamma_{zy} = \mathrm{d}\gamma_{zx} = \mathrm{d}\gamma_{xz} = 0 \tag{14-2}$$

由应力应变关系式(13-12)，可得

$$\tau_{yz} = \tau_{zy} = \tau_{zx} = \tau_{xz} = 0$$

$$\sigma_z = \frac{1}{2}(\sigma_x + \sigma_y) = \sigma_m = \frac{1}{2}(\sigma_{\max} + \sigma_{\min}) \left.\right\} \tag{14-3}$$

由上式可知，$\sigma_z$ 永远为中间主应力，并且是一个不变量。最大切应力为

$$\tau_{\max} = k = \frac{1}{2}(\sigma_{\max} - \sigma_{\min}) \tag{14-4}$$

当主应力顺序 $\sigma_1 \geqslant \sigma_2 \geqslant \sigma_3$ 已知时，由式(14-3)、式(14-4)可得

$$\left. \begin{aligned} \sigma_1 &= \sigma_m + k \\ \sigma_2 &= \sigma_m \\ \sigma_3 &= \sigma_m - k \end{aligned} \right\} \tag{14-5}$$

由此可见，对于平面应变问题，变形体内任一点的应力状态都可以用平均应力和最大切应力来表示。平面应变状态下的应力平衡微分方程式式(11-57)可得

$$\left. \begin{aligned} \frac{\partial \sigma_x}{\partial x} + \frac{\partial \tau_{yx}}{\partial y} &= 0 \\ \frac{\partial \tau_{xy}}{\partial x} + \frac{\partial \sigma_y}{\partial y} &= 0 \end{aligned} \right\} \tag{14-6}$$

设 $\sigma_2$ 为中间主应力，则 Tresca 准则为

$$\sigma_1 - \sigma_3 = \pm 2k = \pm \sigma_s \tag{14-7}$$

Mises 准则为

$$(\sigma_x - \sigma_y)^2 + 4\tau_{xy}^2 = 4k^2 \tag{14-8}$$

### 2. 平面应力问题

对于平面应力问题，变形体内各点的应力分量与某一坐标轴无关，并且沿该坐标轴方向上的应力分量为零。

假设变形体内各点沿 $z$ 坐标轴方向的应力为零，则有

$$\sigma_{ij} = \begin{pmatrix} \sigma_x & \tau_{xy} & 0 \\ \tau_{yx} & \sigma_y & 0 \\ 0 & 0 & 0 \end{pmatrix} \qquad (14\text{-}9)$$

应力平衡微分方程为

$$\left. \begin{aligned} \frac{\partial \sigma_x}{\partial x} + \frac{\partial \tau_{yx}}{\partial y} = 0 \\ \frac{\partial \tau_{xy}}{\partial x} + \frac{\partial \sigma_y}{\partial y} = 0 \end{aligned} \right\} \qquad (14\text{-}10)$$

主应力由式(11-23)可得

$$\left. \begin{aligned} \sigma_1 &= \frac{\sigma_x + \sigma_y}{2} + \sqrt{\left(\frac{\sigma_x - \sigma_y}{2}\right)^2 + \tau_{xy}^2} \\ \sigma_2 &= \frac{\sigma_x + \sigma_y}{2} - \sqrt{\left(\frac{\sigma_x - \sigma_y}{2}\right)^2 + \tau_{xy}^2} \\ \sigma_3 &= 0 \end{aligned} \right\} \qquad (14\text{-}11)$$

Tresca 屈服准则为

$$\sigma_1 - \sigma_2 = \pm 2k = \pm \sigma_s \qquad (14\text{-}12)$$

Mises 屈服准则为

$$\sigma_1^2 + \sigma_2^2 - \sigma_1 \sigma_2 = \sigma_s^2 = 3k^2 \qquad (14\text{-}13)$$

### 3. 轴对称问题

对于轴对称问题,变形体的几何形状、物理性质以及载荷都对称于某一坐标轴,通过该坐标轴的任一平面都是对称面,则变形体内的应力、应变、位移也对称于此坐标轴。

采用圆柱坐标系分析此类轴对称问题。假设对称轴为 $z$ 轴,在轴对称应力状态下,由于其对称性,旋转体的每个子午面(通过 $z$ 轴的平面,即 $\theta$ 平面)始终保持平面,并且各子午面之间的夹角保持不变,所以沿 $\theta$ 坐标方向上的位移分量为零,即

$$\mathrm{d}u_r = \mathrm{d}u_r(r, z), \quad \mathrm{d}u_\theta = 0, \quad \mathrm{d}u_z = \mathrm{d}u_z(r, z) \qquad (14\text{-}14)$$

将上式代入式(11-74),可得

$$\left. \begin{aligned} \mathrm{d}\varepsilon_r &= \frac{\partial(\mathrm{d}u_r)}{\partial r}, \quad \mathrm{d}\varepsilon_z = \frac{\partial(\mathrm{d}u_z)}{\partial z}, \quad \mathrm{d}\varepsilon_\theta = \frac{\mathrm{d}u_r}{r}, \quad \mathrm{d}\gamma_{zr} = \frac{1}{2}\left(\frac{\partial(\mathrm{d}u_x)}{\partial z} + \frac{\partial(\mathrm{d}u_z)}{\partial x}\right) \\ \mathrm{d}\gamma_{r\theta} &= \mathrm{d}\gamma_{\theta z} = 0 \end{aligned} \right\} \qquad (14\text{-}15)$$

由应力应变关系式(13-12),可得

$$\tau_{r\theta} = \tau_{\theta r} = \tau_{\theta z} = \tau_{z\theta} = 0 \qquad (14\text{-}16)$$

由式(14-16)可知,子午面上的应力 $\sigma_\theta$ 永远是主应力,这样轴对称应力状态下的应力张量可写为

$$\boldsymbol{\sigma}_{ij} = \begin{pmatrix} \sigma_r & 0 & \tau_{rz} \\ 0 & \sigma_\theta & 0 \\ \tau_{zr} & 0 & \sigma_z \end{pmatrix} \qquad (14\text{-}17)$$

则轴对称应力状态下的应力平衡微分方程可写为

$$\left.\begin{array}{l} \dfrac{\partial \sigma_r}{\partial r}+\dfrac{\partial \tau_{zr}}{\partial z}+\dfrac{\sigma_r-\sigma_\theta}{r}=0 \\[3mm] \dfrac{\partial \sigma_\theta}{\partial \theta}=0 \\[3mm] \dfrac{\partial \tau_{rz}}{\partial r}+\dfrac{\partial \sigma_z}{\partial z}+\dfrac{\tau_{rz}}{r}=0 \end{array}\right\} \tag{14-18}$$

Tresca 屈服准则为

$$\left.\begin{array}{l} \sigma_r-\sigma_\theta=\pm 2k=\pm \sigma_s \\[2mm] \sigma_\theta-\sigma_z=\pm 2k=\pm \sigma_s \\[2mm] \sigma_z-\sigma_r=\pm 2k=\pm \sigma_s \end{array}\right\} \tag{14-19}$$

Mises 屈服准则为

$$(\sigma_r-\sigma_\theta)^2+(\sigma_\theta-\sigma_z)^2+(\sigma_z-\sigma_r)^2+6\tau_{zr}^2=2\sigma_s^2=6k^2 \tag{14-20}$$

当 $\sigma_r=\sigma_\theta$ 时，Mises 屈服准则可简化为

$$(\sigma_r-\sigma_z)^2+3\tau_{zr}^2=3k^2=\sigma_s^2 \tag{14-21}$$

## 三、边界条件

### 1. 摩擦边界条件

在塑性加工过程中，变形体与工具的接触面上不可避免地存在摩擦，摩擦力的方向与接触面的切线方向一致，并与变形体质点运动方向相反，阻碍质点的流动。由于在塑性加工过程中，摩擦问题比较复杂，其影响因素也很多，如材料性质、接触表面的物理和化学性质、变形温度、变形速度、加载特性以及变形区几何学等。因此，目前还不可能从理论上给出一个描述摩擦力分布规律的精确表达式。通常是采用一些简化模型来解析。常用的摩擦模型有以下两种。

（1）库仑摩擦模型　该模型用库仑定律来描述变形体与工具接触表面之间的摩擦，即接触表面上任意一点的摩擦切应力与正压应力成正比。其表达式为

$$\tau_f=\mu\sigma_n$$

式中，$\tau_f$ 为摩擦切应力；$\sigma_n$ 为接触表面上的正压应力；$\mu$ 为摩擦因数。

摩擦因数 $\mu$ 一般根据试验来确定，它与变形速度无关。当接触表面与温度不变时，可假设摩擦因数 $\mu$ 为常数。

（2）常摩擦力模型　常摩擦力模型用下式表示

$$\tau_f=mk$$

式中，$m$ 为摩擦因子，其取值范围为 $[0,1]$；$k$ 为抗剪屈服强度。

上式表明，接触表面上任一点的摩擦切应力 $\tau_f$ 与正压应力无关，与变形体的抗剪屈服强度成正比。一般取 $m=1$，即最大摩擦力条件。

### 2. 自由边界条件

将裸露的、不与任何物体相接触的边界面称为自由边界面。处于自由边界面上的变形体不受任何约束力的作用，大气压力可以忽略不计，因此，在自由边界面上的正应力和切

应力均为零。

### 3. 准边界条件

在塑性变形过程中，在变形体内部某些区域的边界上也有规定的力，如对称面上的切应力必须为零；塑性流动区与刚性区或死区边界上的切应力等于抗剪屈服强度 $k$。这些界面虽然不是变形体的自然边界，但是，当以变形体内某部分作为研究对象时，这些界面就成为研究对象的边界面，通常将变形体内部各部分之间交界面上所应该满足的变形条件称为准应力边界条件。

## 第二节　主应力法

主应力法是以均匀变形假设为前提，将偏微分应力平衡方程简化为常微分应力平衡方程，将 Mises 屈服准则的二次方程简化为线性方程，最后归结为求解一阶常微分应力平衡方程问题。

### 一、主应力法的概念

主应力法是一种近似的解析法，又称切块法（Slab Method）、平截面法、初等解析法或工程法。它通过对物体应力状态所做的一些简化假设，建立以主应力表示的简化平衡方程和塑性条件，然后联立求解，求得该接触面上的应力大小和分布。主应力法的基本要点如下：

1）根据金属流动方向，沿变形体整个截面切取基元体，切面上的正应力假定为主应力，且均匀分布，由此建立的该基元体的平衡方程为一常微分方程。

2）在列出该基元体的塑性条件时，通常假设接触面上的正应力为主应力，忽略了摩擦应力的影响，从而使塑性条件简化。

主应力法的数学演算比较简单。该法除用于计算变形力外，还可用来解决某些变形问题，如计算环形毛坯镦粗时和垫环间镦粗时的中性层位置等。从所得的数学表达式中，可以看出各有关参数（如摩擦因数、变形体几何尺寸、模孔角度等）的影响。

但主应力法只能确定接触面上的应力大小和分布。计算结果的准确性与所做假设与实际情况的接近程度有关。

### 二、长矩形板镦粗时的变形力和单位流动压力

假设矩形板长度 $l$ 远大于高度 $h$ 和宽度 $a$，故可近似地认为毛坯沿长度方向的变形为零，即当作平面应变问题处理。

1）在垂直于 $x$ 轴方向上切取一基元体，厚度为 $\mathrm{d}x$。假定两个切面上分别作用均布的主应力 $\sigma_2$ 和 $\sigma_2+\mathrm{d}\sigma_2$，与工具的接触面上作用着主应力 $\sigma_1$，如图 4-1 所示。

2）假定接触面上的切应力 $\tau$ 服从库仑摩擦定律，即 $\tau=\mu\sigma_1$。

3）列出基元体的静力平衡方程式为

$$\sum F_x=\sigma_2 lh-(\sigma_2+\mathrm{d}\sigma_2)lh-2\mu\sigma_1 l\mathrm{d}x=0$$

整理后得

$$d\sigma_2 = -2\mu\sigma_1 \frac{dx}{h} \qquad (14\text{-}22)$$

4）列出塑性条件。按 Mises 屈服准微分后得

$$d\sigma_2 = d\sigma_1 \qquad (14\text{-}23)$$

5）联立解平衡方程式和塑性条件。将式（14-22）代入式（14-23），得

$$\frac{d\sigma_1}{\sigma_1} = -\frac{2\mu}{h}dx$$

积分后得

$$\ln\sigma_1 = -\frac{2\mu}{h}x + \ln C \ \text{或} \ \sigma_1 = Ce^{-\frac{2\mu}{h}x}$$

$$(14\text{-}24)$$

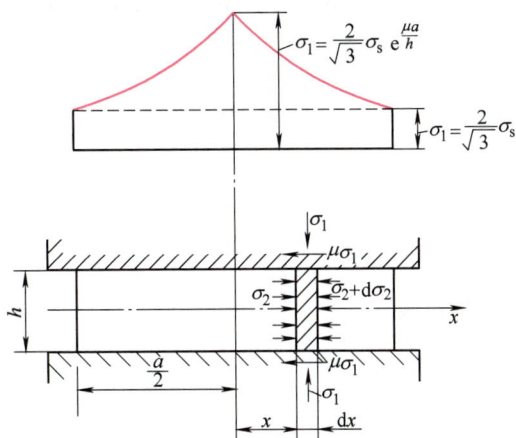

图 14-1　平面镦粗时作用在基元体上的应力分量

利用边界条件确定积分常数 $C$。当 $x = \frac{a}{2}$ 时，$\sigma_2 = 0$（自由表面），故 $\sigma_1 = \frac{2}{\sqrt{3}}\sigma_s$，$\sigma_s$ 为屈服强度，代入式（14-24），得

$$C = \frac{2}{\sqrt{3}}\sigma_s e^{\frac{\mu a}{h}}$$

再将 $C$ 值代入式（14-24）得

$$\sigma_1 = \frac{2}{\sqrt{3}}\sigma_s e^{\frac{2\mu}{h}(\frac{a}{2}-x)} \qquad (14\text{-}25)$$

接触面上压力 $\sigma_1$ 的分布图形如图 14-1 所示。

6）求变形力 $F$ 和单位流动压力 $p$。

$$F = \int_A \sigma_1 dA \qquad (14\text{-}26)$$

$$p = \frac{F}{A} = \frac{1}{la}\int_A \sigma_1 dA \qquad (14\text{-}27)$$

积分式（14-26）、式（14-27）即可求得 $F$ 和 $p$。

上述求解过程采用的是库仑摩擦条件，而实际塑性镦粗时接触面上的摩擦情况较为复杂，通常存在几种摩擦条件，因此求接触面上的压力分布时需分区考虑。

### 三、圆柱体镦粗问题

图 14-2 所示为平行砧板间的轴对称镦粗变形及基元板块的受力分析，设 $\tau = mk$。对图中基元板块列平衡方程式得

$$\sum F_r = \sigma_r h r d\theta + 2\sigma_\theta h dr \sin\frac{d\theta}{2} - 2\tau r d\theta dr - (\sigma_r + d\sigma_r)(r + dr)h d\theta = 0 \qquad (14\text{-}28)$$

因为 $\sin\frac{d\theta}{2} = \frac{d\theta}{2}$，并略去二阶微量，则上式简化为

$$\sigma_\theta h \mathrm{d}r - 2\tau r \mathrm{d}r - \sigma_r h \mathrm{d}r - r h \mathrm{d}\sigma_r = 0 \qquad (14\text{-}29)$$

假定为均匀镦粗变形，故

$$\mathrm{d}\varepsilon_r = \mathrm{d}\varepsilon_\theta ; \sigma_r = \sigma_\theta \qquad (14\text{-}30)$$

最后得

$$\mathrm{d}\sigma_r = -\frac{2\tau}{h}\mathrm{d}r \qquad (14\text{-}31)$$

根据屈服准则

$$\sigma_z - \sigma_r = \sigma_s \qquad (14\text{-}32)$$

根据 $\sigma_r = \sigma_\theta$ 得

$$\mathrm{d}\sigma_z = \mathrm{d}\sigma_r \qquad (14\text{-}33)$$

由式（14-31）~式（14-33）以及边界条件，$r = r_e$，$\sigma_z = \sigma_{ze}$ 联解得

图 14-2　平行砧板间的轴对称镦粗变形及基元板块的受力分析

$$\sigma_z = \frac{2\tau}{h}(r_e - r) + \sigma_{ze} \qquad (14\text{-}34)$$

$$p = \frac{F}{A} = \frac{1}{\pi r_e^2}\int_0^{r_e}\sigma_z \mathrm{d}A = \frac{1}{\pi r_e^2}\int_0^{r_e}\left[\frac{2\tau}{h}(r_e - r) + \sigma_{ze}\right]2\pi r \mathrm{d}r = \frac{2}{3}\frac{\tau r_e}{h} + \sigma_{ze} \qquad (14\text{-}35)$$

式（14-34）、式（14-35）中的 $\sigma_{ze}$ 为工件外端（$r = r_e$）处的垂直压应力。若该处为自由表面，即 $\sigma_{re} = 0$，则 $\sigma_{ze} = \sigma_s$。

由式（14-34）、式（14-35）以及 $\tau = mk\left(k = \dfrac{\sigma_s}{2}\right)$，则可以求出自由镦粗时接触面上的压应力 $\sigma_z$ 和单位变形力 $p$，即

$$\sigma_z = \sigma_s\left[1 + \frac{m}{h}\left(\frac{d}{2} - r\right)\right] \qquad (14\text{-}36)$$

$$p = \sigma_s\left(1 + \frac{m}{6}\frac{d}{h}\right) \qquad (14\text{-}37)$$

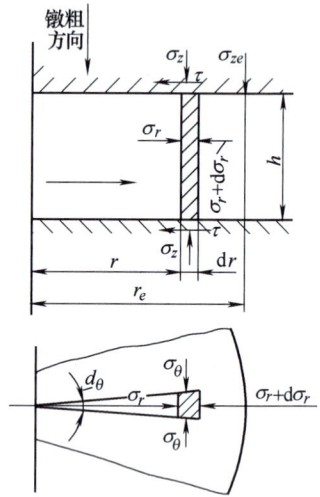

**习题**

14.1　圆柱体在平行砧板之间的镦粗，高度为 $H$，半径为 $R_0$，真空应力为 $\sigma$，摩擦应力为 $\mu\sigma$，试用主应力法求镦粗时的单位流动压力。

14.2　大圆筒拉深为小圆筒，如图 14-3 所示，设变形只发生在工作的圆锥面上，锥面与轴线的夹角为 $\alpha$，不计接触面上的摩擦应力，且忽略凹模出口处的弯曲效应，圆筒的厚度为 $t$ 且在拉深时保持不变，试用主应力法求拉深力。

14.3　试求圆锥凹模拉拔圆棒时的单位拉拔力（采用球形坐标，见图 14-4）。设材料为理想刚塑性，近似塑性条件为 $\sigma_r + p = S$（$p$ 取正值），图中 $A$ 表示轴向投影面积。

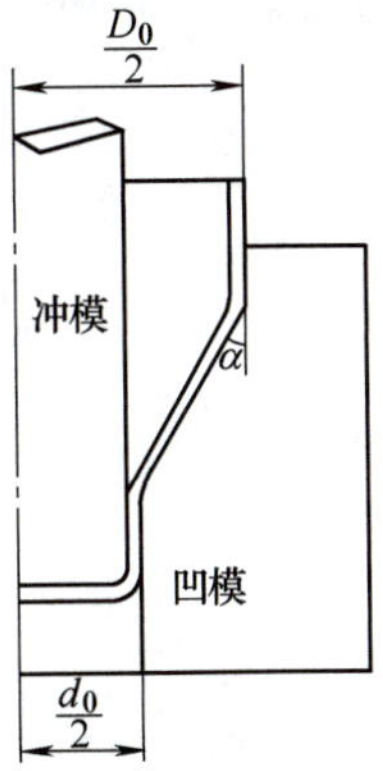

图 14-3　圆筒拉深

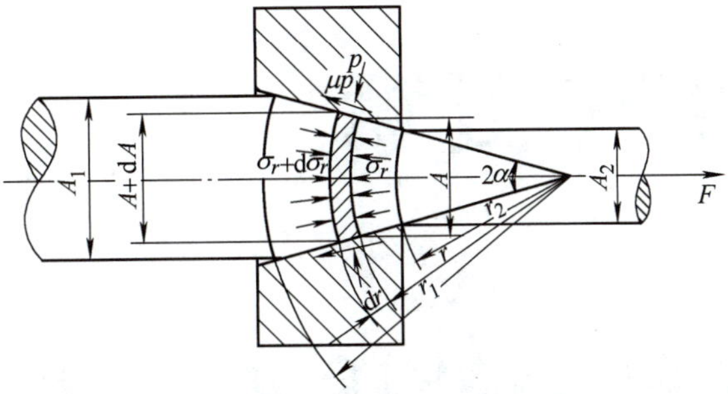

图 14-4　圆棒拉拔

# 第四篇 塑料成型理论基础

# 第十五章

# 塑料的性质及其注射成型

## 第一节　塑料的基本性质

人们所说的塑料（Plastics），指的是一大类材料，其中包括诸如尼龙、聚乙烯、聚四氟乙烯等。这些材料的性质各不相同，正如金属材料大类中的锌和钢在性质上有很大差别一样。

塑料以其独特的性能和便宜的价格，已广泛用于工程技术和日常生活领域。可以说，当代世界若没有塑料是不可想象的。

由于塑料的内部结构与金属的结构迥然不同，故掌握其性能特点也就比较困难。然而，对一般工程技术人员来说，要想有效地使用塑料，或在塑料制品生产时能充分利用其本身特性，并不一定需要详细地知道其化学结构，只要对其内部结构有基本的了解，知道不同种类和不同牌号塑料之间的性能差别，就可以合理地应用塑料。因此，本节只是简要地介绍塑料结构，并不涉及其复杂的化学性质，而是着重于聚合物独特的分子结构对其熔体的流动性和黏性的影响。

### 一、塑料的结构

#### 1. 聚合材料

合成的大分子或称长链分子，是由千百个被称为"单体"的分子单元结合在一起而形成的。将单体结合在一起的过程称为"聚合"。大分子中单体的数量称为"聚合度"。例如，乙烯单体聚合时，连接碳原子的双键打开，并和邻近的乙烯单体键合，形成 $CH_2$ 基长链，即为聚乙烯分子，如图 15-1 所示。

通常认为聚合物（Polymer）和塑料含义相同，实际上它们之间是有区别的。聚合物是经聚合过程所产生的纯材料，很少单独使用，只有在加入添加剂后才在工业中应用。有添加剂的聚合材料常称为塑料。聚合物中加入诸如稳定剂、润滑剂、色料等，其是为了改善材料的性质。

塑料可以分为两大类：

（1）**热塑性塑料**（Thermoplastic Plastics）　在热塑性塑料中，各长链分子之间是靠较弱的范德华力维持在一起的。受热时，分子之间的作用力进一步变弱，使材料软化并具有柔性。温度继续升高时，则变为黏性熔体，而在冷却时，熔体会重新凝固。这种加热软化、冷却凝固的循环是可逆的，可以重复多次。这种性质是热塑性塑料的主要特点，很多工艺方法就是建立在这种性质的基础上的。然而，热塑性塑料也存在着一些缺点，其中主要是对温度过于敏感。热塑性塑料又可分为三类：无定形聚合物、（半）结晶聚合物、液态结晶聚合物三种。

（2）**热固性塑料**（Thermoset Plastics）　热固性塑料是通过化学反应生成的。反应过程可以分为两个阶段：第一阶段与热塑性材料类似，即生成长链分子，但这种长链分子能进一步起化学反应；第二阶段是在模具中的温度和压力下进行的，反应后的材料内部形成密集的网状组织，各长链分子相互形成强有力的键合，使材料冷却后再次加热时不能软化，若温度过高，则材料碳化并分解，故为不可逆过程。这种性质与鸡蛋煮熟后固化，再加热也不会软化相类似。

由于强有力的化学键合，使热固性塑料非常坚硬，其力学性质对温度不敏感。如苯酚塑料、氨基塑料、环氧树脂、某些聚酯、呋喃树脂等属于热固性塑料。

### 2. 长链分子结构

前面已经谈到，聚合物材料是由长链分子组成的，这种独特的结构对固态塑料的黏弹性和塑料熔体的流动性都有重要的影响，故较详细地了解链的性质对掌握制品的使用要求和制造工艺具有一定意义。

现以聚乙烯为例。沿长短的每个 $CH_2$ 基上，链角是确定的。若将一个碳原子放在一个正四面体的中心，则碳原子的四个键将分别指向四面体的四个顶角，键角为 $109°28'$，这样，聚乙烯长链就具有了线型锯齿形的几何形状，如图 15-2 所示。整个长链分子的形态将是随机的。实际的长链分子的结构还要复杂，有时在主链的某些点生出次级链（或称支链），如图 15-3 所示。

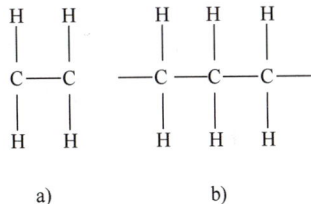

图 15-1　乙烯单体与聚乙烯分子
a）单体　b）聚乙烯分子

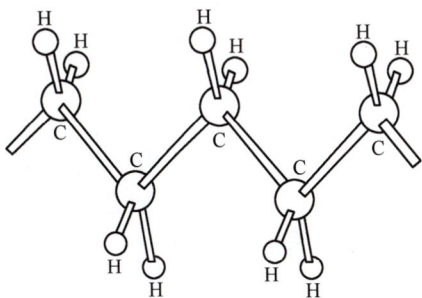

图 15-2　聚乙烯模型

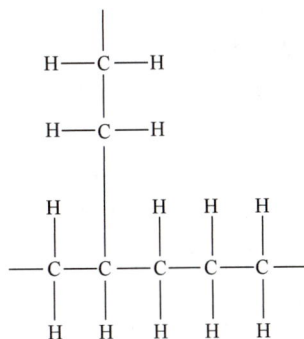

图 15-3　聚乙烯中的支链

### 3. 分子链的排列

前面已将分子链模型描述为以碳原子为骨架的、可随机扭转的线型长链分子。在聚合物中，这些长链分子的排列以及相互之间的作用，对材料的性质有明显的影响，其中最主要的是材料是否结晶。利用 X 射线衍射法对很多聚合物进行研究后得知，在一些聚合物中，存在着三维有序（结晶）区和无序（非晶）区。

聚合物是否易于形成结晶要取决于分子链的结构。例如，若聚乙烯分子具有高支链度，则难以形成有序排列，结晶也就困难。在复杂的聚合物中，若边基较大，也难以从无序结构中形成有序区。从另一方面说，具有充分对称性的结构则易于结晶。

长链分子的另一个重要特性是，受到应力作用后易于重新排列。如塑料，当受到拉伸作用时，其长链分子倾向于沿应力方向排列成直线，这种现象称为"取向"。分子取向会导致力学性能的各向异性，这并不是注塑制品所需要的，但这种性质有利于纤维和薄膜的生产。有关取向的形成及其影响因素，后面还有详细介绍。

应当着重指出的是，不应把取向和结晶混淆。X 射线衍射指出，取向的聚合物不一定存在结晶区。同样，光学检测指出，聚合物可能结晶，但不一定有明显的取向。

室温下对半结晶的聚乙烯或聚丙烯冷拉伸时，在材料内部就会形成取向。聚甲基丙烯酸甲酯和聚苯乙烯皆为非结晶塑料，在高温条件下拉伸也能形成取向。

## 二、塑料的基本物理性质

从聚合物结构特点可以看出，不同的聚合物也会有共同的性质。例如，与其他种类的材料（如金属）相比，聚合物的分子是比较松散地结合在一起的，因而具有较低的密度。密度最高的塑料是聚四氟乙烯（PTFE），其密度为 $2.29 g/cm^3$。密度最低的塑料是聚烯烃类（聚乙烯、聚丙烯），其密度约为 $0.99 g/cm^3$。塑料中的化学键对性质也有影响。分子链骨架上的原子（多数是碳原子）使塑料具有很低的导电性和导热性。另外，由于各分子链之间的范德华力微弱，故全部热塑性塑料都具有较高的热胀系数。

然而，除这些共有的性质外，每种塑料还具有本身的独特性质，在应用和成型时应细致考虑。注射成型时，需要一系列的加工步骤，主要有：将固态聚合物加热成熔体；在压力作用下使熔体注入模具型腔；保压致密；冷却定形；顶出制品。可以看出，在注射过程中，聚合物的物理状态和外部条件（如温度、压力和时间等）都在不断变化。因此，注射过程的工艺性与材料的密度、比热容、热导率、玻璃化温度、熔化与分解温度以及力学和流变性能等都密切相关。

热塑性塑料常温下的热物理性质见表 15-1。

**表 15-1　热塑性塑料常温下的热物理性质**

| 塑料 | 比定压热容 $/c_p/[kJ/(kg \cdot \text{℃})]$ | 密度 $\rho$ $/(kg/m^3)$ | 热导率 $\lambda$ $/(W/m \cdot \text{℃})$ | 热扩散系数 $\alpha \times 10^{-8}$ $/(m^2/s)$ | 玻璃化温度 $T_g/\text{℃}$ | 熔化温度 $T_m/\text{℃}$ |
|---|---|---|---|---|---|---|
| 聚苯乙烯 | 1.340 | 1050 | 0.126 | 9 | 100 | 131~165 |
| ABS | 1.591 | 1100 | 0.209 | 13 | | 130~160 |
| 聚甲基丙烯酸甲酯 | 1.465 | 1180 | 0.189 | 11 | 105 | 160~200 |
| 硬聚氯乙烯 | 1.842 | 1400 | 0.209 | 15 | 87 | 160~212 |
| 聚碳酸酯 | 1.256 | 1200 | 0.194 | 13 | 149 | 225~250 |
| 聚砜 | 1.256 | 1240 | 0.260 | 17 | 190 | 250~280 |

（续）

| 塑料 | 比定压热容 $/c_p/[\mathrm{kJ}/(\mathrm{kg}\cdot{}^\circ\mathrm{C})]$ | 密度 $\rho$ $/(\mathrm{kg}/\mathrm{m}^3)$ | 热导率 $\lambda$ $/(\mathrm{W}/\mathrm{m}\cdot{}^\circ\mathrm{C})$ | 热扩散系数 $\alpha\times10^{-8}$ $/(\mathrm{m}^2/\mathrm{s})$ | 玻璃化温度 $T_g/{}^\circ\mathrm{C}$ | 熔化温度 $T_m/{}^\circ\mathrm{C}$ |
|---|---|---|---|---|---|---|
| 低密度聚乙烯 | 2.093 | 920 | 0.335 | 16 | $-120\sim-125$ | $105\sim125$ |
| 高密度聚乙烯 | 2.303 | 950 | 0.482 | 22 | $-120\sim-125$ | $105\sim137$ |
| 尼龙 66 | 1.675 | 1140 | 0.247 | 13 | 47 | $250\sim265$ |
| 聚丙烯 | 1.926 | 900 | 0.138 | 8 | $-18\sim-10$ | $170\sim176$ |
| 聚甲醛 | 1.465 | 1410 | 0.230 | 11 | $-50$ | $180\sim200$ |

聚合物的玻璃化温度 $T_g$ 是指线型非结晶聚合物由玻璃态（硬脆状态）向高弹态（橡胶弹性态），或由后者向前者转变的温度。当温度低于玻璃化温度时，聚合物中的大分子链段凝固成坚硬的固态。当温度高于玻璃化温度时，大分子链段就拥有了足够的自由活动能量，但此时还不是整个大分子链段在运动，故表现出来的还是高弹性橡胶的性质，此时，聚合物中的自由容积会突然增加。玻璃化温度 $T_g$ 主要与聚合物中大分子链的柔性有关。另外，大分子的交联、结晶取向等都会使 $T_g$ 升高。

塑料因加工温度偏高，或在加工温度下停留时间过长，从而使平均相对分子质量降低的现象称为热降解。如出现这种情况，则熔体的黏度降低，制品出现飞边、气泡和银丝，力学性能变差，如弹性消失、强度降低等。

分解温度是指聚合物因受热而迅速分解为低分子可燃物质的温度。在氧气充分的条件下，聚合物的分解是放热反应，会使温度进一步升高，达到燃点时就会燃烧。

聚合物的热稳定性，是指聚合物在高温条件下抗化学反应的能力。热稳定性不仅与加热温度有关，而且与在加热温度下停留的时间有关。在加热温度越高的情况下，为使聚合物不起化学反应，则停留的时间应越短。

当温度达到分解温度时，聚合物中不稳定结构的分子最先分解，温度继续升高或延长加热时间其余分子才发生断裂，使整个聚合物热降解。故将热降解温度称为热稳定性温度，其值略高于分解温度。

显然，分解温度是成型温度的上限。聚合物从黏流态转变温度至分解温度之间范围的大小对成型非常重要，它决定了成型的难易程度和成型温度可选择的范围。此温度区间越小、温度越高，则成型越困难。为了提高聚合物的热稳定性，常在塑料中加入热稳定剂，以使加工温度区间变宽，允许停留的时间加长。

### 三、塑料的基本力学性质

首先考虑固态塑料的蠕变特性。设在均匀截面的塑料圆棒上施加以简单的轴向载荷，则可以得到最简单的载荷特性曲线，其轴向应力为均匀分布，此应力沿圆棒长度方向将引起均匀的应变。对弹性固体材料来说，只要外载荷不变，圆棒的应变或总伸长将保持为常数，也就是说，将不随时间而变化。但圆棒材料若为塑料时，开始因受载而变形的情况与弹性固体材料类似，即产生瞬时应变，但在此之后，即使在载荷不变的情况下，随着时间的增加，圆棒将以很慢的速率继续变形，直至破坏为止，这种现象称为蠕变。蠕变断裂的时间取决于温度，断裂曲线的形状则取决于组成塑料的基本聚合物的种类、交联度、相对分子质量分布、添加剂种类，以及结晶度等因素。因此，必须对不同的塑料进行研究，分别表明其蠕变特性。

固态塑料的第二个力学特性是应力松弛。现将一个短圆柱放置于两个距离保持不变的平行平板之间，并使其受到压缩应力。若短圆柱为弹性固体，则圆柱内的应力和应变都为常数，并且不随时间而变化。然而，若短圆柱的材料为固态塑料，则在其他条件相同的情况下，应力水平也将随时间的增加而降低，这种现象称为应力松弛。

固态塑料的第三个力学特性是剪切速率保持为常数时的拉伸特征。当弹性固体试件进行单向拉伸试验时，所得到的应力应变关系是一条直线，直线的斜率为弹性模量，两者皆与应变速率（即试验机的拉伸速度）无关。然而，当塑料试件在相同的条件下进行试验时，则与弹性固体有明显的不同，即应变速率越高，试验曲线的初始斜率越陡峭，断裂应力也越高。因此，弹性固体中使用的弹性模量、剪切模量及泊松比等与应变速率无关的力学概念，就不适用于固态塑料。

传统的弹性固体材料与黏弹性材料在力学性质上的这些差别已经知道了多年，但仅在近30年才尝试积累试验数据和确定设计准则，以便在工程设计中计算受任意载荷的塑料制品的力学性能。在近20年，国外塑料供应厂商才开始提供黏弹性材料的力学特性数据。

### 四、塑料的流变性

研究物质形变与流动的科学称为流变学（Rheology）。流变是塑料成型加工中最基本的工艺特征。聚合物的流变行为十分复杂，黏性流动不仅具有弹性效应，而且伴随有热效应。目前关于聚合物流变行为的解释仍有很多是定性的或者是经验性的，聚合物流变学依然是一门半经验的物理科学。但是学习一些有关流变学的概念对塑料材料的选择、成型工艺条件的确定、模具和成型设备的设计以及提高塑料制品的质量都有着重要的指导作用。

许多塑料熔体都是非牛顿型流体，其切应力与应变速率的关系如图15-4所示。非牛顿型流体包括宾哈（Bingham）流体、膨胀性流体和假塑性流体等类型。

从图15-4中可以看出，宾哈流体只有当切应力增加到某一临界值时才开始流动，流动特征类似于牛顿型流体，切应力与应变速率呈线性关系。属于这种类型的如具有凝胶结构的聚合物溶液。

膨胀性流体的特点是在高速作用下流体体积产生膨胀。切应力随着应变速率的提高有非线性增大的趋势。膨胀性流体的黏度随应变速率的增加而升高（称为切力增稠现象），如图15-5所示。膨胀性流体一般很少，属于膨胀性流体的如含有增塑剂的塑料糊、少数有填料的聚合物熔体等。

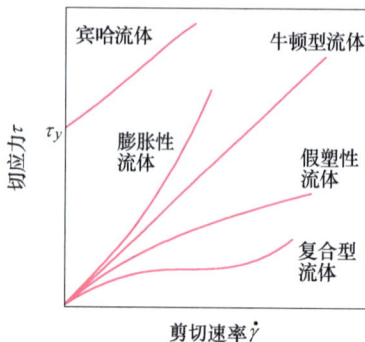

图 15-4　不同类型流体的流动曲线

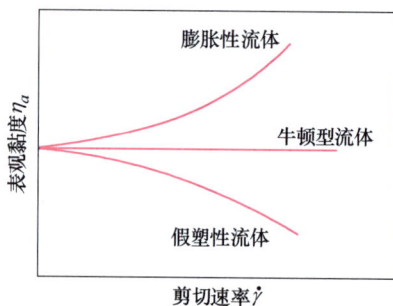

图 15-5　不同类型流体黏度与剪切速率的关系

假塑性流体是非牛顿型流体中最普遍、最常见的一种。几乎绝大多数聚合物熔体与溶液其流动性行为接近于假塑性流体。从图 15-4 中可以看到，切应力与应变速率曲线在弯曲的起始阶段有类似塑性流动的行为，故称这类流体为假塑性流体。从图 15-5 中可以看到，假塑性流体的黏度与其剪切速率曲线偏离牛顿型流体曲线向下弯曲，黏度随剪切速率的增大而降低（称为切力变稀现象）。

### 五、聚合物熔体的黏性

#### 1. 幂律黏度模型

将聚合物熔体视为牛顿型流体进行计算也可以得到一级近似结果。但黏度为常数的假设会引起很大误差，因此需要用非牛顿型流体模型进行分析。

即使在一定的温度下，聚合物的黏度也非常数，而是应力和剪切速率的函数。在进行流动性分析时，常用幂律模型表示非牛顿型流体的流动规律，其数学表达式为

$$\tau = k(T)\dot{\gamma}^n = \eta(T, \dot{\gamma})\dot{\gamma} \tag{15-1}$$

$$\eta = k\dot{\gamma}^{n-1} \tag{15-2}$$

式中，$\eta$ 为剪切时的黏度；$k$ 和 $n$ 都为材料常数。

#### 2. Cross 黏度模型

聚合物熔体的黏度按幂律模型计算时虽然简单、方便，但适用范围有限，仅适合于剪切速率较高的情况。为了找到适用于更宽的剪切速率范围的数学模型，以便完整地表示出黏性与剪切速率之间的关系，很多学者进行了大量的理论研究和试验工作，提出了各种数学模型。这里主要介绍一种国外常用的克罗斯-阿伦尼乌斯（Cross-Arrhenius）黏性模型。

克罗斯-阿伦尼乌斯模型是一种四参数（$n$，$\tau^*$，$B$，$T_b$）模型，其数学表达式为

$$\eta = \frac{\eta_0}{1 + (\eta_0 \dot{\gamma} / \tau^*)^{1-n}} \tag{15-3}$$

$$\eta_0 = B \exp\left(\frac{T_b}{T}\right) \tag{15-4}$$

由上式可以看出，当应变速率 $\dot{\gamma}$ 趋近于零时，$\eta \rightarrow \eta_0$ 为零应变速率黏度。式（15-3）和式（15-4）中 $n$ 为幂律指数，其值小于 1；$T$ 为熔体温度；$T_b$ 为 $\eta_0$ 对温度的敏感系数，材料确定时，$T_b$ 为常数；$\tau^*$ 描述了熔体"切力变稀"特性，详细地说，$\tau^*$ 表示了 $\eta$ 值由小 $\dot{\gamma}$ 时的牛顿型流体极限 $\eta_0$，至大 $\dot{\gamma}$ 时的幂律渐近线之间转换时的切应力水平。

## 第二节　注射过程及塑料熔体在型腔中的流动

塑料制品的质量主要取决于制造过程，如两个零件的材料和几何形状相同，但注射条件不同，将具有不同程度的内应力和收缩，故塑料熔体注入模具后的流动方式在决定制品质量方面具有重要意义。本章以注射成型为例，对塑料的注射成型加工过程进行有效的分析，以便掌握其基本规律和特征。

## 一、注射工艺过程

塑料在注射机料筒内经过加热、塑化达到流动状态后，由模具的浇注系统进入模具型腔，其过程可以分为充模、压实、保压、倒流和冷却五个阶段。

如图 15-6 所示，对于螺杆式注射机，充模是注射机的螺杆从预塑后的位置向前运动开始的。在液压缸的推力作用下，螺杆头部产生注射压力，迫使料筒头部计量室中已塑化好的熔体流经注射机喷嘴、模具主流道、分流道，最后从浇口处注入并充满模具型腔。在注射过程中各个部分及各个阶段的压力随时间呈非线性变化。

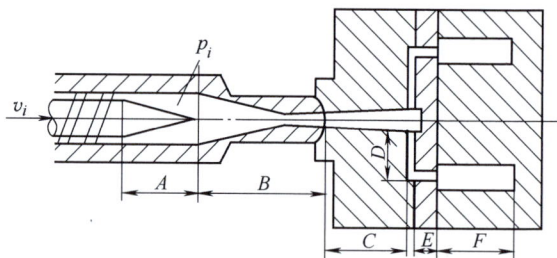

图 15-6 熔体流经流道充模

$v_i$—螺杆速度　$p_i$—型腔压力　$A$—计量室流程　$B$—喷嘴流程
$C$—主流道　$D$—分流道　$E$—浇口　$F$—型腔

图 15-7 为一个注射周期中塑料熔体和模具（型腔）温度随时间的变化曲线。

从图中可见，当塑料熔体流入型腔时熔体温度稍有升高。当型腔压力迅速上升时熔体温度也上升到最高值。随着保压阶段的开始，熔体逐渐冷却，温度下降。

当熔体注入型腔时，型腔的表面温度升高，以后因受到冷却而逐渐降低。因此型腔表面温度在两个极限值之间变化，最低值出现在制品脱模之后，最高值出现在熔体充满后。熔体与模具之间的温差对于制品的冷却时间和表面质量有很大的影响，因此模具的冷却系统的设计十分重要。

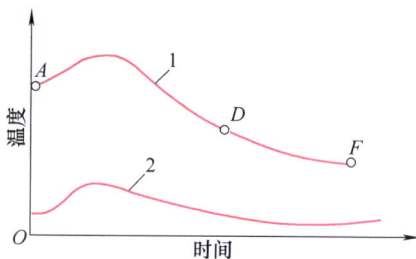

图 15-7 注射周期中温度-时间曲线

1—熔体　2—模具（型腔）温度

## 二、塑料熔体在型腔中的流动

### 1. 型腔充填过程的三个相

型腔充填过程可以分为三个阶段，但为了避免和程序注塑中采用的阶段相混淆，习惯上不叫阶段，而称为相。

（1）充填相　在充填相中，注射机的螺杆以稳定的速度向前运动，将塑料熔体注入型腔。充填相一直继续到型腔恰好充满为止。

（2）增压相（或称压缩相）　在增压相中，注射机螺杆仍继续向前运动，塑料熔体仍不断注入型腔，一直到模具承受到一定压力为止。

在增压相开始时，塑料熔体已将型腔充满，螺杆向前运动的速度也已下降，但仍要向前移动一段距离，这是因为塑料熔体有很大的可压缩性，在此相中约有 15% 的额外材料在压力作用下进入型腔。

（3）补偿相　塑料由熔融态冷却至固态时体积压缩约 25%，而在增压相最多只补充了约15%的材料，故补偿相总是必需的。在补偿相，螺杆向前蠕动一段距离，使一定数量的材料进入型腔。

以下将对这三个相进行比较详细的介绍。

### 2. 充填相流动特点

（1）"喷泉"流动 在充填相中，塑料熔体首先充满流道和浇口，然后以"喷泉"流动方式充填型腔。

为了观察注射过程的流动图像，通常采用"颜色示踪"技术，即在注射机空料筒中先装入少量红色塑料，然后再装入绿色塑料，分别在不同时刻观察熔体进入型腔后纵向截面上红色塑料因流动而变形的情况，从而能获得前沿部分的流动图像。

在密闭的模具中，塑料熔体由喷嘴流入并充满流道系统后开始进入型腔，此时，在流动前沿形成一个塑料熔体的小鼓包，如图 15-8 所示。与冷模壁接触的塑料熔体表面很快就会凝固，而中心区的塑料则仍处于熔融状态，上游熔体注入后仍流入此中心区，替换了原在该处的材料，而原在该处的材料则形成新的前沿。图 15-8 表明这种材料替换的流动，是一种向前并向外的合成流动。向外流动的熔体与模壁接触，凝固而形成表皮，向前流动的熔体形成新的熔芯，后面再进入模具的熔体则沿着附有已凝固的塑料层的通道流动，这种流动图像常称

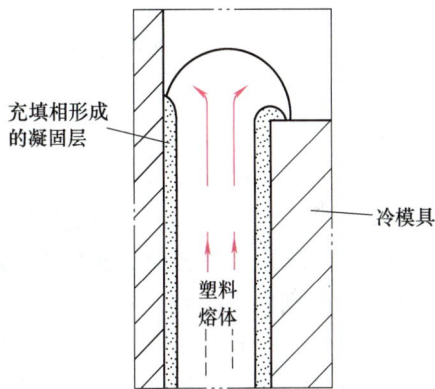

图 15-8 充填相的流动前沿

为喷泉流动。这是因为流动前沿受到来自中心区热塑料熔体的压力而形成鼓包，从而引起向前并向外的流动所致，其形象恰与人们日常所见的喷水泉类似。

为了更深入地建立流动图像，现对喷泉流动做进一步的描述。注射模具的型腔充填时，流动前沿是一个几何形状复杂的曲面，此曲面的一边是大气，另一边是高压塑料熔体。曲面的法线方向压力梯度最大，是曲面上熔体质点的流动方向，因而形成了向前并向外的流动。而在此曲面的后面则形成一个非稳态的自由流动区。这与上游塑料熔体以平均流速向前流动不同，此区域的主要特征是流动速度的重新分布，或者说，是流速场

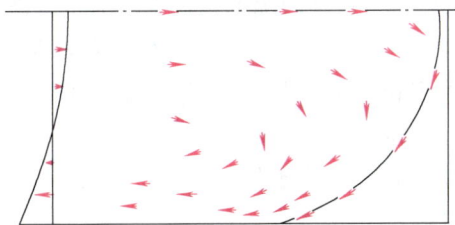

图 15-9 前沿区流速分布示意图

发生了变化。若将坐标系放置于前沿区，并使其以平均流速随熔体向前移动，则可以观察到如图 15-9 示的速度分布。

由以上所述可以看出，凝固层是鼓包膨胀而形成的。由鼓包表面受力分析可知，鼓包表面所受的切应力很小，因而大分子链不易伸展，造成凝固层内分子取向很低，一旦凝固，就不会进一步取向，故注塑制品表面都有很低的分子取向水平。

（2）温度变化 在充填相中，新的塑料熔体不断通过浇口注入型腔，并不断向前流

动，将热量带入型腔。此外，熔体各层相互摩擦，使温度进一步升高。与此同时，热量通过凝固层向温度较低的模具型腔表面散失。

注射开始时，凝固层很薄，热散得快，使得更多的熔体凝固，凝固层厚度不断增加。由于塑料是热的不良导体，故凝固层达到一定厚度后，由传导而损失的热量将与熔体带入的和内摩擦产生的热量达到平衡。达到热量平衡所需要的时间约为十分之几秒。由于总的充填时间为几秒，故在注射过程中，充填相初期即已达到了热平衡。

若注射速度较慢，则熔体带入型腔的热量较少，内摩擦产生的热量也较少，但与此同时通过模具表面的热损失率却不变，从而使凝固层厚度增加。

若提高注射速度则与上述情况相反，起到了提高型腔内熔体温度和模具温度的作用，凝固层变薄。

改变注射速度，并采用颜色跟踪技术，就可以观察到凝固层厚度变化的情况。

（3）流动切应力　塑料熔体流动时承受的切应力称为流动切应力。在熔体和凝固层接触的表面上流动切应力最大，向内逐渐降低，至型腔中心线处为零，其沿型腔厚度方向的分布情况与应变速率的分布情况相同。流动应变速率是相邻两薄层熔体相对移动的速率，其值在凝固层内表面最大，朝向型腔中心方向逐渐降低为零。

由于位于凝固层内侧的塑料熔体所承受的流动的应力最大，故取向水平也最高，而且流动一旦停止则立即凝固，从而"冻结"了几乎全部取向。朝向中心方向流动切应力下降，取向减小，并且由于中心区熔体冷却速率低，取向得以松弛，使取向水平变得很低。

（4）残余应力　注射制品中的残余应力与取向情况密切相关，如图 15-10 所示。通常，取向的材料较非取向的材料有更大的收缩，因而，根据前面的分析，在注射制品沿流向的截面上，不同部位就有不同的收缩率。更详细地说，在最初凝固层的内表面处取向最高，因而收缩率也最大；但是，由于受到内部取向低、收缩率小的材料的抑制，故受到拉应力。与此相反，内部材料取向

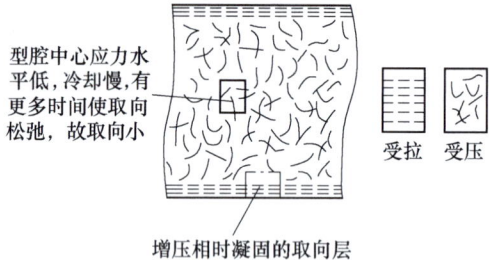

图 15-10　充填时的取向和残余应力

低，冷却时收缩率小，受到凝固层内表面的牵制而承受到压应力。这样，在制品内部不同部位就形成了不同的应力，即所谓的残余应力。这种残余应力是使注射制品翘曲变形的主要原因之一。

由于型腔充填时流动切应力与制品残余应力之间存在着直接联系，故充填时的流动切应力可以作为模具设计时判断残余应力和制品变形的参考。

### 3. 增压相和补偿相

从流动性质来说，增压相和充填相很相似。在增压相中，流动速率随模具型腔压力的升高而有些减小，与此同时，凝固层厚度逐渐增加。

增压相和充填相的主要差别是静压力增加。但静压力本身并不引起残余应力，这是因为静压力并不能引起材料流动，因此不会改变取向度。

在补偿相中，熔体的流动是不稳定的，流动形态与河流三角洲的流道很相似，如图

15-11所示。

形成这种流动图像的原因有以下几个方面。

（1）温度的变化　来自注射机料筒的熔体其本身温度就不均匀，在特殊情况下此温差可以达到约40℃。温度高的熔体黏度低，流速快，使得更多的熔体流入此高温区，造成此区熔体温度进一步升高，进一步促进了该区域的流动，最后形成了类似河流三角洲的图像。

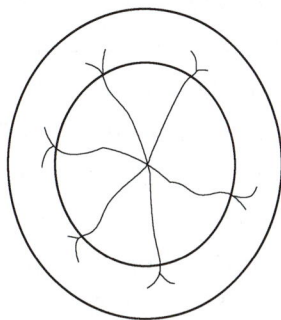

图 15-11　补偿相流动示意简图

（2）熔体内部温度的不稳定性　若熔体中某一部分较其余部分温度稍高，则该部分就会因黏度低而流速高，这样就会将更多的熔体带入该区，使该区得以维持较高的温度、较低的黏度和较快的流速。与此同时，温度稍低的其余部分则因流速较小，输入的热量少，甚至凝固。所以，在补偿相的熔体内部尽管温差不大，也会因内在的不稳定性而使温差变大，从而导致类似河流三角洲形式的流动。

从河流三角洲形式的流动中可以得到一个重要的结论：因为流道外熔体大，温度较流道中熔体的温度低，因而会先于流道中熔体而凝固并收缩，而流道内熔体不但温度稍高，取向和收缩率也大，冷却凝固时受到已凝固的流道外材料的限制而形成拉伸残余应力，而流道外材料则形成压缩残余应力，这种不均匀收缩而造成的残余应力也是造成制品翘曲的重要原因之一。

在注射制品中，大部分残余应力是在补偿相出现的。

## 第三节　注射制品中的取向

注射过程是使流动着的聚合物熔体冷却、凝固，并达到所要求的几何形状。这种方法主要用于热塑性塑料，而热塑性塑料熔体的流动特性又在很大程度上取决于聚合物分子的取向趋势。聚合物分子取向所引起的后果不仅是使流动中的熔体黏度降低，即所谓的"切力稀化"，而且在凝固时会导致分子取向"冻结"，冻结了的取向又造成了注射制品的各向异性。由此可见，取向对工艺过程和制品质量都有重要影响。因此，要想理解注射过程中的流动机理，就必须对熔体的取向机理有一定的了解。

双折射技术是测量聚合物分子取向度最常用的方法，此法虽然限于透明的聚合物，但所提供的关于取向的形成以及分布情况等结果也适用于不透明聚合物。换句话说，此法所得到的结论对聚合物注射过程具有通用性。

对一个一端开浇口、宽度为25.4cm、厚度为1.9mm的矩形板注射件，用双折射技术进行观察时可以发现：注射件流动前沿为零级黑（即无双折射），表示流动前沿无取向；从流动前沿出发逆流而上，取向级别逐渐升高，至浇口前一定距离处达到最大；之后，取向级别又逐渐降低。

若将此注塑件的纵向（流向）剖面进行双折射测试，可以发现零级黑贯穿于整个纵向剖面的中心线，说明纵向剖面中心线附近无取向，而自中心线沿厚度方向，取向逐渐增

大，形成取向层，至型腔壁附近
又变为零，形成未取向的表皮，
如图 15-12 所示。

注射制品中取向的变化与注
型过程中熔体的流动以及注射条
件密切相关，可以用已测得的、
反映取向分布的双折射图像，解
释熔体充填型腔的流动机理。

首先应该假设，注塑件中的
双折射现象是由聚合物大分子的
排列所造成的，而不是因聚合物

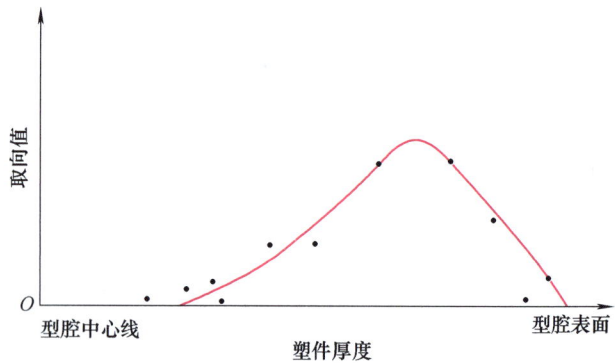

图 15-12　注塑件厚度取向变化情况

分子价键畸变或注射件中密度变化等原因所造成的。这一假设的根据是，在低温退火
条件下双折射图像变化很少，甚至没有变化。此外，还必须说明，注射件中所观察到
的双折射现象，是两种性质相反的作用所造成的最后结果：其中一种作用是熔体流动
时剪切力所引起取向；另一种作用是剪切力降低时随之而来的分子布朗运动，分子的
布朗运动能使分子松弛而引起取向缓解。这两种作用都和型腔中温度变化情况密切
相关。

现在考虑聚合物熔体在两块宽的平行平板之间的流动情况。保持型腔壁部温度低于聚
合物的熔点，以使与型腔壁接触的熔体能及时凝固。熔体所受的压力在型腔入口处最高，
至流动前沿降低至零（表压）。因为型腔中任一点引起取向的切应力与该点处的压力梯度
成正比，故型腔入口附近取向最大，至流动前沿降低为零。与此相同，因为型腔壁部熔体
流速为零，根据前面所述的喷泉流动，前沿熔体必然有径向流动，即从中心区流向壁部，
以使型腔壁都充满，这就使得无取向的前沿熔体附着于型腔壁部，在遭受较大的切应力之
前即已凝固。因为这些熔体在接触型腔壁之前是无取向的，并在与型腔壁接触瞬时立即凝
固，故形成了取向很小的表面层。由表面层向内的下一层熔体冷却较慢，尚未凝固，有更
多的机会承受剪切，因而取向增加。

若型腔和熔体温度相同，即在等温过程中切应力在型腔壁部最大，线性地降低至型腔
中心线处为零。图 15-13 指出了等温过程中的切应力沿厚度方向的变化情况，此时无松弛
效应。

在非等温流动中，型腔被冷却，熔体温度降低，切应力沿厚度方向的变化，特别是靠
近凝固层处切应力的变化非常复杂。然而，在凝固层内表面至中心线之间的区域中，即可
假设切应力按线性规律变化，在中心线处为零。这就是说，在此区域内，取向的变化倾向
和塑料全为熔体时的变化倾向相同。因而，从未取向的表面凝固层至未取向的中心区之
间，取向在某一位置达到最大值，如图 15-14 所示。

在非等温流动过程中，还有一个重要的影响因素，那就是沿流动方向凝固层的变化情
况。严格地说"凝固层"概念并不确切，因为聚合物的黏度从冷却的型腔壁部的很大值
至中心区熔体的较小值是连续变化的。凝固层内表面可定义为这样的表面，在此表面上黏
度足够大，以至于使表面上的流动速度可以忽略。

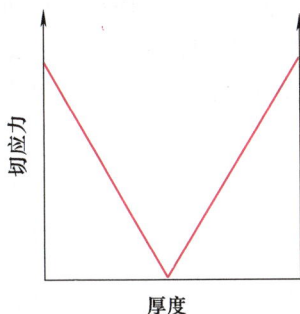

图 15-13　等温条件下切应力沿厚度方向的变化

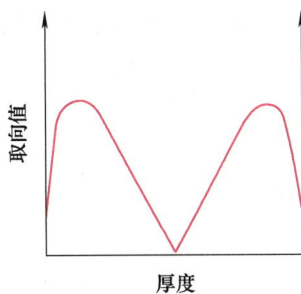

图 15-14　非等温条件下取向沿厚度方向分布

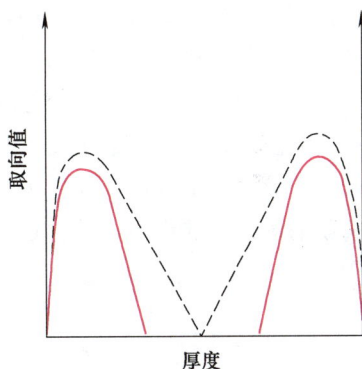

图 15-15　松弛前后取向沿厚度方向的分布

　　显然，凝固层厚度可由其生长速率与生长时间的乘积得出。在熔体前沿，生长时间为零，即凝固层尚未生成。在型腔入口处，生长时间最长，但因热的聚合物熔体不断流经该处，故生长速率最小。因为冷却和流动是同时进行的，所以在流动前沿和型腔入口之间的某处，凝固层厚度达到最大值。凝固层最厚处，熔体流道变得更加狭窄，故流动速度增加，熔体所受的切应力变大，导致了更大的取向。双折射图像证实了这种推测的正确性。

　　聚合物熔体充满型腔后流动终止，引起取向的切应力迅速降低到零。即使型腔未被充满，柱塞或螺杆提早退回，使作用在熔体上的压力消失，或凝固层增加到一定程度而使型腔封闭，都能使引起取向的切应力迅速降低至零。与此同时，分子的布朗运动使已取向的分子松弛，破坏了线性排列，而呈现随机分布，从而使取向程度降低。注射制品中任何一点的松弛速率与该点的温度有关，因此，沿型腔中心区的聚合物因温度较高而松弛最快，甚至可以完全消除取向。经松弛后，聚合物最终沿厚度方向的取向分布情况如图 15-15 所示。该图中虚线表示松弛前厚度方向取向分布；实线表示松弛后的最终取向分布。虚线与实线之间的差，表示出因松弛而使取向遭受的损失；此外，虚线与实线之间的差别还反映了切应力变为零时，聚合物沿厚度方向的温度分布。

　　以上给出了关于双折射、取向与切流动之间关系的定性解释，在此基础上可以进一步对取向进行定量预测。

# 第四节　注射制品中的残余应力

　　残余应力（Residual Stress）可以定义为无外力作用下存在于物体内部任意点的局部应力。残余应力所产生的合力或力矩必须为零。在注射制品中总是希望将残余应力水平降至最低，并且希望是均匀分布，以避免制品翘曲。

测量注射制品中残余应力的方法很多，透明的塑料件可用偏振光图像观察到残余应力等值线。若塑料件是不透明的，则可用"复原"试验确定残余应力水平。此法是在塑料制品上钻制小孔，然后置于规定温度的烘箱中，由于残余应力的作用，所钻制的小圆孔将变为椭圆形，其长轴与短轴之比可以作为判断残余应力的依据。

聚合物制品中的残余应力，主要起因于从局部玻璃化温度至低于玻璃化温度冷却时制品中存在有温度梯度。而温度梯度本身又取决于聚合物类型、制品几何形状以及工艺条件。

注塑过程中，聚合物同时经受力和热的作用，从而引起残余应力。残余应力使制品的力学性能具有各向异性，并且会造成翘曲和收缩，使制品质量下降，因此，了解影响残余应力产生的因素十分重要。

注塑件中的残余应力分为两类。第一类是在充填和保压阶段聚合物在型腔中因非等温流动所产生的正应力和切应力，在冷却时凝结于制品内部形成残余应力。这类残余应力称为流动残余应力。第二类是聚合物在迅速冷却阶段所形成的。当黏弹性聚合物冷却并通过玻璃化温度时，不均衡的密度变化和迅速的、不均匀的冷却都会造成残余热应力。在注塑过程中，流动所引起的残余应力场和热变化所引起的残余应力场是相互关联的，但这种相互关联的规律目前尚不清楚，还没有单独的本构方程能描述充填、保压和冷却阶段的全部性质。

## 一、流动残余应力

流动残余应力主要出现于型腔充填阶段，保压对流动应力只起到补充作用。注塑时，熔体中的高剪切速率引起了切应力和第一、第二正应力差。与此同时，熔体还承受着拉应力。拉应力主要产生在流动前沿区，是"喷泉区"熔体外延流动所造成的。在喷泉区，热熔体由中心区向冷的型腔表面流动，然后因温度下降而凝固，使拉应力冻结。此外，在型腔突然变化或逐渐变化的收缩区和膨胀区也会产生拉应力。具有黏弹性的聚合物熔体，因松弛时间长也会引起第一和第二正应力差。型腔充满后，因熔体达到固化温度时松弛时间按指数规律迅速增加，上述各种流动应力的松弛受阻，故被冻结在聚合物制品中，形成了流动残余应力。

通常，流动残余应力不能直接测量。然而，由于流动应力会引起分子取向，故测得了双折射值就可以间接确定流动残余应力水平。用双折射法测量注塑制品所得到的图像是分子取向效应和残余应力联合作用的结果。在注塑试件上观察到干涉条纹后，再将同一试件锯一缺口，使残余应力得以释放后再进行观察，比较锯出缺口前后双折射干涉图像位移的大小，即可判断制品内残余应力的情况。

## 二、热残余应力

关于聚合物板中热应力的测量，已有很多学者进行过研究，现将一些试验结果加以介绍。图15-16是试件初始温度 $T_0$ 和淬火温度 $T_\infty$ 对试件厚度方向热应力分布的影响。材料为PS时，$T_0$ 分别为130℃和150℃，自由淬火至 $T_\infty$ 时为23℃。材料为PMMA时，$T_0$ 分别为130℃和170℃，自由淬火至 $T_\infty$ 时为0℃。淬火完1h后切层测量。

由图 15-16 可以看出，热应力沿厚度方向的分布为抛物面，最大压应力位于表面，最大拉应力位于中心线处，自由淬火的 PMMA 聚合物热应力较 PS 的热应力明显要高。抛物面是热应力分布的特点，在聚合物和无机玻璃中都可以观察到。由图 15-16 还可以看出，初始温度 $T_0$ 对这两种材料热应力的影响都很小。

图 15-17 所示是厚度为 0.3cm 的 PMMA 矩形板淬火时，淬火温度 $T_\infty$ 对厚度方向热应力分布的影响。可以看出，淬火温度对厚度方向的热应力影响比初始温度 $T_0$ 的影响更为明显，$T_\infty$ 由 22℃ 降低至 0℃ 时，表面热应力增大约 40%。

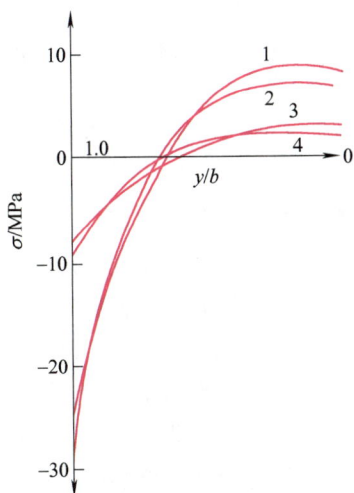

图 15-16　厚度为 0.3cm 的 PMMA 板从 170℃（曲线 1）和 130℃（曲线 2）淬火至 0℃，以及厚度为 0.26cm 的 PS 板从 150℃（曲线 3）和 130℃（曲线 4）淬火至 23℃ 时沿厚度方向热应力分布

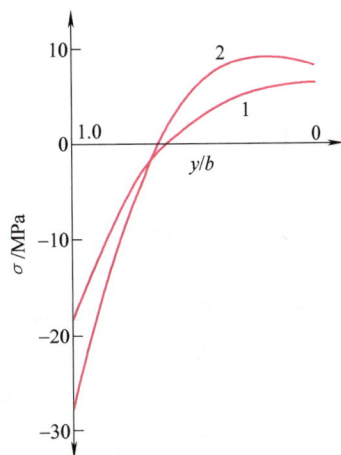

图 15-17　厚度为 0.3cm 的 PMMA 板从 170℃ 淬火至 22℃（曲线 1）和 0℃（曲线 2）时沿厚度方向热应力分布

对具有黏弹性质的聚合物来说，蠕变和应力松弛现象必然发生。例如，PS 和 PMMA 矩形板经淬火并从基体上取下试件经切层后，因蠕变会使试件的曲率随时间而变化，最后达到某一平衡值。前面谈到，要测得试件中的残余应力，就要测量切层后试件的弹性反应，避免因蠕变而带来的误差。试验观察到，对 PS 和 PMMA 来说，淬火切层后及时测得的初始曲率约占经蠕变而达到平衡的曲率的 85%，而平衡值在切层 3h 后才能达到。因此，切层后几分钟内测得的曲率可以忽略因蠕变而引起的误差。

在 PS 和 PMMA 材料中也观察到了热残余应力的松弛。与蠕变类似，试件淬火后应尽可能立即测量应力，一般是在 60~90min 之间测量，若经历的时间过长，则测得的应力值较小，可能就是因应力松弛的结果。

就工艺参数和残余应力的关系而言，应力松弛的影响非常重要，因此，所有试件都必须在工艺过程完结后，经历相同的时间间隔进行测量与分析，否则就会得到错误结论。在理想情况下，应在试件工艺处理后立即测量残余应力。

## 第五节　塑料熔体的复杂流动现象与缺陷

塑料熔体在几何形状复杂的型腔中流动时会出现一些特殊的现象，有些缺陷与此密切相关。下面分别给予介绍。

### 一、翘曲

翘曲（Warp）是塑料制品的一个主要缺陷，大型薄壁精密注塑件的翘曲问题更加突出，因而经常是模具设计人员最关心的问题。

造成注塑制品翘曲的原因很多，主要有收缩不均匀，结晶度不均匀，冷却不均匀，过度充填等四个方面。

若注塑制品中各部位有不同的收缩水平，则该制品将产生翘曲。前面曾经说过，熔体充填时，若分子链取向程度不同，冷却时就会引起不同的收缩。在厚度相同的情况下，狭长的流道较短而宽的流道分子链取向水平高，因而收缩大。取向材料比无取向材料收缩大。图15-18表示的是中心开浇口的注塑板因取向不同而造成的翘曲情况。由图可以看出，沿对角线方向因取向高而造成收缩大，从而受到拉应力，引起四角下塌。

在结晶材料中，冷却速率低则结晶度高，因而收缩率也大。注塑制品中，厚度不同会引起温度差别，截面厚度大的部位冷却速率慢，温度高，具有较高的结晶度；截面很薄的部位因内摩擦而引起的热量大，温度和结晶度也高，有时甚至会超过较厚截面的结晶度。图15-19给出了厚度不均匀的注射件因冷却速率不同而引起不同收缩的情况。另外，如冷却系统设计不良以及局部摩擦热等都会造成类似情况。

图 15-18　矩形注塑板的翘曲

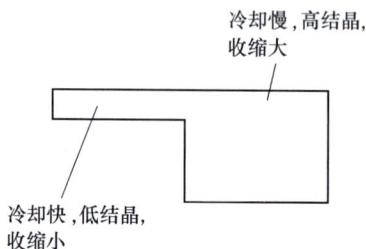

冷却慢，高结晶，收缩大

冷却快，低结晶，收缩小

图 15-19　注塑制品厚度不同引起的不均匀收缩

模具温度分布不均匀是造成制品冷却不均匀的主要原因，与模具温度较低部分接触的熔体首先冷却、凝固，而其余部分仍为熔体，因而在不受约束的情况下进行收缩，故基本上不存在内应力。当较热部分冷却并收缩时就要受到已经凝固部分的抑制，因而受到拉应力，而已凝固部分则相应的受到压应力，制品中存在这种残余应力，从模具中顶出后就要翘曲。

图15-20给出了一个几何形状简单但冷却不均匀的制品的翘曲过程。可以看出，这种

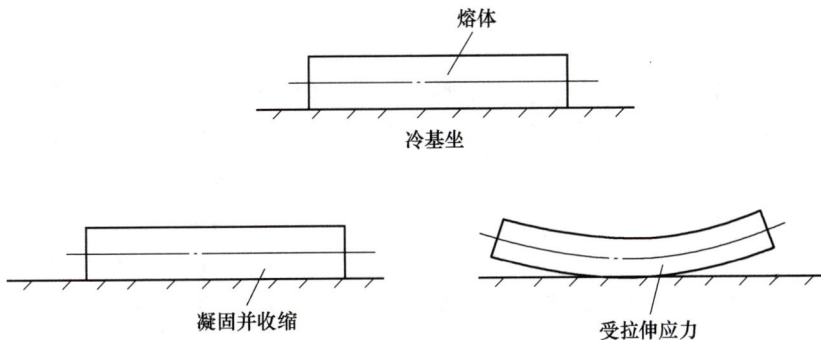

图 15-20 冷却不均引起的翘曲

制品若冷却均匀，则各部分收缩相同，制品不会翘曲。然而，由于冷却不均匀，收缩不同步，仍会引起翘曲。

## 二、过度充填

过度充填（Over Filling）是引起制品翘曲的最常见的原因之一。过度充填是由于流动不平衡所引起的。在型腔充填过程中，熔体总是首先流向最容易流动的部位。由于塑料熔体是高度可压缩的，故在熔体充填其余区域的同时，将以逐渐降低的流速继续充填易流入区，使此区域密度加大，取向水平提高，这种情况称为过度充填。遭受过度充填的区域收缩率升高，使整个制品中各区域收缩率不同而引起翘曲。

图 15-21 所示为过度充填的一个简单实例，图中的注射制品是一个长矩形盒，采用的是中心一个浇口注射成型工艺。熔体由浇口进入型腔后，由于路径 0—1 较短，充满时所需要的压力 $p_1$ 较低，故首先被充满。路径 0—2 较长，充满时所需要的压力 $p_2$ 较高。在提高压力以充满 0—2 的同时，熔体仍继续流入路径

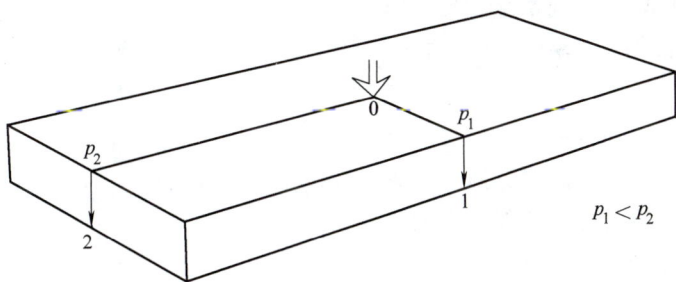

图 15-21 过度充填实例

0—1，导致该路径过度充填。这样，最后所得到制品的中间区域密度较大，取向和应力水平都较高，因而收缩率大。制品沿长度方向的两端则情况相反，密度较小，取向和应力水平较低，因而收缩率小。制品中不同部位产生不同的收缩就会造成翘曲。要解决这一问题必须采用多浇口，浇口位置还要选择适当，以达到流动平衡。

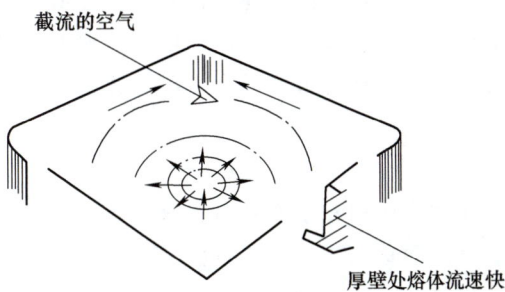

图 15-22 快车道效应实例

### 三、快车道效应

图 15-22 是一个底部薄而侧壁厚的盒形件，采用的是中心浇口注射成型工艺。

熔体在图 15-22 所示实例中的流动过程是首先迅速充填底部，熔体前沿到达距浇口最近的侧壁点后，由于侧壁较底部厚，阻力小，容易流动，故熔体流动方向变成沿侧壁流向盒形件转角。与此同时，底部未到达侧壁的熔体的流速，则因阻力大而变慢。若侧壁厚度足够大，则在底部熔体到达转角前，侧壁上的熔体已将转角处填满，从而在底部接近转角处留下了熔接线和气孔。这种现象称为快车道效应，它说明了制品各部位的充填顺序以及熔接线和气孔的位置。影响流动轨道效应的因素除制品的几何形状和尺寸外，还有熔体的流动性质和模具的传热性质等。

### 四、注射速度的影响

图 15-23 所示是一个简单的型腔截面，浇口两边厚度不同。若注射速度很低，则热损失大，生成的凝固层厚度大，因而会有效地阻止材料流入薄截面，甚至造成充填不足，这种情况称为热传导占优势的流动。在此情况下，厚截面处熔体温度高，流动速度仍比较快。若注射速度较高，则情况相反，薄壁部分流程短，首先被充满，此时厚壁部分仍在充填，因而薄壁部分易发生过度充填。提高模具温度或熔体温度与提高注射速度的结果相同。

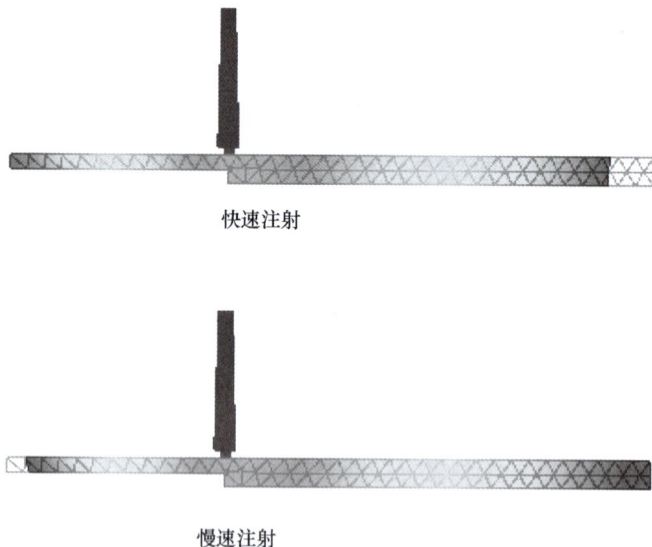

快速注射

慢速注射

图 15-23　型腔截面厚度不同时注射速度对充填性的影响

由此可知，当制品的壁厚有明显差异时，熔体将首先充填厚壁，同时到达薄壁，并可能在薄壁处滞留、损失热量并凝固。厚壁充满后，全部压力作用于充填薄壁。然而，由于薄壁处已经凝固，故仍有充填不满的危险。若改变注射速度或提高熔体和模具温度，可以改善这种情况。

### 五、潜流效应

采用多浇口充填型腔时，来自不同浇口的熔体相互汇合，可能造成流动的停滞和转向，此现象称为潜流效应，如图 15-24 所示。

由图 15-24 可以看出，中间浇口的流动，由于前进阻力大，压力也大，与两侧浇口的流体汇合后出现流体转向。转向前熔体停滞，剪切速率突然减小，黏性增大，凝固层加厚。转向后，由于周围熔体温度高，使其再次熔解。流动停滞和转向均影响制品表面质量及结构的完整性，这种现象与浇口的位置和尺寸有关。

注射充填时，理想的流动情况是简单流动，即具有平直前沿、流动方向和流动速度不变的流动。复杂流动往往会降低制品质量，故正确选择浇口数量和布置以及确定浇注系统截面尺寸等，其目的都是希望得到简单流动图像。

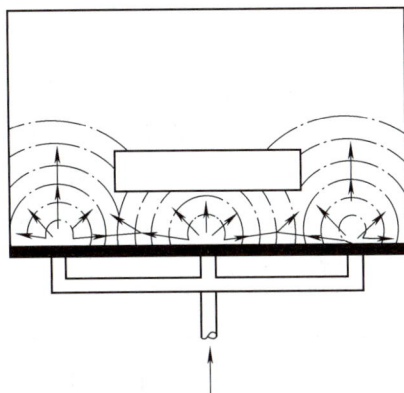

图 15-24　潜流效应

## 六、熔接线与熔合线

两个流体前沿相遇时形成熔接线，因而，在多浇口注塑制品中熔接线是不可避免的。单浇口注塑时，由于制品的几何形状以及熔体的流动情况，有时也会形成熔接线。熔接线不但影响外观，而且会形成应力集中区，材料结构的承载能力也受到削弱。改变流动条件可以控制熔接线位置，使其处于制品低感光区和应力不敏感区，方法是调整浇口位置或修改流道尺寸。

熔合线与熔接线类似，只是相互熔合的流体前沿是平行运动，而不是迎头相遇，如图 15-25 所示。

## 七、凹痕

制品截面若有明显的局部变化，如存在肋骨、凸条或凸出部等，都可在制品对应的表面见到凹陷痕迹。凹陷痕迹是热收缩所造成的，并且在材料越多的部位越明显。

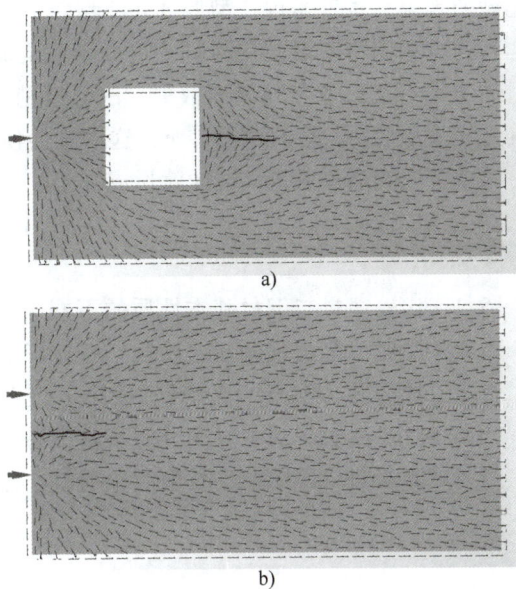

图 15-25　流动前沿相遇时形成的熔接线和熔合线
a）熔接线　b）熔合线

采用高保压压力并不能消除凹陷痕迹，与此相反，采用低保压压力却能获得较好效果。这种情况看上去与一般观念相违背，但可做如下解释：塑料熔体由熔融态转变成固态时体积收缩约 25%，而在注射压力下，塑料熔体却只有约 15% 的可压缩性，因而凹陷不可避免。为了防止凹陷，就需要有补偿流动，即在补偿相中通过图 15-26 所示的薄截面注入塑料熔体，以充满厚壁部分。采用高保压压力时，熔体在增压相中流量大，因而冷却和收缩缓慢，使得在补偿相中流量低，这意味着在补偿相有足够的熔体进入厚壁部分之前薄截面部分已经凝固，达不到消除凹陷的目的。

## 八、热引起的不稳定流动

塑料熔体的流动经常是不可预测的，这主要是因为热和流动的综合作用所引起的流动不稳定性所致。图 15-27 所示的看起来像是稳定的系统。该系统来自一个实际的模具，在使用中发现，若型腔 A 首先充满，则在下一次注射时型腔 B 会被首先充满，再下一次注射则又是型腔 A 首先被充满，这样进行下去，每个型腔都是交错地被首先充满。

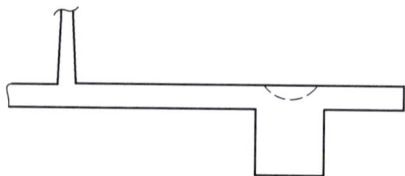

图 15-26　凹陷痕迹

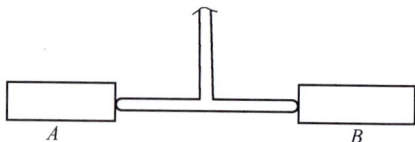

图 15-27　热引起的不稳定流动

然而，经过研究发现，只需将型腔 A（或型腔 B）温度提高 3℃，则不会发生交错首先充满的现象，也就是说，型腔 A（或型腔 B）会始终如一地被首先充满。

当两个相同型腔温度相同时，造成不稳定流动的原因可简述如下：若型腔 B 后充满，则因热量来不及从型腔 B 表面散失，故温度稍高于先被充满的型腔 A，下次注射时熔体就会首先充满型腔 B，后充满型腔 A，这样又会使得型腔 A 的温度稍高于型腔 B，再下一次注射时就首先充满型腔 A，这样就形成了不稳定流动。

## 习题

15.1　比较塑料与钢材基本性质的不同。

15.2　注射工艺过程分几个阶段？各阶段的特点是什么？

15.3　什么是"喷泉"流动？"喷泉"流动对成型过程有什么影响？

15.4　简述注射制品中取向分布的基本特点。

15.5　简述塑料熔体在模具型腔中的复杂流动现象。

# 参 考 文 献

[1]  中江秀雄. 結晶成長と凝固 [M]. 東京：アグネ承風社，1998.

[2]  陈平昌，朱六妹，李赞. 材料成形原理 [M]. 北京：机械工业出版社，2001.

[3]  吴树森，严有为. 材料成形界面工程 [M]. 北京：化学工业出版社，2006.

[4]  李言祥. 材料加工原理 [M]. 北京：清华大学出版社，2005.

[5]  胡汉起. 金属凝固原理 [M]. 北京：机械工业出版社，2010.

[6]  吴树森，吕书林，刘鑫旺. 有色金属熔炼入门与精通 [M]. 北京：机械工业出版社，2014.

[7]  吴树森. 材料加工冶金传输原理 [M]. 北京：机械工业出版社，2001.

[8]   Gaskell D R. Introduction to the Thermodynamics of Materials [M]. 4th Ed. New York：Taylor & Francis，2009.

[9]  康永林，毛卫民，胡壮麒. 金属材料半固态加工理论与技术 [M]. 北京：科学出版社，2004.

[10]  祖方遒. 铸件成形原理 [M]. 北京：机械工业出版社，2013.

[11]  陈玉喜. 材料成形原理 [M]. 北京：中国铁道出版社，2002.

[12]  徐洲，姚寿山. 材料加工原理 [M]. 北京：科学出版社，2003.

[13]  胡礼木，崔令江，李慕勤. 材料成形原理 [M]. 北京：机械工业出版社，2005.

[14]  张承甫，肖理明，黄志光. 凝固理论与凝固技术 [M]. 武汉：华中工学院出版社，1985.

[15]  Flemings M C. Behavior of Metal Alloys in the Semi-solid State [J]. Metallurgical Transactions B，1991，22B（7），269-293.

[16]  张景新，张奎，刘国钧，等. 电磁搅拌制备半固态材料非枝晶组织的形成机制 [J]. 中国有色金属学报，2000，10（4）：511-514.

[17]  李涛，黄卫东，林鑫. 半固态处理中球晶形成与演化的直接观察 [J]. 中国有色金属学报，2000，10（5）635-639.

[18]  日本金属学会. 鑄造凝固 [M]. 東京：丸善株式会社，1992.

[19]  Shusen Wu，Xueping Wu，Zehui Xiao. A model of growth morphology for semi-solid metals [J]. Acta Materialia，2004，52：3519-3524.

[20]  Mortensen A. Steady state solidification of reinforced binary alloys [J]. Materials Science and Engineering，1993，A173：205-212.

[21]  吴树森，中江秀雄. 铝基复合材料中颗粒在凝固界面的行为 [J]. 金属学报，1998（9）：939-944.

[22]  吉田诚，等. 一方向凝固したNi-W共晶合金におけるα相の凝固速度による形態遷移現象 [J]. 日本金属学会志，1995（6）：653-659.

[23]  刘全坤. 材料成形基本原理 [M]. 北京：机械工业出版社，2005.

[24]  陈伯蠡. 焊接冶金原理 [M]. 北京：清华大学出版社，1991.

[25]  张文钺. 焊接冶金学（基本原理）[M]. 北京：机械工业出版社，2004.

[26]  武传松. 焊接热过程数值分析 [M]. 哈尔滨：哈尔滨工业大学出版社，1990.

[27]  张文钺. 焊接传热学 [M]. 北京：机械工业出版社，1989.

[28]  杨建国. 焊接结构有限元分析基础及 MSC. Marc 实现 [M]. 北京：机械工业出版社，2012.

[29]  刘会杰. 焊接冶金与焊接性 [M]. 北京：机械工业出版社，2007.

[30]  中国机械工程学会焊接学会. 焊接手册：第1卷焊接方法及设备 [M]. 北京：机械工业出版

社，1992.

[31] 董若璟. 铸造合金熔炼原理 [M]. 北京：机械工业出版社，1993.

[32] 陆文华，李隆盛，黄良余. 铸造合金及其熔炼 [M]. 北京：机械工业出版社，2008.

[33] 日本铸造工学会. 铸造缺陷及其对策 [M]. 张俊善，尹大伟，译. 北京：机械工业出版社，2015.

[34] 吴德海，任家烈，陈森灿. 近代材料加工原理 [M]. 北京：清华大学出版社，1997.

[35] 孙继善. 船舶焊接 [M]. 北京：国防工业出版社，1992.

[36] 钟汉通. 压力容器残余应力 [M]. 武汉：华中理工大学出版社，1993.

[37] 方洪渊. 焊接结构学 [M]. 北京：机械工业出版社，2013.

[38] 陈伯蠡. 焊接工程缺欠分析与对策 [M]. 北京：机械工业出版社，1998.

[39] 刘天佑. 金属学与热处理 [M]. 北京：冶金工业出版社，2009.

[40] 张承甫，等. 液态金属的净化与变质 [M]. 上海：上海科学技术出版社，1993.

[41] 王仁，黄克智，朱兆祥. 塑性力学进展 [M]. 北京：中国铁道出版社，1988.

[42] 杜珣. 连续介质力学引论 [M]. 北京：清华大学出版社，1988.

[43] 李尚健. 金属塑性成形过程模拟 [M]. 北京：机械工业出版社，1999.

[44] 李赞，李尚健，肖景容. 刚塑性变分原理的新形式及有限元 [J]. 机械工程学报，1992（3）：90-96.

[45] 俞汉清，陈金德. 金属塑性成形原理 [M]. 北京：机械工业出版社，1999.

[46] 张志文. 锻造工艺学 [M]. 北京：机械工业出版社，1990.

[47] 王仲仁，等. 塑性加工力学基础 [M]. 北京：国防工业出版社，1989.

[48] 肖景容，姜奎华. 冲压工艺学 [M]. 北京：机械工业出版社. 1990.

[49] 蒋成禹，胡玉洁，马明臻. 材料加工原理 [M]. 哈尔滨：哈尔滨工业大学出版社，2003.

[50] 夏巨谌，张启勋. 材料成形工艺 [M]. 北京：机械工业出版社，2004.

[51] 汪大年. 金属塑性成形原理 [M]. 北京：机械工业出版社，1998.

[52] 钟春生，韩静涛. 金属塑性变形力计算基础 [M]. 北京：冶金工业出版社，1994.

[53] 现代模具技术编委会. 注塑成型原理与注塑模设计 [M]. 北京：国防工业出版社，1996.

[54] 李德群，等. 现代塑料注射成型的原理、方法与应用 [M]. 上海：上海交通大学出版社，2005.